全国金融专业学位研究生教育指导委员会组织编写

教育部研究生教育创新计划资助项目

全国金融硕士核心课程系列教材

CORPORATE
FINANCE

公司金融

第二版

李 曜 刘莉亚 邓 辛 等/编著

中国人民大学出版社

·北京·

全国金融硕士教材（第二版）编委会

全国金融硕士教材（第一版）编委会

总　序

金融硕士专业学位（以下简称金融硕士）是我国目前 40 种硕士专业学位中的一种，其历史不过两年。随着中国金融业的不断发展和经济金融化程度的不断提高，社会对金融专业人才的需求日益增多，金融硕士（MF）发展空间很大，发展前景广阔。从目前情况看，如何发展金融硕士，提升金融硕士专业学位的品牌价值和社会影响力，培养既具有扎实的专业知识和技能，又具有广阔的国际视野和卓越的实践能力的金融专业人才，是我们面临的重要任务。

一、发展金融硕士的经济金融背景

无论从国际还是国内经济发展角度看，发展金融硕士都是具有战略意义的。从国际方面看，国际经济金融之间的关系越来越复杂、越来越紧密，金融对经济的作用日益增强，金融以其杠杆化的功能推动着实体经济的结构性调整、重组和成长。在国际经济舞台上，一国金融的竞争力是其经济竞争力的重要体现，现代金融成为大国经济博弈的重要平台。经济与金融的关系已经由过去的简单依附演变成现在的相互依存、相互促进，金融不再是经济的外壳，而是已经演变成经济的内核。金融是现代经济的核心。我们常常说市场是资源配置的重要机制或者基础机制，在现代经济结构下，市场主要就是金融市场，因为资源已经金融化，金融已经证券化了，这个方向非常清楚。全球经济资源的博弈离不开金融市场，因为经济资源已经金融化了，现在无论石油、煤炭，还是贵金属，其配置实际上都是通过金融市场完成的，金融已然成为大国之间的重要博弈平台。

现代金融也已成为转移风险的重要机制。从美国金融危机可以看到，美国如果没有现在的金融体系和金融结构，那么它面临的困难就要大得多。美国具有非常成熟的、开放式的金融市场，能把风险转移出来，使其经济和金融大体上处在较安全的状态。所以，从资源配置和风险转移角度看，金融成为大国博弈的重要平台，这一点非常清楚。而一国金融竞争力的核心又是什么？是制度和人才。制度造就舞台，人才造就演员，两者缺一不可。这是从国际经济金融关系来分析培养金融人才的重要性。

从金融内部演变看，现代金融结构正在发生深刻变革，催生着对金融人才的需求。金融结构发生深刻变革的起因就是金融市场的发展。基于市场不断发展的金融结构变革，构成了现代金融的基本形式。无论在哪个国家和地区，金融结构的变革如果离开了金融市场的发展都很难完成。基于市场的金融结构的调整，意味着金融功能的升级。所以，以市场为基本平台的结构调整正推动着金融功能发生重大变革：由单一走向多元，即由单一融资走向融资投资并重、风险分散等多种功能并存的一个现代金融体系。这实际上对今天的金融人才培养提出了新的全方位要求。为此，我们要进行理念创新，要理解现代金融结构变革的深刻含义，否则我们培养的学生一毕业就落伍了。

现代金融的基本趋势性特征是：金融机构越来越市场化，金融资产越来越证券化，金融体系越来越呈现高流动性特征。“金融的历史起点是融资，发展动力是投资，未来方向是基于财富管理的风险配置”，主要是指金融正在向新的方向发展，金融已经由相对单一的融资的时代进入融资与投资并重且投资功能日益显现的时代。金融功能中资源配置是基础，风险配置是趋势。金融硕士的培养要顺应金融的这种变革和发展趋势。

我国金融硕士发展的深厚根基来自中国金融改革、开放和发展的需要。中国金融改革和发展迫切需要一批高质量、具有卓越能力的金融专业人才。对中国金融的发展模式，虽然学者们有不同理解或存在争议，但中国金融结构的市场化、资产的证券化、金融机构的多元化、金融体系的国际化应是基本的共识。金融结构市场化的核心基点是大力发展金融市场，推动中国金融体系市场化改革。大力发展金融市场特别要关注资本市场发展。资产证券化是中国金融创新的重点，亦是金融市场发展和中国金融体系现代化的基石。没有资产证券化，中国金融体系现代化就找不到基石，中国金融市场也难以发展。金融机构也有多元化的特性，但基于财富管理的金融机构可能是未来发展的趋势。金融体系国际化是指构建与中国经济相匹配的大国金融和 21 世纪的国际金融中心。按照国务院的战略规划，到 2020 年要把上海建设成 21 世纪的国际金融中心，这也是中国金融体系国际化的一个标志。中国的金融硕士专业人才应该具有国际化视野，要具备在东西方两个平台自由行走的能力。我们培养的金融人才既要了解国际经济金融的基本规则，又要深入了解中国的国情。所以，无论从国际经济金融背景看，还是从金融自身的演变趋势和中国金融改革、开放与发展的角度看，加快现代金融人才的培养都具有战略意义，其中当然包括金融硕士人才的培养。

二、金融硕士发展的理念、使命和培养目标

要发展好我国金融硕士，必须明确我国金融硕士发展的理念、使命和培养目标。理念、使命和培养目标关系到金融专业硕士的定位，涉及我们要设计什么样的培养方案、编写什么样的教材、使用什么样的教学方法等问题。

（1）理念。在金融专业硕士的发展理念中，我们认为，首先是要具有扎实的、系统的现代经济金融知识，同时，要有卓越的实践能力。系统的专业知识和卓越的实践能力的结合就是“知行合一”。金融硕士的发展理念就是要培养知行合一的专业人才。其次，要具有全球化视野，熟知中国经济金融的改革方向和基本特征。这就是“中西融合”。离开中国经济金融的土壤，简单演绎一些西方金融理论不是中国金融硕士的培养目标。所以，中西融合、知行合一是我国金融硕士的发展理念。

（2）使命。我国金融硕士的使命是为中国金融改革、创新和发展提供高质量的专业人才支撑。

（3）培养目标。在全国金融专业学位研究生教育指导委员会（简称“金融教指委”）颁布的《金融硕士专业学位培养方案》中，对培养目标的描述是：具有扎实的经济学、金融学理论基础，良好的职业道德，富于创新的精神和进取的品格，较强的从事金融实际工作能力的高层次应用型金融专业人才。这个培养目标如果要用一句话来概括，那就是金融硕士要具有卓越的实践能力。具有解决实际问题的卓越能力是金融硕士最核心的目标。金融硕士旨在为社会培养具有卓越实践能力的金融专业人才，包括金融分析师、风险（财富）管理师、产品设计师和金融企业领导者等。或者说，金融硕士培养的目标是金融家而不是金融学家。

在这一目标下，金融硕士应该具有四种意识。首先，要有较强的创新意识，因为金融的灵魂就是创新。其次，要有强烈的市场意识，市场意识意味着我们培养的人才必须时刻了解客户需要什么。所有的金融创新，都要高质量地服务于客户。再次，要有根植于心的服务意识。金融业是一个服务行业，没有服务意识，金融业就很难发展。最后，要有国际意识。金融业的很多规则都是全球通用的，发展规律也是一样的，国际意识实际上就是要善于学习、善于借鉴。所以，创新意识、市场意识、服务意识和国际意识是金融硕士具有卓越实践能力的四大要素。

三、金融硕士的知识节点

与卓越的实践能力相适应，金融硕士应该掌握哪些知识节点呢？这是编写教材所必须明确的。这里有一个与科学学位相比较的问题。概括地说，金融科学学位是要走“求真”之路，使命是探索真理；金融专业学位可能是寻“求解”之道，目的是拿出方案，解决问题。科学学位和专业学位之间的重点是有差别的，一个是“求真之路”，一个是“求解之道”。科学学位和专业学位可能都会问“为什么”，金融科学学位的“为什么”，可能是想探索事情的逻辑过程以及问题背后的客观规律；金融专业学位的“为什么”，则是要了解

事情的缘由，由此找到解决问题的办法。所以，金融硕士要有自己独特的教学重点和知识节点。金融科学学位可能更注重理论逻辑和知识体系，也就是勾画“山脉”；金融专业学位可能通常更多地关注理论逻辑和知识体系中的重要节点，也就是关注“山峰”。要找到“山峰”必先找到“山脉”，不知道“山脉”也就找不到“山峰”。所以，从这个意义上说，金融专业学位的教学要求更高。

以下试图用几个例子说明金融科学学位与金融专业学位的联系与区别：

第一个例子。金融科学学位在研究货币结构时，可能更多地关注货币结构的演进过程及其原因，从 M0 到 M1、M2、M3……研究它为什么会呈现出这样的层次，研究其逻辑演进过程。金融专业学位可能更多地关注货币结构的变化对市场的影响，以及 M0、M1、M2、M3……的相互转换给市场带来的影响。这可能就是它们在教学中的差别。

第二个例子。金融科学学位在研究金融危机时，可能更多地关注“为什么会发生金融危机”，金融专业学位可能更多地思考“如何应对这场金融危机”。

第三个例子。金融科学学位可能更多地关注“过程”，金融专业学位可能更多地注重“结果”。

第四个例子。金融科学学位关注宏观可能甚于关注微观。宏观指的是制度、经济、社会、环境等。金融专业学位可能更关注微观，包括市场结构、产品、风险、机构、流程等，它关注微观甚于关注宏观。

举这些例子是想说明我们首先要理清楚金融科学学位与金融专业学位各自的特点和它们的知识节点，进而突出教材特色，找到教学重点，体现金融硕士特点。

四、金融硕士的培养模式

在确定理念和目标之后，我们就必须思考从现在到未来目标如何实现，这里的核心任务是培养模式的创新。金融硕士培养模式的基本要点是：课堂教学与实践能力训练相结合；课程学习与案例分析相结合；学院派师资与实践型师资相结合；基础必修课与专业选修课相结合；一般标准与培养单位特色相结合。

（1）教学方式。教学方式上要采用课堂教学与实践能力训练相结合，要整合传统资源，建立系统的实践实验教学体系；组建一批目标清晰、制度健全、管理有序、实效明显的教学实践基地，为金融硕士走上职业化道路提供过渡性平台。目前，在实践能力训练方面我们还是有所欠缺的，未来要建立实践能力训练基地，保障实践教学时间，注重教学实践内容设计、教师聘任、实践过程管理。要对实践计划、实践工作日志、实践总结报告和实践过程产生的新知识、新方法、新方案、新产品等进行质量评价。

（2）教学方法。我们主张教师讲授、案例讨论、团队作业互相结合的教学方法。课程学习与案例分析相结合，其中，案例分析应占相当的比重；提倡团队作业，而不是师傅带徒弟的传统方式。我们要逐步形成具有金融硕士特点的案例分析集。

（3）教学内容。基础必修课与专业选修课相结合，其中专业选修课应占较大比重。专业选修课根据培养方向的不同和各培养单位的特点可形成不同模块或“课程组合包”。金融领域非常庞大，案例分析可按不同模块进行，有的侧重于商业银行，有的侧重于证券市场，有的侧重于财富管理，有的侧重于风险管理等。每一个培养单位的特点都不同，所以要根据不同的培养方向和各个培养单位的不同特点形成多个不同模块和“课程组合包”，以实现金融硕士培养的多元模式。我们提倡比较、竞争，不搞一元化的东西，通过多元化的相互比较发挥各自的优势和特点。

在教学内容上，要注意国际性与中国元素的结合。我们不赞成两个极端：一个极端是，全盘照抄、照搬美国和欧洲的课程；另一个极端是，仅仅讲授我们本土的东西。我们需要学习发达国家的经验，要学习现代金融学知识体系和理论范式，但全盘照抄、照搬不行。我们反对仅仅介绍本土的传统，只讲一些传统的甚至落后的知识、理论和方法，排斥现代金融学中成熟的理论和方法，而是主张把两者很好地结合起来，最终是要解决中国的问题。

（4）教师（导师）的“双轨制”或“双师制”。倡导高校全职教师与实践部门具有良好理论素养和丰富实践经验的专业人士为共同导师，实行“双师制”。面对金融硕士的教学要求，高校教师实际上面临着挑战，要防止金融硕士与金融学硕士同质化的倾向。

（5）国际化与中国元素的结合。鼓励引进国际课程、双语教学、海外游学、国际暑期课程、国际学生交流；鼓励在海外金融机构建立实习实践基地；主动参与国际人才培养市场的竞争，努力造就一批国际知名的教师、精品课程，培养一批国际知名的金融精英。在提升国际化程度时，要注意与中国元素特别是中国金融元素的结合，要讲清楚中国金融的现状如何、面临的问题是什么、发展方向是什么，不了解中国金融体系的现状及未来变革的方向，难以说教学过程是成功的。

五、金融硕士的教材建设

教材建设是人才培养的基础环节。2012 年 6 月 17 日全国金融专业学位研究生教育指导委员会暨首届培养单位院长（系主任）工作会议召开，经过充分讨论，决定组织相关领域的专家学者撰写供各培养单位选用的金融专业硕士系列教材，教材编写范围侧重于金融专业硕士的专业基础课和专业主干课，包括《金融理论与政策》、《投资学》、《公司金融》、《财务报表分析》、《金融市场与金融机构》和《衍生金融工具》六部教材，其中《金融理论与政策》是金融硕士的专业基础课教材。

金融领域的外延在不断拓展，内涵也在不断延伸，金融结构越来越复杂，与此相对应，金融理论和知识体系也愈加庞杂，金融文献浩如烟海。编写出一套既有别于本科教育，又有别于现有学术型研究生教育的适合金融硕士的系列教材，的确是一件很困难的事。在编写过程中，我们力图使教材不要包罗万象，不要太追求逻辑体系，但要尽可能地突出相应领域的知识节点，凸显知识体系中的“山峰”，展现金融学研究领域的最新进展。同时，在专业主干课教材中，尽可能体现案例教学的特点。总体要求是，不求全面，但求特点；隐含“山脉”，突出“山峰”；不追求严密的理论逻辑，但求个性化的案例分析。

当然，这套教材能否体现这些特点，还要由实际的教学效果来验证。我们将根据教学实践定期加以修正。

本套教材得到了教育部研究生教育创新计划——专业学位研究生教育指导委员会建设项目资助，谨此致谢！

全国金融硕士教材编委会
2013 年 5 月

目　录

第一章

公司金融学导论

学习目标：

1. 明确公司金融学科的内容；
2. 了解企业的组织形式、理解公司的目标；
3. 掌握公司的两种主要目标——股东价值最大化和利益相关者价值最大化；
4. 了解公司金融理论的发展历史与前沿；
5. 了解中国公司金融研究现状。

引　言

金融学从微观上讲，主要划分为公司金融和资产定价，公司金融是金融学科的一个重要组成部分。它研究以公司形式为主的企业如何运行、如何获取资金（融资决策）、如何分配资本（投资或称资本预算决策）等，以实现企业存在的目的（公司治理）。

公司金融学所要研究和解决的是围绕企业的三个核心问题：治理（governance）、融资（financing）、估值（valuation）。

第一节　公司金融的学科内涵

一、公司金融学在金融学科中的定位

什么是公司金融学？公司金融学是研究以公司形式为主的企业如何运行、如何获取资

金（融资决策）、如何分配资本（投资或称资本预算决策）等，以实现企业存在的目的（公司治理）的学科。

首先，公司金融是金融学科的构成部分。根据《新帕尔格雷夫经济学大辞典》的定义："金融学是经济学的一个分支，但具有不同的中心问题和方法论。其中心问题是资本市场的运营、资本资产的供给和定价。其方法论是使用相近的替代物给金融契约和工具定价。"[①] 这种使用相近的替代物定价的方法即为无套利（no arbitrage）定价方法。编写该词条的是已故美国麻省理工学院斯蒂芬·罗斯（Stephen A. Ross）教授，他在该词条中概括了"finance"的四大课题："有效率的市场"、"收益和风险"、"期权定价理论"和"公司金融"。因此，公司金融是金融学科的一个重要组成部分。

其次，金融学主要划分为公司金融和资产定价。这在以微观金融为主体的西方学术界和商学院里，已经成为通识。其中资产定价也常常被称为"金融市场和资产定价"，涵盖了罗斯所提到的有效率的市场、收益和风险、期权定价理论三个内容。读者如果查阅美国和其他西方主要著名大学的金融系、主要研究机构如国民经济研究局（NBER）的研究项目分类等，都可以得到印证。

最后，从公司金融学的具体内涵看，其内容十分丰富，公司金融是现代经济金融学研究的主要对象之一。在康斯坦丁、哈里斯、斯托茨等编写的《金融经济学手册》[②] 中，将金融经济学划分为"公司金融"和"金融市场与资产定价"两个分册。其中第一册"公司金融"中的具体内容包括：公司治理与控制、代理成本、信息与公司投资、公司融资、投资银行与证券发行、股息政策、金融中介与机构、市场微观结构等内容。埃克布主编的《公司金融手册——实证公司金融》[③] 主要分为四个部分：第一部分包括公司金融的研究方法，如事件研究法、自选择模型、拍卖和行为公司金融；第二部分主要谈公司的融资，包括资本市场中的银行、证券发行与IPO抑价、混合多元化企业与内部资本市场、风险资本等；第三部分主要谈资本结构理论，包括权衡与优序理论、税收与公司融资、资本结构与公司战略、股息政策、破产与财务困境等；第四部分主要介绍公司并购、重组、管理层薪酬与激励、公司风险管理等。由此可见，当代金融学研究的许多课题都属于公司金融范畴。

总之，从西方经济金融学科的发展历史以及学术发展脉络来看，公司金融属于金融学的两个主要分支之一，这是个比较确定、争议较少的话题。但在我国，学界对公司金融学的定位存在一定的争议（可参见黄达，2001；张新，2003）。公司金融对应的英文是corporate finance，它可以译为公司金融，但也可以译为公司理财、公司财务。[④] 本书理解，从上述西方金融学的定义来看，它翻译为"公司金融"更为合适。

不过，即使在西方，金融也存在"宽口径"和"窄口径"的区别，上述界定（主要属

① *The New Palgrave Dictionary of Economics*, Third edition, Macmillan Publisher, 2018: 4578-4601.

② George Constantinides, Militon Harris, and Rene Stulz et al., *Handbook of Financial Economics*, Elsevier, 2003.

③ B. Espen Eckbo. *Handbook of Corporate Finance: Empirical Corporate Finance*, Volume 2, Elsevier, 2008.

④ finance一词，在汉语中的译法可以有五种："金融""财政""财务""融资""理财"。当它和政府公共部门结合使用时，我们翻译为"财政"；当它和个人、家庭结合使用时，我们翻译为"理财"；当它和银行、证券公司等中介机构结合时，我们翻译为"融资"或"金融"；当它和企事业单位结合时，我们翻译为"金融"或"财务"。

于西方学术圈的界定）为窄口径，政府机构包括联合国统计署等对金融的界定为宽口径，宽口径的界定就包括了货币银行、保险、养老基金等各类金融机构。

当前，我国学术界较为一致的观点是：我国的金融学包括微观金融学（具体由公司金融、投资学、金融市场与中介机构等课程构成）、宏观金融学（具体由货币银行学、国际金融、金融危机与金融稳定等课程构成）两大主要分支，以及由金融与数学（形成金融工程学）、金融与法学（形成法金融学）等学科相互渗透而形成的交叉学科。正如我国现代金融学的创始人之一黄达（2001）先生所说："对于金融范畴的内涵、外延见解不同，是客观存在，期望'定于一尊'并不现实。大多数人的主要精力不应陷于范畴界说、学科体系设计的议论之中，关键是全神贯注于金融学科内容的建设。"

二、公司金融学的主要内容

概括而言，公司金融学所要研究和解决的是围绕企业的三大核心问题：估值（valuation）、融资（financing）、治理（governance）。图 1－1 可以辅助理解三大核心问题。资产负债表的左边为企业资产（asset）。为了使资产增长和发展，企业需要对投资项目进行评估，包括对持有企业股权价值的评估，与之相对应的就是估值，企业估值是为了解决企业资金如何进行分配、投向何处的问题。资产负债表的右边为企业资金的来源，主要包括债务（debt）和股权（equity）融资，公司选择不同的融资方式会形成不同的资本结构，从而对股东价值以及企业整体价值造成影响，至于采用何种方式、以多少比例获取所需资金就是融资。资产负债表的左右两部分代表客观上企业的资金使用方和供给方是两个主体，而中间的等号意味着双方具有隐性联系。

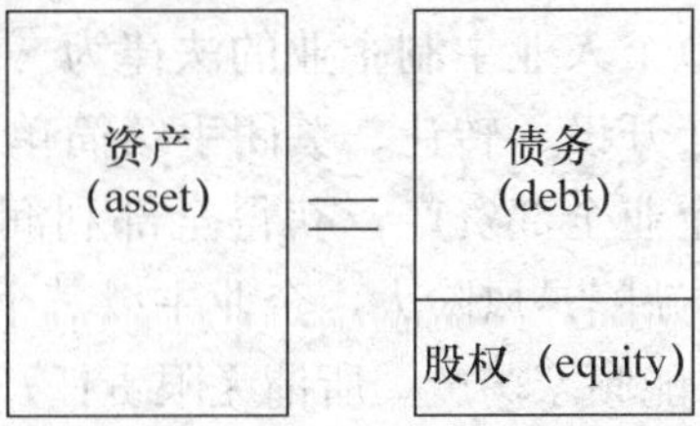

图 1－1　资产负债表与公司金融学的三大核心问题

一般来说，良好的投资项目是融资的前提条件，融资为估值投资提供资金基础，左边决定了右边。由于资金使用方和资金供给方不同，企业与股东、债权人等利益相关者之间及其相互之间可能会产生冲突。能够减少企业外部债权人和股东的信息不对称而实现融资，保证公司的投资活动不会浪费股东和债权人的资金，从而保证双方有效合作的机制，就被称为公司治理（corporate governance）机制。

三大核心问题是相互联系、紧密相关的，公司金融学的其他问题都可以归入这三个问题的范畴之中。比如，营运资金管理属于公司的短期融资，是"融资"的内容；股利政策是公司以股权融资后必须对股东做出的分配决策，是"融资"的后续内容，也是"公司治理"机制的内容；公司并购重组，从价值的角度看是"估值"的问题，买一个企业和投资一个项目具有投资决策的共性，从控制权的角度看是公司治理的问题；企业 IPO 是股权融资的问题，也是“公司治理”中股东权益保护的关注点，同时涉及具体企业估值问题。

因此，将公司金融学的问题概括为估值、融资、治理三大核心问题，具有统领学科全局、提纲挈领的意义。

第二节　企业的组织形式与特征

公司金融，顾名思义，研究的是以公司作为主体的资金融通活动，这意味着本课程的研究对象是公司（corporation）。但是我们知道，现实生活中无处不在的大大小小、形形色色的企业（firm）并不都是公司。企业具有多种组织形式，公司只是其中的一种。

根据国家市场监督管理总局的信息披露，截至 2018 年 12 月底，全国实有企业总量 3 474.2 万户，相比 2012 年 9 月底的 1 342.80 万户，增长 158.7%。①

一、企业的三种基本组织形式

无论现实生活中的企业数量如何众多、形态如何各异，我们都可以根据企业资产的所有者把企业分为三种基本形式：个人业主制、合伙制和公司制。

（一）个人业主制企业的定义和特征

个人业主制企业是指由单个自然人出资兴办、完全归个人所有和控制的企业。企业主对企业具有完全的决策权和经营权，独自享有企业的经营利润，同时也独自承担经营风险。这是最早产生也是最为简单的一种企业形态，即便在现代经济社会中，业主制企业在数量上也占多数。在我国，规范个人业主制企业的法律为《个人独资企业法》。

个人业主制企业的优点是：开设、转让、关闭手续简单、费用低；所有权与经营权统一；利益冲突少；企业主控制企业全部资产，获得全部利润；不需要支付企业所得税、只需交纳个人所得税等。它最大的缺陷是风险大，企业主以其个人的全部资产对企业的债务负有无限责任，一旦经营失败就可能倾家荡产。所谓无限责任，是说当企业的资产不足以清偿企业的债务时，法律强制企业主以个人资产来清偿企业的债务。除此之外，个人业主制企业的寿命往往有限，因为业主的死亡、破产、疾病或者转业，都可能使企业不复存在。

专栏 1－1　知识拓展：个人业主制企业与一人公司的区别

个人业主制企业，也称个人独资企业（简称独资企业），是指由一个自然人投资，全部资产为投资人所有的营利性经济组织。一人公司是指只有一个股东的有限责任形式的公司，即公司的投资人为一人，由投资人独资经营，但投资人对公司债务仅负有限责任。其区别主要体现在以下几个方面：

① 见国家市场监督管理总局网站。

(1) 出资人不同。个人独资企业只能由自然人出资设立；一人公司既可以由自然人出资设立，也可以由法人出资设立，还可以由国家出资设立。

(2) 主体资格不同。个人独资企业属于非法人组织，不具有法人资格；一人公司作为公司的一种，属于企业法人。

(3) 责任承担不同。个人独资企业的投资人对企业债务承担无限责任；一人公司的投资人仅以出资额为限对公司债务承担有限责任。

(4) 设立的法律依据不同。个人独资企业依据《个人独资企业法》设立；一人公司则依照《公司法》设立。

(二) 合伙制企业的定义和特征

合伙制企业是由两个或者两个以上的企业主（成为合伙人）共同出资、共同经营、共担风险、利润归所有的企业主共同所有的企业。与个人业主制企业相比，合伙制企业的基本特征是其所有者多于1人。在我国，规范合伙制企业的法律为《合伙企业法》。

合伙人出资可以是资金或者其他财产，也可以是权利（如专利）、技术和劳务等。这种企业形式在人力资本密集的行业（诸如律师事务所、会计师事务所）、资产管理行业等较为常见。与个人业主制企业一样，合伙制企业也是自然人企业，其普通合伙人需要对公司的债务承担无限责任。企业的寿命仍然存在不确定性，因为一个关键的合伙人去世或者退出，往往会导致企业难以为继。此外，如果合伙制企业的一个合伙人想要向外部转让产权，必须得到所有其他合伙人的一致同意，因此，合伙人转让产权是很困难的。[①] 与个人业主制企业类似，合伙制企业要筹集大量的资金也十分困难，其资本规模通常受到合伙人自身能力的限制。

在合伙制企业中，有一种特殊的合伙企业——有限合伙制企业，这种企业在风险投资、私募股权领域得到了广泛应用。

专栏 1-2　　知识拓展：有限合伙制企业

有限合伙制是目前西方发达经济体中风险投资机构主要的组织形式，它依照《合伙企业法》由普通合伙人（general partner，GP）和有限合伙人（limited partner，LP）依契约组成，典型的有限合伙企业存续期为10年，一般最多可以延长3～4年，但契约延期需要经过有限合伙人的同意。

有限合伙人一般提供风险基金中的99%，以承诺出资额为上限承担有限责任，不以个人身份承担经营中的风险和责任。在一个有限合伙协议中，有限合伙人多则49人，少则1人。在美国，有限合伙人最低出资额一般不低于100万美元，这个资金门槛限制排除了风险承受能力较差的普通居民投资者，因而风险投资的有限合伙人一般以投资机构和富裕的个人为主。

---

① 关于合伙制企业的特征，可参见《中华人民共和国合伙企业法》（2006年修订）的有关规定。

普通合伙人一般提供风险基金中的1%，全权负责有限合伙企业的运营，他们一般是具有专业投资经验和投资背景的风险投资家或风险投资经理。通常一个有限合伙企业有2～5名普通合伙人，普通合伙人承担无限责任。如果合伙企业破产，普通合伙人要以个人财产清偿负债，该机制可以最大限度地激励普通合伙人勤勉工作。图1-2展示了有限合伙制的运作模式。

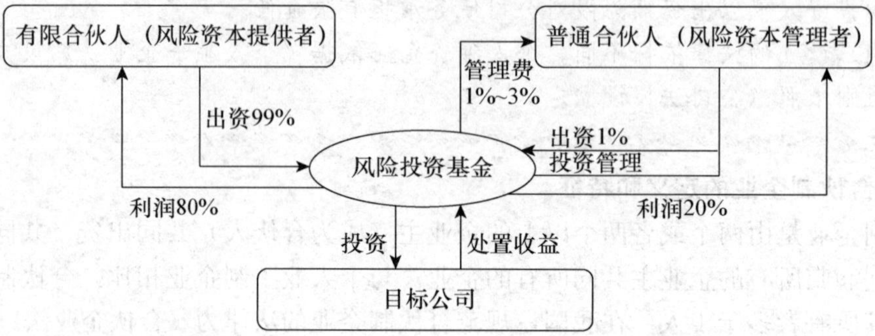

图1-2　有限合伙制的运作模式

有限合伙制成为西方风险投资机构的主流模式，与其在运作成本和激励机制上独特的制度安排是分不开的。

(1) 有限合伙制具有高效的激励机制。风险投资家作为合伙企业的普通合伙人，在合伙企业总投资中只占有1%的投资份额，却能分得净利润的20%。高杠杆比例的投资收益可以激发风险投资家寻找最好的投资机会。

(2) 有限合伙制可以有效降低道德风险与代理成本。有限合伙制中有两类合伙人，有限合伙人承担有限责任，普通合伙人承担无限责任。合伙企业的无限责任、有限合伙人对其的信任、利润分享等因素激励着风险投资家努力工作，而且有限合伙契约有确定到期的期限，风险投资家为了自己的声誉和后续的融资需求，不会为了个人利益损害基金利益。两类合伙人的利益一致，代理成本较小。

(3) 避免双重纳税，具有税赋优势。由于有限合伙企业不是法人，不被视为纳税主体，合伙企业投资收益无须缴纳公司所得税，只需缴纳个人所得税，因而能避免重复纳税。

目前，有限合伙制在我国的风险投资、私募股权，以及私募证券投资等领域得到了越来越广泛的应用。

(三) 公司制企业的定义

公司制企业即公司，是现代企业的重要组织形式。它是依照公司法登记设立，由股东作为出资者，股东以其出资或认购的股份对公司承担责任，公司以其全部法人财产对公司债务承担责任的企业法人。公司的基本特征是：它是一个企业法人（被称为“公司法人”），在法律上具有独立的人格，有独立的法人财产，享有法人财产权，以其全部法人财产对公司的债务承担有限责任。这也是公司制企业与个人业主制企业、合伙制企业的本质区别，个人业主制企业和合伙制企业是自然人企业，其所有者对企业的债务承担无限责任。若企业破产，个人业主制企业和合伙制企业的企业主不仅会失去他们在企业中的投资，而且会失去个人的资产如房屋、土地、汽车等，而公司股东却最多会赔掉他们在公司的全部投资，他们的股票可能会变得一文不值，但他们自己与公司无关的私人财产却完好无损。公司制的这一特征也被称为"股东有限责任"。

设立公司必须履行公司设立的程序。根据我国《公司法》的规定，设立公司应当在工商行政管理机关进行登记。工商行政管理机关对符合《公司法》规定条件的，予以登记，并签发公司营业执照。公司营业执照签发日期即为公司成立日期，同时也是公司取得法人资格的日期。

二、公司的种类和特征

根据我国《公司法》规定，我国的公司按照股东承担责任的范围和形式、股东人数的多少分为有限责任公司和股份有限公司两类。国有独资公司是一类特殊的有限责任公司。

（一）有限责任公司

有限责任公司，又称有限公司，是由 2 个或者 2 个以上 50 个以下的股东共同出资，每个股东以其出资额为限对公司债务承担有限责任，公司以其全部资产对其债务承担责任的企业法人。其基本特征为：

（1）人资两合公司。所谓人资两合是指有限责任公司的设立和运作不仅是资本的结合，而且是股东之间相互信任的结果。我国《公司法》规定有限责任公司的股东不得超过 50 人，同时规定股东出资不得随意转让，如需转让须经股东会即其他股东的认可。这些规定体现了有限责任公司股东之间合作的特征。

（2）实行资本金制度。股东的实际出资构成资本，并以出资额量化股东在公司的权益。有限责任公司不发行股票，由公司出具股权证明，作为股东对公司的权益凭证。

（3）股东人数的限制。我国《公司法》规定有限责任公司的股东为 2 人以上 50 人以下。只有国家授权投资的机构或部门可以单独投资设立国有独资的有限责任公司。

（4）不能公开募股，不能发行股票。

（5）有限责任公司的股份不能自由买卖，在向股东以外的其他人转让公司股份时，必须经过半数以上的股东同意，并且老股东有优先购买权。

（6）有限责任公司的设立程序比股份有限公司简单，公司亦无须向公众公开披露信息。

（7）有限责任公司内部管理机构设置灵活。大股东有可能亲自经营企业，所有权和经营权分离程度较低。

（二）股份有限公司

股份有限公司，又称股份公司，是现代公司最基本的组织形式。它是指全部资本由等额股份构成并通过发行股票筹集资本，股东以其所认购的股份对公司承担有限责任和义务，公司以其全部资产对公司债务承担责任的企业法人。其基本特征为：

（1）股份有限公司将其资本总额划分为等额股份，并以发行股票的方式作为出资凭证。

（2）股份有限公司的股票可以在资本市场上自由买卖，股东可以依法转让其所持有的股份。

（3）股份有限公司的设立程序复杂、法律要求严格。股东人数必须达到法定人数（我国规定 2 人以上 200 人以下作为股份公司的发起人），股东可以是自然人，也可以是法人。

（4）股份有限公司需要公开披露大量的信息，包括公司章程、招股说明书、发行公告、财务报告、关联交易及其他重大事项等。

（5）股份有限公司的所有权和经营权是分离的。董事会接受股东大会的委托，监督公司财产的保值增值，行使公司财产的所有者职能。经理接受董事会聘任，负责日常的经营工作，拥有公司的经营权。因此，当经理和股东的目标不一致时，有可能会产生较大的代理成本。

三、本书的研究对象是公司

尽管公司不是企业唯一的组织形式，而且从数量上来看，个人业主制企业往往占绝大多数，但是本书以公司作为研究对象，主要基于以下原因：

个人业主制企业和合伙制企业最主要的优点是创办费用低，但缺点是严重的：（1）无限责任；（2）有限的企业生命；（3）产权转让困难。这三个缺陷继而导致了：（4）难以筹集资金。

换言之，个人业主制企业和合伙制企业的上述缺点，正是公司制企业的优点：（1）有限责任；（2）产权易于转让；（3）永续经营。这些优点又继而导致：（4）公司具有较强的筹集资金能力。最后，由于公司的所有权和经营权是分离的，经理人才市场可以配置合适的经理人来经营公司，使得：（5）公司的经营和管理效率高。不过，公司制企业相比个人业主制企业和合伙制企业的一个主要缺陷是：双重税收。由于公司本身是法人，在公司层面和股东层面产生了公司所得税和股东个人所得税两次征税。

下面我们以合伙制企业和公司制企业为例，列表比较一下二者的主要区别（见表 1－1）。

表 1－1　公司制企业与合伙制企业的特征比较

	公司制企业	合伙制企业
所有者责任	股东对公司仅承担有限责任	一般合伙人对企业负有无限责任（有限合伙人仅承担有限责任）
企业的存续	永续存在	时间有限（一般的合伙协议中会注明合伙契约的期限）
投票权和治理	一般采取一股一票制度；由股东选举的董事会任命经理	一般合伙人对企业有绝对控制权和经营权，采取一人一票制度；有限合伙人一般仅在特定的事项上有投票权
所有权的流动性	股份可以自由交易，并且符合条件的公司的股份可以上市交易	合伙份额的转让受到限制，一般合伙份额转让的二级市场并不存在*

续表

	公司制企业	合伙制企业
分红政策和利润的再投资	公司在股利政策选择上有很大自由度	合伙企业一般禁止将利润进行再投资，所有的现金利润必须分配给合伙人
税收	公司和股东两个层面存在双重税收	对合伙企业本身不征税，仅就合伙人从合伙企业分配的利润征税

注：* 合伙协议中一般规定合伙人的份额可以在合伙人内部转让，向外部转让必须得到大多数合伙人的同意。目前，以有限合伙制为主要形式的风险投资和私募股权行业中，有限合伙人的份额也在形成转让市场，比如2012年北京金融资产交易所、北京产权交易所、北京股权投资基金协会等组建了私募股权的二级转让市场，对基金的有限合伙人份额进行转让交易。

专栏 1－3　案例分析：阿里巴巴的合伙人制度治理模式

2014年，阿里巴巴集团认为中国香港是其最理想的上市地点，但是其合伙人制度和香港证券交易所坚持的“同股同权”原则有很大的抵触。① 阿里巴巴集团为了坚持其合伙人制度，最终放弃了香港这个上市首选地。

阿里巴巴集团合伙人制度不是在一朝一夕间形成的。自1999年阿里巴巴集团成立以来，其创始人便开始坚持合伙人精神。2009年9月，阿里巴巴集团18位创始人集体辞职重新应聘，此后身份变更为“合伙人”。2010年7月，阿里巴巴集团正式确立了合伙人制度，并以公司成立时所在的湖畔花园之名，称该合伙人制度为“湖畔合伙人”。马云将阿里巴巴集团合伙人定义为“公司的营运者、业务的建设者、文化的传承者以及股东”这样一种特殊角色。阿里巴巴集团合伙人的主要职责是积极展现并提升阿里巴巴集团的使命、愿景和价值观，并将它们在包括组织内部、顾客、商业伙伴等阿里巴巴生态系统中传递开来。2014年阿里巴巴集团在其IPO招股说明书中首次披露，阿里巴巴集团合伙人已经从最初的18人扩增到了30人，未来还将逐年进行合伙人更新。值得注意的是，阿里巴巴合伙人制度并不是我国《合伙企业法》中的合伙人制度，两者并无任何关系。阿里巴巴集团合伙人制度是集团管理层自行创立的一种独特的治理模式，它通过公司章程和相关协议，赋予了合伙人提名董事会中大多数董事的权利，使合伙人获得了远远超出其持股比例的控制权，因而阿里巴巴集团合伙人通过控制公司董事会在很大程度上实现了对公司的实际控制。

阿里巴巴集团合伙人制度的具体设计主要可以归纳为：合伙人的类别、成为合伙人的条件、合伙人的相关权利、合伙人委员会及其职权、合伙人红利基金的分配、关于合伙人的退出和免职以及当前阿里巴巴集团合伙人成员七个方面。

此外，阿里巴巴集团还列出了一些限制性条款，以确保合伙人制度的稳定性

① 2018年4月30日起，香港交易所上市新规允许“同股不同权”的公司在香港申请上市，结束了自1989年起的限制规定。2018年7月9日，小米科技公司在香港交易所上市，成为香港资本市场第一家“同股不同权”创新试点企业。

和持久性。如阿里巴巴集团合伙人权利由公司章程规定，要对公司章程中与合伙人相关的条款进行修改，必须经过股东大会95%的股东表决同意。然而，从合伙人持股比例看，马云和蔡崇信持股比例之和约为12.4%，从而至少确保了阿里巴巴集团合伙人制度在短期内不会被轻易修改或者废除。

资料来源：盖明哲．高新技术企业合伙人治理模式研究——以阿里巴巴集团为例．财会通讯，2017（8）：83-86.

第三节　公司运营中的金融活动

一、公司金融的含义

公司的金融活动表现为公司资金的不断循环、周转及其所体现的经济关系。公司首先将通过各种途径筹集到的资金转变成各种非现金资产，如固定资产、原材料等。原材料经过工人的劳动变成产品，拿到市场上去销售，最后转变为现金。销售产品获取的现金量（即销售收入）一般情况下应该大于生产原始投入的现金量（即生产成本），扣除生产过程中所发生的各种人工、管理、营销费用之后，剩下的现金量就是资金增值部分（即利润）。资金增值中的一部分以上缴税金、支付股利等形式流出公司的生产经营环节，另一部分则留存于公司之中，继续参与公司的生产经营过程。公司的资金就是这样不断地循环和周转，由此构成了公司运行过程中的金融活动。

从微观金融的角度看，企业的整个生产经营过程就是资金的筹集、运用和管理的过程，也就是公司金融的过程。公司金融就是对资金进行管理，其目的是有效利用各种金融资源，实现公司的财务目标。公司金融活动的成败直接关系到企业的生存与发展。

二、公司金融活动的主要内容

从资金的运动过程来看，公司金融的主要决策是投资决策和融资决策，其中融资决策又可以衍生出营运资金管理决策、盈利分配决策。一般企业的融资决策侧重于企业发行债券、股票以及银行信贷等中长期融资，营运资金管理属于企业的短期流动性融资，其目的是提高公司的营运效率。盈利分配是指对公司的经营成果进行分配，其核心是确定股利政策。

投资是寻找有价值的项目并投入资金的过程，也被称为资本预算。投资的目的是获得收益，融资是指公司为了满足投资和日常经营的需要而筹集资金的过程。融资是为投资服务的，投资是融资的目的和归属，投资的规模和收益率决定了融资战略。除了以上投融资基本内容之外，在公司实际经营过程中还有一些金融活动是对这些内容的综合利用和拓展深化。

（一）公司投资

从资产负债表的左边来看[①]，企业固定资产（包括有形资产和无形资产）一般是由企业投资活动形成的。我们采用资本预算或资本支出等来描述这些长期资产的投资和管理。传统的观念认为公司应该先融资再投资，因为只有筹到了钱，才能去投资，但是这种想法往往与公司的实际运营相背。因为企业家是公司的灵魂，他们往往首先看到的是投资机会。正是发现市场机会的独到眼光和抓住机会的卓越能力使他们成为企业家。因此，实际上是先有投资，再有融资。投资机会的规模和收益率决定了融资战略，投资成功与否是决定企业生死存亡的关键。

（二）公司融资

从资产负债表的右边来看，公司的短期负债、长期负债以及股东权益形成了公司的融资活动。理论上，这也就形成了"资本结构"问题。具体来看，融资活动贯穿公司成长的整个过程：公司设立时，需要注册资金；公司日常经营，需要流动资金；公司有了好的投资项目，需要长期资金支持；公司规模扩张时，需要注入新的资金。可以说，融资是公司经营过程中的一项日常性的理财活动。

公司可以从不同的渠道获得资金，不同融资渠道的融资成本和风险也不同。公司在做出融资决策时，首先必须注意融资成本的控制，其次要关注融资结构的合理安排，最后还应该密切配合投资和生产经营的实际需要，做到资金适时和适量。

（三）营运资金管理

从资产负债表左右两边的上方（即左上方对应"流动资产"，右上方对应"流动负债"）来分析，企业的短期资金如何管理，构成了营运资金管理的问题。对于一个企业来说，由于现金、应收账款等流动性很强的资产价值经常发生变化，应付账款、应付税金、到期债务等又必须按时支付，因此企业必须对流动资产和流动负债二者经常性地予以关注。同时，经营中的现金流入量和现金流出量在时间上、金额上不匹配，需要不断地进行协调，以保证公司日常经营的资金需求。因此，营运资金管理对保证公司正常经营至关重要，是公司金融活动的重要组成部分。

营运资金管理需要合理安排流动资产和流动负债的比例，调整流动资产、流动负债的内部结构，提高流动资产周转效率。在公司金融学中，专门定义了"净营运资本"（net working capital，简记 NWC）表示公司现金的流出，而净营运资本的减少表示公司现金的流入。因此，公司提高现金流量，可以减少净营运资本的增量，比如：使投资于应收账款、存货等非营利资产的资金数量最小化，使预收货款、应付账款、应付资金等低成本负债资金数量最大化。

三、公司金融与会计学的区别

会计是一门系统记录商业事件和交易的艺术，它在财务年度末确定公司的财务状况和营利能力。会计的目的是向用户（股东、债权人、政府税务机构、投资者等）提供公司的

① 关于企业的资产负债表的具体构成，请参见本书第二章的内容。

财务信息，以便进行合理的决策。公司金融与企业的资源配置和管理有关，着重于分析企业与货币、投资、信贷、银行和资本市场有关的事项。会计像是企业与投资人交流的语言，而公司金融则是研究投资人如何利用该语言进行投资分析的学科。

会计和公司金融都是经济学的一部分。这两个实体是相互依赖的，比如公司金融所说的估值是在审计师提交的财务报表的帮助下进行的，可以说，会计是对企业过去经营成果的总结，金融是对企业未来行为的预计，二者的区别见表1-2。

表1-2　公司金融与会计的区别

比较依据	公司金融	会计
含义	公司金融是企业资金管理的科学	会计是记录和报告企业货币交易的艺术
分支	估值、融资、公司治理	财务会计、管理会计、成本会计、税务会计
职业	投资银行家、金融分析师、金融顾问等	会计师、审计师、税务顾问等
归类	金融是经济的一部分	会计是金融的一部分
目的	研究资本市场和企业资金投资，制定未来战略	向财务报表的读者提供有关公司偿付能力、盈利能力、流动性等状况的信息
工具	风险分析、资本预算、比率分析、杠杆、营运资金管理等	损益表、资产负债表、现金流量表等

资料来源：https://keydifferences.com/difference-between-accounting-and-finance.html.

四、公司内部的组织结构

在一个大型企业内部，金融活动往往由公司高层管理者负责，如公司副总裁或首席财务官及其下属。图1-3是一个典型的西方大型公司负责金融活动的内部组织结构图。

司库（treasurer）和主计长（controller）[①] 负责向首席财务官（chief financial officer，CFO）述职，司库负责现金管理、资本支出管理并制订财务计划。主计长负责企业的会计工作，内容包括：税收、成本核算、财务会计、信息系统，以及企业内部审计。[②] 因此，公司金融活动的主管是企业的首席财务官（或称财务总监），从司库和主计长二者的职责区分来看，具体负责人应是司库。

目前，首席财务官/财务总监的角色在不断变化，对其知识和技能的要求不断提高。除了图1-3所示的传统职能之外，当前对财务总监的技能要求还包括：(1) 主要的战略制定者，要能够利用真实的企业财务信息，帮助首席执行官/总经理制定企业战略；(2) 主要的交易安排者，必须熟悉风险资本、收购与兼并、战略联盟等交易，帮助企业进行这些交易；(3) 主要的风险管理官，在市场越来越全球化、金融避险工具越来越复杂的今天，必

① 国内有人将controller译为“总会计师”，其职责与本书这里的“主计长”是相同的。

② 另外在美国，也有些企业中主管会计的叫chief accounting officer，主管预算控制的叫controller，主管资金管理的叫treasurer，而CFO负责这三者的工作。

须会熟练应用金融工具对企业财务风险进行管理；(4) 主要的传媒沟通者，必须能够和资本市场投资者及新闻媒体保持良好关系，使企业获得投资者的信任。

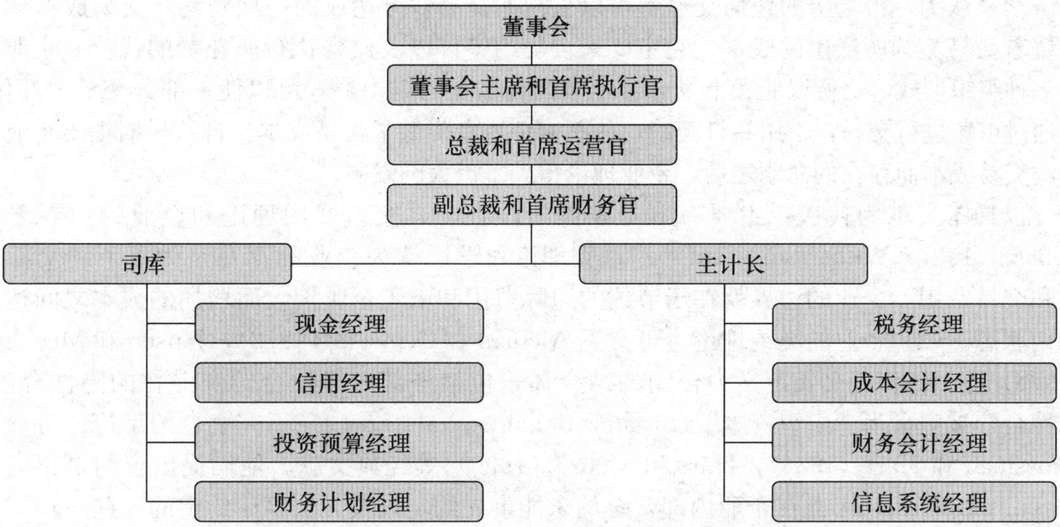

图 1-3　大型公司内部负责金融活动的组织结构

资料来源：斯蒂芬·A. 罗斯等. 公司理财：11 版. 北京：机械工业出版社，2017.

我国目前的公司中，大型国有企业和国有控股企业一般设立了总会计师职位，非国有控股企业一般设立了财务总监或首席财务官等职位。国有企业中的总会计师职位相当于财务总监/首席财务官。①

第四节　公司的目标

关于公司的目标，众多微观金融和财务学者有多种提法，得到普遍认同并在理论和实践中产生了广泛影响的观点主要有三种：股东利润最大化、股东价值最大化和企业价值最大化。股东（shareholder）利润即为当期利润；股东价值为反映长期和当期价值的企业所有权（股权）的市场价值；企业价值又被称为“利益相关者”（stakeholder）价值，它反映了企业所有相关的利益主体的利益。要正确理解不同公司目标的内涵和差异，首先应该对现代企业理论有一个基本的了解。

一、企业理论与利益相关者

根据传统的微观经济学理论，企业是一个由投入到产出的追求利润最大化的“黑匣

① 国有企业设置总会计师而非财务总监的职位，主要出于历史原因。在计划经济时代，企业内部有“一长三师”（厂长、总工程师、总经济师、总会计师）之称。而 2000 年我国开始实施的《会计法》规定国有大中型企业和国有控股企业必须设立总会计师。我国国企中总会计师的职责范围即相当于西方企业的财务总监，而非西方的 controller。

子”。至于企业的性质是什么，一直未能得到关注。1937年经济学家科斯发表了经典论文《企业的性质》之后，这一问题才得到西方经济学家的广泛关注。以科斯为代表的新制度经济学家认为，市场上的任何交易都可以被视作交易双方达成的一项契约，交易成本就是围绕着交易契约所产生的成本，它主要来自契约签订以及监督执行所花费的代价。企业作为一种组织形式，之所以能和市场并存，是因为企业的组织形式可以使一部分交易内部化，不通过市场进行交易，不用签订契约，从而避免或者降低了交易成本。自从科斯提出企业因节约交易成本而存在的命题之后，企业理论得到了巨大的发展。

以具体文献为代表，主要有五个发展阶段：（1）交易费用理论和企业的边界之说（Coase，1937；Williamson，1977）。这类理论和学说认为企业的存在是为了节约交易成本和交易费用，企业的边界就在于节约的边际费用和由于企业扩大而增加的成本之间达到均衡状态。（2）企业的契约理论。可参见Alchian和Demsetz（1972），Jensen和Meckling（1976）等。他们把公司定义为合约的结合体，包括外部的显性合约和潜在的隐性合约。隐性合约被定义为“组织资本”（organizational capital）。[①]（3）不完全合约理论。可参见Grossman和Hart（1986），Hart和Moore（1990）等经典文献。他们提出合约是不完全的（incomplete），因此在企业内部，合约未能事先约定以及无法事后约定的一些事项产生了剩余控制权（residual right of control），由此存在剩余索取权和剩余控制权的分离。为解决两权分离产生的代理成本问题，必须将剩余控制权配置给企业关键资源的拥有者，并使之拥有一定的剩余索取权。（4）增长机会理论。Myers（1977）把公司定义为现有资产和增长机会的结合。他认为企业是一组增长期权的组合（the firm as a collection of growth options）。（5）突出人力资本重要性的现代企业观，可参见Zingales（2000）等。随着社会分工细化和科技的高速发展，新型企业趋向于具有非垂直结构、人力资本密集的特点，企业运作受到核心员工辞职的威胁，因为这些员工的离去会带走他们的人力资本。现代企业观必须考虑核心人力资本的重要性，在控制权分配上要应对企业的变革。

总之，现代企业观把企业视为契约的集合（完全或者不完全合约），这些契约的签订者就是企业的利益相关者。利益相关者就是指与企业相关的利益集团。依据利益相关者所拥有的资源不同，对企业产生的影响不同，可以从三个方面对企业的利益相关者进行细分[②]：（1）持有公司股票的一类人，如股东以及可能持股的董事会成员、经理人员等，称为所有权利益相关者；（2）与公司有经济往来的相关群体，如员工、债权人、消费者、供应商、竞争者、地方社区等，称为经济依赖性利益相关者；（3）与公司在社会利益上有关系的利益相关者，如政府机关、媒体以及特殊群体，称为社会利益相关者。客观上利益相关者之间可能存在矛盾。例如，在现代公司中，所有权与经营权的分离不可避免，股东与管理者的矛盾日趋激烈。同时，由于债权人和股东之间的利益目标并不一致，债权人和股东之间也存在利益冲突。由于股东构成和利益来源的差异，股东（大股东与中小股东）之间的矛盾也日益突出，等等。总之，由于各个利益主体之间的利益目标存在差异，公司应

① 参见Baker，Gibbons&Murphy（1999），企业被视为显性合约和隐性合约的结合体（the firm as a nexus of explicit and implicit contracts）。

② 这里借鉴了美国学者Freeman（1984）的观点。可参见弗里曼. 战略管理——利益相关者方法. 上海：上海译文出版社，2006.

该为谁服务成为一个必须要解决的问题，由此产生了各种公司目标理论。

专栏 1-4　　知识拓展：企业为什么存在?

价格机制的概念是经济学研究的核心，市场价格传达了人们想买什么以及其他人想卖什么的信息，亚当·斯密用“看不见的手”这个比喻来描述经济是如何被价格信号所控制的。1937 年，经济学家科斯发表的一篇论文指出了这种观点的一个缺陷：它不符合公司内部的情况。例如，当一个员工从一个部门转到另一个部门时，他这样做不是为了获得更高的工资，而是因为他被要求这样做。科斯提出了一个深刻的经济学问题：企业为什么存在?

他的回答是，企业的出现是对高成本市场的回应。比起为每一笔交易谈判并执行单独的合同，通过法令来制定任务、配置资源往往更便宜。科斯写到，这种“交换成本”在统一的商品市场中很低，但在其他情况下却很高。但科斯的回答引出了更棘手的问题，例如，如果公司的存在是为了降低交易成本，那么为什么还会有市场交易呢?

为了解决这些问题，经济学家们发展了一种契约理论，它区分了现货交易和需要长期合约的商业关系。大多数交易发生在现货市场，它们非常适合简单、低价值的交易，比如买报纸或打车，而且它们受到市场力量的控制，因为许多买家在类似商品的价格上讨价还价。对于没有标准化的商品或服务来说，事情变得有些棘手，交易的各方被要求对彼此做出承诺，而这种承诺要付出高昂的代价才能逆转。比如房地产租赁，一家被赶出其所租房屋的企业无法很快找到类似的东西。同样，如果租客突然退房，房东也会陷入困境。为了争取更好的租金，双方都可能威胁对方，确定租金、租期等的长期合约可以保护双方不受另一方机会主义的影响。对于许多商业关系来说，在任何情况下都很难确定各方所需要的全部内容，这就是“不完全”合约的优势所在。婚姻契约就是这样的，雇佣合同也是如此。因为市场力量在这样的不完全合约中是“软化”的，所以需要另一种治理形式，也就是公司。

科斯认为，公司替代市场的程度会随着环境的变化而变化。80 多年过去了，这两者之间的界限似乎完全消失了。在劳动力中，个体承包商的比例有所上升，以优步（Uber）司机为代表的“零工经济”正在迅速发展。然而，企业并没有消亡，也不太可能消亡。在优步出现后，大多数城市的出租车司机都是自己当老板的。类似点状的工作合同变得越来越普遍，但是他们的灵活性是有代价的。工人们几乎没有动力去投资于公司特有的技能，因此生产率受到影响。复杂商品的供应链如 iPhone 或空客 A380 超大型客机，依赖于公司之间“不完全”的长期合约。科斯是第一个发现永恒真理的人。经济的运行既需要市场的无形之手，也需要企业组织的良性“独裁”。

资料来源：“Why Do Firms Exist? ”, *The Economist*, 2017-09-18.

二、公司目标理论

根据公司金融的理论和实践，具有代表性的公司目标理论主要有如下三种。

（一）股东利润最大化

在评价一个公司经营是否成功时，人们最先想到的往往是公司的利润，即赚了多少钱，与之相对应，公司的理财目标就是利润最大化。以利润最大化为目标的优点是：反映了企业经营行为的本质动机，也为加强管理、降低成本、提高生产效率提供了动力，并且利润最大化目标简单明了，便于比较和理解。

但是，利润最大化目标的缺点也是显而易见的。（1）以利润最大化为经营目标，导致企业无法进行有价值的长期投资。比如一家高科技公司，斥巨资研发一个新的项目，在研发阶段很可能一年甚至几年都是亏损的，但是一旦研发成功，就会带来巨大的经济效益和社会效益，并形成公司的核心竞争力，有利于公司可持续发展。但在即期利润最大化的目标下，这样的投资行为不会被支持。（2）以利润最大化为经营目标，可能导致企业的投资损害了长期价值。公司可以通过削减当前的股利、扩大投资来增加考核期的利润。但如果公司的投资收益率低于资本的机会成本，则实际上损害了企业的股东利益。上述“不愿进行有利的投资”（研发投资）和“过度进行无利的投资”（损害长期价值的过度投资）的两种情形都属于公司管理者的短期行为，导致企业追求短期利润而不惜损害长期利益，对公司和社会都没有好处。（3）利润指标很容易受到公司管理层的操控，经过粉饰的利润指标很可能会掩盖公司经营的真实风险，损害投资者的利益。因此，股东利润最大化目标在现实中往往不被接受。

（二）股东价值最大化

在西方金融学者以及金融学教科书中，被广泛接受的观点是公司的经营目标是股东价值最大化，即公司股权的市场价值最大化。之所以如此，是因为以下几点原因。

（1）股东最大化目标的提出基于这样的逻辑基础：由于公司是属于股东的，公司的价值也是股东的财富价值，因此，可以将公司的经营目标看作使股东财富最大化。

（2）实现了股东价值，也就实现了其他利益相关者的价值。其他的经营目标则都可以由股东价值最大化替代。因为只有在职工、供应商、债权人及其他有合法要求权的人等利益相关者都得到他们应得的部分以后，股东才能享有剩余资产的所有权。如果未能支付利益相关者当中的任何一个，那么股东什么也得不到。所以股东价值的增长，意味着其他利益相关者也获得了收益。

（3）股东价值指标本身没有短期和长期问题，它考虑了货币的时间价值和风险价值，能够克服企业追求短期利润的行为，并且容易量化，便于考核和奖惩。

不过，股东价值最大化观点隐含着一个前提，即股票市场充分有效，股票价格总能准确迅速地反映公司的价值。于是，公司的经营目标就可以具体量化到使股票的市场价格最大化。如果股票价格受到企业经营状况以外的多种因素影响，那么价值确认体系就存在偏差。因此，以股东价值最大化为目标，必须克服许多公司不可控的影响股价的因素。

另外，以股东价值最大化为公司的目标，也必须克服管理层的代理成本。由于企业经理和股东之间的利益并不完全一致，即存在代理成本，要保证股东价值最大化，则必须设法降低代理成本。

（三）利益相关者价值最大化

虽然股东财富最大化观点在理论上可以被接受，在英美等国家也是事实，但是在世界其他国家和地区（包括我国）却并不总是这样，英美等国家的企业文化背景（被称为盎格鲁-撒克逊文化）和投资者哲学与世界其他国家和地区有着很大的区别。在欧洲大陆国家和日本，传统上普遍适用的观点是：公司的目标应该是利益相关者价值最大化或称公司价值最大化。公司应该平等地对待其各方面的利益相关者，如债权人、管理人员、员工、社区，甚至政府等，并且企业要尽到自己的社会责任。

在以利益相关者价值最大化为经营目标的国家中，一般而言，公司融资结构中债务融资（银行贷款和发行企业债）的比例非常高，大银行等债权人和公司形成战略伙伴关系，对公司的经营往往有相当大的控制权。同时，在股票市场上，公司发行的股票以法人股居多，持有股票是为了控制资源，而不是为了短期获利。另外政府对公司的干预比较多，公司往往需要承担相当的社会责任。

从国际比较来看，中国的国情与英美相差较大，而与日本、欧洲大陆国家较为相近。在我国，上市公司的持股主体中，国有股和法人股占了很大比重；公司和银行之间的关系十分密切，在公司的融资结构中银行贷款占主导地位；股票市场受到其他非企业基本面因素的影响大幅波动，不能准确反映公司的价值；另外，在国有企业中，政府作为大股东显然并非单一以股票价格最大化为目标，国有企业承担了较多的社会责任。因此，公司价值最大化的目标更符合我国《公司法》《证券法》以及相关法律对投资者、债权人、企业员工和消费者等利益主体的利益保护规定。因此，我国的公司目标更接近于利益相关者价值最大化。

即使在美国，人们对利益相关者价值最大化的观点的态度也经历了一个变化过程。“到20世纪60年代末70年代初的时候，考虑更广泛的利益相关者的权益已经获得了商业实践的认可”（Blair，1995）。企业进行慈善捐助、与实行种族隔离的南非断绝业务关系、向参与公共服务活动的员工支付收益等，都已经成为平常之事，并且得到了法庭的支持。20世纪80年代，随着恶意收购引发的股东财富增加是否有损员工和社区利益的争议，利益相关者理论得到进一步的关注。不过，20世纪90年代以后，随着公司治理运动的发展，以及日本等传统以利益相关者为目标的国家的企业竞争力有所下降，股东价值最大化重新成为美国乃至世界范围内企业目标的主流。

专栏 1－5　知识拓展：关于股东价值最大化和利益相关者价值最大化的争议

关于企业以利益相关者价值最大化为追求目标的观点，理论和实践中存在四种主要的质疑声音。（1）给非股东的利益相关者以控制权，会阻碍融资。例如企业“自然的利益相关者”——员工和经理，他们自身没有资金投入企业，假如他们和股东分享控制权的话，他们不能提供可信的抵押承诺。（2）将使企业的决策过程变得低效。由于股东和利益相关者（如员工）在许多决策目标上存在冲突，也许很难达成一个合适的互惠政策，分享控制权可能会导致僵局。(3) 企业经理层会产生更大的代理成本。如果经理的责任是最大化股东价值，那么他就有一个相对明确的任务，他在这项任务上的绩效——股票价值或利润——也就相对客观明确。相反，一个承担了社会责任的经理人面临的任务是多样的，这些任务大多数从来就无法衡量。这样，追求利益相关者最大化目标的企业管理层绩效无法衡量，也难以验证，在这种情况下，管理层显然没有足够的激励。(比如我国国有企业的管理层长期存在股东价值、就业、税收乃至社会稳定等职责，多重社会责任是国企低效率的一个重要原因。) 甚至，难以衡量的多重任务可能会成为管理层牟取私利的借口和护身符，从而产生了更大的代理成本。例如，经理人可能会利用职务选择一个成本较高的供应商，理由是该供应商拥有更好的环境保护政策，但实际上供应商是他的朋友或者他收取了回扣；一个低效的经理人可能会以员工必须得到保护以免受敌意收购者（其目标是企业股东价值最大化）的裁员为理由，来实行反收购措施。(4) 对公司社会责任的广泛推动，实际上等于对公司业务征税，但这项税收的收入却不受政治程序的控制。公司进行的政治捐款或者慈善捐赠等，实际上可能是在为董事和经理的支持者牟取利益，而与其标榜的社会目标并不相符。

当然，股东价值最大化的支持者并不完全反对“利益相关者群体”的目标。相反，他们所持的异议在于如何达到这些目标。对于以股东价值最大化为目标而由此可能给利益相关者带来的“负外部性”，他们主张通过合约和法律手段来解决，而不是通过公司董事或经理的自由决策行动。例如，在股东价值最大化目标下，股东是否可能采取有风险的行动来掠夺债权人（所谓“资产替代”行为）或者侵吞现金和资产、留给债权人一个空壳？如果是，债权人可以通过债券合约来保护自己不被掠夺。股东价值最大化是否会损害员工的利益？如果是，员工和工会就应该加入公司的一系列合约条款中，明确员工在职期间的安全、解雇费以及失业救济规则等。

当然，股东利益最大化的支持者意识到，合约是不完备的。此时，一国的法律制度就可以发挥作用。法庭只要按照遵循原始合同的精神，就可以为不严密或者不完备的合约加上无限的注解。因此，法律制度可以补充和替代一些合约以及合约的缺失。但是，也可能法律和规制框架本身就是不完美的，并且经常受到利益集团游说的影响。因此，从合约和法律均存在不完备的角度来说，公司采取股东价值最大化的目标只能是“次优的选择”，极端倾向于股东价值是非常不妥的。在合约失效的情况下，需要有新的干预机制来调和股东价值和企业社会责任（如环境保护）等其他利益目标之间的矛盾。

资料来源：让·梯若尔．公司金融理论：上册．北京：中国人民大学出版社，2009：71-77．

第五节 现代公司金融理论的发展

公司金融学的发展与经济学的发展以及学科要解决的现实问题密切相关。

金融学的大发展始于20世纪经济学一般均衡理论的形成，这一时期的发展主要集中于资产定价方面。自古典经济学建立了无摩擦市场的一般均衡模型后，这一理论模型为金融学提供了强大的分析工具。在完美的金融市场中，金融学家能借助一般均衡模型确定金融市场中各种资产的价格，金融经济学家的研究主要集中于如何在投资者之间分配风险以及通过套利对这些资产进行定价。

20世纪初，公司金融理论开始作为一个相对独立的学科领域出现在西方国家（主要是美国）。当时，美国正处于第一次企业兼并浪潮时期，公司金融所探讨和研究的主要内容集中在公司的横向合并以及如何在资本市场上筹措资金等方面。20世纪20年代，随着美国经济的扩张和发展，企业对资金的需求迅速增加，公司金融更加注重研究企业的外部资金筹措和保持企业的清偿能力问题。

20世纪30年代初席卷西方的经济大萧条导致大量企业破产，公司金融理论开始转向研究企业破产、重组等方面的问题。从企业的角度出发，公司金融要研究如何使企业保持稳固的资本结构（融资结构）以在变幻不定的经济环境中站稳脚跟；从投资者的角度出发，要研究如何准确地分析和判断企业的清偿能力，以保证投资的安全。另外，经济危机使美国政府加强了对企业和资本市场的管理与控制（如1933年《证券法》的颁布），加强了对企业信息披露方面的严格要求，这一措施促进了通过财务数据了解企业经济业绩的方法——财务分析研究——的发展。

20世纪40年代至50年代初，在继承了20世纪二三十年代研究内容的基础上，公司金融增加和丰富了财务规划、营运资金管理、资本预算等方面的内容，包括净现值方法在内的多种技术分析手段被广泛用于资本预算分析。20世纪50年代以后，公司金融理论和研究发生了重大变化。一系列构成现代公司金融理论基石的基础性研究成果开始涌现，主要有：

1. MM的资本结构理论与股利政策理论——现代公司金融理论的研究起点

1958年和l961年，Modigliani和Miller分别在他们的论文中从全新的角度研究了公司价值与公司资本结构和股利政策间的关系。他们指出，在完善和有效的金融市场上，企业价值与资本结构和股利政策无关。1963年，他们在另一篇论文中又讨论了公司所得税对公司资本结构和公司价值的影响。

Modigliani和Miller证明了：在完善、有效的市场和完全套利的假设下，公司的融资结构和股利政策不会影响公司的市场价值。MM定理的条件正是新古典经济学分析框架（Arrow-Debreu框架）下的简化条件：市场中不存在摩擦。金融资产的价值等于这些资产计算的随机收益的价值，公司价值也就等于其发行的金融工具索取权的价值，也等于公司所产生的随机收益的价值。

MM定理奠定了现代公司金融学的基石，之后的研究都以MM理论为起点，在放松

MM理论假定的基础上进行后续研究。20世纪70年代的一些重要文献如Jensen和Meckling（1976），Myers（1977），Ross（1977）等，在资本结构与公司价值关系的研究中引入了代理问题。同时，在经济学理论方面，博弈论的分析方法已经形成，激励理论有了较大发展。因此，公司金融对代理问题的研究成为一个主要方向。其他的方向如信息不对称和交易成本等，也是着重于MM定理的前提条件的放松与讨论。学者们逐步考虑了税收、破产成本、信息不对称等因素，这期间著名的资本结构理论有：权衡理论、非对称信息理论（即优序理论）等。但在此阶段，经营决策的外生性和半强式有效市场的假设仍然存在。公司金融的各个方向并不是彼此隔绝的，它们之间是相互联系和影响的。下面所提到的其他理论也从不同角度构成了现代公司金融学的基础。

2. 代理理论——公司金融研究的第一根重要理论支柱

代理理论（agency theory）是公司金融理论以及微观经济学中契约理论近30年来最重要的发展之一。它是20世纪60年代末、70年代初一些经济学家深入研究企业内部信息不对称和激励问题发展起来的。代理理论的中心任务是研究在委托人和受托人存在利益冲突和信息不对称的环境下，委托人如何设计最优契约激励代理人。

不同的筹资方式、不同的公司治理结构（股权结构特征、经理持股与否等）会有不同的代理成本。考虑代理理论后，资本结构理论就更加复杂化。将代理理论运用于资本结构决策，就是要考虑到负债可能带来的代理成本。因为企业负债以后，在股东、债权人和经理之间发生的代理成本会增加。在选择企业的资本结构时，委托人（股东）的目标函数中包括了税盾效应、破产成本和代理成本，这三个因素都是企业负债比率的函数。考虑三个因素后，来寻找企业的最佳资本结构。

另外，代理理论的分析视角为研究与解释特定治理环境中的企业股利分配行为提供了一个分析逻辑。对处于不同的公司治理结构条件下（如所有权结构、经理人员持股、董事会结构特征等），基于代理理论的股利政策选择将是多种因素权衡的复杂过程。

3. 信息经济学和博弈论——微观经济学和当代公司金融研究的第二根重要理论支柱

信息经济学（information economics）从微观的角度入手，研究信息的成本和价格，并提出用不完全信息理论来修正传统的市场模型中信息完全和确知的假设，重点考察运用信息提高市场经济效率的种种机制。因为主要研究在非对称信息情况下，当事人之间如何制定契约及对当事人行为的规范问题，故又称契约理论或机制设计理论。

不对称信息按内容可以分为两类，第一类是双方知识（knowledge）的不对称，指一方不知道另一方诸如能力、身体健康状况等信息，对于这类信息不对称，信息经济学称之为隐藏知识、隐藏信息。第二类是指在签订合同时双方拥有的信息是对称的，但签订合同后，一方对另一方的行为无法管理、约束。对于这类信息不对称，信息经济学称之为隐藏行动。在事前发生的信息不对称会引起逆向选择（adverse selection）问题，而事后发生的信息不对称会引起道德风险（moral hazard）问题。逆向选择和道德风险是信息经济学两大基本研究课题。比如，选择一个企业经理，如果事先董事会不清楚经理的能力，而经理自己清楚，会出现逆向选择问题；如果事先双方都知道经理的能力，但签约后不清楚经理的努力程度，则出现道德风险问题。在非对称信息情况下，逆向选择和道德风险是随时可能发生的。在这种情况下，博弈论自然派上了用场。从博弈论和信息经济学的角度看，减轻非对称信息的办法就是建立起激励机制和信号传递机制。

博弈论（game theory）是研究决策主体（博弈方）在特定的互动环境和规则中，其行为间的相互作用，并预测其决策及其均衡结果。非对称信息下的博弈论可以解释微观经济学的大量现象。在公司金融的具体问题（融资、投资、股利政策等）中，事前和事后的两种不对称信息都会发生，从而应用博弈论方法来解释公司金融现象具有重要的意义，是一个新的发展方向。

4. 资产组合理论与资本资产定价模型——确定企业股权资本成本的基本方法

资产组合理论是由 Markowitz 首先提出的。根据 Markowitz 的讨论，个别资产的某些风险是可以分散的，只要不同资产间的收益变化不完全正相关，就可以通过将多个资产构成资产组合的方式来降低投资风险，即持有由若干个资产构成的资产组合的投资风险低于单独持有组合中任一资产的投资风险。资本资产定价模型是由 Sharpe、Lintner 和 Mossin 等人分别独立提出的，这一理论揭示了个别资产的风险与收益的关系。资本资产定价模型指出，在完善市场和其他一些假设的情况下，单个资产的风险收益率取决于无风险资产收益率、市场资产组合的收益率和该风险资产的收益率变化与市场资产组合收益率变化间的相关关系。

资本资产定价模型（capital asset pricing model，CAPM）对确定企业的资本成本（主要是股权成本）以及投资者对承担既定风险所要求的投资收益率，有着重要的应用价值。

5. 期权定价理论——企业复杂融资工具成本确定以及投资估值的重要方法是公司金融研究的第三根重要理论支柱

期权（option）是一种在规定期限内按照规定的价格买入或卖出规定数量的某种标的资产的权利，但其所有者没有义务履行这一权利。1973 年，Black 和 Scholes 提出了他们的期权定价模型（即 B-S 期权定价模型），解决了期权定价的难题，为期权交易提供了切实可行的定价工具。

诸如可转换债券、可转换优先股、认股权证等企业筹资工具都具有明显的期权性质，同样可以利用期权定价模型来分析这些筹资工具的价值。另外，期权定价理论还可以用于投资分析、企业价值与资本结构分析等。比如，企业的股权可以被看作股东持有的买入期权（call option），即以借款本金与利息总额为行权价、以企业资产为标的物的买入期权，如果企业经营取得成功，资产价值大于债务价值（即企业资产买入期权的行权价），股东将执行手中的买入期权，按行权价归还债务本息，取得企业资产的所有权；如果企业经营失败，资产价值低于债务价值，股东将放弃手中的买入期权，不再归还债务本息，而是将企业资产留给债权人任其处理。这样，企业的股权价值可以套用 B-S 期权定价模型进行估值。

另外，若期权定价从金融期权引入实物资产和项目投资的定价中，则被称为实物期权（real option）。①

6. 有效市场假说——解释企业融资决策的一个前提

有效市场的效率是指资产的市场价格对可以影响价格变化的有关信息的反应速度，如果资产的市场价格对各种导致价格变化的信息可以迅速做出反应，市场就是有效的；反

---

① 关于实物期权的内容，可参见本书第十三章。

之，市场的效率就不高。Eugene Fama 是在有效市场假说（efficient market hypothesis，EMH）方面做出重大贡献的学者之一，也是这一假说的坚定拥护者之一。1970 年，Fama 在他的论文中根据历史信息、全部公开信息和内幕信息对股票价格的不同影响，将市场的效率分为弱式有效、半强式有效和强式有效三个层次，并做了深入的讨论。有效市场假说的成立与否或成立的程度，对投资者的投资行为和收益，特别是其在证券市场上的投资行为和收益，有重大的影响。

有效市场假说将对企业的财务决策选择产生重大的影响。比如，如果市场是完全有效的，证券的市场价格已经完全反映了所有的信息，则证券价格就是其价值的最好反映。这时，企业可以随时在市场上用任何一种金融工具进行融资，而不必担心因证券的定价失误影响企业的筹资成本。相反，如果市场不是完全有效的，就可能存在证券的定价错误，企业就需要考虑目前自己的股票和债券是否被合理地定价，进而考虑应该选择什么样的金融工具进行融资，以降低筹资成本。因此，有效市场的问题与企业资本结构的优序理论、融资决策的择时问题等都有密切关系，也和行为公司金融有密切关系。

7. 行为公司金融——研究公司金融中传统问题的新思考范式

自 20 世纪 90 年代以来，随着行为经济学尤其是行为金融学的发展，人们逐渐开始从新的角度研究公司金融领域中的传统问题，并取得了新颖的成果。在行为金融的框架下，人们突破了古典经济学关于理性人假说的局限，从新的视角来研究公司金融问题。行为公司金融提出了两种非理性——资本市场投资者及分析师的非理性和公司管理者的非理性，因此，行为公司金融的主要问题就是：

（1）非理性的投资者是否影响理性的管理者的资本配置行为？也就是说，当股票市场价格明显偏离公司真实价值时，理性的经理将如何反应？理性的经理是否会纠正非理性投资者的估价偏差？存在代理问题时，理性的管理者是否会利用股票市场投资者的非理性，进而选择使自身利益最大化的资本配置行为？

（2）非理性的管理者对公司资本配置行为的影响以及非理性的投资者会如何反应？

行为公司金融从这两种非理性出发，研究传统企业的投融资决策、股利政策、兼并收购及重组行为等，并给出自己的回答。

首先，经典的金融学理论假设金融市场是有效率的，投资者能正确判断公司行为对公司价值的影响，市场上的正确价格信号又能帮助经理人做出正确的决策。而行为金融学认为，由于投资者的判断受心理因素影响，市场价格并不一定反映企业真实价值。最直接的例子是公司的融资行为：如果股价偏离公司真实价值，经理人便可以既不按融资顺序理论，也不按权衡理论进行融资，而只需在股价高估时募股，股价低估时发债就可以了。这被称为“市场时机选择”或“择时”（market timing）的融资理论。Baker 和 Wurgler（2002）的研究验证了市场择时现象的存在，并提出企业的资本结构是由于经理在融资时进行市场时机选择形成的。Loughran 和 Ritter（2002）运用行为经济学中的前景理论（prospect theory）对公司上市时投资者和发行人的心理进行研究，发现损失规避（loss aversion）能够较好地解释公司上市中的一些现象。

其次，经理人不是完全理性的，即使其本人完全具有和股东一致的目标，他的决策仍然有可能损害股东利益。在对公司兼并活动的研究中，Roll（1986）提出了自大假说

(hubris hypothesis)，认为大量兼并收购是经理人的过度自信引起的。Barberis 和 Shleifer (2003) 构造的行为金融模型认为，经理人的过度自信促使公司实行并购，大量现金使这一战略易于实施，并进行多元化经营。而过度自信引发的这些现象对股东利益是有害的。在股利政策方面，按照 MM 理论，在不考虑税收和交易费用的情况下，公司的现金分红能够由资本利得（自制股利）所取代。可是，现实的情况却是，上市公司如果取消对股东的分红，会受到众多股东的反对。因此，行为金融学学者认为，投资者具有减少后悔的心理要求，Shefrin 和 Statman (1985) 因此提出了一个解释投资者偏好现金红利的模型，同时认为管理者支付现金红利正是为了迎合投资者的这种偏好，此即股利迎合 (dividend catering) 理论。Baker 和 Wurgler (2003) 提出了投资者对公司红利政策的偏好会时常发生变化，公司管理者通常会迎合投资者偏好制定红利政策。[①]

总之，行为公司金融从经理人和投资者的“非理性”行为出发，为我们进一步了解和研究公司金融中的传统问题，提供了新的视角与范式。行为公司金融理论虽然解释了许多现代公司金融理论难以解释的困惑或现象，但是相对于现代公司金融理论研究遵循的线性、理性的经济学研究范式，行为金融理论强调的非线性、复杂的心理学研究范式导致行为金融学零散、难以统一，以及研究困难等，限制了其发展进程。就目前而言，行为公司金融理论只是拓宽了公司金融学的研究范式，或者只是对现代公司金融理论无力触及的一些“非理性死角”做了补充性的研究。然而，它还不能回答公司金融领域的所有问题，更没有形成一个系统的理论体系。

专栏 1－6 知识拓展：区块链技术改善公司治理

尽管围绕“区块链”这一时髦词汇的炒作目前主要集中在对比特币等虚拟货币的投机上，但是作为一种最先进的技术，区块链可以为公司治理领域的经典问题提供完美的解决方案。区块链技术在公司治理领域的应用，特别是在老式而僵化的年度股东大会的重组上有显著效果。

公司金融中的代理理论旨在优化股东与经理代理关系的契约框架。尽管做了大量学术上的努力，但遵循 Jensen 和 Meckling 的开创性理论，代理成本永远不能完全排除，除非能够消除委托代理关系的基本企业特征。区块链技术可以缓解突出的代理问题及其相关成本。尽管如此，DAO（一个完全分散的基于区块链的关联）表明缺乏一个集中的权限也可以创建一个次优的情况。

区块链为促进企业参与者之间的代理关系提供了新的可能性，有助于创建信任和透明度。特别是，我们看到了通过区块链技术优化和现代化股东的关系以及降低公司代理成本的可能性。股东大会在股东监督和公司凝聚力方面发挥着重要的理论作用，但在实践中，它被认为是一种沉闷的强制性仪式。几个世纪以来，经典的股东大会程序等都没有改变。相比之下，企业行为已经发生了变化，对股东大会老式的法律要求结果只能是口头上敷衍了事。年度股东大会的三个理论功

① 关于行为公司金融的主要理论及文献，请参见本书第十五章。

能——信息、沟通和决策——目前至少部分被掏空了，严格的程序要求阻碍了快速灵活的决策。例如，经济理论预测，小股东参与决策的动机较弱，因为他们的投票成本通常高于他们的投票收益。降低这些成本可以增强小股东的参与意愿，提高参与率，从而提高股东大会决策职能的有效性。

在实践中，还有其他甚至更根本的程序缺陷破坏了年度股东大会的运作。股票常常通过复杂的中介链持有，尤其是在跨境投票的情况下。这些中介链不仅增加了股东参与本身的交易成本，而且存在很大的不确定性，即不确定包括股东投票记录在内的信息是否正确地在最终股东和企业之间进行远程参与。

区块链技术对于改善年度股东大会的上述问题有一点效果。在一个私人区块链里，可以由公司管理，只有股东才能访问，例如在 IBM 的超级账本（hyperledger）上，公司和持有足够股份的股东可以提出建议。巧妙的合同允许私人账本采用某种结构，使所有相关信息包括多数规则和访问权被包含在章程和法律中。一旦在区块链中提出某项提议，持有公司股份的股东将立即得到通知，并可在短时间内行使投票权。投票结果可能在一个截止点之后立即可用，并且需要在指定的时间框架内达到多数要求，以使决策具有约束力和可验证性。股东可以核实自己的交易，但任何股东都不能确定其他股东做出了什么投票决定。

有了这个区块链技术，股东投票的交易成本可以大大降低。与反对虚拟会议的人所主张的相反，虚拟会议也可能提供机会来加强年度股东大会的沟通功能。此外，区块链还可以降低企业的组织成本，提高决策速度，使年度股东大会成为一个快速精简的企业机构。当前的中介链和远程投票系统的主要问题与透明度、核查和识别有关——这些问题直接与区块链技术的优点有关。

资料来源：Anne Lafarre，Christoph Van der Elst，“Blockchain Technology for Corporate Governance and Shareholder Activism”，Harvard Law School Forum on Corporate Governance and Financial Regulation，2018.

目前，我国在公司金融理论上的研究主要以借鉴西方经典理论为主，具体体现在以下几个方面。

（1）公司的金融行为研究。包括：资本成本分析、融资偏好分析、资本结构的决定、资本结构与公司绩效的关系、股利政策选择等方面。在资本成本分析的研究中，主要采用经典公司金融理论中的资本资产定价法、MM 的平均成本定价法等来计算我国上市公司的资本成本。在融资顺序和资本结构的研究中，多以实证研究为主，而且大多依据西方经典的公司金融模型来探讨可能的经济影响变量，进而确立要进行计量检验的模型。在有关实证结果的分析中，重点也是判断我国上市公司的金融决策行为是否符合经典公司金融理论的结论。在股利政策方面，探讨我国上市公司的股利分配现状与动因、公司股利政策的影响因素、股利是否具有信号传递效应，以及具有什么样的信号传递效应。主要的研究结论有：我国上市公司的资本成本呈下降态势；上市公司存在强烈的股权融资偏好。关于资本结构的影响因素方面，除了资本成本、行业因素以外，还包括企业规模、盈利水平、企业成长性等方面的因素。关于股利政策方向，认为代理问题和公司治理结构是影响上市公司股利政策的重要因素。但是，在上述研究中往往忽视了企业经济性质和外部经济环境的制度约束，没有控制外部因素的影响，这很有可能影响研究结论的准确性。

（2）其他问题研究。如对公司投资的“融资约束”现象的研究较多，对实际的研发投资、库存投资等实物投资范畴研究得较少。在投资的“融资约束”研究方面，主要应用了Fazzari和Habbard的“融资约束模型”来对我国上市公司的投融资行为进行检验，初步的结论是大公司的投资对现金流量的敏感性要高于小公司。对企业并购的绩效和动机的研究，在并购绩效方面的研究主要包括两种方法：一种是基于并购行为的市场反应；另一种是比较并购前后企业经营业绩的变化。实证研究结果对并购双方的总体并购绩效是否得到改善并无统一的结论。有关并购动机的研究结论认为：西方经典公司金融理论中的协同效应、多元化效应并不能解释我国上市公司的并购行为。

目前海内外学者基于中国的公司金融研究在数量和质量上都已经取得了较大的发展，但是仍然存在不少缺陷。在理论研究上，没有结合中国转轨经济背景建立一个统一的理论分析框架，并且在研究上存在两个重大的缺陷：一是缺乏对中国上市公司治理结构的全面和深层次的理解，特别是对上市公司有关利益各方的决策影响力和利益配置情况分析不清，不了解背景的复杂性，而是简单照搬西方的公司金融理论；二是西方经典公司金融理论隐含的前提是有效资本市场，而我国的资本市场上股价操纵和投资者的短视使股票价格常常严重背离了上市公司的基本面价值。由于以上原因，我国的公司金融研究尚不能完全有效地解释实际情况，未来还有待进一步改善。

本章小结

1. 金融学主要划分为公司金融和资产定价。公司金融是金融学科的一个重要组成部分。公司金融学研究以公司形式为主的企业如何运行、如何获取资金（融资决策）、如何分配资本（投资或称资本预算决策）等，以实现企业存在的目的。公司金融学所要研究和解决的是围绕企业的三个核心问题：治理、融资、估值。

2. 根据企业资产的所有者把企业分为三种基本形式：个人业主制、合伙制和公司制。公司金融主要研究公司制企业的金融活动。在现代公司组织结构中，公司金融活动的主管是企业的首席财务官（或称财务总监），首席执行官下设司库和主计长两个职能下属，公司金融活动的具体负责人是司库。公司追求的目标有：股东利润最大化、股东价值最大化和利益相关者价值（或称企业价值）最大化。理论上最优的目标是股东价值最大化。

3. 公司金融学与经济学的发展以及学科要解决的现实问题密切相关。20世纪50年代以后，公司金融理论研究发生了重大变化。一系列构成现代公司金融理论基石的基础性研究成果开始涌现。主要代表性理论有：MM的资本结构理论与股利政策理论、代理理论、信息经济学与博弈论、资产组合理论与资本资产定价模型、期权定价理论、有效市场假说、行为公司金融等。当前，公司金融的理论前沿仍在不断创新发展。

问题与应用

1. 请简述企业的组织形式，思考不同组织形式的优缺点。

2. 公司金融学的主要内容为何可以概括为治理、融资和估值三大问题？试着寻找其他问题，看是否可以纳入三大问题框架中。

3. 请简述公司金融与会计的区别与联系。

4. 按照股东价值最大化的目标，股价最大化就是上市公司的目标吗？以股价最大化为目标有何利弊？

5. 本书介绍了主流公司金融理论的发展变化，请你试着总结贯穿其中的脉络——这些不同理论的联系是什么？

推荐阅读材料

[1] 黄达．金融——词义、学科、形势、方法及其他．北京：中国金融出版社，2001.

[3] 让·梯若尔．公司金融理论：上册．北京：中国人民大学出版社，2007.

[3] 张新．中国金融学面临的挑战和发展前景．金融研究，2003 (8).

参考文献

[1] Zingales, "In Search of New Foundations", *Journal of Finance*, 2000: 1623-1653.

[2] 刘力．公司财务．北京：北京大学出版社，2009.

[3] 乔纳森·伯克，彼得·德马佐．公司理财．北京：中国人民大学出版社，2009.

[4] 让·梯若尔．公司金融理论．北京：中国人民大学出版社，2007.

[5] 斯蒂芬·A. 罗斯，伦道夫·W. 威斯特菲尔德，杰弗利·F. 杰富．公司理财：9版．北京：机械工业出版社，2012.

第二章 财务报表与财务计划

学习目标：

1. 熟悉资产负债表、利润表和现金流量表；
2. 了解会计现金流量和财务现金流量；
3. 了解财务计划的制订；
4. 掌握杜邦分析法；
5. 掌握销售收入百分比法；
6. 掌握可持续增长率模型；
7. 了解中国会计准则体系；
8. 了解企业财务造假识别的主要方法。

引　　言

本章首先概述了企业资产负债表、利润表和现金流量表三张主表的基本特点；然后分析了会计现金流量和财务现金流量的差别；讨论了财务计划的制订以及杜邦分析法、销售收入百分比法和可持续增长率模型的运用；最后对中国会计准则体系进行了阐述，也谈及了企业财务造假识别的主要方法。

第一节　财务报表

财务报表是根据统一规范编制的反映企业经营成果、财务状况及现金流的会计报表，是会计核算、记录的交易和事项的客观反映。主要有：（1）资产负债表；（2）利润表；

（3）现金流量表。

一、资产负债表

（一）资产负债表概述

资产负债表是反映企业会计期末全部资产、负债和所有者权益情况的报表。目前我国上市公司采用的资产负债表的基本结构如表 2-1 所示。

表 2-1　资产负债表

编制单位：　　　　　　　　　　年　　月　　日　　　　　　　　　　单位：元

资产	期末余额	期初余额	负债和所有者权益（或股东权益）	期末余额	期初余额
流动资产：			流动负债：		
货币资金			短期借款		
交易性金融资产			交易性金融负债		
衍生金融资产			衍生金融负债		
应收票据及应收账款			应付票据及应付账款		
预付账款			预收账款		
其他应收款			合同负债		
存货			应付职工薪酬		
合同资产			应交税费		
持有待售资产			其他应付款		
一年内到期的非流动资产			持有待售负债		
其他流动资产			一年内到期的非流动负债		
流动资产合计			其他流动负债		
			流动负债合计		
非流动资产：					
债权投资			非流动负债：		
其他债权投资			长期借款		
长期应收款			应付债券		
长期股权投资			其中：优先股		
其他权益工具投资			永续债		
其他非流动金融资产			长期应付款		
投资性房地产			预计负债		
固定资产			递延收益		
在建工程			递延所得税负债		
生产性生物资产			其他非流动负债		
油气资产			非流动负债合计		
无形资产			负债合计		

续表

资产	期末余额	期初余额	负债和所有者权益（或股东权益）	期末余额	期初余额
开发支出					
商誉			所有者权益（或股东权益）：		
长期待摊费用			实收资本（或股本）		
递延所得税资产			其他权益工具		
其他非流动资产			其中：优先股		
非流动资产合计			永续债		
			资本公积		
			减：库存股		
			其他综合收益		
			盈余公积		
			未分配利润		
			所有者权益（或股东权益）合计		
资产总计			负债和所有者权益（或股东权益）总计		

说明：此表为财政部 2018 年 6 月 15 日《关于修订印发 2018 年度一般企业财务报表格式的通知》中规定的已执行新金融准则或新收入准则的一般企业财务报表资产负债表格式。本节利润表和现金流量表亦采用按相同规定的报表格式。

企业资产负债表的左方列示的是企业资产，代表了该企业的投资规模。资产是指企业过去的交易或者事项形成的、由企业拥有或者控制的、预期会给企业带来经济利益的资源。资产越多表明企业可以用来赚取收益的资源越多，可以用来偿还债务的资源也越多。但是，这并不意味着资产总是越多越好。资产并不代表收益能力，也不代表偿债能力。资产规模只是代表企业拥有或控制的经济资源的多少。

资产负债表的右方列示的是企业的负债和所有者权益项目。负债是指企业过去的交易或者事项形成的、预期会导致经济利益流出企业的现时义务。所有者权益是指企业资产扣除负债后，由所有者享有的剩余权益。它们是企业筹资的来源，反映企业的义务。其中负债是来自债权人的资金，代表企业对债权人的义务。所有者权益是股东缴入资本和留存收益之和，代表企业对股东的义务。

资产负债表编制的基础是权责发生制，它满足以下会计恒等式：

$$资产=负债+所有者权益 \tag{2-1}$$

（二）资产负债表资产项目

资产负债表的资产项目可以分为流动资产和非流动资产两大类。

一般而言，流动资产是指企业可以在一年或一个营业周期内变现或耗用的资产，在财务报表中包括货币资金、交易性金融资产、应收账款、应收票据、存货、预付账款、其他应收款、一年内到期的其他长期投资等项目。我国企业会计准则指出，资产满足下列条件之一的，应当归类为流动资产：（1）预计在一个正常营业周期中变现、出售或耗用；（2）主要为交易目的而持有；（3）预计在资产负债表日起一年内（含一年）变现；（4）自资产负债表日起一年内，交换其他资产或清偿负债的能力不受限制的现金或现金等价物。

企业持有较多的流动资产，可以提高资产流动性和变现能力，降低企业短期偿债压力，防范财务失败的风险。流动资产的主要项目简述如下：

1. 货币资金

资产负债表中的"货币资金"项目反映企业库存现金、银行存款和其他货币资金的期末余额。企业持有货币资金主要是为了经营的需要、预防的需要和投机的需要。

2. 交易性金融资产

"交易性金融资产"项目反映资产负债表日企业分类为以公允价值计量且其变动计入当期损益的金融资产，以及企业持有的直接指定为以公允价值计量且其变动计入当期损益的金融资产的期末账面价值。

3. 衍生金融资产

衍生金融工具又称派生金融工具、金融衍生品，与原生金融工具相对。原生金融工具是指即期交易的债券、股票、外汇等，而衍生金融工具则是由原生金融工具所派生的，主要有期货、期权、远期、互换合约四种以及由此变化、组合、合成再衍生出来的一些变体。衍生金融工具在资产负债表日公允价值为正的，确认为"衍生金融资产"项目。

4. 应收票据及应收账款

"应收票据及应收账款"项目反映资产负债表日以摊余成本计量的，企业因销售商品、提供服务等经营活动应收取的款项，以及收到的商业汇票，包括银行承兑汇票和商业承兑汇票。

5. 预付账款

"预付账款"项目反映企业按照合同规定预付的款项。

6. 其他应收款

"其他应收款"项目反映企业除应收票据和应收账款、预付账款等经营活动以外的其他各种应收、暂付的款项。原报表中"应收利息""应收股利"期末余额也在此项目中反映。

7. 存货

在资产负债表上，"存货"项目反映企业期末在库、在途和在加工中的各项存货的实际成本，存货资产分为原材料、库存商品、低值易耗品、包装物、在产品和产成品等。

8. 合同资产

"合同资产"项目是指企业已向客户转让商品而有收取对价的权利，且该权利取决于时间流逝之外的其他因素。根据 2017 年修订的《企业会计准则第 14 号——收入》的规定，对于一项收入准则规范的合同，如果企业已将商品转让给客户（即企业已履行履约义务），在客户尚未付款的情况下，企业应当将该有收取对价的权利列报为一项资产。如果企业拥有无条件向客户收取对价的权利，应当将该项资产作为应收款项单独列示；如果该权利取决于时间流逝之外的其他因素，企业应当将该收款权利作为合同资产单独列示。

9. 持有待售资产

"持有待售资产"项目反映企业划分为持有待售类别的非流动资产及划分为持有待售类别的处置组中的流动资产和非流动资产的期末账面价值。

10. 一年内到期的非流动资产

"一年内到期的非流动资产"项目反映企业非流动资产项目中在一年内（含一年）到

期的金额，包括一年内到期的长期债权投资、长期待摊费用和一年内可收回的长期应收款。

11. 其他流动资产

"其他流动资产"项目是指除前述流动资产类各项目以外的其他流动资产。如企业购入的以摊余成本计量的一年内到期的债权投资、企业购入的以公允价值计量且其变动计入其他综合收益的一年内到期的债权投资、确认为资产的合同取得成本摊销期限不超过一年或一个正常营业周期的、确认为资产的应收退货成本在一年或一个正常营业周期内出售的，其期末余额应在"其他流动资产"项目中反映。

非流动资产指除流动资产以外的其他长期性资产，企业投资长期性资产可以取得比流动资产投资更高的收益，但是投资风险更大。非流动资产的主要项目简述如下：

12. 债权投资

"债权投资"项目反映资产负债表日企业以摊余成本计量的长期债权投资的期末账面价值。

13. 其他债权投资

"其他债权投资"项目反映资产负债表日企业分类为以公允价值计量且其变动计入其他综合收益的长期债权投资的期末账面价值。

14. 长期应收款

"长期应收款"项目反映企业融资租赁产生的应收款项和采用递延方式分期收款、实质上具有融资性质的销售商品和提供劳务等经营活动产生的应收款项。

15. 长期股权投资

"长期股权投资"项目反映期限在一年以上的企业各种股权性投资的价值，包括采用成本法和权益法核算的长期股权投资。

16. 其他权益工具投资

"其他权益工具投资"项目反映资产负债表日企业指定为以公允价值计量且其变动计入其他综合收益的非交易性权益工具投资的期末账面价值。

17. 其他非流动金融资产

"其他非流动金融资产"项目反映自资产负债表日起超过一年到期且预期持有超过一年的以公允价值计量且其变动计入当期损益的非流动金融资产的期末账面价值。

18. 投资性房地产

"投资性房地产"项目反映企业持有的投资性房地产，包括采用成本模式计量的投资性房地产和采用公允价值模式计量的投资性房地产。

19. 固定资产

"固定资产"项目反映企业固定资产的期末账面价值和企业尚未清理完毕的固定资产清理净损益。

20. 在建工程

"在建工程"项目反映企业尚未达到预定可使用状态的在建工程的期末账面价值和企业为在建工程准备的各种物资的期末账面价值。

21. 生产性生物资产

"生产性生物资产"项目反映企业为产出农产品提供劳务或出租目的而持有的生物资

产，如经济林、产畜等。

22. 油气资产

“油气资产”项目反映石油天然气开采企业持有的矿区权益和油气井及相关设施的资产价值。

23. 无形资产

“无形资产”项目是指企业拥有或者控制的没有实物形态的可辨认非货币性资产，包括专利权、商标权、著作权、特许经营权、土地使用权、非专利技术等。“无形资产”项目反映资产负债表日无形资产的摊余价值。

24. 开发支出

“开发支出”项目是反映企业开发无形资产过程中能够满足资本化条件的支出部分。

25. 商誉

“商誉”项目是指能在未来期间为企业经营带来超额利润的潜在经济价值，在企业合并时，购买企业对合并成本大于合并中取得的被购买企业可辨认净资产公允价值份额的差额，应确认为商誉。

26. 长期待摊费用

“长期待摊费用”项目反映企业已经发生但应由本期和以后各期负担的分摊期限在一年以上的各项费用。

27. 递延所得税资产

“递延所得税资产”项目反映企业确认的由可抵扣暂时性差异产生的纳税影响。

28. 其他非流动资产

“其他非流动资产”项目反映除资产负债表上所列非流动资产项目以外的其他周转期超过一年的长期资产。如同一合同下的合同资产与合同负债之净额为借方余额且在一年期以上的、确认为资产的合同取得成本的摊销期限超过一年或一个正常营业周期的、确认为资产的应收退货成本超过一年或一个正常营业周期出售的，其期末余额应反映在“其他非流动资产”项目中。

（三）资产负债表负债项目分析

资产负债表负债项目可以分为流动负债和非流动负债两大类。

流动负债是指在一年内或超过一年的一个营业周期内应偿还的债务。按照目前会计准则的规定，负债满足下列条件之一的，应当归类为流动负债：（1）预计在一个正常营业周期中清偿；（2）主要为交易目的而持有；（3）自资产负债表日起一年内到期应予以清偿；（4）企业无权自主地将清偿推迟至资产负债表日后一年以上。

虽然一般说来，企业的所有债务都是要偿还的，但是并非所有债务都需要在到期时立即偿还，有些到期债务可以通过债务展期方式推迟偿还时间。不过企业短期流动负债较多，会导致企业偿债压力和破产风险加大。企业流动负债的主要项目简述如下：

1. 短期借款

“短期借款”项目反映企业向银行或其他金融机构借入的期限在一年以下（含一年）的各种借款。

2. 交易性金融负债

“交易性金融负债”项目反映企业持有的以公允价值计量且其变动计入当期损益的金融负债和直接指定为以公允价值计量且其变动计入当期损益的金融负债。

3. 衍生金融负债

“衍生金融工具”项目在资产负债表日公允价值为负的，为衍生金融负债。

4. 应付票据及应付账款

“应付票据及应付账款”项目反映资产负债表日企业因购买材料、商品和接受服务等经营活动应支付的款项，以及开出、承兑的商业汇票，包括银行承兑汇票和商业承兑汇票。

5. 预收账款

“预收账款”项目反映企业按照合同规定预收的款项。

6. 合同负债

“合同负债”项目是指企业已收或应收客户对价而应向客户转让商品的义务。

7. 应付职工薪酬

“应付职工薪酬”项目反映企业应付未付的各种职工薪酬。

8. 应交税费

“应交税费”项目反映企业期末按照税法的规定应缴纳的各种税费。

9. 其他应付款

“其他应付款”项目反映企业除应付票据及应付账款、预收账款、应付职工薪酬、应交税费等以外的其他各项应付、暂收的款项。原报表“应付利息”和“应付股利”期末余额也在此项目中反映。

10. 持有待售负债

“持有待售负债”项目反映资产负债表日处置组中与划分为持有待售类别的资产直接相关的负债的期末账面价值。

11. 一年内到期的非流动负债

“一年内到期的非流动负债”项目反映企业各种非流动负债在一年内（含一年）到期的金额，包括一年内到期的长期借款、长期应付款、应付债券和预计负债。

12. 其他流动负债

“其他流动负债”项目反映企业除前述流动负债类各项目以外的其他流动负债。如确认为预计负债的应付退货款在一年或一个正常营业周期内清偿的，在“其他流动负债”项目中反映。

非流动负债是指偿还期在一年或一个营业周期以上的债务。长期负债的增加将使企业融资成本上升，但是企业调整负债结构，用长期负债替代流动负债，将有利于优化企业资本结构和降低财务风险。非流动负债主要项目简述如下：

13. 长期借款

“长期借款”项目反映企业向银行或其他金融机构借入的期限在一年以上（不含一年）的各项借款，一般用于固定资产的购建、固定资产改扩建工程、固定资产大修理工程等。

14. 应付债券

“应付债券”项目反映企业为筹集长期资金而发行的尚未偿还的各种债券本金和利息。

15. 长期应付款

“长期应付款”项目反映企业除长期借款和应付债券以外的其他各种长期应付款项，如应付引进设备款、融资租入固定资产应付款等。

16. 预计负债

“预计负债”项目反映企业确认的对外提供担保、未决诉讼、产品质量保证、重组义务、亏损性合同等预计负债。

17. 递延收益

“递延收益”项目是指企业尚待确认的收入或收益，如尚待确认的政府补助等，它在以后期间内可确认为收入或收益，具有递延性质。

18. 递延所得税负债

“递延所得税负债”项目反映企业确认的由应纳税暂时性差异产生的纳税影响。

19. 其他非流动负债

“其他非流动负债”项目反映企业除长期借款、应付债券、长期应付款、递延收益、预计负债以外的其他非流动负债。如同一合同下的合同资产与合同负债之净额为贷方余额且在一年期以上的，其期末余额应反映在“其他非流动负债”项目中。

（四）资产负债表所有者权益项目

企业的所有者权益主要包括股本（实收资本）、资本公积、盈余公积、未分配利润及库存股等项目。企业持有较多的所有者权益，可以增强企业的资本实力，提高抵御财务风险的能力。所有者权益项目简述如下：

1. 股本（实收资本）

“股本”项目是股份有限公司通过股份筹资形成的资本，非股份公司的资本金也称实收资本，是企业接受投资者投入企业的资本。

2. 其他权益工具

权益工具是指能证明拥有某个企业在扣除所有负债后的资产中的剩余权益的合同。“其他权益工具”项目核算企业发行的除普通股以外的归类为权益工具的各种金融工具。

3. 资本公积

“资本公积”项目指由投资者投入，但不构成股本，或从其他来源取得的属于股东的权益。

4. 其他综合收益

“其他综合收益”反映企业根据企业会计准则规定未在损益中确认的各项利得和损失扣除所得税影响后的净额。

5. 盈余公积

“盈余公积”项目反映企业从税后利润中提取形成的、存留于企业内部、具有特定用途的收益积累。

6. 库存股

“库存股”项目反映企业收购的尚未转让或注销的本公司的股份金额。

7. 未分配利润

“未分配利润”项目反映企业尚未分配的利润，它是一种未拨定的留存收益，既未指定用途，也未分配给所有者。

二、利润表

(一) 利润表概述

利润表是反映企业在一定期间全部活动成果的报表，即利润表反映了两个资产负债表日之间的财务业绩。通过利润表，可以从总体上了解企业的收入、成本和费用，以及净利润（或亏损）的实现及构成情况。我国的利润表采用多步式格式，分为营业收入、营业利润、利润总额和净利润四个盈利项目，利润表的基本结构见表 2-2。

表 2-2 利润表

编制单位： 年度 单位：元

项目	本年金额	上年金额
一、营业收入		
减：营业成本		
税金及附加		
销售费用		
管理费用		
研发费用		
财务费用		
其中：利息费用		
利息收入		
资产减值损失		
信用减值损失		
加：其他收益		
投资收益（损失以“—”号填列）		
其中：对联营企业和合营企业的投资收益		
净敞口套期收益（损失以“—”号填列）		
公允价值变动收益（损失以“—”号填列）		
资产处置收益（损失以“—”号填列）		
二、营业利润（亏损以“—”号填列）		
加：营业外收入		
减：营业外支出		
三、利润总额（亏损总额以“—”号填列）		
减：所得税费用		
四、净利润（净亏损以“—”号填列）		
(一) 持续经营净利润（净亏损以“—”号填列）		

续表

项目	本年金额	上年金额
（二）终止经营净利润（净亏损以“—”号填列）		
五、其他综合收益的税后净额		
（一）不能重分类进损益的其他综合收益		
1．重新计量设定受益计划变动额		
2．权益法下不能转损益的其他综合收益		
3．其他权益工具投资公允价值变动		
4．企业自身信用风险公允价值变动		
……		
（二）将重分类进损益的其他综合收益		
1．权益法下可转损益的其他综合收益		
2．其他债权投资公允价值变动		
3．金融资产重分类计入其他综合收益的金额		
4．其他债权投资信用减值准备		
5．现金流量套期储备		
6．外币财务报表折算差额		
……		
六、综合收益总额		
七、每股收益		
（一）基本每股收益		
（二）稀释每股收益		

（二）利润表项目

利润表各项目略述如下：

1．营业收入

“营业收入”项目反映企业经营主要业务和其他业务所取得的收入总额。

2．营业成本

“营业成本”项目反映企业经营主要业务和其他业务所发生的实际成本总额。

3．税金及附加

“税金及附加”项目反映企业经营活动中发生的消费税、城市维护建设税、资源税和教育费附加及房产税、土地使用税、车船税、印花税等相关税费。

4．销售费用

“销售费用”项目反映企业在商品销售过程中所发生的费用，以及为销售本企业商品而专设的销售机构的相关费用，具体包括：应由企业负担的运输费、装卸费、包装费、保险费、展览费、销售佣金、委托代销手续费、广告费、租赁费、销售服务费及商品流通企业的进货费用，专设销售机构人员工资、福利费、差旅费、办公费、折旧费、修理费、材料消耗、低值易耗品摊销及其他费用。

5．管理费用

“管理费用”项目反映企业为管理和组织生产经营活动所发生的各项费用，如公司经费、工会经费、职工教育经费、保险费、董事会费、聘请中介机构费、诉讼费、税金、土地使用费、技术转让费、无形资产摊销、长期待摊费用摊销、坏账损失准备、存货盘盈和盘亏、业务招待费等。

6. 研发费用

"研发费用"项目反映企业进行研究与开发过程中发生的费用化支出。

7. 财务费用

"财务费用"项目反映企业为进行资金筹集等理财活动而发生的各项费用，包括利息净支出、汇兑净损失、金融机构手续费和其他因资金而发生的费用。其中"利息费用"项目反映企业为筹集生产经营所需资金等而发生的应予费用化的利息支出，"利息收入"项目反映企业确认的利息收入。

8. 资产减值损失

"资产减值损失"项目反映企业计提的各项资产减值准备所形成的损失。

9. 信用减值损失

"信用减值损失"项目反映企业计提的各项金融工具减值准备所形成的预期信用损失。

10. 其他收益

"其他收益"项目反映计入其他收益的政府补助等。

11. 投资收益

"投资收益"项目反映企业以各种方式对外投资所取得的扣除投资损失后的净收益，其中包括分得的投资利润、债券投资的利息收入以及认购股票取得的股利和收回投资时发生的收益等。

12. 净敞口套期收益

"净敞口套期收益"项目反映净敞口套期下被套期项目累计公允价值变动转入当期损益的金额或现金流量套期储备转入当期损益的金额。

13. 公允价值变动损益

"公允价值变动损益"项目反映企业确认的交易性金融资产或交易性金融负债，以及采用公允价值模式计量的投资性房地产、衍生工具、套期保值业务等公允价值变动形成的应计入当期损益的利得或损失。

14. 资产处置收益

"资产处置收益"项目反映企业出售划分为持有待售的非流动资产（金融工具、长期股权投资和投资性房地产除外）或处置组（子公司和业务除外）时确认的处置利得或损失，以及处置未划分为持有待售的固定资产、在建工程、生产性生物资产及无形资产而产生的处置利得或损失。债务重组中因处置非流动资产产生的利得或损失和非货币性资产交换中换出非流动资产产生的利得或损失也包括在本项目内。

15. 营业利润

"营业利润"项目是企业最基本经营活动的成果，是企业经营收益减去相关成本、费用及损失后的剩余。

16. 营业外收入

"营业外收入"项目反映企业发生的除营业利润以外的收益，主要包括债务重组利得、与企业日常活动无关的政府补助、盘盈利得、捐赠利得（企业接受股东或股东的子公司直接或间接的捐赠，经济实质属于股东对企业的资本性投入的除外）等。

17. 营业外支出

“营业外支出”项目反映企业发生的除营业利润以外的支出，主要包括债务重组损失、公益性捐赠支出、非常损失、盘亏损失、非流动资产毁损报废损失等。

18. 利润总额

“利润总额”项目反映企业实现的全部税前利润。

19. 所得税费用

“所得税费用”项目反映企业从当期损益中扣除的所得税费用。

20. 净利润

“净利润”项目反映企业缴纳所得税后的利润。其中，“（一）持续经营净利润”和“（二）终止经营净利润”两行项目，分别反映净利润中与持续经营相关的净利润和与终止经营相关的净利润。

21. 其他综合收益的税后净额

“其他综合收益的税后净额”项目反映企业根据会计准则规定未在当期损益中确认的各项利得和损失扣除所得税影响后的净额，可分为“不能重分类进损益的其他综合收益”和“将重分类进损益的其他综合收益”两项。

22. 综合收益总额

“综合收益总额”项目反映净利润和其他综合收益相加后的合计金额。

23. 每股收益

“每股收益”是企业税后利润与股本总数的比率，包括“基本每股收益”和“稀释每股收益”两项。

在公司金融学的资本预算以及企业估值分析中，我们还常常采用“息税前利润”（EBIT）的概念，它是指利润表中在扣除利息费用和所得税之前的盈利部分，通常可以用“利润总额＋利息费用”来测算，也可以用“净利润＋所得税费用＋利息费用”来测算。

三、现金流量表

（一）现金流量表概述

现金流量表是反映企业现金的来源和使用的报表，能够便于报表使用者了解和评价企业获取现金和现金等价物的能力，并据以预测企业未来的现金流量。该表的项目按经营活动、投资活动和筹资活动三项基本活动分别列示。

现金流量表中的经营活动现金流量有两种列报方法：直接法和间接法。直接法是按现金收入和支出的主要类别直接反映企业经营活动产生的现金流量，一般以利润表中的营业收入为起算点，调整与经营活动有关项目的增减变化，然后计算出经营活动现金流量。间接法是以净利润为起算点，调整不涉及现金的收入、费用、营业外收支以及应收应付等项目的增减变动，据此计算并列示经营活动现金流量。

我国现金流量表准则规定，现金流量表采用直接法列报，同时要求在现金流量表补充资料中披露将净利润调节为经营活动产生的现金流量的信息，也就是用间接法计算经营活动的现金流量。

现金流量表对于企业经营活动收益的反映是以收付实现制为基础的，相对于以权责发生制为基础的利润表来说，可以提供更加准确的企业财务信息。我国目前采用的现金流量表结构如表 2－3 和表 2－4 所示。

表 2－3　现金流量表

编制单位：　　　　　　　　　　　　年度　　　　　　　　　　　　单位：元

项目	本年金额	上年金额
一、经营活动产生的现金流量		
销售商品、提供劳务收到的现金		
收到的税费返还		
收到的其他与经营活动有关的现金		
经营活动现金流入小计		
购买商品、接受劳务支付的现金		
支付给职工以及为职工支付的现金		
支付的各项税费		
支付的其他与经营活动有关的现金		
经营活动现金流出小计		
经营活动产生的现金流量净额		
二、投资活动产生的现金流量		
收回投资收到的现金		
取得投资收益收到的现金		
处置固定资产、无形资产和其他长期资产收回的现金净额		
处置子公司及其他营业单位收到的现金净额		
收到的其他与投资活动有关的现金		
投资活动现金流入小计		
购建固定资产、无形资产和其他长期资产支付的现金		
投资支付的现金		
取得子公司及其他营业单位支付的现金净额		
支付的其他与投资活动有关的现金		
投资活动现金流出小计		
投资活动产生的现金流量净额		
三、筹资活动产生的现金流量		
吸收投资收到的现金		
取得借款收到的现金		
收到的其他与筹资活动有关的现金		
筹资活动现金流入小计		
偿还债务支付的现金		
分配股利、利润或偿付利息支付的现金		
支付的其他与筹资活动有关的现金		
筹资活动现金流出小计		

续表

项目	本年金额	上年金额
筹资活动产生的现金流量净额		
四、汇率变动对现金及现金等价物的影响		
五、现金及现金等价物净增加额		
加：期初现金及现金等价物余额		
六、期末现金及现金等价物余额		

表 2-4　现金流量表补充资料

编制单位：　　　　　　　　　　年度　　　　　　　　　　单位：元

补充资料	本年金额	上年金额
1. 将净利润调节为经营活动现金流量		
净利润		
加：资产减值准备		
固定资产折旧、油气资产折耗、生产性生物资产折旧		
无形资产摊销		
长期待摊费用摊销		
处置固定资产、无形资产和其他长期资产的损失（收益以“—”号填列）		
固定资产报废损失（收益以“—”号填列）		
公允价值变动损失（收益以“—”号填列）		
财务费用（收益以“—”号填列）		
投资损失（收益以“—”号填列）		
递延所得税资产减少（增加以“—”号填列）		
递延所得税负债增加（减少以“—”号填列）		
存货的减少（增加以“—”号填列）		
经营性应收项目的减少（增加以“—”号填列）		
经营性应付项目的增加（减少以“—”号填列）		
其他		
经营活动产生的现金流量净额		
2. 不涉及现金收支的重大投资和筹资活动		
债务转为资本		
一年内到期的可转换公司债券		
融资租入固定资产		
3. 现金及现金等价物净变动情况		
现金的期末余额		
减：现金的期初余额		
加：现金等价物的期末余额		
减：现金等价物的期初余额		
现金及现金等价物净增加额		

(二) 现金流量表项目

1. 经营活动现金流入的主要项目

经营活动是指除投资活动和筹资活动以外的所有交易和事项。对于工商企业而言，经营活动主要包括销售商品、提供劳务、购买商品、接受劳务、支付税费等。

(1) 销售商品、提供劳务收到的现金。该项目反映企业销售商品、提供劳务实际收到的现金，主要包括：收回当期的销售货款和劳务收入款；收回前期销售货款和劳务收入款；预收账款；企业销售材料和代购代销业务收到的现金。其中，由于退货而退给购买单位的款项作为此项目的减少项，不作为现金流出。

(2) 收到的税费返还。该项目反映企业收到返还的各种税费，包括增值税、消费税、营业税、所得税、关税、教育费附加等。

(3) 收到的其他与经营活动有关的现金。该项目反映企业除上述各项目外，收到的其他与经营活动有关的现金，包括经营性租赁收到的租金和出租包装物收到的租金收入、罚款收入、流动资产损失中由个人赔偿的现金收入、除税费返还外的其他政府补助收入等。

2. 经营活动现金流出的主要项目

(1) 购买商品、接受劳务支付的现金。该项目反映企业购买材料、商品、接受劳务实际支付的现金，主要包括：本期购买商品、接受劳务支付的现金；支付前期的应付账款和应付票据款；预付账款。其中，因所购货物的退回而收到的现金应扣除，不作为现金流入。为购置存货而发生的借款利息资本化部分，应在“分配股利、利润或偿付利息支付的现金”项目中反映。

(2) 支付给职工以及为职工支付的现金。该项目支付给职工的现金包括：工资、奖金以及各种津贴和补贴。为职工支付的现金包括：为职工缴纳的医疗、养老、失业、工伤、生育等社会保险，补充养老保险，住房公积金等。但本项目不包括企业支付给离退休人员的各项费用和支付给在建工程人员的工资。前者包括在“支付的其他与经营活动有关的现金”中，后者包括在“购建固定资产、无形资产和其他长期资产所支付的现金”中。

(3) 支付的各项税费。该项目反映企业按规定支付的各项税费，包括本期发生并支付的税费，以及本期支付以前各期发生的税费和预交的税金，如支付的教育费附加、印花税、房产税、土地增值税、车船税、营业税、增值税、所得税等。

(4) 支付的其他与经营活动有关的现金。该项目反映除上述各项目外，企业支付的其他与经营活动有关的现金，包括经营租入固定资产支付的租金、租入包装物支付的租金、罚款支出、支付的备用金、差旅费、办公费、保险费、销售费、业务招待费、退还的押金等。

3. 投资活动现金流入的主要项目

投资活动是指企业长期资产的购建和不包括在现金等价物范围内的投资及其处置活动。

(1) 收回投资收到的现金。该项目反映企业出售、转让或到期收回除现金等价物以外的交易性金融资产、持有至到期投资、可供出售金融资产、长期股权投资、投资性房地产而收到的现金，不包括债权性投资收回的利息、收回的非现金资产，以及处置子公司及其他营业单位收到的现金净额。债权性投资收回的本金在本项目反映，债权性投资收回的利息在“取得投资收益收到的现金”项目中反映。处置子公司及其他营业单位收到的现金净额单设项目反映。

（2）取得投资收益收到的现金。该项目反映企业因股权性投资而分得的现金股利，从子公司、联营企业或合营企业分回利润而收到的现金，因债权性投资而取得的现金利息收入，包括在现金等价物范围内的债权性投资，其利息收入在本项目中反映。

（3）处置固定资产、无形资产和其他长期资产收回的现金净额。该项目反映企业在报告期内处置固定资产、无形资产及其他长期资产时因取得价款收入、保险赔偿收入等而收到的现金减去为处置这些资产而支付的有关费用后的净额，如处置固定资产、无形资产和其他长期资产收回的现金净额为负数，则应作为投资活动产生的现金流量，在“支付的其他与投资活动有关的现金”项目中反映。

（4）处置子公司及其他营业单位收到的现金净额。该项目反映企业对子公司及其他营业单位处置以后收到的现金净额。处置子公司及其他营业单位收到的现金净额如为负数，则将该金额填列至“支付的其他与投资活动有关的现金”项目中。

（5）收到的其他与投资活动有关的现金。该项目反映除上述各项目外，企业收到的其他与投资活动有关的现金。如收回购买股票和债券时支付的已宣告但尚未领取的现金股利或已到付息期尚未领取的债券利息等。

4．投资活动现金流出的主要项目

（1）购建固定资产、无形资产和其他长期资产支付的现金。该项目反映企业购买、建造固定资产，取得无形资产和其他长期资产支付的现金，包括购买机器设备所支付的现金及增值税款、建造工程支付的现金、支付在建工程人员的工资等现金支出，不包括为购建固定资产、无形资产和其他长期资产而发生的借款利息资本化部分，以及融资租入固定资产所支付的租赁费，前者在“分配股利、利润或偿付利息支付的现金”项目中反映，后者在“支付的其他与筹资活动有关的现金”项目中反映，它们都属于筹资活动的现金流出。

（2）投资支付的现金。该项目反映企业进行权益性投资和债权性投资所支付的现金，包括企业取得的除现金等价物以外的交易性金融资产、持有至到期投资、可供出售金融资产而支付的现金，以及支付的佣金、手续费等交易费用。企业购买债券的价款中含有债券利息的，以及溢价或折价购入的，均按实际支付的金额反映。

（3）取得子公司及其他营业单位支付的现金净额。该项目反映企业为取得子公司及其他营业单位而对外支付的现金净额。净额如为负数，应在“收到的其他与投资活动有关的现金”项目中反映。

（4）支付的其他与投资活动有关的现金。该项目反映除上述各项目外，企业支付的其他与投资活动有关的现金流出。例如购买股票或债券时，实际支付的价款中包含已宣告但尚未领取的现金股利或已到付息期但尚未领取的债券利息等。

5．筹资活动现金流入的主要项目

筹资活动是指导致企业资本及债务规模和构成发生变化的活动。这里所说的资本包括企业实收资本与资本溢价；所说的债务包括发行债券，向金融企业借入款项以及偿还债务等。

（1）吸收投资收到的现金。该项目反映企业以发行股票、债券等方式实际收到的款项净额（发行收入减去支付的佣金等发行费用后的净额），但发行股票、债券时企业直接支付的审计咨询等费用不在本项目中反映，应在“支付的其他与筹资活动有关的现金”中反映。

(2) 取得借款收到的现金。该项目反映企业举借各种短期借款、长期借款所收到的现金。

(3) 收到的其他与筹资活动有关的现金。该项目反映除上述各项目外，企业收到的其他与筹资活动有关的现金，如接受捐赠的现金等。

6. 筹资活动现金流出的主要项目

(1) 偿还债务支付的现金。该项目反映企业以现金偿还债务的本金，包括偿还金融企业借款本金，偿付企业到期债券本金，但均不包括偿还的利息。

(2) 分配股利、利润或偿付利息支付的现金。该项目反映企业实际支付的现金股利、支付给其他投资单位的利润或用现金支付的借款利息、债券利息。不同用途的借款，其利息的开支可能在在建工程、财务费用科目中核算，均在本项目中反映。

(3) 支付的其他与筹资活动有关的现金。该项目反映企业除上述各项目外，支付的其他与筹资活动有关的现金。如以发行股票、债券等方式筹集资金而由企业直接支付的审计、咨询等费用，融资租赁所支付的现金、以分期付款方式购建固定资产以后各期支付的现金等。

专栏 2－1　　知识拓展：财务报表体系的形成

财务报表的雏形源于会计复式簿记系统的出现。1494 年意大利杰出的数学家和会计学家 Luca Pacioli 在威尼斯出版了他的名著《算术、几何、比及比例概要》，其中的一篇《计算与记录要论》是论述复式簿记最早的经典著作。Luca Pacioli 说明了收入、费用和利润的关系以及利润与资本的关系，并认为这些有机联系可以通过“试算表”反映出来。另外，他还明确提出了借贷记账法的记账规则和会计等式，这些都为日后财务报表的出现提供了坚实的理论基础。

最早出现的财务报表是资产负债表，早在 15 世纪意大利的企业在报告应税财产时就已采用，随着 17 世纪以后征税和股份公司的出现，资产负债表日渐受到重视，企业财务报表的编制成为簿记的主要目的。与此同时，人们开始逐渐关注企业的收入与费用的核算和报告问题。1929 年英国的公司法第一次要求企业编制利润表，使之成为企业第二个正式的对外财务报表。现金流量表首先出现于美国，源自一些企业自发编制的反映企业财务状况变动的内部报表“资金来源和运用表”。1971 年美国会计原则委员会（APB）发表意见书建议将此表作为对外正式公布的基本财务报表。1987 年 11 月美国财务会计准则委员会（FASB）发布了第 95 号《财务会计准则公告》，规定企业必须编制现金流量表并正式对外公布。

国际会计准则委员会（IASC）于 1989 年 7 月发布了《编报财务报表的框架》这一文件，另外还制定了一系列会计准则。其中《国际会计准则第 1 号——

财务报表的列报》指出，一套完整的财务报表应包括下列组成部分：(1) 资产负债表；(2) 利润表；(3) 一份反映权益的所有变动或不是由与业主资本交易和对业主分配所引起的权益变动报表；(4) 现金流量表；(5) 会计政策和说明性注释。

第二节　现金和现金流量分析

在公司金融研究中，现金流量分析具有重要意义。特别是在现金流量概念基础上形成的自由现金流量理论，是公司资本预算和价值评估体系中最为重要的环节之一。

一、现金与现金流量

(一) 现金的概念

所谓“现金”，通常包括库存现金、可以随时用于支付的存款和现金等价物三个部分。

1. 库存现金

库存现金是指企业持有的可随时用于支付的现金，与会计核算中“现金”账户所包括的内容一致。

2. 可以随时用于支付的存款

可以随时用于支付的存款是指企业存在银行或其他金融机构，随时可以用于支付的款项，包括企业的在途资金、银行存款、其他货币资金等可以随时用于支付的部分。质押、冻结的活期存款不能随时用于支付，故不能包括在现金概念中。

3. 现金等价物

现金等价物是指企业持有的期限短、流动性强、易于转换为已知金额现金、价值变动风险很小的投资，一般指的是从编表日起三个月内到期，可上市流通、转让或随时兑现的债券投资。现金等价物虽然不是现金，但其支付能力与现金的差别不大，可被视为现金。权益性投资变现的金额通常不确定，因而不属于现金等价物。

(二) 现金流量

现金流量是企业现金流动的金额数量，即企业一定时期内现金流入量和流出量的总称。需要注意的是，企业现金形式的转换不会产生现金的流入和流出，例如企业从银行提取现金，是企业现金存放形式的变化，现金未流出企业，不构成现金流量。同样，现金和现金等价物之间的转换也不属于现金流量，例如企业用现金购买将于3个月到期的国库券。

1. 现金流量的分类

在现金流量表中，现金流量被分为三大类：经营活动现金流量、投资活动现金流量和筹资活动现金流量。现金流量表按照经营活动、投资活动和筹资活动进行分类报告，目的是便于报表使用人了解各类活动对企业财务状况的影响，以及估计未来的现金流量。

在上述划分的基础上，又将每大类活动的现金流量分为现金流入量和现金流出量两类。

现金流入量是指企业在一定时期内从各种经济业务中收进的现金的数量。现金流出量是指企业在一定时期内为各种经济业务付出现金的数量。这样企业的现金流量又可分为经营活动现金流入量、经营活动现金流出量、投资活动现金流入量、投资活动现金流出量、筹资活动现金流入量和筹资活动现金流出量共计六类。

2. 现金净流量

现金净流量是指现金流入量与现金流出量的差额，也叫净现金流量或现金流量净额，其公式为：

现金净流量＝现金流入量－现金流出量　(2-2)

现金净流量可能是正数，也可能是负数。如果是正数，则为净流入；如果是负数，则为净流出。现金净流量反映了企业各类活动形成的现金流量的最终结果，即企业在一定时期内，现金流入大于现金流出，还是现金流出大于现金流入。现金净流量是现金流量表反映的一个重要指标，表明了现金流量的构成，还可以通过以下公式表示：

现金净流量＝经营活动现金净流量＋投资活动现金净流量＋筹资活动现金净流量
＝(经营活动现金流入量－经营活动现金流出量)＋(投资活动现金流入量－投资活动现金流出量)＋(筹资活动现金流入量－筹资活动现金流出量)
(2-3)

二、会计现金流量和财务现金流量

(一) 会计现金流量

企业的会计现金流量来自现金流量表，由经营活动现金流量、投资活动现金流量和筹资活动现金流量加总而成①，该现金流量在数值上也等于资产负债表内流动资产项目中货币资金的净变化量（即货币资金期末余额减去期初余额）。

会计现金流量＝经营活动现金流量＋投资活动现金流量＋筹资活动现金流量　(2-4)

1. 经营活动现金流量

经营活动现金流量可以按照直接法编制得到，也可以采用间接法，利用利润表和资产负债表相关数据计算得出。用间接法计算经营活动现金流量的基本公式为

经营活动现金流量＝净利润＋调整项目　(2-5)

在将“净利润”调整成为“经营活动现金流量”时，需要通过以下 5 个步骤调整计算：

(1) 首先从净利润中扣除“非经营活动的损益”（筹资和投资活动的损益），即加回以下项目：处置固定资产、无形资产、其他长期资产的损失；固定资产报废损失；投资损失；财务费用；公允价值变动损失。净利润扣除“非经营活动损益”后，得出的是“经营活动净损益”。

(2) 在“经营活动净损益”上加回非付现的费用：计提的减值准备；计提的固定资产折旧；无形资产摊销；长期待摊费用摊销。这四种费用都已在计算利润时扣除，但没有在

① 如企业持有外币，还要考虑汇率变化对现金的影响。

本期支付现金，所以应将其加回。

（3）加上非现金流动资产的减少：存货减少（减去增加）；经营性应收项目减少（减去增加）。经营性应收项目包括应收票据、应收账款、预付账款和其他应收款中与经营活动有关的部分。这些项目的增加是企业对营运资本的投资，会减少现金；它们的减少是企业收回营运资本，会增加现金。

（4）加上非现金流动负债的增加：经营性应付项目的增加（减去减少）。经营性应付项目包括应付票据、应付账款、预收账款、应付职工薪酬、应交税费、应付利息和其他应付款中与经营活动有关的部分。这些负债项目的增加可以减少企业对营运资本的投资，使企业获得现金流入；反之，它们的减少会使现金流出。

（5）最后加上递延所得税资产减少（减去增加），或加上递延所得税负债增加（减去减少）。递延所得税资产减少或递延所得税负债增加，使计入所得税费用的金额大于当期应交的所得税金额，其差额没有发生现金流出，但在计算净利润时已经扣除，所以应当加回。另外，递延所得税资产增加或递延所得税负债减少，使计入所得税费用的金额小于当期应交的所得税金额，其差额并没有发生现金流入，但在计算净利润时已经包括在内，所以应当扣除。

2. 投资活动现金流量

投资活动现金流量主要包括投资净变动和投资净收益。其中，投资净变动是企业处置交易性金融资产、持有至到期投资、可供出售金融资产、长期股权投资、投资性房地产、固定资产、无形资产和其他长期资产、子公司及其他营业单位收回的现金与投资上述项目支付的现金之间形成的现金净变动额。投资净收益是指企业因股权性投资收到的股利、利润分配和债权性投资收到的利息的现金流入部分。投资活动现金流量可以简化为以下基本公式：

投资活动现金流量＝投资净变动＋投资净收益　　(2-6)

3. 筹资活动现金流量

筹资活动现金流量主要包含权益净变动、债务净变动以及股利、利润和利息支付三个部分。其中，权益净变动是企业发行股票取得现金与回购股票支付现金的净额部分。债务净变动是企业负债融资取得的现金和偿付债务支付的现金的净额部分。股利、利润和利息支付是企业实际支付的现金股利、支付给其他投资单位的利润分配和用现金支付的债务利息，是筹资成本的现金流出。筹资活动现金流量可以简化为以下基本公式：

筹资活动现金流量＝权益净变动＋债务净变动＋股利、利润和利息支付　　(2-7)

（二）财务现金流量①

从财务角度来说，企业的价值在于其产生现金流量的能力。我们知道，企业资产的价值等于负债的价值加上权益的价值。与此相对应，资产的现金流量（由企业资产所产生的现金流量，即从企业的营业活动中得到的现金流量），也一定等于负债的现金流量（流向企业债权人的现金流量）加上所有者权益的现金流量（流向权益投资者的现金流量），因

① 财务现金流量（financial cash flow，简记为 FCF）是公司金融学的一个定义，它不同于会计报表的现金流量表中的现金流量。财务现金流量是企业资本预算和估值中测算项目或企业现金流量的依据。西方学者认为，财务现金流量（FCF）即经济学意义上的自由现金流量（free cash flow，也记为 FCF），参见 Ross 等所著的相关教材。

此财务现金流量可用以下公式表示：

企业财务现金流量＝资产的现金流量

＝负债的现金流量＋所有者权益的现金流量　　(2-8)

1. 资产的现金流量

资产的现金流量由三部分构成，分别是营业活动现金流量、资本性支出和营运资本增量。

资产的现金流量＝营业活动现金流量－资本性支出－营运资本增量　　(2-9)

(1) 营业活动现金流量。营业活动现金流量（operating cash flow）等于企业息税前利润加上折旧减去支付的所得税，该值反映了企业通过营业活动得到的现金净流入量，该现金流量在企业正常经营时应为正值。

(2) 资本性支出。资本性支出（capital expenditure）形成的现金流量等于企业进行各项长期性资本投资发生的现金流出与回收投资产生的现金流入之间的净额（即投资净变动）。资本性支出大于零表明企业增加了对长期性资本项目的现金投资，表现为现金流出；资本性支出小于零则表明企业通过处置长期投资收回现金，表现为现金流入。

(3) 营运资本增量。企业的营运资本等于企业流动资产与流动负债之间的差额。营运资本（networking capital）增量是企业本期营运资本减去上期营运资本后的余额。营运资本增量大于零，表明企业对营运资本增加了现金投资，表现为现金流出；营运资本增量小于零，表明企业减少营运资本投资以回收现金，表现为现金流入。

2. 负债的现金流量

负债的现金流量是企业的总现金流出中支付给债权人的现金流出量，并扣减了从债权人那儿获得的现金流入量，包括债权人提供的债务资金、企业偿付给债权人的债务本金和支付给债权人的利息三部分。

3. 所有者权益的现金流量

所有者权益的现金流量是企业支付给股东（权益所有者）的现金流出量，并扣减了从股东那儿获得的现金流入量，包括股东提供的权益资金、企业回购股票流向股东的现金和企业对股东的现金股利分配三部分。

根据等式（2-8），企业的财务现金流量即资产的现金流量，等于负债和权益各自现金流量的加总。

第三节　财务计划

一、财务计划

（一）财务计划概述

财务计划是企业在科学地对内外部各因素进行分析和预测的基础上，将决策目标具体化、系统化反映出来的企业未来一定时期经济活动的一系列目标和规划。

财务规划将未来划分为短期和长期，所谓短期，一般是指未来 12 个月以内的规划；

所谓长期，通常要跨越1～5年甚至更长的时间。

财务计划汇集了企业每一个部门和项目的预算分析。实际上，财务计划要把企业每一个经营单位的较小的计划结合在一起，使之成为一个整体的规划，这个过程称为综合。

财务计划通常要对企业未来各种可能的情况做出假设。

（1）最差情形的计划。要求对企业产品和经济形势可能出现的最糟糕情况做出假设，甚至包括企业退出或陷入破产清算的情形。

（2）一般情形的计划。要求对企业发展和经济形势最可能出现的情况做出假设。

（3）最好情形的计划。要求企业按最乐观的假设做出一份计划，包括新产品开发和企业扩张的内容。

在制订财务计划时，企业可以通过敏感性分析、情景分析和压力测试等多种工具来加以完善，以确保计划的可靠性和有效性。

（二）财务计划的组成内容

企业的财务计划由一系列预算组成，从基本的经济假设开始，在对业务预算、资本预算、资金预算进行分析的基础上，最终完成财务预算。

（1）业务预算。业务预算首先从销售或营业预算开始，基于基本经济假设、年度目标利润、预测的市场销量或服务需求、提供的产品结构以及市场价格，计算出企业未来的销售收入。在销售预算的基础上，还可进一步完成生产预算、制造费用预算、产品成本预算、采购预算和期间费用预算。

（2）资本预算。资本预算是企业长期计划的组成部分，包括企业的固定资产投资预算、权益性资本投资预算以及其他投资预算。其中，固定资产投资预算是企业购建、改建、扩建、更新固定资产进行资本投资的预算。权益性资本投资预算是企业新设立企业、向权属企业追加投资、为了获得其他企业单位的股权及收益分配权而进行资本投资的预算。其他投资预算主要包括企业从事技术研发、新产品试制，为购买国债、企业债券、金融债券、基金等金融资产所做的预算。

（3）资金预算。资金预算是企业对现金流变动进行的预测，不仅包括与业务预算和资本预算相关联的资金收入预算和资金支出预算，而且包括企业在预算期内需要新借入长短期借款、经批准发行证券以及对原有借款、债券还本付息的筹资预算。

（4）财务预算。在上述预算的基础上，企业将编制预测的财务报表，进行财务预算。预测的财务报表包括预计利润表、预计资产负债表和预计现金流量表。

二、杜邦分析法

杜邦分析法是利用各主要财务比率指标间的内在联系，对企业财务状况及经济效益进行综合分析评价的一种方法。因为这种方法是由美国杜邦公司的财务人员首先应用的，所以得此名。

杜邦分析法提供了一个综合评价企业财务状况的基本方法，该方法从企业所有者的角度出发，将净资产收益率（ROE）进行逐项分解，有助于深入分析及比较企业的经营业绩，其基本结构如图2-1所示。

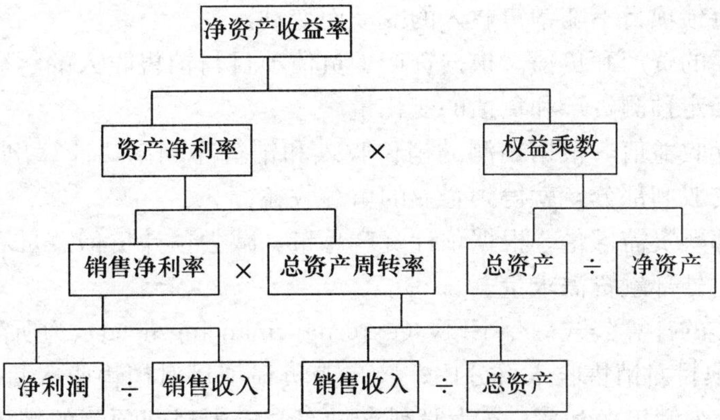

图 2-1　杜邦分析体系图

在杜邦分析法中，几种主要的财务指标之间的关系如下：

净资产收益率＝资产净利率×权益乘数

＝销售净利率×总资产周转率×权益乘数

杜邦分析法把企业资产负债表和利润表有机结合起来，通过指标分解和组合，不仅可以揭示企业财务状况的全貌以及各项财务指标间的结构关系，而且可以查明各项主要财务指标增减变动的影响因素及存在的问题。

同时，杜邦分析法由于较好地解释了投资收益核心指标的影响因素，为企业进一步采取具体措施指明了方向，为企业管理层和决策者优化经营结构和财务结构，提高企业偿债能力和经营效益提供了基本思路。即提高净资产收益率的根本途径在于扩大销售、改善经营结构、节约成本费用、合理配置资源、加快资金周转、优化资本结构、在不危及企业财务安全的前提下适当增加债务规模等。

尽管杜邦分析法是一种较好的综合分析方法，但也有其不足之处。例如指标体系较为机械，一些重要的财务指标如现金流指标没有被包含在内等，所以在实际使用时，应注意与其他分析方法配合运用。

三、销售收入百分比法

销售收入百分比法是根据销售收入与资产负债表及利润表各项目之间的比例关系，来预测企业未来外部融资需求的一种方法。

销售收入百分比法的主要优点在于能为财务计划提供短期预计的财务报表，以适应外部筹资的需要，且易于使用。但这种方法也有缺点，倘若销售收入百分比与实际不符，据以进行预测就会形成错误的结果。因此，在有关因素发生变动的情况下，必须相应地调整原有的销售收入百分比。

销售收入百分比法的具体计算步骤如下：

（1）根据未来宏观经济假设和企业当前的实际情况，做出销售收入预测。

（2）确定销售收入百分比。销售收入与资产负债表有关项目的百分比可以根据往年历史统计数据确定。在确定时要注意区分哪些资产、负债项目直接随销售收入的变动而变动，哪些资产、负债项目不随销售收入的变动而变动。

(3) 确定需要的资产和负债。根据资产、负债项目与销售收入的百分比关系，以及预测的销售收入，确定预测资产和负债的变化量。

(4) 预测留存收益值。根据预测的销售收入和销售净利率，计算出可供分配的利润，再减去对外支付的股利部分，就得到企业的留存收益额。

(5) 计算外部融资需求量。根据预计资产总量，减去预计负债总量和内部提供的留存收益额，即可得出外部融资需求量。

下面给出具体的计算公式。令 EFN（external financing need）为所需的外部融资需求量；A/S 为资产项目对销售收入百分比；L/S 为负债项目对销售收入百分比；ΔS 为销售收入的增加额；p 为销售净利率；d 为股利支付率；S_1 为当期预测的销售收入。这里假设 A/S，L/S，p，d 为常数，则外部融资需求量的计算公式如下：

$$\text{外部融资需求量}=\text{资产增加额}-\text{负债增加额}-\text{新增留存收益} \tag{2-10}$$

$$EFN=(A/S)\Delta S-(L/S)\Delta S-S_1\times p\times(1-d) \tag{2-11}$$

由上式可以看出，企业未来销售增长情况、销售净利率以及公司的利润分配政策等都对企业外部融资需求产生了一定的影响。例如，当企业计划的销售增长较高时，企业通过内部留存收益和自发的负债融资无法满足资产的增长，就必须进行外部融资。另外，企业销售净利率较低，内部利润积累较少，或者企业发放的股利较多都可能使企业产生对外部资金的较大需求。

【例题 2-1】 A 公司为一家成长型公司，当年销售收入为 8 000 万元，预计次年销售增长率为 20%。该公司新增资产项目占销售收入的百分比为 50%，新增负债项目占销售收入的百分比为 10%，销售净利率为 20%，股利支付率为 70%，那么该公司的外部融资需求量为多少？

解答：

根据上述数据可知：

$$S_1=8\,000\times(1+20\%)=9\,600(\text{万元})$$

$$\Delta S=8\,000\times20\%=1\,600(\text{万元})$$

$$\begin{aligned}EFN&=(A/S)\Delta S-(L/S)\Delta S-S_1\times p\times(1-d)\\&=50\%\times1\,600-10\%\times1\,600-9\,600\times20\%\times30\%\\&=640-576\\&=64(\text{万元})\end{aligned}$$

该结果显示，A 公司销售额的增长使资产增长超过负债增长 640 万元，其中留存收益提供了 576 万元，因此公司需要从外部融资 64 万元。

四、可持续增长模型

下面我们考虑在没有新增外部权益融资时，企业的增长能力与其财务政策之间的关系。先做如下财务计划假设：

(1) 企业的资产随销售收入的增加同比例增长，即企业资产/销售收入为常数；

(2) 净利润与销售收入之比即销售净利率是一个常数；

(3) 企业的股利分配政策既定，即股利支付率不变；

(4) 负债与权益比例既定；

(5) 企业发行在外的股票数量不变，即无新增外部权益融资。

在此基础上，我们来分析企业可能的销售增长率。首先，确定以下变量：

T 为总资产占销售收入的比率；p 为销售净利率；d 为股利支付率；L 为负债与权益比率；S_0 为当年的销售收入；S_1 为下年计划的销售收入；ΔS 为销售收入的净增加额($S_1-S_0=\Delta S$)。

已知上述变量，则易得到：企业预计的净利润（NI）为 $S_1\times p$；企业支付股利后的留存收益（RE）为 $S_1\times p\times(1-d)$。

如果企业计划未来新增加 ΔS 的销售收入，就必须要增加 $T\Delta S$ 的资产。我们知道，资产的变动一定等于负债的变动加上权益的变动，所以新增加的负债和新增加的权益之和必然等于 $T\Delta S$。

因为已假定企业不改变其发行在外的股票数量，所以权益融资只能来自内部留存收益。留存收益取决于企业下年度的销售收入 S_1、股利支付率 d 以及销售净利率 p；债务则取决于留存收益（RE）和债务权益比率（L）。

新增加的权益为：$S_1\times p\times(1-d)$

新增加的负债为：$[S_1\times p\times(1-d)]\times L$

从而有

$$T\Delta S= S_1\times p\times(1-d)+[S_1\times p\times(1-d)]\times L$$

变形后求得：

$$销售增长率=\frac{\Delta S}{S_0}=\frac{p\times(1-d)\times(1+L)}{T-p\times(1-d)\times(1+L)} \quad (2-12)$$

从以上公式可知，当企业的销售净利率（p）、股利支付率（d）、债务权益比率（L）和总资产占销售收入的比率（T）给定时，企业的销售增长率就可以确定，这个增长率被称为可持续增长率（sustainable growth rate，SGR）。

可持续增长率还有其他较为简便的计算方法。若企业的留存收益比率 b（$=1-d$）和净资产收益率（ROE）已知，则可持续增长率可由下式得到①：

$$可持续增长率=\frac{ROE\times b}{1-ROE\times b} \quad (2-13)$$

其中，ROE 等于当年净利润除以当年年末的所有者权益。该公式经过变换后，还可以得到一种更简单的公式形式：

$$可持续增长率=ROE\times b \quad (2-14)$$

这里的 ROE 等于当年净利润除以当年年初（或上年年末）的所有者权益。

我们知道，ROE 按照杜邦模型还可以进一步分解成销售净利率、总资产周转率和权益乘数三者的乘积形式。由此可以看出，企业的可持续增长能力由以下四个因素决定：

---

① 我们可以根据符号的定义，从式（2-12）推导出式（2-13），再从式（2-13）推导出式（2-14），读者可以自行推导。

（1）销售净利率。利润率的提高将会增强企业从内部产生现金的能力，从而提高它的可持续增长率。

（2）股利政策。企业支付的股利占净利润的比例降低，能够提高留存收益比率。这样可以增加内部权益，继而提高可持续增长率。

（3）筹资政策。加大企业的财务杠杆使额外的负债融资成为可能，也可以提高可持续增长率，但要注意过高的财务杠杆将会使企业的破产风险加大。

（4）总资产周转率。提高总资产周转率可以使单位资产所产生的销售收入增加，因而可以减少企业在销售增长时对新资产的需求，最终提升可持续增长率。

第四节　中国会计准则与企业财务造假识别

一、中国会计准则

会计准则是会计人员从事会计工作必须遵循的基本原则，它对经济业务的具体会计处理做出规定，以指导和规范企业的会计核算，保证会计信息的质量。

2006 年 2 月 15 日，中国财政部发布第 33 号令，自 2007 年 1 月 1 日起施行《企业会计准则》，当时我国的企业会计准则体系包括 1 项基本准则、38 项具体准则及其应用指南。

实践表明，这些准则和应用指南的制定、颁布和实施，规范了中国会计实务的核算，大大改善了中国上市公司的会计信息质量和企业财务状况的透明度，对企业经营机制的转换和证券市场的发展、国际经济技术交流起到了积极的推动作用。

2014 年财政部对原准则中的 5 项准则进行了修订，并新增了 3 项准则。2017 年，财政部再次修订 6 项准则，并新增 1 项准则。

目前 42 项具体准则的发布和修订情况如表 2－5 所示。

表 2－5　企业具体会计准则的发布与修订

准则序号	准则名称	首次发布年份	修订情况
第 1 号	存货	2006 年	
第 2 号	长期股权投资	2006 年	2014 年修订
第 3 号	投资性房地产	2006 年	
第 4 号	固定资产	2006 年	
第 5 号	生物资产	2006 年	
第 6 号	无形资产	2006 年	
第 7 号	非货币性资产	2006 年	
第 8 号	资产减值	2006 年	
第 9 号	职工薪酬	2006 年	2014 年修订
第 10 号	企业年金基金	2006 年	
第 11 号	股份支付	2006 年	
第 12 号	债务重组	2006 年	

续表

准则序号	准则名称	首次发布年份	修订情况
第 13 号	或有事项	2006 年	
第 14 号	收入	2006 年	2017 年修订
第 15 号	建造合同	2006 年	
第 16 号	政府补助	2006 年	2017 年修订
第 17 号	借款费用	2006 年	
第 18 号	所得税	2006 年	
第 19 号	外币折算	2006 年	
第 20 号	企业合并	2006 年	
第 21 号	租赁	2006 年	
第 22 号	金融工具确认和计量	2006 年	2017 年修订
第 23 号	金融资产转移	2006 年	2017 年修订
第 24 号	套期保值	2006 年	2017 年修订
第 25 号	原保险合同	2006 年	
第 26 号	再保险合同	2006 年	
第 27 号	石油天然气开采	2006 年	
第 28 号	会计政策、会计估计变更和差错更正	2006 年	
第 29 号	资产负债表日后事项	2006 年	
第 30 号	财务报表列报	2006 年	2014 年修订
第 31 号	现金流量表	2006 年	
第 32 号	中期财务报告	2006 年	
第 33 号	合并财务报表	2006 年	2014 年修订
第 34 号	每股收益	2006 年	
第 35 号	分部报告	2006 年	
第 36 号	关联方披露	2006 年	
第 37 号	金融工具列报	2006 年	2014 年、2017 年修订
第 38 号	首次执行企业会计准则	2006 年	
第 39 号	公允价值计量	2014 年	
第 40 号	合营安排	2014 年	
第 41 号	在其他主体中权益的披露	2014 年	
第 42 号	持有待售的非流动资产、处置组和终止经营	2017 年	

（一）基本准则

基本准则是概括组织会计核算工作的基本前提和基本要求，是说明会计核算工作的指导思想、基本依据、主要规则和一般程序。基本会计准则还是制定具体准则的主要依据和指导原则。

基本准则在企业会计准则体系中具有重要地位，它是“准则的准则”，其作用主要表现在两个方面：

一是统驭具体准则的制定。基本准则规范了包括财务报告目标、会计基本假设、会计信息质量要求、会计要素的定义及其确认、计量原则、财务报告等在内的基本问题，是制定具体准则的基础，对各具体准则的制定起着统驭作用，可以确保各具体准则的内在一致性。

二是为会计实务中出现的、具体准则尚未规范的新问题提供会计处理依据。在会计实务中，由于经济交易事项的不断发展、创新，具体准则的制定有时会出现滞后的情况，会出现一些新的交易或者事项在具体准则中尚未规范但又亟须处理的情况。基本准则不仅扮演着具体准则制定依据的角色，也为会计实务中出现的、具体准则尚未做出规范的新问题提供了会计处理依据，从而确保了企业会计准则体系对所有会计实务问题的规范作用。

（二）具体准则

具体准则是在基本准则的指导下，处理会计具体业务标准的规范。

具体准则的内容可分为一般业务准则、特殊行业和特殊业务准则、财务报告准则三大类。其中，一般业务准则是规范普遍适用的一般经济业务的确认和计量要求等，如存货、固定资产、无形资产、职工薪酬、所得税等。特殊行业和特殊业务准则是对特殊行业的特定业务的会计问题做出的处理规范，如生物资产、金融资产转移、套期保值、原保险合同、合并会计报表等。财务报告准则主要规范各类企业通用的报告类准则，如财务报表列报、现金流量表、合并财务报表、中期财务报告、分部报告等。

（三）应用指南

应用指南以企业会计准则为基础，对各项准则的重点、难点和关键点进行具体解释和说明，着眼于增强准则的可操作性，有助于完整、准确地理解和掌握准则。

应用指南包括具体准则解释部分、会计科目和财务报表等部分。

企业会计准则是市场经济的重要规则。完善企业会计准则对于规范我国市场经济的发展和市场秩序，增强国内外投资者的信心，提供公平、透明、高效的投融资环境，促进我国对外开放水平提高均具有十分重要的意义。

二、财务造假识别

财务造假也称财务舞弊、财务欺诈，是指企业的管理层、治理层、员工或第三方使用欺骗手段获取不当或非法利益的故意行为。企业财务造假会严重损害公司股东的切身利益，也会影响金融市场的稳定发展。完善公司治理机制、加强内部监管、健全外部审计监督、培育良好的企业文化、完善法制体系和加强行业自律等措施，对防范企业财务造假具有重要作用。

（一）财务造假的动因

企业财务造假的动因可以大致分为直接动因和间接动因。直接动因来自企业和企业经营者自身；间接动因来自企业所处的社会经济环境，以及企业外部的其他利益相关者。

1. 财务造假的直接动因

（1）实施首次公开发行（IPO）和增发配股。一些企业为了能上市，会想尽办法进行财务造假，而当一些企业上市成功后，为了保增发或配股，提高配股的价格，从资本市场上实施再融资，也会采用虚增利润的方法，制造虚假会计信息，欺骗投资者，进行财务造假。

（2）降低企业债务成本和满足债务条款。企业在向银行贷款或者发行债券时，通过财务造假可以降低债务融资成本、提高其债务等级，获取金融信用和商业信用。

（3）保留上市企业主体资格。根据有关规定，上市企业连续两年亏损或每股净资产低于面值将被定为ST公司，如果连续三年亏损，其股票将暂停上市，实施特别转让处理。一些上市企业为保留所谓的“壳资源”，在无法按正常途径实现盈利目标的情况下，就会采取多种方法粉饰报表，通过财务造假来达到目的。

（4）增加企业权益价值。企业较高的盈利水平有助于提升企业权益价值，若企业为上市公司，股票价格也会相应上升。一些上市企业因此就会编制虚假的会计报表，对公司的股票进行炒作，引起中小投资者的盲目跟风，从而抬高股价、高位套现，从中牟利。

（5）实现管理层的个人利益。企业管理层的利益与企业的经营状况密切相关。因此，经营者出于自身利益考虑，很可能会选择提高企业收益的会计方法来增加自身的收益，影响股东或主管部门对其经营管理业绩的评定。

（6）最小化所得税。税收也可能成为财务造假的驱使因素。如果应税所得额与会计收入相联系，则存在企业通过利润调节来避税的可能。

2. 财务造假的间接动因

（1）会计准则制度不完善。由于会计准则制度具有统一性的同时还兼顾一定的灵活性，同一会计事项的处理存在多种备选的会计方法，使企业在进行会计政策选择时具有套利机会，客观上为其财务造假提供了一定的空间。

（2）对企业的监督控制不力。首先是企业内部监督不力。在实际经济生活中，由于董事会受控股股东支配，很多公司董事会职能发生偏差，独立董事不独立，监事会形同虚设，没有起到对公司财务以及董事、管理层进行监督的作用。其次是相关监管部门监督不力。我国证券监管机构在监管的规范性、全面性、及时性以及查处力度上都亟待改进和加强。最后是社会监督不足。一些媒体和专业研究者不能及时点名道姓地揭露企业的会计造假问题，企业员工、客户等知情人也常常知情不报。

（3）其他相关利益主体的利益驱动。首先是一些地方政府的利益需求。我国的上市公司大多成为所在地经济发展的强劲推动力，其经营状况往往涉及所在地区的利益、形象和政绩，地方政府对某些上市公司的会计操纵行为采取默许甚至支持的态度。其次是会计师事务所的利益需求。部分会计师事务所为了在业内激烈的竞争中取得优势，保持与大客户的良好合作关系，保护自身利益，违背独立审计原则，参与了虚假会计信息的生成及传播。

（二）财务造假的具体手段

企业的财务造假行为主要表现在对会计利润的操纵上，以下是企业财务造假的一些常见手段。

1. 财务报表呈报造假

（1）虚增收入。企业通过虚构交易事项，如虚增营业收入、营业外收入、投资收益、应收账款等手段，达到虚增利润的目的。

（2）虚减成本和费用。企业通过少计会计期间发生的营业成本、期间费用、投资损失、营业外支出等方式，虚减成本费用，同时虚增企业利润。

（3）挂账调节损益和资产。一些企业对于不再有利用价值的项目不予注销，如已经没有生产能力的固定资产、无实际利用价值的存货、已经超过受益期限的待摊费用、递延资产、待处理财产损失等项目，常年挂账以虚增资产。

（4）随意增减变动财务报表项目。企业通过随意调整财务报表的有关项目，隐藏财务风险，制造优良资产的假象。

（5）隐瞒重要披露事项。企业在财务报告中，漏列对外欠款与短期应付费用，或者隐瞒重大讼案、补税和借款的限制条款等。以上方式隐瞒了企业的实际或潜在损失，间接虚增了企业的利润。

2. 滥用会计政策、会计估计或会计差错更正

（1）滥用会计政策。会计政策是指企业在会计核算时所遵循的具体原则以及企业所采纳的具体会计处理方法，企业可通过选用或变更会计政策来调节会计利润，进行财务造假。

（2）滥用会计估计。会计估计是指企业对其结果不确定的交易或事项以最近可利用的信息为基础所做的判断。企业根据需要，对前期的会计估计方法进行变更，采用追溯调整法调整期初留存收益，进而可以调节当期及以后年度的利润。

（3）滥用会计差错更正。会计差错是指本期发现的会计核算误差，这种误差包括与本期相关的误差及与前期相关的误差。一些企业通过对上期故意造成的重大会计“差错”进行更正，达到将部分收入、成本或费用在各会计期间重新调整，以调节可比会计报表各期利润的目的。

3. 利用各项关联交易

（1）关联购销或置换。企业与关联方之间采用大大高于或低于市场价格的方式，进行产品或劳务的购销活动、股权置换和资产置换。

（2）关联资金拆借。企业与关联方之间以低息或高息发生资金往来，进行资金拆借，调节财务费用。

（3）关联托管及租赁。企业与关联方之间以旱涝保收的方式委托经营或受托经营，抬高企业经营业绩。

（4）关联费用分担。企业通过操纵与关联方之间应各自分摊的销售和管理费用来调节利润。

（5）关联方与企业相互转移利润。一方面，关联方利用非公允关联交易占用或套取企业资金，转移企业利润，甚至恶意掏空企业。另一方面，一些企业迫于利润压力，经常在会计年度即将结束之际，与关联方签订股权转让协议，按权益法或通过合并会计报表，将关联方当年利润纳入企业自身的财务报表中。

（6）关联交易非关联化。企业与关联方之间通过出售股权解除关联方关系、多重参股隐瞒关联方关系、利用过桥公司将一笔关联交易变成两笔非关联交易、采用非货币性交易的货币化等方式，来逃避政府部门对通过关联交易调节利润进行约束的规定和信息披露义务。

（三）财务造假的识别

从企业提供的财务报告中识别可能存在的财务造假行为，首先要考察企业是否有进行

财务造假的动因以及可能会以何种形式出现，从而在阅读报表时有针对性地加以识别和防范。总体上有财务造假倾向的企业包括：（1）内控不健全的企业，其财务报表未通过审计；（2）有融资计划的企业；（3）处于困境中的企业；（4）管理层发生变动、管理层持股或管理层薪酬与企业盈利水平高度相关的企业。

对会计报表进行深入的财务分析是识别财务造假的核心手段，如利用合并报表分析、审计报告分析、会计报表附注分析、关联交易剔除分析、不良资产剔除分析、财务比率分析、静态分析、趋势分析、同业比较以及基本面分析与现场调查相结合的分析框架进行判别。

在分析特定财务造假方法对相关科目的影响时，可以结合资产负债表、利润表和现金流量表之间的勾稽关系进行对比分析。同时，在进行企业财务指标分析时，还应该结合企业的各种非财务因素进行交叉验证。

表 2-6 给出了常见的识别企业财务造假行为的主要分析方法。

表 2-6　识别企业财务造假行为的主要分析方法

方法名称	分析内容	目的和作用
分析性程序	分析企业重要财务比率或趋势的异常变动与预期数据和相关信息的差异。	通过比率分析、结构分析和趋势分析，可以发现财务报表中的异常变动，进而识别企业的财务造假行为。
关联交易剔除法	分析来自关联企业的收入和盈利情况，判断企业的利润来源是否稳定，以及关联交易和资产重组等行为对企业财务状况与经营业绩的影响。	如果企业的主要收益来源于关联企业，就应深入关注企业与关联方的各项交易活动。注意企业对母公司的依赖程度及母公司本身的实力，从而判断关联交易对企业实际经营业绩和财务状况可能造成的影响，进一步识别是否有财务造假现象出现。
不良资产剔除法	把企业可能潜亏的资产如长期应收账款、投资损失、存货跌价等从资产中剔除后进行财务分析。	不良资产是导致企业虚盈实亏的重要因素，如果不良资产总额超过企业净资产，就说明企业持续经营有问题，可能有操纵利润嫌疑。
异常利润剔除法	将企业利润中营业利润以外的收益来源剔除，分析和评价异常利润的情况，判断企业利润来源的稳定性。	主营利润的高低决定一个企业的长期发展趋势，资产置换收益、股权转让利得、政府补贴、税收减免、税收返还、处置资产等可以获得收益，但缺乏持久性。如果主营利润长期低位徘徊甚至下滑，而其他非经营利润较多，企业利润操纵可能性增大。
现金流量分析法	通过经营活动、投资活动现金流量的比较分析，判断企业的经营利润、投资收益和净利润的质量，看会计利润与现金收入是否平衡。	将企业的盈利状况同现金流状况对比，可以看出企业的收益质量，如果企业通过虚增收入来包装利润，则虚增的收入很可能无法收回，导致企业的利润很高，而现金净流量却长期低于净利润，甚至为负。

续表

方法名称	分析内容	目的和作用
报表特定项目分析法	对财务报表中特定项目如应收账款、其他应收款、补贴收入、投资收益、关联交易、或有事项、报表日后事项的重点分析。	财务造假的不同形式会影响特定的财务报表项目，通过对该项目的数值变动趋势和异常变动情况的分析，可以发现这些项目与财务造假行为之间的因果关系。
合并报表分析法	分析合并会计报表中的母公司数据和合并数据，以判断财务数据的真实性。	关注企业是否经常改变其合并范围，剔除不利于集团业绩的控股子公司，合并不符合合并条件但业绩较优的非控股子公司。另外需要注意的是合并报表中越并越小的项目，因为利润表中主要项目与母公司报表数据之间的差异程度反映了母公司对关联方交易的依赖程度。
审计意见分析法	分析注册会计师出具的审计报告。	注册会计师出具无保留意见的标准审计报告，正常情况下可基本排除财务造假可能。但注意由于注册会计师既要保护自身的执业风险，又面临着争取客户业务的压力，可能会出具其他非标准审计报告，这些审计报告在很大程度上隐含着企业财务造假的问题。
财务报表附注分析法	分析财务报表附注中提供的信息，尤其关注企业会计政策的内容及其变更和执行情况，重要的或有负债的影响，以及财务报告披露内容的完整性。	财务报表附注作为财务报表的重要组成部分，包含了很多报表中未提供的信息。分析财务报表附注的目的是找出企业存在的问题和风险信号，发现调查重点。特别要注意企业自定会计政策、不遵循统一会计制度所隐含的深层次问题。此外，如果企业对某些重要项目未予披露或不按要求完整披露，则不仅意味着企业和注册会计师的疏忽，还可能隐含着影响企业财务状况和经营成果的重大信息。
纳税情况分析法	分析企业纳税信息和实际纳税情况。	一般来说，企业的纳税资料与经审计的财务资料之间会有一定程度的差异，但如果差异很大，则企业的业绩就很可疑。企业应交税金余额巨大，且逐年增加，或突然减少，这些都属异常现象，表明有财务造假的迹象。
人事变动分析法	分析企业高层管理人员的人事变动。	高层管理人员离任时，一般会进行离任审计，新任领导也要和前任划清经营责任，因而对潜在挂账均倾向于一次性处理，这样对企业当年利润将会产生特别重大的影响。

续表

方法名称	分析内容	目的和作用
非财务数据分析法	分析除企业财务指标之外的其他非财务数据情况。	企业的非财务数据涉及生产管理中的“产、供、销”和“人、财、物”，以及行业和市场数据信息，如零售业的坪效、互联网行业的活跃客户量等，用非财务数据与企业财务指标进行交叉验证，有助于识别企业可能的财务造假风险。

专栏 2-2　欣泰电气财务造假案例

一、公司简介

丹东欣泰电气股份有限公司（简称欣泰电气）是辽宁欣泰股份有限公司的控股子公司，位于丹东鸭绿江畔，坐落在辽宁欣泰股份有限公司的电力电子科技产业园区内。行业性质为高低压设备、电源设备制造业。

2014 年 1 月 27 日，公司在深圳证券交易所创业板成功发行股票，2016 年 7 月 8 日被强制退市。该公司是中国资本市场有史以来第一个因涉嫌欺诈发行被强制退市的企业。

二、欺诈上市回顾

2009 年 9 月，欣泰电气首次提交 IPO 申报材料，但由于“所并购资产持续盈利能力不足”等原因于 2011 年 3 月被证监会否决。

2011 年 6 月，欣泰电气更换了保荐机构，再度申请 IPO。但是 2011 年年底的模拟财务报表显示，公司的经营性现金流量为负数，且应收账款期末余额巨大，不符合公开发行上市的条件。为了顺利通过 IPO 审核，欣泰电气虚构了财务数据，最终于 2014 年 1 月成功在深交所创业板上市。

2015 年 5 月，辽宁省证监局根据证监会《上市公司现场检查办法》要求，对辖区内的上市公司进行现场检查，检查中发现欣泰电气财务数据的问题，随即报告了中国证监会。2015 年 7 月 14 日，欣泰电气因涉嫌信息披露违法违规被证监会立案调查。

2016 年 6 月 1 日，证监会认定欣泰电气 IPO 申请文件中相关财务数据存在虚假记载。2016 年 7 月 8 日，证监会宣布对欣泰电气启动强制退市程序。2017 年 8 月 29 日，欣泰电气正式从深交所摘牌，成为中国资本市场第一家因欺诈发行而退市的公司。

三、欣泰电气存在的违法事实

证监会查明，欣泰电气存在以下违法事实：

（一）IPO 申请文件中相关财务数据存在虚假记载

为实现发行上市目的，2011 年 12 月至 2013 年 6 月，欣泰电气通过外部借款、使用自有资金或伪造银行单据的方式虚构应收账款的收回，在年末、半年末等会计期末冲减应收款项（大部分在下一会计期期初冲回），致使其在向中国证监会报送的IPO申请文件中相关财务数据存在虚假记载。

其中，截至2011年12月31日，虚减应收账款10 156万元，少计提坏账准备659万元；虚增经营活动产生的现金流净额10 156万元。截至2012年12月31日，虚减应收账款12 062万元，虚减其他应收款3 384万元，少计提坏账726万元；虚增经营活动产生的现金流净额5 290万元。截至2013年6月30日，虚减应收账款15 840万元，虚减其他应收款5 324万元，少计提坏账准备313万元；虚增应付账款2 421万元；虚减预付账款500万元；虚增货币资金21 232万元，虚增经营活动产生的现金流净额8 638万元。

（二）上市后披露的定期报告中存在虚假记载和重大遗漏

1. 2013—2014年年报、半年报中存在虚假记载

2013年12月至2014年12月，欣泰电气在上市后继续通过外部借款或者伪造银行单据的方式虚构应收账款的收回，在年末、半年末等会计期末冲减应收款项（大部分在下一会计期期初冲回），导致其披露的相关年度和半年度报告财务数据存在虚假记载。

其中，2013年年度报告虚减应收账款19 940万元，虚减其他应收款6 224万元，少计提坏账准备1 240万元；虚增应付账款1 521万元；虚增货币资金20 632万元；虚增经营活动产生的现金流净额12 238万元。2014年半年度报告虚减应收账款9 974万元，虚减其他应收款6 994万元，少计提坏账准备272万元；虚增应付账款1 521万元；虚减其他应付款770万元；虚增货币资金14 767万元；虚减经营活动产生的现金流净额9 965万元。2014年年度报告虚减应收账款7 262万元，虚减其他应收款7 478万元，少计提坏账准备363万元，虚减经营活动产生的现金流净额12 944万元。

2. 2014年年度报告中存在重大遗漏

欣泰电气实际控制人以员工名义从公司借款供其个人使用，截至2014年12月31日，占用欣泰电气6 388万元。欣泰电气在2014年年度报告中未披露该关联交易事项，导致2014年年度报告存在重大遗漏。

四、案例启示

欣泰电气通过财务造假手段成功上市，其主要目的是通过粉饰报表来牟取不正当利益。证监会将退市作为一种严厉的处罚手段，彰显了监管者治理企业财务造假的决心，必将会对财务造假企业起到很好的震慑作用，也有利于改善上市公司的财务报表信息质量。

本章小结

1. 财务报表是根据统一规范编制的反映企业经营成果、财务状况及现金流量的会计报表，是会计核算、记录的交易和事项的客观反映，包括资产负债表、利润表和现金流量表等。

2. 资产负债表是反映企业会计期末全部资产、负债和所有者权益情况的报表。利润表是反映企业在一定期间全部活动成果的报表，是两个资产负债表日之间的财务业绩。现金流量表是反映企业一定期间内现金的来源和使用的报表。

3. 现金通常包括库存现金、可以随时用于支付的存款和现金等价物三个部分。现金流量是企业现金流动的金额数量，即企业一定时期内现金流入量和流出量的总称。企业的会计现金流量（accounting cash flow）包括经营活动现金流量、投资活动现金流量和筹资活动现金流量。企业的财务现金流量（financial cash flow）主要是指资产现金流量，它等于企业经营活动现金流量减去企业的资本支出和净营运资本的增量。企业资产的现金流量等于负债现金流量和权益现金流量的加总。

4. 财务计划是企业在科学地对内外部各因素进行分析和预测的基础上，将决策目标具体化、系统化所反映出来的企业未来一定时期经济活动的一系列目标和规划。企业的财务计划由一系列预算组成，包括业务预算、资本预算、资金预算和财务预算。销售收入百分比法是根据销售收入与资产负债表及利润表项目之间的比例关系，来预测企业未来外部融资需求的一种方法。

5. 杜邦分析法是利用各主要财务比率指标间的内在联系，对企业财务状况及经济效益进行综合分析评价的一种方法。该方法从企业所有者的角度出发，将净资产收益率逐项分解成销售净利率、总资产周转率和权益乘数，有助于深入分析及比较企业的经营业绩。企业的可持续增长率（SGR）是在没有外部权益融资时，在企业股利分配政策和财务杠杆政策既定的情况下，企业可以取得的最高的增长率。企业的可持续增长率主要由四个因素所决定：销售净利率、股利政策、筹资政策和总资产周转率。

6. 会计准则是会计人员从事会计工作必须遵循的基本原则，我国的企业会计准则体系包括基本准则、具体准则及其应用指南。其中，基本准则是概括组织会计核算工作的基本前提和基本要求；具体准则是在基本准则的指导下，处理会计具体业务标准的规范；应用指南以企业会计准则为基础，对各项准则的重点、难点和关键点进行具体解释和说明。

7. 财务造假是指企业的管理层、治理层、员工或第三方使用欺骗手段获取不当或非法利益的故意行为。对会计报表进行深入的财务分析是识别财务造假的核心手段，可以利用分析性程序法、合并报表分析、审计报告分析、会计报表附注分析、关联交易剔除分析、不良资产剔除分析、财务比率分析、纳税情况分析、静态分析、趋势分析、同业比较以及基本面分析与现场调查相结合等多种方法进行判别。

问题与应用

1. 什么是资产负债表的会计方程式？
2. 利润表和现金流量表有何异同？
3. 如何用间接法编制经营活动现金流量？
4. 企业的会计现金流量与财务现金流量有何区别？
5. 什么是销售收入百分比法？
6. 什么是杜邦分析法？
7. 什么是可持续增长率？可持续增长率的决定因素是哪些？这些因素与SGR之间有

怎样的关系？

8. 中国的会计准则体系包括哪些？

9. 如何识别企业的财务造假行为？

推荐阅读材料

[1] White G., Sondhi. A. and Fried. D., *The Analysis and Use of Financial Statements*, (3rd Edition), John Wiley & Sons, Inc., 2003.

参考文献

[1] Brealey, Myers and Allen, *Principles of Corporate Finance*, 8th edition, The McGraw-Hill Companies, Inc., 2006 (Chapter 29).

[2] Ross, Westerfield, and Jaffe, *Fundamentals of Corporate Finance*, 7th edition, The McGraw-Hill Companies, Inc., 2005 (Chapter 3).

[3] 何韧. 财务报表分析：3版. 上海：上海财经大学出版社，2016.

第三章

货币时间价值

学习目标：

1. 掌握终值和现值的概念及计算；
2. 了解单利与复利计息的差异；
3. 掌握年百分比利率和实际年利率的概念及计算；
4. 掌握永续年金、年金、增长型永续年金和增长年金的概念及其简化的计算公式。

引　　言

财务经理所面临的基本问题之一，就是判别一项投资决策是否对公司有利。如果投资所产生的收益大于成本，这样的投资决策就会增加公司的价值，从而增加公司投资者的财富。

要评估一项投资决策，必须对与决策相关的成本和收益进行比较。然而，对成本和收益进行比较很复杂，因为它们发生的时点经常不一致，或者具有的风险不同。考虑下面一个例子，一家公司正考虑是否投资一个10万元的项目，该项投资预期在以后的8年中每年将产生2万元的收益。你认为该公司是否应该接受这个投资项目？乍一看你也许说公司应该接受这个投资项目，因为总收益是16万元（=2万元/年×8年），大于成本10万元。但是要知道这10万元的成本是要马上付出的，而那2万元/年的收益是在将来才能得到的。并且，当前的付出是确定无疑的，而未来的收益只是预期的。因此，在决定是否投资一个项目时，我们还需了解当前的1元钱与未来的（可能不确定的）1元钱之间的关系。

当前的1元钱与未来的1元钱之间的关系即所谓货币时间价值（time value of money）的概念，它在公司理财中至关重要。一般来说，当前的1元钱要比未来的1元钱更值钱，这是因为如果你现在拥有1元钱，可以用它来投资，例如，将它存入银行账户里赚取利息。本章的目标就是要明确地评价今天的货币与未来某天的货币之间的关系。

本章首先讨论两个基本概念——终值和现值，然后探讨四种特殊形式现金流比如永续年金和年金估值的简便方法。

第一节　单期投资的终值与现值

我们首先从最简单的单期投资开始讨论终值与现值。

一、终值

终值（future value，*FV*）是指在已知利率下，一笔资金投资一段时间所能增长到的数量。换句话说，终值是一项投资在未来某个时点的价值。

假设你存100元到一个年利率为10%的储蓄账户中，1年后你会有多少钱呢？1年后你将获得的利息为

利息＝利率×初始投资＝10%×100＝10(元)

你原来的本金是100元，再加上10元的利息，1年后你将有110元。我们把110元称作在10%的利率下，将100元投资1年的终值。也就是说，在10%的利率下，今天的100元在1年后的价值是110元。

一般说来，如果你在利率r下投资1期，你每投资1元，将收回$1+r$元。在本例中，r为10%，因此你的每1元投资，都将增长到1＋10%＝1.1（元）。因为你总共投资了100元，所以你将收回110元。

一笔投资在1期以后其终值的一般计算公式可以写为：

$$FV=C_0\times(1+r) \tag{3-1}$$

式中，C_0是期初投资的金额，r是适用的利率。

【例题3-1】　某公司正考虑是否以380 000元购置一块空地，公司确信1年后这块土地将值410 000元。如果银行利率为10%，公司是否应对这块土地进行投资？

解答：

与该项投资有关的现金流量如图3-1所示。

利用终值计算进行分析就能认识到这是一笔不合算的交易。若把这380 000元用于购置土地，公司就能在明年得到410 000元；而若将之存入银行，在10%的利率下，这380 000元在1年后将增长为

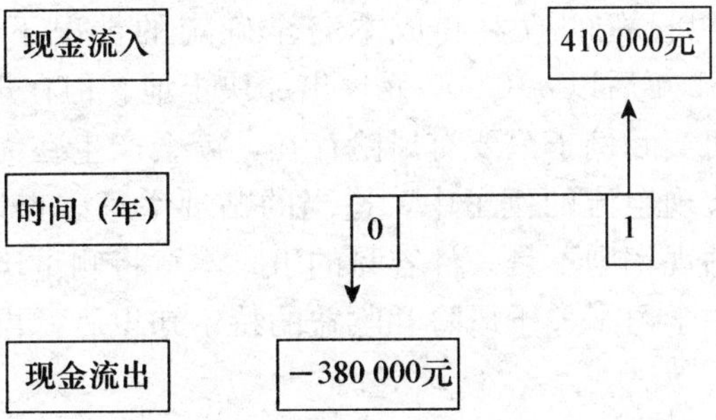

图 3-1 投资土地的现金流量

$$FV=380\,000\times(1+10\%)=418\,000(\text{元})$$

这也就意味着将这 380 000 元投资在金融市场上，1 年后能产生比购买土地多 8 000 元（＝银行存款本息 418 000 元－土地投资的收益 410 000 元）的额外收益，所以公司不应对这块土地进行投资。

二、现值

现值（present value，*PV*）是指在已知利率下，未来某个时点的一笔资金在现在的价值。

我们已经知道，100 元在 10%的利率下投资 1 年的终值是 110 元。现在我们来改变一下思考的角度：在 10%的利率下，为了在 1 年后获得 110 元，现在需要投资多少钱？换句话说，现在我们知道终值是 110 元，那么现值是多少？答案不难求出。我们可以这样计算：

$$PV\times1.1=110(\text{元})$$

$$PV=\frac{110}{1.1}=100(\text{元})$$

由此可见，在 10%的利率下，为了在 1 年后获得 110 元，现在需要投资 100 元。我们把 100 元称作在 10%的利率下，1 年后 110 元的现值。也就是说，在 10%的利率下，1 年后的 110 元在现在的价值是 100 元。

这样，求解现值的一般公式可以写为

$$PV=\frac{C_1}{1+r} \tag{3-2}$$

式中，C_1是 1 期后的现金流量，r 是适用的利率，人们有时把它称作“贴现率”或“折现率”。

例题 3-1 也可以用另一种方法进行分析，就是计算 1 年后土地售价的现值：

$$PV=\frac{410\,000}{1+10\%}=372\,727(\text{元})$$

因为 1 年后土地出售收益的现值小于当前土地的购置价 380 000 元，这样，通过现值分析同样证明了公司不应对这块土地进行投资。换句话说，不论终值分析还是现值分析都可以得出同样的结论。

以上的例子都是设想投资的收益和成本完全确定的情况下的问题，也就是说，例题3-1中公司肯定能在1年后以410 000元售出那块土地。但在现实生活中人们往往不能确定未来的现金流。任何实际例子只要有风险存在，就会产生在无风险情况下不会遇到的问题。比如在一个无风险现金流的例子中，适当的贴现率只需查询一下银行就可以得到，而选择一项风险投资的贴现率则不是一件容易的事。本章将侧重于讨论在完全确定情况下的例子，等到在第五章中学习了关于风险和收益的特定知识后，再进行风险调整的分析。

第二节　多期投资的终值与现值

在上一节中，我们仅仅介绍了有关单期的终值和现值的计算方法，现在我们将之推广到多期的情形。

一、终值和复利计息

再来看看我们的100元投资。假如利率仍为10%，2年后你会有多少钱？第1年年末时，如果你继续把所有的110元都存在银行，那么第2年你就可以赚取110×10%=11（元）的利息，因此，2年后你总共会有110+11=121（元）。这121元就是在10%的利率下，将100元投资2年的终值。它相当于1年后你以10%的利率将110元再投资1年。因此，你每投资1元可以收回1.1元，总共就是110×1.1=121（元）。

这121元包括4个部分：第1部分是原来的本金100元；第2部分是第1年赚取的利息10元；第3部分是你在第2年赚取的另一个10元的利息；第4部分是第1年年末的利息在第2年所赚取的利息10×10%=1（元）。

这个过程把所有的钱和累积的利息留在投资中超过1期，从而将利息进行了再投资，所以称为复利计息（compounding）。复利计息就是指赚取利息的利息（interest on interest），因此我们称这部分的利息为复利（compound interest）。而如果是单利（simple interest），利息就不进行再投资，每一期只赚取原始本金的利息。对于公司金融问题几乎总是复利计息而非单利计息。

现在我们已经知道，100元投资2年的终值121元是将110元乘以1.1得到的。而110元则是将100元乘以1.1所得到的，即

$$
\begin{aligned}
121\text{元} &= 110\text{元}\times 1.1\\
&= 100\text{元}\times 1.1\times 1.1\\
&= 100\text{元}\times 1.1^2\\
&= 100\text{元}\times 1.21
\end{aligned}
$$

那么，这100元投资3年后将变成多少？同样，在第2年后，我们将121元再投资1年，将得到121×1.1=133.10（元），因而

$$
\begin{aligned}
133.10\text{元} &= 121\text{元}\times 1.1\\
&= 110\text{元}\times 1.1\times 1.1
\end{aligned}
$$

$=100$ 元$\times 1.1\times 1.1\times 1.1$

$=100$ 元$\times 1.1^3$

$=100$ 元$\times 1.331$

因此我们可以得出一笔投资在多期以后其终值的一般计算公式为

$$FV=C_0\times(1+r)^T \tag{3-3}$$

式中，C_0是期初投资的金额，r是适用的利率，T是投资所持续的时期。

式中的 $(1+r)^T$通常称为1元在利率 r 下投资 T 期的终值利率系数（future value interest factor），或简称终值系数（future value factor），可缩写为FVIF(r，T)。

在本例中，这100元投资5年后的价值将是多少？我们可以首先计算出相应的终值系数：

$$(1+r)^T=(1+10\%)^5=1.1^5=1.610\,5$$

这样，100元投资5年后的终值为：

$$100\times 1.610\,5=161.05(\text{元})$$

表3-1列示了100元投资在10%的利率下5年里的逐年增长情况。如表所示，每年赚取的利息就等于年初金额乘以利率10%。值得注意的是，在这5年的投资中，赚取的利息共计61.05元；每年的单利为100×10%=10（元），累计50元；其余的11.05元则来自复利。

表3-1　在10%的利率下100元投资的终值　单位：元

年份	年初金额	单利	复利	赚取的利息	年末金额
1	100.00	10	0	10.00	110.00
2	110.00	10	1.00	11.00	121.00
3	121.00	10	2.10	12.10	133.10
4	133.10	10	3.31	13.31	146.41
5	146.41	10	4.64	14.64	161.05
总额		50	11.05	61.05	

图3-2说明了100元投资在10%的利率下复利计息和单利计息之间的差异以及复利的增长情况。注意，每年的单利是固定的，而复利则是逐年增加的。复利之所以越来越大是因为有越来越多的利息参与计息。在本例中，复利计息和单利计息两者之间的差距不大，这是因为本金仅为100元，期限只是5年。如果投资金额足够大，利息的利息也会变成一笔大钱。另外，投资期限越长，利息的利息也会变得越重要。

终值的大小取决于所假定的利率，对于长期投资而言尤其如此。图3-3描述了在不同利率和不同期间1元钱的增长情况，说明了利率和终值之间的关系。请注意，在10%的利率下，1元钱在10年后的终值是2.59元；但是，在20%的利率下，1元钱在10年后的终值则是6.19元。在本例中，利率提高1倍所产生的终值不只提高1倍。

要计算终值，我们必须先算出相关的终值系数。计算终值系数有许多方法。我们可以用手工计算。在前面的例子中，我们把1.1乘5次还不算太麻烦，但是，如果是30年的投资，用手工计算就有点困难了。

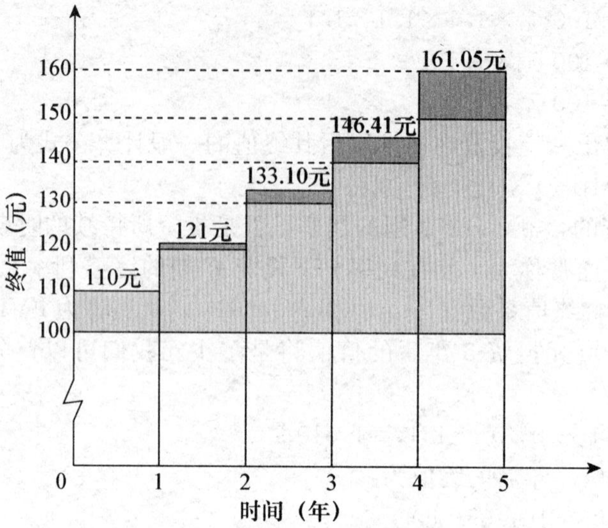

图 3-2　终值、单利和复利

说明：图中展示了在 10%的利率下，100 元初始投资的增长情况。白色区域表示初始投资，浅灰色区域表示单利，深灰色区域表示复利。深灰色区域就是单利计息和复利计息的差异，这部分差异在较长时间后就会变得很大。

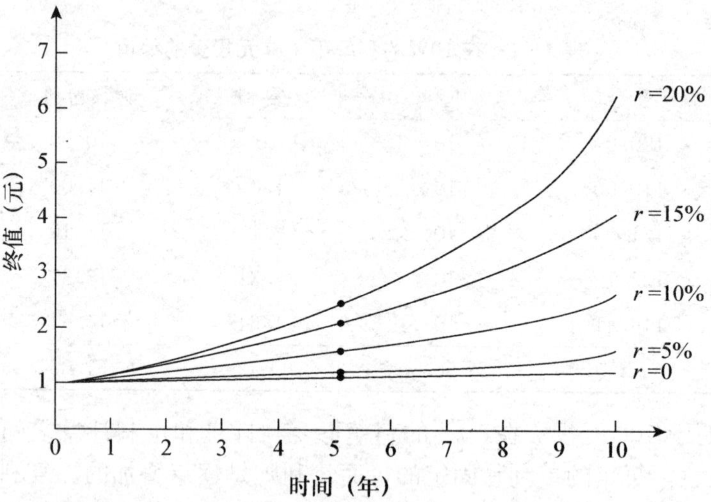

图 3-3　在不同期间和不同利率下 1 元的终值

幸运的是，还有好几种更简便的方法可以算出终值系数。我们可以使用计算器。大部分计算器都有 y^x功能，你只要输入 1.1，按“y^x”键，然后输入“5”，再按“=”，就可以得出答案。

此外，我们还可以利用一张包括一些常见利率和期数的终值系数表。表 3-2 是一张局部的终值系数表，列示了不同期数和不同利率下的终值系数。使用时，先找到期数 5 所对应的那一行，然后找到利率 10%所对应的那一列，行列交汇处的数值 1.610 5 就是我们所要求的终值系数。

表 3-2 终值系数表示例

期数	利率					
	5%	6%	7%	8%	9%	10%
1	1.050 0	1.060 0	1.070 0	1.080 0	1.090 0	1.100 0
2	1.102 5	1.123 6	1.144 9	1.166 4	1.188 1	1.210 0
3	1.157 6	1.191 0	1.225 0	1.259 7	1.295 0	1.331 0
4	1.215 5	1.262 5	1.310 8	1.360 5	1.411 6	1.464 1
5	1.276 3	1.338 2	1.402 6	1.469 3	1.538 6	1.610 5
6	1.340 1	1.418 5	1.500 7	1.586 9	1.677 1	1.771 6
7	1.407 1	1.503 6	1.605 8	1.713 8	1.828 0	1.948 7
8	1.477 5	1.593 8	1.718 2	1.850 9	1.992 6	2.143 6
9	1.551 3	1.689 5	1.838 5	1.999 0	2.171 9	2.357 9
10	1.628 9	1.790 8	1.967 2	2.158 9	2.367 4	2.593 7

【例题 3-2】 你将 1 000 元存入你在银行的存款账户，存款利率为 5%，每年按复利计息。在第 8 年年末你能得到多少钱？你赚取了多少利息？其中多少来自复利呢？

解答：

根据上面的讨论，我们可以计算在 5%的利率下的 8 年期终值系数：

$$(1+r)^T=(1+5\%)^8=1.477\,5$$

8 年后，1 000 元存款将增加到：

$$1\,000\times1.477\,5=1\,477.5(\text{元})$$

因为你存入了 1 000 元，所以在 1 477.5（元）的终值中，有 1 477.5－1 000＝477.5（元）是利息。

在 5%的利率下，1 000 元存款每年赚取 1 000×5%＝50（元）的单利。8 年里，单利利息共计 8×50＝400（元），其余的利息 477.5－400＝77.5（元）则来自复利。

在短期里，复利的影响不大；但是，当期间拉长时，它的影响将会变大。就拿存款来说，假如你的祖父母在 75 年前为你在银行账户里存入了 1 000 元钱，每年赚取固定的 10%的利率，到今天它会增值到何种程度？运用终值公式，我们发现 75 年后，这 1 000 元存款将增长到 $1\,000\times1.10^{75}=1\,271\,895.37$（元）！

再举个极端的例子，假定在 200 年以前，你的祖先在 6%的利率下投资了 10 元钱，那么今天你有多少钱呢？终值系数 $1.06^{200}=115\,125.903\,9$，因而你将得到 10×115 125.903 9＝1 151 259.04（元）。请注意，如果以单利计算，每年的利息只有 10×0.06＝0.60（元），200 年后也不过 120 元。其余的都来自利息再投资。这就是复利的威力！

专栏 3-1 **案例分析：曼哈顿岛值多少钱？**

有关复利计算的一个经典例子是以下讲的一笔被很多人认为是历史上最成功的不动产交易。据称 1626 年荷兰西印度公司在北美洲的殖民地——新荷兰——的总督 Peter Minuit 用价值 60 荷兰盾的小饰物从美国土著人那里购买了曼哈顿。这次购买看起来十分便宜，但荷兰人是否从交易中获益了呢？专家指出，根据当时的汇率，这 60 荷兰盾价值 24 美元。如果美国土著人将这些小饰物在公平市场上出售，并将收回的这 24 美元以 10％的收益率进行投资（无税），那么在 392 年后的 2018 年，这些钱就会变为

$$24\text{ 美元}\times(1+r)^{T}=24\text{ 美元}\times1.1^{392}\approx404\text{ 千万亿美元}$$

这是一个惊人的数目。事实上，当今世界上所有不动产的价值加起来还不到这个数目。

当然，这只是一个夸张的例子。在历史上没有人能找到一个持续 392 年且年收益率超过 10％的投资项目。

二、现值和贴现

我们现在已经知道，10％的年利率能使投资者当前的 100 元变成 2 年后的 121 元。但是，我们还想知道，投资者现在必须付出多少钱才能在 2 年后得到 100 元？

我们可以写出以下计算公式：

$$PV\times1.10^{2}=100$$

在上式中，PV 表示现值，即为了在 2 年后获得 100 元现在要付出的钱。解出上式中的 PV，我们可以得到：

$$PV=\frac{100}{1.10^{2}}=\frac{100}{1.2100}=82.64(\text{元})$$

这一计算未来现金流现值的过程就叫作贴现（discounting）。它是复利计息的相反过程。复利计息和贴现之间的区别如图 3－4 所示。

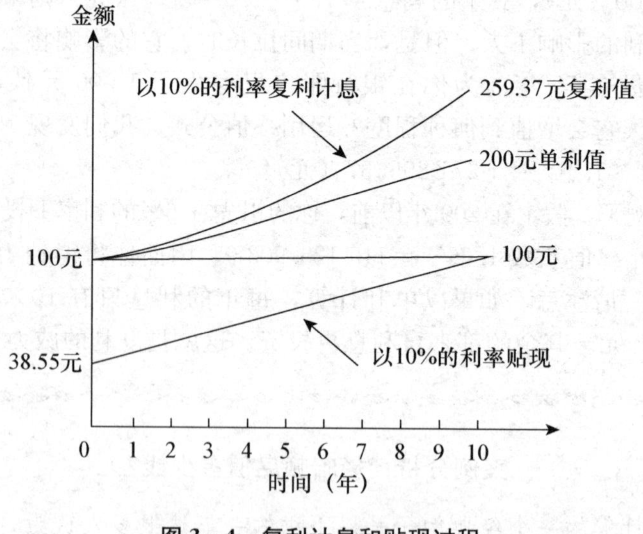

图 3－4　复利计息和贴现过程

说明：上面的曲线表示 100 元在以 10％的利率复利计息情况下的终值：10 年末为 $100\times1.10^{10}=259.37$（元）。中间的曲线表示 100 元在以 10％的利率单利计息情况下的终值：10 年末为 $100+(100\times0.10)\times10=200$（元）。下面的曲线表示 10 年末 100 元在以 10％的利率贴现情况下的现值。

因此，在多期的情况下，求解现值的一般公式可以写为

$$PV=\frac{C_T}{(1+r)^T} \tag{3-4}$$

式中，C_T是在 T 期的现金流量，r 是适用的利率。

$1/(1+r)^T$有许多不同的称谓。因为它是用来对未来的现金流量进行贴现的，因此经常被称为贴现系数（discount factor）。从这个名称就不难想象为什么在计算过程中所采用的利率通常被称作贴现率（discount rate）。

$1/(1+r)^T$通常也被称为在利率 r 下 T 期的 1 元的现值利率系数（present value interest factor），或直接称作现值系数（present value factor），并缩写为 PVIF(r，T)。

举个例子，假定 3 年后你需要 1 000 元钱，而你的钱可以赚到 8%的收益，那么今天你必须投资多少呢？

我们需要确定：在 8%的利率下，3 年后 1 000 元的现值是多少？因此，我们要在 8%的利率下，把 1 000 元贴现 3 期。首先，贴现系数是

$$\frac{1}{(1+8\%)^3}=\frac{1}{1.259\,7}=0.793\,8$$

你必须投资的金额是

$$1\,000\times0.793\,8=793.80(\text{元})$$

我们把这 793.80 元称为在 8%的利率下，3 年后将收到的 1 000 元的现值或贴现值。

表 3-3 是一张局部的现值系数表。我们先找到期数 3 所对应的那一行，然后找到利率 8%所对应的那一列，在行列交汇处就可以找到我们刚才计算的贴现系数 0.793 8。

表 3-3　现值系数表示例

期数	利率					
	5%	6%	7%	8%	9%	10%
1	0.952 4	0.943 4	0.934 6	0.925 9	0.917 4	0.909 1
2	0.907 0	0.890 0	0.873 4	0.857 3	0.841 7	0.826 4
3	0.863 8	0.839 6	0.816 3	0.793 8	0.772 2	0.751 3
4	0.822 7	0.792 1	0.762 9	0.735 0	0.708 4	0.683 0
5	0.783 5	0.747 3	0.713 0	0.680 6	0.649 9	0.620 9
6	0.746 2	0.705 0	0.666 3	0.630 2	0.596 3	0.564 5
7	0.710 7	0.665 1	0.622 7	0.583 5	0.547 0	0.513 2
8	0.676 8	0.627 4	0.582 0	0.540 3	0.501 9	0.466 5
9	0.644 6	0.591 9	0.543 9	0.500 2	0.460 4	0.424 1
10	0.613 9	0.558 4	0.508 3	0.463 2	0.422 4	0.385 5

【例题 3-3】　你想要买一辆新车，你现在有大约 50 000 元，但买车需要 80 000 元。如果银行存款利率是 5%，今天你必须存多少钱才能够在 2 年后买一辆新车呢？你有足够的钱吗？假定汽车的价格保持不变。

解答：

我们需要知道在 5%的利率下，2 年后所要付出的 80 000 元的现值是多少。从上面的讨论知道：

$$PV=\frac{80\ 000}{1.05^2}=72\ 562.36(\text{元})$$

因此，即使你愿意等 2 年，你现在仍然还差 72 562.36－50 000＝22 562.36（元）。

当未来的现金收付被延迟而其他条件都不变时，其现值就会下降。而对于一段固定的时间而言，贴现率越高，现值就越低。图 3－5 表明了时间、贴现率和现值之间的关系。从图 3－5 中可以看到，现金流发生时点越往后，其相对于现在的价值就越小。而且，贴现率的变化会对远期现金流的价值产生巨大的影响。当贴现率为 10%时，10 年后的 1 元的现值是 0.385 5 元；而当贴现率为 20%时，10 年后的 1 元的现值则只有 0.161 5 元。贴现率提高 1 倍，导致现值降低一半多。

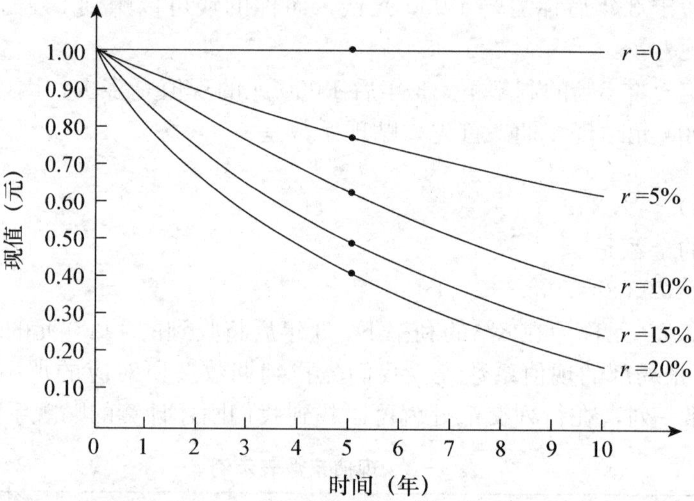

图 3－5　在不同期间和不同利率下 1 元的现值

三、系列现金流量的终值和现值

到目前为止，我们都把注意力局限于单一现金流量的终值和现值。在现实世界中，大部分的投资都会产生不同时点上的系列现金流量。接下来，我们将拓展前面的基本结论来处理系列现金流量。首先，我们从终值开始。

（一）系列现金流量的终值

假定今天你在一个利率为 10%的银行账户中存入 100 元，1 年后你再存入 100 元，那么 2 年后你将有多少钱？这个特殊问题相当简单。第 1 年年末时，你将有 110 元，加上第 2 年存入的 100 元，总共是 210 元。这 210 元又在 10%的银行账户中存 1 年，第 2 年年末时，它的价值为

$$210\times1.10=231(\text{元})$$

我们用时间线（time line）来说明计算这两个 100 元存款的终值的过程。时间线在解决复杂的问题时非常有用。凡是在处理现值或终值问题有困难时，画一条时间线通常就能够帮助你看出所发生的情形。

图 3-6 用时间线表示存款的现金流。在这里，时点 0 代表现在，时点 0 的 100 元现金流量是你今天存入的钱。时点 1 为 1 年后，代表第 1 年的年末，时点 1 的 100 元现金流量是你 1 年后存入的钱。

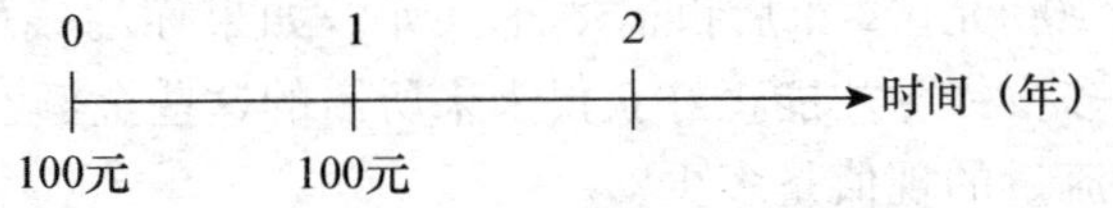

图 3-6 存款现金流的时间线

图 3-7 展示了以每次计算 1 期的终值的方式，求出最后的答案 231 元。

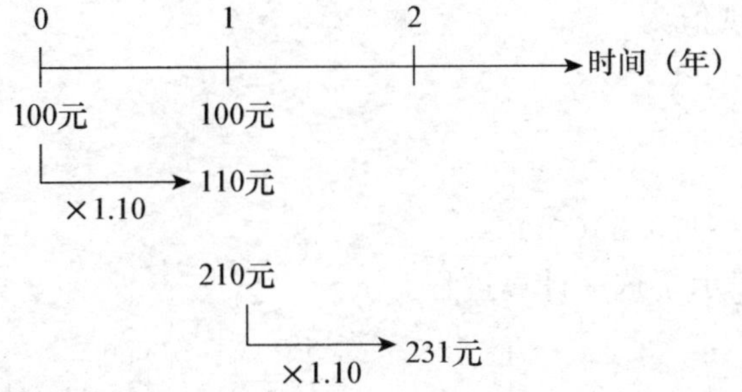

图 3-7 以每次向前复利 1 期的方式计算终值

当我们计算两笔 100 元存款的终值时，我们只需要计算每年年初的余额，然后把它向前滚 1 年。我们还有另外一个更快捷的方法。第 1 个 100 元在 10%的利率下存了 2 年，因此其终值为

$$100\times1.10^2=100\times1.21=121(\text{元})$$

第 2 个 100 元在 10%的利率下存了 1 年，因此其终值为

$$100\times1.1=110(\text{元})$$

总的终值等于这两个终值之和：

$$121+110=231(\text{元})$$

图 3-8 说明了分别计算每笔现金流量的终值后再相加的过程，当然答案相同。

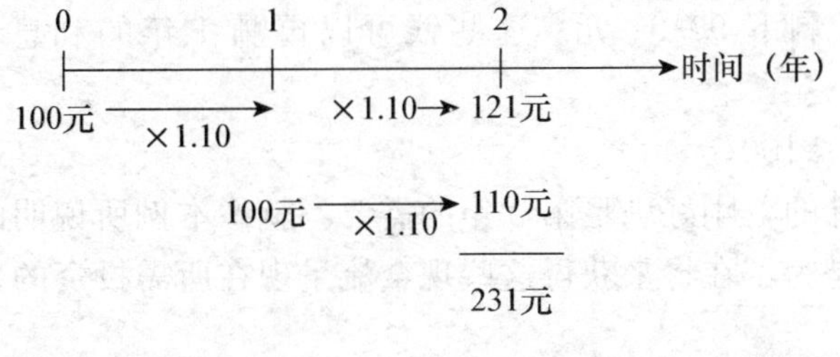

图 3-8 以分别复利每一笔现金流量的方式计算终值

根据本例，计算系列现金流量的终值有两种方法：(1) 将累积余额每次向前复利 1 年；(2) 先分别计算每笔现金流量的终值，然后把它们相加。两种方法所得到的答案相同，所以你可以任选一种方法。

（二）系列现金流量的现值

我们经常需要确定系列未来现金流量的现值。和计算终值一样，我们可以采用两种方法：既可以每次贴现 1 期，也可以分别算出现值，再全部加总。

假定你 1 年后需要 100 元，2 年后再需要 100 元。如果你的钱可以赚取 10％的收益，那么，你现在应该存入多少钱，才能正好获得未来所需的这些金额？换句话说，在 10％的贴现率下，这两个现金流量的现值是多少？

在 10％的贴现率下，1 年后的 100 元的现值为

$$\frac{100}{1.10}=90.91(\text{元})$$

2 年后的 100 元的现值为

$$\frac{100}{1.10^2}=82.64(\text{元})$$

因此，总现值为

$$90.91+82.64=173.55(\text{元})$$

图 3－9 用时间线表示了这一计算过程。

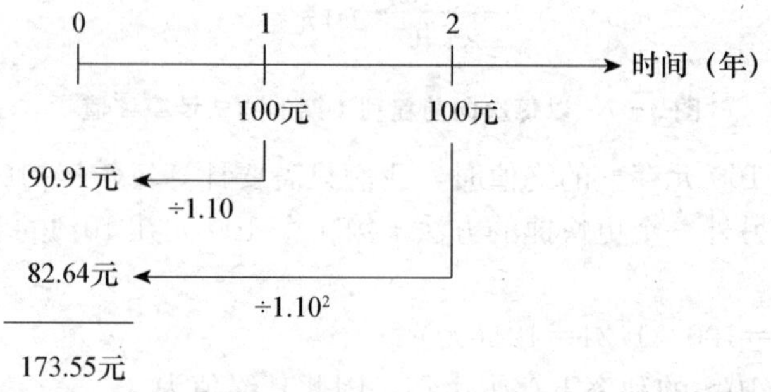

图 3－9　以分别贴现每一笔现金流量的方式计算现值

要知道为什么 173.55 元是正确答案，我们可以看看在 2 年后付出 100 元之后，是否正好没有钱剩余。如果我们在 10％的利率下，将 173.55 元投资 1 年，我们将拥有：

$$173.55\times1.10=190.91(\text{元})$$

拿出 100 元之后，剩下 90.91 元。这些钱可以再赚 1 年的利息（10％），从而给我们剩下：

$$90.91\times1.10=100(\text{元})$$

这正是我们所预计的，刚好满足第 2 年的需要。就像本例所说明的那样，一系列未来现金流量的现值也就是为了在将来获得这些现金流量现在所需投资的数额（在已知的贴现率下）。

另一种计算系列未来现金流量现值的方法是每次贴现 1 期。我们将最前一期（第 2 年）的现金流量贴现至后一期，然后将它加到这一期（第 1 年）的现金流量中：

$$\frac{100}{1.10}+100=90.91+100=190.91(\text{元})$$

然后，我们再将这个金额往后贴现 1 期至 0 期：

$$\frac{190.91}{1.10}=173.55(\text{元})$$

图 3-10 用时间线表示了这一计算过程。

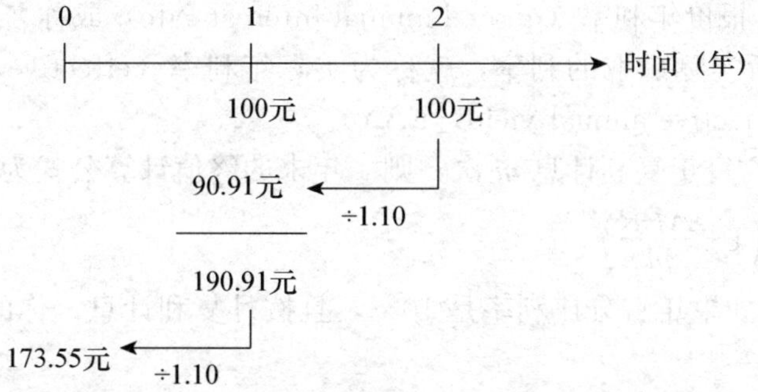

图 3-10　以每次向后贴现 1 期的方式计算现值

从以上的讨论可以看出，有关系列现金流量的问题其实就是单一现金流量分析的一个简单的扩展。

第三节　复利计息期间

到目前为止，我们都假定复利计息和贴现都是以年为单位进行的。然而在现实中，复利计息会在一年之中发生多次。本节将围绕这个问题进行讨论。

一、年百分比利率和实际年利率

假如一个银行声明付给储户 10%的年利率，每半年复利计息一次。这就意味着银行中一笔 100 元的存款半年后变成 100×1.05＝105（元），再过半年就又变成 105×1.05＝110.25（元）。结果，一年后 100 元存款的价值就是：

$$100\times\left(1+\frac{10\%}{2}\right)^2=100\times1.05^2=110.25(\text{元})$$

而这笔 100 元的存款如果以年为单位复利计息，一年后存款价值是 100×1.10＝110（元）。

值得指出的是，每半年复利计息一次的终值要高于以年为单位复利计息的终值。如果以年为单位复利计息，这最初的 100 元是全年计息的本金；如果每半年复利计息一次，这 100 元只是前 6 个月计息的本金，而下半年计息的本金变为 105 元。这样，每半年复利计息一次，投资者就获得了“利息的利息”[5×5%＝0.25（元)]。

因为 100×1.102 5＝110.25（元），这样，10%的年利率、每半年复利计息一次，实际上相当于 10.25%的年利率、以年为单位复利计息。换句话说，理性的投资者会认为 10%的年利率、每半年复利计息一次，实际上与 10.25%的年利率、以年为单位复利计息是一致的，两者之间没有差别。

在这里，10%称为年百分比利率（annual percentage rate，APR）。年百分比利率就是1年中每期的利率乘以该年中的期数，它是不考虑年内复利计息的。银行或金融机构一般以年百分比利率给出资金借贷利率的报价，所以这个利率也称为标示年利率（stated annual interest rate）、报价年利率（quoted annual interest rate）或称名义利率。而10.25%代表1年中投资者所实际赚取的利率，就称为实际年利率（effective annual rate，EAR）或实际年收益率（effective annual yield，EAY）。

如果一项投资 C_0 每年复利计息 m 次，则1年末的终值计算公式为

$$FV=C_0\times\left(1+\frac{APR}{m}\right)^m \tag{3-5}$$

【例题3-4】 如果年百分比利率是10%，且按月复利计息，你的100元投资到年末价值多少？

解答：

根据上式可得，你的投资1年末会变为

$$100\times\left(1+\frac{10\%}{12}\right)^{12}=110.47(\text{元})$$

如果一项投资 C_0 每年复利计息 m 次，则 T 年末的终值计算公式就变为

$$FV=C_0\times\left(1+\frac{APR}{m}\right)^{mT}$$

【例题3-5】 如果你以12%的 APR 投资1 000元，按季复利计息，那么你的资金5年后将会变为多少？

解答：

根据上式可得，你的资金5年后会变为

$$1\,000\times(1+\frac{12\%}{4})^{4\times5}=1\,000\times1.03^{20}=1\,806.11(\text{元})$$

与每年复利计息次数为 m 的 APR 相对应的实际年利率（EAR），可由如下的转换公式计算：

$$1+EAR=\left(1+\frac{APR}{m}\right)^m \tag{3-6}$$

【例题3-6】 如果年百分比利率是10%，按季复利计息，那么实际年利率是多少？

解答：

根据上式可得：

$$EAR=\left(1+\frac{APR}{m}\right)^{\text{m}}-1=\left(1+\frac{10\%}{4}\right)^4-1=0.103\,8=10.38\%$$

专栏3-2　案例分析："发薪日贷款"的利率是多少？

"发薪日贷款"是由美国AmeriCash Advance和National Payday之类的公司为消费者提供的短期贷款，期限通常不超过两周。这种贷款的运作过程是：你今天开出一张远期支票（支票上的日期是将来某天），并将其交给这些公司，它们给你一些现金。当支票到期时，你要么去商店支付与支票等额的现金，要么由贷

款公司将支票兑现（或者自动将贷款展期）。

举例来说，在某种特定情况下，AmeriCash Advance 允许你开出一张价值 120 美元、15 天后到期的远期支票，相应地在今天给你 100 美元现金。这项贷款的 APR 和 EAR 各是多少？

首先，我们需要知道这笔贷款的利率，这可以通过下面的终值方程式得出：

$$FV=PV\times(1+r)$$
$$120=100\times(1+r)$$
$$1.2=1+r$$
$$r=0.20 \text{ 或 } 20\%$$

这看起来并不太坏，直到你发现这个利率是 15 天的利率。这笔贷款的 APR 为

$$APR=0.20\times\frac{365}{15}$$
$$=4.8667 \text{ 或 } 486.67\%$$

这笔贷款的 EAR 是

$$EAR=\left(1+\frac{APR}{m}\right)^m-1$$
$$=(1+0.20)^{\frac{365}{15}}-1$$
$$=83.4780 \text{ 或 } 8347.80\%$$

这个利率可不低！

年百分比利率和实际年利率存在重大的差别。年百分比利率只有在给出复利计息期间的情况下才是有意义的。例如，若 APR 为 10%，则 1 元投资在每半年复利计息的情况下，1 年后的终值为 $(1+10\%/2)^2=1.1025$（元）；在按季复利计息的情况下，1 年后的终值为 $(1+10\%/4)^4=1.1038$（元）。如果仅给出年百分比利率为 10%，没有给出复利计息期间，就不能计算终值。也就是说，我们不知道该按年、半年、季、月还是其他期间计息。

而实际年利率本身就有很明确的意义，它不需要给出复利计息期间。例如，若 EAR 为 10.25%，就意味着 1 元的投资在 1 年后可变成 1.1025 元。你可以认为这是年百分比利率为 10%、半年复利计息的情况下所得到的；或是年百分比利率为 10.25%、按年复利计息的情况下所得到的；抑或是其他的年百分比利率和复利计息方式下所得到的。

因为 APR 没有反映 1 年后将赚得的实际利息数额，在计算现金流量的终值或现值时，APR 本身不能作为贴现率。对于 APR，在计算现金流量的终值或现值之前，首先要将 APR 转换为每个复利计息期间的利率，或将它转换为 EAR，然后转换成与现金流发生的时期相匹配的贴现率。而 EAR 反映了 1 年后能赚得的实际利息数额，因而可以被当作贴现率。只要知道 EAR，就可以很方便地将其转换成等价的任何时期的贴现率，以使其与现金流发生的时期相匹配。

二、连续复利计息

前面的分析说明复利计息一年可能不止一次。人们可以每半年、每季、每月、每天、每小时或每分钟复利计息，甚至可以在更短的时间里进行复利计息。最极端的情况是在无限短的时间里复利计息，也就是一般所称的连续复利计息。

也许你会觉得在连续复利计息的情况下计算一笔投资的终值或实际年利率可能很麻烦，其实不然。回顾一下数学分析或者高等数学中求极限的内容，你会发现当 m 趋于无穷时，$(1+APR/m)^m$ 趋于 2.718^{APR}，其中数值 2.718 或所谓的 e，就是自然对数的底。

因此，如果一项投资 C_0 连续复利计息，则 1 年末的终值计算公式可以表示为

$$FV=C_0\times e^{APR} \tag{3-7}$$

【例题 3-7】 如果年百分比利率是 10%，且连续复利计息，你的 100 元投资到年末价值多少？

解答：

根据上式可得，你的投资 1 年末会变为

$$100\times e^{0.10}=100\times 1.105\,2=110.52(\text{元})$$

这一结果也可以很容易地从连续型复利终值系数表得到。只要找到期数 1 对应的那一行，再找到利率 10%对应的那一列，查到连续型复利终值系数为 1.105 2，就可以计算得到同样的结果。表 3-4 是与本例有关的连续型复利终值系数表的一部分。

表 3-4　连续型复利终值系数表示例

期数	利率				
	8%	9%	10%	11%	12%
1	1.083 3	1.094 2	1.105 2	1.116 3	1.127 5
2	1.173 5	1.197 2	1.221 4	1.246 1	1.271 2
3	1.271 2	1.310 0	1.349 9	1.391 0	1.433 3
4	1.377 1	1.433 3	1.491 8	1.552 7	1.616 1
5	1.491 8	1.568 3	1.648 7	1.733 3	1.822 1

如果一项投资 C_0 连续复利计息，则 T 年末的终值计算公式可以表示为

$$FV=C_0\times e^{APR\times T}$$

【例题 3-8】 如果你以 12%的 APR 投资 1 000 元，连续复利计息，那么你的资金 5 年后将会变为多少？

解答：

根据上式可得，资金 5 年后会变为

$$1\,000\times e^{0.12\times 5}=1\,000\times 2.718^{0.6}=1\,000\times 1.822\,1=1\,822.10(\text{元})$$

利用上面的连续型复利的终值系数表，查出终值系数为 1.822 1，也可以得到同样的结果。

与连续复利计息的 APR 相对应的实际年利率（EAR），则可由如下的转换公式计算：

$$1+EAR=e^{APR} \tag{3-8}$$

【例题 3-9】 如果年百分比利率是 10%，连续复利计息，那么实际年利率是多少？

解答：

根据上式可得：

$$EAR = e^{APR} - 1 = 2.718^{0.10} - 1 = 0.105\,2 = 10.52\%$$

连续复利计息在实践中并不常用。有时，银行报出连续复利利率，只是作为一种营销策略而已。事实上，复利计息频次超过每日复利计息，对实际年利率的影响微乎其微，几乎可以忽略不计。表 3-5 列示的是与具有不同的复利计息期间、10%的 *APR* 相对应的实际年利率。

表 3-5　*APR* 为 10%、不同复利计息期间对应的实际年利率

复利计息期间	复利计息次数	实际年利率
年	1	10.000 00%
半年	2	10.250 00%
季	4	10.381 29%
月	12	10.471 31%
周	52	10.506 48%
日	365	10.515 58%
时	8 760	10.517 03%
分	525 600	10.517 09%
秒	31 536 000	10.517 09%
连续复利	无限	10.517 09%

专栏 3-3　**案例分析：法律是怎样规定的？**

在以前，美国的商业银行和储蓄贷款协会（S&L）所提供的储蓄账户都有利率上限。在著名的 Q 条例（Regulation Q）下，S&L 最多只能支付 5.5%的利率，而商业银行则不能支付超过 5.25%的利率。然而，这个条例并没有规定这些利率可以复利计息几次。那么，在 Q 条例下，利率最高可以达到多少呢？

最高可能利率发生在连续复利计息的情况下。对商业银行而言，5.25%的连续复利利率为：

$$\begin{aligned} EAR &= e^{0.052\,5} - 1 \\ &= 2.718^{0.052\,5} - 1 \\ &= 1.053\,897 - 1 \\ &= 5.389\,7\% \end{aligned}$$

这是商业银行实际上所能支付的利率。你可以验算，S&L 实际上可以支付最高为 5.653 5%的利率。

第四节　永续年金、年金以及其他特殊形式现金流的估值

本章前面的部分已经考察了终值和现值的概念。尽管这些概念使我们能够回答大量有关货币时间价值的问题，但是所涉及的计算常常是非常烦琐的。例如，要计算一笔 30 年期的按月等额偿付的房屋抵押贷款的现值，由于这笔房屋抵押贷款有 360 笔（＝30×12）等额偿付，要完成这个从概念上说比较简单的任务需要花费很多的时间。

幸好，有一些特殊形式的现金流不需要分别计算每一笔现金流量的现值或终值。本节我们将致力于导出计算这些特殊形式现金流的价值的简便方法。简便方法之所以存在，是因为这些特殊形式的现金流遵循着某种规律。

一、永续年金

永续年金（perpetuity）是一系列定期发生的、永无终结的相等的现金流。也许你认为永续年金与现实无关，但这里有一个十分著名的永续年金的例子，它就是一种被称作统一公债（consol）的英国政府债券。统一公债承诺每年向债券持有者支付固定金额的利息，直到永远。

这是永续年金的时间线：

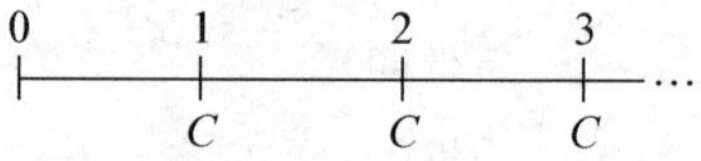

注意，在时间线上，第 1 笔现金流并不是现在发生的，而是发生在第 1 期的期末。这种现金流模式是我们采用的标准惯例。

根据现值计算公式，支付额为 C、利率为 r 的永续年金的现值应为：

$$PV=\frac{C}{(1+r)}+\frac{C}{(1+r)^2}+\frac{C}{(1+r)^3}+\cdots$$

其中，式后的省略号表示还有无穷项。像这样的数列数学中称作几何级数。虽然它有无穷多项，但因为每一项只是前一项的一部分，所以整个数列具有一个确定的和。对此几何级数求和，我们有一个简单的公式①：

① 我们可以从现值计算公式出发来证明：

$$PV=\frac{C}{(1+r)}+\frac{C}{(1+r)^2}+\frac{C}{(1+r)^3}+\cdots$$

令 $\frac{C}{(1+r)}=a$，$\frac{1}{(1+r)}=x$，上式变为

$$PV=a(1+x+x^2+\cdots) \tag{1}$$

上式两边同乘以 x，则有

$$PVx=a(x+x^2+\cdots) \tag{2}$$

式（1）减去式（2），得

$$PV(1-x)=a$$

将 a 和 x 的定义式代入上式，整理即得

$$PV=\frac{C}{r}$$

$$PV=\frac{C}{(1+r)}+\frac{C}{(1+r)^2}+\frac{C}{(1+r)^3}+\cdots=\frac{C}{r} \tag{3-9}$$

我们再来看看统一公债的例子。如何确定统一公债的价格？如果我们假定有一种统一公债无限期地每年支付利息 C 元，其现值是它未来所有利息的现值之和，通过简单的公式可得 $PV=C/r$。为了证实这是正确的答案，假设我们现在以利率 r 往银行存入的金额为 PV，每年都只取回赚得的利息 $C=r\times PV$，把本金 PV 永久性地留在银行账户里。每年收到利息 C 的永续年金的现值就是初始投资额 $PV=C/r$。

所以，永续年金现值的计算公式可简化为

$$PV=\frac{C}{r}$$

式中，C 是现在开始一期后收到的现金流，r 是适用的贴现率。

【例题 3-10】 假如你想为母校捐款，打算永久性地每年提供 50 000 元以资助母校每年举行一次金融专业硕士毕业生的聚会。如果母校能用这笔钱赚得 10%的年收益率，那么现在你要为母校一次性捐赠多少钱？

解答：

你要提供的现金流的时间线如下所示：

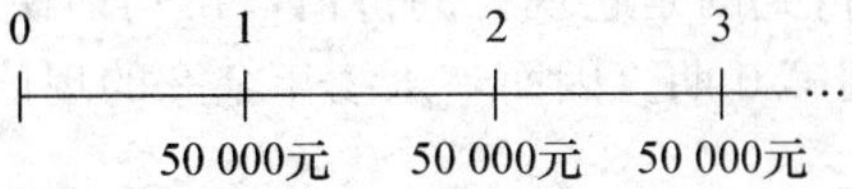

这是标准的每年支付 50 000 元的永续年金。为了将来以永续年金的形式为母校毕业生聚会提供资金，现在要一次性捐赠的数额就是未来这一系列现金流的现值。由永续年金现值公式可得

$$PV=\frac{C}{r}=\frac{50\ 000}{0.10}=500\ 000(\text{元})$$

如果你现在捐款 500 000 元，且母校将这笔钱以 10%的年利率永久性地投资，则母校每年都会有 50 000 元可用于举行金融专业硕士毕业生的聚会。

二、年金

年金（annuity）是在一定时期内定期发生的一系列相等的现金流。年金与永续年金的区别在于，年金在经过一定次数的支付之后就会结束。常见的年金例子有等额还款的房屋抵押贷款和分期付款的消费信贷等。人们退休后所得到的养老金也通常是以年金的形式发放的。

年金的现金流可用如下的时间线来表示：

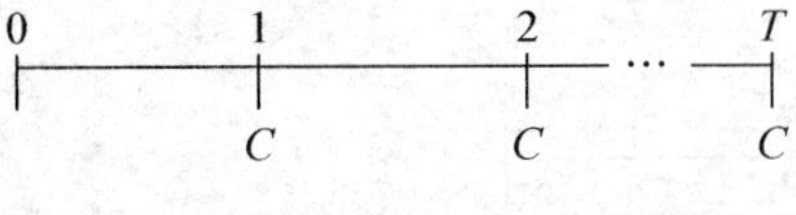

注意，与永续年金一样，按标准惯例，第 1 笔支付发生在时期 1，即从现在起的 1 个期间后。每期支付额为 C、利率为 r 的 T 期年金的现值为：

$$PV=\frac{C}{(1+r)}+\frac{C}{(1+r)^{2}}+\frac{C}{(1+r)^{3}}+\cdots+\frac{C}{(1+r)^{T}}$$

年金现值的计算也有一个简单的技巧。请看下面的时间线：

时期	0	1	2	…	T	$T+1$	$T+2$	…
永续年金1		C	C		C	C	C	
永续年金2						C	C	
年金		C	C		C			

永续年金 1 是一个从第 1 期期末开始每期支付现金 C 的正常永续年金，永续年金 2 则是一个从第 $T+1$ 期期末开始每期支付现金 C 的永续年金。从第 1 期期末开始 T 期内每期支付现金 C 的年金的现值就等于永续年金 1 的现值减去永续年金 2 的现值。

永续年金 1 的现值可由下式得出：

$$PV=\frac{C}{r}$$

永续年金 2 是从第 $T+1$ 期开始的，由永续年金现值的计算公式可知，它在第 T 期的现值为 C/r。然而，我们要得到的是它现在的价值，换句话说，它在第 0 期的现值。我们必须将第 T 期的 C/r 贴现到第 0 期。因而，永续年金 2 的现值为

$$PV=\frac{C}{r(1+r)^{T}}$$

于是，从第 1 期期末开始 T 期内每期支付现金 C 的年金的现值就等于[①]：

$$PV=\frac{C}{r}-\frac{C}{r(1+r)^{T}}$$

因此，年金现值的计算公式可简化为

$$PV=C\left[\frac{(1+r)^{T}-1}{r(1+r)^{T}}\right] \tag{3-10}$$

---

① 我们仍然可以从现值计算公式出发来证明

$$PV=\frac{C}{(1+r)}+\frac{C}{(1+r)^{2}}+\frac{C}{(1+r)^{3}}+\cdots+\frac{C}{(1+r)^{T}}$$

令 $\frac{C}{(1+r)}=a$，$\frac{1}{(1+r)}=x$，上式变为

$$PV=a(1+x+x^{2}+\cdots+x^{T-1}) \tag{1}$$

上式两边同乘以 x，则有

$$PVx=a(x+x^{2}+\cdots+x^{T}) \tag{2}$$

式（1）减去式（2），得

$$PV(1-x)=a(1-x^{T})$$

将 a 和 x 的定义式代入上式，可得

$$PV\left[1-\frac{1}{(1+r)}\right]=C\left[\frac{1}{(1+r)}-\frac{1}{(1+r)^{T+1}}\right]$$

上式两边同乘以（$1+r$），整理即得

$$PV=C\left[\frac{(1+r)^{T}-1}{r(1+r)^{T}}\right]$$

式中方括号里的表达式计算的是 T 期内每期支付现金 1 元的年金的现值，被称作年金现值利率系数（present value interest factor of annuity），或简称年金现值系数（annuity factor），缩写为 PVIFA(r，T)。就像普通现值系数有现成的表一样，年金现值系数也有表可查。表 3-6 即为年金现值系数表的一小部分。

表 3-6　年金现值系数表示例

期数	利率					
	5%	6%	7%	8%	9%	10%
1	0.952 4	0.943 4	0.934 6	0.925 9	0.917 4	0.909 1
2	1.859 4	1.833 4	1.808 0	1.783 3	1.759 1	1.735 5
3	2.723 2	2.673 0	2.624 3	2.577 1	2.531 3	2.486 9
4	3.546 0	3.465 1	3.387 2	3.312 1	3.239 7	3.169 9
5	4.329 5	4.212 4	4.100 2	3.992 7	3.889 7	3.790 8
6	5.075 7	4.917 3	4.766 5	4.622 9	4.485 9	4.355 3
7	5.786 4	5.582 4	5.389 3	5.206 4	5.033 0	4.868 4
8	6.463 2	6.209 8	5.971 3	5.746 6	5.534 8	5.334 9
9	7.107 8	6.801 7	6.515 2	6.246 9	5.995 2	5.759 0
10	7.721 7	7.360 1	7.023 6	6.710 1	6.417 7	6.144 6

【例题 3-11】　假设你刚上大学，你的一位富有的亲戚承诺，只要你的学习成绩优秀，他就愿意在每学年结束时资助你 10 000 元。他会慷慨地资助 10 年，直到你取得博士学位。如果利率是 6%，他的承诺的现值为多少？

解答：

承诺资助的现金流如下所示：

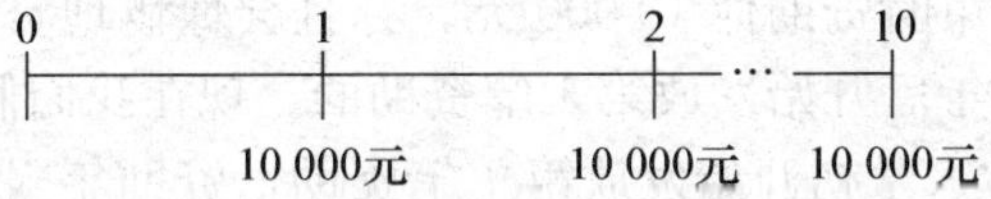

这是标准的每年支付 10 000 元的 10 年期的年金。由年金现值公式可得

$$
\begin{aligned}
PV &= 10\,000\times\left[\frac{1}{0.06}-\frac{1}{0.06\times(1+0.06)^{10}}\right]\\
&= 10\,000\times 7.360\,1\\
&= 73\,601(\text{元})
\end{aligned}
$$

你的亲戚承诺的资助的现值为 73 601 元。

有时候，我们需要根据已知的年金现值计算未知的年金现金流。

【例题 3-12】　购房的人通常需要向银行借一大笔钱。典型的住房抵押贷款安排是 30 年期，按月等额偿还。假设一套房子售价 300 万元，买主首付 30%，也就是 90 万元。剩下的 210 万元则向银行贷款。那么为了还清抵押贷款，借款人每月应偿还多少钱？

解答：

对于这笔 210 万元的住房抵押贷款，借款人可以在接下来的 30 年（360 个月）内，每月等额偿还一定数额，即分 360 期偿还。贷款银行需要确定借款人每月需偿还的数额，以使全部偿还额的现值恰好是 210 万元。时间线是这样的（按月表示）：

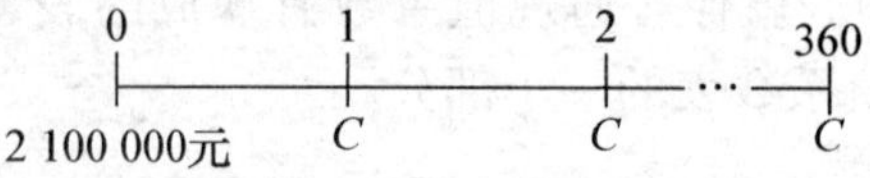

根据年金现值公式，有

$$PV=\text{每月偿还额}\ C\times 360\ \text{期年金现值系数}=2\,100\,000(\text{元})$$

$$\text{每月偿还额}\ C=\frac{2\,100\,000}{360\ \text{期年金系数}}$$

假定利率为每月 0.5%，则

$$\begin{aligned}\text{每月偿还额}\ C&=\frac{2\,100\,000}{\dfrac{1}{0.005}-\dfrac{1}{0.005\times(1+0.005)^{360}}}\\&=\frac{2\,100\,000}{166.791\,6}\\&=12\,590.56(\text{元})\end{aligned}$$

为了还清住房抵押贷款，未来 30 年里，借款人每月应偿还 12 590.56 元。

前面介绍的年金现值计算公式假设第 1 笔年金支付发生在第 1 期期末。这种标准类型的年金常被称为后付年金（annuity in arrear）。然而现金的收付经常发生于每期期初。例如，当你租房子时，第 1 个月的租金通常是要马上支付的，第 2 个月的租金则要在第 2 个月的月初支付，依此类推。这种现金流量发生在每期期初的年金被称为即付年金（annuity due）或先付年金（annuity in advance）。租赁通常就是即付年金的一个例子。几乎所有每期必须预付相同金额的情形都是即付年金。

【例题 3－13】 在前面的例子中，你的那位富有的亲戚承诺，只要你的学习成绩优秀，他就愿意在每学年结束时资助你 10 000 元，并且会慷慨地资助 10 年，直到你取得博士学位。他是在你入学 1 年后开始发放第 1 笔资助的。现在我们假设他愿意在每学年开始时资助你 10 000 元，在你入学初开始发放第 1 笔资助，资助年限仍为 10 年。如果利率仍是 6%，那么他承诺的资助的现值为多少？

解答：

资助的现金流的时间线看起来是这样的：

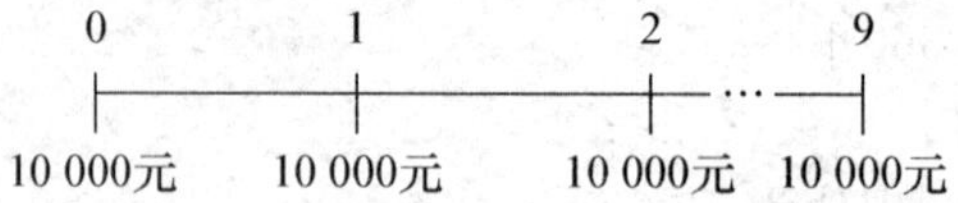

在这种假设之下，我们得到的是一个为期 9 年、1 年后开始发放第 1 笔资助的后付年金和一个在 0 期额外的资助。这样，该即付年金的现值为：

$$\begin{aligned}PV&=10\,000+10\,000\times\left[\frac{1}{0.06}-\frac{1}{0.06\times(1+0.06)^{9}}\right]\\&=10\,000+10\,000\times 6.801\,7\\&=78\,017(\text{元})\end{aligned}$$

你的亲戚承诺的资助的现值在本例中为 78 017 元，要高于在上例中的 73 601 元。这是由于在本例中年金的支付时间提前了。

除此之外，计算即付年金的现值还有一种更简单的方法。如果我们假定现金流量发生在每期期末，但实际上却是发生在每期期初，那么，我们相当于是把每一个现金流量都多贴现了 1 期。于是，只要把答案乘以 $(1+r)$，就可以调整过来。实际上，即付年金与后付年金的关系就是：

即付年金的现值＝后付年金的现值 $\times(1+r)$

因此，计算即付年金的现值有两个步骤：(1) 把它看成后付年金来计算现值；(2) 将答案乘以 $(1+r)$。

三、增长型永续年金

增长型永续年金（growing perpetuity）是一系列定期发生的、以固定的比率永久性增长的现金流。一般地，第 1 笔支付为 C、增长率为 g 的增长型永续年金有如下的系列现金流：

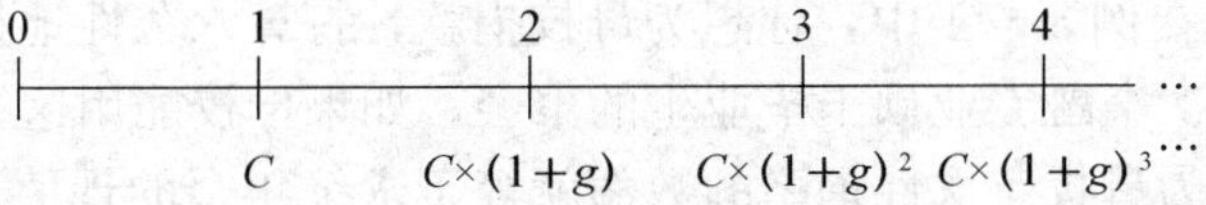

与每期现金流量都相等的永续年金一样，也按照惯例第 1 笔支付发生在时期 1。另外，第 1 笔支付不增长，也就是说，第 1 笔支付是 C，即使它是在经过 1 个时期后发生。类似地，第 n 期的现金流量仅经历 $n-1$ 期的增长。将前面的时间线上的现金流代入系列现金流现值的通用计算公式中，得到

$$PV=\frac{C}{(1+r)}+\frac{C(1+g)}{(1+r)^2}+\frac{C(1+g)^2}{(1+r)^3}+\cdots+\frac{C(1+g)^{n-1}}{(1+r)^n}+\cdots$$

如果 $g\geqslant r$，那么现金流的增长速度比它们的贴现速度还要快，每一期的现金流累积都在逐渐增大，而不是减少。在这种情况下，总和为无穷大！事实上，一旦增长率 g 高于或等于利率（贴现率）r，计算现值就没有意义了。

唯一可行的增长型永续年金是增长速度低于利率（贴现速度），于是后续每期的累积增长额要少于上一期的，这样总的增长额就将是有限的。因此，对于增长型永续年金，我们假定 $g<r$。

幸运的是，对上面的几何级数求和，我们也有一个简单的公式[①]：

---

① 我们需要计算无穷几何级数的和：

$$PV=a(1+x+x^2+\cdots)$$

其中，$a=C/(1+r)$，$x=(1+g)/(1+r)$。我们在本章前面的脚注中已经证明该级数之和为 $a/(1-x)$。将 a 和 x 的表达式代入此式，可得

$$PV=\frac{C}{r-g}$$

注意：当 x 小于 1 时，此无穷级数收敛为一个数。这意味着增长率 g 一定要低于利率 r。

$$PV=\frac{C}{(1+r)}+\frac{C(1+g)}{(1+r)^2}+\frac{C(1+g)^2}{(1+r)^3}+\cdots+\frac{C(1+g)^{n-1}}{(1+r)^n}+\cdots$$
$$=\frac{C}{r-g}$$

为了验证这个简单的公式，沿袭证明永续年金现值公式的逻辑思路：为了构造永续年金，当前需要存入银行账户的数额。就等额支付的永续年金而言，我们往银行存入数额 PV，并且每年取回利息，由于把本金 PV 一直留存在银行，所以可永久性地维持这种现金流模式。如果想要每年的回收额以 g 的比率增加，则本金也要随之以 g 的比率增长。也就是说，在第 2 年，我们不应再投资 PV，而应该再投资 $PV(1+g)=PV+gPV$。为使本金增加 gPV，只应收回 $C=rPV-gPV=PV(r-g)$，从而使账户余额及现金流永久性地保持以 g 的增长率增长。因而，初始现金流为 C 的增长型永续年金的现值即为最初存入银行账户的金额 $PV=C/(r-g)$。

所以，增长型永续年金现值的计算公式可简化为

$$PV=\frac{C}{r-g} \tag{3-11}$$

式中，C 是现在开始一期后收到的现金流，g 是每期的增长率，r 是适用的贴现率。

【例题 3-14】 在例 3-11 中，你想为母校捐款，打算永久性地每年提供 50 000 元以资助母校每年举行一次金融专业硕士毕业生的聚会。如果母校能用这笔钱赚得 10%的年收益率，那么现在你要为母校一次性捐赠的数额就等于永续年金的现值 $PV=50\,000/0.10=500\,000$（元）。尽管 50 000 元对于举办明年的金融专业硕士毕业生聚会来说足够了，然而，考虑到未来通货膨胀因素的影响，估计举办成本以后将会逐年增长 3%。为满足母校每年举行一次金融专业硕士毕业生聚会的需要，你现在要一次性捐赠多少钱？

解答：

你要提供的现金流的时间线如下所示：

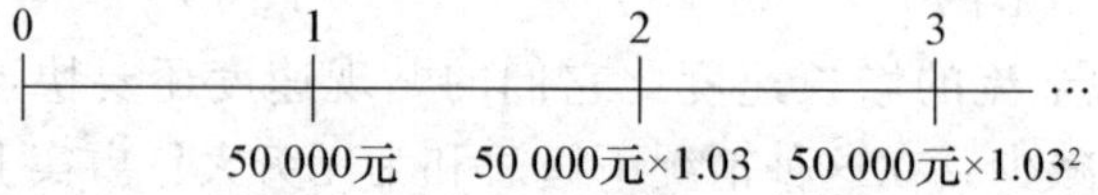

明年的聚会费用为 50 000 元，从那以后，费用将永久性地逐年增长 3%，这是标准的增长型永续年金。为给不断增长的聚会费用提供资金，现在要一次性捐赠的数额为

$$PV=\frac{50\,000}{0.10-0.03}=714\,286(\text{元})$$

四、增长年金

增长年金（growing annuity）是在一定时期内定期发生的一系列以固定的比率逐期增长的现金流，也就是有终结点的增长型永续年金。下面的时间线表示的是初始现金流为 C、每期增长率为 g 的 T 期增长年金：

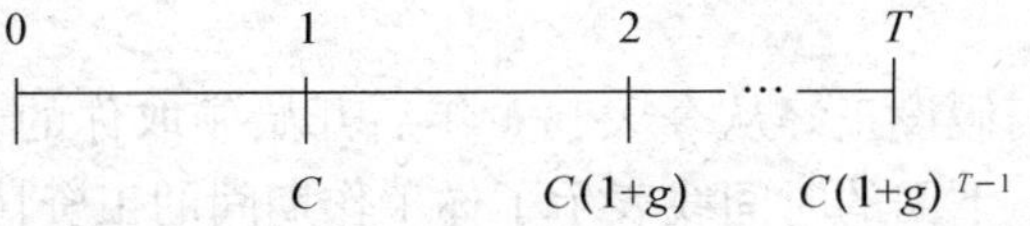

依然使用前面的惯例：第 1 笔现金流发生在第 1 期的期末；第 1 笔现金流不增长。因此，最后一笔现金流仅经历了 $T-1$ 期的增长。初始现金流为 C、增长率为 g、利率为 r 的 T 期增长年金的现值为

$$PV=\frac{C}{(1+r)}+\frac{C(1+g)}{(1+r)^2}+\frac{C(1+g)^2}{(1+r)^3}+\cdots+\frac{C(1+g)^{T-1}}{(1+r)^T}$$

增长年金现值的计算也有一种简单的技巧。请看下面的时间线：

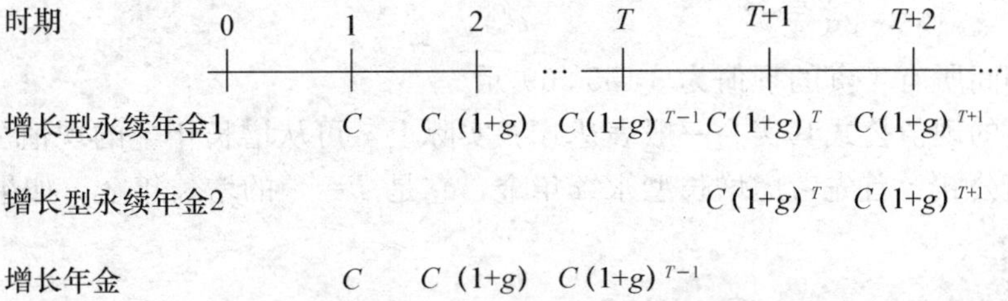

增长型永续年金 1 是一个首期支付 C 发生在第 1 期末的正常的增长型永续年金，增长型永续年金 2 则是一个首期支付 $C(1+g)^T$ 发生在第 $T+1$ 期末的增长型永续年金。两个增长型永续年金的增长率均为 g。首期支付 C 发生在第 1 期末、增长率为 g 的 T 期增长年金的现值就等于增长型永续年金 1 的现值减去增长型永续年金 2 的现值。

增长型永续年金 1 的现值为

$$PV=\frac{C}{r-g}$$

增长型永续年金 2 的现值为

$$PV=\frac{C(1+g)^T}{(r-g)(1+r)^T}$$

于是，首期支付 C 发生在第 1 期末、增长率为 g 的 T 期增长年金的现值为

$$PV=\frac{C}{r-g}-\frac{C(1+g)^T}{(r-g)(1+r)^T}$$

因此，增长年金现值的计算公式可简化为

$$PV=C\left[\frac{1}{r-g}-\frac{1}{r-g}\cdot\left(\frac{1+g}{1+r}\right)^T\right] \tag{3-12}$$

式中，C 是在第 1 期末开始支付的初始现金流，r 是利率，g 是每期的增长率，T 是增长年金支付的持续期。由于增长年金是有限期的，故当 $g>r$ 时[①]，增长年金现值公式仍然有效。

【例题 3-15】 你将于明年研究生毕业，得到了一份年薪为 10 万元的工作。你估计你的年薪会每年增长 5%，直到 40 年后退休为止。如果年利率为 6%，你工作期间所有工资的现值为多少？

① 当 $g=r$ 时，增长年金现值公式无效。但是那样的话，增长和贴现相抵，现值计算就简化为 $PV=C\times T/(1+r)$。

解答：

为了便于计算，我们假设正好从今天起 1 年后开始领取你的 10 万元年薪，而且在以后每年的同一时间领取。下面的时间线表示了你工作期间的工资情况：

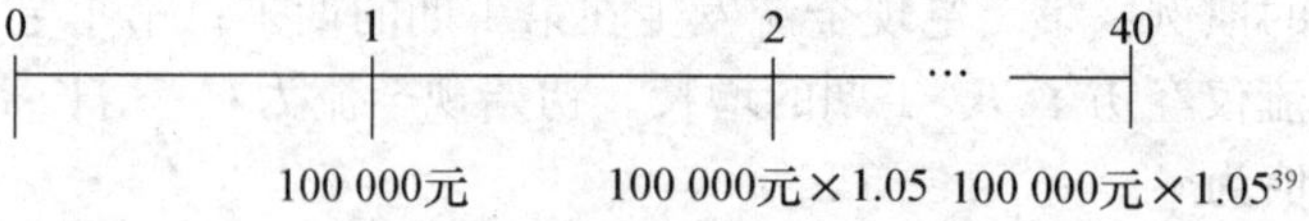

这是初始现金流为 100 000 元、增长率为 5%的 40 年期的增长年金，其现值为

$$PV=100\ 000\times\left[\frac{1}{0.06-0.05}-\frac{1}{0.06-0.05}\times\left(\frac{1+0.05}{1+0.06}\right)^{40}\right]$$
$$=3\ 155\ 569(\text{元})$$

你工作期间所有工资的现值为 3 155 569 元。

增长年金的现值公式其实为一般表达式。实际上，可从增长年金的现值公式导出本节所有其他现值公式。首先考虑增长型永续年金，它是 $T=\infty$的增长年金。如果 $g<r$，那么

$$\frac{1+g}{1+r}<1$$

当 $T\to\infty$时，$[(1+g)/(1+r)]^T\to 0$。

当 $T\to\infty$时，增长年金的现值公式就变为

$$PV=C\left[\frac{1}{(r-g)}-\frac{1}{(r-g)}\times\left(\frac{1+g}{1+r}\right)^T\right]=\frac{C}{r-g}$$

这就是增长型永续年金的现值公式。

如果令增长率 $g=0$，则增长年金的现值公式同样适用于普通年金和永续年金。

本章小结

1. 终值（FV）是指在已知利率下，一项投资在未来某个时点的价值。终值的一般计算公式为

$$FV=C_0\times(1+r)^T$$

现值（PV）是指在已知利率下，未来某个时点的一笔资金在现在的价值。现值的一般计算公式为

$$PV=\frac{C_T}{(1+r)^T}$$

2. 系列现金流的现值或终值就是各单笔现金流的现值或终值之和。

3. 把所有的钱和累积的利息留在投资中超过 1 期，从而将利息进行了再投资，称为复利计息。复利计息就是指赚取利息的利息，我们称这部分的利息为复利。

单利是只对本金计息，利息不进行再投资。财务问题几乎总是复利计息而非单利计息。

4. 年百分比利率（APR）就是 1 年中每期的利率乘以该年中的期数，它是不考虑年内复利计息的。实际年利率（EAR）是 1 年中投资者实际赚取的利率。

与每年复利计息次数为 m 的年百分比利率相对应的实际年利率，可由以下公式计算：

$$1+EAR=\left(1+\frac{APR}{m}\right)^m$$

5. 在无限短的时间里复利计息，称为连续复利计息。连续复利计息终值的一般计算公式为

$$FV=C_0\times e^{APR\times T}$$

6. 永续年金是一系列定期发生的、永无终结的相等的现金流。其现值的计算公式为

$$PV=\frac{C}{r}$$

年金是在一定时期内定期发生的一系列相等的现金流。其现值的计算公式为

$$PV=C\left[\frac{1}{r}-\frac{1}{r(1+r)^T}\right]$$

增长型永续年金是一系列定期发生的、以固定的比率永久性增长的现金流。其现值的计算公式为

$$PV=\frac{C}{r-g}$$

增长年金是在一定时期内定期发生的一系列以固定的比率逐期增长的现金流。其现值的计算公式为

$$PV=C\left[\frac{1}{(r-g)}-\frac{1}{(r-g)}\times\left(\frac{1+g}{1+r}\right)^T\right]$$

问题与应用

1. 投资的终值和现值指的是什么？

2. 当增加时间长度时，终值会发生什么变化？现值会发生什么变化？

3. 如果利率提高，终值会有什么变化？现值会有什么变化？

4. 你是否愿意今天支付500元来换取30年后10 000元的偿付？回答是或不是的关键因素是什么？你的回答是否取决于承诺偿付的人是谁？

5. 什么是复利计息？复利计息和单利计息之间有什么不同？

6. 什么是年百分比利率？什么是实际年利率？两者有何关系？在财务决策上哪一个更相关？

7. 连续复利计息意味着什么？

8. 如何计算系列现金流量的现值和终值？

9. 一般来说，永续年金、年金、增长型永续年金、增长年金的现值是什么？

10. 在下列情况下，计算1 000元按年复利计息的终值：

(1) 利率为5%，为期10年；

(2) 利率为7%，为期10年；

(3) 利率为5%，为期20年。

为什么（3）的结果不是（1）的结果的2倍？

11. 某公司估计要在20年后一次付出养老金150万元，若公司可投资于利率为8%的无风险证券，那么公司现在应投资多少钱才能够在20年后偿付养老金？

12. 某人幸运地赢得了彩票奖。奖金的领取方式有两种：其一，1 年以后领取 10 000 元；其二，5 年以后领取 20 000 元。在以下的贴现率下，他应选择哪一种方式？

(1) 0%；

(2) 10%；

(3) 20%。

使这两种方式没有差别的贴现率是多少？

13. 若年百分比利率为 8%，在下述几种方式下，1 000 元的银行存款在 3 年后的终值是多少？

(1) 每年复利计息一次；

(2) 每半年复利计息一次；

(3) 每月复利计息一次；

(4) 连续复利计息。

为什么随着计息期的缩短，终值会变大？

14. 你为 1 年期的存款找到了三种投资选择：10%的 *APR*，按月复利；10%的 *APR*，按年复利；9%的 *APR*，按天复利。计算上述每种选择的实际年利率 *EAR*。（假设一年有 365 天。）

15. 若市场利率为 6%，每年付债息 120 元的金边债券的价格为多少？

16. 假定利率为 10%，计算以下几种每年支付的现金流的现值：

(1) 1 年以后开始，永远每年支付 1 000 元；

(2) 2 年以后开始，永远每年支付 500 元；

(3) 3 年以后开始，永远每年支付 2 420 元。

17. 有一笔现金流自现在起 3 年后每年年末都有 2 000 元的现金支付，持续 22 年。在贴现率为 8%的情况下，这个现金流的现值是多少？

18. 你正在考虑购买一套房子，要花费 450 万元。你手头有 150 万元现金，可以用来交首付，其余的要借款。银行可提供给你 30 年期的按揭贷款，要求按年偿还，年利率是 6%。如果你签了贷款合同，每年将要偿付多少？

19. 一家商店提供两种付款方式。你可以采用分期付款的方式，即购买时先支付 25%的货款，然后在接下来的 3 年里每年支付 25%。如果选择一次付清，则可以享受 10%的折扣。如果你现在可以以 5%的利率借入或贷出资金，应该选择哪种付款方式？

20. 你在为两个孩子的大学学费攒钱。他们相差两岁，大孩子将在 15 年后上大学，小孩子则在 17 年后。你估计那时每个孩子每年学费将达 20 000 元。年利率为 6%，那么你每年应存多少钱才够两个孩子的学费？现在起一年后开始存款，直到大孩子上大学为止。

21. 你打算让你的女儿上一所私立小学。学费是每年 10 000 元，在每学年开始时交。你希望女儿在私立学校一直读到高中，预期在她 12 年的上学期间，学费将以每年 5%的比率逐年递增。如果年利率是 5%，学费的现值是多少？

22. 你开始存你的养老金。你决定一年以后开始，每年将工资的 2%存入一个银行账户，年利率为 8%。你去年的工资为 10 万元，并且每年以 2%的速度增长。假如你 40 年后退休，那时你总共存了多少钱?

23. 你正在考虑是否购买一套新设备。该设备购买价为 5 000 元，它能产生的现金流如下表所示。若贴现率为 10%，你是否应购买这套设备?

年份	现金流（元）
1	700
2	900
3	1 000
4	1 000
5	1 000
6	1 000
7	1 250
8	1 375

推荐阅读材料

对财务的早期起源和年金公式的历史发展有兴趣的学生可以阅读：

[1] M. Rubinsterin，*A History of the Theory of Investment*：*My Annotated Bibliography*，Hoboken：John Wiley and Sons，2006.

[2] W. N. Goetzmann and K. G. Rouwenhorst，eds.，*Origins of Value*：*Innovations in the History of Finance*，New York：Oxford University Press，2005.

参考文献

[1] 登齐尔·沃森，安东尼·黑德. 公司理财：原理与实践：6 版. 北京：清华大学出版社，2017.

[2] 理查德·布雷利，斯图尔特·迈尔斯，艾伦·马库斯. 财务管理基础：8 版. 北京：中国人民大学出版社，2017.

[3] 乔纳森·伯克，彼得·德马佐. 公司理财：3 版. 北京：中国人民大学出版社，2014.

[4] 斯蒂芬·A. 罗斯，伦道夫·W. 威斯特菲尔德，杰弗利·F. 杰富. 公司理财：9 版. 北京：机械工业出版社，2012.

第四章

投资决策方法和应用

学习目标:

1. 掌握净现值、内含收益率、平均会计收益率、获利指数、项目回收期和贴现项目回收期等决策指标在资本预算中的运用，并了解其优缺点；
2. 掌握用净现值选择寿命相同或者不同的互斥项目；
3. 掌握用获利指数在资本限量的情况下选择项目；
4. 掌握增量现金流、沉没成本和机会成本的概念，根据财务数据计算增量现金流；
5. 掌握通货膨胀对投资项目价值的影响；
6. 掌握决策树分析序贯决策；
7. 学会使用敏感性分析、情景分析和盈亏平衡分析等方法应对项目的不确定性。

引　言

近年来，各大商业地产企业都纷纷尝试轻资产转型。万达作为我国商业地产业的“领头羊”，已于2014年开始尝试轻资产转型。所谓轻资产模式，就是万达投资建设万达广场，资金或土地由别人出，万达负责选址、设计、建造、招商和管理等，所产生的租金收益万达与投资方按一定比例分成。万达在2017年新发展的项目中，轻资产广场达到47个。此外，万达还积极进军文化产业。2016年1月，万达集团宣布以不超过35亿美元现金（约230亿元人民币）收购美国传奇影业公司，创造了中国企业在海外最大的一起文化产业并购。诸如此类各种不同的企业投资决策是决定企业未来发展的重要因素。在很多情况下，资本投资对企业未来的影响是不可逆转的，这使投资决策成了经理人最具挑战性的任务之一。在这一章里，我们讨论企业评估投资项目时常用的一些工具和方法。

第一节 投资决策的基本概念

2018年7月9日，小米在香港交易所成功上市。这家创立仅有八年的企业已经快速成长为一家以手机、智能硬件和IoT平台为核心的互联网公司。根据小米集团的招股说明书，小米的商业模式由三个相互协作的支柱构成：(1) 创新、高质量、精心设计且专注于卓越用户体验的硬件；(2) 能以厚道的价格销售产品的高效新零售；(3) 丰富的互联网服务。

1. 硬件

小米提供一系列自主或与生态链企业共同开发的硬件产品，包括智能手机、笔记本电脑、智能电视、人工智能音箱和智能路由器。其中，智能手机贡献了大部分收入。与此同时，小米扩展到其他产品。截至2018年3月31日，小米通过投资和管理建立了由超过210家公司组成的生态链，其中超过90家公司专注于研发智能硬件和生活消费产品。根据艾瑞咨询，截至2018年3月31日，按已连接设备（不包括智能手机及笔记本电脑）的数量计算，小米是全球最大的消费级IoT平台。截至2018年3月，小米拥有超过1亿台连接设备（不包括智能手机及笔记本电脑）。

依靠性价比路线以及近期不断扩张的海外市场，小米手机取得了可观的销量增长。2018年第二季度，小米智能手机销量达3 200万部，同比增长43.9%，营业收入为305亿元，占全部营业收入的67.4%，智能手机业务依然是小米的核心所在。目前，小米的智能手机产品从3 000元以上的高端旗舰机（如小米MIX2S）至800元以下的入门机（如红米5）都有涉猎。

小米的智能电视产品包括小米电视4以及小米电视4A/4C。同时，小米还提供内容串流媒体设备及游戏装置小米盒子。2018年3月，小米电视和小米盒子的月活跃用户分别为约500万和800万。根据艾瑞咨询，小米盒子2017年的出货量中国排名第一，小米电视2018年3月的出货量中国排名第二。

小米与生态链企业合作设计并研发了一系列智能硬件产品，主要包括手机周边（如移动电源、耳机）、智能设备（如空气净化器、智能手环、扫地机器人、电动滑板车、电磁加热电饭煲）及生活消费产品（如小米90分滑轮旅行箱）三类。根据艾瑞咨询的数据，2017年小米的移动电源、空气净化器全球出货量第一，2017年及2018年第一季度小米的电动滑板车全球出货量第一。

2. 新零售

高效的全渠道新零售分销平台是小米增长策略的核心组成部分。小米自成立以来，一直专注于产品的在线直销，以达到最大效率，并与用户建立直接的数字化互动关系。目前，小米的线上零售渠道包括小米商城、有品平台及天猫旗舰店。根据IDC统计，2018年第一季度小米在中国和印度的线上智能手机出货量均排名第一。根据艾瑞咨询数据统计，小米商城按2017年及2018年第一季度商品成交总额计已成为中国第三大3C与家电线上零售直销平台。

线下，小米主要通过零售店米家和第三方分销网络向用户销售产品。2015 年以来，小米通过自营的米家门店显著扩大了线下零售直销网络，在实行线上线下同品同价的同时，保持了与线上渠道相似的运营效率。截至 2018 年 3 月 31 日，小米在中国拥有 331 家米家，足迹遍布绝大部分省市。

3. 互联网服务

小米通过提供互联网服务让用户拥有完整的移动互联网体验。2018 年 3 月，小米基于安卓原生系统的自有操作系统 MIUI 拥有大约 1.9 亿月活跃用户。MIUI 提供了一系列广泛的互联网服务，包括内容、娱乐、金融服务和效能工具。2018 年 3 月，小米拥有 38 款月活跃用户超过 1 000 万的应用程序和 18 款月活跃用户超过 5 000 万的应用程序，包括小米应用商店、小米浏览器、小米音乐和小米视频。这些服务拓展了公司的用户群体，提高了用户的参与度和留存率，让小米整体生态更加丰富。2018 年 3 月，用户每天使用小米智能手机的平均时间是大约 4.5 小时。目前，小米互联网服务的变现主要为互联网广告及增值服务（主要来自线上游戏）。

“让每个人都能享受科技的乐趣”是小米公司的愿景。从最初专注于智能手机的单一产品，到现在手机、智能硬件、IoT 平台遍地开花，小米在实践着一个又一个对企业未来发展至关重要的投资决策。小米的投资项目不仅包括除手机外的智能电视、人工智能音箱、智能路由器、移动电源、空气净化器、电动滑板车等一系列智能硬件产品，还包括建设高效的线上线下全渠道新零售平台，以及打造更加丰富的互联网服务体验（比如优化 MIUI 系统，开发爆款应用程序等）。

那么，管理者应该如何确定公司的投资决策呢？我们将在这一章寻找答案。

一、什么是企业的项目投资决策

资本投资指的是预期可以产生持续一年以上现金流的现金支出。大至价值几十亿元的并购，小至定期的员工培训计划，只要是预期能给企业带来长期持续的现金流的，都可以被视为资本投资项目。企业分析、评估和挑选资本项目的过程，则被称为资本预算（capital budgeting）或企业的投资决策。

一家企业的发展甚至生存，都取决于它是否可以持续地想出好的点子，来开发新产品，改进旧产品，提高经营效率。如果它的雇员能干，奖惩机制合理，那么有关资本投资的提案或点子会源源不断地被提出来。其中有些提案是好的，企业应该采纳，同时也会有一些提案是糟糕的，企业应该拒绝。在实务中，以下几种投资决策指标常被用来筛选投资项目：净现值、项目回收期、贴现项目回收期、平均会计收益率、内含收益率以及获利指数。在本章第二节，我们将逐一介绍这些指标，并讨论其优缺点。

二、项目投资的分类

在筛选投资项目时，我们通常面临两种不同类型的投资项目：独立项目（independent project）和互斥项目（mutually exclusive project）。所谓独立项目，就是对其接受或者放弃的决策不受其他项目投资决策影响的投资项目。对于独立项目，我们考虑的仅仅是要么接受、要么拒绝的单一独立项目决策。接受独立项目，不会限制公司接受其他项目的能力。然而，有时公司必须从几个可能的项目中选择一个。也就是说，这些选择是互斥的。比如，管理者在为一种新产品选择外包装设计时，他只能选择其中一种设计方案。总之，所谓互斥项目，就是若选择一个项目，则意味着必须放弃其他项目。

三、项目投资的基本步骤

项目投资决策是分析公司的投资机会，并对接受还是拒绝项目做出决定的过程。这一过程有哪些基本步骤呢？第一步，预测项目的收入和成本，并基于此来估计项目的未来期望现金流，本章第三节将详细介绍估计项目的期望现金流的过程，它是投资决策过程中非常关键的输入变量。第二步，评估项目的风险，确定适当的资本成本来贴现项目的自由现金流。第三步，根据这些现金流和资本成本计算项目的 NPV，即项目对企业价值的贡献。接下来，依靠投资决策法则，我们可以确定接受还是拒绝该项目。第四步，由于现金流的预测总是具有很大的不确定性，我们一般还需要计算 NPV 相对于预测的不确定性的敏感度。

第二节 投资决策方法的比较

一、净现值法则

在评估一个资本投资项目时，最直接的方法就是将该项目的收益和成本进行比较，看收益是否大于成本。由于资本投资项目的收益和成本往往是在不同的时间点上产生的，在进行比较时，我们需要通过贴现的方法，将不同时点上的收益和成本折算到同一时间点上进行比较。净现值（net present value，简称 NPV）就是遵循这种思路而设计出的投资决策指标。具体而言，净现值是指投资项目生命周期内的贴现现金流的总和，其计算公式如下：

$$NPV=\sum_{t=0}^{N}\frac{CF_t}{(1+r)^t} \tag{4-1}$$

在式（4-1）中，NPV 代表净现值；N 代表项目的生命周期；r 代表贴现率，反映了金钱的时间价值以及项目的风险；CF_t 代表每期的现金流，取值可正可负，正现金流代表收益，负现金流代表成本。在投资项目中，一般第一笔现金流 CF_0 为负值，代表了项目的初始投资。

净现值大于零，说明收益的现值大于成本的现值，我们可以预期这个项目将提升企业价值；净现值小于零，则说明项目收益的现值小于成本的现值，我们可以预期投资这个项目将损害企业价值。因此，用净现值进行投资决策时，我们应当遵循以下法则：如果一个项目的净现值是正的，就对这个项目进行投资；如果一个项目的净现值是负的，就不投资。

【例题 4-1】 星辉公司正在考虑是否要生产和销售一种新的有机肥料。财务经理可以精确地估计出初期投资为 1 000 万元，用于建造厂房和购买生产线。项目为期 4 年，前 3 年的现金流分别为 300 万元、400 万元和 500 万元。假设公司在第 4 年结束该项业务，第 4 年年末厂房和生产线的残值为 600 万元。公司对这类新项目采用的贴现率为 12%。试用净现值法则判断星辉公司是否该投资这个项目。

解答：

$$NPV=-1\,000+\frac{300}{1+12\%}+\frac{400}{(1+12\%)^2}+\frac{500}{(1+12\%)^3}+\frac{600}{(1+12\%)^4}=324(\text{万元})$$

该项目的净现值是正的，按照净现值法则，星辉公司应该投资该项目。

相对于其他投资决策指标，净现值有着显著的优势。首先，净现值指标考虑了货币的时间价值和项目风险。其次，净现值可以解读为项目在当前时间点上的现金价值。例如，投资一个净现值为 1 000 万元的项目，相当于在企业账面上增加 1 000 万元的资产。因此，在运用净现值决策时，经理人直接衡量了一个项目对企业价值的影响。这符合经理人进行财务管理的根本任务，即提高企业的价值。

在计算净现值时，我们需要估算贴现率，而一个项目的净现值往往对贴现率的取值非常敏感。因此，净现值比其他不涉及贴现率的决策指标更难计算。净现值的另一个缺点是非财务人员往往不理解净现值的概念。

净现值法则并不是评估项目好坏的唯一方法。我们接下来还会陆续介绍实务中常用的一些其他方法。在这个过程中你会发现，与净现值方法相比，其他方法在评估项目时，都有一些严重的缺陷。因此，原则上净现值是首选的方法，即使实务上并不只是采用净现值方法。

二、项目回收期法则

项目回收期（payback period）是指一个项目从初始投资之日起，通过现金流来收回初始投资所需的年限。在使用项目回收期法则时，企业通常有一个预先设定的基准回收年数，即只有回收期小于基准回收年数的项目才可以被接受。根据项目回收期法则，如果一项投资所计算出来的回收期短于这个预设的基准回收期，那么这项投资就是可以接受的；反之，则拒绝这项投资。

【例题 4-2】 一个为期 5 年的投资项目，初始投资是 400 万元，第 1 年的现金流是 100 万元，第 2 年 110 万元，第 3 年 120 万元，第 4 年 130 万元，第 5 年 140 万元。假如一家企业的基准回收期是 4 年，按照项目回收期法则，是否应该投资该项目？

解答：

该项目的现金流和累计现金流如表 4-1 所示。

表 4-1 项目现金流和累计现金流 单位：万元

年份	0	1	2	3	4	5
现金流	−400	100	110	120	130	140
累计现金流	−400	−300	−190	−70	60	200

如果投资该项目，到第 3 年年末，将累计收回 330 万元。而第 4 年的现金流是 130 万

元，所以在第 4 年中，会收回全部的初始投资。假定 130 万元的现金流平均地分布在这一年中，这样回收期就是 3.54（＝3＋70/130）年，小于基准回收期 4 年。按照项目回收期法则，应该投资该项目。

项目回收期法则易于理解，便于计算，而且在一定程度上反映了项目对企业资金流动性的影响。因此在实务中，是一种较为广泛使用的投资决策指标。然而，和净现值法则相比，项目回收期法则有一些严重的缺点。第一，回收期直接把未来的现金流量加总，没有进行贴现，因此既没有考虑货币的时间价值，也没有考虑不同项目风险的差异。第二，基准回收期的选择具有主观性。换句话说，没有任何经济理论告诉我们多长的基准回收期才是合理的，而且不同项目（比如投资规模差异很大的项目）的基准回收期的年数设定应该是不同的，这又导致企业经理在项目抉择中有很大的主观性。第三，这种方法完全忽略了发生在项目回收期后的现金流，因而不能反映整个项目的现金流分布情况。

三、贴现项目回收期法则

项目回收期法则的一个重要缺点是忽略了货币的时间价值和项目的风险。项目回收期法则的一个变化形式——贴现项目回收期（discounted payback period）法则——解决了这个问题。贴现项目回收期是指从一个项目初始投资之日起，以现金流的现值计算的收回初始投资所需的年限。根据贴现回收期法则，如果一项投资的贴现回收期小于某个预先设定的年数，那么该投资就是可以接受的；反之，则拒绝该投资。

【例题 4－3】 有一个为期 5 年的投资项目。初始投资为 5 000 万元，未来 5 年每年的现金流为 1 500 万元。假定一家企业对于该项投资要求 10％的收益率，按照贴现项目回收期法则是否应该投资该项目？

解答：

我们以 10％的贴现率对每年的现金流进行贴现，统计累计的现金流现值，如表 4－2 所示。

表 4－2 项目累计现金流现值 单位：万元

年份	0	1	2	3	4	5
现金流	－5 000	1 500	1 500	1 500	1 500	1 500
现值	－5 000	1 364	1 240	1 127	1 025	931
累计现值	－5 000	－3 636	－2 397	－1 270	－245	686

说明：由于表中现值进行了四舍五入处理，为避免多次四舍五入造成数据误差过大，计算累计现值时是先用保留了小数的现值进行计算，后进行四舍五入处理，故呈现出来的数值与用表中现值直接计算出来的结果有微小出入。后文类似情况不再一一说明。

通过累计贴现现金流的计算可以看到，该项目在第 5 年收回投资。假定第五年 1 500 万元现金流平均地分布在这一年中，则该项目的贴现回收期为 4.26（＝4＋245/931）年。按照贴现项目回收期法则，如果该企业的基准回收期大于 4.26 年（而实际上，本题的题目并未告诉我们该企业的基准回收期，这也反映了项目回收期法则的主观局限性），则应该投资这个项目；反之，则应该拒绝这个项目。

贴现项目回收期法则考虑了货币的时间价值，比起简单的项目回收期法则似乎更值得称道，但是这种方法在实务中很少应用。为什么呢？也许是因为它实际上根本不比净现值法则简单。要算出贴现项目回收期，就必须把现金流贴现后加总，并与初始投资进行比较。就复杂程度而言，这样就与计算净现值差不多了。因此，与普通回收期不同，贴现项目回收期的计算增加了工作量，但并未完全解决项目回收期法则的缺点。

贴现项目回收期法则有两个明显的缺点。第一，基准回收期的选择仍然是主观的；第二，回收期以后的现金流状况也同样被忽略了。因此，贴现项目回收期法则是普通项目回收期法则和净现值法则的折中，它不如前者简便，也不如后者严谨准确。尽管如此，如果我们需要评估项目收回初始投资所需要的时间，贴现项目回收期还是比普通项目回收期好，因为它考虑了资本成本。

四、平均会计收益率法则

顾名思义，平均会计收益率（average accounting rate of return，简称 ARR）是项目的平均税后利润与平均账面投资之比。所谓平均账面投资，是指初期投资和期末账面价值的平均值。根据平均会计收益率法则，如果一个项目的平均会计收益率大于目标平均会计收益率，那么就可以接受这个项目；反之，则拒绝这个项目。

【例题 4-4】 一个项目历时 5 年，初期投资为 200 000 元。按直线折旧法，5 年后账面价值折旧至 0。该项目的销售额和现金营运成本如表 4-3 所示。计算该项目的平均会计收益率。

表 4-3 项目财务预测

单位：元

	第 1 年	第 2 年	第 3 年	第 4 年	第 5 年
销售额	100 000	150 000	240 000	130 000	80 000
现金营运成本	50 000	70 000	120 000	60 000	50 000
折旧	40 000	40 000	40 000	40 000	40 000
税前利润	10 000	40 000	80 000	30 000	−10 000
税收（40%）	4 000	16 000	32 000	12 000	−4 000
净利润	6 000	24 000	48 000	18 000	−6 000

解答：

这个项目的平均税后利润是 18 000 [=(6 000+24 000+48 000+18 000−6 000)/5]元，平均账面投资是 100 000 [=(200 000+0)/2]元。因此，其平均会计收益率为 18%(=18 000/100 000)。如果公司的可接受会计收益率小于 18%，那么就可以接受这项投资；否则，就不能接受。

与项目回收期一样，在计算平均会计收益率时，我们无须估算贴现率。就此而言，运用平均会计收益率法则比运用净现值法则容易。然而，平均会计收益率法则有着显著的缺点：第一，平均会计收益率只是两个会计数字的比率，不是一个具有经济意义的收益率，无法和金融市场上金融资产提供的收益率相比较。第二，忽略了货币的时间价值和项目的风险。第三，和项目回收期法则类似，缺乏客观的基准，影响到项目的选择。第四，计算平均会计收益率，用的不是现金流量和市价，而是净利润和账面价值。因此，平均会计收益率并不反映项目对企业价值的真实影响。在用平均会计收益率决策时，经理人并不知道他们的决策是否有助于提升企业价值。

五、内含收益率法则

接下来我们将讨论净现值法则最重要的替代方法——内含收益率法则。内含收益率（internal rate of return，简称 IRR）指能够使项目成本（即负现金流）的现值等于项目收益（即正现金流）现值的贴现率。换言之，内含收益率是使投资项目的净现值为零的贴现率。之所以称它为“内含”收益率，是因为它只依赖来自该项投资的现金流，而不受任何其他收益率的影响。相比之下，在计算净现值时，我们需要估算项目的必要收益率。参照式（4-1），一个项目的内含收益率可以通过解以下方程获得：

$$0=\sum_{t=0}^{N}\frac{CF_t}{(1+IRR)^t} \tag{4-2}$$

一个项目的内含收益率高于必要收益率，意味着该项目的收益率高于资本成本；一个项目的内含收益率低于必要收益率，则意味着该项目的收益率低于资本成本。根据内含收益率法则，如果一项投资的内含收益率超过必要收益率，就可以接受这项投资；否则，就应该拒绝这项投资。

在应用净现值法则时，我们需要先估算资本成本，然后计算项目的净现值，而一个项目的净现值对于资本成本的取值是相当敏感的。相比之下，在应用内含收益率法则时，我们并不先估算资本成本，而是依赖于来自该项投资的现金流算出内含收益率，然后将内含收益率与资本成本进行比较。所以，应用内含收益率法则时，对资本成本估算的精度要求相对较低。就此而言，应用内含收益率法则比应用净现值法则要来得简单。同时，我们可以把资本成本和内含收益率的差值看作估算资本成本时所允许的最大误差值，或是将其看成该项目的安全边际，这也是内含收益率法则相对于净现值法则的一个优势。

【例题 4-5】 一个为期 5 年的投资项目，初始投资是 400 万元，第 1 年的现金收入是 100 万元，第 2 年是 110 万元，第 3 年是 120 万元，第 4 年是 130 万元，第 5 年是 140 万元。假如该项目的必要收益率是 10%，按照内含收益率法则，请问是否应该投资该项目。

解答：

项目的内含收益率就是使未来 5 年的现金流等于初始投资 400 万元的贴现率。由此我们可以列出如下方程式：

$$-400+\frac{100}{1+IRR}+\frac{110}{(1+IRR)^2}+\frac{120}{(1+IRR)^3}+\frac{130}{(1+IRR)^4}+\frac{140}{(1+IRR)^5}=0$$

通过试算法或财务计算器（也可以在 EXCEL 中利用财务函数求解）①，我们可以求得 $IRR=14.30\%$。因为 14.30%的内含收益率大于 10%的必要收益率，所以可以接受该项

① 对于高次方程，我们无法直接求解。一种做法是利用试错方法，代入接近的数值，逐步逼近；一种做法是利用财务计算器或者 EXCEL 自带的财务函数功能，完成计算。在 EXCEL 中有 IRR 函数。

目。实际上，根据该项目的必要收益率10%，我们可以计算出该项目的净现值为47.7万元。依据净现值法则，也可以做出接受该项目的决策。

在例题4-5中，我们按照内含收益率法则和净现值法则做出了同样的决策。然而，用这两种法则做出的决策并非总是一致的。一般来说，内含收益率法则适用于独立的常规项目。所谓常规项目，是指那些在项目初期有负现金流发生，随后才有正现金流发生（此为投资项目），并且在正现金流发生后再无负现金流发生的项目。

当我们在多个相互排斥的项目之间取舍时，内含收益率法则可能会和净现值法则冲突。关于这一点，我们将在下一小节详述。下面我们着重讨论一下，在对单个的非常规项目进行决策时，内含收益率法则可能出现的一些问题。首先，在对非常规项目决策时，内含收益率法则会错估延迟投资对项目收益的影响。在常规项目中，成本先于收益发生。贴现率越高，收益的现值就越低，项目的净现值也越低。在非常规项目中，部分成本发生在收益之后。贴现率越高，这部分成本的现值就越低，项目的净现值反而有可能变得更高。在这种情况下，按照内含收益率法则做出的决策，就有可能出现和净现值法则冲突的结果。

【例题4-6】 如果有一个为期3年的项目，在第1年年初，获取现金收益100万元，以后每年都会有现金支出50万元。如果该项目的资本成本为10%，按照内含收益率法则，是否应该投资该项目。

解答：

按照式（4-2），我们可以列出以下方程：

$$100+\frac{-50}{1+IRR}+\frac{-50}{(1+IRR)^2}+\frac{-50}{(1+IRR)^3}=0$$

解方程可知，该项目的内含收益率为23.38%，大于资本成本。按照内含收益率法则，应该对该项目进行投资。但是，通过计算，我们发现项目的净现值是负的（$100-50/1.1-50/1.1^2-50/1.1^3=-24.34$），按净现值法则，应该拒绝该项目。

在这个例子里，现金流的符号是先正后负（即先发生现金流入，然后均为现金流出），这种项目属于融资项目，而非投资项目。判断融资项目是否可以接受的标准，是项目的内含收益率是否低于企业可接受的资本成本，当内含收益率低于资本成本时，接受项目；当内含收益率高于资本成本时，拒绝项目。这正好与投资项目的判别法则相反。

在评估非常规项目时，还可能出现内含收益率不存在的情况。观察式（4-2）可知，求内含收益率实际上就是解一元n次方程。当一元n次方程无解时，内含收益率就不存在。这时，我们只能依照净现值法则决策。

【例题4-7】 如果有一个为期3年的项目，每一年的现金流都是500万元。试计算该项目的内含收益率。

解答：

按照式（4-2），我们可以列出以下方程：

$$\frac{500}{1+IRR}+\frac{500}{(1+IRR)^2}+\frac{500}{(1+IRR)^3}=0$$

可以证明，以上等式无解，即该项目的内含收益率不存在。但是，这并不意味着这是一个糟糕的项目。实际上，对于任意贴现率，该项目的净现值总是正的。

当项目的净现值总是负的时，也会出现内含收益率不存在的情况。比如，如果例题4-6中每一期的现金流都是负的时，就会出现这种情况。

此外，在评估非常规项目时，还可能出现多重内含收益率的情况。如前所述，求内含收益率实际上就是解一元 n 次方程。当现金流的符号变化 n 次时，式（4-2）中所示方程可以有 n 重解。换言之，该项目可以有 n 个内含收益率。

【例题4-8】 有一个采矿的项目，需要1 000万元的初始投资，第一年的现金流是5 000万元，第二年矿产已经采完，但是企业还要负责恢复当地环境，拆卸矿场，又会发生净支出6 000万元。试计算该项目的内含收益率。

解答：

按照式（4-2），我们可以列出以下方程：

$$-1\,000+\frac{5\,000}{1+IRR}+\frac{-6\,000}{(1+IRR)^2}=0$$

可以求得满足如上等式的内含收益率有两个：$IRR=100\%$ 或 $IRR=200\%$。这就给决策者带来了很大的困惑，到底哪个内含收益率才是正确的呢？内含收益率没有提供一个明确的答案。在这种情况下，我们应该按照净现值法则决策。

比如企业的资本成本为20%，则项目的净现值为－1 000万元；当企业的资本成本为120%时，项目的净现值为33.06万元。实际上，当企业资本成本小于100%或者大于200%时，该项目都应该被拒绝，只有当企业资本成本位于（100%，200%）的区间时，项目才可以被接受。①

而现实中的真实企业成本一般一定小于100%，所以此项目一定是被拒绝的。

六、在互斥项目间进行选择

如果有金钱以外的原因，使企业无法同时选择两个项目，那么这两个项目就是相互排斥的（mutually exclusive）。互斥项目常常涉及做同一件事的不同方法或者同一种资源的不同用途。比如，为了输送石油，石油公司可以建造直径6英寸的输油管，也可以建造直径10英寸的输油管。但是当公司选择了其中一种类型的输油管后，就不会在同一条线路上建造另一类型的输油管了，所以“建直径6英寸的输油管”和“建直径10英寸的输油管”这两个项目是相互排斥的。我们先讨论如何使用净现值法则选择互斥项目，然后讨论用内含收益率法则选择互斥项目可能出现的问题。

（一）用净现值法则选择互斥项目

如果各个互斥项目的生命周期是相同的，那么用净现值决策的过程简单明了。我们只需要计算各个项目的净现值，按净现值把项目排序，然后选择净现值最高且净现值为正的那个项目即可。

---

① 该项目在收益率（横轴）—净现值（纵轴）的框架图中，为一开口向下的抛物线，因为求解内含收益率的方程为一元二次方程，与横轴的两个交点分别是100%和200%，即内含收益率的两个值。

然而，在很多情况下，企业需要在不同寿命的项目之间做出选择。在这种情况下，我们在对项目进行排序时，要把项目寿命上的差异纳入考虑。比如有一长一短两个项目，贴现率都是12%。表4-4中列出了项目现金流。

表4-4　项目现金流

单位：元

年份	0	1	2	3	4	5	6	7	8	9	10
项目A	−1 000	400	400	400	400	400					
项目B	−1 500	350	350	350	350	350	350	350	350	350	350

按12%的贴现率计算，第一个项目的净现值是442元，第二个项目的净现值是478元。如果忽略了项目寿命上的差别，就会得出项目B优于项目A的结论。可是这样的分析忽略了再投资的可能性，如果在第6年起，可以对项目A进行再投资，就可以产生额外的净现值。

在比较寿命不同的项目时，企业必须考虑短期项目的再投资问题。下面我们讨论如何用重置链（replacement chain）法则和约当年金（equivalent annuity，EA）法则分析此类问题。这两种方法都假定在短期项目结束后，企业可以继续投资相同或类似的项目。

1. 重置链法则

重置链法则假设通过再投资，项目是可以被复制的。① 通过一定次数的复制，我们可以把各个互斥项目调整至相同的寿命，然后加以比较。承接上面的例子，我们可以把项目A重复两次，然后与项目B比较。表4-5中列出了复制后的项目现金流。

表4-5　再投资后的项目现金流

年份	0	1	2	3	4	5	6	7	8	9	10
项目A	−1 000	400	400	400	400	400 −1 000 （复制）	400	400	400	400	400
项目B	−1 500	350	350	350	350	350	350	350	350	350	350

经过两次复制之后，项目A的净现值是693元，而项目B的净现值仍是478元。这样调整后，两个项目有了相同的寿命，净现值就有了可比性。两相比较，应该选择项目A。

重置链法则具有明显的局限性。当项目数量很多，且不同项目的寿命之间不是倍数关系时，这种法则就显得很繁杂。比如说，有三个项目，寿命分别是7年、9年和13年。如果用重置链法则，我们需要将这三个项目复制到第819（$=7\times9\times13$）年，才能使它们的寿命恰好相等。

2. 约当年金法则

我们也可以把寿命不同的项目的净现值转换成同等价值的年金后加以比较。约当年金的计算公式如下：

① 从生产实际看，所谓项目可以被复制，更多的是企业需要重复购买设备或产品，比如企业对生产设备定期进行更新购买，即项目更多是融资项目而非投资项目。不过，企业的短期投资比如对流动资产的定期投资，如购买国债回购或短期理财产品等，也是不断定期更新重复的。本书这里是以投资项目举例的。

$$EA = NPV \times \frac{r}{1-(1+r)^{-n}} \tag{4-3}$$

在式（4-3）中，EA 代表约当年金；NPV 代表净现值；r 代表项目的贴现率；n 代表项目的寿命。只要给定项目的贴现率和寿命，我们就可以用上述公式把项目的净现值转换成同等价值的年金。这种方法相当灵活，可以用来比较具有不同的贴现率和不同的寿命的项目。

承接上面的例子，项目 A 和项目 B 的约当年金分别为

$$EA_A = 442 \times \frac{0.12}{1-(1+0.12)^{-5}} = 122.62(\text{元})$$

$$EA_B = 478 \times \frac{0.12}{1-(1+0.12)^{-10}} = 84.6(\text{元})$$

项目 A 的净现值比项目 B 低，但是其约当年金却比项目 B 高 38.02 元。因此，企业应该优先选择项目 A，这和我们用重置链法则得出的结论是一样的。

从表面上看，约当年金法则没有对项目进行复制，但实际上它也隐含了这条假设。因此，约当年金法则和重置链法则的结论总是一致的。约当年金法则的优点是简单易行，甚至适用于寿命永续的项目。

（二）内含收益率与互斥项目

如果我们可以按净现值高低选择互斥项目，那么我们是否也可以把这种决策思路推广到内含收益率法则上，选择内含收益率最高的项目呢？答案是否定的。按内含收益率高低选择互相排斥的项目，常常会导致错误。这些错误的发生，和计算内含收益率时的再投资假设以及项目之间的规模差异有关。

1. 再投资假设

首先，让我们考虑以下两个相互排斥的项目。两个项目都是为期 4 年，初始投资都是 200 万元。项目 A 在 4 年中每年的现金流都是 80 万元，项目 B 在第 1～3 年的现金流为 0，第 4 年的现金流为 400 万元。如果两个项目的资本成本都是 10%，应该如何取舍？在表 4-6中，我们列出了这两个项目的现金流，以及项目的净现值和内含收益率。

表 4-6　项目 A 和 B 的现金流、净现值和内含收益率

	初始投入（万元）	第 1 年（万元）	第 2 年（万元）	第 3 年（万元）	第 4 年（万元）	*NPV*（万元）	*IRR*（%）
项目 A	−200	80	80	80	80	53.59	21.86
项目 B	−200	0	0	0	400	73.21	18.92

项目 B 的净现值为 73.21 万元，高于项目 A，按照净现值法则，我们应该选择项目 B。但是项目 B 的内含收益率却低于项目 A，如果我们按内含收益率进行决策的话，就应该选择项目 A。在这个例子中，按内含收益率做出的决策和按净现值做出的决策发生冲突，这和内含收益率中暗含的再投资假设有关。

在计算净现值时，我们按 10%的资本成本对未来的现金流贴现。换言之，这两个项目投资的机会成本为 10%。这意味着除了这两个项目外，我们最好的投资机会的收益率为 10%。因此，如果我们将从这两个项目获得的现金流再投资的话，可以获得的收益率

是 10%。

在计算内含收益率时，我们假设每期的现金流都可以按照同样的收益率再投资，比如，在项目 A 进行过程中得到的现金流以 21.86%的收益率再投资，项目 B 进行过程中得到的现金流以 18.92%的收益率再投资。可是在这两个项目上取得 21.86%或 18.92%的收益率，并不意味着我们在再投资的时候也可以取得同样的收益率。事实上，如果再投资收益率这样高，投资这两个项目的机会成本就不应该只有 10%了。所以在选择互斥项目时，内含收益率中所暗含的再投资收益率是不合理的，我们应该根据净现值法则进行决策。

2. 项目规模

在选择相互排斥的项目时，项目规模上的差异也可能使内含收益率和净现值法则相冲突。到底是应该选小规模、高内含收益率的项目？还是应该选大规模、低内含收益率的项目？有时候，大规模、低内含收益率的项目反而有更高的净现值。比如在表 4-7 里所列出的两个项目（假设两个项目的资本成本都是 15%）就是这样的一个例子。

表 4-7 项目 A 和项目 B 的现金流、净现值和内含收益率

	初始投入（万元）	第 1 年（万元）	第 2 年（万元）	第 3 年（万元）	第 4 年（万元）	*NPV*（万元）	*IRR*（%）
项目 A	−100	35	45	60	75	46.794 7	33.66
项目 B	−1 000	300	350	450	550	135.866 4	20.88

项目 B 的初始投入是项目 A 的 10 倍。在资本成本为 15%的情况下，项目 B 的净现值大于项目 A，可是其内含收益率却低于项目 A。在这种情况下，我们应该按净现值法则进行决策，选择投资项目 B。道理很简单，通过投资项目 B，企业可以赚到更多的钱。这就好比一个理性的投资者在一个收益率为 200%的 1 元的投资和一个收益率为 10%的 100 万元的投资之间选择时，必然会选择后者。投资前者的收益率虽然高，却只能赚到 1 元。投资后者的收益率虽然看上去要低一些，却能赚到 10 万元。

七、获利指数法则

当可供投资的资本有限时，企业会放弃一些净现值为正的项目，这种情况被称为资本限量（capital rationing）。资本限量之所以会发生，往往是因为两类原因。第一，因为信息不对称或者交易成本等原因，投资者可能只愿意提供低于某一数量的资本。第二，资本限量也可能是企业的主动选择。比如，遵循保守经营策略的企业，可能不愿意募集额外资金，选择只使用内生资金进行投资。企业也可能为了控制风险或者是经理人时间有限等种种原因，选择为资本投资设一个上限。

当企业面临资本限量时，经理人需要在预算限制下，创造出尽量多的企业价值。这可能意味着要放弃一个大项目，而选择一些小规模、利润相对较低的项目，来充分利用投资预算。

待选项目的初始投资在不同的时间点上发生时，资本限量下的资本预算可能是很复杂的。在这种情况下，企业需要用线性规划或者整数规划等数学方法来找出最优的投资项目组合。如果所有待选项目的初始投资都在第一期发生，那么我们可以用获利指数来选择项目。获利指数（profitability index，简称 PI）是用项目的未来现金流的现值之和除以初始投资的金额，其计算公式如下：

$$PI=\frac{\sum_{t=1}^{n}CF_t/(1+r)^t}{I_0}=\frac{NPV+I_0}{I_0} \tag{4-4}$$

在式（4-4）中，PI 表示获利指数；CF_t 表示每期的现金流；r 表示贴现率；I_0 表示初始投资。获利指数衡量的是单位数量的初始投资可以为企业带来的现金流的现值。我们可以通过以下步骤，用获利指数来选择项目：首先，计算各个项目的获利指数。其次，按照获利指数，把待选项目由高到低排序。最后，从获利指数最高的项目开始，选择所有净现值为正的项目（即获利指数大于 1 的项目），直到达到资金预算的限制。

【例题 4-9】 如果星辉公司有 5 000 万元现金可供投资，应该如何在表 4-8 所列的 6 个项目中进行取舍？

表 4-8 资本限量下的投资决策

	初始投资（万元）	净现值（万元）	获利指数
项目 A	500	100	1.20
项目 B	500	70	1.14
项目 C	2 000	300	1.15
项目 D	3 000	480	1.16
项目 E	1 000	170	1.17
项目 F	500	125	1.25

解答：

我们先按照获利指数对项目进行排序，然后从获利指数最高的项目开始选择，直到达到资金预算的限制。项目 F、A、E、D 依次入选，四个项目一共为企业带来 875 万元的净现值。如果按照净现值排序选择项目，星辉公司只能选择项目 D 和 C，两个项目一共带来 780 万元的净现值，低于按获利指数法则选择的投资项目组合。

八、不同投资决策方法的比较

至此，我们讨论了六种资本预算方法：净现值法则、项目回收期法则、贴现项目回收期法则、平均会计收益率法则、内含收益率法则和获利指数法则。除非是存在资本限量的情况，否则净现值法则相对于其他决策指标有着明显的优势。无论是对独立的项目进行评估，还是在寿命相同或者不同的项目之间进行选择，按净现值指标进行决策，都是和提高企业价值这一目标相符合的。因此，学术界往往将净现值法则视为资本预算的首选方法。然而，在实务中，在估算现金流后，各种资本预算方法都是通过计算机轻易算出的。即使是像中国石油或者美国波音等大公司，也会计算并考虑所有这些指标，这是因为这些指标常常可以提供额外的信息。

净现值是企业投资决策时最好的指标，因为它提供了项目为股东所创造价值的最直接的度量。内含收益率以百分比的方式衡量了项目的收益率，同时也提供了有关项目安全边际的信息。这在实务中得到了广泛的运用。获利指数衡量了每单位初始投资的盈利能力，在资本限量的情况下尤为有用。静态和动态的项目回收期则提供了有关项目流动性和风险的信息。

Graham 和 Harvey（2001）通过调查问卷方式，统计了美国大公司常用的资本预算方法。他们给 300 多家美国财富 500 强企业发放了调查问卷，图 4－1 显示了调查的主要结果。在使用最广泛的五种资本预算方法中，任意选两个，其使用概率加起来都是超过 100%的。显然，有很多公司同时使用多种资本预算方法。

图 4－1 显示，CFO 们强烈地倾向于使用那些考虑了时间价值和项目风险的资本预算方法。74.9%的 CFO 总是或几乎总是使用净现值法则，75.7%的 CFO 总是或者几乎总是使用内含收益率法则。值得注意的是，项目回收期法则在实务中也获得了广泛的运用。超过 50%的 CFO 总是或几乎总是使用项目回收期法则。一方面可能是因为项目回收期法则简单易行，另一方面可能是因为项目回收期提供了有关流动性的信息（因为项目回收期越短，项目的流动性越好。公司可以及早收回投入的钱，投资其他项目，或者还债），这对于那些面临资本约束的公司有重要意义。

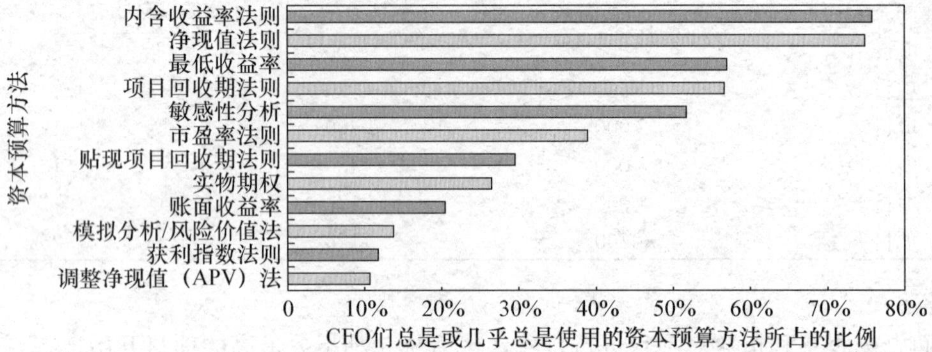

图 4－1　美国企业中各种资本预算方法的使用频率

资料来源：美国学者的调研。Graham，John R.，and Campbell Harvey，"The Theory and Practice of Corporate Finance：Evidence from the Field"，*Journal of Financial Economics*，2001（60）：187-243.

第三节　投资项目的现金流

一、项目现金流的构成

假设华为公司正在准备开发一款新型的平板电脑，该电脑与 iPad 大小相似，具备运行高端台式计算机系统的功能。基于广泛的市场调查，预测新款平板电脑的年销售量为 1 000 000 件。考虑到科技变革的速度，公司预计该产品只能生产 4 年。预计该平板电脑产品的销售价格为 3 500 元。实际的产品制造将以每件 1 500 元的成本外包给专业制造商生产。开发平板电脑需要硬件（如 CPU）和软件方面的研发投入，预计需要花费 5 亿元。除此之外，项目还需要在机器和其他设备上预先投入共计 2 亿元。机器设备的投资可以在接下来的 5 年内按直线折旧法全额计提折旧。然而，公司预计将在第 4 年年末以 6 000 万元的售价出售机器设备。另外，项目需要在初始投入净营运资本 3 亿元。随后，净营运资本需求保持不变，直到项目结束，净营运资本的初始投入将被全部收回。公司预计该平板电脑产品每年的销售、市场营销、服务支持花费为 1 亿元。公司的边际税率是 35%。假设你被华为公司的资本预算部门聘用，你的任务就是确定该新型平板电脑项目的自由现金流。那么，如何确定与项目有关的现金流呢？

要评价一项投资决策，必须确定它对公司可动用现金的影响。项目对公司可动用现金的增量影响即为该项目的自由现金流（free cash flow）。如何预测新型平板电脑项目的自由现金流呢？我们通常基于下面的简化公式。

$$\begin{aligned}\text{自由现金流}=&(\text{销售收入}-\text{付现成本}-\text{折旧})\times(1-\tau_c)\\&+\text{折旧}-\text{资本性支出}-\Delta NWC\end{aligned}\tag{4-5}$$

在式（4－5）中，付现成本包括所有与项目有关的成本开销，如产品的制造成本、销售及管理费用、研究和开发支出等。ΔNWC 表示净营运资本的变动，τ_c 为公司的边际税率。注意，在计算项目的增量收益时，需要减去折旧，然后在计算自由现金流时，由于折旧为非现金费用，于是又将其加回。下面我们就来讨论自由现金流的各个构成部分。

1. 收入和成本

对于平板电脑项目，我们可以先来估计项目的收入和成本。根据条件，该项目在未来 4 年里每年将产生销售收入 1 000 000 件×3 500 元/件＝35 亿元。每年的生产成本为 1 000 000 件×1 500 元/件＝15 亿元。因此，项目每年产生的毛利润为 20 亿元。项目的营业费用包括每年 1 亿元的销售、市场营销、服务支持花费。另外，在第 0 年，项目在硬件和软件方面的研发支出为 5 亿元。

2. 资本性支出与折旧

在第 0 年，平板电脑项目为购买机器设备而要支付的资本性支出为 2 亿元。购买厂房、设备、财产这些资本性支出在计算收益时并不直接被列为费用，而是公司每年以折旧的方式分摊一部分成本。计算折旧有不同的方法，最简单的是直线折旧法，即在资产寿命内等额地分割其成本。对于该资产设备，使用直线折旧法，则公司每年的折旧费用为 4 000万元。

3. 净营运资本

净营运资本为流动资产和流动负债的差额。大多数项目都需要公司投入净营运资本。公司可能需要维持一定的现金余额，以应对未预料到的支出，并适量地保持原材料和产品存货，以应对生产的不确定性和需求的波动。而且，客户可能不会立即支付购买货物的款项。在平板电脑项目中，第 0 年项目需要投入净营运资本 3 亿元，这一净营运资本的增加表示公司的可用现金减少，从而减少了公司的自由现金流。第 1～3 年，净营运资本需求保持不变，意味着净营运资本没有变化，ΔNWC 为 0。第 4 年年末项目结束时，净营运资本的初始投入全部收回，意味着净营运资本下降了 3 亿元，从而公司的自由现金流增加了 3 亿元。

4. 利息费用

在评价类似于平板电脑这样的投资决策时，一般不考虑利息费用。任何增加的利息费用都与项目的融资决策相关。这里，我们希望评价项目本身，因而将其与融资决策相分离。所以，在评价平板电脑项目时，就好像一些公司不采用任何债务为项目融资一样，我们不考虑项目的融资选择问题。

5. 清算价值

不再需要使用的资产通常有一个转售价值，或者如果将资产的某部分当作残余物出售而得到的残值。在计算自由现金流时，要将被处置的资产的清算价值包含在内。一般来说，资产被清算时，出售该资产的全部利得要纳税。因资产出售而产生的税后现金流为

$$出售资产的税后现金流=售价-\tau_c\times(售价-资产账面价值) \quad (4-6)$$

在该平板电脑项目中，第 4 年年末出售机器设备的自由现金流应该纳入资本预算中。考虑项目结束时，机器设备的剩余账面价值为 4 000 万元，出售该设备的税后现金流为 6 000－35%×(6 000－4 000)＝5 300（万元）。

二、项目现金流估计的原则

在资本预算过程中，最重要也是最困难的一步便是估计项目的现金流。为了获得较为准确的估算值，常常需要许多个人和部门的共同协作。例如，关于产品销售额和销售单价的预测通常由市场部门做出，预测的准确性取决于市场部门对价格弹性、广告效应、经济环境、竞争对手反应以及消费者偏好等的掌握。又比如，开发新产品的支出和花费通常由工程师和生产部门掌握；运营成本由会计师、生产专家和采购部门估计。

估算现金流是一项复杂的工作，分析人员在估算过程中常常会犯各种各样的错误。但是有两个重要原则帮助我们降低犯错的概率：第一，在评估投资项目时，分析人员应使用现金流，而不是会计收入；第二，资本预算决策应该是基于增量现金流的。

所谓“增量”，是相对于投资一个新项目之前，整个企业所拥有的未来现金流而言的。当企业投资新的项目时，其所拥有的未来现金流就会发生变化。我们把这种因为接受某个投资项目而直接导致的企业未来现金流的变动，称为项目的增量现金流。在既定的资本成本下，增量现金流全面反映了投资一个新项目对企业价值的影响。因此，分析人员应使用增量现金流来对投资项目进行评估。下面我们就来讨论与增量现金流相关的三个重要概念。

1. 沉没成本

在增量现金流的定义中，隐含着一个显而易见的推论：任何现金流，如果不管项目是否被接受它都存在，那么在资本决策时就无须考虑它，因为它并非与项目相关的增量现金流。沉没成本（sunk cost）是指不管是否接受项目都要发生的支出。所以沉没成本不是增量现金流，它不应该被包括在净现值的计算过程中。以一个例子说明，中国银行正考虑是否在一个西部城市开支行，它雇用了一个咨询公司去调查，花费 100 万元人民币，在获得了足够的信息后，对这个项目进行评估。这 100 万元支出是否应该包括在资本预算的决策中呢？答案是否定的。因为不管中国银行最终决定是否开支行，这 100 万元的调查支出都已经发生了。因此，如果中国银行在计算这项投资的净现值时，把这 100 万元支出也计算在内的话，就会造成项目净现值的低估，甚至可能导致放弃一个好项目。所以沉没成本不

应包括在增量现金流的计算中。①

2. 机会成本

很多项目会占用企业已有的资源。因为企业无须花现金去买这些资源，一些分析人员可能会错误地认为这些资源是无成本的。可事实上，很多时候企业可以把这些资源另作他用，来创造价值。使用一项资源时的机会成本（opportunity cost），是指企业把该资源用于其他项目时，该资源能够创造的最大价值。当资源被一个投资项目占用时，企业就无法将其用于其他投资项目了，该资源的机会成本也就丧失了。因此，在分析增量现金流时，我们应该把机会成本计算在内。继续讨论上面的例子，假设中国银行在西部城市拥有一块地，这块地的市场价值是500万元人民币，如果中国银行用这块地开支行，这块地就不能被用于在市场上出售，也就不能给银行带来500万元人民币的现金流入。假如这块地没有别的更好用途，用这块地建支行的机会成本就是500万元。在评估支行项目的净现值时，应该把这500万元考虑在内，看作项目的一项支出。

3. 项目的外部性

一个新的投资项目常常会对企业现有的其他业务产生影响，经济学家将这种影响称为外部性（externality）。对企业而言，外部性的作用可好可坏。继续讨论上面的例子，建立新支行后，中国银行的一些现有客户可能会转到新的支行，这些客户带来的现金流不能算作新支行的增量现金流。另外，新支行的建立也可能使中国银行的其他支行的业务量增加。这是因为在新支行建立后，有些人会发现在他们的家庭和工作单位附近都有了中国银行的不同支行，便利性的增加使他们更愿意使用中国银行的服务。

当一家公司推出新产品时，部分客户可能会停止购买旧产品，转而购买新产品，使旧产品的销售量下降。这种现象被称为侵蚀效应（cannibalization）。有时公司会采取一些措施来减少侵蚀效应，但往往事与愿违。比如，IBM公司就多年拒绝为它的个人电脑部门提供完全的计算支持，因为它不希望个人电脑业务“偷走”盈利性很高的服务器业务的利润。事后来看，这种做法并不明智。很多客户因此转向了其他公司，这使戴尔、微软、英特尔等其他厂商成为个人电脑产业的领军企业。

互联网时代的到来冲击了很多企业的发展模式，使它们不得不重新考虑未来的发展方向。最明显的例子就是电子商务的繁荣对传统零售商的冲击。国美、苏宁这些传统的零售商不得不考虑是否也通过互联网直接向客户出售产品。② 线上销售会扩展零售商的销售渠道，但也会给传统零售、线下渠道带来冲击，造成传统销售渠道的利润被吞噬。所以，项目的外部性问题是企业在进行资本预算决策时不得不考虑的重要问题。

三、项目现金流的计算

下面我们将通过两个实例来演示净现值法则在企业资本预算决策中的具体应用。其中

---

① 有一句英文谚语是这样说的：“Don’t cry over spilled milk.”（别为泼洒的牛奶而哭泣。）沉没成本就类似于“泼洒的牛奶”，是已经发生的成本损失，不应该影响未来的决策。

② 在电子商务网站如京东商城、当当网等的压力下，我国传统的家电销售巨头国美、苏宁纷纷投入巨资建立了国美在线、苏宁易购等网上销售平台。

一个例子是关于替代项目的，另一个则是关于新产品开发的。在以下的两个例子中，我们需要计算项目的增量现金流。

1. 替代项目

替代项目涉及设备的更换，是一类常见的资本预算问题。在评估替代项目时，需要非常仔细地分析新老项目之间现金流的差异，以估算项目的增量现金流。下面的例子显示，在进行资本预算时，要考虑新项目对企业已经拥有的未来现金流的影响。类似的分析在评估那些有较强外部性的项目时也是非常有用的。

假设星辉公司正在考虑是否要用新设备替换老设备。与老设备相比，新生产设备的生产效率更高，运营成本更低。新老设备的一些情况如表 4－9 所示，在使用新设备时，需要增加 8 万元的净营运资本。假定税率是 30％，必要资本收益率是 8％，试问星辉公司是否应该投资这个替代项目？

表 4－9 替代项目财务预测

老设备		新设备	
账面价值（元）	400 000		
市场价值（元）	600 000	购买成本（元）	1 000 000
剩余寿命（年）	10	寿命（年）	10
年销售额（元）	300 000	年销售额（元）	450 000
现金营运支出（元）	120 000	现金营运支出（元）	150 000
年折旧（元）	40 000	年折旧（元）	100 000
会计净残值（元）	0	会计净残值（元）	0
预期净残值（元）	100 000	预期净残值（元）	200 000

下面我们将一步步计算增量现金流。首先，我们计算项目的初始投资。购买新设备需要花费 1 000 000 元。在使用新设备后，销售额会上升，因此我们需要投入额外的净营运资本 80 000 元来支持销售规模的扩张。此外，在购买新设备后，我们将卖出老设备，从中获取的税后收益［600 000－0.3×(600 000－400 000)＝540 000（元）］可以抵消一部分现金投资。因此，这个替代项目的初始投资是

$$初始投资金额=1\,000\,000+80\,000-540\,000=540\,000(元)$$

然后，我们计算项目的增量财务现金流。在使用新设备后，销售额将由原先的 300 000 元增加到 450 000 元。随着销售规模的扩大，现金营运支出由原先的 120 000 元增加到 150 000 元。此外，使用新设备后，折旧额也增加了 60 000 元。因此，这个替代项目的增量财务现金流（FCF）是

$$\begin{aligned}年度财务现金流&=[(450\,000-300\,000)-(150\,000-120\,000)-(100\,000\\&\quad-40\,000)]\times(1-0.3)+(100\,000-40\,000)\\&=102\,000(元)\end{aligned}$$

10 年后，我们将以 200 000 元的价格出售新设备，因为会计净残值为 0，所获收益需要按 30％的税率纳税。如果不投资这个替代项目，则会以 100 000 元的价格出售旧设备，所获收益同样需要纳税。在评估这个项目时，我们只需要考虑其中的增量部分。此外，10 年之后，公司将回收在净营运资本上的投资，其中 80 000 元的增量部分与这个替代项目有

关。因此，项目最终现金流是

$$项目最终现金流=(200\,000-100\,000)+80\,000-0.30\times(200\,000-100\,000)$$
$$=150\,000(元)$$

基于8%的必要收益率，项目的净现值计算如下：

$$NPV=-540\,000+\sum_{t=1}^{10}\frac{102\,000}{1.08^t}+\frac{150\,000}{1.08^{10}}=213\,907(元)$$

因为净现值是正的，公司应该对这个替代项目进行投资。

2. 产品开发项目

在评估替代项目时，我们需要仔细分析新老项目之间现金流的差异。总的来说，替代项目中最重要的变量，即项目的成本和预期的成本上的节省，往往是需要由工程师、销售人员和财务经理（司库）一起精确估算的。相比之下，估算产品开发项目的现金流就困难得多。下面我们将对一个新产品开发项目进行评估。

假定星辉公司正在考虑开发一个全新的产品，这个产品在市场中已经存在很多竞争对手。公司认为基于自身的制造专长和广阔的全球分销渠道，该产品可以在市场中占据一席之地。固定资产投资是3 000万元。虽然设备有20年的使用寿命，但是公司将折旧期定为4年，4年后的净残值为0。最初的6年财务预测数据如表4-10所示。公司预期6年之后，项目的现金流将以每年5%的速度增长，直到永远。另已知项目的资本成本为24%。

表4-10 项目在预测期内的财务状况 单位：万元

年份	0	1	2	3	4	5	6
销售收入		2 500	10 000	16 500	21 000	23 000	25 000
售出商品成本		1 625	6 500	10 725	13 650	14 950	16 250
销售和管理费用		3 000	3 000	3 000	3 000	3 000	3 000
资本支出及折旧	3 000	750	750	750	750	0	0
税前利润		−2 875	−250	2 025	3 600	5 050	5 750
税收（35%）		−1 006	−88	709	1 260	1 768	2 013
税后利润		−1 869	−163	1 316	2 340	3 283	3 738
营运资本		750	3 000	4 950	6 300	6 900	7 500
营运资本增量		−750	−2 250	−1 950	−1 350	−600	−600

有关新产品开发的财务预测通常是从销售预测开始的。这是一个非常具有挑战性的任务，营销人员不但要预测销售的产品数量，而且要预测产品价格。同时，竞争对手可能会采取应对措施，这使销售预测变得更为困难。

在做出销售预测之后，公司可以进一步估算项目所需的资本投资，包括项目的营运资本需求。基于表4-10中的财务预测，我们可以估算该项目的增量现金流，并计算项目的净现值，如表4-11所示。

这个新产品和上例中的新产品有四个方面的不同：第一，销售额稳定增长。从这点可以看出，星辉公司寄希望于该产品在6年后还可有持续的市场竞争力。第二，销售和管理费用一直很高。这一点并不令人惊讶。要想在已经有很多竞争对手的市场上立足肯定需要广告、宣传等方面的大量支出。第三，营运资本的需求大约是销售收入的30%。这反映了星辉公司认为必须维持充足的存货、提供客户销售信贷（形成企业的应收账款）等以给客户提供高水平的服务。第四，因为风险很高，项目要求24%的必要收益率。

表4-11　项目在预测期内的财务现金流（*FCF*）和净现值　　单位：万元

年份	固定资产 (1)	税后利润加折旧 (2)	营运资本增量 (3)	财务现金流 (4)	现值 (5)
0	−3 000	−1 950	—	−4 950	−4 950
1	—	−1 119	−750	−1 869	−1 507
2	—	588	−2 250	−1 663	−1 081
3	—	2 066	−1 950	116	61
4	—	3 090	−1 350	1 740	736
5	—	3 283	−600	2 683	915
6	—	3 738	−600	3 138	863
				NPV=	−4 963

表4-11呈现了项目的现金流情况。固定资产一项很容易理解。上文提到，公司需要支付3 000万元的设备安装成本，因此在第1年里，会有3 000万元的现金流出。第（2）列中考虑了折旧因素。因为折旧作为一项费用在利润的计算中属于减项，但是并没有实际的现金流出，所以在计算现金流时要作为调整项加回。第（3）列反映了增量营运资本对企业现金流的影响。预期在第1年，公司开始售卖新产品。为了支撑销售运作，公司需要投入的营运资本是750万元。随着销售额的提高，公司需要投入更多的营运资本。因此，此后每一年营运资本的增量部分，也应该纳入现金流的计算。营运资本的增加代表现金流出，营运资本的减少代表现金流入。

在表4-11中，我们将税后利润加上折旧，再减去营运资本的变化，从而算出项目的财务现金流。估计出每年的现金流后，我们按24%的必要收益率将各年的现金流贴现。项目前6年财务现金流的现值总和是−4 963万元。即使我们假设6年后设备可以以3 000万元售卖掉，项目前6年的现值也不足以吸引星辉公司投资这个项目。因此，是否投资这个项目取决于项目的终值（terminal value，TV），即估计期之后的现金流的现值。项目的终值可以用公式计算，它取决于预期的现金流增长率。利用敏感性分析可以计算出使项目净现值为正的最小现金流增长率。

$$TV_n = \frac{CF_{n+1}}{r-g} \tag{4-7}$$

在式（4-7）中，CF_{n+1}是项目在最初的预测期结束后第1年的现金流；r是项目的必要收益率；g是估计期结束后项目的现金流增长率。式（4-7）可以用来计算预测期结束后现金递增（$g>0$）、递减（$g<0$）或不变（$g=0$）的情况。

项目第6年现金流为3 138万元，按照5%的增长率和24%的必要收益率，我们可以用式（4-7）算出在第6年时的项目终值为3 138×(1+5%)/(0.24−0.05)=17 342(万元)。将在第 6 年时的项目终值以 24%的必要收益率贴现，是 4 771 万元。将这个值与前 6 年现金流的总现值相加为 4 771－4 963＝－192（万元)。这个项目的净现值依然是负的，所以星辉公司不应该投资该项目。

四、通货膨胀和资本预算

通货膨胀对投资项目的贴现率和未来的现金流都有影响。在进行资本预算分析时，我们通常是使用名义收益率。根据费雪等式（Fisher equation)，在名义收益率 r、预期通货膨胀率 i 和实际收益率 a 之间存在以下关系[①]：

$$r = a + i + ai \tag{4-8}$$

如果假设 ai 约等于零，可以通过上述公式计算预期通货膨胀率为 $i=r-a$。因为名义收益率已经反映了预期的通货膨胀率，我们在估算项目的现金流时也要考虑通货膨胀的影响。也就是说，在估算现金流时，我们必须考虑到项目的收入和成本都可能随着通货膨胀率的提高而提高。在计算名义现金流时，我们需要区分合约现金流和非合约现金流。

合约现金流是指那些金额固定的现金流。因此，它们不受通货膨胀率的影响。合约现金流常常会随着债务、租赁合同、劳动合同、应收款项和应付款项而产生。折旧带来的税盾或许是最重要的一种合约现金流。然而，公司的大多数收入和成本是非合约现金流。非合约现金流的金额不是固定的，而是随市场条件的变化而波动的。只要价格是随着通货膨胀率自由变动的，我们就可以预期非合约现金流会与通货膨胀率同步变化。换言之，价格变化 1%，非合约现金流也随着变化 1%。以我们在上一节中讨论的替代项目为例，折旧带来的税盾和在项目结束后收回的营运资本可以被看作合约现金流。购买新设备后的成本降低和销售量上升则是非合约现金流。同时，因为我们设定营运资本是销售额的 30%，当销售额随着通货膨胀率上升时，营运资本也会上升。

通过税收的作用，通货膨胀率对投资项目的价值有负面影响。对于那些周期长、折旧年限长的项目，这种负面影响尤为强烈。比如，通货膨胀会降低因折旧费用而产生的税盾的价值，因为折旧是根据设备的账面价值计算的，与折旧有关的税盾是固定的（即折旧费用乘以税率)。当通货膨胀率上升时，税盾的现值就降低了。换言之，在高通货膨胀率时期，折旧费用不随通货膨胀率的上升而增加，这意味着折旧费用实际上被低估了，而利润被夸大了。企业实际上付了更多的税，实际现金流随之减少。

在项目结束后，企业卖出设备时，也可能产生税收。在高通货膨胀率时期，卖出价格会上升。但这只是名义价格的上升，设备的实际价值并不随着通货膨胀率的变化而变化。可是名义价格上升后，企业卖出设备的名义收益就会上升，企业就需要多付税，这会使企业的实际现金流减少。结果可能会扭曲企业的投资决策：企业可能会选择避免投资那些长期项目，多投资那些短期项目。

---

① 费雪等式实际上是指：1＋名义利率＝(1＋实际利率)×(1＋通货膨胀率)，将此式展开，即名义利率＝实际利率＋通货膨胀率＋实际利率×通货膨胀率，由于实际利率×通货膨胀率较小，所以名义利率≈实际利率＋通货膨胀率。

第四节 序贯决策和决策树

很多投资决定是按顺序一步步做出的，后期的决策依赖于前期决策的选择和结果，这就是投资决策中的序贯决策（sequential decision），序贯决策通过决策树（decision tree）解决。比如开发一个新产品。研发成功后，我们才会决定建设试验性的生产线，并且试着营销研发出的新产品。试水成功后，我们才会决定建规模齐全的工厂。如果销量能够持续增加，我们才会考虑扩建工厂，并在国际市场上销售该产品。在这个过程中，如果任何一个结点上的结果不理想，我们就可能中途停止这个项目。

决策树是处理序贯决策的一个有用工具。通过画决策树，我们可以直观地看到未来的各种可能事件及其发生的概率和财务结果，有助于我们做出最优的决策。图 4-2 就是关于是否要进行市场调研的决策树。假如我们考虑是否制造一种新产品，只有两个结果，要么是成功，要么是失败。如果不做市场调研，成功的可能性是 50%，产品成功的话，项目的净现值是 400 万元，如果产品失败，项目的净现值是 −400 万元。如果进行市场调研，有 50%的可能是调研结果认为该产品会成功。如果市场调研认为该产品会成功，那么产品最后成功的可能性是 90%；如果市场调研认为该产品会失败，那么产品最后失败的可能性也是 90%。市场调研的成本为 10 万元。

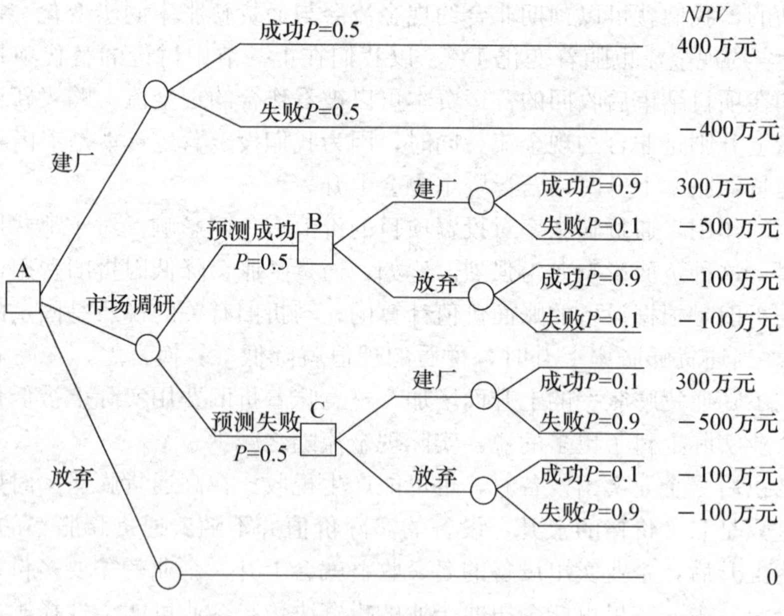

图 4-2 有关市场调研的决策树

图 4-2 中 A、B 和 C 的三个方框是决策点，圆圈代表事件。各种事件的概率也在图中用 P 标出了。在图的右侧，我们标出了每一串决策的净现值。为了计算每一串决策的概率，我们需要从图的最右边向图的最左边倒推。

在决策点 C，如果我们选择建厂，项目的净现值是 −420［$=0.1\times 300+0.9\times$

(－500)] 万元。如果我们选择放弃，项目的净现值是－100 万元。因为放弃的净现值更高，在决策点 C，理性的经理人会选择放弃。

在决策点 B，如果我们选择建厂，项目的净现值是 220 [＝0.9×300＋0.1×(－500)] 万元。如果我们选择放弃，项目的净现值是－100 万元。因为建厂比放弃的净现值更高，在决策点 B，理性的经理人会选择建厂。

在确定了决策点 B 和 C 的决策后，我们可以用同样的方法反推决策点 A 的决策。在决策点 A，如果我们选择建厂，项目的净现值是 0 [＝0.5×400＋0.5×(－400)] 元。如果我们选择放弃，项目的净现值也是 0 元。如果我们选择市场调研，项目的净现值是 50 [＝0.5×220 ＋ 0.5×(－100) －10] 万元。因为选择市场调研的净现值最高，我们在决策点 A 选择进行市场调研。

第五节　不确定性下的投资决策分析

到目前为止，我们都是估算现金流和贴现率的期望值，然后把这些期望值代入模型，计算出项目净现值的期望值，并以此评估一个项目是否有利可图。在现实中，现金流和贴现率往往是不确定的。我们不仅想知道净现值的期望值，也对净现值的分布感兴趣。这是因为通过净现值的分布，我们可以衡量一个项目的风险。敏感性分析和情景分析是常用的风险评估方法。此外，盈亏平衡分析也常被用来应对不确定性问题。我们通过评估下面的这个项目来演示如何进行这三种分析。表 4－12 中列出了有关这个项目的基本信息。

表 4－12　项目财务预测

单价	5.00 元
年销售量	40 000 件
单位可变成本	1.50 元
固定资产投资	300 000 元
营运资本投资	50 000 元
寿命	6 年
年度折旧（直线法）	50 000 元
预计净残值	60 000 元
税率	40%
必要收益率	12%

从表 4－12 中可知，该项目的初始投资包括 30 万元的固定资产投资和 5 万元的营运资本投资，总计 35 万元。每年的销售额为 5×40 000＝20（万元），可变成本为 1.5×40 000＝6（万元），税后净利润为（200 000－60 000－50 000）×(1－40%)＝54 000（元）。由此可知，每年的现金流为 54 000＋50 000＝104 000（元）。固定资产经过 6 年折旧后，账面价值为 0，项目结束后卖出设备的税后收益为（60 000－0)×(1－40%)＝36 000（元）。在第 6 年结束项目时，收回营运资本 5 万元。

按第三节中的方法，我们可以计算该项目净现值的期望值为

$$NPV = -350\,000 + \sum_{t=1}^{6} \frac{104\,000}{(1+12\%)^t} + \frac{(36\,000+50\,000)}{(1+12\%)^6} = 121\,157(\text{元})$$

在上面的分析中，假设公司每年可以按5元单价出售40 000件产品。然而，销售量几乎肯定会和事先预测的有些不同，价格也可能会有一定的偏差。同样，其他的变量也可能与上面的预期有所不同。毕竟，表4-12中列出的只是期望值，而不是实际数值。这种不确定性就是所谓的风险。下面我们用敏感性分析、情景分析和盈亏平衡分析三种方法来评估这个项目的风险。

一、敏感性分析

当项目的关键变量，比如销售额和销售价格发生变化时，项目的净现值就会发生变化。敏感性分析（sensitivity analysis）衡量的是当单个变量发生变动而其他变量都维持不变时，项目的净现值会如何变化。也就是说，敏感性分析衡量的是项目净现值对某单个变量的敏感度。比如在上面的例子中，公司的经理人不单单是对基准预测感兴趣，他们也会问一些关于"如果"的问题：如果销售量跌到30 000件会怎么样？如果市场不好，产品只能以4.5元的单价出售会怎么样？如果可变成本比我们预测的高，会怎么样？敏感性分析可以帮助我们找到这些问题的答案。

如果我们想就某些变量进行敏感性分析，我们必须先设定这些变量将如何变化。我们会假设变量的基准值（均值或者说最可能发生的值）、最小值、最大值。[①] 在表4-13中，我们列出了单价、年销售量、单位可变成本、预期净残值、税率和必要收益率的基准值、最低值和最高值。然后，我们逐一考虑当某单个变量发生变化时，项目的净现值将如何变化。

表4-13　相关变量的基准值、最低值和最高值

观察变量	基准值	最低值	最高值
单价（元）	5.00	4.50	5.50
年销售量（件）	40 000	35 000	45 000
单位可变成本（元）	1.50	1.40	1.60
预期净残值（元）	60 000	30 000	80 000
税率	40%	38%	42%
必要收益率	12%	10%	14%

我们先计算取基准值时项目的净现值。然后从这6个变量中选取单个的变量，将其取值从基准值变为最高值或最低值，同时保持其他变量的取值不变，计算相应的净现值。我们在表4-14中列出了计算的结果。

① 在英语中，分别对应"最可能"（best）、"乐观"（optimistic）、"悲观"（pessimistic）三种情形，所以敏感性分析也被称为BOP分析。

表 4-14 敏感性分析

单位：元

变量	净现值			变动范围
	基准值	最低值	最高值	
单价	121 157	71 820	170 494	98 674
年销售量	121 157	77 987	164 326	86 339
单位变动成本	121 157	111 289	131 024	19 735
预期净残值	121 157	112 037	127 236	15 199
税率	121 157	113 148	129 165	16 017
必要收益率	121 157	93 602	151 492	57 890

说明：表中变动范围为最高值减去最低值。

如表 4-14 所示，项目的净现值对于单价的变动最为敏感（净现值的变动范围最大），而对预期净残值的变动最不敏感（净现值的变动范围最小）。大致地说，项目的净现值受单价和年销售量的变化影响比较大，受到单位变动成本、预期净残值和税率变化的影响比较小。必要收益率的变动也会对项目的净现值产生很大的影响，但与单价和年销售量相比，效果还是要弱一些。

在敏感性分析中，经理人可以自行选择哪些变量变动或是变动多少。许多公司可以利用计算机软件来计算这些变量变动对净现值的影响。通过敏感性分析，我们可以找出那些对项目的成败最为重要的变量。

敏感性分析的最大不足是变量之间可能是存在相关性的。比如，可变成本就可能和价格是相关的，当价格为 5.5 元时，单位产品的可变成本很可能已经不止 1.4 元了。但是由于敏感性分析只允许单个变量变动，所以它忽略了变量之间的相关性。要解决这个问题，就必须进行情景分析。

二、情景分析

敏感性分析计算单个变量发生变化时，对项目净现值的影响。情景分析（scenario analysis）计算的是一组变量变化时，项目的净现值将会如何变化。每一组变量变化的情况被称为一个情景（scenario）。虽然企业可以分析很多种情景，但实践中它们往往只分析三种情景。其中可能性最大的一种情景是基准情景。另外两种情景分别是悲观和乐观的情景。承接上面的例子，表 4-15 中设定了三种不同情景进行情景分析。

表 4-15 情景分析

	悲观	基准	乐观
单价（元）	4.50	5.00	5.50
年销售量（件）	35 000	40 000	45 000
单位变动成本（元）	1.60	1.50	1.40
固定资产投资（元）	320 000	300 000	280 000
营运资本投资（元）	50 000	50 000	50 000
寿命（年）	6	6	6

续表

	悲观	基准	乐观
折旧（元）	53 333	50 000	46 667
净残值（元）	40 000	60 000	80 000
税率	40%	40%	40%
必要收益率	13%	12%	11%
净现值（元）	−5 725	121 157	269 685

在基准情景下，项目的净现值是 121 157 元。在设定悲观和乐观的情景时，我们变动了部分变量。悲观的情景反映了高成本、低销售收入、高必要收益率等经济萧条时的常见特征。正如表 4-15 所示，悲观的情景下项目的净现值是负的（−5 725 元）。在乐观的情景下，销售收入更高，成本和必要收益率更低，所以净现值也很高（269 685 元）。

情景分析显示，这个项目有可能会有负的净现值。净现值的波动（两种极端情形下的净现值变动为 275 410 元）和初始投入相比显得很大，这意味着这个项目的风险颇大。在这个例子里，我们分析了三种情景。如果需要，经理人也可以假设更多的情景，进行更细致的分析。

三、盈亏平衡分析

在评估一个项目时，投资者最关心的往往是项目是否会亏损。因为生产成本相对容易预测，所以一个项目成功与否的关键是销售收入。销售收入之所以有很大的不确定性，主要是因为销售量的不确定性。我们可以通过盈亏平衡分析（break-even analysis）来应对这种不确定性。具体做法是找出使项目净现值为 0 的销售量 Q^*。如果销售量超过了 Q^*，项目净现值为正；如果销售量低于 Q^*，项目净现值为负。判断销售量是否会大于 Q^*，比准确估算销售量要来得容易，这是盈亏平衡分析的价值所在。一旦计算出了 Q^*，就可以将估计的销售量与之相比较，从而决定是否接受该项目。

继续上面的例子，我们可以通过解下面的方程来求解使净现值为 0 的现金流：

$$-350\,000+\sum_{t=1}^{6}\frac{C}{(1+12\%)^t}+\frac{36\,000+50\,000}{(1+12\%)^6}=0$$

解方程可知，当 C 为 74 531.59 元时，项目的净现值为 0。接着，我们通过下面的方程求使现金流为 74 531.59 元的销售量 Q^*。

$$(5Q^*-1.5Q^*-50\,000)\times(1-40\%)+50\,000=74\,531.59$$

求解方程可知，Q^* 等于 25 967.42 件。如果公司认为年销售量会远大于 25 968 件的话，该项目的亏损风险就较小，这可以成为投资该项目的一个理由。如果公司认为年销售量会低于或者比较接近 25 968 件，则该项目有较高的亏损风险，这可以成为拒绝该项目的一个理由。

有些公司在应用盈亏平衡分析时，错误地把盈亏平衡点理解为使累计销售收入等于累计成本时的销售量，其实这被称为会计意义上的盈亏平衡点（accounting break-even point）。由于没有考虑资本成本，会计意义上的盈亏平衡点往往低于经济意义上的盈亏平衡点。

本章小结

1. 净现值是指投资项目寿命内的贴现现金流的总和。用净现值对独立的投资项目进行决策时，我们应当遵循以下法则：如果一个项目的净现值是正的，就投资这个项目；反之，则不投资。

2. 内含收益率是使投资项目的净现值为零的贴现率。内含收益率法则适用于独立的常规项目。用内含收益率对独立的常规投资项目进行决策时，我们应当遵循以下法则：如果一个项目的内含收益率超过必要收益率，就投资这个项目；反之，则不投资。对于融资项目，判断法则正好相反。在对非常规项目进行决策时，内含收益率可能和净现值冲突。这时，我们应该按净现值决策。

3. 项目回收期是指一个项目从初始投资之日起，通过现金流来收回初始投资所需的年限。贴现项目回收期是指从一个项目初始投资之日起，以现金流的现值计算的收回初始投资所需的年限。平均会计收益率是项目的平均税后利润与平均账面投资之比。这三个投资决策指标既没有考虑项目的资本成本，也不能直接衡量对企业价值的影响。

4. 净现值考虑了项目的资本成本，直接衡量了项目对企业价值的影响。净现值相对于内含收益率、平均会计收益率、项目回收期和贴现项目回收期等其他常用投资决策指标有着显著优势。

5. 在选择寿命相同的互斥项目时，我们应该选择净现值最高且净现值为正的项目。内含收益率最高的项目，净现值未必最高。出现这种情况时，我们应该按净现值决策。在选择寿命不同的互斥项目时，我们可以采用重置链法则或者约当年金法则。

6. 当可供投资的资本有限时，企业会放弃一些净现值为正的项目，这种情况被称为资本限量。在资本限量的情况下，有时我们可以用获利指数来选择项目。

7. 因为接受某个投资项目而直接导致的企业未来现金流的变动，称为项目的增量现金流。在资本预算分析时，我们应该用增量现金流。沉没成本是指不管是否接受项目都会发生的支出，因此沉没成本不是增量现金流。使用一项资源的机会成本指企业把该资源用于其他项目时，该资源能够创造的最大价值。我们应该把机会成本计入增量现金流。新的投资项目常常会对企业的其他业务产生影响，这被称为外部性。在计算增量现金流时，我们应该把外部性纳入考虑。

8. 通货膨胀对项目的现金流和收益率都会有影响。如果我们在资本预算中使用名义收益率，那么我们使用的现金流也应该是名义现金流。通过税收的作用，通货膨胀对投资项目的价值有负面影响。比如，通货膨胀会降低由折旧费用产生的税盾的价值，或者提高项目结束后转卖设备时的收益税支出。

9. 很多投资决定是按顺序一步步做出的，后期的决策依赖于前期决策的选择和结果。决策树是处理序贯决策的一个有用工具。

10. 敏感性分析、情景分析和盈亏平衡分析是应对项目不确定性的常用方法。

问题与应用

1. 亚荣公司正在考虑来年要推出哪种新产品。下面的表格中列出了每种新产品的税后现金流和初始投资。公司的资本成本是12%，目标会计收益率是20%。假设公司采用直线折旧法，设备的寿命是5年；公司的税率是35%；三个项目之间是相互独立的。

单位：元

项目	初始投资	第1年	第2年	第3年	第4年	第5年
A	5 000	800	1 000	350	1 250	3 000
B	7 500	1 250	3 000	2 500	5 000	5 000
C	4 000	600	1 200	1 200	2 400	3 000

（1）计算项目的平均会计收益率（假设净利润等于税后现金流减去折旧）。按平均会计收益率法则，公司应该投资哪些项目？

（2）计算项目的回收期 。假设公司的基准回收期是4年，公司应该投资哪些项目？

（3）计算项目的净现值。按净现值法则，公司应该投资哪些项目？

（4）计算项目的内含收益率。按内含收益率法则，公司应该投资哪些项目？

2. 有一台机器，购买成本是10 000元，使用寿命是5年，使用这台机器每年可以产生5 000元的净现金流。公司在考虑到底是用满5年，还是在5年之前卖了旧机器换新的机器。如果在第1年年底出售，机器的市场价格为8 000元，在第2～5年年底出售，机器的市场价分别为7 000元、6 000元、2 000元和0元。假如贴现率为10%，公司应该做何种选择。

3. 方通公司正在考虑是否购买一台新的机器，机器的成本为250 000元，使用这台新机器后，税前成本每年可以减少90 000元。机器的使用寿命是5年，5年之后，机器的净残值为23 000元。公司采用直线折旧法。营运成本最初会增加25 000元，等项目在5年后结束时可以收回。公司的税率是40%，项目的资本成本为10%。

（1）计算项目的净现值。

（2）假设管理层无法确定项目是否能使成本减少90 000元，这个数字可能上下浮动20%。在这两种极端情况下，项目的净现值是多少？

（3）试按以下情景对项目进行情景分析。

单位：元

	成本节约	净残值	营运资本
悲观	72 000	18 000	30 000
基准	90 000	23 000	25 000
乐观	108 000	28 000	20 000

4. 广和公司正在考虑一个生产矿泉水的项目，用来购买山泉的初始投入是150 000元。项目每年可以生产1 000箱矿泉水，直到永远。现在的价格是138元/箱，成本是105元/箱。公司的税率是34%。预期价格和成本每年上升6%。项目的资本成本是15%。因为泉水永远不会枯竭，项目没有折旧成本，因此现金流只包括税后利润。

（1）公司应该投资这个项目吗？

（2）如果成本包括10 000元/年的固定成本，加上95元/箱的变动成本，其中只有变动成本受通货膨胀影响。这个项目的净现值是多少？

推荐阅读材料

［1］Boquist, John A., Todd T. Milbourn, and Anjan V. Thakor, "How Do You Win the Capital Allocation Game?", *Sloan Management Review*, 1998, 39 (2): 59-71.

［2］Brennan, Michael J., "Corporate Investment Policy", in G. M. Constantinides, M. Harris, R. M. Stulz. *Handbook of the Economics of Finance*, Volume 1A, Noth Holland, 2003: 167-214.

［3］Christensen, Clayton M., Stephen P. Kaufman, and Willy C. Shih, "Innovation Killers: How Financial Tools Destroy Your Capacity to Do New Things", *Harvard Business Review*, 2008, 86 (1).

［4］Graham, John R., and Campbell Harvey, "The Theory and Practice of Corporate Finance: Evidence from the Field", *Journal of Financial Economics*, 2001 (60): 187-243.

［5］Haka, S. F., Gordon, L. A., & Pinches, G. E., "Sophisticated Capital Budgeting Selection Techniques and Firm Performance", *Accounting Review*, 1985: 651-669.

［6］Myers, S. C., "Interactions of Corporate Financing and Investment Decisions-Implications for Capital Budgeting", *Journal of Finance*, 1974 (29): 1-25.

参考文献

［1］Bierman, H., and Smidt, S., *The Capital Budgeting Decision Economic Analysis of Investment Projects*, 8th edition, Macmillan Publishing Company, 1993.

［2］Levy, Haim, and Marshall Sarnat, *Capital Investment and Financial Decisions*, 4th edition, Financial Times/Prentice Hall, 1994.

［3］Seitz, Neil, and Mitch Ellison., *Capital Budgeting and Long-term Financing Decisions*, Dryden Press, 1990.

［4］理查德·A. 布雷利，斯图尔特·C. 迈尔斯，弗兰克林·艾伦. 公司财务原理：10版. 北京：机械工业出版社，2012.

［5］刘力. 公司财务. 北京：北京大学出版社，2007.

［6］刘淑莲. 公司理财. 北京：北京大学出版社，2012.

［7］乔纳森·伯克，彼得·德马佐. 公司理财：3版. 北京：中国人民大学出版社，2017.

［8］史蒂芬·A. 罗斯，伦道夫·W. 威斯特菲尔德，杰弗利·F. 杰富. 公司理财：9版. 北京：机械工业出版社，2012.

第五章

风险、资本成本与资本预算

学习目标：

1. 掌握贝塔系数的理论解释和实际估算；
2. 理解财务杠杆对权益贝塔系数的影响；
3. 明确项目贝塔系数和资产贝塔系数的区别；
4. 熟悉加权平均资本成本的计算方法及其在资本预算中的运用。

引　言

企业在进行投资决策时，需要将未来的现金流进行贴现以进行投资决策。这样的决策才能反映出货币的时间价值，这种方式将优于短期决策。但是，还需要进一步考虑融资的风险因子，因为不同资金来源的资金成本是不同的。假设项目的资金结构与企业现有资本结构一致时，便可以采用企业的加权资金成本作为项目的资金成本即贴现因子。然而，这又产生了新的问题，即如何计算公司的股权资金成本。本章进一步从风险和收益的权衡出发，介绍了如何计算贝塔系数，以及如何在资本预算中正确运用贝塔系数。

第一节　风险和收益的权衡

一、收益和风险的概念与度量

假设你以P_0的价格买入一股某公司的股票，在你持有股票期间该公司分发了数额为

Div_1的股利，并且下一年你以P_1的价格卖掉了该股票。那么该项投资的收益包括两个部分：一是买卖股票的差价，也就是P_1-P_0，称为资本利得（capital gain）；二是持有股票期间得到的公司分发的股利Div_1。也就是说，你从一只股票中得到的收益就等于资本利得加上股利。

上述收益是用一个绝对的数值表示了你投资于某公司股票的所得，但是因为百分比表示的收益与投资额无关，所以在一般情况下，用百分比表示收益比用绝对值表示收益更加简明扼要。用百分比表示的收益称作投资的收益率，即投资每一单位的资金所能获得的收益是多少。使用上述表示方法，我们可以得到：资本利得收益率$\frac{P_1-P_0}{P_0}$表示股票价格的变动幅度与初始价格的比值；股利收益率$\frac{Div_1}{P_0}$表示获得的股利与初始价格的比值。

将资本利得收益率与股利收益率相加，就可以得到这一年中投资于该公司股票的总收益率。用r来表示收益率，我们可以得到其计算公式为

$$r=\frac{P_1-P_0}{P_0}+\frac{Div_1}{P_0}$$

或者我们用更具有普遍意义的方法来表示这一概念：用P_t表示t期的股票价格，用Div_{t+1}表示持有一年后的股利所得，用r_t表示t期的总收益率，那么就有

$$r_t=\frac{P_{t+1}-P_t}{P_t}+\frac{Div_{t+1}}{P_t} \tag{5-1}$$

假设某公司股票年初的价格为25元，年末的价格为35元。在年度内，公司支付了每股2元的股利。那么，该股票的收益率计算如下：

$$r=\frac{P_1-P_0}{P_0}+\frac{Div_1}{P_0}=\frac{35-25}{25}+\frac{2}{25}=40\%+8\%=48\%$$

其中，股利收益率为8%，资本利得收益率为40%，总收益率为两者之和48%。

如果你投资一只股票并且持有一年以上，那么该项投资的收益率又是多少呢？假设在持有期内第t年的收益率为r_t，并且你将每次现金分红的股利再投资到该股票上，那么持有该股票N年的收益率可以用下式计算得到：

$$持有期收益率=(1+r_1)(1+r_2)\cdots(1+r_t)-1 \tag{5-2}$$

该收益率被称作持有期收益率（holding period return），它描述了投资者持有某项投资N年之后所能获得的收益率。例如，在过去的3年中，每年的收益率分别为11%、5%和9%，若在期初投资1元，第3年年末将获得：$(1+11\%)(1+5\%)(1+9\%)=1.11\times1.05\times1.09=1.27$（元）。应该注意的是，这0.27元的收益是指总收益，包括了再投资收益，也就是将第1年的股利再投资2年和将第2年的股利再投资1年所得到的收益。图5-1描述了在2002年年初投资1元人民币到中国股票市场和国债市场到2017年年底的收益。从该图中我们可以看到，投资1元人民币到沪深300指数，15年后该投资变成近3.06元，收益率为2.06倍。而投资到中债10年期国债指数，15年后当初1元的投资变为1.76元，收益率为0.76倍。尽管在此15年间，投资股票的收益率远远高于投资国债的收益率，但从图5-2中我们可以看出投资股票的年度收益率的波动性也远高于投资国债的年度收益率：在好的年份里，投资股票的收益率超过150%，但在糟糕的年份里，其收益率可

为－60%；相比之下，投资国债的年度收益率则是稳定在 2%以内的正收益率。

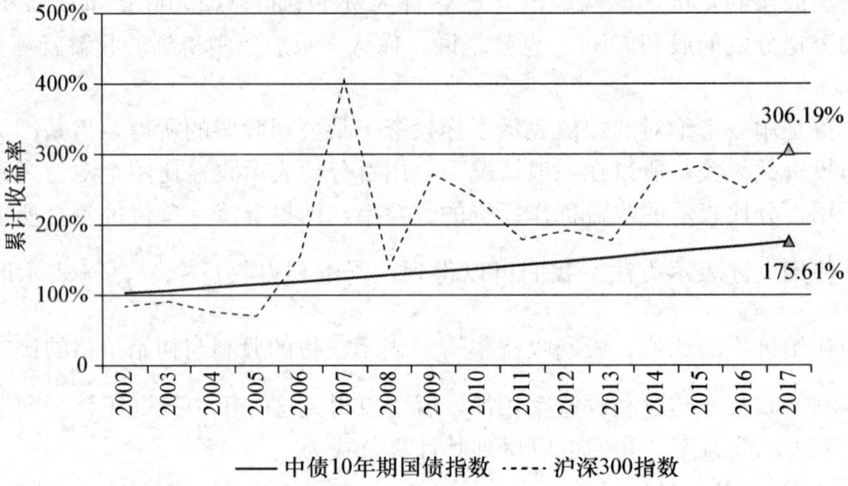

图 5－1　投资 1 元在 15 年后的收益

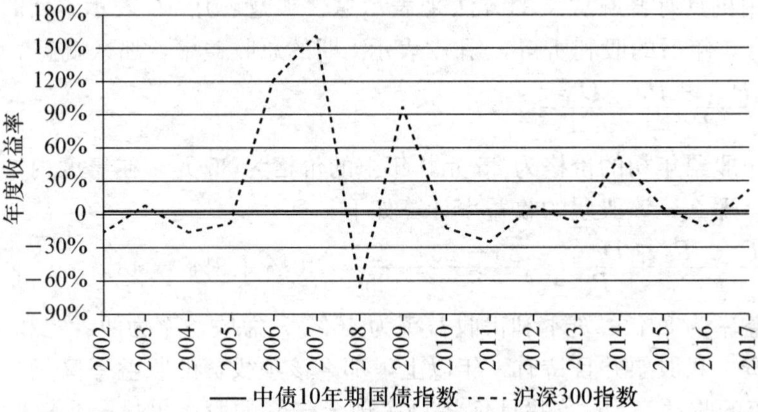

图 5－2　两种投资的年度收益率

从图 5－2 我们也看到，投资的历史收益率是不确定的，在有些年里高，有些年里低。在金融领域，我们通常把未来收益的不确定性通称为风险。当投资有风险时，可能获得的收益率就不同。也就是说，一项投资的年度收益率在理论上是一个随机变量（R）。每一种可能的收益率都有其发生的可能性。我们对每一种可能的年度收益率（r）分配相应的概率（P_r），并称之为年度收益率的概率分布。

二、风险和收益的历史权衡

知道一项投资收益率的概率分布后，如何来度量风险的大小呢？一种最常用的方法就是考虑收益率分布的离散程度。一个分布的离散或延伸表明某一特定收益率偏离平均收益率的程度。如果这个分布很分散，未来产生的收益率就非常不确定，反之，收益率的不确定性就相对较低。由此我们可以看到，通常用两个指标来刻画一个概率分布。第一个指标体现概率分布的趋中性，称为平均收益率。第二个指标是描述概率分布的离散程度，称为方差。

1. 平均收益率或期望收益率

平均收益率（mean return）或期望收益率（expected return），是指各种可能的收益率的加权平均值，相应的权重即为各种可能出现的收益率的概率。如果以 $E(R)$ 或者 μ_R 表示期望收益率，P_i 表示第 i 种收益率出现的概率，r_i 表示第 i 个收益率，则

$$E(R)=\sum_{i=1}^{n} P_i r_i = P_1 r_1 + P_2 r_2 + \cdots + P_n r_n \tag{5-3}$$

2. 方差和标准差

方差（variance）描述了投资收益率偏离均值的平方的期望。方差用 $\mathrm{Var}(R)$ 或者 σ_R^2 来表示。

$$\mathrm{Var}(R)=E\left[R-E(R)\right]^2 \tag{5-4}$$

方差的平方根称为标准差（standard deviation）。在金融领域，标准差也被称作波动率（volatility）。如果收益是无风险的，那么也就意味着其从不偏离均值，即方差为零。否则，方差会随着收益率偏离均值幅度的增加而增加。实际中，尽管方差和标准差都描述了收益率偏离均值的程度，但是标准差的应用更为广泛，因为标准差与收益率本身具有同样的量纲尺度，即没有平方项。

假如我们知道一项投资的收益率作为随机变量的分布，我们就可以通过其所有可能的取值及其相对应的概率，计算出该投资收益率的期望和方差。但事实上我们不可能事前知道一项投资未来收益率的真实分布。要估计该投资的期望收益率和方差，我们只能从其过去实现的收益率中计算相应的样本统计量。样本均值是对收益率的期望的估计，其计算公式为

$$\bar{r}=\frac{1}{N}\sum_{i=1}^{N} r_i \tag{5-5}$$

样本方差则是对收益率的方差的估计，其计算公式为

$$\mathrm{Var}(r)=\frac{1}{N-1}\sum_{i=1}^{N}(r_i-\bar{r})^2 \tag{5-6}$$

在介绍了样本均值和样本方差的计算方法后，我们将从这两个维度考察一项投资的历史收益率的均值和标准差之间的关系。表 5-1 和表 5-2 给出了在中国资本市场上两类投资 2002—2017 年的收益率的均值和标准差。在不同的投资类别中，随着平均收益率的提高，其年度收益率的标准差也相应地上升。事实上，如图 5-3 所示，历史收益率的均值和标准差的接近线性的相关关系在更多的证券类别中也是存在的。这是否意味着单个风险资产的收益率的均值也是与其标准差成线性的正相关关系呢？如果是这样，那么我们能够通过标准差来确定一个资产的期望收益率。事实上，实证结果表明，个股的平均收益率和波动率之间没有明确的线性关系。因此我们并不能用个股的波动率来确定其期望收益率。那么，投资者为什么愿意持有两只具有相同期望收益率但不同波动率的股票？因为投资者关注的不是个股收益率的标准差，而是其整个投资组合收益率的标准差。在下一节中，我们将通过介绍资产投资组合理论，来理解投资者是如何进行投资组合的。这一节的内容会

帮助我们衡量单只股票给投资者的资产组合带来的风险大小，进而确定投资者对该只股票所要求的收益率。

表 5-1　投资到不同证券类别的历史平均收益率均值和标准差（中国资本市场，2002—2017 年）

（%）

投资类型	年度平均收益率	标准差
沪深 300 指数	19.6	159.19
中债 10 年期国债指数	3.58	31.75

表 5-2　投资到不同证券类别的分年度历史收益率均值和标准差（中国资本市场，2002—2017 年）

（%）

年份	中债 10 年期国债指数		沪深 300 指数	
	均值	标准差	均值	标准差
2002	2.99	33.00	−16.17	157.00
2003	3.15	32.00	8.26	112.00
2004	4.54	56.00	−16.30	131.00
2005	3.77	65.00	−7.66	134.00
2006	3.04	11.00	121.02	140.00
2007	3.99	55.00	161.53	232.00
2008	3.92	56.00	−65.96	305.00
2009	3.34	25.00	96.79	206.00
2010	3.47	23.00	−12.51	158.00
2011	3.86	17.00	−25.01	130.00
2012	3.46	10.00	7.55	129.00
2013	3.83	38.00	−7.65	140.00
2014	4.16	31.00	51.66	121.00
2015	3.37	22.00	5.58	248.00
2016	2.86	13.00	−11.28	140.00
2017	3.58	21.00	21.78	64.00

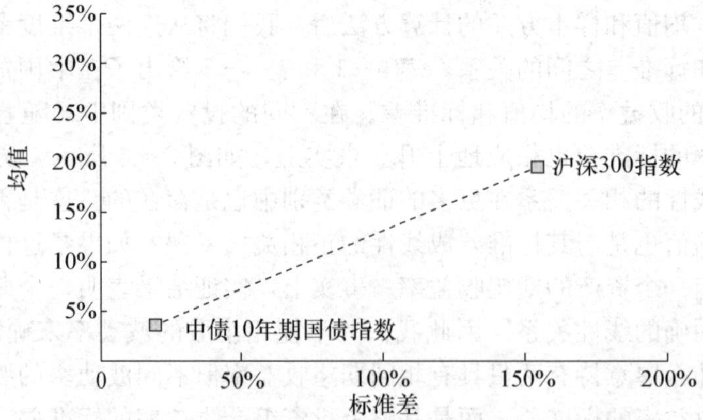

图 5-3　投资组合的历史收益率均值与标准差之间的关系

专栏 5-1 知识扩展：期望、方差和协方差的运算规则

在介绍投资组合的收益之前，我们回顾一下必要的统计知识。前面我们已经介绍了作为单个随机变量的投资收益率的期望和方差。如果有两项以上的投资，我们用协方差来描述收益率两两之间的相关关系。协方差（covariance）测度的是两个证券收益率相互影响的方向和大小。正的协方差意味着证券收益率的同向变动；负的协方差意味着收益率的反向变动。而两个证券收益率的线性关系的相关程度则用相关系数（correlation）来衡量。相关系数的取值在-1和1之间变动。如果相关系数等于1，说明两个证券的收益率是完全正相关的；如果相关系数等于-1，则说明两个证券的收益率是完全负相关的。

如果以X和Y分别表示两种证券的收益率，我们用$\mathrm{Cov}(X,Y)$或σ_{XY}来表示它们的协方差，$\mathrm{Corr}(X,Y)$或ρ_{XY}表示两者的相关系数，则有

$$\mathrm{Cov}(X,Y)=E[E(X-E(X))(Y-E(Y))] \tag{5-7}$$

$$\mathrm{Corr}(X,Y)=\frac{\mathrm{Cov}(X,Y)}{\sqrt{\mathrm{Var}(X)\mathrm{Var}(Y)}} \tag{5-8}$$

最后，我们介绍一下期望、方差以及协方差的运算法则，以帮助我们计算由多个随机变量构成的线性组合的期望、方差和协方差。假设W、X和Y是随机变量，Z是由X和Y构成的线性组合，a、b和c是常数，令$Z=aX+bY+c$，则我们有如下的运算法则：

$$E(Z)=aE(X)+bE(Y)+c$$

$$\mathrm{Var}(Z)=a^2\mathrm{Var}(X)+b^2\mathrm{Var}(Y)+2ab\mathrm{Cov}(X,Y)$$

$$\mathrm{Cov}(W,Z)=\mathrm{Cov}(W,aX+bY+c)=a\mathrm{Cov}(W,X)+b\mathrm{Cov}(W,Y)$$

第二节　投资组合理论简介

我们已经知道了每个证券的期望收益率、标准差以及这些证券之间的协方差和相关系数的求法，那么现在如果我们设想有一个投资者已经自己计算得到了这些数据，他该怎样选择证券构成最佳的投资组合（portfolio）呢？所谓投资组合，就是两个或者两个以上证券组成的证券集合。显然，风险厌恶型的投资者总是会偏好一个具有高期望收益率或是低风险的投资组合。现代投资组合理论的分析框架正是基于投资者对资产组合的期望收益率和标准差的选择。我们的介绍将从如何计算投资组合的收益率开始。

一、投资组合的定义

考虑一个由N种资产组成的投资组合p，其中每一种风险资产的收益率为

$(R_1, R_2, \cdots, R_N)$。假设投入第 i 种资产的权重为x_i，那么由这 N 种资产各自的投资权重构成的向量

$$(x_1, x_2, \cdots, x_N)$$

就是一个投资组合，满足 $\sum_{i=1}^{N} x_i = 1$。

投资组合中的每一种风险资产的收益率是一个随机变量，由这 N 种资产构成的投资组合的收益率亦是一个由 N 个随机变量的线性组合形成的随机变量。以R_P来表示投资组合的收益率，则有

$$R_P = x_1 R_1 + x_2 R_2 + \cdots + x_N R_N \tag{5-9}$$

运用简单的运算法则，我们可以把投资组合的收益率的期望和方差写成个体资产收益率的期望、方差和协方差的关系式。

投资组合的期望收益率就是组合中每个证券期望收益率的加权平均数，即

$$E(R_p) = \mu_p = E\left(\sum_{i=1}^{N} x_i R_i\right) = \sum_{i=1}^{N} x_i E(R_i) \tag{5-10}$$

由 N 个证券构成的组合，其方差可以由下式给出：

$$\mathrm{Var}(R_p) = \sigma_p^2 = \mathrm{Var}\left(\sum_{i=1}^{N} x_i R_i\right) = \sum_{i=1}^{N}\sum_{j=1}^{N} x_i x_j \mathrm{Cov}(r_i, r_j) \tag{5-11}$$

也就是说，组合的方差是组合中两两证券的协方差（包括每个证券与其自身的协方差，即其方差）的和。可以看出，组合的方差更多地取决于组合中各证券之间的协方差而非每个证券自身的方差。

对于组合方差，我们可以将其进一步写成：

$$\sigma_p^2 = \sum_{i=1}^{N}\sum_{j=1}^{N} x_i x_j \sigma_{ij} = \sum_{i=1}^{N} x_i^2 \sigma_i^2 + \sum_{i \neq j} x_i x_j \sigma_{ij} \tag{5-12}$$

或者

$$\sigma_p^2 = \sum_{i=1}^{N}\sum_{j=1}^{N} x_i x_j \sigma_{ij} = \sum_{i=1}^{N} x_i \left(\sum_{j=1}^{N} x_j \sigma_{ij}\right) = \sum_{i=1}^{N} x_i \sigma_{ip} \tag{5-13}$$

其中

$$\sigma_{ip} = \sum_{j=1}^{N} x_j \sigma_{ij} = \mathrm{Cov}\left(r_i, \sum_{j=1}^{N} x_j r_j\right) = \mathrm{Cov}(r_i, r_p)$$

在第一种表达式中，组合的方差表示成 N 项方差与$N^2 - N$ 项协方差的和①；在第二种表达式中，组合的方差等同于其中每一项资产的收益率与整个组合收益率的协方差的线性组合。无论从哪个角度，我们都可以再次发现一个规律，即当一个有风险的证券加入投资组合中时，其对组合风险的贡献主要取决于它与其他证券之间的相关性，也就是它们收益率的协方差。

【例题 5-1】 月初，你对 IBM、微软（MSFT）、英特尔（INTC）三家公司分别投入了 4.7 万元、3.1 万元、2.2 万元。如果你预期下个月这三家公司的投资收益率分别为

① 由 N 个资产构成的投资组合，其收益率的方差等于证券两两之间的协方差（共 N^2 项）之和。其中 N 项是每个证券收益率与自身的协方差，即方差；其他的$N^2 - N$ 项则是每个证券与其他证券的协方差。

1%、2%、1.5%，那么这个投资组合的总体期望收益率是多少？

解答：

首先，计算每家公司在组合中所占的权重：

$$x_{IBM}=\frac{4.7}{4.7+3.1+2.2}=0.47,\ x_{MSFT}=\frac{3.1}{10}=0.31,\ x_{INTC}=\frac{2.2}{10}=0.22$$

然后，计算组合的期望收益率：

$$\begin{aligned}E(R_p)&=x_{IBM}E(R_{IBM})+x_{MSFT}E(R_{MSFT})+x_{INTC}E(R_{INTC})\\&=0.47\times0.01+0.31\times0.02+0.22\times0.015\\&=1.42\%\end{aligned}$$

【例题 5-2】 现在你有一个价值 100 万元的投资组合，其中 20 万元是对通用汽车（GM）公司的投资，50 万元是对埃克森-美孚（Exxon-Mobil，XOM）的投资，另外 30 万元投资到了 IBM 公司。假如三家公司下一年的收益率的标准差均为 40%，埃克森-美孚的收益率与通用汽车和 IBM 两家公司的收益率不存在相关性，即与这两家公司收益率的协方差为 0，但是通用汽车与 IBM 的收益率的协方差为 0.048。那么你的投资组合下一年的风险（标准差）是多少？

解答：

首先，计算出三家公司在投资组合中所占的权重：

$$x_{GM}=0.2,\ x_{XOM}=0.5,\ x_{IBM}=0.3$$

然后，计算组合的方差为：

$$\begin{aligned}\sigma_p^2&=x_{GM}^2\sigma_{GM}^2+x_{XOM}^2\sigma_{XOM}^2+x_{IBM}^2\sigma_{IBM}^2+2x_{GM}x_{IBM}\sigma_{GM,IBM}\\&\quad+2x_{GM}x_{XOM}\sigma_{GM,XOM}+2x_{XOM}x_{IBM}\sigma_{XOM,IBM}\\&=0.2^2\times0.4^2+0.5^2\times0.4^2+0.3^2\times0.4^2+2\times0.2\times0.3\times0.048\\&=0.066\,56\end{aligned}$$

标准差：

$$\sigma_p=\sqrt{0.066\,56}=25.8\%$$

二、投资组合风险的分散化

我们常说“不要把鸡蛋放在同一个篮子里”，其实其中所含的道理就是风险的分散问题，而这也正是我们构建投资组合的缘由所在。在之前的例题 5-2 中我们看到，尽管每一只股票收益率的标准差都是 40%，但组合收益率的标准差是 25.8%，远远小于这三只股票收益率标准差的加权平均值。一般情况下，投资组合的收益率标准差会小于组合中各个证券收益率标准差的加权平均数，这就是组合的多元化效应。下面我们用一个简化的例子来说明一下多元化效应里的风险分散。

假设现在持有一个包括 N 个资产的投资组合，该组合中所有资产所占的比重相同，即都占有 $1/N$，那么我们可以计算该组合的风险：

$$\sigma_p^2=\frac{1}{N^2}\sum_{i=1}^{N}\sigma_i^2+\frac{1}{N^2}\sum_{i\neq j}\sigma_{ij}$$

若用 $\bar{\sigma}^2$ 表示所有资产收益率方差的平均数，用 $\tilde{\sigma}$ 表示组合中两两证券协方差的平均数，则有

$$\bar{\sigma}^2=\frac{1}{N}\sum_{i=1}^{N}\sigma_i^2,\ \tilde{\sigma}=\frac{1}{N^2-N}\sum_{i\neq j}\sigma_{ij}$$

将 $\bar{\sigma}^2$ 和 $\tilde{\sigma}$ 代入投资组合的收益率方差中，我们得到

$$\sigma_p^2=\frac{1}{N}\bar{\sigma}^2+\frac{N^2-N}{N^2}\tilde{\sigma}=\frac{1}{N}\bar{\sigma}^2+\left(1-\frac{1}{N}\right)\tilde{\sigma}\xrightarrow{N\rightarrow\infty}\tilde{\sigma}$$

从上式中我们不难发现，当组合中证券的个数不断增加的时候，各种证券的收益率方差会趋于消失，组合收益率的方差会无限接近于证券两两间协方差的平均值 $\tilde{\sigma}$。这个例子说明了多元化对于投资组合风险的分散作用：投资组合的收益率的方差由两个部分构成，即个股的平均方差和股票间的平均协方差，随着股票个数的增加，个股平均方差这一构成部分逐渐趋近于零。研究人员对纽约证券交易所的所有股票数据进行研究发现[①]：第一，对于个股来说，其每年收益率的平均标准差为 49%；第二，股票间的协方差平均为 0.037，平均的相关系数为 0.39。从这两组数据中我们注意到，如果用股票间的平均协方差作为市场方差的近似值，那么我们可以得到市场收益率的标准差为 $\sqrt{0.037}=19.2\%$。这个数值与市场标准差的历史统计数据非常接近。

更一般地，我们可以把一个任意的投资组合的方差做如下分解：

$$\sigma_p^2=\sum_{i=1}^{N}x_i\sigma_{ip}=\sum_{i=1}^{N}x_i\sigma_i\sigma_p\rho_{ip}$$

上式两边同除以 σ_p，该组合的标准差可写成

$$\sigma_p=\sum_{i=1}^{N}x_i\sigma_i\rho_{ip} \tag{5-14}$$

因此，除非组合中所有股票间的相关系数都为 1，进而股票 i 与组合 p 的相关系数也为 1，否则投资组合的标准差总是小于个股收益率标准差的加权平均，即

$$\sigma_p=\sum_{i=1}^{N}x_i\sigma_i\rho_{ip}<\sum_{i=1}^{N}x_i\sigma_i$$

从以上分析我们可以看到，把非完全相关的证券放到投资组合中可以起到降低风险（标准差）的作用。如果我们把投资组合的标准差理解为总风险，随着加入组合的证券数量的增加，总风险会逐渐下降。因多元化而被分散掉的那一部分风险被称为独立风险。无论证券的数量如何增加，投资组合中都不能被分散掉的那一部分风险被称为系统风险。[②]系统风险不会因多元化而消失，因为投资组合的所有证券都会受到其影响。

根据相同的逻辑，我们也可以把个股收益率的风险分解为独立风险和系统风险。前面我们已经讨论了一只股票的收益包括资本利得和股利两部分，现在我们来看一下持有股票所面临的风险包括哪些。在任何给定的时期，持有股票的风险就是持有的股票所得

① Meir Statman, "How Many Stocks Make a Diversified Portfolio?", *Journal of Financial and Quantitative Analysis*, 1987 (9).

② 在金融领域，独立风险也常被称为公司特有风险、特质风险、非系统风险或可分散风险。系统风险也被称作不可分散风险或市场风险。

的红利加上股票的最终售价将高于或低于预期，从而导致收益率产生的不确定性。是什么导致红利或股价高于或低于我们的预期呢？通常，股价和红利的波动源于以下两类消息：

第一，公司特有的消息，是指关于公司本身好坏而与市场整体无关的消息。例如，某公司获得了其所在行业的大部分市场份额；某个公司意外得到了一笔大额的政府采购合同；一个公司的CEO在车祸中意外丧生；等等。

第二，关于整个市场的消息，这类消息通常是关于整体经济的，会影响到所有公司的股票，例如，国家宣布降低公司所得税；长期利率出乎意料地大幅上涨；人民币兑美元汇率意外上升；等等。

根据这两类消息，我们可以将风险分为两类：

（1）独立风险（independent risk），或公司特有风险（firm-specific risk）、特质风险（idiosyncratic risk），是指由公司特有信息引起的股票收益率的波动。这类风险可以通过资产组合而被分散掉。

（2）系统风险（systematic risk），或者市场风险（market risk），是指由关于整个市场的消息而引起的股票收益率的波动。这类风险通常不能通过多元化被分散掉。

既然一个投资组合的风险主要来自它所包含的证券之间的协方差，而不受单个证券风险的影响，那么很显然，对于投资者来说，在选择投资组合时，某一种证券的风险并不重要了，他可能更关注的是这种证券对于整个投资组合的风险的贡献是多少，也就是说这个证券的风险中包含了多少不可以被分散掉的风险。关于各种证券对投资组合风险所做的不同贡献，我们将在稍后讨论。

三、最优投资组合的选择

了解了怎样计量投资组合的期望收益率和风险之后，我们来讨论投资者如何构造有效投资组合。我们首先从最简单的仅包含两种资产的投资组合开始，然后讨论投资者在面对所有风险资产时的选择，最后学习既有风险资产又有无风险资产时的投资选择。

（一）两种风险资产构造的投资组合

前面我们已经知道，组合的期望收益率是组合中每个证券期望收益率的加权平均数，组合的方差是组合中每个证券与投资组合之间的协方差的线性组合。具体对于只有两种证券的投资组合来说：

$$\mu_p = x_1 \mu_1 + x_2 \mu_2 \tag{5-15}$$

$$\sigma_p^2 = x_1^2 \sigma_1^2 + x_2^2 \sigma_2^2 + 2 x_1 x_2 \sigma_{12} = x_1^2 \sigma_1^2 + x_2^2 \sigma_2^2 + 2 x_1 x_2 \rho_{12} \sigma_1 \sigma_2 \tag{5-16}$$

因为方差的单位中带有平方项，所以我们更倾向于使用标准差，它和期望收益率的单位相同，便于不同证券间的比较。

$$\sigma_p = \sqrt{x_1^2 \sigma_1^2 + x_2^2 \sigma_2^2 + 2 x_1 x_2 \rho_{12} \sigma_1 \sigma_2}$$

下面我们将会针对(1)$\rho_{12}=1$；(2)$\rho_{12}=0$，以及(3)$\rho_{12}=-1$三种情况分别讨论在不同的权重下，投资组合的期望收益率和方差的变化情况。

1. 情况一：$\rho_{12}=1$

当投资组合中的两个证券的收益率完全正相关的时候，组合的标准差可简化为：

$$\begin{aligned}\sigma_p &= \sqrt{x_1^2\sigma_1^2+x_2^2\sigma_2^2+2x_1x_2\sigma_1\sigma_2}\\ &= \sqrt{(x_1\sigma_1+x_2\sigma_2)^2}\\ &= x_1\sigma_1+x_2\sigma_2 \qquad x_1,x_2\geqslant 0\end{aligned}$$

也就是说，组合的标准差等于其中每个证券标准差的加权平均数。

2. 情况二：$\rho_{12}=0$

当 $\rho_{12}=0$ 时，组合中两个证券的收益率之间不存在线性相关性，此时组合的标准差为

$$\sigma_p=\sqrt{x_1^2\sigma_1^2+x_2^2\sigma_2^2}$$

由于两个证券不存在相关性，所以它们的收益率在某些时候可能会相互抵消，从而降低组合的整体风险。例如，当 $\sigma_1=\sigma_2=\sigma$，$x_1=x_2=0.5$ 时，

$$\sigma_p=\sqrt{0.25\sigma^2+0.25\sigma^2}\approx 0.707\sigma$$

此时，组合的标准差比每个证券的收益率的标准差降低了大约30%。

3. 情况三：$\rho_{12}=-1$

当投资组合中的两个证券的收益率完全负相关时，组合的标准差为

$$\sigma_p=\sqrt{x_1^2\sigma_1^2+x_2^2\sigma_2^2-2x_1x_2\sigma_1\sigma_2}=\sqrt{(x_1\sigma_1-x_2\sigma_2)^2}=|x_1\sigma_1-x_2\sigma_2|$$

在这种情况下，适当的权重配置可以使投资组合的风险完全消失。比如我们选择一个合适的权重，即 $x_1=\sigma_2/(\sigma_1+\sigma_2)$，$x_2=\sigma_1/(\sigma_1+\sigma_2)$，一种资产收益的波动可以完全被另一种资产抵消，此时组合收益率的标准差将为零！现实中，大多数证券之间的相关性介于0和1之间，有少部分负相关的证券，但是它们的相关系数也远大于－1。

【例题5-3】 考虑一个组合 p，该组合中仅包含亚马逊和麦当劳两个公司的股票，其中，亚马逊公司股票的期望收益率 $E(R_1)=25\%$，标准差 $\sigma_1=75\%$，而麦当劳公司股票的期望收益率 $E(R_2)=10\%$，标准差 $\sigma_2=40\%$。两个公司股票收益率的相关系数 $\rho_{12}=0.15$。令 x_1,x_2 分别表示亚马逊公司股票和麦当劳公司股票在组合中的权重，该组合 p 的期望收益率和方差为多少？

解答：

因为 $x_1+x_2=1$，所以 $x_2=1-x_1$。将组合的期望收益率和方差表示成 x_1 的函数，则有

$$\begin{aligned}\mu_p &= x_1\mu_1+x_2\mu_2=0.25x_1+0.1(1-x_1)=0.15x_1+0.1\\ \sigma_p^2 &= x_1^2\sigma_1^2+x_2^2\sigma_2^2+2x_1x_2\rho_{12}\sigma_1\sigma_2\\ &= 0.75^2x_1^2+0.4^2(1-x_1)^2+2\times0.15\times0.75\times0.4\times x_1(1-x_1)\\ &= 0.75^2x_1^2+0.4^2(1-x_1)^2+0.09x_1(1-x_1)\end{aligned}$$

从上面这个简单的例子中我们看到，通过变化亚马逊公司股票的权重，我们可以得到不同投资组合能够实现的期望收益率和标准差。表5-3给出了亚马逊公司股票几种不同的权重，以及相应的投资组合的期望收益率和标准差。

表 5-3 两种资产构成的投资组合的风险和收益率间的关系

亚马逊公司股票的权重 x_1	组合的期望收益率 μ_p	组合的标准差 σ_p
0	10%	40%
0.05	10.75%	38.74%
0.1	11.50%	37.86%
0.25	13.75%	37.69%
0.5	17.50%	45.07%
0.75	21.25%	58.59%
1	25%	75%

根据表 5-3，我们可以画出组合的期望收益率与标准差的图形（见图 5-4）：

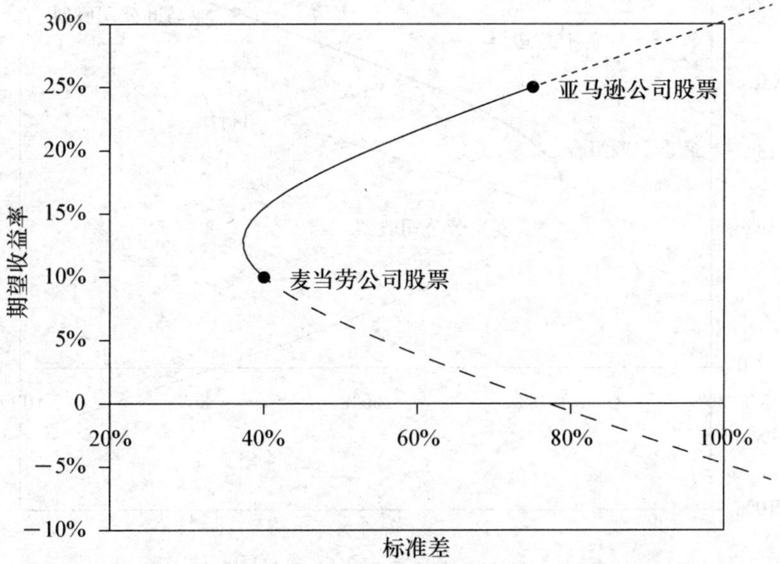

图 5-4 两种资产构成的投资组合的期望收益率与标准差的关系

图 5-4 中曲线代表一个投资者可以投资亚马逊公司股票和麦当劳公司股票的所有可能组合，投资者可以通过选择不同的权重达到图 5-4 中曲线上的任意一点，所以这条曲线被称为机会集（opportunity set）或可行集（feasible set）。

观察该图，我们会发现，投资于麦当劳公司股票的权重有时候会是负值，这是为什么呢？怎么会出现负权重的情况呢？这涉及一个概念：卖空（short selling），就是说卖出不属于你的股票（借入股票卖出），将来再买回股票以偿还原先所借股票。当预期股价下跌时，卖空是有利可图的。卖空交易形成的负投资我们称为空头（short position）。对于投资组合来说，对某项资产的空头用权重占比小于零来表示，即 $x_i < 0$。例如，如果你现有一个价值 10 000 元的包括亚马逊公司股票和麦当劳公司股票的投资组合，但你设定了亚马逊公司股票的权重 $x_1 = 1.2$，这就意味着你买了 12 000 元的亚马逊公司股票，同时借入了价值 2 000 元的麦当劳公司股票。这个投资组合位于图 5-4 中亚马逊公司股票所处点的右上方。

在由亚马逊公司股票和麦当劳公司股票构成的可行集中，有一个投资组合是在所有可能的组合中方差最小的，被称为最小方差组合（minimum variance portfolio，MVP）。

图 5－5 给出了该组合在可行集中的位置。在所有可行的投资组合中该点具有最小方差（标准差）。以该点为界，我们先来看一下该点以下的一段曲线，在该段曲线上每个投资组合的期望收益率都比最小方差组合的期望收益率低，但是风险（标准差）却比最小方差组合的风险要高。因此该段曲线上的组合不会被投资者选择，也就是说它是无效集。那么相反，最小方差组合所处点以上的这段曲线被称为有效集（efficient set）或者有效边界（efficient frontier）。有效边界就是所有在同样风险下收益率最高的点的集合，如图 5－5 中粗线段所示。

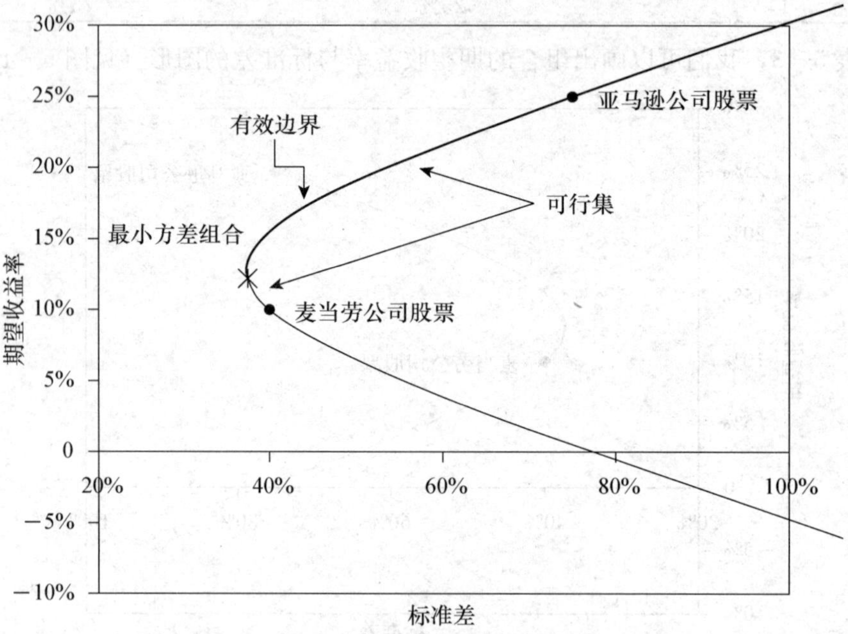

图 5－5　两个资产的最小方差组合与有效边界

在上面这个例子中，我们假设两只股票收益率之间的相关系数为 0.15。理论上，两只股票的投资组合的可行集会随着它们的相关系数的不同而变化。在本节的开始，我们已经通过相关系数分别等于－1、0 和 1 三种情况了解到了相关系数对一个投资组合标准差的影响。相关系数越趋向于－1 的时候，投资组合的标准差被降低的程度就越大。图 5－6 给出了不同相关系数下，由亚马逊公司股票和麦当劳公司股票构成的可行集（在不考虑卖空的情况下）。

从图 5－6 中我们可以看到，在不同的相关系数下（相关系数为 1、0.5、0、－0.5、－1）投资组合风险的变化。当两只股票正相关时，投资组合集是一条连接两只股票所在点的直线，在这种情况下，投资组合的风险就等于每种股票风险的加权平均，也就意味着组合没有分散任何风险。当相关系数小于 1 时，风险会因为分散效应而下降，投资曲线向左弯曲。随着相关系数的不断递减，曲线弯曲的幅度越来越大，也就是说风险递减的幅度越来越大，直到下一个极端相关系数值－1 时，投资曲线又变为（两条）直线，风险完全分散成为可能。

相关系数对组合的期望收益率的影响为零，这个可以很容易地从组合期望收益率的计算方法中得到，因为其计算公式中不涉及相关系数的问题。

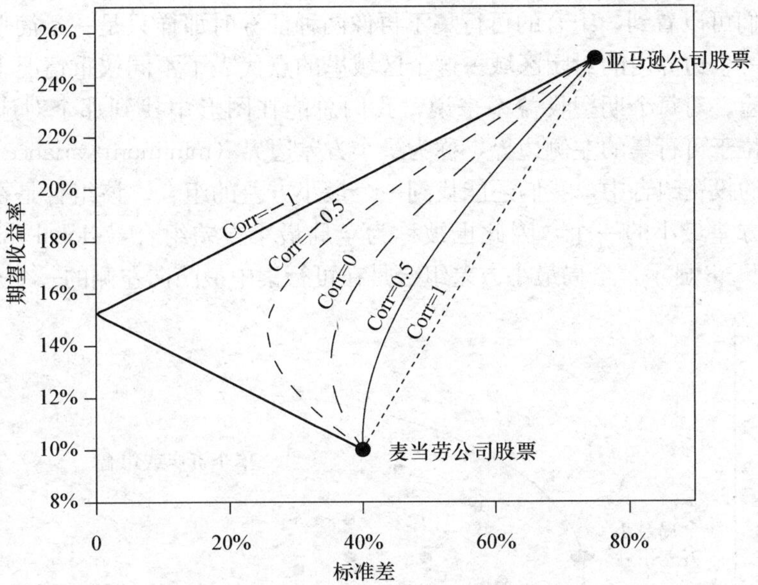

图 5-6　相关系数对风险分散的作用

（二）包含多种风险证券的投资组合

我们已经讨论了包含两种证券的投资组合的收益率和风险，那么当一个投资组合包含的证券多于两种时，又会是什么样的情况呢？

我们可以根据前面讲过的期望收益率的公式来计算包含多种证券的投资组合的期望收益率，就是每个证券期望收益率的加权平均数；同样，根据前面的方差公式我们可以得到组合的方差及标准差，但是，与两种证券时不同的是，包含多种证券的投资组合的期望收益率和标准差的图形并不像两种证券时的图形那样简单。对于由多个证券组成的投资组合，我们需要考虑任两个证券构成的组合、由一个证券和其他证券组合形成的组合，以及组合与组合再形成的投资组合。当我们穷尽所有可能的投资组合后，多个证券在期望收益率—标准差平面上的可行集将会是如图 5-7 所示的一个区域。

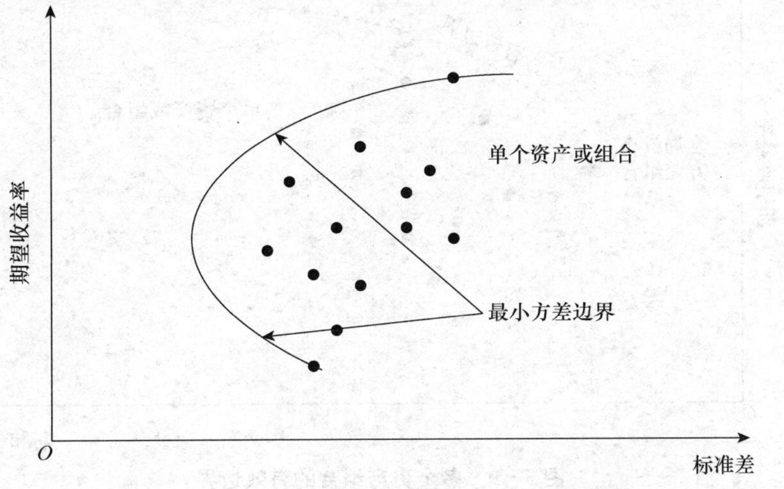

图 5-7　多个资产形成的可行集与最小方差边界

从图中我们可以看到，组合的可行集不再像两种证券时那样只是一条简单的曲线，这时的可行集是在一个边界内的封闭区域。这个区域里的点代表了不同权重情况下投资组合的期望收益率和风险。对每个期望收益率来说，我们总能在图形中找到那个对应的风险最小的点，这些点都位于可行集的左侧边界，称为最小方差边界（minimum variance frontier）。在最小方差边界上的投资组合中，我们还能找到一个最小方差的组合。该组合是在可行集里所有的投资组合中方差最小的一个，因此也被称为全局最小方差组合（global minimum variance portfolio）。图 5-8 显示，全局最小方差组合是在可行集中最凸向左侧的一个点。

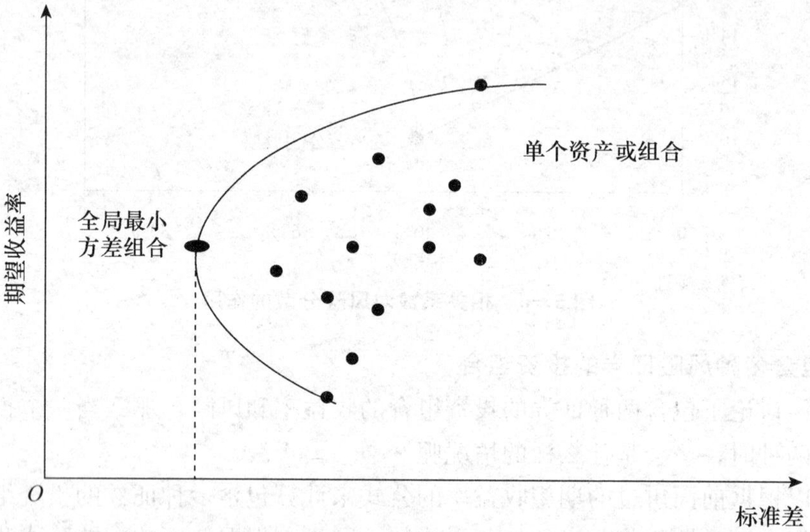

图 5-8　全局最小方差组合

如图 5-9 所示，在最小方差边界上位于全局最小方差组合右上方的这一段曲线是多个资产组合的有效边界。与两个证券组合的情形一样，多个证券组合有效边界上的投资组

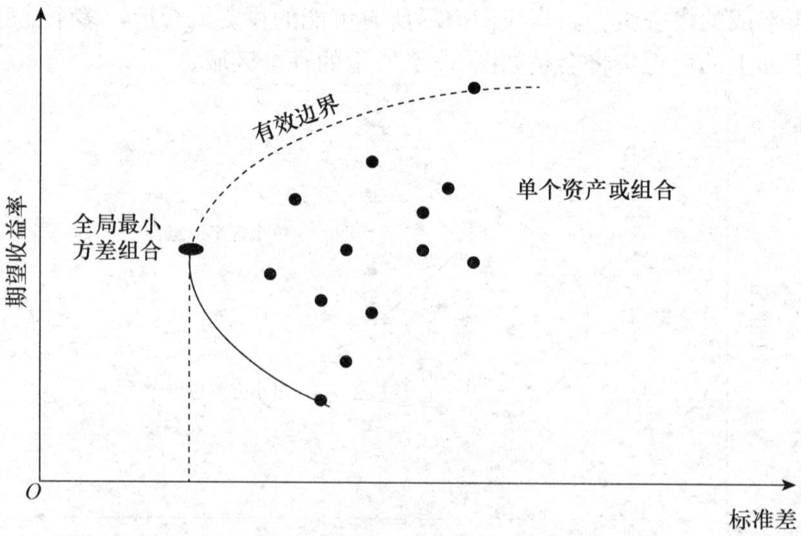

图 5-9　多个资产组合的有效边界

合是在相同风险（标准差）情况下具有最高期望收益率的组合。换言之，对于有效边界上的任意一个组合，我们都不能在不降低其期望收益率的前提下减小该组合的标准差。如果我们假定投资者关心的只是其投资所带来的期望收益率和标准差这两个维度，那么投资者最优的风险资产组合一定是在有效边界上的某一个组合。如果一个投资者比较喜好风险，那么他会在有效边界偏右上方的组合中选择，因为它们的高风险（标准差）伴随着高的期望收益率。相反，如果一个投资者比较厌恶风险，则他会在有效边界上靠近全局最小方差组合的区域进行选择。尽管这些组合的期望收益率较低，但它们的风险（标准差）也是低的，这正好与风险厌恶型投资者的风险偏好相吻合。

（三）无风险资产和风险资产的组合

分析了投资者面对多个风险资产时的最优选择后，我们得出的结论是：投资者应该持有处于有效边界上的投资组合，至于选取的最优位置则完全取决于投资者自身对风险的承受能力。下面我们将看到，当投资者可以买卖无风险证券时，无论其风险偏好是怎样的，他对风险资产组合的最优选择都只会出现在有效边界上一个特定的点。最优的投资组合将会在无风险资产和这个特定的风险资产组合间进行。

理论上，无风险资产收益率的标准差为零。实际中，因为国债没有违约风险，因此金融从业人员通常把国债作为一种无风险资产。在无风险资产和风险资产之间进行资产配置，投资者可以选择投入一部分资金到无风险资产上（比如买入国债），余下的资金投入由风险资产构成的组合中。当然，如果某个投资者对风险比较偏好，他也可以通过借入无风险资产（比如卖空国债）来投入超过100%权重到风险资产组合中。投资者在无风险资产与风险资产组合之间形成一个新的投资组合，其期望收益率和标准差之间的关系又是怎么样的呢？让我们来看一个简单且不失一般性的例子。

假设投资者在一个无风险资产和一个风险资产之间进行资金配置。两种资产的期望收益率和标准差的情况如下：

- 风险证券：亚马逊公司股票，期望收益率$E(R_A)=25\%$，标准差$\sigma_A=75\%$；
- 无风险资产：美国一年期零息债券，无风险资产收益率$r_f=3\%$，标准差$\sigma_f=0$。

风险资产和无风险资产在投资组合中的权重分别为 x 和 $1-x$。根据上述条件，该投资组合的期望收益率为

$$E(R_p)=x\cdot E(R_A)+(1-x)\cdot r_f=r_f+x\cdot[E(R_A)-r_f]$$

也就是说，组合的期望收益率等于无风险资产收益率加上风险资产的风险溢价与风险资产权重的乘积。在上述例子中，$E(R_p)=3\%+x\cdot 22\%$。如果我们投入一半的资金到亚马逊公司股票中，一半的资金到政府债券里，那么该投资组合的期望收益率为14%。

该投资组合的方差为

$$\sigma_p^2=x^2\sigma_A^2+(1-x)^2\sigma_f^2+2x(1-x)\sigma_{A,f}$$

但是我们知道，无风险资产的风险为零，也就是它的方差为零，同时任何无风险资产与风险资产的相关系数都为零，所以上式可以简化为

$$\sigma_p^2=x^2\sigma_A^2$$

该式两边开平方后我们得到组合的标准差

$$\sigma_p=x\sigma_A$$

将例子中的数据代入组合的标准差公式，我们就得到组合的标准差$\sigma_p=75\%x$。如果我们将一半资金投入亚马逊公司股票中，我们投资组合的标准差为37.5%。

我们把不同的权重x赋予组合的期望收益率$E(R_p)=3\%+22\%x$和标准差$\sigma_p=75\%x$，可以得到表5-4。

表5-4　无风险资产与风险资产组合的期望收益率与标准差

亚马逊公司股票的权重 x	组合的期望收益率 μ_p	组合的标准差 σ_p
0	3%	0
0.25	8.5%	18.75%
0.5	14%	37.5%
0.75	19.5%	56.25%
1	25%	75%

显然，随着风险资产权重的不断增加，组合的收益率会随之提高，但同时投资者面临的风险也会上升。这种风险与收益率的权衡关系在图5-10中的期望收益率—标准差平面上体现为一条直线，称为资本配置线（capital allocation line）。

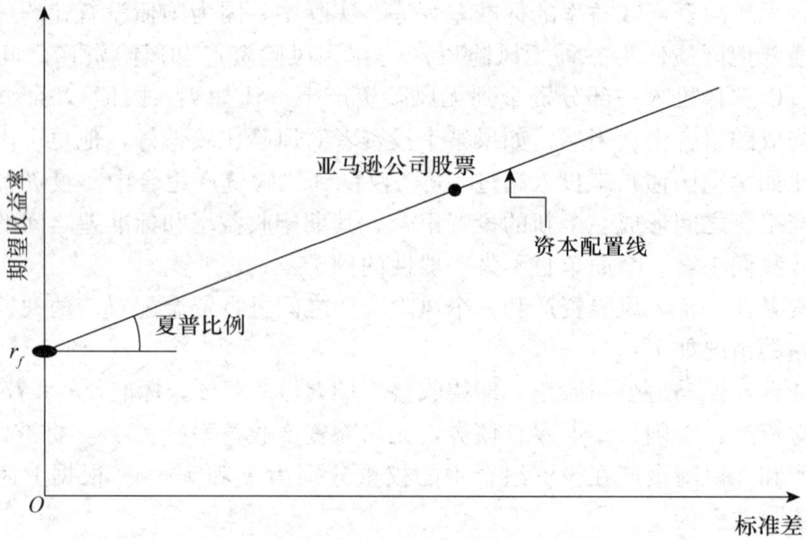

图5-10　资本配置线

从组合的标准差$\sigma_p=x\sigma_A$中解出权重$x=\sigma_p/\sigma_A$，代入组合的期望收益率中，我们得到资本配置线的表达式：

$$E(R_p)=r_f+\left(\frac{E(R_A)-r_f}{\sigma_A}\right)\sigma_p \tag{5-17}$$

从资本配置线的表达式中我们看到，由一个无风险资产和一个风险资产构成的投资组合的期望收益率和标准差之间的关系是连接这两种资产的一条直线。其纵截距为无风险资产的期望收益率，即无风险利率r_f，斜率为$\frac{E(R_A)-r_f}{\sigma_A}$。这个斜率被称为夏普比率（Sharpe ratio），它等于风险资产的超额收益率除以该资产的标准差，衡量了每一单位风险具有的超额收益。因此，资本配置线的表达式告诉我们，投资组合的期望收益率等于无风险收益率加上一个风险溢价，该风险溢价等于该组合的风险（标准差）乘以每单位风险的超额收益，即夏普比率。

【例题 5-4】 考虑一个由亚马逊公司股票和一年期零息政府债券构成的组合 p。假设投入亚马逊公司股票的权重为 $x=1.2$，这意味着我们借款投入了亚马逊公司股票，得到了一个有杠杆的组合。如果我们投资的本金为 10 000 美元的话，那么我们实际的投资分配为

- 花 12 000（=10 000×1.2）美元购买亚马逊公司股票；
- 卖掉价值 2 000 美元的一年期零息债券筹得 2 000 美元资金（相当于借入了 2 000 美元）。

亚马逊公司股票的期望收益率 $E(R_A)=25\%$，标准差 $\sigma_A=75\%$。一年期无风险利率 $r_f=3\%$。该组合的期望收益率为多少？标准差呢？

解答：

我们预期持有的亚马逊公司股票在一年后价值为 12 000×(1+25%)=15 000（美元）。因为卖空国债来融资，我们的借款一年后须归还本息共 2 000×(1+3%)=2 060（美元）。因此，该项投资的预期净现金流为 15 000−2 060=12 940（美元），期望收益率等于 (12 940−10 000)/10 000=29.4%。因为杠杆的作用，我们的投资组合的期望收益率高于亚马逊公司股票的期望收益率，但相应的风险水平也上升了。该投资组合的资本配置线表达式为

$$\begin{aligned}E(R_p)&=r_f+\left(\frac{E(R_A)-r_f}{\sigma_A}\right)\sigma_p\\&=0.03+\left(\frac{0.25-0.03}{0.75}\right)\sigma_p\\&=0.03+0.293\,\sigma_p\end{aligned}$$

把投资组合的期望收益率 0.294 代入资本配置线表达式，我们可以得到其标准差为 90%，大于亚马逊公司股票的标准差。在图形上，这个投资组合的位置位于亚马逊公司股票的右上方。

到目前为止，我们举例介绍了一种无风险资产和一种风险资产的组合的情况，但现实中投资者可能更倾向于在无风险资产和由风险资产构成的组合之间构建一个投资组合。只要我们知道风险资产组合的期望收益率和标准差，在该组合与无风险资产间进行的配置就与之前的分析如出一辙，资本配置线同样是连接风险资产组合与无风险资产的一条直线。

图 5-11 给出了无风险资产与风险资产组合之间进行组合的资本配置线。图中显示了我们已经熟悉的风险资产的可行集和有效边界。投资者在可行集内的资产组合与无风险资产之间形成的投资组合就是图中所示的资本配置线。在众多的资本配置线中，投资者的最佳选择是斜率最大的一条，即图 5-11 中通过无风险资产与有效边界相切的切线。我们已经知道资本配置线的斜率即夏普比率，它衡量了每单位风险（标准差）下的超额收益，而且资本配置线上投资组合的风险溢价等于其标准差和夏普比率的乘积。因此，在给定的风险水平下，位于切线资本配置线上的投资组合具有最高的风险溢价。我们也可以从图 5-11 中直观地观测到这一结论：通过横轴上任意给定的一个标准差，如果我们画一条与横轴垂直的直线，则该直线与切线资本配置线相交处的组合具有最高的

期望收益率。

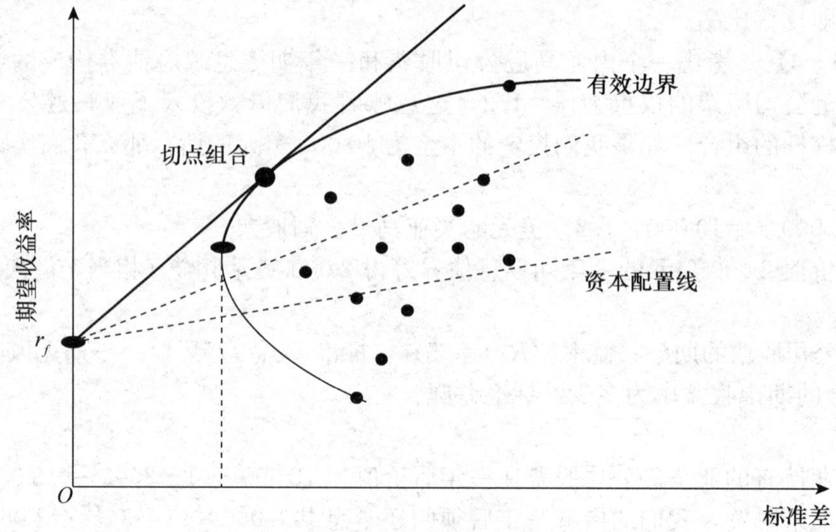

图 5－11　资本配置线与切点组合

既然与风险资产的有效边界相切的资本配置线是投资者的最优选择，那么无论投资者的风险偏好是怎样的，切点组合都是他们唯一愿意持有的风险资产组合。这意味着切点组合是在所有的风险资产组合中唯一有效的投资组合，而且切点组合与无风险资产构成的所有投资组合也都是有效的。换言之，资本配置线可以被看作所有资产（包括无风险资产和风险资产）组合的有效集。图 5－12 中的例子帮助我们进一步验证了以上论述。假设有一个投资者愿意承担的风险是比切点组合低的 A 点水平上。因为 A 点处于风险资产的有效

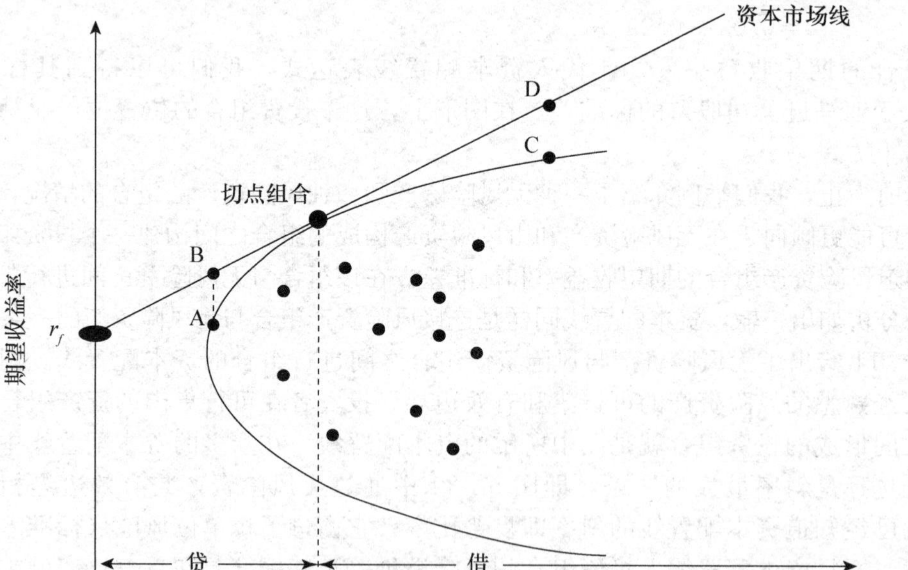

图 5－12　包含所有资产的有效边界

边界上，该投资者是否应选择A点而不是切点组合呢？答案是：否。该投资者还是应该在风险资产的所有可能组合中选择切点组合，并把其资金的一部分投入切点组合之中，余下部分用来买入无风险资产。这样他将构成一个比A点更优的投资组合B，因为B和A的标准差一样，但期望收益率更高。同理，假设另一投资者愿意承担比切点组合更高的风险，比如与C点相同的风险水平。尽管C点是在风险资产有效边界上，但他也应该选择切点组合而不是C点。通过借入（卖空）无风险资产来投资超过100%比例到切点组合，他可以达到比C点更优的D点。

四、市场均衡与资本市场线

资产组合理论告诉我们，投资者最优的投资组合是在无风险资产和风险资产的切点组合之间形成的，切点组合是唯一有效的风险资产组合。那么，切点组合究竟是什么？为了更直观地描述切点组合，我们做出如下的简化假设：

（1）所有投资者基于期望资产的收益率和标准差来做出选择。这一个假设是前述投资组合理论的逻辑起点，我们在此沿用。

（2）所有投资者能以无风险利率进行自由的借或贷。投资者可以在风险资产和无风险资产之间进行选择。以无风险利率借入，投资者卖空无风险资产，并可将融得的资金投入风险资产组合中。以无风险利率贷出等同于投资者买入无风险资产到自己的投资组合中。

（3）所有投资者具有同质预期（homogeneous expectation）。这一假设是指投资者对于风险资产的预期收益、方差以及两两之间的协方差有着相同的预测，也就意味着所有投资者面对的风险资产的可行集和有效边界是相同的。

在以上三个假设下，切点组合对于所有投资者来说都是相同的。投资组合理论的结论告诉我们，无论投资者的风险偏好如何，切点组合都是他们唯一希望持有的风险资产组合。最优的资产组合中投资x比例的资金到切点组合，余下的$(1-x)$比例的资金到无风险资产。根据自身的风险厌恶程度，投资者再确定投入切点组合与无风险资产中各自的比例。换言之，拥有这两种基金（切点组合、无风险资产）就足以满足所有投资者需求。这一结论就是金融理论中的分离定理（separation theorem）。

如果每个投资者都持有同一个切点组合，那么把所有投资者的风险资产组合加总在一起我们得到的还是同样的切点组合。① 这意味着切点组合是在资本市场上投资者唯一需求的风险资产组合。从资产的供给方面来看，因为每一种资产都有人持有，所以把投资者持有的风险资产组合加总在一起，必定等于市场上存在的所有风险资产的总和，即市场组合（market portfolio）。当市场均衡时，所有风险资产的需求等于供给，所以切点组合即市场组合。如果市场上的某一个资产不在切点组合中，那么就没有投资者想要持有该资产；需求的减少会使该资产的价格下降，从而提高它的期望收益率，直到它满足了投资者的需求，成为切点组合的一部分。

---

① 根据定义，一个投资组合就是所有构成资产的权重的向量。如果每个投资者持有相同的切点组合，那么他们对每个构成资产的投资比例都是一样的。所以，把所有投资者的组合加总起来后，每个构成资产的投资比重会保持不变。

现在我们知道切点组合就是市场组合。具体而言，市场组合是所有风险资产按照其市场价值比例来持有的组合。市场组合中每一种证券的比重由下式给出：

$$x_i = \frac{\text{资产 } i \text{ 的市场总价值}}{\text{所有资产的市场总价值之和}}$$

从而，市场组合的收益率为

$$R_m = \sum_{i=1}^{N} x_i R_i \tag{5-18}$$

在理论上，我们指的市场组合包括所有的风险资产，既有股票，又有公司债券、不动产等。在实践中，我们通常用一个构成广泛的股票指数（比如标准普尔500指数）来代替市场组合。投资到这样的股票指数中就几乎可以实现理论上所能达到的最大限度的分散化。

在市场均衡时，切点组合等于市场组合。所有投资者都持有市场组合，并与无风险资产进行投资比重分配以满足他们的风险偏好。这时，图5-12中的切线资本配置线连接了无风险资产和市场组合，被称为资本市场线（capital market line）。其表达式为

$$E(R_{ep}) = r_f + \left(\frac{E(R_m) - r_f}{\sigma_m}\right)\sigma_{ep} \tag{5-19}$$

其中，$E(R_m)$ 和σ_m 分别表示市场组合的期望收益率和标准差，$E(R_{ep})$ 和 σ_{ep} 分别表示资本市场线上任意有效投资组合的期望收益率和标准差。

【例题5-5】 假设你现在的100 000美元的资产组合全部投入麦当劳公司股票中，其期望收益率为10%，标准差为25%。你将如何改进你的投资组合，找到一个与麦当劳公司股票期望收益率相同，但具有最小可能标准差的有效组合？进一步假设无风险利率为3%，市场组合的超额收益率为8%，标准差为20%。那么，你找到的有效组合的标准差为多少？夏普比率呢？

解答：

需要找的有效组合是处于资本市场线上期望收益率等于0.1的资产组合。根据题意知 $r_f=0.03$，$E(R_m)-r_f=0.08$，$\sigma_m=0.2$，因此资本市场线的表达式为

$$\begin{aligned} E(R_{ep}) &= r_f + \left(\frac{E(R_m) - r_f}{\sigma_m}\right)\sigma_{ep} \\ &= 0.03 + \frac{0.08}{0.2}\sigma_{ep} \\ &= 0.03 + 0.4\sigma_{ep} \end{aligned}$$

所以要找的有效组合的标准差为$\sigma_{ep}=(0.1-0.03)/0.4=0.175=17.5\%$。其夏普比率就是资本市场线的斜率，即0.4。

第三节 资本资产定价模型

一、市场均衡下的资产期望收益

上一节的内容告诉我们，在市场均衡下，投资者唯一愿意持有的风险资产组合是市场

组合。那么，构成市场组合的每一个风险资产的期望收益是多少？在均衡时，每一个资产的期望收益一定是足以使投资者愿意在市场组合中持有该资产的期望收益值。换言之，均衡下单个资产的期望收益是对该资产系统风险的合理补偿。

通过每一节的介绍，我们知道一个资产的独立风险在大的投资组合中会被分散掉，而其系统风险是无法被分散掉的。假设某个投资者已经持有了市场组合，那么当他在市场组合中增加投资一美元的某个资产 i 时，市场组合的风险会增加多少？答案取决于这个资产包含的系统风险的大小。资产 i 的收益与市场组合收益同向变动的程度越大，它给市场组合增加的风险也就越大。我们用 β_i 表示该资产的收益率对市场变动的敏感性：

$$\beta_i=\frac{\mathrm{Cov}(R_i,R_m)}{\mathrm{Var}(R_m)} \tag{5-20}$$

它等于资产 i 收益与市场组合收益的协方差与市场组合收益方差之比，反映了其收益与市场共同变动的趋势及大小。用贝塔来衡量资产 i 的系统风险，我们可以定义额外持有一美元该资产的收益风险比率为

$$\frac{E(R_i)-r_f}{\beta_i}$$

在市场均衡时，如果一个投资者愿意持有市场组合，那么他一定没有动机在两个资产间进行替换，比如减少资产 j 的投入来增加对资产 i 的投资。而此动机不存在的前提是两种资产的收益风险比率相同①，即

$$\frac{E(R_i)-r_f}{\beta_i}=\frac{E(R_j)-r_f}{\beta_j}$$

这个等式告诉我们，两种资产的期望收益率是如何与它们的系统风险具有相关性的。如果资产 i 的系统风险大于资产 j 的，那么 i 必须有一个更高的超额收益率来补偿。同样的逻辑适用于资产 i 与市场组合中其他任意一个资产。因此，市场均衡要求投资者没有动机在资产 i 和市场组合间进行替代，即

$$\frac{E(R_i)-r_f}{\beta_i}=\frac{E(R_m)-r_f}{\beta_m}$$

根据定义，贝塔衡量的是某个资产或组合相对于市场变动的敏感性，因此市场收益针对自身变动的敏感性为 1，即 $\beta_m=1$ 。将这一结论代入上式，我们得到

$$E(R_i)=r_f+\beta_i[E(R_m)-r_f] \tag{5-21}$$

这个方程被称为资本资产定价模型（capital asset pricing model，CAPM），它反映了单个资产的期望收益率与其系统风险贝塔之间的关系。贝塔系数等于该资产的收益率和市场收益率的协方差，与市场收益率方差的比值。它反映的是某个资产的收益率是如何随着市场收益率的变动而变动的。例如：微软公司的贝塔系数是 1.353，这意味着，平均来说，市场超额收益率上升 1 个百分点的话，微软股票的超额收益率将会上升 1.353 个百分点。

从 CAPM 中我们可以得到，某个证券的期望收益率等于无风险利率加上它的风险溢

① 这类似于微观经济学上所谈的消费者均衡。这一金融资产的定价公式对应着商品市场上不同产品的定价决定公式，即每一单位货币带来的不同商品的边际效用相同，从而实现消费者均衡。

价，而风险溢价$\beta_i[E(R_m)-r_f]$包括两部分：一是该证券的贝塔系数，反映了其对市场组合的系统风险的贡献；二是对市场收益率具有的系统风险本身的溢价。证券的贝塔系数不同，投资者对其风险溢价的要求也不同。

- 当$\beta_i=1$时，证券收益率的波动与市场完全一致，因此其要求的风险溢价就是市场风险溢价。
- 当$\beta_i=1.5$时，证券收益率的波动大于市场的波动，其风险溢价为市场风险溢价的1.5倍，从而要求一个高于市场的期望收益率。
- 当$\beta_i=0.5$时，证券收益率的波动与市场是同向的，但其波动小于市场的波动，此时其风险溢价为市场风险溢价的一半，因此其期望收益率也低于市场的期望收益率。

二、证券市场线

（一）证券市场线与资本市场线的异同

资本资产定价模型的方程在证券的期望收益率和衡量系统风险的贝塔系数之间建立了一个线性关系。如果我们把这个关系画在由期望收益率和贝塔系数构成的平面上，那么我们得到的这条直线称为证券市场线（security market line，SML）。图5-13给出了市场组合以及四个任意的证券在证券市场线上的位置。根据CAPM，证券的期望收益率和贝塔系数之间是一个线性关系，所以它们会沿着证券市场线排列开。因为投资组合是不同证券的线性组合，因此投资组合的期望收益率与贝塔系数之间也是线性关系，它们同样会落在证券市场线上。无论是单个证券还是资产组合，其期望收益率与贝塔系数的关

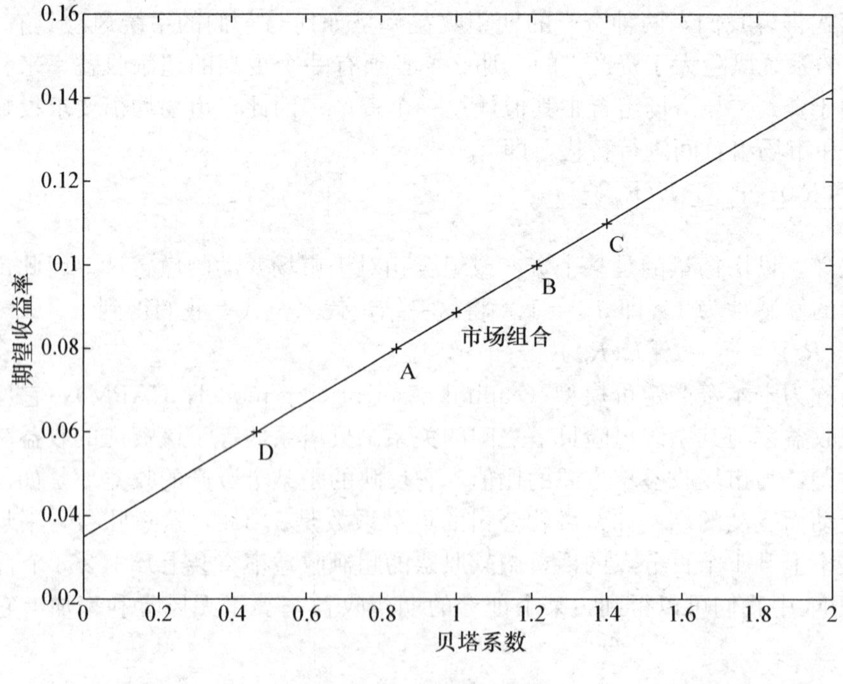

图5-13　证券市场线

系都满足 CAPM 方程，从而全部位于证券市场线上。前一节中我们介绍的资本市场线则是连接无风险资产和市场组合的直线，只有市场组合及其与无风险资产间组成的有效资产组合才会落在资本市场线上。图 5-14 给出了市场组合以及图 5-13 中的四个证券在期望收益率—标准差平面上的位置。资本市场线连接了无风险资产和市场组合，而四个证券并非有效组合，所以并不在资本市场线上。

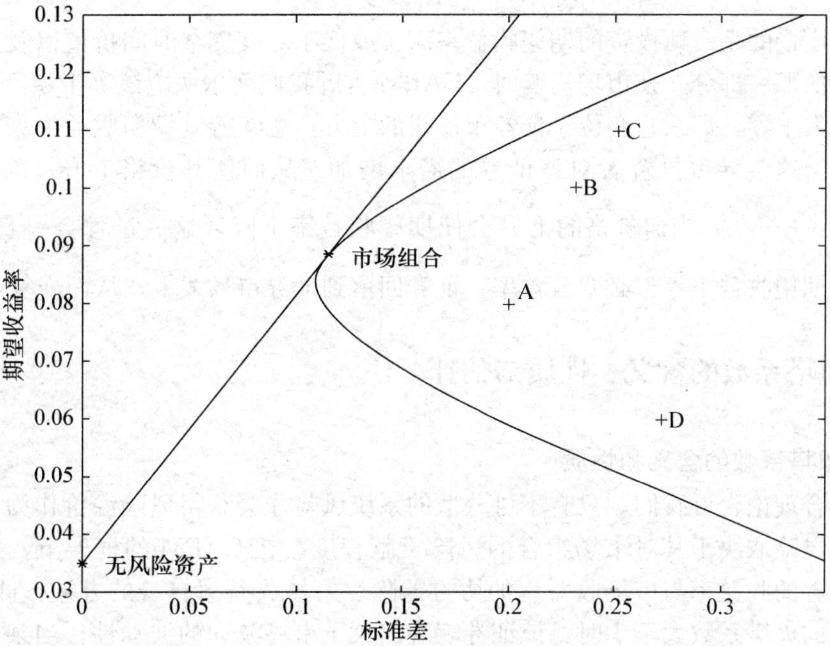

图 5-14　资本市场线

资本市场线和证券市场线是本章中两个重要的概念，在此我们有必要总结一下它们之间的异同。

1. 资本市场线

(1) 资本市场线的方程只适用于有效的投资组合（即无风险资产和市场组合之间的资产组合），不适用于无效的证券或投资组合。

(2) 资本市场线把有效投资组合的风险溢价表示成标准差的函数。

(3) 对资本市场线上的有效投资组合而言，标准差是一个合理的风险度量指标。我们可以根据标准差来确定有效投资组合的期望收益。

(4) 无效的证券和投资组合都位于资本市场线的右侧，它们的标准差体现了其具有的总风险，包括可分散的独立风险和不可分散的系统风险。

2. 证券市场线

(1) 证券市场线的方程对所有的证券和组合都是适用的，当然也包括有效投资组合。

(2) 证券市场线把证券的风险溢价表示成了证券的系统风险（贝塔系数）的函数。

(3) 对于证券市场线上的证券，合理的风险度量指标是它对市场组合具有的市场风险的贡献度，也就是贝塔系数的大小。我们可以根据贝塔系数来确定证券的期望收益率。

（4）证券市场线只揭示了单个证券或者组合的系统风险。

（二）证券市场线与错误定价的证券

CAPM 在理论上给出了一个证券在市场均衡时的必要收益率。我们把某个证券的期望收益率与由 CAPM 计算得到的必要收益率之间的差额称为这个证券的 α（阿尔法），即

$$\alpha_i = (ER_i) - \underbrace{\{r_f + \beta_i[E(R_m) - r_f]\}}_{\text{证券}i\text{的必要收益率}} \tag{5-22}$$

阿尔法度量的是一项投资的期望收益率高于或低于对其资金时间价值以及系统风险进行必要补偿的那一部分。在市场均衡时，CAPM 告诉我们阿尔法应该等于零。如果某个证券的阿尔法大于零，那么它会位于证券市场线的上方，意味着其期望收益率大于理论上的必要收益率。这会导致投资者对该证券的需求增加，从而使其价格上升。因为 $E(R) = \dfrac{E(P_1 + Div_1) - P_0}{P_0}$，当前价格的上升会使期望收益率下降。这一过程会一直持续下去，直到该证券期望收益率等于必要收益率，证券回落到证券市场线上，从而恢复市场均衡。

三、贝塔系数的含义、性质与估计

（一）贝塔系数的含义和性质

投资组合理论告诉我们，只有不可分散的系统风险才会获得风险溢价作为补偿。一个证券的系统风险取决于其对市场组合的风险贡献程度。在 CAPM 的框架下，这个贡献程度量化为证券的收益率与市场收益率的协方差除以市场收益率自身的方差，即贝塔系数。当某个证券的贝塔系数大于 1 时，该证券表现出大于市场波动的波动性；当某个证券的贝塔系数小于 1 时，该证券表现出小于市场波动的波动性。既然贝塔系数是证券收益率对市场波动的敏感性，那么影响证券收益率波动性的因素也会影响到贝塔系数的大小。我们下面介绍大方面的影响因素：公司收入的周期性、经营杠杆和财务杠杆。

- 公司收入的周期性：这是针对某些企业来说的，例如高科技企业、零售企业和汽车企业等都随商业周期而波动，而公用事业、食品等行业的企业就不太会受商业周期的影响。由于贝塔系数取决于个股收益率与市场收益率的标准协方差，那么周期性强的股票当然就有较高的贝塔系数。
- 经营杠杆：企业的经营杠杆反映的是固定成本和可变成本之间的比例。它随固定成本的上升而上升，随变动成本的上升而下降。我们用企业的息税前利润（EBIT）变化率相对于销售收入变化率的敏感性来衡量其经营杠杆的高低。较高比例的固定成本会提高企业的经营杠杆，从而会增加企业现金流对市场风险的敏感性。
- 财务杠杆：财务杠杆反映了企业对债务的依赖程度。当某个企业有债务融资时，它的资产贝塔系数就等于其权益贝塔系数和债务贝塔系数的加权平均。因为债务在清偿顺序上的优先级高于权益，财务杠杆的引入会增加股东所承担的风险，从而提高权益的贝塔系数。关于财务杠杆对权益贝塔系数的影响，我们在下一节还会着重介绍。

如果我们知道每个证券的贝塔系数，那么由这些证券构成的投资组合的贝塔系数是这些证券的贝塔系数的加权平均：

$$\beta_p = x_1\beta_1 + x_2\beta_2 + \cdots + x_n\beta_n \tag{5-23}$$

这是贝塔系数的线性特征。我们以简单的两种证券的组合为例来验证这一特性。根据贝塔系数的定义有

$$\beta_p = \frac{\mathrm{Cov}(R_p, R_m)}{\mathrm{Var}(R_m)}$$

而组合 p 的收益率是两个证券收益率的加权平均，运用协方差的运算法则，我们得到

$$\begin{aligned}\beta_p &= \frac{\mathrm{Cov}(x_1R_1 + x_2R_2, R_m)}{\mathrm{Var}(R_m)}\\ &= \frac{x_1\mathrm{Cov}(R_1, R_m) + x_2\mathrm{Cov}(R_2, R_m)}{\mathrm{Var}(R_m)}\\ &= x_1\beta_1 + x_2\beta_2\end{aligned}$$

【例题 5-6】 假如你持有下列资产组合：70 000 美元的耐克公司股票和 30 000 美元的微软公司股票。耐克公司股票的贝塔系数为 0.583，微软公司股票的贝塔系数为 1.353。假设无风险利率为 4%，市场的超额收益率为 8%。你持有组合的贝塔系数是多少？期望收益率呢？

解答：

该组合的贝塔系数为

$$\beta_p = x_1\beta_1 + x_2\beta_2 = 70\% \times 0.583 + 30\% \times 1.353 = 0.814$$

根据 CAPM，该组合的期望收益率为

$$\begin{aligned}E(R_p) &= r_f + \beta_p[E(R_m) - r_f]\\ &= 4\% + 0.814 \times 8\% = 10.512\%\end{aligned}$$

你能另找一个与现有组合的期望收益率相同，但标准差更小的组合吗？

（二）贝塔系数的估计

CAPM 方程给我们提供了一种方法以估计证券的期望收益率。具体的操作需要我们知道该证券的系统风险，即贝塔系数。下面我们以股票为例，介绍一下如何用回归分析来估计一个证券的贝塔系数。

贝塔系数是市场组合的超额收益率变动 1% 所带来的证券超额收益率的变化率。图 5-15 给出了通用汽车（GM）公司股票的月度超额收益率与市场组合（以标准普尔 500 指数代替）的月度超额收益率的关系。该散点图表明当市场向上的时候，GM 公司股票的收益率也趋于向上，反之亦然。图中给出了对 GM 公司股票与市场收益率的散点拟合程度最好的直线。贝塔系数就是这条直线的斜率。在计量经济学中，通过一系列的散点来确定最佳拟合直线的统计技术叫作线性回归。考虑如下一个简单的线性回归方程：

$$r_{it} - r_{ft} = \alpha_i + \beta_i(r_{mt} - r_{ft}) + \varepsilon_{it} \tag{5-24}$$

其中 r_{it} 是证券 i 在时间 t 内的历史收益率，r_{mt} 是市场指数在时间 t 内的历史收益率，r_{ft} 是时间 t 内的无风险利率，ε_{it} 是回归的误差项，它代表实际观测数据与回归直线上的对应点值之差（残差），且其均值为 0。

回归方程有两个参数需要估计。一个是斜率 β_i，另一个是截距 α_i。斜率 β_i 表示股票对市场风险的敏感度，其估计的公式为

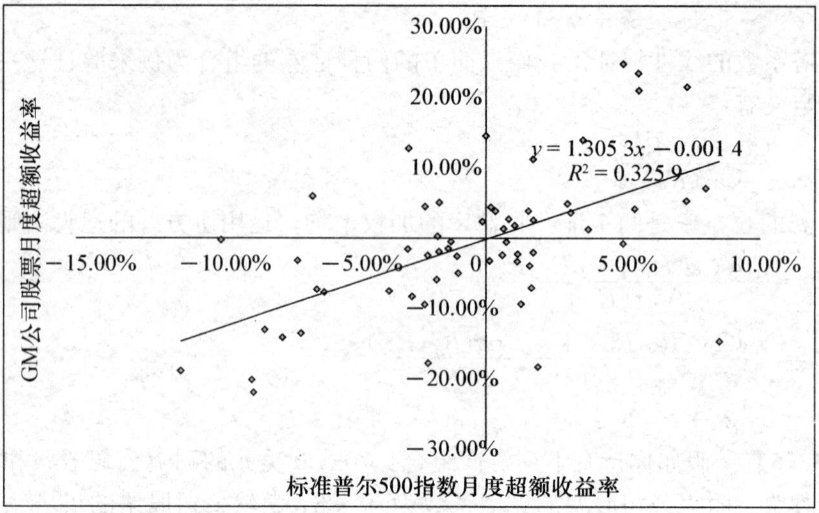

图 5-15　GM 公司股票的回归分析

$$\hat{\beta_i}=\frac{\mathrm{Cov}(r_{it}-r_{ft},r_{mt}-r_{ft})}{\mathrm{Var}(r_{mt}-r_{ft})}=\frac{\mathrm{Cov}(r_{it},r_{mt})}{\mathrm{Var}(r_{mt})} \tag{5-25}$$

与 CAPM 方程中贝塔系数的定义一致，截距项 α_i 度量了证券 i 的收益率是否偏离了对其系统风险的合理补偿。因为从历史数据中计算出来的回归系数是对在总体中 β 和 α 真实值的一个估计，所以我们需要根据两个估计的标准误差来判断该估计值在统计意义上是否显著地不为零。如果 CAPM 很好地解释了证券 i 的平均收益率，那么 α 的估计应该是不显著的。

回归方程把一个证券的总风险分解成了两个部分：

- $r_{it}-r_{ft}$ 的总变动中被市场收益率所解释的那一部分是 $\beta_i(r_{mt}-r_{ft})$，即证券具有的系统风险；
- $r_{it}-r_{ft}$ 的总变动中未能被市场收益率解释的那一部分是残差 ε_{it}，即证券具有的非系统风险。

一个证券收益率变动的总方差是 σ_i^2，其被市场收益率所解释的部分的方差是 $\beta_i^2\sigma_m^2$，残差部分的方差是 σ_ε^2。因此，回归方程告诉我们：

$$\sigma_i^2=\beta_i^2\sigma_m^2+\sigma_\varepsilon^2 \tag{5-26}$$

回归方程的拟合优度 R^2 衡量了一个证券的总风险中有多少比例被市场风险所解释：

$$R^2=\frac{\text{系统风险}}{\text{总风险}}=\frac{\beta_i^2\sigma_m^2}{\sigma_i^2} \tag{5-27}$$

作为一个实例，表 5-5 给出了从 2000 年 5 月至 2005 年 4 月间用 GM 公司股票的月度收益率数据进行回归分析的结果。我们可以看出，CAPM 较好地解释了 GM 公司股票的平均收益率。其贝塔系数为 1.305，且显著地不为零。阿尔法系数则不显著，即我们没有足够的证据证明 GM 公司股票的收益率偏离了对其系统风险合理的收益率水平。最后，该回归的 R^2 等于 0.33，表明 GM 公司股票历史收益率的波动中，系统风险占其总风险的 33%。

表 5-5 GM 公司股票的回归结果

	系数	标准误差	t 值
α	−0.001	0.01	−0.13
β	1.305	0.25	5.30
	$R^2=0.33$		

专栏 5-2 知识扩展：回归分析的实际操作

在实践中，我们通常用统计软件帮助我们进行回归分析，估计证券的贝塔系数。在这里，我们简要介绍一下用 Excel 来进行回归分析的步骤。

在本节中，我们用 2000 年 5 月至 2005 年 4 月间的收益率数据估计了 GM 公司的贝塔系数。进行回归分析，我们首先需要两组数据：GM 公司股票的超额收益率和市场指数（比如标准普尔 500 指数）在同期的超额收益率。第一步，我们将这两组数据导入Excel 表单的任意两列中。

第二步，我们需要调出包含回归分析的“数据分析工具”加载项。首先，单击 Excel 左上角的图标，调出工作菜单，并单击最下方的“Excel 选项”。然后，单击“Excel 选项”左侧的“加载项”，并在右边最下面的选择对话框中选择“Excel 加载项”，单击“转到”。最后，在弹出的“加载宏”窗口中选择分析工具库，单击“确定”。

第三步，点击菜单栏中的“数据”选项，在功能区的最右边出现我们刚才调出的“数据分析”加载项，如图 5-16 所示。

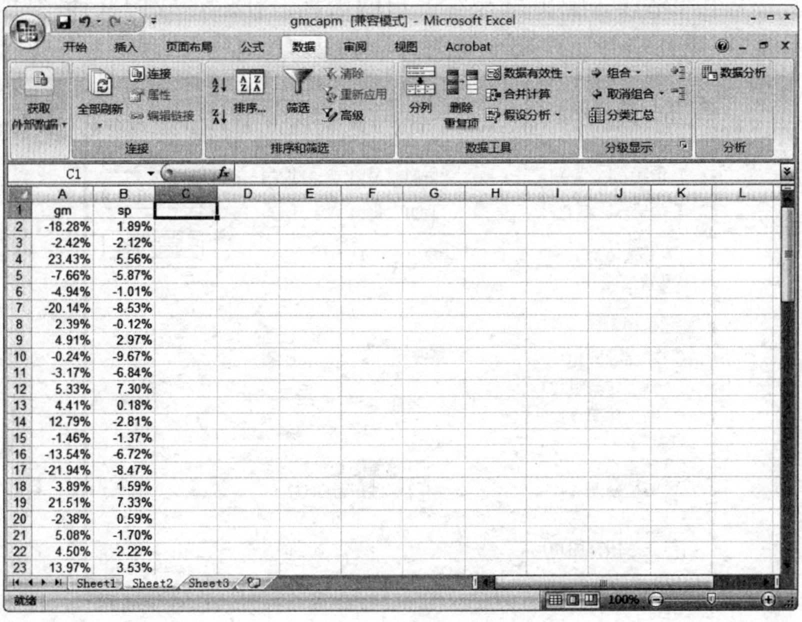

图 5-16

第四步，在弹出的“数据分析”对话框中，选择“回归”，然后“确定”，如图 5-17 所示。

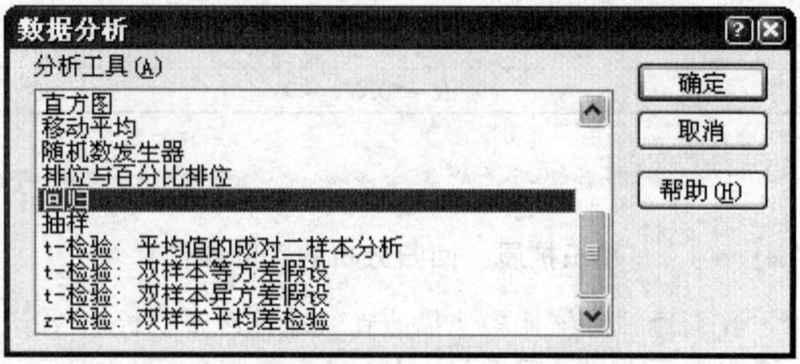

图 5-17

第五步，在弹出“回归”对话框中输入必要的信息。

（1）在“Y 值输入区域”中填入 GM 公司股票的超额收益率，我们用 Excel 的点选功能选择 GM 公司股票数据所在的 A 列；

（2）在“X 值输入区域”中填入标准普尔 500 指数的超额收益率，同样我们用 Excel 的点选功能选择标准普尔 500 数据所在的 B 列；

（3）因为我们选中的数据区域的第一行是数据的变量名称，所以需要点选“标志”，告诉 Excel 第一行是变量名而非第一个数据观测值；

（4）选择“置信度”，并设置置信区间，一般我们设置为“95%”，以进行贝塔和阿尔法这两个参数的区间估计；

（5）在“输出选项”中选择结果的输出区域。如果你选择“输出区域”，则需要指定一个单元格作为输出结果左上角的坐标。在此，我们选择“D1”，以使估计结果从 D1 单元格开始输出（见图 5-18）。

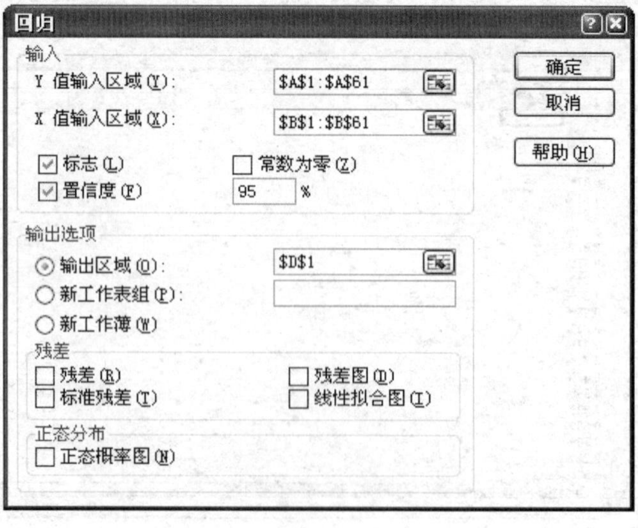

图 5-18

最后，上面的选项输入完成后，点击“确定”，即出现详细的分析结果，如图 5 - 19 所示。

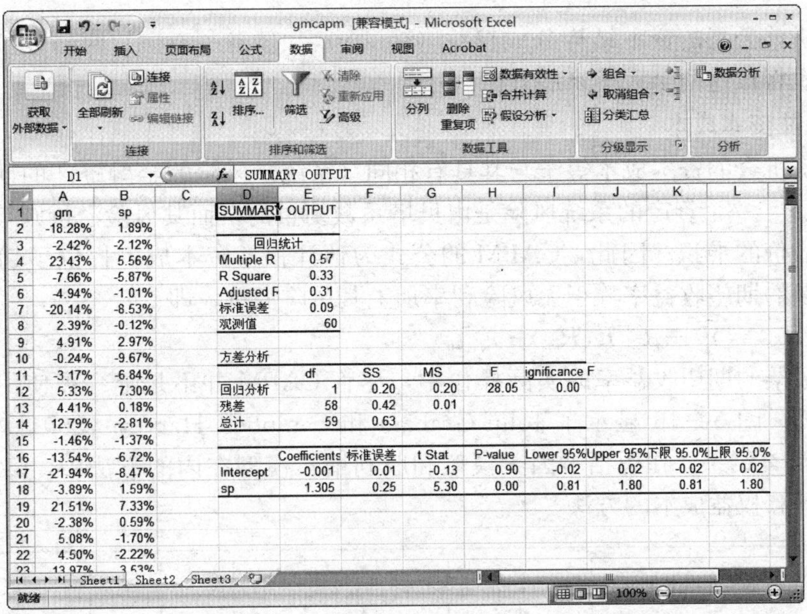

图 5 - 19

回归方法帮助我们从历史数据中估计了证券的系统风险，即贝塔系数的大小。因为贝塔系数在金融理论和实践中有着广泛而深远的影响，许多财经网站都把贝塔系数作为一个常规的统计数据来反映股票的基本情况。比如网页上的股票筛选功能就可以把贝塔系数作为一个选股的指标之一。进入该功能后，依次点击 add criteria、stock metrics、beta 就可以把贝塔加入选股的条件中。

第四节　资本成本与不确定性下的资本预算

在本节中，我们结合对风险资产定价的内容重新回到资本预算的问题上来。对于一个项目的投资决策，我们知道需要两个要件来计算其净现值（*NPV*）：一是项目未来的现金流的预测，二是与项目风险相匹配的贴现率。前者我们已经在之前的章节中学习过，后者是本节介绍的重点。在资本预算问题中的净现值就是该项目投资者的资本机会成本，简称资本成本。这是投资者因投资到该项目而放弃的投入资本市场上具有相同风险的证券所能获得的期望收益率。如果这个项目是公司拥有的唯一项目，那么该项目的资本成本就等于公司的资本成本，即公司出资人要求的必要收益率。如果这个项目是公司众多不同项目中的一个，那么其资本成本不再与公司层面的资本成本相等，而应该通过资本市场上可比公司的资本成本进行估计。

一、权益和债务的资本成本

广义地讲，公司的资本结构分成权益（equity）和债务（debt）两部分。我们对资本成本的讨论也将按这两个大类来展开。

（一）权益资本成本

一个投资机会的资本成本等于与其具有相同（系统）风险的金融资产的期望收益。在CAPM框架下，一个资产的系统风险是由贝塔系数衡量的，而其风险溢价则等于贝塔系数与市场风险溢价的乘积。因此，CAPM的公式为估计权益资本成本提供了切实可行的方法：一只股票的期望收益率等于无风险利率加上其风险溢价，即

$$E(R_E)=r_f+\beta_E[E(R_m)-r_f]。$$

在计算股票的期望收益率的实际操作中，尽管CAPM并不是唯一被使用的方法，但它是最常用的。图5-16显示了John Graham和Campbell Harvey（2001）对近400位CFO的问卷调查结果。在包括多因子模型和股利增长模型在内的方法中，CAPM是使用比例最高的计算权益成本的方法。

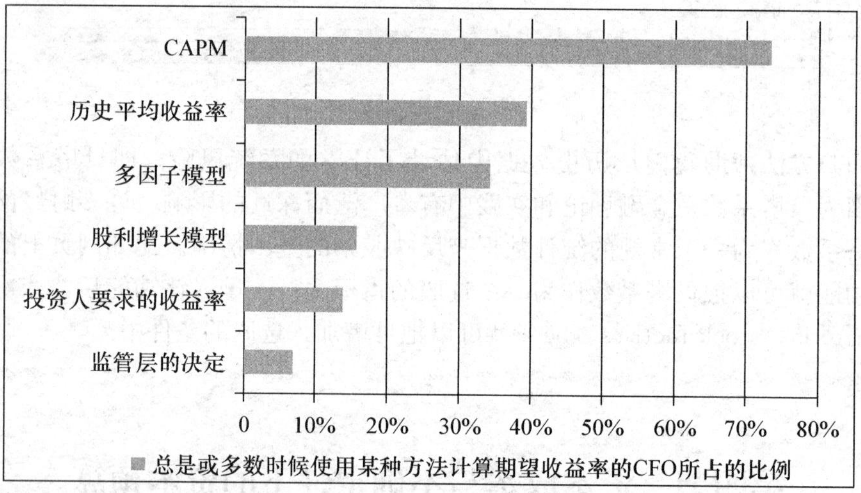

图5-16　计算权益资本成本的方法（针对美国CFO的调研）

资料来源：美国学者的调研。John R. Graham，Campbell R. Harvey，"The Theory and Practice of Corporate Finance：Evidence from the Field"，*Journal of Financial Economics*，2001，60（2-3）：187-243.

在运用CAPM方程来估计权益的资本成本时，我们需要三个方面的信息：

（1）无风险利率r_f。无风险利率可用国债的当前收益率来估计，而且使用的国债的期限应当与考虑的项目的周期相匹配。对于长期项目而言，大多数从业者使用10～30年期的国债收益率作为无风险利率。

（2）市场风险溢价$[E(R_m)-r_f]$。因为市场的期望收益率是无法从数据中得到的，所以市场超额收益率可通过市场指数和国债在很长的时间区间里的历史平均收益率之差估计出来。在美国市场上，可获得的最早的数据是从1926年开始的。对于市场指数，大多数

实务工作者用标准普尔 500 指数作为市场组合的代理。对于市场风险溢价中的无风险利率，其使用的国债期限也应与前一步中的国债期限一致。

(3) 贝塔系数。贝塔系数通常用上节中介绍的回归分析来估计。通常，我们可用股票在 5 年时间里的月度超额收益率对市场指数同一时期内的月度超额收益率进行回归。

(二) 债务资本成本

如果债务的违约风险几乎没有，那么我们可以用其到期收益率（yield to maturity）作为债券投资者预期能获得的收益率。如果公司有显著的违约风险，到期收益率会高估投资者的期望收益率。考虑到违约的可能性，我们对到期收益率做如下调整，以获得投资者的预期收益率：

$$r_D = y - p \cdot L$$

其中，r_D 为债券持有人的预期收益率，即债务资本成本；y 是债券的到期收益率，p 是违约概率，L 是违约时每 1 美元投资本金预期的损失。

我们同样也可以用 CAPM 来估计债务的资本成本。与权益资本不同的是，公司债券的交易不频繁，因此债券的贝塔系数很难通过回归来估计。实务中债券的贝塔系数经常是通过具有相似信用评级的公司债券的历史收益数据来近似求得的。Fama 和 French（1993）用 1963 年 7 月至 1991 年 12 月的历史数据，按不同评级，估计出了债券的贝塔系数，见表 5-6。[①] 该表显示，对 BBB 级以上的债券来说，它们的贝塔系数都很接近，在 0.2 至 0.23 之间。如果我们所考虑的公司债券是有评级的，则可以用表 5-6 中与其具有相同评级的债券的贝塔系数来代替。

表 5-6 不同评级的公司债券的贝塔系数

公司债券评级	债券的贝塔系数
AAA	0.2
AA	0.2
A	0.21
BBB	0.23
更低级	0.31

【例题 5-7】 假如你所在的公司正在考虑扩大经营规模，这项扩张需要在当前(0 时点)投入 10 亿元人民币，从第 1 年开始每年可以产生 1.1 亿元的增量现金流，该现金流是永续的。你通过对公司股票过去 5 年的收益率进行 CAPM 回归分析得出你所在公司股票的贝塔系数为 1.3，无风险利率为 4%，市场的期望收益率为 9%。请运用 CAPM 来确定该项目能否被接受。(假设公司是全权益的，并且只有这一个项目。)

解答：

因为公司没有债务，且只有这一个项目，所以公司的系统风险就是该项目面临的系统

① Fama, Eugene F. and Kenneth R. French, "Common Risk Factors in the Returns on Stocks and Bonds", *Journal of Financial Economics*, 1993, 33 (1): 3-56.

风险，公司权益的资本成本就是该扩张项目的资本成本。

首先，我们运用 CAPM 来求解公司股票的期望收益率，即项目的贴现率：

$$4\%+1.3\times5\%=10.5\%$$

然后，计算 NPV：

$$NPV=-10+\frac{1.1}{0.105}=0.476\ 19(\text{亿元})$$

NPV 为正，故应接受该项目。

二、加权平均资本成本

（一）加权平均资本成本的计算方法

加权平均资本成本（weighted average cost of capital，WACC）是公司各类融资方式的成本与该类成本在企业全部资本中所占比重的乘积之和。常见的融资方式有普通股、优先股、长期负债等。加权平均资本成本的决定公式如下：

$$WACC=\sum_{i=1}^{n}w_i k_i \tag{5-28}$$

式中，$WACC$ 表示加权平均资本成本；k_i 表示资本 i 的个别成本；w_i 表示资本 i 在全部资本中所占的比重；n 表示不同类型资本的总数。

加权平均资本成本所代表的是在企业目前的资本结构下，为了保证普通投资者的收益，企业利用现有资本所必须赚取的总体的资本收益率。同时，这也是企业进行现有业务扩张，或者从事和现有业务具有相同风险的投资的必要收益率。因此，如果企业要对现有业务进行扩张，或者从事和现有业务风险类似的投资项目，就应该使用加权平均资本成本作为项目的贴现率。

（二）考虑利息的抵税作用后的加权平均成本

对于公司来说，利息是具有抵税作用的，税后债务资本成本为

$$\text{税后债务资本成本}=K_D\times(1-T_C)$$

当企业只有权益资本 E 和债务资本 D 时，企业的资本总额为 $E+D$，由此可算出债务资本和股权资本各自占比，得出公司加权平均资本成本的简化式如下：

$$WACC=\left(\frac{E}{E+D}\right)\times K_E+\left(\frac{D}{E+D}\right)\times K_D\times(1-T_C) \tag{5-29}$$

【例题 5-8】 根据表 5-7 所示的某公司资本结构和个别资本成本，计算该公司的加权平均资本成本。

表 5-7 某公司资本结构和个别资本成本

融资来源	金额（万元）	权重	个别资本成本
负债	800	40%	6%（税后）
普通股	1 200	60%	15%

解答：

$$WACC=\left(\frac{E}{E+D}\right)\times K_E+\left(\frac{D}{E+D}\right)\times K_D\times(1-T_C)$$
$$=60\%\times15\%+40\%\times6\%$$
$$=11.4\%$$

（三）加权平均资本成本权重的确定

加权平均资本成本权重的确定方式有三种：账面价值加权、实际市场价值加权和目标资本结构加权。

1. 账面价值加权

账面价值加权是根据企业资产负债表上显示的会计价值来衡量每种资本的比例。资产负债表提供了负债和权益的比例，计算较为方便。但账面结构反映的是历史的信息，不一定符合企业未来的状况。同时，账面价值会扭曲资本成本，一般来说，账面价值和市场价值之间存在较大差异。

2. 实际市场价值加权

实际市场价值加权是指根据当前负债和权益的市场价值比例衡量每种资本的比例。由于市场价值不断变动，负债和权益的比例也随之变动，计算出的加权平均资本成本会迅速变化。

3. 目标资本结构加权

目标资本结构加权是指根据市场价值计量的目标资本结构衡量每种资本要素的比例。公司管理层决定的目标资本结构是对未来筹资的最佳估计。调查表明，现在大多数公司在计算资本成本时，采用按平均市场价值计量的目标资本结构作为权重。

【例题 5-9】 某公司按照平均市场价值计量的目标资本结构是：40%的长期债务、10%的优先股、50%的普通股。长期债务的税后成本是 3.9%，优先股的成本是 8.61%，普通股的成本是 11.8%。试求该公司的加权平均资本成本。

解答：

该公司的加权平均资本成本为

$$WACC=\sum_{i=1}^{n}w_i k_i$$
$$=40\%\times3.9\%+10\%\times8.61\%+50\%\times11.8\%$$
$$=8.32\%$$

加权平均资本成本是公司未来融资的加权平均成本，而不是过去所有资本的平均成本。其中，债务成本是发行新债务的成本，而不是过去的权益成本。

三、经营杠杆与财务杠杆

（一）经营杠杆

在影响公司经营风险的因素中，固定成本比重很重要。在某一固定成本比重的作用下，销售量变动对利润产生的作用称为经营杠杆，一般利用经营杠杆来衡量经营风险的大小。企业生产经营中由于存在固定成本而导致息税前利润变动率大于产销量变动率。

经营杠杆的大小一般用经营杠杆系数表示。经营杠杆系数（DOL）是公司计算利息和所得税之前的盈余（即息税前利润）变动率与销售额变动率二者的比率，即

$$DOL=\frac{\frac{\Delta EBIT}{EBIT}}{\frac{\Delta Q}{Q}} \tag{5-30}$$

式中，DOL 表示经营杠杆系数；$\Delta EBIT$ 表示息税前利润变动额；$EBIT$ 表示变动前息税前利润；ΔQ 表示销售量变动额；Q 表示变动前销售量。

假定企业的成本、销售量和利润保持线性关系，可变成本在销售收入中所占的比例不变，固定成本也保持稳定，经营杠杆系数便可通过销售额和成本来表示。

$$DOL_q=\frac{Q(P-V)}{Q(P-V)-F} \tag{5-31}$$

式中，$DOLq$ 表示销售量为 Q 时的经营杠杆系数；P 表示产品单位销售价格；V 表示产品单位变动成本；F 表示总固定成本。

企业一般可以通过增加销售额、降低产品单位变动成本、降低固定成本比重等措施使经营杠杆系数下降，降低经营风险，但这往往要受到条件的制约。

企业收入的周期性对贝塔系数起决定性作用，而经营杠杆又将这种作用放大。我们知道，经营风险一般是指无财务杠杆下的企业风险，它取决于企业收入对商业周期的敏感性和企业的经营杠杆。

（二）财务杠杆

与经营杠杆作用的表示方式类似，财务杠杆作用的大小通常用财务杠杆系数表示。财务杠杆系数越大，表明财务杠杆作用越大，财务风险也就越小。财务杠杆系数的计算公式为

$$DFL=\frac{\frac{\Delta EPS}{EPS}}{\frac{\Delta EBIT}{EBIT}} \tag{5-32}$$

式中，DFL 表示财务杠杆系数；ΔEPS 表示普通股每股收益变动额；EPS 表示变动前普通股每股收益；$\Delta EBIT$ 表示息税前利润变动额；$EBIT$ 表示变动前息税前利润。

上述公式还可以推导为

$$DFL=\frac{EBIT}{EBIT-I} \tag{5-33}$$

式中，I 表示债务利息。

财务风险是因负债经营而引起的股东收益除营业风险之外的新的不确定性，影响财务风险的大小的主要因素是财务杠杆。

（三）总杠杆和总风险

从以上介绍可知，经营杠杆通过扩大销售量影响息税前利润，而财务杠杆通过扩大息税前利润影响收益。如果两种杠杆共同起作用，那么销售量稍有变动就会使每股收益产生

更大的变动。通常把这两种杠杆的连锁作用称为总杠杆作用。

总杠杆作用的程度可用总杠杆系数（DTL）表示，它是经营杠杆系数和财务杠杆系数的乘积。其计算公式为

$$DTL = DOL \cdot DFL = \frac{Q(P-V)}{Q(P-V)-F-I} \tag{5-34}$$

四、财务杠杆与贝塔系数

例 5－7 中我们假设公司的资本结构里没有债务，所以我们可以用公司的权益资本成本作为该扩张项目的资本成本。如果资本结构里有债务，那么权益资本成本就不能全面地反映公司的总体资本成本。当公司有债务融资时，公司的部分现金流是属于债权人的。由于债权人相对于股东来说对公司的财产有优先索取权，股东有的是剩余索取权，这就意味着：第一，债权人负担的单位资金的系统风险要小于股东；第二，债务的存在迫使股东承担了更高比例的系统风险；第三，为了弥补更高的风险，股东会要求更高的期望收益率。在金融领域，我们把负债也称为财务杠杆。在这一部分，我们讨论财务杠杆对权益贝塔系数的影响。

【例题 5－10】 你正在考虑批准创立一家新的航空公司，为了评估该项目的价值，你需要有一个对航空业资本成本的合理估计。通过对现有的五家可比航空公司的股票进行 CAPM 回归分析你得到表 5－8。无风险利率为 4%，市场超额期望收益率为 5%。

表 5－8 五家可比航空公司的权益贝塔系数和债务权益比率

公司	权益贝塔系数	债务权益比率
西南航空公司（Southwest Airlines Co.）	1.13	0.15
西空航空公司（SkyWest，Inc.）	1.69	1.05
阿拉斯加航空集团（Alaska Air Group，Inc.）	1.8	1.06
梅萨航空集团（Mesa Air Group，Inc.）	3.27	3.52
美国大陆航空公司（Continental Airlines，Inc.）	3.76	5.59

在上表中我们看到五家处在同一行业中的可比公司的权益贝塔系数，为什么它们相差这么大？这与每家公司的债务权益比率有关系吗？

（一）理解财务风险：一个简化的例子

假设你刚刚组建了一家公司准备投资一个一年期项目。该项目一年后的现金流预计为 2 亿元。该项目的未来现金流的系统风险贝塔系数为 1.5。无风险利率为 4%，市场组合的预期收益率为 9%。根据 CAPM，该项目的预期收益率为 11.5%。该项目当前的价值为

$$V_A = \frac{20\,000}{1+11.5\%} = 17\,937.22(\text{万元})$$

假设整个经济体只有两种运行状况。一年后的总体经济状况有 50%的概率是繁荣，50%的概率是萧条。在这两种情形下，假定市场组合的收益率分别为 29%和－11%。一年后该项目的收益率在繁荣和萧条的状况下分别为 41.5%和－18.5%。

如果该项目是全权益融资，股东愿意出资 17 937.22 万元给项目融资。一年后如果经济繁荣，股东获得的收益为 17 937.22×(1+41.5%)=25 381.2（万元）；如果经济萧条，股东获得的收益为 17 937.22×(1−18.5%)=14 618.8（万元）。

如果该项目的初期融资中有一半，即 8 968.6 万元是债务。给定该项目未来现金流的特点，这样的债务水平是无风险的，因此债券的收益率等于无风险利率。一年后，债权人获得的收益在两种经济状况下都是 8 968.6×1.04=9 327.4（万元）。我们可以计算出一年后公司股东在不同经济状况下实现的现金流和收益率（见表 5-9）。

表 5-9　股东在不同经济状况下实现的现金流和收益率

经济状况	股东实现的现金流	股东实现的收益率
繁荣	$E_1=25\,381.2-9\,327.4=16\,053.8$(万元)	$R_E=\frac{16\,053.8-8\,968.6}{8\,968.6}=79\%$
萧条	$E_1=14\,618.8-9\,327.4=5\,291.4$(万元)	$R_E=\frac{5\,291.4-8\,968.6}{8\,968.6}=-41\%$

表 5-9 显示，财务杠杆的引入使股东的预期收益率比没有引入杠杆时提高了：

$$E(R_E)=0.5\times79\%+0.5\times(-41\%)=19\%$$

这是否意味着股东的境遇变得更好呢？同时股东能得到现金流的期望是

$$0.5\times16\,053.8+0.5\times5\,291.4=10\,672.65(\text{万元})$$

高于公司 1 年后期望现金流（20 000 万元）的 50%。这是否也意味着股东的境遇变得更好呢？

要回答上述问题，我们应该从系统风险的角度来看待收益的增加。从表 5-8 中我们看到，财务杠杆的引入使股东的收益率相对于市场波动性（系统风险）上升了。杠杆的存在使权益贝塔系数增加至 3，当市场收益率比预期高 20 个百分点时，公司股票的收益率会比预期高 60 个百分点（=3×20%），如表 5-10 所示。

表 5-10　引入财务杠杆后不同经济状况下的系统风险与公司股票的超额收益率

经济状况	$R_m-E(R_m)$	$R_E-E(R_E)$
繁荣	29%−9%=20%	79%−19%=60%
萧条	−11%−9%=−20%	−41%−19%=−60%

因此，杠杆融资下权益的期望收益率的提高仅是对其系统风险增加的合理补偿。通过 CAPM 我们可以计算得到：在此系统风险水平下股东要求的期望收益率为 4%+3×5%=19%。我们可以检验一下，公司在零时点的权益现值为 10 672.6/(1+19%)=8 968.6（万元），仍占公司价值的一半。

（二）理解财务风险：理论公式

公司的未来现金流会流向债权人和股东，那么公司资产产生的未来现金流的市场价值（现值）应该等于下面两项的和：

（1）以股利的形式付给股东的现金流的现值 E；

（2）以利息和本金面值的形式付给债权人的现金流的现值 D。

也就是说，公司资产的价值是权益价值和债务价值之和：$A=E+D$。我们可以把公司看作一个由权益和债务组成的投资组合。公司投资者（包括股东和债权人）持有其资产的必要收益率 r_A 等于权益的期望收益率和债务的期望收益率的加权平均，即加权平均资本成本 r_{WACC}。

$$r_A = r_{WACC} = \frac{E}{E+D}r_E + \frac{D}{E+D}r_D \tag{5-35}$$

加权平均资本成本取决于公司资产产生的未来现金流的系统风险。在不考虑税收的影响时，这些现金流的大小与公司的资本结构无关。换言之，不管公司的资本结构如何变化，加权平均资本成本保持不变。以 r_U 表示无杠杆时权益的资本成本，则有

$$r_A = r_{WACC} = r_U = \frac{E}{E+D}r_E + \frac{D}{E+D}r_D \tag{5-36}$$

因此，尽管债务因其风险小而有较低的资本成本，财务杠杆的引入却会增加权益的资本成本。

$$r_E = r_U + \frac{D}{E}(r_U - r_D) \tag{5-37}$$

从贝塔系数的角度，我们可以直观地看到财务杠杆使股东承担的系统风险增加了。因为资产（A）是权益（E）和债务（D）的总和，我们有

$$\beta_A = \frac{E}{E+D}\beta_E + \frac{D}{E+D}\beta_D \tag{5-38}$$

同样，在不考虑税收的影响时，公司资产产生的未来现金流的风险与公司的资本结构无关。以 β_U 表示公司无杠杆时的权益贝塔系数，我们得到

$$\beta_A = \beta_U = \frac{E}{E+D}\beta_E + \frac{D}{E+D}\beta_D \tag{5-39}$$

从上式中解出有杠杆的权益贝塔系数，我们可以看到权益的系统风险等于经营风险（business risk，这里体现为 β_A）加上财务风险（financial risk，这里体现为 β_D）：

$$\beta_E = \beta_U + \frac{D}{E}(\beta_U - \beta_D) \tag{5-40}$$

因此，权益贝塔系数随着杠杆的上升而增加。

【例题 5-10（续）】 回到前面航空公司的例子上。考虑到可比航空公司的资本结构，我们额外收集其债务贝塔的信息，见表 5-11 中的最后一列。接下来，我们就可以利用表 5-11 中的信息来估计航空业的资本成本。

表 5-11 五家可比航空公司的权益贝塔系数、债务权益比率、债务贝塔系数

公司	权益贝塔系数	债务权益比率	债务贝塔系数
西南航空公司（Southwest Airlines Co.）	1.13	0.15	0
西空航空公司（SkyWest，Inc.）	1.69	1.05	0.15
阿拉斯加航空集团（Alaska Air Group，Inc.）	1.8	1.06	0.15
梅萨航空集团（Mesa Air Group，Inc.）	3.27	3.52	0.30
美国大陆航空公司（Continental Airlines，Inc.）	3.76	5.59	0.40

第一步，计算每一家可比公司的资产贝塔系数。以第一家公司为例：

$$\beta_A^{SWA}=\frac{1}{1+D/E}\beta_E+\frac{D/E}{1+D/E}\beta_D=\frac{1}{1+0.15}\times1.13+\frac{0.15}{1+0.15}\times0=0.982\,61$$

可以用同样的方法计算出其他四家公司的资产贝塔系数分别为 0.901 22、0.950 97、0.957 08、0.909 86。我们注意到每家公司的资产贝塔系数非常接近。这正如我们所预期的一样，因为每家公司的现金流受宏观经济风险的影响基本相同。

第二步，把行业的平均资产贝塔系数当作行业系统风险的估计：

$$\beta_A^{IND}=(0.982\,61+0.901\,22+0.950\,97+0.957\,08+0.909\,86)/5=0.940\,35$$

第三步，利用行业平均资产贝塔系数计算资本成本：

$$E(R_A^{IND})=r_f+\beta_A^{IND}[E(R_m)-r_f]=0.04+0.940\,35\times0.05=8.701\,75\%$$

这就是我们用来评估新航空公司价值的贴现率。

五、项目贝塔系数与项目的资本成本

从融资结构的角度看，公司的资产等于权益和债务之和。从资产自身的结构来看，我们也可以把资产当作不同项目的投资组合。例如，很多跨行业经营的公司，其资产就是在不同行业经营的各个部门资产的总和。对于拥有多个项目或部门的公司，其资产贝塔是各个项目贝塔的加权平均，反映了公司一般项目的市场风险。而具体的每个项目对市场风险的敏感性可能会更高或更低。因此，对多部门公司的项目进行资本预算，我们应该按照与项目同属一个行业的可比公司的资产贝塔系数来进行。

【例题 5-11】 你的公司有两个部门。一个部门生产办公用品，另一个部门生产建筑工具。现在你被管理层指派去确定办公用品生产部门的资本成本。用 CAPM 回归分析了公司股票之后你得到贝塔系数为 1.2。公司建筑工具生产部门的价值为 25 亿元人民币，公司的总价值是 40 亿元。同时你还找到了一个只生产建筑工具的竞争对手公司。通过 CAPM 回归分析你得到对手公司的权益贝塔系数为 1.5。假设无风险利率为 3%，市场的期望超额收益率为 5%。两个公司都是全权益的。那么，建筑工具生产部门的项目评估所需的贴现率是多少？办公用品生产部门评估新项目时应该用的贴现率是多少呢？

解答：

运用 CAPM 计算建筑工具生产部门的资本成本。

第一步，由于可比公司（对手公司）只有建筑工具生产部门这一个部门，且为全权益公司，我们可以用它的权益贝塔系数作为建筑工具生产部门的项目贝塔系数的合理估计。

第二步，运用 CAPM 来估计建筑工具生产部门的资本成本为 3%+1.5×5%=10.5%。

对于办公用品生产部门来说，其项目贝塔系数可以从建筑工具生产部门的贝塔系数和公司的资产贝塔系数推算出来。因为公司的资产贝塔系数是每个部门贝塔系数的加权平均数，即

$$\beta_A=\frac{V_{办公}}{V_A}\beta_{办公}+\frac{V_{建筑}}{V_A}\beta_{建筑}$$

其中，因为公司是全权益的，其资产贝塔系数 β_A 等于其权益贝塔系数 1.2。办公用品生产部门和建筑工具生产部门两部门的价值分别为 15 亿元和 25 亿元。建筑工具生产部门的贝塔系数等于该部门可比公司的贝塔系数 1.5。将这些信息代入上式可知$\beta_{办公}=0.7$。根据 CAPM，办公用品生产部门的资本成本等于 $3\%+0.7\times5\%=6.5\%$。

在上例中，我们把两个不同的部门看作构成公司资产的两个项目。资产贝塔系数是两个项目各自贝塔系数的加权平均。所以在我们计算办公用品部门的项目贝塔系数时，我们没有直接运用公司的贝塔系数，而是用同行业可比公司的资产贝塔系数。因为该可比公司是全权益公司，所以其资产贝塔系数就是它的权益贝塔系数。更一般地，如果可比公司是有杠杆融资的公司，其资产贝塔系数则等于权益贝塔系数和债务贝塔系数的加权平均。对于这类情况的计算，我们应该参考例 5－8 的方法。最后，我们通过运用部分杠杆融资的可比公司来计算项目贝塔系数，并将进行资本预算的步骤总结如下。

(1) 寻找公开上市的，而且只在项目所处行业里经营的可比公司。这些公司的经营风险与项目的风险相当。

(2) 运用 CAPM 回归分析来估计这些公司的权益贝塔系数。

(3) 用权益贝塔系数和债务贝塔系数估计出每家公司的资产贝塔系数。这一步的目的是去杠杆，即把权益贝塔系数中的财务风险分离出来，只留下可比公司的经营风险。

(4) 计算出可比公司资产贝塔系数的平均值作为项目贝塔系数的估计。

(5) 根据 CAPM 计算得出与项目风险相当的资本成本，以此对项目预期的未来现金进行贴现，得到 *NPV*。

专栏 5－3　恒瑞医药——CAPM 下的股权资金成本

一、恒瑞医药背景介绍

恒瑞医药全称江苏恒瑞医药股份有限公司，于 1997 年由原连云港市医药工业公司、中国医药工业公司等五家公司共同发起设立，其前身是 1970 年成立的连云港制药厂。成立之初，恒瑞医药主营仿制药制剂和原料药，仿制药主要是抗肿瘤药、抗感染药和麻醉药等产品。自 2000 年在上海证券交易所上市以来，公司开始积极探索，逐步实现从原料药到药品制剂、从仿制药到创新药的转型。公司自行研发的创新药艾瑞昔布与阿帕替尼分别于 2011 年与 2014 年获准上市，成为目前唯一一家拥有两种创新药产品的国产药企。时至今日，恒瑞医药已经是国内市值最大的化学与生物药企，市值在 2017 年年底已经突破了2 000亿元人民币。公司下属的控股子公司达 13 家，这些子公司分工明确，涵盖了从药物研发到生产、销售的全过程。公司的主营业务呈现出以抗肿瘤药物为核心，产品多元发展的态势。具体来说，公司的主营业务主要包括抗肿瘤药、麻醉药、造影剂、心血管药品和抗感染药。其中，核心业务是抗肿瘤药，其对营收的贡献达到 43.6%；麻醉药和造影剂是公司的明星产品，造影剂市场占有率第一。

成功的战略、清晰的规划、明确的布局，加上手握两款创新药的核心竞争优势，使公司自成立以来一直保持着骄人的业绩。1997 年至今，公司的营业总收入实现了年均 13.55%的增长，净利润的年均增长率则为 17.14%。而这两个数据在最近四年更是分别达到了 22.21%和 26.35%，足可见公司发展势头之迅猛（见表 5－12）。

表 5－12　恒瑞医药 2014—2017 年利润表主要数据

	2014 年	2015 年	2016 年	2017 年
营业总收入（万元）	745 225	931 596	1 109 372	1 383 563
营业总成本（万元）	568 000	675 457	808 414	1 022 360
营业利润（万元）	177 245	255 887	302 433	380 782
利润总额（万元）	179 965	256 197	301 318	375 919
所得税费用（万元）	22 672	33 800	37 899	46 624
净利润（万元）	157 293	222 397	263 419	329 295
基本每股收益（元）	1.01	1.11	1.10	1.14

展望未来，医药行业的前景广阔。随着世界各国特别是新兴国家经济的发展，以及人民生活水平的提高，全球医疗支出不断增加，有力地促进了制药工业的发展，新的医疗技术、医疗器械、医药产品层出不穷，医药行业市场规模日益扩大。据 QuintilesIMS 的数据预测，到 2021 年，全球消耗的药品总量每年预计将以 3%的速度增长，新药将更倾向于专科药，且其全球支出份额将继续增加，从 10 年前的不足 20%增长至 2016 年的 30%再增长到 2021 年的 35%。从国内看，2017 年医药行业迎来了重大变革，国家各级政府部门出台医药行业政策约 1 700 多条，其中国家层面政策 300 多条，着力进行医药、医疗、医保资源供给侧改革。医药行业的发展方兴未艾。

面对眼前的巨大机遇，公司早早确立并不断坚持“创新药＋国际化”的发展战略，做好了充分的准备。公司坚持每年投入约占销售额 10%的研发资金。经过多年的发展，公司已经打造了一支拥有 2 000 多人的研发团队，其中包括 1 000 多名博士、硕士及 100 多名外籍雇员，先后在连云港、上海、成都和美国设立了研发中心和临床医学部，建立了国家级企业技术中心和博士后科研工作站、国家分子靶向药物工程研究中心、国家“重大新药创制”专项孵化器基地。几年来，公司先后承担了 29 项“国家重大新药创制”专项项目、23 项国家级重点新产品项目及数十项省级科技项目，申请了 500 余项发明专利，其中包括 194 项国际专利。到 2025 年，公司有望获批 10 款创新药，其业绩占比有望达到 70%。

一个不容忽视的事实是，巨大的前期投入必然会对公司的现金流造成压力。虽然到目前为止，公司一直能够通过内源融资来满足经营活动中的各项现金流。但是，作为一家尚处于成长期的企业来说，发展潜力巨大，未来对资金的需求也会不断增加。由于中国资本市场的特殊情况，股权融资非常受公司经营者的欢迎。那么，如果公司有朝一日进行股权融资，我们可以尝试着对其权益融资成本进行一番测算。

二、CAPM 介绍

用来测算股权资本成本的方法有很多，包括：CAPM、多因子模型法、历史平均收益法、股利贴现法、股利增长模型法等。其中，CAPM 是使用最为广泛的方法之一。运用 CAPM 进行估值有一个重要前提，即公司的 β 值保持稳定，且在预测期间也不发生变化。从恒瑞医药公司近年来的财务报表可以看出，公司近年的各项经营表现相对稳定，未来的前景目前看来也相对光明，满足 CAPM 估计的前提。

CAPM 是由 W. Sharp 在 Markowitz 投资组合理论基础上发展而来的，它是定量研究证券价格风险与收益的关系的理论。CAPM 的具体公式如下：

$$E(R_i)=R_f+\beta_i[E(R_M)-R_f]$$

$E(R_i)$ 表示公司股票的期望收益率，从另一个角度来讲也就是公司的股权资本成本；R_f 通常选用长期政府债券的到期收益率；β 系数表示一个公司的系统性风险水平与市场的系统性风险水平的相关性，可以根据历史收益率数据算出；$E(R_M)-R_f$ 表示市场组合的超额收益率，其中，市场组合的收益率可以用市场指数的收益率近似替代，这样就可以计算出公司的股权资本成本。

相比其他的定价模型，CAPM 的优势在于：公式简洁易懂，所需要的参数数量较少，且计算简单；CAPM 所揭示的投资者的预期收益率与系统性风险之间的关系得到了大量实证研究和实验的验证。因此，CAPM 在金融实践中得到了广泛的运用。

三、运用 CAPM 估算恒瑞医药的股权资本成本

运用 CAPM 估算公司的股权资本成本，最关键的要点在于对无风险利率、β 系数和市场组合收益率这三个参数做出正确估计。

第一步，对于无风险利率，选用 10 年期或更长时间段的国债到期收益率进行估计。通过测算，过去一年 10 年期国债收益率的平均值 $R_f=3.737\,6\%$，过去一年 30 年期国债收益率的平均值 $R_f=4.206\,0\%$，可以合理估计，过去一年的无风险利率为 3.7%～4.2%。表 5-13 列出了过去一年内各月份 10 年期国债到期收益率的年化值。

表 5-13 过去一年内各月份 10 年期国债到期收益率的年化值（%）

月份	10 年期国债收益率	30 年期国债收益率	月份	10 年期国债收益率	30 年期国债收益率
2017-06	3.569 9	3.965 4	2017-12	3.894 9	4.354 4
2017-07	3.596 9	4.006 1	2018-01	3.937 5	4.365 3
2017-08	3.624 3	4.155 3	2018-02	3.872 6	4.313 9
2017-09	3.621 6	4.241 8	2018-03	3.763 2	4.233 8
2017-10	3.738 2	4.294 9	2018-04	3.648 9	4.093 8
2017-11	3.919 9	4.342 0	2018-05	3.663 8	4.104 9

第二步，对于 β 系数，国内外常用回归直线的方法计算。回归直线方程如下：

$$R_{it}=\alpha+\beta R_{Mt}+\varepsilon$$

其中，R_{it} 表示公司股票每日收盘价变动率减去日无风险收益率；R_{Mt} 表示上证指数每日收盘价变动率减去日无风险收益率。采用的数据区间为 2017 年 6 月 1 日至 2018 年 5 月 31 日。

首先，按一年 240 个交易日计算出的日无风险收益率 $R_{f1}=0.015\,29\%$。接下来计算公司每日收盘价变动率和上证指数每日收盘价变动率（见表 5-14），进而分别计算出 R_{it} 和 R_{Mt}。

通过回归，可以计算出恒瑞医药的 β 系数为 1.31，在 1%的水平下显著。

表 5-14　过去一年公司股票与市场组合收盘价变动率（摘要）

时间	公司股票	市场组合	时间	公司股票	市场组合
2017-06-28	−1.96%	−0.56%	2017-12-29	−0.63%	0.33%
2017-07-31	0.61%	0.61%	2018-01-31	2.15%	−0.21%
2017-08-31	0.13%	−0.08%	2018-02-28	−1.62%	−0.99%
2017-09-29	−0.25%	0.28%	2018-03-30	5.08%	0.26%
2017-10-31	3.41%	0.09%	2018-04-27	−0.35%	0.23%
2017-11-30	−0.17%	−0.62%	2018-05-31	2.16%	1.78%

第三步，对于市场组合收益率，国际上通常采用的数值为 6%～7%。

所以，在以上参数估计的基础上，我们可以对公司股权资本成本做出估计，结果如表 5-15 所示。

表 5-15　公司股权资本成本的敏感性分析

	$R_f=3.70\%$	$R_f=4.00\%$	$R_f=4.20\%$
$R_M-R_f=6.0\%$	11.56%	11.86%	12.06%
$R_M-R_f=6.5\%$	12.215%	12.515%	12.715%
$R_M-R_f=7.0\%$	12.87%	13.17%	13.37%

由此可以估计，恒瑞医药的股权资本成本在 11.56%～13.37%这个范围。

本章小结

1. 投资组合是由每一个构成证券按各自比重形成的一个集合。一个投资组合的收益率是构成证券的收益率的线性组合，其期望收益率等于构成证券的期望收益率的加权平均，其方差由构成证券的方差和它们相互间的协方差相加得到。具体到包含两个证券的组合：

$$\mu_p=x_1\mu_1+x_2\mu_2$$

$$\sigma_p^2=x_1^2\sigma_1^2+x_2^2\sigma_2^2+2x_1x_2\sigma_{12}$$

2. 在一个大的多元化投资组合中，证券的独立风险被分散，而系统风险是无法被分散的。

3. 有效的风险资产组合是在给定方差下期望收益率最高的投资组合。当风险资产与无风险资产可以组合时，只有切点组合是有效的风险资产组合。在无风险利率水平上进行借或者贷，投资者可以在无风险资产和切点组合之间进行资产配置，以满足其对风险的偏好。在市场均衡时，连接无风险资产与切点组合的资本配置线被称作资本市场线。

4. 一个证券对大的多元化程度高的投资组合的风险贡献程度与该证券的收益率和市场收益率的协方差成正比。用证券收益率与市场收益率的协方差除以市场收益率的方差后，我们就得到了反映系统风险的贝塔系数。贝塔系数也被理解为证券收益率对市场收益率的敏感性。

5. 资本资产定价模型由下式给出：

$$E(R_i)=r_f+\beta_i[E(R_m)-r_f]$$

它告诉我们证券的期望收益率与其贝塔系数呈正向的线性关系。这一关系也被称为证券市场线。

6. 加权平均资本成本等于权益的期望收益率和债务的期望收益率的加权平均，反映了公司投资者（包括股东和债权人）持有其资产的必要收益率。加权平均资本成本取决于公司资产产生的未来现金流的系统风险。在不考虑税收的影响时，这些现金流的大小与公司的资本结构无关。因此，财务杠杆的引入使股东承担的系统风险升高，增加了权益的资本成本。

7. 经营杠杆反映了固定成本和可变成本之间的比例，它通过扩大销售量影响息税前利润；财务杠杆反映了企业对债务的依赖程度，它通过扩大息税前利润影响收益率。这两种杠杆的连锁作用被称为总杠杆作用。

8. 公司的资产贝塔系数是构成公司资产的各个项目贝塔系数的加权平均。当一个项目的贝塔系数与公司自身的贝塔系数不一样时，我们需要通过项目所在行业的可比公司的平均资产贝塔系数来估计。对于全权益公司，资产贝塔系数就是权益贝塔系数。对于杠杆权益混合融资的公司，资产贝塔系数是权益贝塔系数与债务贝塔系数的加权平均。

问题与应用

1. 考虑如下四种风险资产组合：

资产组合	期望收益率	标准差
A	10%	15%
B	15%	20%
C	20%	25%
D	10%	30%

(1) 这四种组合中，哪些肯定不是有效组合？为什么？

(2) 评价如下论述：“一个证券的方差越大，其期望收益率就越高。”结合上表中的四种组合，解释为什么投资者会持有组合 D?

(3) 假设$r_f=7\%$，$E(R_m)=15\%$。上述四种组合的贝塔系数分别为多少？

(4) 另有一证券 E，其期望收益率为 0，但标准差却等于 25%。既然无风险利率为 7%，为什么会有投资者愿意持有证券 E?

2. 你的公司只有图书出版项目。公司有 2 000 万股流通股，现在的股价为每股 17 元。你通过 CAPM 回归发现公司股票的贝塔系数为 1.1。公司有两类债券：低级债券和高级债券。高级债券在现金流的求偿权上优先于低级债券，即公司必须先偿付高级债券，其次偿付低级债券，再次分配给股权。目前，公司高级债券和低级债券的市场价值分别是 10 000 万元和 8 000 万元。根据现在的评级，公司低级债券的贝塔系数为 0.4。公司高级债券被认为无风险。无风险利率为 2%，期望超额市场收益率为 6%。利用以上信息计算公司资产贝塔系数及其相应的合理的资本成本。不考虑税收。

3. 假设你的公司 DMTG 生产计算机组件。DMTG 刚宣布其生产过程中使用的一种材料具有致癌性，因此公司必须改变生产过程，还可能因此面临诉讼。公司要求你估计这个宣告对于公司价值的影响。为此，你搜集了以下信息：DMTG 的流通股股数为 3 500 万；在宣告当天，DMTG 的股票价格从 26 美元/股跌到 21 美元/股；DMTG 的债务价值从 1.90 亿元跌到 1.85 亿元；同时，在宣告当天，市场由于其他与公司宣告无关的因素下跌 4%。除此宣告外，市场没有其他关于 DMTG 的信息。DMTG 的股票贝塔系数为 2.4，债务贝塔系数为 0.4。假设一天内的无风险利率为零。

4. 你的朋友何生向你征求财务方面的一些建议。他现在持有的资产组合如下：35 000 元投资于无风险资产，65 000 元投资于江淮汽车公司股票。他想知道他的投资组合是否合理。你决定根据 CAPM 进行相关分析。你发现江淮汽车公司股票的贝塔系数是 1.2，无风险利率为 3%，期望超额市场收益率为 6%。市场收益率的标准差为 22%。

(1) 何生的资产组合的期望收益率是多少？

(2) 向何生建议一个有效资产组合，该有效资产组合与他现在持有的资产组合具有相同的期望收益率。在该有效资产组合中，何生需要对其各组成成分分别投资多少钱？该有效资产组合的夏普比率是多少？

5. 你的公司属于快餐公司，并且只有这一种类型的项目。公司目前负债 2.4 亿元人民币，权益的总市值为 9.6 亿元人民币。你对公司债务贝塔系数和权益贝塔系数的估计值分别为 0.2 和 0.7。假设无风险利率为 4%，市场的期望超额收益率为 5%，不存在公司所得税。利用 CAPM 计算公司合适的贴现率。如果把公司的债务权益比率提高到 1∶1，你公司的资本成本是否会降低？（假设将债务权益比率提高到 1 不会影响公司的债务贝塔系数。）

6. 你是一家主要制药公司的 CFO，正在考虑批准一个运用基因工程来开发治疗肺结核药物的新项目。这个项目需要当期（即零时点）一次性投资 2.4 亿元人民币，之后无额外投资。你估计该项目的期望现金流在前 6 年都为零。从第 7 年开始，项目的期望现金流为 1 500 万元，并在此基础上以 6%的速度永续增长。

你确定了两家只有基因工程项目的公司，并且它们的项目风险与你分析的项目风险相同。这两家公司（分别称为A公司和B公司）的权益贝塔系数分别为1.2和1.5，债务贝塔系数分别为0.2和0.4，债务权益比率分别为0.55和1.5。你的公司为全权益公司，并且贝塔系数为1.6。A公司和B公司的信息总结如下：

	A公司	B公司
债务权益比率	0.55	1.5
权益贝塔系数	1.2	1.5
债务贝塔系数	0.2	0.4

假设无风险利率为5%，市场的期望收益率为10%，CAPM成立，不考虑税收。你会接受这个项目吗？

现假设我们无法找到一家与你所分析的项目可比的并且只拥有基因工程项目的公司。但是，你可以确定的是两家全权益公司C和D。

C公司有两个部门，部门1只有一个基因工程项目，此项目与你的新项目的风险相同，并且该部门没有其他项目。部门2有一个大规模的药物生产项目，与你的新项目的风险大不相同。部门1和部门2的市场价值分别为1亿元人民币和6亿元人民币。C公司的权益贝塔系数为1.5。

D公司有一个部门，该部门只有一个大规模的药物生产项目，与C公司第二个部门的风险相当。D公司的权益贝塔系数为1.6。在这些新的情况下，估计你的项目的贝塔系数，并且计算*NPV*。

推荐阅读材料

［1］郭飞，游绘新，郭慧敏．为什么使用外币债务？——中国上市公司的实证证据．金融研究，2018（3）.

［2］韩乾，袁宇菲，吴博强．短期国际资本流动与我国上市企业融资成本．经济研究，2017（6）.

［3］金智．社会规范、财务报告质量与权益资本．金融研究，2013（2）．［4］罗琦，王悦歌．真实盈余管理与权益资本成本——基于公司成长性差异的分析．金融研究，2015（5）.

［5］王雄元，高曦．年报风险披露与权益资本成本．金融研究，2018（1）.

［6］徐明东，田素华．转型经济改革与企业投资的资本成本敏感性——基于中国国有工业企业的微观证据．管理世界，2013（2）.

参考文献

［1］Berk，Jonathan and Peter DeMarzo，*Corporate Finance*，2nd edition，Pearson Education，Inc.，2012.

［2］Fama，Eugene F. and Kenneth R. French，“Common Risk Factors in the Returns on Stocks and Bonds", *Journal of Financial Economics*, 1993, 33 (1): 3-56.

[3] Graham, John R. and Campbell R. Harvey, "The Theory and Practice of Corporate Finance: Evidence from the Field", *Journal of Financial Economics*, 2001, 60 (2-3): 187-243.

[4] Miles, James A. and John R. Ezzell, "The Weighted Average Cost of Capital, Perfect Capital Markets, and Project Life: A Clarification", *Journal of Financial and Quantitative Analysis*, 1980 (15): 719-730.

[5] Statman, Meir, "How Many Stocks Make a Diversified Portfolio?", *Journal of Financial and Quantitative Analysis*, 1987, 22 (3): 353-363.

第六章

有效市场的基本概念与检验方法

学习目标:

1. 掌握有效市场的概念，了解有效市场的基本假设；
2. 掌握三种类型的有效市场；
3. 了解有效市场的检验方法；
4. 了解中国资本市场的制度特征及其缺陷；
5. 学会分析中国资本市场的有效性；
6. 学会从制度缺失的层面分析中国资本市场的异常波动。

引　言

现代公司金融市场的一个重要理论基石就是有效市场理论。假设短期而言，证券市场的财务和非财务信息都能及时有效地反映到股票的价格中去，即股票的定价是有效的，能根据新的信息进行自我贝叶斯修正。因此，投资者需要理解市场、敬畏市场，并基于市场的定价进行思考和交易。本章介绍了有效市场的基本假设及其检验方法。但是，另一些问题出现了：中国的股票市场有哪些独有的特征？是否会出现市场失灵？能否从制度和行为的角度对其进行解释？这便涉及了证券市场制度以及市场微观结构对股票市场的影响。因此，有效市场理论及其在中国的适用现状，对于理解公司金融理论是至关重要的。

第一节　有效资本市场的基本概念

所谓的有效资本市场，是指资产的现有市场价格能够充分反映所有有关的、可用的信息的资本市场。这意味着证券的现有市场价格反映了证券的内在价值，因此不存在利用有关的、可用的信息获得或者赚取超常或者剩余利润的任何方法。

因为有效资本市场的存在意味着公司失去许多常用的“增值策略”，所以这一概念对于公司管理层来说具有深远的意义。我们可以证明在有效的资本市场中：

（1）财务经理无法选择债券和股票的发行时机；

（2）增加股票发行不会压制现有公司的股票价格；

（3）公司的股票和债券的价格不会因为公司选择了不同的会计方法而受到影响。

值得指出的是，资本市场有效性是一个值得不断讨论的问题，有大量的实证研究对这一理论进行了检验与挑战。

一、资本市场有效性的体系构架

效率是现代经济学的核心概念。在金融领域，可以将资本市场效率定义为资本市场的价格对相关信息迅速无偏地反应，引导并调节金融资源的优化配置。资本市场效率体系可以分为三个层次：运作效率、信息效率（即信息有效性）和资源配置效率（即资源配置有效性）。

运作效率是指股票市场的交易运营效率。有两个可以衡量证券市场是否具有运作效率的直接指标：一是价格能否自由地根据有关信息变动；二是与证券相关的信息是否能充分披露、均匀分布，使每个投资者在同一时间内得到等量和等质的信息。价格的变动方式，信息的完整性、时效性影响着证券市场的资金调节和分配效率。若证券价格被人为操纵，或者信息披露不完整、分布不均匀，就会误导资金流向，不利于资本市场发挥资金融通的功能。资本市场的运作效率主要受到市场微观结构的影响，O'Hara（1992）认为，运作效率主要体现在流动性、低成本和透明性这三个方面。

信息有效性是指证券价格已经充分吸收和反映了所有相关的公开信息，在考虑了风险因素和交易成本之后，投资者不能根据公开信息获取超额利润。在一个富有效率的证券市场上，证券的价格能充分地反映所有有关信息，并根据新的信息做出迅速的调整。因此，证券的市场价格成为证券交易的准确信号。

资源配置有效性是指证券价格对资源配置的引导效率。从资本市场和实体经济的关系看，资本市场仅仅具有信息有效性是远远不够的。Beaver（1998）指出，资本市场信息效率越高，间接的资源配置就会越好的论断难以成立。

资本市场效率的三个层次具有逻辑的联系。运作效率是信息有效性和资源配置有效性的微观基础。从市场运作层面考察，交易时间和交易费用决定了资本市场的运作效率，从而影响到资产价格对信息流动的反应能力。而从信息流动的层面考察，只有证券价格充分反映了股票的内在价值，资源配置有效性的实现才成为可能。因此，信息有效性是资本市场效率体系的基石。

从本质上讲，资本市场有效性理论探讨的是证券价格对相关信息的反应程度和速度。如果相关信息能够立即并充分地反映在证券价格中，那么该市场就是有效的。市场效率越高，价格对信息的反应也越快。要理解信息和证券价格波动的关系，必须弄清楚什么是信息集，理解信息的效用价值。信息集是指包含了未来各种可能事件的集合，这个集合对不同的投资者有不同的价值，价值的不同主要取决于：(1) 投资者是否基于这一信息而采取行动；(2) 这一系列行动给投资者带来的净收益是多少。

事实上，并不是所有信息都会影响证券价格，只有那些决定公司价值的预期因素发生变化的信息才会反映在证券价格中，比如公司的财务状况、股利分配政策、产品的质量、宏观经济政策等。这些信息的出现会立即改变人们对公司未来现金流和贴现率的预期。

二、有效市场的定义

有效市场假说（efficient market hypothesis，EMH）的概念最初是由 Fama 在 1970 年提出的。Fama 认为，当证券价格能够充分地反映投资者可以获得的信息时，证券市场就是有效市场，即在有效市场中，无论随机选择何种证券，投资者都只能获得与投资风险相当的正常收益率。

具体而言，有效市场是指这样一种市场，在这个市场上，所有信息都会很快被市场参与者领悟并立刻反映到市场价格之中，例如一家石油公司在开发地内发现石油，这个消息是在星期二上午 11 点 30 分宣布的。该石油公司股票的价格将会在什么时间上涨呢？有效市场理论认为这一消息会立刻反映到价格上去。市场参与者会立即做出反应，并将该石油公司股票的价格抬高到应有的高度。简而言之，在每一个时点上，市场都已经消化了可以得到的全部最新消息，并且将它包含在股票价格或相关商品价格或其他金融产品之中。

在有效市场中，投资者都可以利用可获得的信息获取更高的收益。同时，证券市场对新的市场信息的反应迅速而准确，证券价格反映了全部的信息。市场竞争使证券价格从旧的均衡过渡到新的均衡，而与新信息相应的价格变动是相互独立或随机的。

有效市场要存在必须满足几大条件，具体如下：

(1) 存在大量的证券，使每种证券都有“本质上相似”的替代证券，这些替代证券不但在价格上不能与被替代品一样同时被高估或低估，而且在数量上要足以将被替代品的价格拉回到其内在价值的水平。

(2) 市场允许卖空。

(3) 存在以利润最大化为基本目标的理性套利者，他们可以根据现有的信息对证券价值形成合理判断。

(4) 不存在交易成本和税收。

三、有效市场的基本假设

“有效市场”包含以下几个基本假设：

第一，在市场上的每个人都是理性的经济人，金融市场上每只股票所代表的公司都处于理性人的严格监视之下。理性人每天都在进行基本分析，以公司未来的盈利性来评价公司的股票价格，把未来价值贴现成今天的现值，并谨慎地在风险与收益之间进行权衡取舍。

第二，股票的价格反映了理性人的供求平衡，想买的人的股票数量正好等于想卖的人的股票数量，即认为股价被高估的人的股票数量与认为股价被低估的人的股票数量正好相等。假如有人发现两者不等，市场存在套利的可能性，他们会立即买进或卖出股票，使股价迅速变动到能够使二者相等为止。

第三，股票的价格也能充分反映该资产的所有可获得的信息，即“信息有效”，当信息变动时，股票的价格就一定会随之变动。一个利好消息或利空消息刚刚传出时，股票的价格就开始异动，当它已经路人皆知时，股票的价格也已经涨或跌到适当的价位了。

“有效市场假说”实际上意味着“天下没有免费的午餐”，世上没有唾手可得之物。在一个正常的有效市场上，每个人都不能指望获得意外之财。当然，“有效市场假说”只是一种理论假说，实际上，并非每个人都是理性的，也并非在每一时点上都是信息有效的。“这种理论也许并不完全正确，”曼昆说，“但是，有效市场假说作为一种对世界的描述，比你认为的要好得多。”

四、有效市场假说条件的逐步放松

“有效市场假说”是建立在三个逐渐弱化的假设条件之上的。

假设一：投资者是理性的，他们可以理性地评估证券的价值。

这是最强的假设，投资者理性意味着在同风险条件下，投资者不可能赚取超额收益率。因此，由完全理性的投资者构成的竞争市场必然是有效市场。

如果投资者是理性的，那么他们认为每种证券的价值都等于其未来的现金流按一定风险水平的贴现率贴现后的净现值，即内在价值。当投资者获得有关证券内在价值的信息时，他们就会立即做出反应，买进价格低于内在价值的证券，卖出价格高于内在价值的证券，从而使证券价格迅速调整到与新的内在价值相等的水平。

假设二：虽然部分投资者是非理性的，但他们的交易是随机的，这些交易会相互抵消，因此不会影响价格。

这是一个较弱的假设。有效市场假说的支持者认为，投资者非理性并不能否定有效市场的存在。他们认为，即使投资者是非理性的，在很多情况下市场仍然可以保持理性。非理性投资者的交易是随机的，相互之间的交易策略互不相关，如果这类投资者很多，非理性的交易可以相互抵消，从而不干扰市场正常运行，以保证市场效率。

假设三：虽然非理性投资者的交易行为具有相关性，但理性套利者的套利行为可以消除这些非理性投资者对价格的影响。

这是一个最弱的假设。当非理性投资者连续买进某一种证券，使该证券的价格高于其内在价值时，套利者会出手卖空该证券，买进其他相似的证券以对冲风险。这种套利是无风险的，但是让套利者获取了收益。套利活动的存在使证券价格迅速回归其内在价值。

第二节　有效资本市场的类型和检验

一、有效市场的类型

（一）弱式有效市场

弱式有效市场中以往价格的所有信息已经完全反映在当前的价格之中，所以利用移动平均线和K线图等手段分析历史价格信息的技术分析法是无效的。

在这一市场中，证券现行价格所充分反映的是有关过去价格和过去收益的一切信息。因为价格的变化表现为一种随机游走过程，所以在每一时刻，价格便被看作整个价格运动轨迹上的一个质点。假设时刻 $t=0$，这一点处于某一初始位置，随后每隔单位时间（$t=1, 2, \cdots, n$）该点总会受外界随机作用（新信息的出现）的影响而发生位置变化。在这一系列联系中，投资者最关心的是质点在 $t=n$ 时刻的位置，即最后时刻的价格水平，因为所有投资者推断价格位置时运用的都是历史数据，现行的价格所充分反映的是有关过去价格和收益的一切信息。在弱式有效市场上，技术分析的作用消失，因为技术分析的基础是过去的价格、成交量变化等历史数据，然而这些已经反映在价格中。

弱式有效市场的正确含义是历史信息对估测未来的价格变化没有任何帮助。由此，投资者根据历史信息无法获取超额利润，只能选择一些绩优证券长期持有，不做短期的贱买贵卖交易。

（二）半强式有效市场

除了证券市场以往的价格信息之外，半强式有效市场假说中包含的信息还有发行证券企业的年度报告、季度报告等在新闻媒体中可以获得的所有公开信息。在半强式有效市场中，依靠企业的财务报表等公开信息进行的基础分析也是无效的。

在这一市场中，完全利用公开信息的投资者扣除他们购买信息的成本后，无法获得超额利润，除非价格调整对信息反映存在滞后性。但利用非公开信息的投资者可获取暴利。

与弱式有效市场相比，证券价格反映的信息更为广泛，不仅包括历史信息，也包括当前已经公开的信息，因而价格更加全面。

（三）强式有效市场

强式有效市场假说中的信息既包括所有的公开信息，也包括所有的内幕信息，例如企业内部高级管理人员所掌握的内部信息。如果强式有效市场假说成立，那么上述所有的信息都已经完全反映在当前的价格之中，所以，即便是掌握内幕信息的投资者也无法持续获取非正常收益。

在强式有效市场上，即使一个知道某家开采金矿的公司探明了一个大型金矿的内幕者，利用这一信息也无法获利。因此，一旦这个内幕者企图利用这一信息进行交易，市场就会立即确认所发生的事情，开采金矿的公司的股票价格在这位内幕者购买该公司股票之前就冲高上涨。从另一个角度看，坚信强式有效市场理论的人也可以认为，公司没有任何秘密，一旦探明金矿，消息将立刻传开。

（四）三类有效市场的关系

历史可用信息集是公开可用信息集的一个子集，反过来，公开可用信息集又是所有相关信息集的一个子集。这三类信息之间的关系如图 6-1 所示，正因为如此，强式有效包含着半强式有效，半强式有效包含着弱式有效。

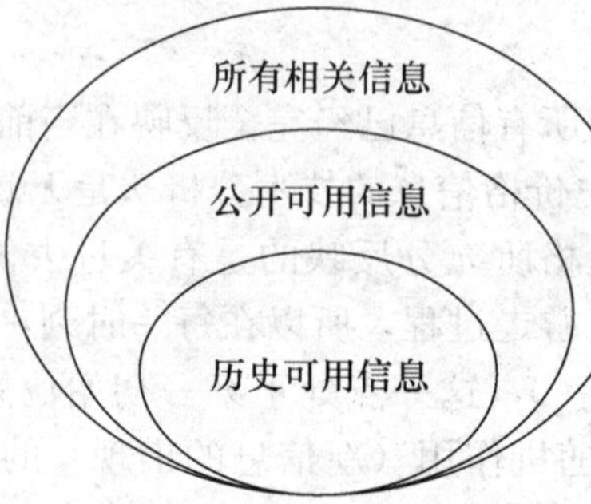

图 6-1　信息集之间的关系

图 6-2 展示了股票价格几种可能的调整方式，第一，实线表示股票价格在有效市场状况下的调整方向。在这种情况下，股票价格依据新的信息及时地进行调整，价格因此出现了明显的变化。第二，点线描绘了滞后反应的情况。在这种情况下，市场用了 30 天才完全消化吸收信息。第三，虚线表示了市场对信息的过度反应，随后经过修正回归真实的价格。值得注意的是，点线和虚线表示在无效市场上可能出现的运动趋势，如果市场费时多日进行价格调整，那么投资者在信息公布时买入股票，在价格回归均衡时卖出股票，就可以获得交易利润。

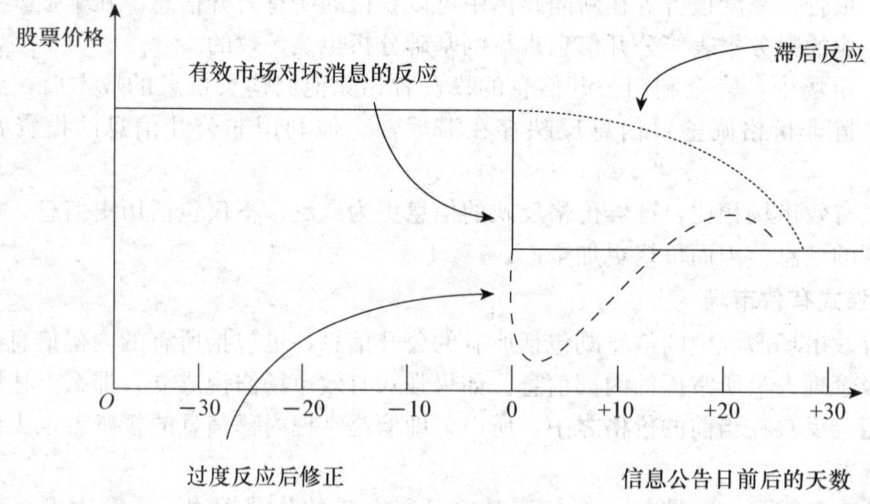

图 6-2　股票价格对信息的反应

二、弱式有效市场的检验

对于弱式有效市场，主要是检验过去的收益对未来收益的预测能力，信息集为历史价格。如果弱式有效市场假说成立，那么投资者无法利用过去股价所包含的信息获得超额收益。随机游走是指基于资产过去的表现，无法预测资产价格将来的发展步骤和方向。在股票市场上的随机游走意味着股票价格短期趋势的不可预知性。因此，如果价格包含了所有有关的历史信息，任何人通过分析历史价格都无法准确预测股票未来走势，那么市场达到弱式有效。常用游程检验、符号检验、序列相关性检验等统计检验的方法来分析历史价格序列是否服从随机游走，以此来判断市场是否弱式有效。

（一）游程检验

游程检验作为一种非参数检验方法，通过检验序列是否存在自相关性来检验价格是否随机变化。如果序列的游程数小于随机序列游程数的数学期望，则说明该序列呈现出持续的随趋势而变动的特征，资产价格之间具有正的自相关性。如果序列的游程数大于随机序列游程数的数学期望，则说明资产价格之间具有负的自相关性，资产价格呈现出反转和均值回复的特征。如果资产价格变化是随机的，那么实际游程数等于随机序列游程数的数学期望。总的来看，如果实际游程数和期望值相差不大，则各期资产价格之间不存在关联。如果二者差异较大，则各期资产价格的变动存在相关性。

Fama（1965）在《股票市场价格行为》一文中定义一个游程为价格变化保持相同符号的序列。资产价格的变化分为三种：正的价格变化、负的价格变化和零价格变化，对应的游程也可以分为三类。一个长度为 i 的正游程是指一个连续 i 次正的价格变化随后是负的价格变化或零价格变化。负游程和零游程的定义依此类推。论文同时给出了渐近标准正态分布的检验统计量 T。

$$T=[m-E(m)]/\sigma_m \tag{6-1}$$

$$E(m)=\left[N(N+1)-\sum_{i=1}^{3}n_i^2\right]/N \tag{6-2}$$

$$\sigma_m=\left\{\frac{\sum_{i=1}^{3}n_i^2\left[\sum_{i=1}^{3}n_i^2+N(N+1)\right]-2N\sum_{i=1}^{3}n_i^2-N^3}{N^2(N+1)}\right\}^{\frac{1}{2}} \tag{6-3}$$

其中，N 为价格变化的总数；n_1、n_2、n_3 分别是价格变化为正数、负数和零的数目；m 为游程数；σ_m 为 m 的标准差。由于价格变化为零的可能性很小，不妨令 $n_3=0$，可以得到

$$T=[m-E(m)]/\sigma_m$$

$$E(m)=\frac{2n_1n_2}{N}+1 \tag{6-4}$$

$$\sigma_m=\left[\frac{2n_1n_2(2n_1n_2-n_1-n_2)}{N^2(N+1)}\right]^{\frac{1}{2}} \tag{6-5}$$

在给定的显著性水平下，如果计算出的统计量 T 的绝对值大于临界值，则拒绝原假设，并得出结论：市场尚未达到弱式有效；反之，则不能否认市场已经达到弱式

有效。

（二）符号检验

Cowles 和 Jones（1937）在分析股票收益时，考虑股票历史数据中连续两天的收益是同号还是异号，分别统计同号、异号的频率。如果该序列服从随机游走，那么同号、异号的概率应该都趋近于 0.5。

设 $p_t=\ln P_t$，P_t 表示t时刻的资产价值，所以有 $r_t=p_t-p_{t-1}=\ln(P_t/P_{t-1})$。$r_t$ 的符号反映了资产价格的涨跌。不妨令

$$Y_t=I_tI_{t+1}+(1-I_t)(1-I_{t+1}) \tag{6-6}$$

$$\mathrm{I_t}=\begin{cases}1,\mathrm{r_t}>0\\0,\mathrm{r_t}<0\end{cases}$$

显然，$Y_t=1$ 表示 p_t 和 p_{t+1} 同号；$Y_t=0$ 表示 p_t 和 p_{t+1} 异号。因此，$N_s=\sum_{t=1}^{n}Y_t$ 表示同号的个数，$N_r=n-N_s$ 表示异号的个数。如果资产的价格序列为随机游走，那么 $r_t=p_t-p_{t-1}$ 是独立同分布的随机变量，它的分布是关于原点对称的连续分布。从而有 $P(I_t>0)=P(I_t\leqslant 0)=\frac{1}{2}$。当 n 足够大时，对应的频率收敛于概率，即

$$CJ=\frac{N_s}{N_r}=\frac{N_s/n}{N_r/n}=\frac{\frac{1}{2}}{\frac{1}{2}}=1 \tag{6-7}$$

可以证明，CJ 的渐近分布服从一个正态分布，因而可以使用 CJ 统计量的渐近分布检验资产的价格序列是否服从随机游走模型。

（三）序列相关性检验

Fama（1965）指出，检验某一时间序列是否遵循随机游走的最直接方法是测试变量的序列相关性。如果资产价格是随机游走的，那么资产价格不同时期的收益率互不相关。计算相关系数的公式为

$$\rho(k)=\frac{\mathrm{Cov}(R_t,R_{t-k})}{\sqrt{\mathrm{Var}(R_t)}\sqrt{\mathrm{Var}(R_{t-k})}}=\frac{\mathrm{Cov}(R_t,R_{t-k})}{\mathrm{Var}(R_t)} \tag{6-8}$$

其中，$\rho(k)$为时间序列R_t 的相关系数；k 为滞后的阶数，即比第 t 期滞后 k 个时期。这一序列相关系数服从渐近正态分布且相互独立，可以使用 Box-Pierce 统计量 Q_m 和 Ljung-Box 统计量 Q_m^1 来检验零假设。

$$Q_m=T\sum_{k=1}^{m}[\rho(k)]^2 \tag{6-9}$$

$$Q_m^1=T(T+2)\sum_{k=1}^{m}\frac{[\rho(k)]^2}{T-k} \tag{6-10}$$

如果价格序列服从随机游走，那么统计量 Q_m、Q_m^1 都接近于 0。可以证明这两个统计量服从自由度为 m 的卡方分布。因此，在给定的显著性水平下，当统计量的绝对值大于临界值时，拒绝原假设，得出结论：这一价格序列不服从随机游走模型，市场还没有达到弱式有效。否则，不能否定市场已经达到弱式有效。

三、半强式有效市场的检验

对于半强式有效市场，主要检验证券价格对公开发布信息的反应程度，信息集是所有公开的信息。如果半强式有效市场假说成立，那么投资者不仅无法从历史信息中获取超额利润，而且无法通过分析当前的公开信息获得超额利润。经济学家一般采用事件研究法进行检验。事件研究以一段时间为时间窗口，将这段时间内的累计股票超额收益和一些会计指标作为观察值，来确定该事件是否引起投资者对企业未来现金流的期望值发生改变，是否引起股价的显著变动。具体的事件研究法的步骤为：

（1）定义事件。要确定研究的事件，锁定时间窗口，即事件发生日，通常为1天。

（2）选择时间区间。在研究某一事件对价格或收益的影响时，一般选择事件发生前后的一段时间作为研究对象。在选定研究样本时要注意数据的可获取性，关注市值、公司重大事件等因素的影响。

（3）计算正常收益。正常收益是指如果没有该事件发生所期望的收益。通过选取合适的模型，在时间窗口进行模型参数的估计，通常使用市场模型。

市场模型的具体表达式为：

$$R_{it}=\alpha+\beta R_{mt}+\varepsilon_t, \mathrm{Var}(\varepsilon_t)=\sigma^2 E\varepsilon_t=0 \tag{6-11}$$

其中，R_{it}、R_{mt}分别为t时刻证券i和市场指数的收益率。

（4）计算超额收益率。超额收益率是指事件期间证券的实际收益率减去该期间的正常收益率，计算公式为

$$AR_t=R_t-E(R_t|X_t) \tag{6-12}$$

其中，AR_t为超额收益率，R_t为证券的正常收益率。

（5）检验过程。给出原假设，通常假定$AR_t=0$，即该事件对股票收益率没有影响。

（6）计算平均超额收益率和累计超额收益率。N家公司的平均超额收益率为：$\overline{AR_t}=\frac{1}{N}\sum_{i=1}^{N}AR_{it}$。累计超额收益率的计算公式为：$\overline{CAR_t}=\sum_{t=t_1}^{t_2}\overline{AR_t}$。计算出结果后，再对平均超额收益率和累计超额收益率进行是否显著为零的假设检验。如果检验结果为两个收益率均显著不为零，就意味着事件的发生能够带来超额收益，说明事件包含的信息不能及时充分地反映到资产的价格中，市场没有达到半强式有效。

（7）对于强式有效市场，主要研究投资者或者机构是否拥有垄断力量，是否垄断了和价格形成相关的信息，信息集除了所有公开的信息，还有尚未完全反映在市场价格上的内幕信息。如果这个假设成立，那么就说明投资者即使拥有内幕信息也无法获得超额利润。这一检验的对象是专业投资者或内幕人士的收益率。如果发现某一专业投资者具有重复的超常表现，则表明专业投资者有预测能力，内幕信息帮助专业投资者获取超常收益。

第三节　中国资本市场的制度特征和有效性

一个有效的资本市场离不开好的制度，好的资本市场依托于强大的制度支撑。只有了

解中国资本市场的制度特征，明白现有制度存在的缺陷，才能理解中国资本市场是否达到有效、如何改进制度才能接近或者达到有效市场。

一、中国资本市场的制度特征

（一）股票发行制度逐步强化市场指导

中国股票市场成立于计划经济向市场经济转轨的特殊时期，股票市场成立之初就受到了政府的严格监管。从1993年至今的20多年时间里，中国股票市场新股发行制度经历了两次大的变革，从审核制下的额度管理、指标管理过渡到核准制下的证券公司通道制、保荐人制度，逐渐减少政府监管部门对股票发行公司质量的背书，将信息鉴别和价值判断的功能更多地归还给市场（见表6-1）。新股发行制度逐渐淡化政府的行政监管和干预，开始强化市场机制的作用。2013年11月30日，证监会制定并发布《关于进一步推进新股发行体制改革的意见》，牵头完成注册制改革方案初稿。此后，市场就在积极讨论核准制向注册制的转变。

表6-1 中国股票发行审核制度变革

审核制度	审批制		核准制	
制度特征	额度管理	指标管理	证券公司通道制	保荐人制度
管理法规	《股票发行与交易管理暂行条例》	《关于1996年全国证券期货工作安排意见》	《中国证监会股票发行核准程序》	《证券发行上市保荐制度暂行办法》
起始时间	1993年4月	1996年8月	2000年3月16日	2004年2月1日

从定价机制的变迁来看，中国股票市场也从早期的固定市盈率过渡到现阶段的累计投标询价，逐渐减少行政干预对市场价值的扭曲。具体的定价机制变化表现为：

（1）1990—1994年，采用固定价格。

（2）1994—1999年，采用固定市盈率定价。

（3）1999—2001年，放宽股票发行的市盈率，采用协商定价。

（4）2001—2005年，进行市盈率严格管制（不得超过20倍），发行价格区间上下幅度限制为10%。

（5）2005年至今，为询价制，但受到市盈率或者募资规模的制约。

（6）2009年，监管层进一步完善了询价和申购报价约束机制。

（7）2012年，网上网下回拨机制建立，取消了网下锁定期，但增加了对新股发行市盈率的限制。

（8）2013年11月和2014年3月进行了两次IPO规则的修改，形成了目前IPO发行制度的基本规则。由于老股减持受限、禁止超募、详细费用需要在招股说明书中列示等规定，新股的发行价格基本可以准确确定。

（二）多层次资本市场建设稳步推进

中国近年来逐步建立了多层次的资本市场。这是一个包含主板、中小板、创业板、全国中小企业股份转让系统、区域股权交易市场、券商柜台交易市场在内的完整体系。2012年5月，中国证监会下发了《关于规范区域性股权交易市场的指导意见（征求意见稿）》，从政策层面首次确认中国场外市场包括四个层次：沪深主板为一板，深市创业板为二板，“新三板”为三板，区域性股权交易市场为四板。

在证券交易方面，有两大交易所：上海证券交易所和深圳证券交易所。上海证券交易所以沪市主板为主。2015年，沪市上市公司数量达1 081家，总市值达29.52万亿元，全年累计成交金额达133.10万亿元，日均成交额达5 454.89亿元，股市筹资总额达8 712.96亿元；债券挂牌数量达4 538只，托管量达3.44万亿元，累计成交122.85万亿元；基金上市数量达135只，累计成交10.38万亿元；衍生品市场上证50ETF期权累计权利金成交金额236.66亿元。投资者开户数量已达13 586万户。深圳证券交易所则以深市主板、中小板和创业板为主。深市主板中，市值在100亿元以上的蓝筹公司有185家。中小板中，110家公司的主导产品位居国际前三。创业板中，有368家战略性新兴产业公司，416家企业拥有核心专利技术。2016年，深圳证券交易所上市公司达到1 870家，市值22.31万亿元，股票筹资额10 618.33亿元；上市基金511只；挂牌债券2 744只；资产证券化产品125只。

2012年，全国中小企业股份转让系统建立，俗称“新三板”，它是对两大交易所的补充。全国中小企业股份转让系统是继沪深交易所之后第三家全国性证券交易场所，在场所性质和法律定位上，与证券交易所相同，都是多层次资本市场体系的重要组成部分。作为全国性证券交易场所，全国中小企业股份转让系统定位于非上市公众公司发行和公开转让股份的市场平台，为公司提供股票交易、发行融资、并购重组等资本市场服务。全国中小企业股份转让系统主要为创新型、创业型、成长型中小微企业发展服务，其挂牌企业与上市公司相比，“小而美”的特征十分明显。企业规模不大、处于成长早期，但具有成熟的盈利模式，在一些细分行业占据领导地位，具有较好的成长潜力和广阔的发展前景。这类企业由于具有“轻资产”等特点，难以从银行类机构获得及时、充足的信贷资金支持，而沪深交易所较高的市场准入门槛，也让此类企业难以借力资本市场。全国中小企业股份转让系统将此类企业作为主要服务对象，使资本市场支持实体经济从以往的成长后期和成熟期前移到创业前期和成长初期。企业可以更早进入资本市场，进而带动社会资本对创新体系的支持前移。境内符合条件的股份公司均可通过主办券商申请在全国中小企业股份转让系统挂牌，公开转让股份，进行股权融资、债权融资、资产重组等。

区域性股权交易市场是由省级人民政府负责监管、主要服务于所在地省级行政区域内中小微企业的私募证券市场。它是区别于沪深证券交易所、“新三板”市场之外的资本市场板块，具有区域性、私募性、证券性、灵活性四大特征。截至2017年4月，中国共设立区域性股权交易市场40家。

（三）以强制信息披露理念建立信息披露规则体系

目前，我国已经形成包括基本法律、行政法规、部门规章和自律性规则在内的四个层次的信息披露法规体系和中国证监会、证券交易所各司其职、合理分工、协调监管的信息披露监管体系。首次公开发行股票的信息披露监管目前是由证监会的发行审核部门负责，上市公司在发行上市后进行的持续性信息披露，主要由证券交易所负责，对上市公司持续性信息披露违规的处罚也由证券交易所操作。我国信息披露规则体系建立在强制信息披露理念的基础之上，目前以行政控制为主，在信息披露方面的要求比较严格，要求披露的信息范围很广，事无巨细都要披露。

我国资本市场的建立是一个自上而下的过程，并非市场自然演变而成。市场设计理念较多借鉴美国模式，制度起点相对较高。但与此同时，我国的资本市场发展历程受到我国市场经济体制不够完善、市场诚信和约束机制较弱的影响。从制度上说，我国信息披露规则体系已经够完善，但在规则制度的执行、违法违规行为的处罚上和制度安排的灵活性上，还有较大的不足。

二、中国资本市场存在的制度缺陷

中国资本市场在短短的二十几年内飞速发展，取得了巨大的成就，但是我们要看到，资本市场还存在很多不足。

（一）监管层过于关注资本市场的融资功能，而非投资功能

中国早期的上市公司绝大部分是从国有企业改制而成，在股份制改造过程中，上市的目标就是为国企脱困和发展募集资金。目前，证券市场的主要功能也主要体现为融资功能而非投资功能。2009 年和 2010 年，A 股市场为全球 IPO 冠军，2009 年和 2010 年 A 股市场融资额分别为 5 150 亿元和 10 086 亿元。然而，证券市场是连接企业和投资者的桥梁，不应过分偏向企业的融资需求。在融资的同时，应当考虑市场的资金供给和需求，投资者的投资收益等因素。只有企业和投资者双赢，且更多考虑投资者的利益，才能实现证券市场的良好资源配置功能和可持续发展。

然而，目前 A 股市场重融资、轻监管，导致了市场圈钱的一夜暴富效应，极大地刺激了干实体的企业家。只要能上市，一夜之间所获得的巨额资金大大超过多年科研、实业的利润。A 股市场的圈钱效应打击了我国企业家科研创新、埋头干实业的精神，打击了实体经济的健康发展。同时，当圈钱使“上市”成为稀缺资源时，资本市场中的寻租、腐败等就成为“上市”不可避免的润滑剂，不但滋生了腐败，导致了资金错配、财富耗损，而且损害了我国经济和社会的和谐健康发展。

另外，企业不仅在 IPO 时存在过度融资现象，上市后还会有更多的再融资、定向增发等，而且此时往往伴随着很高的市盈率，但是给投资者的收益却很少，整体 A 股的现金分红收益率仅有 0.5%。

（二）公司治理混乱，统一监管作用有限

中国 A 股市场上目前已经有 3 000 多家上市公司。然而，上市公司数量虽多，质量却良莠不齐。因此，以往的政策法规常常失灵，其根本原因在于对上市公司采用统一的监管标准。2009 年 5 月，中国证监会发布《证券公司分类监管规定》，决定以风险管理能力为基础，结合市场竞争能力和持续合规状况，评价和确定证券公司的类别，并根据证券公司的分类结果，实施不同的监管政策。由此，结束了证券公司治理结构混乱的局面，起到了良好的效果。因此，应该借鉴证券公司分类治理的经验，对上市公司也进行分类治理。

证券监管部门可以根据公司的历史表现和公司治理水平等综合因素，将公司分类监管，从而分派不同权利及义务。公司治理水平较差的上市公司，应当通过相关规定增加公司治理成本，促进低质量上市公司改进公司治理结构，而对于公司治理水平较好的公司则降低监管强度。

（三）市场波动性大，缺乏做空机制

美国的股票市场存在多种交易工具，投资者可以通过股指期货、期权等方式进行做空，提高市场定价效率，抑制市场过度波动。而A股市场的做空手段贫乏，股指期货只能用于套期保值而难以用于做空，这也增大了A股市场的波动率，表现为市场大幅上涨，超过了公司利润增长幅度，之后再大幅下跌，如此不停反复。

（四）股权分置改革留下“后遗症”

2006年之前，大股东股份不允许减持和交易。2006年股权分置改革后，所有股份都是流通股，可以减持和交易，因此很多民营企业的大股东开始释放利润，当利润不可以维持时便开始进行兼并收购，在股价高位时进行减持。另外，公司管理层还可以通过股权质押的方式进行融资，在利润下滑股价较低时买入，在利润释放股价上涨时套现卖出。

因此，股权分置改革的制度本身存在问题，最好的方案是像香港市场一样不允许大股东减持，或者设立一个减持方案，如五年内可以减持1%，使减持仅仅可以帮助大股东改善生活，而不能被当作赚钱的手段。

（五）现金分红制度“一刀切”的做法缺乏弹性

现金是企业的血液，中国的上市公司一直较少进行现金分红，因此中国的资本市场被称为圈钱市场。然而，2011年11月，中国证监会走到另一个极端，要求所有上市公司完善分红政策，即强制性要求所有上市公司将盈利的30%左右用来现金分红。目前，全世界只有巴西、智利、哥伦比亚等南美国家实施强制分红制度。

投资者的收益共有股利和股权增值两种，即企业应兼顾当期收益与长远收益，进行现金股利分配的相机决策。由于我国市场的复杂性，上市公司的高增长和舞弊腐败同时存在。对于低增长的公司，应强制性要求对股东进行现金分红并加强监管。对高增长的优质公司，如创业板公司，其存在较大的研发费用支出，应降低分红比例以实现投资者收益的最大化。在通过股利政策监管上市公司的同时，应当权衡投资者的“当期收益与长远收益”。其关键在于，降低优质公司的分红比例，提高低增长公司的分红比例。对于劣质公司，提高分红比例只会导致其财务状况更差，因此应该加快劣质公司的退市步伐。

（六）上市审批制度过于关注“会计舞弊”而非投资价值

实体经济和证券市场是影响经济发展的两个轮子，它们相互影响和促进。一方面，证券市场是经济的晴雨表，可以反映实体经济的冷暖；另一方面，证券市场的IPO融资向优势产业和新兴产业倾斜，则可以推动经济增长和中国经济转型。自保荐制度实施以来，中国企业IPO过程中的会计舞弊已大大减少。对于企业上市的审批，除了考虑企业的真实性、合法性之外，还应较多地考虑成长性，这样才能促进资源的优化配置，使企业和投资者得到双赢，促进证券市场的可持续增长。

采取核准制还是注册制，解决的是IPO发行的准入问题。一方面，股份发行暂停和核准制的存在导致市场股份供给有限，在IPO重启后，稀缺性导致新股容易受市场追捧。另

一方面，IPO 融资渠道的不通畅导致上市公司壳资源大受欢迎，一定程度上引发了更多的内幕交易，也会使一些没有价值的公司股票价格虚高。

三、中国资本市场的有效性

现代资本市场理论是基于成熟资本市场发展而来，我国资本市场有很多不同于发达国家成熟资本市场的特点。所以，在这里有必要对我国资本市场的有效性做出基本的分析，这样才能用我国资本市场实际来修正现代资本市场理论，以适应我国资本市场的需要，引导我国资本市场的健康发展。

我国资本市场有效性的研究主要集中在我国是否已经达到弱式有效，学者们采用不同市场、不同频率的数据，用不同的研究方法，关注了不同时期我国资本市场的弱式有效，一些人认为我国资本市场已经达到了弱式有效，而另外一些人持相反观点。同时，也有一些学者开始探索半强式有效，有的学者基于其关注的事件，采用事件研究法分析，认为中国资本市场尚未达到半强式有效。

（一）中国资本市场没有达到弱式有效的经验证据

我国弱式有效最早的研究是俞乔（1994）选取沪市和深市综合股价指数对中国股票市场进行的有效性检验。他采用误差项序列自相关检验、游程检验和柯尔莫哥洛夫-斯米尔诺夫检验方法进行了实证分析，结果显示，中国证券市场还没有达到弱式有效。之后的学者主要采用检验价格序列是否服从随机游走来研究中国市场的弱式有效性。直到 2000 年前后，多数研究仍主要使用单位根检验、序列自相关检验、游程检验方法来检验证券价格是否服从随机游走。吴世农（1994；1996）、吴世农和黄志功（1997）分别选取了沪市 12 种股票和上证综合指数、深市 5 种股票和深证成分指数，以及从沪深两市选取的 20 只股票的日收盘价序列或日收益率序列作为研究对象。闫冀楠和张维（1997）则是以 1990—1996 年上证综合指数周收盘价为研究样本。史代敏和杜丹青（1997）同样选用截至 1997 年的上证综合指数和深证成分指数数据，不同的是他们按照交易规则将研究区间分为三段。马向前和任若恩（2002）则是将上证综合指数 1990—2000 年的日收盘价格以 1993 年为分界点，分为两个阶段进行实证研究。

尽管这些研究所采用的数据的时间区间不同，但都得到了我国资本市场尚未达到弱式有效的证据。吴世农（1994；1996）、吴世农和黄志功（1997）通过自相关检验和相关统计发现，沪市样本的收盘价和市场股价综合指数均存在显著的自相关，股价变化并非无章可循，而是具有可预测的趋势，存在较为明显的统计规律，上海股票市场未达到弱式有效，深市也同样未达到弱式有效。闫冀楠和张维（1997）使用单位根检验和一阶、二阶相关分析，其实证结果显示上证综合指数序列存在单位根、一阶相关和波动聚集特征，认为“有效市场假说”在中国不成立。史代敏和杜丹青（1997）通过自回归分析方法得出中国股票市场没有达到弱式有效，上海股票市场正逐步向弱式有效市场发展。马向前和任若恩（2002）采用序列相关检验和 ADF 检验得到 1993—2000 年上海股票市场价格波动遵循零漂移随机游走模型的结论，认为 1993 年以后的上海股票市场达到了程度很低的弱式有效，而在这之前没有达到弱式有效。

（二）中国资本市场达到弱式有效的经验证据

在同一时期，有学者研究得出了中国资本市场已经达到弱式有效的实证结果。这和上面提到的结论相反。宋颂兴和金伟根（1995）、高鸿桢（1996）、陈小悦等（1997）、范龙振和张子刚（1998）基于DF检验、白噪声检验、游程检验、自相关检验中的一种或几种的结合，运用和上文中学者相似的方法，分析了我国证券市场的弱式有效，却得到了我国资本市场已经达到弱式有效的证据。

宋颂兴和金伟根（1995）以沪市1992年年底之前上市的26只股票为样本进行检验，按照1991—1992年和1993—1995年两个时间段分别研究，得出1993—1995年上海股票市场弱式有效性成立。高鸿桢（1996）运用序列相关检验和延续性检验两种办法，得出上海股票市场1991—1994年的股价变化对消息的反应具有时滞性且过度，认为上海股票市场在1993年以后处于从无效市场向有效市场过渡的中间状态。陈小悦等（1997）采用DF检验法，得出深圳股票市场在1991年就已经达到弱式有效，而上海股票市场在1993年以后就达到弱式有效。范龙振和张子刚（1998）利用深圳股票市场1995年7—10月共4个月的日收盘价数据，使用DF检验法对深发展、万科、世纪星源等五种股票的走势做了分析，结果表明股票价格可以用随机游走模型来描述。

（三）中国资本市场没有达到半强式有效的经验证据

半强式有效市场的研究主要是通过分析某一特定事件是否能够带来超额收益，做出市场是否有效的判断。学者们通过不同事件探索我国资本市场是否达到半强式有效。沈艺峰（1996）从“宝延事件”和“万申事件”对股票市场的影响来检验股票市场的半强式有效性。杨朝军等（1997）以上市公司送配方案的公布为事件，对1993—1995年沪市100家上市公司股价在公告前后的变化情况进行实证分析。吴世农和黄志功（1997）以上海证券交易所30家公司为研究样本，根据它们在1996年4月公布的1995年财务报表的盈亏情况，分两组对沪市的半强式有效假设进行了检验。靳云汇和李学（2000）收集94例有确切信息公布时间的买壳上市公司，考察了其信息公布前后的股价反应。陈立新（2002）以沪市30家公司为样本，将其分为盈利组和亏损组，来检验沪市的半强式有效。这些研究结论几乎都否定了中国资本市场的半强式有效。瞿宝忠和徐启航（2010）以2008年6月至2009年10月A股上市公司为样本，以被收购的上市公司股价对并购信息的首次公告效应为中心，运用事件研究法检验了中国股市在股权分置改革之后是否超越了之前的弱式有效，达到半强式有效。实证发现，中国股市效率在股权分置改革之后有较大提高，但尚未达到半强式有效。

总体而言，中国资本市场从没有达到弱式有效，到弱式有效性成立，不同学者各抒己见，实证研究不断。现在，主流观点是中国资本市场已经达到弱式有效，但尚未达到半强式有效。随着中国资本市场的不断完善和发展，相信未来对中国市场是否达到半强式有效的争论也会停止。

专栏6－1　案例分析：市场失灵——以2015年中国股市异常波动为例

世界资本市场发展史上发生过许多危机。1929年爆发了美国股市危机，随后引起了世界经济的动荡。而日本在20世纪80年代泡沫破裂，日本经济从此一蹶不振。由泰国货币危机引起的东南亚金融危机，造成东南亚各国资产严重贬值。我国的资本市场在其发展的短短几十年内多次大起大落。这些都充分说明了资本市场失灵带来的严重危害。本案例着重于从制度因素出发，详细阐述和分析2015年中国发生的股灾，使读者了解事件的经过，能从市场制度缺失的角度理解股灾发生的原因，反思如何改善现有的制度安排，使资本市场更加符合为经济发展服务的理念。

一、本次股市异常波动集中表现为暴涨和暴跌

2014年7月开始启动股票市场新一轮牛市，2015年年中，股市在大涨之后大跌，市场表现出巨大的波动性（见图6-3)。

（一）2014年下半年至2015年6月：杠杆资金跑步入场推升泡沫

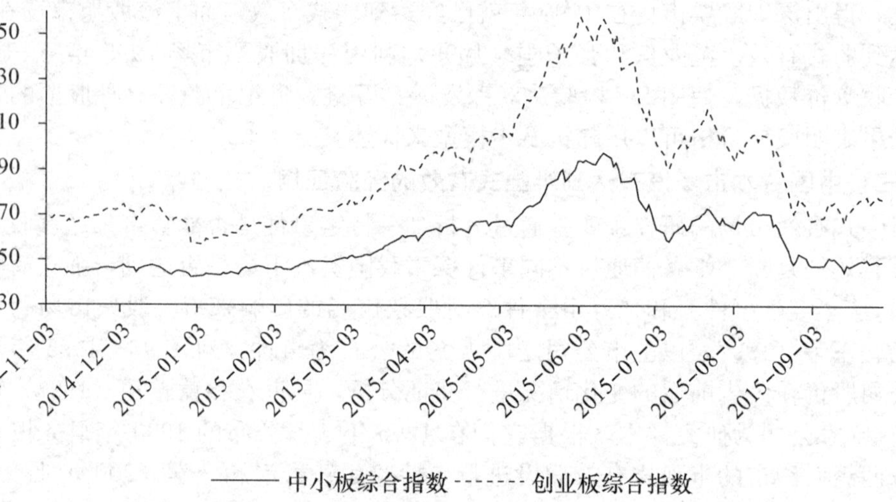

图6-3 中小板和创业板综合指数滚动市盈率［PE（TTM)］变化

2014年年底，股市出现了第一轮上涨，11月24日到12月31日，短短28个交易日，上证综指上涨30.07%。经过两个月的调整，改革红利、“互联网+”的预期经过部分媒体不断放大，推动大量资金涌入市场，继续推高股指，预期“自我实现”，又带动更多资金跟进，“一致性”的牛市预期持续强化。2015年3月13日至6月12日，股指再次急速上攻，上证综合指数、中小板综合指数、创业板综合指数分别上涨54%、75%、93%，银行、石油石化除外的上市公司平均市盈率达到51倍，创业板达到142倍，价格大幅偏离价值。

（二）2015年6月至2015年7月：杠杆资金集中平仓引发股价急速下跌

6月15日至7月8日，市场进入急跌阶段，上证综合指数跌幅达32%。多项因素使6月份市场流动性趋紧，市场投资者情绪紧张，而证监会严查场外配资成为引发急速下跌的导火索。

(1) 银行资金供给紧张。由于年中结凭、上缴财政存款、上缴存款准备金和进行年终分红的影响，银行资金面历来在6月末会趋于紧张，2015年，叠加地方

债发行放量的因素，市场资金供给更加趋紧。

(2) IPO 申购大量冻结资金。其中中国核电、国泰君安的两轮巨量 IPO 连续到来，冻结资金约 11 万亿元，且新一轮 IPO 被核准信息公布，预计冻结资金规模达 4 万亿元。

(3) 央行不续作中期借贷便利（medium-term lending facility，MLF)、重启逆回购，导致市场产生货币政策转向的质疑。

(4) 大股东减持增加市场股票抛售压力。随着行情泡沫化程度节节攀升，上市公司重要股东减持力度加大，5 月、6 月净减持规模为 1 307 亿元、1 034 亿元，分别比 4 月份增加 69%和 34%。

(5) 在上述背景下，证监会严查场外配资，使股票市场资金面压力进一步加大。

6 月 15 日，股票市场开始连续急速暴跌，短期因素造成资金抽离引发短期暴跌（见图 6-4）。由于本轮上涨过程中有大量信用交易，一旦触发一部分信用交易的警戒线或平仓线，由此引发的下跌就会使接下来另一批信用交易投资者面临被平仓的压力，如果保证金得不到补足，那么这部分账户就会紧接着被平仓。于是市场陷入“暴跌→高杠杆账户被平仓→卖出压力增大→股价进一步下跌→次高杠杆账户被平仓→卖出压力进一步增大→股价进一步下跌……”的恶性循环，而市场会很快认识到这一机制，一些没有平仓压力的资金也紧急撤离，造成市场中流动性逐渐消失，形成流动性螺旋。

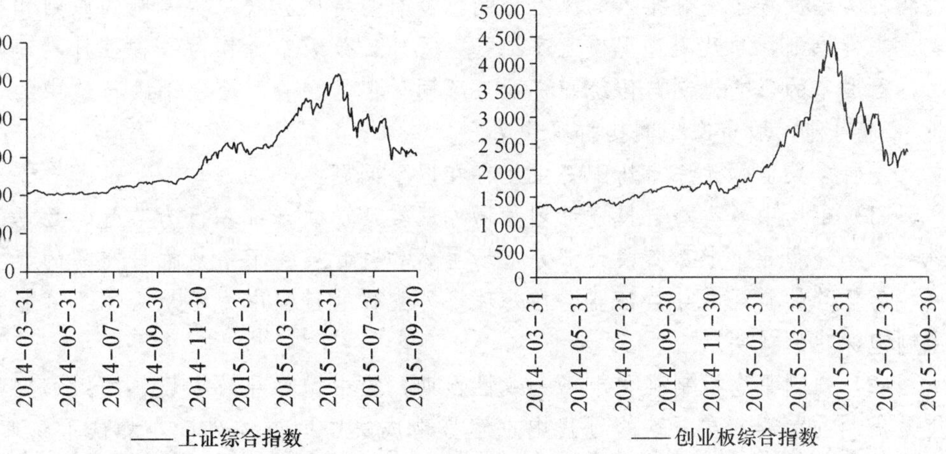

图 6-4 上证综合指数和创业板综合指数历史行情变化（2014 年 3 月 31 日至 2015 年 9 月 30 日）

二、资本市场的制度缺陷是本次股市异动的直接原因

资本市场的制度缺陷在本轮股灾中显露无遗，主要表现在五大方面：第一，杠杆的过度、无序使用和金融产品监管不完善导致监管层难以实时监测、量化股票市场的风险状况，这是本次股市异常波动的最重要原因。第二，市场机制多空力量不均衡导致积累了大量风险，同时金融衍生品和套利对冲等金融工具运用不力，阻碍了股票市场自身功能的正常发挥。第三，A 股市场的交易制度设计缺陷

加大了本次股票市场异动的幅度。第四，投资者结构散户化问题突出，投资理念偏短视，价值投资理念弱化，羊群效应明显。第五，在新股发行制度、上市公司行为规范等方面存在一些漏洞。

（一）杠杆的过度、无序使用以及金融产品监管不完善

根据渤海证券的测算，2014 年 10 月到 2015 年 6 月的股市上涨，股市新增资金峰值范围在 5 万亿元到 6 万亿元，场外配资区间在 3 万亿元到 4 万亿元，经过此轮异常波动之后，场外流动性配资规模在 1 万亿元左右，基本上属于合同到期即将停做类型。本轮股市暴涨的时候个股连续涨停的现象比比皆是，其中杠杆交易，特别是“场外配资”以各种所谓理财产品的方式把资金聚集起来，极大地便利了炒作。下跌的时候则连续多日千股跌停，主要是大面积的杠杆资金盘在股票价格下跌后，必须强制平仓，继续加速股票价格下跌，形成恶性循环所致。

A 股配资有五大渠道，分别是证券公司融资融券、证券公司股票收益互换、单账户结构化配资、伞形结构化信托、互联网及民间配资。在本轮股市行情中，各配资渠道分别面向不同配资客户开展差异化竞争是各配资渠道均快速发展的内在原因。

银行资金利用理财和非理财资金两种模式，通过认购资管产品优先级、受让“两融”收益权、间接参与民间配资、同业贷款等渠道参与股市配资。社会资金通过伞形结构化信托、互联网及民间配资参与股市配资。由于这些渠道门槛低、杠杆倍数高、灵活度大、投资范围广，放大作用极强，而券商出于扩展业务追逐利润的考虑放宽了资金接入的风险控制，没有坚持证券账户实名制的原则和投资者适当性原则，导致配资规模无序扩张。另外，分级基金作为一种杠杆式理财产品，对股市的影响机制与传统配资业务不同，但是在股票大幅下跌行情中的“下折”，也可能对股市产生间接打压作用。

这种多渠道的无序市场配资主要存在以下问题：

(1) 市场中各类集合投资计划和场外证券活动缺乏统一行为监管。数据的不统一、不透明导致上涨阶段大部分市场主体和监管层并不清楚杠杆交易的疯狂程度，而监管的割裂则导致证监会在处理场外配资的过程中力不从心，不可能有效遏制泡沫化的苗头。

(2) 强制平仓机制强化市场一致性预期，集中抛售导致市场暴跌，加上其他交易机制的漏洞，在下跌的过程中也容易造成集中的群体恐慌，加快下跌速度，引发短期阶段性的流动性风险。

(3) P2P 等新金融平台违规构建资金池对接配资渠道，民间配资的高杠杆与投资者风险承受能力不匹配。

(4) 大量民间配资和部分对接具有违规分仓交易功能系统的伞形信托未遵守账户实名制规则和投资适当性原则，都会扰乱股票市场秩序。

（二）多空力量不均衡积累大量风险

我国实行集中的融资融券制度，尤其是融券，只能通过中国证券金融公司转融通，融券成本高，融券规模占融资融券余额的比例不足 1%。数据显示，在美

国股市中，融资与融券的比例约为3∶1。“跛足”的融券制度在市场加杠杆的时期，无法成为抑制市场非理性上涨的有效力量。图6-5展示了2014年6月30日至2015年9月30日沪深两市融资余额/融券余额。

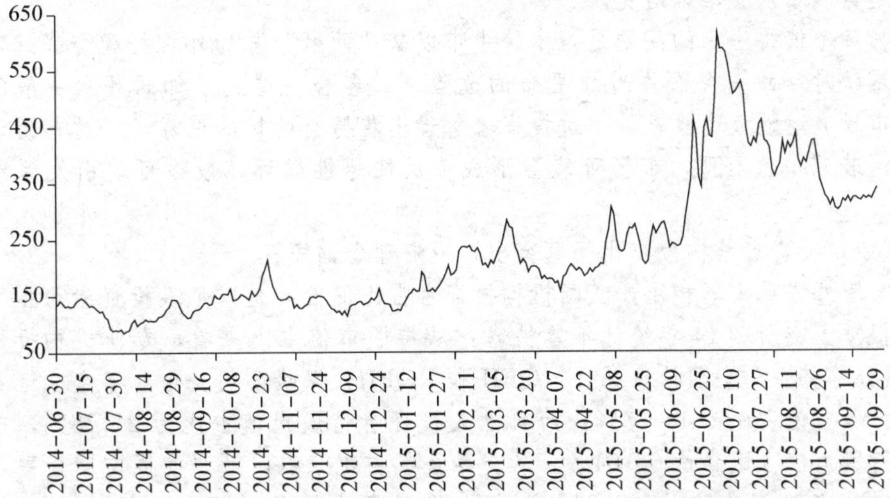

图6-5 沪深两市融资余额/融券余额（2014年6月30日至2015年9月30日）

一个市场健康与否最重要的标准不在于“牛涨熊跌”，而在于两个方面：(1) 是否有较强的价格发现功能；(2) 是否有较高的资产配置效率。对于这个问题的认知不足，导致A股市场的制度设计中天然地鼓励做多，而忽视多空平衡。在融资融券的制度设计中，融资买入没太多障碍，但融券卖出就存在各种障碍，交易成本非常高。中国市场有多空功能的衍生品非常匮乏，且市场较小，一旦形成错误定价，难以及时纠偏，这是本次股市异常波动的深层次制度原因。杠杆对股市行情有推波助澜的作用：股价上涨，盈利放大，继续加仓，股价续涨；股价下跌，损失放大，被迫斩仓，股票续跌，杠杆有“助涨助跌”的作用。但由于制度层面上的障碍，融券等做空机制发展不足，在本次股市异常波动中，并没有发挥出相应的稳定市场的效用，既没有在过度疯长的时候及时地纠偏，也不足以平衡市场下跌过程中杠杆的巨大动能。同时，大多数人对于“做空”机制理解有误，在救市过程中采取了一些限制期货市场做空的行为，本质上又进一步加剧了现货多头的抛压。

(三) A股市场的交易制度设计缺陷在此轮暴跌中展现

交易制度设计的缺陷体现在三个方面：(1) 涨跌停板制度在一定程度上影响了市场机制的发挥，市场不能及时出清，在大幅波动期间，可能导致流动性缺乏。(2) 股票现货不能进行日内回转交易，即实行“T+1”制度，日内买入的投资者无法当日卖出，有的只好以股指期货对冲风险，又形成期货的下行压力。(3) 在对冲工具有限的情况下，上市公司出于自身利益的考虑选择停牌，而未停牌的股票又封死在跌停板上，流动性尽失。

“T+1”制度与涨跌停板交易制度原本是为了抑制市场波动，但从此次股灾实践来看，市场波动并未有丝毫减少，只不过将本应有的下跌人为延续到了后续交易日。我国证券市场投资者结构与发达国家的重要区别在于国内散户投资者居多，绝大多数的交易由散户完成。因而一旦市场恐慌情绪蔓延，踩踏效应发生后，趋势性暴跌就难以避免。

另一个值得注意的问题是，本轮牛市以来“两融”与场外杠杆配资兴起，当市场暴跌时巨额资金面临着被平仓的危险。二者合一造成了如同死水一般的局面，市场流动性极度匮乏。一边投资者急于出售持有的标的证券，一边却流动性不足，若无人为干预，市场可能会形成负反馈恶性循环，最终可能引发系统性风险。

（四）投资者结构散户化问题突出，投资理念偏短视

与境外成熟市场相比，我国机构投资者占比偏低，是以个人投资者为主的市场。根据上交所2014年统计年鉴披露：从持股市值占比来看，专业机构投资者（包括公募基金、全国社保基金、QFII和RQFII、保险公司、企业年金、证券公司）持股市值占比为14.58%，而自然人投资者持股市值占比为21.78%，产业资本持股市值占比高达63.64%。从交易金额占比来看，散户的成交明显更为活跃。自然人投资者占比82.24%，占据绝对领先地位，而专业机构占比仅为15.30%，其中投资基金占比6.18%，其他机构合计占比9.12%。

市场排名机制和机构业绩考核期限过短，加剧了机构投资者的投资理念的短视，机构散户化问题也比较严重。受新闻舆论、非基本面信息等因素的影响明显，容易导致市场助涨助跌与偏离合理定价功能，从而客观上共同导致资本市场更易呈现追涨杀跌的集体不理性。

（五）新股发行和上市公司行为规范等相关问题

由于打新收益率稳定，理财等资金对打新基金需求旺盛，同时受到入围后全额冻结资金的规定影响，打新前后对交易所、银行间和证券市场的资金面产生扰动，也增大了市场波动性。此次资本市场异常波动，也与国泰君安巨额IPO资金申购冻结时间点重合。经民生证券测算，中国核电、国泰君安的两轮巨量IPO连续到来，冻结资金约11万亿元，且新一轮IPO被核准信息公布，将冻结资金规模达4万亿元，对二级市场的短期冲击巨大。

上市公司行为规范不足明显。以董监高（董事、监事、高管）减持机制为例，发达国家的董监高减持机制更加成熟，中国董监高减持机制的欠缺集中表现为处罚机制不够完备、处罚力度过轻，对通过二级市场出售股份减持的方式尚未形成长久稳定的规范。上市公司的董监高减持行为易受不纯动机操纵，经常受人诟病，如董监高为套现、牟利而进行减持，从而带来“合法不合理”的制度套利空间。2015年上半年，董监高大幅减持股票约700亿股，参考市值约9 000亿元，对投资者信心产生了一定影响。

由此我们不难看出，尽管资本市场的有效运行可以给我们带来财富增值、提供市场流动性、规避风险等好处，然而，一旦市场失灵，资本市场大幅波动给投资者带来的打击将会是毁灭性的。大的危机是小概率事件，发生的可能性很小，

但谁也不能保证危机不会发生。如何改进市场制度，加强监管，在市场有效时充分放权，让市场来支配资源，而在市场失灵时，让“政府之手”发挥监管作用，弥补市场制度存在的缺陷，保障资本市场平稳、有效运行，是资本市场研究的重要课题。

本章小结

1. 资本市场效率体系包括运作效率、信息效率和资源配置效率，本章重点关注信息效率。有效市场假说认为，价格充分反映了所有可得信息，这一理论有着较强的假设，后人逐步放松了有效市场假说的假设条件，即使投资者非理性，也可以使这一假说成立。

2. 根据价格所反映的信息集，可将有效市场分为弱式有效市场、半强式有效市场、强式有效市场。三者之间是后者包括前者的关系。常用游程检验、符号检验、序列相关性检验等统计检验方法来判断市场是否弱式有效。半强式有效市场用事件研究法来检验，而内幕信息是否能帮助专业投资者获取超常收益是检验强式有效市场的方法。

3. 中国股票市场新股发行制度经历了两次大变革，从审核制下的额度管理、指标管理过渡到核准制下的证券公司通道制、保荐人制度，现在在讨论核准制向注册制的转变。定价机制从早期的固定市盈率过渡到累计投标询价，逐渐减少行政干预。中国的多层次资本市场体系包含主板、中小板、创业板、全国中小企业股份转让系统、区域股权交易市场和券商柜台交易市场。我国信息披露规则体系建立在强制信息披露理念的基础之上，形成了包括基本法律、行政法规、部门规章和自律性规则在内的四个层次的信息披露法规体系和包括中国证监会、证券交易所构成的信息披露监管体系。

4. 中国资本市场的缺陷在于，监管层过于关注资本市场的融资功能；公司治理混乱，统一监管作用有限；市场波动性大，缺乏做空机制；股权分置改革留下“后遗症”；现金分红制度“一刀切”的做法缺乏弹性；上市审批制度过于关注“会计舞弊”而非投资价值。

5. 许多学者对中国资本市场的有效性进行了检验，总体的结论就是从没有达到弱式有效，到不同学者对弱式有效性持不同看法，有的研究者认为中国市场已经达到弱式有效。现在的主流观点是中国资本市场已经达到弱式有效，但尚未达到半强式有效。

问题与应用

1. 资本市场的效率体现为哪几个层次？每个层次间的关系是怎样的？

2. 有效市场存在的前提条件是什么？

3. 请从市场效率的角度理解“天下没有免费的午餐”这一句话的意思。

4. 关于资本市场有效性的假设是非常严苛的，请问最开始的假设放松之后的假设条件有哪些？

5. 根据资产价格对不同信息集的反映，有效市场可以分成哪几类？

6. 有哪些方法可以检验弱式有效市场？

7. 有哪些方法可以检验半强式有效市场？

8. 中国资本市场的制度和市场有效性之间有何联系？

推荐阅读材料

[1] 何智辉，宋文平. 基于“高送转”的我国创业板市场有效性实证检验. 中国物价，2018 (2). [2] 蒋舒，吴冲锋. 中国期货市场的有效性：过度反应和国内外市场关联的视角. 金融研究，2007 (2).

[3] 王扬雷，杜莉. 我国碳金融交易市场的有效性研究——基于北京碳交易市场的分形理论分析. 管理世界，2015 (12).

[4] 郑济孝. XBRL 格式财务报告对中国股市有效性的影响研究. 金融研究，2015 (2).

参考文献

[1] 清华大学国家金融研究院课题组，吴晓灵，李剑阁等. 完善制度设计 提升市场信心 建设长期健康稳定发展的资本市场. 清华金融评论，2015 (12).

[2] 余甫功. 中国资本市场制度分析与机制研究. 北京：中国财政经济出版社，2001.

[3] 张兵. 中国股票市场有效性研究. 南京：南京大学出版社，2004.

[4] 张信东. 中国资本市场效率研究. 北京：科学出版社，2013.

第七章

资本结构

学习目标：

1. 理解公司杠杆比例和股权资本成本的关系；
2. 理解在完美的市场条件下，公司价值、公司加权资本与公司的资本结构无关；
3. 理解在有公司所得税的情况下，债务融资给公司带来的税盾价值；
4. 理解直接破产成本和间接破产成本；
5. 理解不同类型的间接破产；
6. 理解在有破产成本的情况下，债务对公司价值和公司加权资本成本的影响；
7. 理解公司何时达到最优资本成本；
8. 理解资本结构的“权衡理论”与“融资优序理论”；
9. 理解中国企业资本结构的特征：中国版的“融资优序理论”。

引　言

Winfield Refuse Management（WRM）是美国一家从事废料回收和处理的上市公司。为了拓展市场，2012 年 6 月公司考虑收购另一家区域性的同行业公司 Mott-Pliese Integrated Solutions（MPIS）。公司董事会和管理层都认为收购 MPIS 可以减少公司的生产和运营成本，产生显著的协同效应。但是公司目前没有足够的现金，完成收购必须依靠外部资金。公司有两种选择：（1）通过债务融资为收购活动募集资金；（2）通过发行股票募集资金。但是不管哪种融资方式都存在一定的问题。一方面，尽管 MPIS 和 WRM 的业务有一定的协同效应，但是 MPIS 的现金流波动性很大，因此公司希望尽量避免增加长期债务。另一方面，在 2008 年全球金融危机以后，

WRM的股价长期不振，远远低于公司真正的内在价值，因此当前发行股票也不是最优选择。

本章侧重于分析公司的融资决策，让读者理解：为了向公司的投资项目提供资金，公司如何在债务和股权两种方式中进行选择。更具体地说，投资者关心的是公司的价值，公司对债务和股权的融资选择应该使公司的价值达到最大。因此本章的主要目的是让读者理解债务和股权在总资本中的比重和公司价值之间的关系。

第一节　资本结构和公司价值：基本问题

一、公司的资本和资产

在讨论公司的资本结构之前有必要对公司的资本、资产以及公司的价值三者的关系做一番简要的回顾。公司的资产负债表可以帮助我们对这些概念及其相互之间的关系有更好的理解。

公司的资本指的是公司通过融资活动获取的资金，任何企业都可以通过债务和权益两种方式获取资金。资产负债表的右边代表的就是公司融资活动获得的资金，即公司的资本。右边的上半部分代表了公司通过债务融资获取的资金，而下半部分则是通过权益融资获取的资金。公司由融资得到的资金通过投资活动转换为公司的资产，出现在资产负债表的左边。我们可以形象地把公司的融资和投资过程理解为资金从资产负债表的右边流向资产负债表的左边。

公司的资产包括日常经营所需的流动资产、厂房设备之类的固定资产以及知识产权专利等无形资产。这些资产在公司的运作管理下带来收益，产生现金流。在没有所得税的情况下，公司的两类投资者——债权人和股东——共同享有公司的资产所产生的所有现金收益。公司通过利息和股利两种不同的方式使债权人和股东获得收益。① 从资产负债表的角度看，我们可以把公司支付利息和股利收益给投资者的行为看成，公司的资产带来的收益由资产负债表的左边流向资产负债表右边的资本所有者。

二、公司价值、债务价值和权益价值

在没有公司所得税的情况下，公司的价值就是公司的资产产生的所有现金流通过相应的贴现率贴现得到的现值。而公司的债务和权益的价值是，债权人获得的利息和本金以及股东得到的股利通过相应的贴现率贴现后的现值。我们知道公司生产经营产生的现金流完

① 两类投资者分享公司收益的方式有非常重要的区别：第一，支付利息和偿还债务本金要优先于支付股利，因此债务比权益的风险低。第二，绝大多数情况下利息是固定的，而权益所有者享有公司还本付息后剩余的所有收益，因此权益所有者的平均收益要高于债权人。

全由债权人和股东以利息[①]和股利的形式分享，所以公司的价值恒等于公司债务的价值加上公司权益的价值。

$$V=D+E \tag{7-1}$$

式（7-1）中V代表公司的价值，D和E分别代表公司债务和权益的价值。而当有公司所得税的时候，公司要先向政府交税，税后收益再分配给债权人和股东。因此公司经营所得的所有收益由政府、债权人和股东三方共同分享。这种情况下式（7-1）仍然成立，但因为投资者只能得到税后收益，因此此时等式左边代表的是公司的税后价值，即公司的税后现金流贴现的现值。由于政府参与分享公司收益，所以公司的税后价值要比没有所得税时小，而减小的部分就是所得税的价值。

三、资本结构问题

公司的资本结构指的是公司总资本中债务资本D和权益资本E所占的比例。可以由公司的债务权益比率（debt-equity ratio，D/E）来表示。公司金融关心的核心问题是公司的价值，因此资本结构问题的研究需要回答以下两个重要问题：

（1）公司对资本结构的选择是否会影响公司的价值?

（2）如果资本结构会影响公司的价值，那么是通过何种方式影响的?

这两个问题可以归纳为一个根本性的问题，即是否存在一个最优的资本结构使公司的价值达到最大。这个问题对公司的管理层有非常重要的意义。如果对资本结构的选择会影响到公司的价值，那么企业的管理层可以通过调整债务和权益在融资结构中的比例来增加公司的价值；而如果选择债务融资或者权益融资并不影响公司的价值，那么管理层就可以把更多的精力投入企业的投资和生产经营活动，而无须过多地关心融资问题。Modigliani 和 Miller 两位学者于 1958 年发表的论文开创性地研究了公司的资本结构和公司价值之间的关系。他们的研究成果被称为 MM 理论。这一理论为现代公司金融的发展奠定了坚实的基础，在金融学领域具有非常重要的意义。本章之后的内容将会详细介绍 MM 理论。

第二节　公司杠杆和股东收益

一、传统观点

在 MM 理论之前有很多学者研究企业的资本结构问题，当时学者们普遍认为公司的资本结构会影响公司的价值。学过资本成本的读者知道，公司的价值是公司的资产产生的现金流由公司的加权平均资本成本（WACC）贴现后的现值。[②] 而公司的加权平均资本成

---

① 包括本金偿还。

② 在有公司所得税的情况下，公司的价值是由公司的资产带来的税后现金流通过税后加权平均资本成本贴现而来的。

本是公司的债务资本成本 R_D 和权益资本成本 R_E 的加权平均。两者的权重分别为债务和权益各自的价值占公司总价值的比例。在没有公司所得税的情况下，公司的 $WACC$ 由式（7-2）表示：

$$WACC=\frac{D}{D+E}R_D+\frac{E}{D+E}R_E \tag{7-2}$$

因为债务的资本成本 R_D 要低于权益的资本成本 R_E，所以可以直观地得出结论：只要提高资本结构中债务融资的比例，公司的加权平均资本成本就会降低，公司的价值就会相应地提高。

二、公司杠杆的影响

资本结构的这种传统观点非常地简单和直观，而且对于管理层来说也很具有吸引力，因为只要简单地调整资本结构的比例，就能轻而易举地增加公司的价值，但是很可惜这种观点后来被证明是错误的。我们可以用一个简单的例子来说明问题。

在这个例子中，我们假设没有公司所得税。投资者和企业都可以以无风险利率10%不受限制地借入或借出资金。在这个经济体中，一家叫作 Hypothetical 的公司的资产总值为20 000元。目前 Hypothetical 公司共有1 000股股票，没有任何负债。因此公司权益的价值，即股东的价值等于公司的总价值20 000元，并且公司的股价为20元/股。现在 Hypothetical 公司希望负债经营，因此考虑改变公司的资本结构。公司计划借入10 000元的债务，并且用所有借入的资金回购公司的股票。基于目前公司的股价（20元/股），借入的资金可以回购500股公司股票。Hypothetical 公司改变资本结构前后的资产负债情况可以由表7-1表示。公司负债以后，股东需要先偿还10 000元的债务才能拥有公司的资产，因此总的股东权益比无负债的时候减少了10 000元。但是在公司借债回购股票的过程中，公司的总股数也相应地减少了，所以公司的股价并没有发生变化。

表7-1　Hypothetical 公司改变资本结构前后的资产负债状况

	无负债	负债
资产（元）	20 000	20 000
债务（元）	0	10 000
权益（元）	20 000	10 000
债务权益比率（D/E）	0	1
股票数（股）	1 000	500
股价（元/股）	20	20
利率	10%	10%

Hypothetical 公司的经营状况受到宏观经济不确定性的影响。宏观经济未来以相等的概率存在三种可能的前景。在经济前景正常的情况下，Hypothetical 公司得到息税前利润（$EBIT$）3 000元人民币。经济也可能扩张或衰退，在这两种前景下 Hypothetical 公司的息税前利润分别为5 000元和1 000元。因此在衰退、正常和扩张三种经济前景下，公司的资产收益率分别为5%、15%和25%。我们可以通过表7-2简单地展示出 Hypothetical

公司在无负债和负债时的经营状况。

表 7-2 Hypothetical 公司在无负债和负债时的经营状况

		经济前景		
		衰退（1/3）	正常（1/3）	扩张（1/3）
无负债	资产收益率（*ROA*）	5%	15%	25%
	息税前利润（*EBIT*，元）	1 000	3 000	5 000
	利息（元）	0	0	0
	净利润（元）	1 000	3 000	5 000
	权益收益率（*ROE*）	5%	15%	25%
	每股收益（*EPS*，元）	1	3	5
负债	资产收益率（*ROA*）	5%	15%	25%
	息税前利润（*EBIT*，元）	1 000	3 000	5 000
	利息（元）	1 000	1 000	1 000
	净利润（元）	0	2 000	4 000
	权益收益率（*ROE*）	0	20%	40%
	每股收益（*EPS*，元）	0	4	8

在这个简单的例子中，Hypothetical 公司的息税前利润（EBIT）就是公司生产经营产生的现金流，即公司资产产生的现金流。公司的资产收益率（ROA）是息税前利润占总资产的比例，度量了公司的利润状况。在没有所得税的情况下，公司的息税前利润由债权人和股东共同享有。债权人得到利息，剩余的则为股东拥有的净利润，两者之和等于公司的息税前利润。股东的权益收益率和每股收益衡量了股东的投资收益状况。

表 7-2 的上半部分显示，在 Hypothetical 公司无负债的情况下，股东享有所有的公司收益，因此净利润等于息税前利润，股东的权益收益率等于公司的资产收益率。表 7-2 的下半部分显示，在公司负债经营的情况下，息税前利润在支付债权人利息后才归属于股东。而且无论公司的经营状况如何，支付给债权人的利息都是固定的。在这种情况下，股东的权益收益率在三种不同的经济前景下分别为 0、20%和 40%。很明显，股东的期望权益收益率提高了①，但同时股东收益率波动也增加了。当经济衰退的时候，负债经营使股东的权益收益率变为 0，低于无负债经营时的 5%，每股收益变为 0，低于无负债经营时的 1 元/股；而当经济扩张时，负债经营使股东权益收益率提高到 40%，高于无负债经营时的 25%，每股收益提高到 8 元/股，高于无负债经营时的 5 元/股。这个简单的例子告诉我们，只要公司的经营收益状况（资产收益率）不因为债务水平的变化而发生改变，那么负债越多，股东收益率波动就越大。这一结论可以用图 7-1 展示。

① 在无负债的情况下，股东的期望权益收益率为 $15\%\left(=\frac{5\%+15\%+25\%}{3}\right)$；在负债的情况下，股东的期望权益收益率为 $20\%\left(=\frac{0\%+20\%+40\%}{3}\right)$。

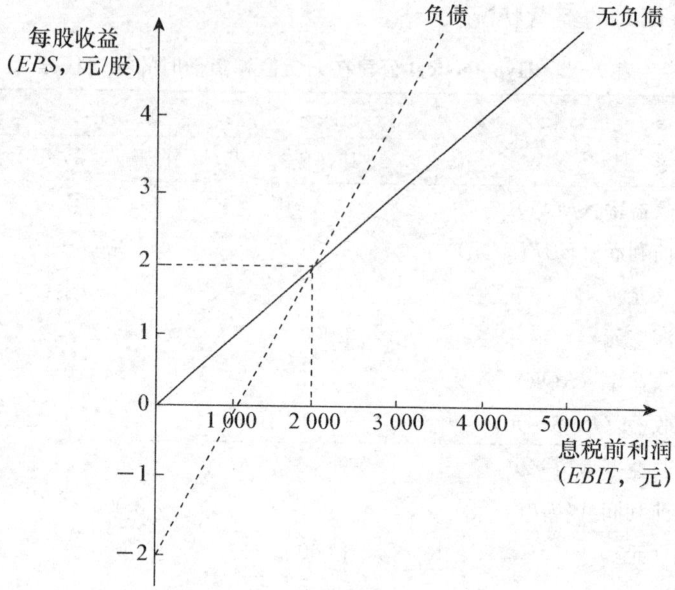

图 7-1　杠杆对股东收益的影响

图 7-1 中的实线和虚线分别代表的是企业在无负债和负债两种情况下，股东收益（每股利润）和企业收益（息税前收益）的关系。当企业无负债的时候，股东享有企业所有的收益，企业的净利润等于息税前利润。这时股东承担了企业面临的经营风险。股东收益的不确定性完全由企业经营的不确定性决定。由图中实线可知，在企业没有收益的时候，股东也没有利润，每股收益为 0。而如果企业收益提高，股东将获得所有的息税前利润，每股收益也跟着提高。图中实线的斜率度量了无负债企业股东每股收益对企业息税前利润的敏感性。当企业负债的时候，债权人优先获得收益，并且无论企业经营状况如何，债权人都要求得到相等的收益。因此，当企业经营收益较低时，债权人将获得其中大部分的收益；如果企业收益状况继续恶化，股东甚至会出现亏损。比如当企业收益为 0 时，股东非但没有收益，还必须偿还债权人的债务，净收益为负。但是，如果企业收益较高，债权人也无法要求更多收益，股东将得到较高的收益。

图 7-1 中虚线的斜率要比直线大。这说明在负债经营的情况下，股东收益对企业收益的变化更敏感。债务的出现使股东承担的风险比整个企业的经营风险更大。但是相应地，股东的期望收益也比无负债时高。由图 7-1 可知，当息税前利润为 2 000 元时，负债企业与无负债企业的股东收益相等。我们可以把这一点看作盈亏平衡点。在盈亏平衡点左边（息税前利润小于 2 000 元），股东无负债经营收益更多；而在盈亏平衡点右边（息税前利润大于 2 000 元），股东负债经营收益更多。

让我们回顾一下本节开始所提出的资本结构的传统观点：因为债务的资本成本小于权益的资本成本，所以提高总资本中债务的比例、降低权益的比例，可以减少总的资本成本，从而增加公司价值。这一论断依赖于一个隐含的假设，即当提高债务的比例时，债务的资本成本和权益的资本成本保持不变，在这种情况下，增加债务的比例才能使加权平均资本成本变小。然而本节的例子告诉我们，在没有所得税的情况下，只要企业的经营状况不变，增大债务的比例就会使股东权益收益率的波动性变得更大，风险更高。因此股东也会要求更高的期望收益率，权益的资本成本相应提高。[①] 权益资本在总资本中比例降低的同时，其资本成本却在增加，很难说降低权益的比例可以降低加权平均资本成本。很明显，传统观点的逻辑是不成立的。

三、自制杠杆

以上的例子已经说明在没有所得税的时候，改变公司的资本结构无法降低公司的加权平均资本成本。尽管如此，另有一种观点却认为，在没有所得税的情况下，公司的杠杆还可以通过其他方式改变公司的价值。这种观点基于投资者风险偏好程度的差异。有些投资者喜欢风险，而另外一些投资者可能非常厌恶风险。不同的公司可以定位于不同的投资者。定位于风险偏好型投资者的公司可以通过高杠杆吸引这类投资者，并在股价上要求一定的溢价。同理，定位于风险厌恶型投资者的公司则可以降低杠杆满足投资者的需求，同时要求股价上的溢价。通过不同的杠杆策略，不同的公司可以满足不同投资者的需求，同时增加公司的价值。

但事实上，只要投资者能像公司一样以同样的利率自由地借入和借出资金，公司杠杆就无法为投资者创造任何价值，因为投资者可以通过“自制杠杆”（homemade leverage），即个人负债，改变个人资产的风险状况，达到自己需要的风险偏好程度。在这种情况下，公司负债无法为投资者提供任何额外的效用，因此也无法为投资者创造额外的价值。下面的例子可以说明这个问题。

假设市场上只有两家公司：无负债公司和负债公司，两家公司的经营状况和上例中的Hypothetical公司一样。唯一的区别在资本结构，无负债公司没有任何负债，而负债公司的债务权益比率为1。因此表7-2的上半部分和下半部分分别表示了无负债公司和负债公司的经营状况和负债情况。如表7-2所示，无负债公司在未来三种不同的经济前景下每股收益分别为1元、3元和5元，负债公司的每股收益分别为0元、4元和8元。假设投资者A持有100股无负债公司的股票，因此他的股票总收益在未来三种经济前景下分别为100元、300元和500元。但是，A是一位偏好风险的投资者，他希望持有一家经营状况和无负债公司完全一样，但债务权益比率为1的公司，也就是说，A希望自己所持有股票的收益在未来三种经济前景下分别是0元、400元和800元。很明显他只要把无负债公司的股票换成负债公司的股票，就能满足自己的风险偏好。但是，其实A不必这么做。通过“自制杠杆”调整对无负债公司股票的投资，一样可以达到目的。

A目前持有100股无负债公司股票的成本为100×20元/股=2 000元。他可以以10%的利率再借入2 000元多买100股无负债公司的股票。由表7-3可知，A采用这种策略（策略一）后共持有200股无负债公司的股票，在三种经济前景下总收益分别为200元、600元和1 000元，减去200元的利息，净收益分别为0元、400元和800元。由表7-3最后一行可知，A个人的初始成本为2 000元。因此，在这种策略下，A通过“自制杠杆”购买无负

---

① 在本节的例子中，当Hypothetical公司的债务的比例由0变为1时，公司的权益资本成本由15%上升到20%。

债公司股票的初始投入和未来收益，同他购买负债公司股票的初始投入和未来收益完全相同。更具体地说，A用自己的2 000元加上以10%的利率借来的2 000元购买200股无负债公司股票的收益，同他用自己的2 000元购买100股负债公司股票的收益是完全一样的。

表7-3　A采用策略一在三种经济前景下的收益情况

	衰退	正常	扩张
A希望持有100股负债公司的股票			
负债公司的每股收益（*EPS*，元）	0	4	8
100股股票的收益（元）	0	400	800
初始成本＝100股×20元/股＝2 000元			
通过自制杠杆实现			
200股无负债公司的股票价值（元）	1×200＝200	3×200＝600	5×200＝1 000
2 000元债务的利息（利率10%）支出（元）	－200	－200	－200
净收益（元）	0	400	800
初始成本＝200股×20元/股－2 000元＝2 000元			

这个例子说明，喜欢高风险高收益的投资者并不需要购买高杠杆公司的股票，他可以改变个人资产中债务的比例以满足自身对风险的偏好。在这个例子中，事实上投资者A通过投资无负债公司的股票和个人借债，完全复制了负债公司的股权收益。

考虑另一种情况。投资者B持有100股负债公司的股票，这些股票在未来三种经济前景下的收益分别为0元、400元和800元。但B是一位厌恶风险的投资者，他希望自己投资的公司不要有任何负债，也就是说他希望自己所持有股票的收益在未来三种经济前景下分别为100元、300元和500元。如果B并不想持有无负债公司的股票，他该如何达成自己的愿望呢？事实上B可以卖掉自己所持有的100股负债公司股票中的50股（每股20元），把所获得的1 000元投资于利率为10%的债券（策略二）。由表7-4可以知道，50股负债公司股票的收益在不同的经济前景下分别为0元、200元和400元，再加上1 000×10%＝100元的利息收益，这种策略的投资收益正好分别为100元、300元和500元。由表7-4的最后一行可知，这种策略的初始投资成本为2 000元，和购买100股无负债公司的股票一样。因此B通过“自制杠杆”投资负债公司的股票完全复制了无负债公司的股权收益。

表7-4　A采用策略二在三种经济前景下的收益情况

	衰退	正常	扩张
A希望持有100股无负债公司的股票			
负债公司的每股收益（*EPS*，元）	1	3	5
100股股票的收益（元）	100	300	500
初始成本＝100股×20元/股＝2 000元			
通过自制杠杆实现			
50股负债公司的股票（元）	0×50＝0	4×50＝200	8×50＝400
1 000元债务的利息（利率10%）收入（元）	100	100	100
净收益（元）	100	300	500
初始成本＝50股×20元/股＋1 000元＝2 000元			

在这部分的最后，我们讨论一下公司的股价是否会因为资本结构而不同。在上面的例子中，无负债公司和负债公司的股价都为20元/股。如果市场上只有投资者A，而负债公司也知道A是喜欢风险的，那么负债公司是否能以高于20元/股的价格把股票卖给A来赚取一定的溢价呢？答案显然是否定的。假设负债公司的股价是30元/股，那么A可以以10%的利率借2 000元再加上自己原有的2 000元购买200股无负债公司的股票。这种策略的收益等同于用2 000元以20元/股的价格购买100股负债公司的股票。A当然不会以30元/股的价格去买负债公司的股票，因此任何价格高于20元/股的负债公司股票都无法在市场上成交，负债公司的股价只能是20元/股。同样道理，无负债公司的股价也只能是20元/股。

第三节　无所得税时资本结构的MM理论（定理Ⅰ、定理Ⅱ）

资本结构的MM理论总结了在三种不同的假设条件下公司的价值以及公司的资本成本同公司资本结构的关系。MM理论首先阐述了在最理想的经济环境下资本结构如何影响公司的价值和资本成本。这种理想的经济环境建立在以下四个重要假设的基础之上：

假设1：没有公司所得税。

假设2：投资者和公司可以以同样的利率借入和借出资金。

假设3：公司发行的债务为永续债券。

假设4：如果公司破产，那么没有任何破产成本。

MM定理Ⅰ(无所得税)：在以上四个假设条件下，公司的价值和资本结构没有关系，无负债公司的价值V_U和负债公司的价值V_L完全相等。

基于上一节关于“自制杠杆”的分析已经可以得出结论：公司的价值和杠杆没有关系。事实上上一节的例子建立在四个假设的基础之上：假设1、假设2、假设3，以及另一个隐含的假设：公司的息税前利润（*EBIT*）足以支付债务的利息[①]，因此在这种假设下公司不会破产。但是要使MM定理Ⅰ成立，并不需要如此严格的隐含假设。本节的假设4是比“公司不破产”更为宽松的假设。它允许有公司破产（公司*EBIT*不足以支付债务利息）的情形出现，但只要公司破产不涉及额外的成本，公司的价值就仍然和资本结构无关。以下将详细地证明MM定理Ⅰ。

假设有一家无负债的公司U和一家负债的公司L。这两家公司在同一行业经营，拥有完全相同的资产和完全一样的公司管理和运营能力。因此我们说这两家公司面临完全相同的经营风险，并且产生完全相同的资产收益率。也就是说，无论未来经济是扩张、正常还是衰退，无负债公司的现金流$EBIT_U$在任何一种情况下都和负债公司的现金流$EBIT_L$完全相同。负债公司的债务水平为D，利率为R_D。

如果在任何一种未来的经济前景下，$EBIT_L > R_D D$都成立，说明无论何种情况出现，负债公司总有足够的现金流支付债务的利息，公司不会破产。因此公司的债权人得到利息

① 债务权益比率为1的负债公司在经济前景最差的时候（经济面临衰退），公司的*EBIT*正好支付债务利息。

$R_D D$，股东得到剩余的现金流 $EBIT_L - R_D D$。负债公司的债权人和股东总共得到现金流：

$$R_D D + EBIT_L - R_D D = EBIT_L \tag{7-3}$$

负债公司的价值为其债权人和股东总共获得的现金流 $EBIT_L$ 的价值。而无负债公司只有股东一类投资者，其股东得到的现金流即为公司的现金流 $EBIT_U$。因为 $EBIT_U$ 和 $EBIT_L$ 完全相同，并且有完全相同的风险，用完全相同的贴现率贴现以后，无负债公司的价值 V_U 和负债公司的价值 V_L[①]完全相同。

如果在未来某些情况下，$EBIT_L < R_D D$，那么负债公司的现金流不足以支付其债务的利息，负债公司破产。这时股东没有任何收益，并且失去对公司的所有权，债权人接管公司。大部分情况下，公司破产以后会由第三方机构接管，直到完成公司的清算或重组。另外破产以后，公司还需要聘请律师处理相关的法律事务。第三方机构和律师收取的费用由公司的现金流支付，可以被看作公司破产带来的直接成本。除此之外，公司破产还会带来很多其他相关的间接成本。本章后面将做更为详细的介绍。

在有破产成本的情况下，债权人接管公司后得到的现金流会小于 $EBIT_L$。但本节我们假设公司破产没有成本，在这种情况下，公司破产后债权人得到公司全部的现金流 $EBIT_L$。负债企业的债权人和股东总共得到的现金流为 $EBIT_L$。无负债公司无论收益如何都不会有破产的问题，股东得到的现金流始终为 $EBIT_U$。$EBIT_L$ 和 $EBIT_U$ 不仅大小一样，风险也完全相等，因此这两个现金流的贴现率完全相等，由此得到 MM 定理Ⅰ的结论，V_U 等于 V_L。显而易见，即使在有公司破产的情况下，只要破产没有额外的成本，资本结构也不会影响公司价值。

更具体地说，对于一家无负债的公司，给定其资产的风险水平，如果股东要求的收益率为 R_U，那么 R_U 就是无负债公司的总资本成本，也是无负债公司的股权资本成本。无负债公司的价值 V_U 为

$$V_U = \frac{EBIT_U}{R_U} \tag{7-4}$$

而如果一家负债企业的资本成本为 $WACC_L$，则它的价值为

$$V_L = \frac{EBIT_L}{WACC_L}$$

因此无税情况下，MM 定理Ⅰ的另一个重要结论是

$$R_U = WACC_L = \frac{D}{D+E} R_D + \frac{E}{D+E} R_E \tag{7-5}$$

式（7-5）表达的意思是：在没有所得税的情况下，负债公司的加权平均资本成本（$WACC_L$），和它不负债时股东要求的收益率（R_U）相等。也就是说，公司的负债水平不会影响其资本成本。

式（7-5）的成立是显而易见的。根据投资组合理论，$WACC_L$ 是债权人和股东各自要求得到的收益率（考虑了债务和股权的风险后）的加权平均值，权重为债务和股权价值占公司总价值的比重。这一收益率应该体现债权人和股东所收到的总现金流的风险。在无所得税的情况下，债权人和股东总共得到的现金流就是公司的现金流，与其风险对应的贴

① 负债公司价值是其债权人和股东共同获得的现金流的价值。

现率为R_U，因此$WACC_L=R_U$，则式（7－5）成立。由式（7－4）和式（7－5），可推出：

$$V_U=V_L=\frac{EBIT_U}{R_U}=\frac{EBIT_L}{WACC_L} \tag{7-6}$$

MM定理Ⅰ本质上说的是，公司负债不改变其资产现金流的大小和风险，因此其贴现率R_U也不会改变；而在没有所得税的情况下，股东和债权人得到的现金流等于公司的现金流，贴现率$WACC_L$等于无负债时资产的贴现率R_U，因此得到MM定理Ⅰ。

公司资产现金流的大小和风险由公司的经营风险决定。公司的经营风险取决于公司投资所处的行业、现有和正在开发的产品、市场需求、公司管理团队的经验和能力等因素。比如麦当劳每年能收入多少现金流、这些现金流的风险如何，取决于麦当劳的产品吸引力、营销策略、门店的设置和管理以及客户流量等经营管理因素，而不是麦当劳用了多少比例的债务和股权。

在无所得税的情况下，尽管公司的负债不会改变公司总体的现金流的规模和风险，但是债务的水平还是会影响公司股东得到的现金流及其风险。公司杠杆越高，股东得到的现金流的波动性就越大，因此股东也会要求越高的收益率，股权的资本成本也就越高。由式（7－5）经过简单的整理可得：

$$R_E=WACC_L+(WACC_L-R_D)\frac{D}{E}$$

因为在无所得税的时候公司的资本成本等于无负债时股权的资本成本，$R_U=WACC_L$，由此我们得到MM定理Ⅱ。

MM定理Ⅱ（无所得税）：在无所得税、无破产成本的情况下公司的股权资本成本R_E和公司杠杆的关系如下：

$$R_E=R_U+(R_U-R_D)\frac{D}{E} \tag{7-7}$$

由MM定理Ⅰ可知，在无所得税的情况下，公司杠杆不影响公司资产的经营风险，R_U是个常数。因此MM定理Ⅱ描述了股权资本成本和公司杠杆之间的关系：在无所得税的情况下，公司的股权资本成本与公司的杠杆呈正的线性关系，杠杆越高，股权资本成本越高。

MM定理Ⅰ的直观理解

在本章的开始部分我们已经强调，公司的现金流由不同的经济体参与分享：政府以所得税的形式分享公司的现金流，债权人和股东分别以利息①和股利②等形式分享公司的现金流，一旦公司破产，第三方托管机构和律师分别以托管费和律师费的形式分享公司的现金流。因此，在没有所得税和破产成本的情况下，公司的现金流及其价值由债权人和股东共同享有。只要公司的资本结构不改变公司总体的经营风险，公司的价值就不会改变，债务所有者和股权所有者的总价值就不会发生变化，资本结构只是决定了投资者以何种方式分享公司总的价值。杠杆比例较高的公司投资者更多地以债务的方式分享公司的价值；而杠杆比例较低的公司投资者更多地以股权的方式分享公司的价值。

① 还包括公司偿还本金。

② 还包括公司回购股票。

我们可以用两个饼图来说明这个问题。图 7－2 中两个“饼”代表了在没有所得税和破产成本时，资产收益和风险完全相同的一家无负债公司和一家债务权益比率为 2/3 的负债公司。“饼”的大小对应公司资产现金流的价值[①]，体现了这两家公司的价值由公司的经营风险决定。两家公司资产完全相同，所以价值完全相同。无负债公司的股东 100％享有公司的价值，负债公司的股东享有公司 60％的价值，债权人享有剩余 40％的价值。在没有所得税和破产成本时资本结构不影响“饼”的大小，只决定“饼”如何在债权人和股东之间分配。

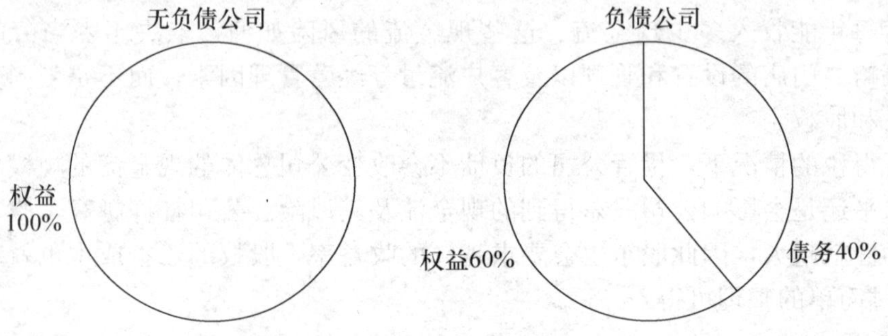

图 7－2　资本结构与企业价值：如何分饼（无所得税、无破产成本）

第四节　公司所得税和资本结构

一、公司负债和所得税

在假设没有公司所得税和破产成本的情况下，我们知道公司的资本结构不会改变公司的价值，也不会影响公司的加权平均资本成本。但这种结论只存在于理想的经济中。在真实的经济里存在各种摩擦，比如在现实世界中几乎没有任何盈利性的企业是不需要交所得税的。所得税的存在会改变公司资本结构和公司价值之间的关系。在这一节，我们假设公司需要交所得税，但是仍然假设公司不会破产或者没有破产成本。在这些假设下讨论所得税对公司价值的影响。

仍然以 Hypothetical 公司为例，假设该公司的资产为 20 000 元。公司考虑两种资本结构策略：(1) 无负债，100％的股权（1 000 股，每股 20 元）；(2) 10％利率的 10 000 元债务和 10 000 元股权（500 股，每股 20 元）。公司在两种策略下的资产、负债、权益和杠杆比率和表 7－2 完全相同。假设没有不确定性，公司未来面临的经济前景确定为扩张。公司的资产收益率（ROA）为 25％，每年的息税前利润（EBIT）为 5 000 元。公司需要支付所得税，并且所得税税率为 30％。在这些假设下，公司在无负债（债务权益比率为 0）和负债（债务权益比率为 1）两种情况下的盈利和现金流如表 7－5 所示。

① 在没有所得税的情况下公司的税前价值和税后价值相等。

表 7-5 公司在无负债和负债两种情况下的盈利和现金流

	Hypothetical 公司	
	无负债 （债务权益比率为 0）	负债 （债务权益比率为 1）
资产收益率（*ROA*）	25%	25%
息税前利润（*EBIT*，元）	5 000	5 000
利息（元）	0	1 000
税前利润（*EBT*，元）	5 000	4 000
所得税（t_C=30%，元）	1 500	1 200
净利润（元）	3 500	2 800
股东和债权人获得的现金流（净利润+利息，元）	3 500	3 800

公司无论是否负债，其资产的盈利能力并不会改变，因此公司的息税前利润不会因为杠杆比例而改变。但是公司在有 10 000 元债务的时候每年要支付 1 000 元的利息，这 1 000 元的利息使公司在负债经营时与无负债经营时相比每年减少 1 000 元的税前利润。在税率为 30%的情况下，公司负债经营每年少交 300（=1 000×30%）元的所得税。在负债经营的情况下投资者（债权人和股东）每年收到的现金流总计为 3 800 元（1 000 元利息和 2 800 元净利润），比无负债经营时投资者（股东）收到的现金流多 300 元。公司负债经营时投资者每年多获得的 300 元现金完全来源于少交的所得税。在有所得税的情况下，债务融资比股权融资有优势。因为公司支付给债权人的利息可以作为费用在当期税前利润中抵扣，减少税收的支出；而公司给股东的股利只能从净利润中提取，无法在税前抵扣。

我们也可以由如下简单的饼图来说明债务如何改变公司投资者获得的总的现金流。图 7-3 中“饼”的大小代表公司税前现金流的价值，由公司的经营风险决定，比如公司在什么行业经营，采用了什么样的生产技术。资本结构不会影响公司税前现金流的价值。但是在有所得税的情况下，资本结构会影响所得税的多少，也就是政府从“饼”中所能得到的份额。公司的负债越多，就有越多的利息可以用来抵扣利润并因此减少公司支付给政府的所得税。支付给政府的所得税越少，投资者分到的税后现金流就越多，公司的税后价值就越大。从这个角度说，多用债务融资可以增加公司的价值。

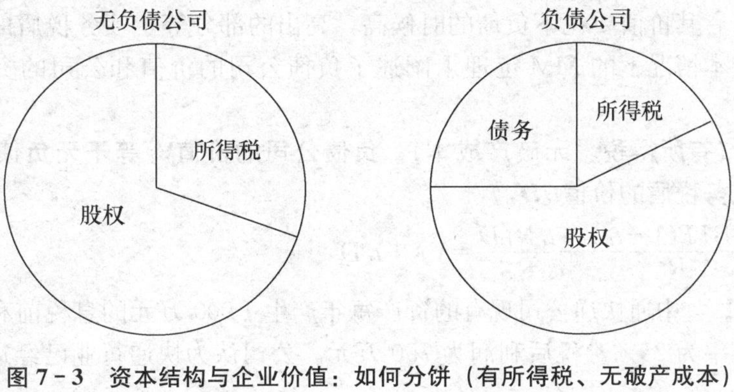

图 7-3 资本结构与企业价值：如何分饼（有所得税、无破产成本）

二、债务税盾的价值

仍然假设公司发行的是永续债券，债务的价值为 D，债务的利率为 R_D，那么公司每年支付的利息为 R_DD。在所得税税率为 t_C 的情况下，D 的债务水平可以使公司每年少付 t_CR_DD 的所得税。我们把 t_CR_DD 称作债务 D 给公司带来的税盾。债务税盾是利息带来的现金流，因此它的风险应该和公司债务的风险相当，债务税盾的价值应该通过债务的资本成本贴现得到。我们假设公司以平价发行永续债券，债务的资本成本等于公司支付的利率。因此债务税盾的现值为

$$\frac{t_CR_DD}{R_D}=t_CD$$

也就是说，如果公司多发行 D 的永续债券，每年将少支出 t_CR_DD 的所得税，新增的这些现金流使公司现在的价值增加 t_CD。

三、负债公司的价值

由刚才的分析易知，在有公司所得税而没有破产（或破产成本）的情况下，一家负债公司的价值比它不负债时的价值要大，而这两个价值的差异正好等于负债公司债务税盾的价值。因此一家负债公司的价值由两部分组成：（1）公司不负债时的价值，（2）公司的债务税盾。

公司不负债时的税后现金流为

$$EBIT(1-t_C)$$

无负债公司的税后现金流和税前现金流的风险相同，因此税后的资本成本为 R_{U}。假设公司每年都把所有的税后现金流当作股利发放给股东，公司没有新的资本投资，每年都会得到相同的税后现金流。无负债公司的价值 V_{U} 为

$$V_{\mathrm{U}}=\frac{EBIT(1-t_C)}{R_{\mathrm{U}}}$$

公司负债以后其价值要比不负债的时候高，高出的部分等于债务税盾的现值。在有所得税、无破产成本情况下的 MM 定理Ⅰ阐述了负债公司的价值和公司的资本结构之间的关系。

MM 定理Ⅰ(有所得税、无破产成本)：负债公司的价值 V_{L} 等于无负债公司的价值 V_{U} 加上负债公司债务税盾的价值 t_CD。

$$V_{\mathrm{L}}=\frac{EBIT(1-t_C)}{R_{\mathrm{U}}}+\frac{t_CR_DD}{R_D}=V_{\mathrm{U}}+t_CD \tag{7-8}$$

【例题 7-1】 中通快递公司现有的资产每年产生 1 000 万元的息税前利润（EBIT）。[①] 公司的所得税税率为 25%，税后利润为 750 万元。公司认为快递行业已经达到饱和，没有

① 假设公司利润都为现金流。

新的增长空间，因此决定维持现有的资产规模，把所有的利润都发给股东。由于没有新的资本投资，公司以后每年都产生相同的税后现金流 750 万元。中通快递公司希望通过改变资本结构中债务的比例来提高公司的价值。公司目前没有任何债务，但是管理层计划发行 1 000 万元资本成本为 10%的永续债券，募集资金全部用于回购公司的股票。快递行业无负债公司的资本成本为 20%。试问中通快递公司改变资本结构以后公司的价值和股东的价值分别是多少？

解答：

公司发行债券回购股票改变了资本结构，但是公司的经营情况没有发生任何变化，因此息税前利润不会发生变化。根据有所得税情况下的 MM 定理Ⅰ，中通快递公司在增加债务以后的价值为

$$\begin{aligned} V_{\mathrm{L}} &= \frac{EBIT(1-t_C)}{R_{\mathrm{U}}}+t_C D \\ &= \frac{1\,000\times(1-0.25)}{0.20}+0.25\times 1\,000 \\ &= 3\,750+250 \\ &= 4\,000(\text{万元}) \end{aligned}$$

中通快递公司无负债时的价值为 3 750 万元，债务水平变为 1 000 万元以后公司的价值提高到 4 000 万元，250 万元的增值来源于 1 000 万元的债务给公司带来的债务税盾的价值。负债以后，股东的价值为 3 000（= 4 000−1 000）万元。

四、负债公司的股权资本成本和公司杠杆

在有所得税、无公司破产成本的情况下，公司的股权资本成本 R_E 和公司的杠杆之间的关系与无所得税情况下两者之间的关系类似。公司的杠杆越高，股东获得的现金流波动性越大，风险也越大，股东会要求越高的资本收益率，因此股权的资本成本越高。有所得税、无破产成本情况下的 MM 定理Ⅱ阐述了公司的杠杆和股权资本成本之间的这种关系。

MM 定理Ⅱ（有所得税、无破产成本）：在有所得税、无破产成本的情况下，公司的股权资本成本 R_E 和杠杆之间的关系如下：

$$R_E=R_{\mathrm{U}}+(R_{\mathrm{U}}-R_D)\frac{D}{E}(1-t_C) \tag{7-9}$$

证明：

由 MM 定理Ⅰ的式（7-8）可知：

$$V_{\mathrm{L}}=E+D=V_{\mathrm{U}}+t_C D \tag{7-10}$$

其中 E 和 D 分别为负债公司的股权价值和债务价值。式（7-10）说明一家负债公司的价值可以被看成两组不同资产组合的价值。第一，负债公司的价值可以被看成它自身的股权和债务两种资产组合的价值；第二，负债公司的价值还可以被看成无负债公司的股权和负债公司的债务税盾两种资产组合的价值。由于这两组资产组合收到的现金流相同，它们的投资收益率也应该相等，由此：

$$ER_E+DR_D=V_UR_U+t_CDR_D \tag{7-11}$$

把式（7－10）代入式（7－11），得

$$ER_E+DR_D=[E+(1-t_C)D]R_U+t_CDR_D \tag{7-12}$$

式（7－12）两边同时除以 E 可得 MM 定理Ⅱ［式（7－9）］。

根据 MM 定理Ⅱ，例题 7－1 中中通快递公司的股权资本成本为

$$R_E=0.2+(0.2-0.1)\times\frac{1\,000}{4\,000-1\,000}\times(1-0.25)=0.225$$

五、负债公司的股权价值和股权资本成本

负债公司的总价值减去负债公司的债务价值可以得到负债公司的股权价值。但是我们也可以用另一种方法计算负债公司的股权价值。通过 MM 定理Ⅱ可以算出负债公司的股权资本成本。我们用负债公司的股权资本成本对负债公司股东得到的期望现金流进行贴现也可以得到负债公司的股权价值。

负债公司的股权价值可以由以下公式算得：

$$E=\frac{(EBIT-R_DD)(1-t_C)}{R_E} \tag{7-13}$$

由式（7－13），中通快递公司增加债务以后，公司的股东价值为

$$E=\frac{(1\,000-0.1\times1\,000)\times(1-0.25)}{0.225}=3\,000\text{（万元）}$$

因此中通快递公司在有 1 000 万元债务的情况下，股东的价值为 3 000 万元，这和之前得到的结论完全相同。

六、负债公司的加权平均资本成本和公司所得税

在没有所得税的时候，负债公司的加权平均资本成本等于债务的资本成本和股权的资本成本的加权平均，并且等于公司不负债时的股权资本成本［见式（7－5）］。然而在有所得税的时候，负债公司的加权平均资本成本等于债务的税后资本成本和股权资本成本的加权平均：

$$WACC_L=\frac{D}{V_L}R_D(1-t_C)+\frac{E}{V_L}R_E \tag{7-14}$$

在没有所得税的情况下，公司使用股权资金和债务资金的加权平均资本成本是 $\frac{D}{V_L}R_D+\frac{E}{V_L}R_E$，这是投资者在资本市场投资于同公司的股票和债务具有同等风险的其他股票和债券的组合可以获得的收益率，可以理解为投资者因为把资金投资于公司而损失的机会成本。在有所得税的情况下，投资者在资本市场投资于同公司的股票和债务具有同等风险的其他股票和债券的组合也能获得同样的收益率 $\frac{D}{V_L}R_D+\frac{E}{V_L}R_E$。但是与无所得税情况不同的是，在有所得税时，公司使用投资者的债务资金可以用利息抵扣利润，为投资者增加现金

收益。所以在有所得税的情况下，投资者把资金投资于公司所损失的机会成本要小于没有所得税时投资者的机会成本$\frac{D}{V_L}R_D+\frac{E}{V_L}R_E$，而差异就是由债务的税盾产生的。债务越多，公司为投资者增加的现金流就越多，投资者投资公司损失的机会成本（资本成本）就越小。但是，投资者以全股权形式投资于公司时的资本成本R_U并不会因为公司债务比例的变化而改变。所以，在有所得税的情况下，公司提高债务的比例会减少公司的加权平均资本成本$WACC_L$，而$WACC_L$始终小于R_U。

例题 7-1 中通快递公司的加权平均资本成本可以用如下公式计算：

$$WACC_L=\frac{1\,000}{4\,000}\times 0.1\times(1-0.25)+\frac{3\,000}{4\,000}\times 0.225=0.187\,5$$

之前我们算负债公司价值的时候先算它无负债时的价值，然后加上债务税盾的现值。其实我们也可以用现金流贴现的方法计算负债公司的价值。以中通快递公司为例，公司价值可以由以下现金流贴现的方式计算，贴现率为公司的加权平均资本成本$WACC_L$：

$$V_L=\frac{EBIT(1-t_C)}{WACC_L}=\frac{1\,000\times(1-0.25)}{0.187\,5}=4\,000(\text{万元})$$

中通快递公司调整资本结构后公司的价值为 4 000 万元，同我们之前的计算结果完全一致。

第五节　债务的成本

在有所得税、无破产成本的情况下，公司的债务比例越高，债务税盾的价值就越大，公司的价值就越大。按照这样的推理，所有的公司都应该100%地用债务为公司的资产融资，没有任何公司会用股权融资，因为与利息相比，股利是不能在税前抵扣利润的，股利无法给投资者增加价值。然而事实并非如此，现实世界中几乎没有任何公司100%地使用债务融资。过高的债务比例会增加公司破产的概率，公司破产和由此带来的破产成本，对公司的价值会产生负面的影响，这是公司不过多采用债务融资的主要原因。

一、破产成本和公司价值

在本章之前的分析中，我们都假设公司破产不发生额外的破产成本。在这样的假设下，是否破产只涉及公司的价值如何在股东和债权人之间分配，公司总的价值并不会受到影响。但是，现实世界中破产是不可能没有成本的。破产涉及很多法律问题，所以聘请律师是必不可少的。另外，申请破产的公司大部分会由第三方机构（比如资产管理公司）托管，由此产生的律师费和托管费，必须在公司的债权人和股东分配公司资产之前支付。因此对债权人和股东而言，这些费用就是破产给他们带来的成本。下面我们以一个具体的例子说明破产成本如何影响公司价值。

【例题7-2】 假设纺织行业未来的成长性有限，中国纺织公司[①]打算退出纺织业。公司计划一年以后彻底退出。根据市场预期，下一年中国经济继续繁荣和开始衰退的概率各为50%。在经济继续繁荣的情况下，公司预计收入现金流为100万元；如果经济出现衰退，公司的现金流为50万元。在下一年，公司到期债务的本金加上利息为60万元。显然，如果经济继续向好，公司收获100万元现金，60万元用于还债，股东还能得到40万元。一旦经济不好，公司只能赚到50万元，不足以偿还债务，公司破产，债权人接管公司所有的资产，股东没有任何收益。但债权人在公司破产的时候能得到多少收益，取决于是否有破产成本。假设没有破产成本，债权人在公司破产的情况下可以得到公司的所有50万元现金；但是如果公司破产需要聘请律师处理法律事务，需要第三方资产管理公司托管，并且假设这些费用总计15万元，那么债权人在破产的情况下只能得到35万元现金。表7-6显示了在无破产成本和有15万元的破产成本两种情况下，公司的股东和债权人的现金收益状况。

表7-6 在无破产成本和有破产成本两种情况下公司的股东和债权人的现金收益 单位：万元

	无破产成本（0万元）		有破产成本（15万元）	
	经济繁荣（概率：50%）	经济衰退（概率：50%）	经济繁荣（概率：50%）	经济衰退（概率：50%）
公司现金流	100	50	100	50
债权人现金流	60	50	60	35
股东现金流	40	0	40	0

解答：

假设无风险利率为10%，并且公司的股东和债权人都是风险中性的[②]，我们可以算出股权和债务在两种情况下各自的价值。

在破产成本为0的情况下，债务的价值D_0为

$$D_0=\frac{60\times0.5+50\times0.5}{1.1}=50\text{（万元）}$$

股权的价值E_0为

$$E_0=\frac{40\times0.5}{1.1}=18.18\text{（万元）}$$

公司的价值V_0为

$$V_0=\frac{100\times0.5+50\times0.5}{1.1}=68.18\text{（万元）}\tag{7-15}$$

公司的价值正好是债务的价值加上股权的价值。

在破产成本为15万元的情况下，债务的价值D_1为

$$D_1=\frac{60\times0.5+(50-15)\times0.5}{1.1}=43.18\text{（万元）}$$

① 本例中中国纺织公司为一家假设的公司。

② 风险中性的投资者在计算现金流现值的时候用无风险利率对期望现金流贴现，不需要调整风险溢价（risk premium）。

公司股权的价值$E_1=E_0=18.18$（万元）。公司的价值V_1为

$$V_1=\frac{100\times 0.5+(50-15)\times 0.5}{1.1}=61.36\text{（万元）} \tag{7-16}$$

比较式（7-15）和式（7-16），我们发现公司价值在破产成本为15万元的情况下比在破产成本为0的情况下少了6.82万元，而这一差异正好等于预期破产成本的现值：

$$\frac{15\times 0.5}{1.1}=6.82\text{（万元）}$$

由例题7-2易见，只要（1）破产发生的时候产生额外的破产成本，并且（2）破产发生的概率为正，那么这种可能的破产就会在事前对公司的价值产生负面的影响。破产对公司预期价值的影响是由破产成本和破产概率两个主要因素[①]决定的，破产成本越高，破产发生的概率越大，公司的价值就越小。

二、债务对公司价值的负面效应

由上面的分析可知，破产发生的概率越大，破产对公司价值的负面影响就越大。而债务比例越高，公司破产发生的概率就越大，公司的预期价值就越小。这就是使用债务融资对公司价值的负面影响（使用债务融资的成本）。

现在假设例题7-2中的中国纺织公司一旦发生破产，破产成本为15万元。其他条件都不变，现在假设公司在之前的经营中使用了很多的债务融资，下一年到期的债务本金和利息合计有120万元。这时股东和债权人在不同的经济情况下的现金流如表7-7所示。

表7-7 股东和债权人在不同的经济情况下的现金流 单位：万元

	破产成本（15万元）	
	经济繁荣（概率：50%）	经济衰退（概率：50%）
公司现金流	100	50
债权人现金流	85	35
股东现金流	0	0

在120万元的债务假设下，无论下一年经济前景如何，中国纺织公司都会面临破产，即使在经济繁荣的情况下，公司也会有破产成本，债权人接管公司，股东没有任何现金收益。公司在两种情况下都会有破产成本。债务的价值D_2为

$$D_2=\frac{85\times 0.5+35\times 0.5}{1.1}=54.54\text{（万元）} \tag{7-17}$$

股权的价值$E_2=0$。公司的价值$V_2=54.54+0=54.54$（万元）。V_2和V_1相比又小了6.82万元。公司债务水平从60万元提高到120万元，使公司即使在经济繁荣的情况下也面临破产，破产的概率比原来增加了50%，因此预期的破产对公司价值的负面影响增加了6.82万元。这就是债务比例对公司价值的负面影响。

① 贴现率是除此之外的第三个因素。

三、直接破产成本和间接破产成本

我们刚才讨论破产时涉及的律师费用和第三方托管公司收取的托管费有一个特点：只有公司真的发生破产才会产生这些费用，而如果公司不破产的话，就不会有这些费用，也就是说这些成本是公司发生破产直接导致的，所以这种成本被称为直接破产成本（direct bankruptcy cost）。事实上破产给公司造成的负面影响并不只有直接破产成本。还有一类与破产相关的成本被称为间接破产成本（indirect bankruptcy cost）。与直接破产成本不同，间接破产成本并不是因为公司发生了破产而产生的成本。当公司的债务比例较高时，公司的现金流很可能无法支付债务的本金和利息，这时公司的破产概率较大。我们称公司处于财务困境，但公司这时并没有真正破产。当公司处于财务困境，濒临破产而尚未破产的时候，公司的各类利益相关者为最大化自己的私人利益很可能做出有损公司整体利益的行为。这种行为对公司价值产生的负面效应被称为间接破产成本。

（一）企业的利益相关者

现代企业理论和现代金融理论认为，企业是各种与企业有关的利益相关者的集合体。这些经济体之所以被称为企业的利益相关者是因为它们的自身利益会受到企业经营状况的影响。企业的利益相关者可分为两大类：财务利益相关者（financial stakeholder）和非财务利益相关者（non-financial stakeholder）。企业的财务利益相关者就是企业的投资者，包括企业的股东和债权人。财务利益相关者把自己的资金投资于企业，并预期获得财务（投资）收益。企业的经营状况会影响到股东和债权人的财务（投资）收益。因为自身的财务利益受到企业经营状况的影响，股东和债权人被称为企业的财务利益相关者。

企业的非财务利益相关者主要包括企业的客户、员工、供应商和政府。尽管这些经济体或个人并不是企业的投资者，但是他们的自身利益也和企业的状况密切相关。企业一旦破产，将无法保持高品质的售后及维修服务，购买企业产品的客户的利益将受到极大的影响；企业破产以后不但无法继续保持高增长而且大多会为减少成本而裁员，这对员工的个人职业发展是极大的负面影响；如果企业破产，其供应商无疑将损失大量的订单，利益也将受到很大影响；对于政府而言，企业破产、公司裁员会影响当地经济，甚至影响社会稳定，也是政府不愿意看到的。

（二）间接破产成本Ⅰ：财务利益相关者的利益冲突

股权和债务是分享公司收益和价值的两种不同方式，只是其分享公司价值的形式有所不同。债务优先享有公司的现金流，但是债务得到的现金流是有限的，一旦公司无法支付债权人的收益，债权人就会接管公司。而股权则相反，在债务之后分享所有剩余的公司价值，一旦公司无法偿还债务的利息和本金，股东就会失去对公司的控制权，但是股东对债权人的偿付以其在公司的股权价值为上限，也就是股东的偿付责任是有限的。股权和债务分享公司价值的不同方式，使两类投资人偏好不同性质的投资项目。在公司处于财务困境的时候，股东和债权人对项目偏好的冲突会更明显。股东会做出对自己有利而对债权人不利的投资决策。这些投资决策往往会提高股权的价值而损害债务的价值。当债务价值的损失超过股权价值的增加时，公司总价值也会减少。

【例题 7－3】债务悬置（debt overhang）

假设作为一位商学院的毕业生，你毕业以后加入一家上市公司协助财务主管对各种资本投资项目做出评估。现在公司有一个项目，产生无风险的永续现金流，每年产生的现金流是初始投资的 12%。无风险利率为 10%。公司没有资金做这个项目，必须要借钱融资。但是公司现有的债务比例已经很高，并且现有债务的附带条款规定公司现有的债权人必须优先获得公司的现金流。考虑到目前公司的高杠杆以及现有债权人的现金优先权，新的债权人会要求较高的利率以补偿公司一旦破产而无法收回本金和利息的风险。假设金融市场是完全竞争的，而新的债权人要求的利率为 13%。请问你应该给公司什么样的建议？是否应该以 13%的利率借钱从事这个无风险项目？

这个无风险项目的内含收益率（IRR）是 12%。因为项目现金流是无风险的，因此 10%是项目的贴现率。IRR 高于贴现率，说明这个项目是一个能为公司带来正的净现值（NPV）的项目。也就是说这个项目为公司创造了价值。按照净现值法则，公司应该投资这个项目。但是目前公司的债务比例已经很高，借钱融资的成本为每年 13%，超过项目每年 12%的收益率，而且在偿还新债权人之前还必须先偿还现有债权人的利息和本金。也就是说公司一旦借钱做这个项目，项目每年 12%的收益率不足以支付现有债权人和新债权人的本金和利息。为了不破产，股东除了项目的现金流外还必须用自己的现金流去偿还债务。做这个项目，股东不但无法得到现金流，还会损失自己的价值。为什么会这样呢？为什么项目为公司创造价值，但是股东却面临价值的损失？

此项目的净现值为正，说明这一项目确实为公司创造了价值。这意味着，如果公司做这个项目，公司的投资者——股东和债权人——作为一个整体他们共同的价值比以前增加了。但是根据我们之前的分析，股东的股权价值因为做了这个项目比以前减少了。那么债权人的债务价值必定比以前增加了。那到底是新的债权人还是现有债权人赚取了这部分价值呢？新债权人要求 13%的利率收益，但是考虑到新债权人在现有债权人之后获得公司的现金流，并且公司的现有债务比例已经较高，13%的利率只是刚好补偿新的债权人所承担的风险。新的债务被正确定价，新的债权人除了获得补偿风险应得的收益外并没有得到额外的收益，也就是说新债权人没有从无风险项目创造的价值中得到好处。事实上公司现有债务比例较高，如果不投资这个无风险项目，现有债权人也可能面临无法收回利息和本金的风险。但是由于现有债权人具有优先获得现金的权利，投资无风险的项目会大大增加现有债权人收回本金和利息的概率，减少现有债务的风险，增加现有债务的价值。因为无风险项目为公司创造了价值，新的债权人没有从项目得到额外的收益，股东的价值有所损失，现有债权人的债务增加的价值等于项目的净现值和股东损失的价值之和。

尽管项目为公司投资者创造了价值，但是现有债权人从项目中获得了最大的收益。现有债权人不仅获得了项目创造的所有价值，而且得到了股东的一部分价值。这主要由两个原因造成：(1) 项目本身是无风险的，而债务能从无风险的现金流获得最大好处。(2) 现有债权人拥有现金流的优先权，这使新的债权人为了补偿自己的风险要求高收益率。而股东是最后得到现金流的，新债权人要求的高收益率直接导致了股东的损失。股东为了减少自己的损失会放弃这个净现值为正的无风险项目，公司的价值因此遭到损失。当公司债务比例很高，并且债务中附带优先获得现金权的条款时，股东常常会放弃净现值为正的无风险或风险很低的项目。我们把这种行为称作由债务悬置引起的投资不足。

不管是银行贷款还是公开发行的债券，拥有优先获得公司现金流的权利都是债权人很普遍的要求。尤其当公司债务比例较高的时候，债务中带有这种附加条款的概率是很高的。由债务悬置引起公司投资不足是很普遍的现象，我们可以把这种现象看作债务融资的成本，是间接破产成本的一种重要形式。

无风险项目增加债务的价值，当股东自己的利益受损时会放弃净现值为正、风险很小并且对公司和债权人有好处的项目。股东喜欢风险高的项目，当公司处于财务困境时，这种表现更为明显。股东会追求风险很高而净现值很小的项目。

【例题 7-4】资产置换（asset substitution）

一位刚毕业的 MBA 学生设立了自己的公司，成为 CEO，打算创业。公司有 A 和 B 两个创业项目可供选择。这两个项目的初始投资额都是 100 万元。未来的经济前景有 50%的概率为繁荣，50%的概率为衰退。两个项目在未来的收益如表 7-8 所示。

表 7-8

单位：万元

	现金流	
	经济繁荣（概率：50%）	经济衰退（概率：50%）
项目 A	160	120
项目 B	190	60

假设公司 CEO 是风险中性的，并且无风险利率为 0。项目 A 和项目 B 的净现值分别为

$$NPV_A=160\times 0.5+120\times 0.5-100=40(\text{万元})$$

$$NPV_B=190\times 0.5+60\times 0.5-100=25(\text{万元})$$

$$NPV_A>NPV_B$$

很明显，项目 A 比项目 B 的净现值大。公司的 CEO 打算 100 万元的初始投入全部从银行借款，使公司成为一家 100%负债的公司。假设银行也是风险中性的，金融市场是完全竞争的。如果银行认为公司会选择净现值较大的项目 A，银行借出 100 万元，会要求一年后公司偿还 100 万元。因为在公司选择项目 A，银行要求偿还 100 万元的情况下，银行的期望收益正好是 100 万元。①

但是在这种情况下，作为股东的 CEO 是否真的会选择净现值更大的项目呢？在银行要求公司偿还 100 万元的情况下，股东选择项目 A 和项目 B 的期望收益分别为

$$E_A=0.5\times(160-100)+0.5\times(120-100)=40(\text{万元})$$

$$E_B=0.5\times(190-100)=45(\text{万元})$$

在银行要求一年后偿还 100 万元的情况下，股东选择项目 B 的收益更大。为什么会这样呢？我们观察项目 A 和项目 B 的特征就可以发现答案。项目 A 比项目 B 的期望收益高，但是项目 B 的收益比项目 A 的收益波动性更大。项目现金流的波动性越大，对股东的价

① 在假设无风险利率是 0、银行是风险中性的情况下，银行要求的期望收益等于银行的初始借款。如果公司选择项目 A，银行要求公司偿还 100 万元，那么在任何经济前景下公司都不会破产，银行都可以得到 100 万元。银行的期望收益 $=100\times 0.5+100\times 0.5=100$（万元）。如果公司选择项目 B，那么银行如果要得到 100 万元的期望收益就必须要求公司一年后偿还的金额超过 100 万元。

值越大。股权的一个非常重要的特点是收益和损失的不对称性。经济好的时候股东的收益理论上可以是无限的，而经济不好公司破产的时候股东的损失是有限的，股东对债务的偿付仅限于其投入公司股权的价值。这个特点使股东更喜欢风险大的项目，因为现金流波动性越大，股东的平均收益就越大。

在这个例子中，股东更喜欢项目B。当经济好的时候，股东得到90万元现金流；当经济不好的时候，公司破产，债权人得到公司的60万元现金流。股东是有限责任，并不需要额外支付债权人40万元现金流，股东的收益为0。从项目A转移到项目B，股权的价值由40万元增加为45万元，但是很显然股东价值的增加是以公司和债权人价值的减少为代价的。当股东选择项目B时，银行的期望收益为80（=0.5×100+0.5×60）万元。由项目A转为项目B，银行的期望收益减少了20万元。公司的整体价值由140万元下降到125万元。股东对债务的违约可以减少债权人的价值，增加股东的价值。

股东对债务的有限责任使股东更偏好高风险低净现值的项目，公司价值会因为股东的这种动机而受到影响。公司债务比例越高，股东的这种动机就越强。一种极端情况是，当公司的债务比例极高以至于资产的价值不足以偿还公司的债务时，股东甚至有非常强的动机去投资风险极高但净现值为负的项目。对于债务比例非常高而资不抵债的公司，普通风险的项目即使有正的净现值，项目的现金流也必须先用于偿还债务。这样的项目只会增加债务的价值。投资于风险极高但净现值为负的项目就好比赌博。项目现金流非常差的时候股东也不会有更大的损失，但是一旦项目现金流非常好的情况出现，股东就不但可以还清债务，还能有很高的收益。尽管这个概率可能也不是很大，但是和普通风险的项目相比，至少是正的，即股东至少有翻身的机会。

（三）间接破产成本Ⅱ：非财务利益相关者的利益冲突

公司的非财务利益相关者并不是公司的投资者，但是他们的利益很大程度上也会受到公司状况的影响。以公司的客户为例，一旦公司最终破产，公司将无法为客户提供长期高质量的售后服务。因此公司破产会使客户购买的产品大幅贬值，严重影响客户的利益。尤其对于耐用商品的价值来说，更大程度上受到公司所提供的售后维修等服务的影响，比如家用汽车能否长时间保持良好的性能和稳定性，取决于保养和维护。而对于日用品之类的非耐用商品，售后服务就没有那么重要了。当公司处于财务困境时，破产的概率变得很大。为避免公司破产对自己产生巨大的不利影响，客户会选择放弃购买濒临破产的公司的产品，转而购买其他商家的产品。因此，当公司处于财务困境时，破产概率变大，就会失去大量的客户和产品销量。这对公司的价值是巨大的损失。

【例题7-5】克莱斯勒的财务危机

20世纪70年代，美国三大汽车公司之一的克莱斯勒陷入财务困境，并且有很大的概率出现债务违约，进入破产状态，而当时美国政府并没有进行干预和救助。1979年，克莱斯勒对旗下的小汽车和拖拉机进行打折销售，以吸引那些由于公司陷入财务危机而远离克莱斯勒产品的消费者。据克莱斯勒自己的估计，当时平均每辆车的打折幅度为300美元，打折以后总共卖掉143.8万辆车。

基于这些数据，我们可以简单地估算克莱斯勒在财务困境中为留住客户而损失的销售额为143.8万美元×300 = 4.31亿美元。克莱斯勒由于财务困境而遭受的4.31亿美元的损失几乎相当于当时整个公司股权的市场价值。可见在财务危机中为留住消费者，克莱斯勒付出了巨大的代价。而我们对该项损失的简单估算甚至还没有包括由于对产品的顾虑选择放弃克莱斯勒转而购买其他公司产品的顾客。

同公司客户的情况类似，公司的其他利益相关者为避免公司破产对自身利益造成的损失，也会在公司处于财务困境的时候选择离开公司或减少与公司的业务往来。比如当公司处于财务困境时，公司员工为了避免被裁员会选择去其他公司工作。公司的供应商会减少为处于财务危机中的公司供货。供应商也希望与财务状况稳健的公司做更多的业务。在公司处于财务困境的时候，各种利益相关者都会选择保护自己的利益，这使公司的运营变得无比艰难。在这种情况下，公司的价值自然会减少。

第六节　最优资本结构

在有所得税、无破产成本的情况下，债务融资可以为公司带来税盾，增加公司的价值。因此公司应该尽量多地用债务融资。但是当公司有破产成本的时候，债务越多，公司破产的概率就越大，公司的期望破产成本就越高，债务就会给公司价值带来负面影响。所以，在既有所得税、又有破产成本的情况下，公司在决定资本结构的时候需要同时考虑债务带来的收益和成本，在两者之间进行权衡，以使公司价值达到最大。

图 7-4 表示了在不同的假设条件下，公司价值和公司债务水平的关系。图中水平直线表示了在没有所得税、没有破产成本的情况下，公司价值和公司债务水平之间的关系。我们知道，在这种情况下公司价值不受公司债务水平的影响。最上方的斜线表示了在有所得税、没有破产成本的情况下，公司价值和债务水平的关系。由于债务给公司带来了税盾，公司的价值随债务的增加而提高。图中位于两条直线之间的倒 U 形曲线表示的是在有所得税和破产成本的情况下，公司价值和债务水平的关系。当公司没有负债的时候，增加 1 元债务可以使公司享受更多税盾带来的好处。而此时公司的破产概率几乎不会因为多借了 1 元的债务而有任何变化，因此公司的期望破产成本也不会有很大的变化。这时债务的边际收益大于边际成本，增加债务融资使公司的价值提高。当公司债务的数量不断增多时，债务的边际收益降低，边际成本提高，直到债务的边际收益等于边际成本的时候，公司的价值达到最大，这时的债务水平是使公司价值达到最大的最优债务水平。如果债务融资的数量继续增加，那么公司破产的可能性变得越来越大，债务的边际成本高于边际收益，公司的价值开始下降。所以，在有所得税和破产成本的时候，公司存在最优资本结构。当公司达到最优资本结构的时候，债务的边际收益等于边际成本，这时公司的价值达到最大。

图 7-5 表示了在不同的假设条件下，公司的加权平均资本成本和公司债务水平的关系。

图中的水平线代表了在没有所得税并且没有破产成本时公司的资本成本。这时公司的加权平均资本成本是常数，等于公司无负债时的资本成本，体现了公司资产的风险。最底下的曲线表示了在有公司所得税但没有破产成本的情况下公司的加权平均资本成本和公司

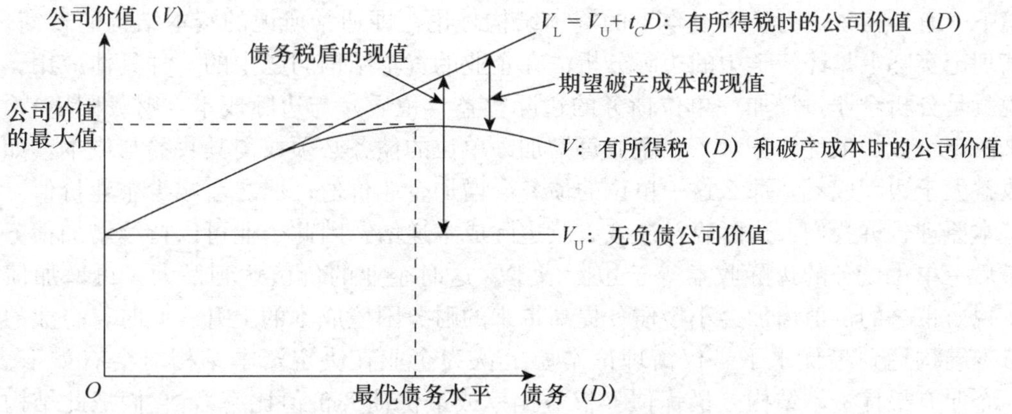

图 7－4　公司债务与公司价值（权衡税盾与破产）

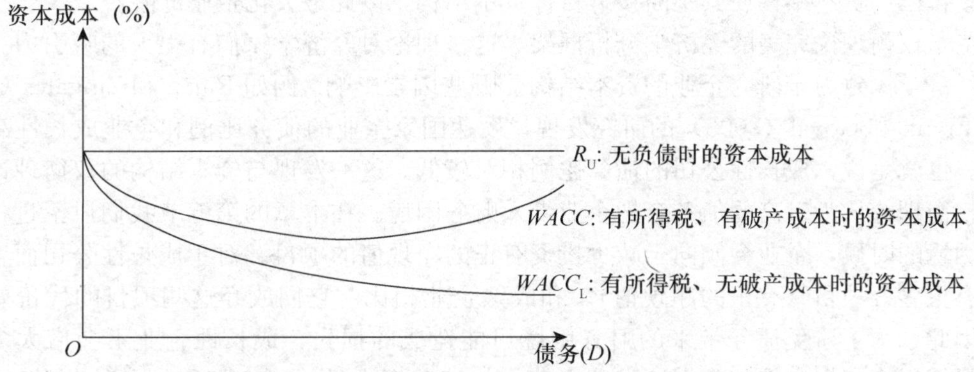

图 7－5　公司债务与公司资本成本（权衡税盾与破产）

债务水平之间的关系。这时候债务融资没有成本，增加债务可以增加税盾的价值，降低公司的加权平均资本成本，所以用越多的债务融资，公司的资本成本越小。中间的曲线表示了在有所得税并且有破产成本的情况下，公司的加权平均资本成本和债务水平的关系。

当无负债公司每增加 1 元债务，公司增加的税盾价值大于公司增加的预期破产成本时，公司的加权平均资本成本下降。当公司继续增加债务后，每 1 元的债务税盾为公司带来的价值减少，而每 1 元债务使公司增加的预期破产成本上升。当债务继续增加，直到每 1 元的债务给公司带来的税盾价值与其使公司增加的预期破产成本相等的时候，公司达到最优资本结构，此时加权平均资本成本达到最低水平。当债务水平继续增加，每 1 元债务带来的税盾价值小于其使公司增加的预期破产成本时，公司加权平均资本成本开始上升。

第七节　资本结构的权衡理论与融资优序理论

本章到目前为止先后分析了在三种不同的市场条件［(1) 无所得税、无破产成本；(2) 有所得税、无破产成本；(3) 有所得税、有破产成本］下，资本结构对企业价值的影响。本章的分析起始于最理想的市场情况（无所得税、无破产成本），最终导出在最接近真实市场环境下（有所得税、有破产成本）的资本结构理论，即通常所说的资本结构的权衡理论。权衡理论实际上是经济学中的边际分析法在企业的资本结构问题中的一种具体应用。具体来说就是分析企业每增加一单位债务的边际收益（税盾）与边际成本（财务困境），并以此来决定企业的最优债务水平。企业每增加一单位的债务必须权衡其收益与成本。如果边际收益大于边际成本，那么这一单位的债务会增加企业价值；反之会减少企业价值。经济学基本原理告诉我们：边际收益递减以及边际成本递增。因此企业可以持续增加债务，直至最后一单位债务的边际收益等于边际成本。这时企业的价值达到最大。再增加债务的话，税盾带来的价值增加会小于债务提高带来的财务困境成本的上升。此时，企业的债务或资本结构达到最优水平。权衡理论本质上认为企业在决定资本结构时会有如下表现：(1) 企业有最优资本结构（最优债务权益比率或最优债务价值比率），它们把此结构设为目标资本结构。(2) 在企业的经营过程中，如果实际资本结构偏离了目标资本结构，企业会调整自己的资本结构使其不断接近目标资本结构，以此最大化企业价值。

鉴于权衡理论完美的经济学分析框架，这一理论对经济学家们有很大的吸引力。很多权威经济学家致力于研究企业的资本结构受哪些因素影响。例如 Rajan 和 Zingales (1995) 以及 Frank 和 Goyal (2003) 的研究发现，发达国家企业的债务比例和企业成长性高度负相关。也就是说，成长性公司的债务比例相对较低。这一发现与资本结构的权衡理论相一致。权衡理论认为过高的债务会把企业带入财务困境。在本章的第五节我们讨论过，面临财务困境的时候，企业会倾向于减少投资有正的净现值的项目。对于成长性公司而言，它们拥有更多好项目（有正的净现值）。和成熟企业相比，它们放弃这些项目的代价要高得多。因此，为了避免债务带来的财务困境可能造成的损失，成长性企业不会借太多的债务。尽管很多证据支持权衡理论，即企业在构建其资本结构时会权衡债务的收益和成本，但这一理论并不是唯一可以解释企业资本结构的理论。

融资优序理论是除了权衡理论之外另一种非常流行并且能较好地解释企业资本结构行为的理论。按照资本结构的融资优序理论，企业的融资行为表现为如下特征：

(1) 当企业需要资金时，相对于外源融资（债务融资和权益融资），它们更倾向于内源融资（企业持有的现金存量）。

(2) 企业的资金需求取决于其经营活动和投资活动的波动性。当经营活动产生的现金流少于最优投资需要的现金支出时，企业产生资金缺口。这种情况下企业会首先使用账上持有的现金来满足资金需求。

(3) 如果企业账上的现金存量仍不足以满足资金缺口，企业会寻求外部融资。但是进行外部融资的时候会首先考虑债务资金，其次考虑可转债等股债混合类资金，最后才考虑权益类资金。

融资优序理论描述了企业在融资时对不同资金的偏好顺序。企业最喜欢的是自己的内部资金，其次是外部资金中的债务融资，最后是外部资金中的权益融资。企业在其融资过程中严格按照这一顺序进行融资。最终企业的资本结构是由每一期经营活动现金流和最优投资需求之间的随机差异造成的。因此，和权衡理论不同，融资优序理论认为，企业并无事前定好的目标资本结构。按融资优序进行融资就能最大化企业价值。理论上，企业的融资优序是由不同资金的融资成本差异造成的。融资成本中很重要的一部分为直接融资成本。比如，内部资金（企业自持现金和经营活动产生的现金流）可直接用于企业投资，无须经过外部资金的募集过程，因此成本相对较低；外部资金无论是通过发行股票还是债券来获得，都需要投资银行的协助并支付一定费用。股票相对于债券风险较高，发行股票比发行债券的难度更大，因此投资银行会收取更高的费用。由直接融资成本造成的差异，使企业更偏好使用内部资金而最不喜欢使用外部权益资金进行融资。Myers（1984）的论文讨论了由信息不对称造成的不同资金产生的间接融资成本。权益融资受到公司内部人和外部投资者（股东）之间信息不对称的影响较大，所以造成了较大的间接融资成本。而企业使用内部资金不需要额外的融资过程，因此不受企业内外信息不对称的影响。而债务融资受信息不对称的影响所产生的间接融资成本介于企业内部资金和权益资金之间。因此，由信息不对称造成的间接融资成本的差异，也会使企业更偏好使用内部资金胜于外部权益资金。

权衡理论和融资优序理论的核心差异在于企业有没有目标资本结构。前者认为有，而后者认为没有。事实上在金融学发展的很长一段时间中，学者们致力于研究企业决定其资本结构的行为究竟是符合权衡理论还是融资优序理论。然而目前的经验证据告诉我们，很难排除任何一种理论在现实中的作用。企业会权衡债务融资的收益和成本，也会考虑不同资金的融资成本。

第八节　中国企业的股权融资偏好：中国版的融资优序理论

资本结构是企业最重要的决策之一，因此学者们不仅致力于研究资本结构理论（权衡理论和融资优序理论）在美国所起的作用，而且关心资本结构的决定因素在不同国家是否有不同的表现。比如，Rajan 和 Zingales（1995）研究了美国、日本、德国、法国、意大利和加拿大等七个发达国家企业资本结构的决定因素。研究发现，企业的成长性、固定资产比例、盈利能力和企业规模这四个因素和资本结构高度相关。这些因素对企业资本结构的影响方式告诉我们：权衡理论和融资优序理论都能在一定程度上解释资本结构，并没有哪一个理论完全优于另一个理论。Booth 等（2001）进一步研究了 10 个发展中国家企业资本结构的决定因素。这 10 个国家包括巴西、墨西哥、印度、韩国、约旦、马来西亚、巴基斯坦、泰国、土耳其和津巴布韦。研究结果发现，影响发达国家资本结构的因素在发展中国家对资本结构有同向的影响，但是这些因素在不同国家对资本结构的影响程度有较大的区别。也就是说，不同国家特定的经济制度环境对企业资本结构也会有额外的影响。

本节重点讨论中国企业在决定资本结构时的独特表现。具体来说，根据融资优序理论，企业在寻求外部融资时首先选择债务融资，在无法获得更多债务融资的情况下才选择股权融资。然而中国企业在选择外部融资的时候更倾向于股权融资，表现出特殊的股权融资偏好。黄少安与张岗（2001）比较了美国企业和中国企业 1992—2000 年的融资偏好。两位学者发现美国企业自 1994 年以后在股权融资上呈现出负的趋势，即公司回购股票要多于在资本市场上增发的新股。很显然，美国企业不喜欢股权融资。这完全符合融资优序理论。然而在同一时期，中国企业的债务比例不断下降。钟宁桦等（2016）在不同的时间段也发现了同样的趋势。基于400万个规模以上工业企业的数据，他们发现中国企业的平均负债率不断下降，从1998年的65%持续下降到2013年的51%。这些现象说明中国企业相对于美国企业来说更偏好股权融资，并且这一趋势越来越明显。很显然，中国企业表现出对外部资金的不同偏好，这和传统的融资优序理论不一致。我们可以把这种现象理解为中国版的融资优序理论。

那究竟是什么原因造成中国企业更偏好股权融资而不是债务融资呢？很多学者对此做了深入的研究，提出了很多解释。在这一节简单讨论一些我们认为较有说服力的解释。我们认为中国的制度环境造成了企业对权益融资的偏好。

（1）国有企业高管的代理问题。中国经济中存在较高比例的国有控股企业。国有企业高管大多由行政系统任命。中小股东很难对国有企业高管形成监管压力。另外，由于市场指标方面的考核只是国有企业高管考核指标的一部分（另一部分是行政考核），因此企业的经营绩效对国有企业高管的激励效果较小。在缺乏股东监管和缺少业绩激励的双重效应下，国有企业高管会利用企业的资源进行在职消费。债务融资由于有确定的到期日，客观上对国有企业高管能用于在职消费的资源数量起到遏制作用，因此国有企业高管会更倾向于没有到期日的股权融资。

（2）上市公司大股东和中小股东的利益冲突。中国上市公司股权结构普遍较为集中，一般上市企业的大股东会持有上市公司较大比例的股份，比如处于中美贸易摩擦风口浪尖的中国上市公司中兴通讯（股票代码：000063）。截至2018年9月18日，中兴通讯的第一大股东为中兴通讯有限公司，其持有中兴通讯30.36%的股份，而第二大股东香港中央结算代理人有限公司仅持有18%的股份。上市公司大股东的股权比例过高使大股东对上市公司拥有绝对的控制权。大股东很容易把上市公司的资产（比如现金、设备等）转移到自己公司，从而损害中小股东的利益。在这种情况下，大股东更倾向于利用上市公司发行股票而不是借债来获得资金，因为发行股票募集的资金不需要偿还，更有利于大股东利用自己对上市公司的绝对控制权把资金转移至自己公司。这也是大量中国上市公司偏好股权融资的一大原因。

（3）中国企业的股权融资实际成本较低。无论是国有企业高管追求在职消费还是上市公司大股东侵占中小股东利益，本质上都是由中国相对较弱的公司治理环境造成的。较弱的公司治理环境还会使企业不愿发放现金股利，因为中小股东没有办法迫使上市公司发放现金股利。我们知道，股权融资的收益很大一部分由现金股利构成。如果企业能长期不发放现金股利，那么实质上意味着它们获得了长期低成本的股权融资。从资本成本的角度考虑，这比债务融资更有吸引力。这也是中国企业喜欢股权融资的很重要的原因之一。

总的来说，中国企业在需要外部资金的时候更倾向于股权融资而不是债务融资。这与其他国家的融资优序理论不一致，体现出中国企业资本结构的特殊性。

本章小结

1. 公司融资最基本的问题是，公司资本结构中债务融资和权益融资的比例是否会影响公司的价值。

2. 公司资本结构对公司价值的影响取决于不同的市场条件。

(1) 在没有所得税和破产成本的完美市场中，资本结构不影响公司价值，也不影响公司的加权平均资本成本。公司的加权平均资本成本等于公司无负债时的股权资本成本。

(2) 在有所得税的情况下，债务的偿付可以从公司的利润中抵扣，因此债务为公司带来税盾价值，公司的价值随债务融资的增加而增加。

(3) 在有破产成本的情况下，过高的债务会增加企业破产的概率，对公司的价值造成负面影响。

因此，在企业有所得税并且有破产成本的情况下，债务融资既能为企业带来收益也会给企业造成一定的成本。当债务融资的边际收益等于边际成本的时候，企业的价值达到最大，加权平均资本成本达到最小，此时的资本结构为最优资本结构。

问题与应用

1. 某公司现有两种互斥的投资项目可以进行投资，初始投资额均为 100 万元，但是投资收益分布不同，具体如表 7-9 所示。

表 7-9 项目 A 和项目 B 的投资收益分布

投资项目	初始投资额	投资收益分布
项目 A	100 万元	0.5 的概率获得 150 万元，0.5 的概率获得 130 万元
项目 B	100 万元	0.5 的概率获得 200 万元，0.5 的概率获得 60 万元

假定投资者是理性的、风险中性的，市场是完全竞争的，必要收益率为 0。

(1) 项目 A 和项目 B 哪个比较好?

(2) 如果 100 万元的初始投资来源于银行贷款，股东会选择投资哪个项目？为什么?

2. 甲公司原有资金 1 000 万元，其中债务融资 200 万元（每年负担利息 24 万元），普通流动股股本 800 万元（发行普通股 800 万股，每股面值 1 元），现因业务需要追加投资 500 万元，有以下两种筹资方式:

A：全部发行普通股，具体为发行普通股 500 万股，每股面值 1 元。

B：全部筹借长期债务，债务利率仍然为 12%；利息为 60 万元，所得税税率为 25%。

对每股收益的无差别点进行确定，此时每股收益为多少？应该如何融资?

3. 公司甲的总市值为 800 万元，该公司打算举债，从而使公司的杠杆（D/V）从 0 提高到 50%。调整前后公司的资本结构如表 7-10 所示。此外，公司未来面临三种可能的经济前景：衰退、正常、扩张。表 7-11 和表 7-12 分别列示了举债前后公司在不同经济前景下的收益情况。假定公司经营稳定，所有的盈余都作为股利发放。不考虑税收和破产成本。借贷利率为 10%。

假定你是公司的早期股东，后来你被告知该公司将杠杆提高至 $D/V=50\%$，然而你并不希望公司举债。假定你有初始资金 20 000 元，为了能够获得与持有无负债公司股票时相同的收益分布，你如何配置举债后公司的股票和无风险资产的比例，从而实现该投资目的？

表 7-10　资本结构

	举债前	举债后
资产（元）	8 000 000	8 000 000
债务（D，元）	0	4 000 000
股权（E，元）	8 000 000	4 000 000
D/E	0	1
股价（元/股）	20	20
股份（股）	400 000	200 000
利率	10%	10%

表 7-11　不举债时公司的盈利分布情况

当前资本结构：零债务			
	衰退	正常	扩张
$EBIT$（元）	500 000	1 000 000	1 500 000
利息（元）	0	0	0
净利润（元）	500 000	1 000 000	1 500 000
ROE	6.25%	12.50%	18.75%
EPS（元/股）	1.25	2.50	3.75

表 7-12　举债后公司的盈利分布情况

当前资本结构：举债			
	衰退	正常	扩张
$EBIT$（元）	500 000	1 000 000	1 500 000
利息（元）	400 000	400 000	400 000
净利润（元）	100 000	600 000	1 100 000
ROE	2.50%	15.00%	27.50%
EPS（元/股）	0.50	3.00	5.50

4. 某公司有息税前利润 500 万元，所得税税率为 25%，无债务时公司的资本必要收益率为 16%，根据 MM 定理求在以下负债水平下公司的理论价值：(1) 无债务；(2) 有 500 万元债务；(3) 有 1 000 万元债务。

推荐阅读材料

[1] Froot, K., D. Scharfstein, and J. Stein, "Risk Management: Coordinating Corporate Investment and Financing Policies", *Journal of Finance*, 1993, 48(5): 1629-1658.

[2] Jonathan Berk and Peter DeMarzo, *Corporate Finance*, 3rd Edition, Pearson Education, Inc., 2014.

[3] Leland, H. and D. Pyle, "Information Asymmetries, Financial Structure and Financial Intermediation", *Journal of Finance*, 1977 (32): 371-387.

[4] Mark Grinblatt and Sheridan Titman, *Financial Markets and Corporate Strategy*, 3rd Edition, McGraw-Hill Education, 2001.

[5] Myers, S. and N. Majluf, "Corporate Financing and Investment Decisions When Firms Have Information that Investors Do Not Have", *Journal of Financial Economics*, 1984 (13): 187-221.

[6] Stephen Ross, Randolph Westerfield, and Jeffrey Jaffe, *Corporate Finance*, 9th Edition, McGraw-Hill Education, 2001.

[7] 李科,徐龙炳. 资本结构、行业竞争和外部治理环境. 经济研究,2009 (6).

[8] 朱武祥,陈寒梅,吴迅. 产品市场竞争和财务保守行为——以燕京啤酒为例的分析. 经济研究,2002 (8).

参考文献

[1] Booth, L., Aivazian, V., Demirguc-Kunt, A., Maksimovic, V., "Capital Structures in Developing Countries", *Journal of Finance*, 2001 (56): 87-130.

[2] Frank, M. Z., and Goyal, V. K., "Testing the Pecking Order Theory of Capital Structure", *Journal of Financial Economics*, 2003 (67): 217-248.

[3] Jensen, M. and W. Meckling, "Theory of the Firm: Managerial Behavior, Agency Cost, and Capital Structure", *Journal of Financial Economics*, 1976 (3): 305-360.

[4] Mark Grinblatt, M., and Titman, S., *Financial Markets and Corporate Strategy*, 2nd Edition, McGraw-Hill Education, 2001.

[5] Miller, M. H., "The Modigliani-Miller Proposition after Thirty Years", *Journal of Economic Perspectives*, 1988 (2): 99-120.

[6] Modigliani, F. and Miller, M. H., "Corporate Income Taxes and the Cost of Capital: A Correction", *American Economic Review*, 1963 (53): 433-443.

[7] Modigliani, F., and Miller, M. H., "The Cost of Capital, Corporate Finance and the Theory of Investment", *American Economic Review*, 1958 (48): 261-297.

[8] Myers, S., "The Determinants of Corporate Borrowing", *Journal of Financial Economics*, 1977 (5): 147-175.

[9] Rajan, G. R., and Zingales, L., "What Do We Know about Capital Structure? Some Evidence from International Data", *Journal of Finance*, 1995 (50): 1421-1460.

[10] Ross, S., Westerfield, R., and Jaffe, J., *Corporate Finance*, 9th Edition, McGraw-Hill Education, 2010.

[11] 黄少安,张岗. 中国上市公司股权融资偏好分析. 经济研究,2001 (11).

[12] 刘力. 公司财务. 北京:北京大学出版社,2007.

[13] 钟宁桦,刘至阔,何嘉鑫,苏楚林. 我国企业债务的结构性问题. 经济研究,2016 (7).

第八章

权益融资

学习目标：

1. 了解公司可以运用的权益工具有哪些，理解公司和投资者之间的融资契约；
2. 理解创业融资的主要特征；
3. 理解首次公开发行的流程，掌握首次公开发行的主要研究问题及其不同理论；
4. 讨论信息效率和资本市场之间的关联及其对公司价值的影响。

引　　言

2010年4月6日，雷军选择重新创业，建立了小米公司（全称北京小米科技有限责任公司），这是一家专注于iPhone、Android等新一代智能手机软件开发与热点移动互联网业务运营的公司。小米公司的员工主要来自微软、谷歌、金山软件、摩托罗拉等国内外著名IT公司的资深员工。小米公司于2010年年底推出手机实名社区米聊，半年内注册用户突破300万。小米公司还推出了基于CN定制的手机操作系统MIUI。小米公司于2011年8月16日正式发布小米手机。米聊、MIUI、小米手机是小米科技的三大核心产品。小米公司如此迅速的发展，离不开资金的支持。表8-1列出了小米科技的融资过程。

表8-1　小米科技的融资过程

时间	轮次	金额（亿美元）	投资方
2010年9月	A轮	0.1	晨兴资本、启明创投等
2010年12月	B轮	0.31	IDG、晨兴资本、启明创投、CCDD等
2011年9月	C轮	0.9	晨兴资本、IDG、顺为资本、启明创投、淡马锡等
2012年6月	D轮	1.08	DST、Gamnat等
2013年8月	E轮	1	DST
2014年12月	F轮	9.84	All-Stars、3F、Celia、Binghe、2020、Mifans等

资料来源：小米集团公开发行存托凭证招股说明书. http://www.csrc.gov.cn/pub/zjhpublic/G00306202/201806/t20180610_339618.htm.

2018年7月，小米首次公开发行（IPO）价格为17港元/股，公司股权估值543亿美元，跻身有史以来全球科技股前三大IPO，而且它是香港资本市场第一家“同股不同权”创新试点的企业。7月9日，小米集团在香港证券交易所正式挂牌上市，股票代码01810.HK。在首日开盘的集合竞价阶段，小米股价报16.6港元/股，低于17港元/股的招股价。上午9点30分正式开盘后小米即告破发，下跌2.35%，报16.6港元/股。

一个高科技行业的企业是如何成长为上市公司的？本章将从公司金融学的角度进行分析，即主要讲述企业成长历程中的权益融资。

权益融资是公司长期资本决策中的重要部分，权益融资和债务融资有着显著的区别，因此公司在对权益金融工具的使用上，有其独有的特点。股权是每个公司天然可以利用的禀赋。对一个初创企业最初的投入是权益资本。当创业企业面临好的成长机会时，创始人及其家族的资本可能远远不够，企业就需要冲破资本的约束，通过与更多的投资者分享股权来进行外部融资。很多成功的企业选择上市，成为一家公众公司，不仅使公司拥有一条新的融资渠道，而且使公司拥有了可以流通的股票，拥有了可以作为员工股权或期权激励的手段等，当然公司为了IPO也不得不付出高昂的成本。

本章介绍了公司利用权益进行融资的不同方式以及在权益融资中可使用的工具。不同的权益之间会有差别，比如普通股和优先股、投票权存在差异的双层股权结构中的股票，甚至在某些合约安排中包含隐含权益。本章探讨了权益融资的信息效应对公司价值的影响、资本市场对公司进行权益融资的反应。诸如IPO领域的经典问题——IPO抑价、新股长期弱势、新股发行周期等，成为公司金融领域长期关注的问题，直到今天仍然被广泛讨论。

第一节　创业融资

创业企业在面临增长的机会时往往需要外部资本的支持，但是因为客观存在的高度信息不对称问题，很难从银行和各种公开渠道获得资金。对于创业企业来说，一般都没有足够的抵押品，在运营初期没有盈利甚至出现负的现金流。创业投资或称风险投资填补了资本市场的这个空白，它们为成长性企业提供资本。

一、创业融资的运作方式

创业企业寻求获得资本的渠道，同时也要考虑引进投资将会如何影响到创始人对公司的控制权，尤其是当外部投资者最终退出的时候。

（一）创业投资和天使投资

风险投资（venture capital，简称VC）是广义私募股权市场的一部分。风险投资即由机构、企业和富有的个人出资，主要针对创立不久的增长驱动型风险企业的股权以私募形式做出的投资。在其投资的企业中，风险投资者通常被认为是积极且临时（一般会持股5～10年）的合作者，多为少数股东。他们主要以退出作为实现资本收益的手段，而不是通过分红来获得收入。

在现代经济社会中，创业企业代表了经济中的重要力量——创造新技术和新事物、新经济组织、新就业机会。虽然所有行业和地区都能发现成长型企业，但作为一个整体来讲，增长潜力最大的企业常常是知识型和受技术驱动的创业企业。它们立足于无形资产，在快速发展的领域运作，创立不久，也没有可供文件记载的历史。这些成长型企业要面对的主要问题之一就是如何募集业务增长所需的资金，同时获得发展所必需的能力、资源和交际网络。这个快速增长的领域需要一个高效的风险资本市场提供充足的资本和管理技能。例如，人们普遍认为，美国风险资本行业使美国经济具有了独特的竞争能力和优势，正是风险资本将来自大学和研发实验室的创意转变成实际运营的高速增长公司，英特尔、微软、甲骨文、亚马逊、苹果、特斯拉等一大批高科技创业公司在创立初期都得到了风险资本的资助。创投机构的存在可以使企业在获准上市前的成长期中获得更大的生存机会。企业不仅能够从风险投资家处得到资本，还能从风险投资人的专业见解中获益良多。

在公司初创期甚至是种子期进行的权益融资，比典型意义上的风险投资介入更早，我们称之为天使投资人（angel investor）。天使投资人要承担的风险是巨大的，一般天使资金的提供者是创业者的朋友或家人。由于天使投资人提供的资金对于一家刚刚创立的小公司来说是比较巨大的，天使投资人所占有的股权也比较多。寻找天使投资人是困难的，并且其成功与否在很大程度上取决于创业者所拥有的人脉资源。

（二）风险投资的运作方式

大多数创业投资基金是私募有限合伙企业，其合伙协议设定的寿命在10年左右。企业的管理人是普通合伙人（general partner），他们擅长股权投资和管理；而其他出资人则是有限合伙人（limited partner），以机构投资者为主，比如养老基金、保险资金、家族理财办公室、主权财富基金等，以及其他管理着庞大资产的各种基金会。另外，大公司也是风险投资资本的一个重要提供者，一些公司直接成立专门的投资子公司向初创企业进行股权投资，被称为公司风险投资（corporate venture capital，CVC），CVC不仅追求财务上的收益，而且看重一些战略目标，因而其比较专注投资的行业选择。此外，国有资本也是风险投资的重要组成部分，由于创业企业的高信息不对称性以及正外部性易于导致市场失灵，风险投资行业的资金供给远远不足以适应需求量，因此通过国有资本的投资引导更多市场资金的进入非常必要。

作为普通合伙人，风险投资家会收取管理费和业绩提成。管理费的费率一般为基金规模的2%，业绩提成（carried interest）一般为投资所创造利润的20%。

在一项典型的创业投资中，投资人和创业者就公司的价值达成一致，创业者通过转让一部分股权来换取投资人的资金。值得注意的是，对公司价值的评估有注资前和注资后之分，注资后价值（after-the-money valuation）指的是在投资人的资金投入之后对公司的估值。双方需要约定清楚公司估值是注资前还是注资后的价值。比如公司以三分之一的股权换取投资人500万元的投资，那么按照注资后价值的估值应该是1 500万元。除了让渡一部分股权给投资人外，风险投资家往往会要求控制一部分董事会席位。尽管对创业者来说这也是一项成本，但从另外一个角度看来，这也会帮助创业者从接受投资中获益，因为风险投资家会利用董事会的决策权，在保护自己的投资利益的同时，监督、引导公司更好地发展。

退出（exit）环节也是创业投资中一个重要的内容，投资人的投资决策与预期的退出安排息息相关。在2009年10月我国创业板启动之前，很多创业投资举步维艰，另外我国资本市场2012年至2013年的暂停新股发行，对于创业投资也产生了极大的抑制作用，从中可以看到退出对于创业投资决策的重要性。通常而言，风险投资的退出渠道有五种：(1) 首次公开发行（IPO）；(2) 公司被并购（acquisition）；(3) 股份出售（trade sale）；(4) 股份回购（redemption）；(5) 公司清算（liquidation）。IPO和并购是投资者退出的最主要的两种途径。并购在国外是风险投资退出的主要手段，首次公开发行则是我国风险投资最主要的退出渠道。

二、创业融资中的工具和合约

由于创业投资是一项不确定性非常大的决策，并且投资后的风险管理也是重要的一环，这要求创业者和投资人在公司治理和利益分割上做出合理的安排。风险投资（VC）和企业家往往通过两种方式控制公司：一是董事会席位和投票权；二是协议赋予的各项权利。这里，我们先介绍公司可用的权益融资工具，再具体介绍在创业投资中可以使用的金融工具，以及一些关键的常用合约条款。

（一）权益融资工具

公司的权益融资工具主要有三大类：普通股、优先股、权证。

普通股（common stock）代表公司的所有权，包括对公司决策的表决权和对公司盈利的剩余索取权。优先股（preferred stock）的持有者可以优先于公司普通股股东获得股利支付，当公司清算时，优先股也会先于普通股得到清偿，但顺序位于债权人之后。作为吸收投资的工具，优先股远不如普通股常用。优先股具有一部分债权的性质，因为在发行时就已经确定了其股利。有的优先股像债券一样具有期限，有的则是永续的。优先股的股利一般都是可累积的，如果公司没有按期发放优先股股利，则在向普通股股东派发股利前，必须先清偿优先股股利。优先股一般没有投票权，但是在有些情况下，比如公司没有支付优先股股利的情况下，可以有一定的投票权。公司有时候也会发行权证（warrant），这是对公司证券的看涨期权，它赋予其持有者在一定时期内以约定的价格买入公司证券的权利。权证在很多时候和公司的股票一同发行，这给了投资者一个分段投资的机会，投资者可以先认购一定数量的公司股票。如果未来公司的业绩很好，可以执行期权，增加对公司的投资。公司权证有时也与债券或优先股配套发行。

在创业融资中常用的金融工具是可转换优先股（convertible preferred stock）。可转换优先股在保留优先股特性的基础上，增加了可以将其转换为普通股的选择权。如果企业首次公开发行股票成功，或者一直能产生目标利润，那么这些优先股能够自动转换成普通股；如果公司经营不善，持有这些优先股的投资者将首先得到清偿。几乎所有的风险投资都选择可转换优先股的投资方式，这其中最重要的一个原因就是获取了清算优先权。

（二）创业融资中的常见合约

在企业进行创业融资时，经过与投资者的多轮沟通，如果初步达成了投资意向，那么创业者和投资人会签订一份被称作投资意向书（term sheet）的合约。投资意向书的作用很重要。投资者在最终决定投资之前，需要对企业进行深入的尽职调查，在此期间，如何保护创业者的商业秘密和投资人的权益，需要双方共同遵守一些承诺。在投资意向书中一些常见的起到重要作用的条款如下。

（1）优先清算权。优先清算权是投资意向书中一个非常重要的条款，决定公司在清算后怎么分配，即如何将资金优先分配给持有公司某特定系列股份的股东，然后分配给其他股东。优先清算权背后的一个重要逻辑是，为了避免创业者从投资人那里不当获利，让VC基金蒙受损失。比如创业者从投资人那里获得1 000万元投资，出让50%的股份。然后在VC的资金到账后立刻关闭公司（没有其他资产），那投资人只能得到企业价值（1 000万元）的50%，相当于投资人被骗去了500万元。为了避免这种情况出现，投资人会要求最少1倍的清算优先权，这样在公司发展到退出价值超过投资人的投资额之前，企业的创始人是不会关闭公司的。

（2）防稀释（anti-dilution）条款。防稀释条款通常是投资人在遇到企业后续低价融资时保护自己利益的一种方式。公司在成长过程中，往往需要多次融资，但谁也无法保证每次融资时发行股份的价格都是上涨的，风险投资人往往会担心由于下一轮降价融资（down round），即股份的发行价格比自己当前融资时设定的转换价格低，而导致手中的股份贬值，因此要求获得保护条款。防稀释条款或称价格保护机制，其实质是为之前的优先股确定一个新的转换价格。如果后续以更低价格发行了股份，原先的转换价格就会相应降低，优先股能转换成更多的普通股。

根据保护程度的不同，优先股的转换价格保护主要分为完全棘轮条款和加权平均调整两种方式。

完全棘轮条款是指若公司后续发行的股份的价格低于A轮投资人当时适用的转换价格，那么A轮投资人的实际转换价格也要降低到新的发行价格。这种方式仅仅考虑低价发行股份时的价格，而不考虑发行股份的规模。在此条款下，即使公司以低于A系列优先股的转换价格仅仅发行了一股股份，也会使所有的A系列优先股的转换价格调整到跟新的发行价一致。

在加权平均条款下，如果后续发行股份的价格低于A轮的转换价格，那么新的转换价格就会降低为A轮转换价格和后续融资发行价格的加权平均值，这是一个更加公平的条款设置，在给A系列优先股重新确定转换价格时，不仅考虑了低价发行的股份价格，还考虑了发行的股份数量。

防稀释条款的存在能够激励公司以更高的价格进行后续融资，同时避免了先前的风险投资人的股份被稀释而失去其在创业企业中应有的话语权。

（3）董事会条款。董事会条款是典型的针对公司控制权的谈判。一个合理的董事会应该保持风险投资人、创始人以及外部独立董事之间合适的制衡，为企业的所有股东创造财富。

董事会条款中包含董事会席位的结构，比如条款要求企业的5位董事中有2位是投资人代表；以及针对后续变化的约定，比如独立董事的选择要由董事会一致同意，由普通股股东推荐独立董事等。

(4) 股份兑现。一般来说，创始人和管理团队的股份及期权都不是一次性完全兑现的，而是需要几年的时间。如果创业者提前离开公司，根据约定的兑现公式，他将只能拿走部分股份或期权。兑现条款对VC、共同创始人、早期员工以及后续员工来说，是一个整体协调工具，是保证团队稳定性的一个有效手段。

(5) 股份回购权。股份回购权是指VC在特定的条件下，可以要求公司购买他们持有的股份。尽管股份回购权在实际中并不一定被执行，但是也有其存在的意义。一方面，VC因其寿命有限（即基金合约存在时限）而需要在一定时间内退出，股份回购权的设置保障了基金有变现渠道，使其投资项目能在既定期限内回收资金。另一方面，股份回购权的设置对于公司的经营者来说也是一种激励，他们有更多的责任和压力，考虑如何善用投资和经营企业。

(6) 领售权。领售权就是指VC有权强制要求公司的原有股东（主要为创始人和管理团队）和自己一起向第三方转让股份。通常在有人愿意收购而某些原始股东不愿意出售时，领售权条款使VC可以强制出售。但是，领售权的存在也有可能把公司拖进一个可能不利的交易中（只是对投资人退出有利）。由于持有优先股的投资人对公司整体而言是少数股东，因此创始人股东可以要求在领售权被激发前，需要满足董事会通过的条件等（因为董事会一般是制衡结构），这样对公司所有股东而言会更加公平。

(7) 竞业禁止协议（non-compete agreement）。该条款是限制创业者离职后在竞争对手的企业中所能从事的工作范围，以防止创业者离开公司之后从事跟公司相同或相似的业务，给公司带来损失。竞业禁止协议的主要内容是：在从公司离职后的一段合理的期限内，公司创始人或员工不得创立竞争性公司或为其他竞争性公司工作；公司创始人或员工不得将公司客户带给新的雇主；创始人或员工不得劝诱公司的员工和客户背弃公司。

（三）创业融资的其他特征

除了上述合约中规定的内容外，学者们还研究了风险投资机构确保合约的执行以及支持创业企业取得成功所做的努力。创业投资市场上的投资标的——创业企业——具有非常大的不确定性，对于投资者而言还面临严重的信息不对称问题。如果这些信息不对称可以被消除，企业也就不再面临严格的融资约束了。像风险投资这样专业的金融中介，通过在投资前对企业的深入了解和投资后的积极监督，有办法应对信息不对称的问题。

分阶段投资（stage financing）是广为采用的一种方式，是投资者管理风险的一种有效的手段。分阶段投资即风险投资极少会一次性全部投入，而是每阶段都给予足以完成下一目标的资金。如果创业者没有达到原来的阶段性目标，投资者可能会重新评估该项目，投入较少的资金或者另找其他人来发展业务等。创业者和投资者之间的代理冲突越大时，越应该增加监督的频率，缩短每一笔投资的时间。创业企业轻资产的特征以及收集和评估企业所需花费的成本等，都使分阶段投入成为一种规避风险的较好方式。实证研究的结果显示，越是早期的公司，单轮融资额越小；越是轻资产的公司，每一轮融资持续的期限越短。

联合投资（syndication）是风险投资实践的另一个突出特点，它是指几家风险投资基金采取联合投资方式共同投资一个创业企业。首先，这有助于一只风险投资基金的风险分散化。其次，联合投资有助于综合不同的风险投资家对于该项目的观点及各自优势，使对投资项目的评估更加客观和准确。

第二节　公开发行

一、公开发行的决策：公司为什么要IPO

公司有很多理由进行IPO，诸如为了满足公司的融资需求；获得在未来并购中可作为支付对价的公众股票；获得资本市场的定价，提高公司股票的流动性；提高公司的声誉、知名度和员工认同感；增强流通性；完善公司治理；分散公司主要经营者兼股东的投资风险，降低融资成本；帮助公司包括风险投资基金在内的原始股东退出；吸引分析师的关注；等等。

IPO无疑具有帮助公司发展的诸多好处，但是IPO也存在劣势：（1）当原始投资者（创始人股东）分散他们的投资时，公司的股本结构也变得分散，这会弱化股东对公司的控制力、产生公众公司的代理成本问题；（2）上市后股权被稀释并分散后，控制权市场（即并购市场）就会发挥作用，导致公司控制权产生变化；（3）IPO的成本也很昂贵。除了要支付给承销商昂贵佣金的直接成本之外，还存在公开发行的间接成本，即下文要谈到的IPO抑价发行问题。（4）一旦公司成为公众公司，它就必须满足监管机构的要求，包括信息披露和公司治理方面的诸多要求。这些监管要求是为了保护公众投资者的利益，对于公司而言，满足这些标准需付出更多的时间和成本，这些成本对于非公众公司而言是无须承担的。

二、首次公开发行

（一）IPO方式

IPO是公司在其成长历程中从金融角度分析最为重要的阶段，因为通过IPO它将从一家私人公司转变为公众公司。创立一家公司，使它成长并最终实现上市，是很多创业者的梦想。

IPO方式包括：一般现款发行（cash offer）和附权发行（privileged subscription）。在现款发行中，有三种方式可供选择：代销、包销和荷兰式拍卖。代销（best-effort）指的是，承销商尽最大的努力帮助公司发行，如果发行不成功，股票将会被撤回。包销（firm commitment）是指承销商从法律上买下公司所有的股票，再以发行价卖出，如果不能全部卖出，风险由承销商来承担。现实中大多数情况下，IPO采取的是承销商承诺包销制。拍卖（auction）是指投资者在一段时间内公开竞价，按照价格由高到低排序（在覆盖了所有发行数量时的价格被确定为IPO发行价），并按同一价格（IPO发行价）向所有中标者发售，此为荷兰式拍卖。在近年的实践中，也有通过直接向公众拍卖的方式进行首次公开发行的。[①]

(二) IPO的一般步骤和相关机制

IPO一般由以下步骤构成：

(1) 承销前会议。在会议上需要讨论的内容包括融资规模、发行什么类型的证券；确定主承销商和副承销商，成立承销团；讨论承销合约，即与承销商协商确定承销差价（在美国，中等规模的IPO一般设定为7%）和绿鞋选择权（greenshoe option，一般允许承销商增加15%的股票认购量）。上述事宜还要取得董事会的批准，整个过程需要花几个月的时间。

(2) 向监管机构提交发行注册登记，印发招股说明书的草案。注册登记中包含了关键的财务数据和公司经营的信息。提交注册登记后要经历大约20天的等待期。

(3) 准备定价。由于不像增资发行（如增发或配股）那样有历史市场价提供参考，IPO定价需要进行大量的研究分析工作。

(4) 安排路演，向潜在投资者推介公司股票，登记意向认购量，并最终确定发行价格。

(5) 证券交易委员会批准发行注册，公司和承销商达成发行价格，承销商分发股票。

(6) 上市交易开始，承销商做市稳定价格。承销商一般会在发行后的一个月内承担稳定股价的任务，随时做好准备在某个价格水平上下单买入公司的股票。承销商可以从市场上购回股票，或者利用绿鞋选择权来增加自己手中的股票，以维护股票市场的流动性，并提供公司的研究报告。

表8-2列出了企业IPO的主要过程。

表8-2 企业IPO的主要过程

步骤	关注的要点	说明
确定承销商	竞价	选择报价最好的承销商来合作
	谈判	进行大量的沟通和信息交换，有助于制定成功的IPO方案
提交上市申请	审核	公司是否向投资者披露了所有信息，是监管机构确定是否允许或者给予新股发行备案的重要条件
IPO定价	累计投标询价	承销商在汇总了所有的报价和申购数量的基础上，和发行企业协商确定最终的发行价格
	定价发售	定价和IPO成功与否的相关度非常高，投资者容易遭遇“赢者的诅咒”*
	拍卖发售	拍卖发售中没有向机构投资者询问有关价格和申购数量的信息，定价的合理性和后市的表现都有可能受到负面的影响，因此通过拍卖的方式定价在世界各国较少被采用
发售	自主配售权	在存在超额申购的情形下，承销商更可能将股票分配给他们的关系客户或那些主动报价者
	绿鞋选择权	用来调节发售量，也可以用来管理上市后的风险

① 不过相比通过累计投标询价（book building）确定新股发行价，拍卖应用得很少。Degeorge等（2010）研究了美国市场上WR Hambrecht投资银行在1999—2007年采取拍卖定价制度的19个案例，其中最为著名的是2004年谷歌的股票发行。Degeorge F.，Derrien F.，Womack K. L.，“Auctioned IPOs：the US Evidence”，*Journal of Financial Economics*，2010，98（2）：177-194.

续表

步骤	关注的要点	说明
后市	做市	承销商在新股发行后一段时间内维持公司的股价
	静默期	应确保所有重要信息已经包含在公司的招股说明书中；在静默期内，承销商的分析师不可以向公众推荐买入该公司的股票
	禁售期	在禁售期内，原始股东（创始人或者一些战略股东）不允许出售股票；禁售期结束时，有可能出现内部人大量变现的行为，使公司的股价有所下降

注：* “赢者的诅咒”（winner's curse）是经济学中的一个悖论。它一般是指在拍卖市场中，夺标者往往并不能实现预期的收益，甚至会遭受损失。西方学者最早正式讨论赢者的诅咒这一新的概念，是发现在墨西哥湾油田拍卖之后，赢者最终在财务上亏损或者实际收益严重低于预期。在 IPO 市场上，由于中小投资者处于信息弱势，获得新股的中小投资者往往最终是损失的一方。理查德·泰勒．赢者的诅咒．北京：中国人民大学出版社，2007.

中国的 IPO 制度及程序与表 8-2 中内容有所区别，在后文会有具体的介绍，以下先分析以美国为代表的西方国家的股票 IPO 制度。

1．确定承销商

投资银行是 IPO 的核心角色，它们主导着定价、销售以及安排 IPO 的全过程。大型的 IPO 项目往往由不止一家投资银行承担，而是由多家投资银行组成承销团（underwriting syndicate），牵头承销商被称为主承销商，负责提供大部分的意见并协调整个承销工作。承销团通过尽职调查和专业判断，向公众推荐公司的股票，起到对公司质量的监督职能。它们还承担了做市风险，因为承销商以固定的价格买入公司的股票，以市场价格将其卖出。

在选择与承销商达成合作时，拟上市企业可以采用竞价（competitive offer）和谈判（negotiated offer）两种方式。通过竞价方式，企业选择报价最好的承销商来合作。相对而言，在谈判当中，投资银行之间没有很激烈的竞争。对于投资银行而言，给出具体的发行定价和承销费用是基于了解公司大量信息，这意味着较高的成本。如果没有很大的把握达成合作，承销商就没有足够的激励去竞价。因此，在实践中，除了少数大公司的 IPO 项目，大部分情况下是通过谈判的方式确定合作，而不是通过竞价。另外，通过谈判的方式确定合作对于发行者而言并不一定不好，因为这个过程中的大量沟通和信息交互，有助于制定成功的 IPO 方案。

2．提交上市申请

拟进行 IPO 的公司要向监管机构提出申请。在美国，公司要向证券交易委员会（SEC）提交注册登记表，载明公司的财务和其他信息。发行企业和承销商紧密合作，准备要递交的材料。

在提交注册申请表的 20 天等待期内，监管机构会对注册登记表进行审核（比如审查公司是否向投资者披露了所有重要信息）。在此期间，公司不能进行新股的发售，但可以把招股说明书提供给潜在投资者阅读并接受拟定申购。除非监管机构出具了修改意见，否则公司的注册申请将在 20 日后自动生效。

3. IPO 定价

IPO 定价一般要首先确定一个价格区间，这个价格区间可以通过现金流贴现或者可比公司估值等方法得到。在确定该价格区间后，需要知道证券市场对公司的估值持怎样的观点，承销团会安排一系列路演（roadshow）。在路演中，公司的高管和主承销商会到全球各主要资本市场推介，并向机构投资者（如共同基金、保险公司等）解释定价的逻辑。

路演结束后，投资者会告知承销商其有意向购买的价格和数量，传达对该新股的兴趣。承销商在汇总了所有的报价和申购数量的基础上确定最终的发行价格，这就是累计投标询价制度。

除了累计投标询价外，定价发售和拍卖发售也是可供选择的 IPO 的定价方式。

在定价发售（发行价格已经固定，然后在广告上公布要发售的股票数量）的情况下，定价和 IPO 成功与否的相关度非常高。如果股价定得太高，投资者不会申购全部股票，需求不足，承销商就需要买入所有没有发售出去的股票；如果价格定得太低，实际的需求量就会超过股票的供应量，投资者对股票的需求只能得到部分满足。由于定价发行的股票很容易遇到严重过量的需求，投资者更容易遭遇“赢者的诅咒”。

在拍卖发售中，投资者被邀请参与投标，声明他们想要购买的证券数量和愿意购买的价格，然后证券就出售给出价最高的投标者。在拍卖中胜出的投资者，其支付怎样的价格也有不同确定方式。在“差价拍卖”（即美式拍卖）中，每个胜出者被要求支付他所报的价格；在“一价拍卖”（即荷兰式拍卖）中，胜出者只要支付所有胜出者中出价最低的那个人的报价，即所有胜出者的购买价格是一样的。值得注意的是，与累计投标询价不同，拍卖发售中没有向机构投资者询问价格和申购数量的信息，定价的合理性和后市的表现都有可能受到不利的影响（即一次拍卖形成的价格并非合理），因此通过拍卖的方式定价没有被广泛采用。

4. 发售

(1) 自主配售权。在累计投标询价的方式下，潜在购买者在给定的价格下声明自己愿意购买多少股份，然而这种出价认购并不具有约束力，它只能作为发行价的确定依据。在存在超额申购的情形下，承销商更可能将股票分配给它们的关系户和那些报价对它们确定发行价格有帮助的投资者，也有的国家规定所有的投资者必须同比例获得配售，而不赋予承销商自主配售权。

(2) 绿鞋选择权。在不少承销合约中会引入绿鞋选择权的条款，它赋予承销商以发行价格购买更多公司股票的自由。该项条款的设置是为了应对超额认购的情形。绿鞋选择权的期限一般为 30 天，增发的股数一般不超过发行规模的 15%。

在公司股票大受欢迎的情况下，绿鞋选择权条款对于承销团而言是一项利好，因为若在发行 30 日内，股票的市场价格高于发行价，承销商可以通过以发行价增加购买公司的股票并立即转卖给公众投资者而获利。但这对发行新股的公司来说，却是一项成本。

绿鞋选择权也可以被用来管理后市风险。在新股销售期间，承销商除了出售拟发行的股票外，也可以选择卖空一部分公司的股票（以绿鞋选择权规定的数量为上限），如果发行成功，承销商选择执行绿鞋选择权；如果发行不成功，承销商以发行价购回其之前卖空的股票，来维持股价。

专栏 8-1　知识拓展：绿鞋选择权的作用机制

想要冒险向公众出售股票的公司可以通过一种名为“绿鞋选择权”的法律机制来稳定最初的定价。“绿鞋”是指 IPO 承销协议中的一项条款，它允许承销商以发行价再购买至多 15%的公司股票。如果公众需求超过预期，股票交易价格高于发行价，参与绿鞋过程的投资银行和承销商就有能力行使这一选择权。

一、绿鞋的起源

“绿鞋”一词源自 1919 年成立的绿鞋制造公司（现在被称为 Stride Rite Corporation），这是第一家将该类条款纳入承销协议的公司。绿鞋选择权的法定名称是“超额配售期权”，即除了最初发行的股票外，承销商还将获得额外的股票。这种类型的期权是唯一一种在确定了发行价后，承销商能够合法地稳定新发行证券价格的方式。为了提高 IPO 筹资过程的效率和竞争力，美国证监会在新股发行中引入了这一选项。

二、价格稳定

以下是绿鞋选择权的工作原理：

- 承销商充当联络人的角色，就像一个交易商，为客户新发行的股票寻找买方。
- 卖方（公司所有者和董事）和买方（承销商和客户）确定股价。
- 一旦股价确定，它们就准备公开交易。然后，承销商使用一切法律手段，将股价维持在发行价之上。
- 如果承销商预计股价有跌破发行价的可能性，它们就会行使绿鞋选择权。
- 为了保持定价控制，承销商比公司最初的计划多卖出或卖空 15%的股票。

例如，如果一家公司决定公开发售 100 万股，承销商可以行使它们的绿鞋选择权，卖出 115 万股。当股票被定价并可以公开交易时，承销商可以选择执行回购 15%的股票。这使承销商能够根据最初的公众需求增加或减少供应，从而稳定股价。

如果市场价格超过发行价，承销商在二级市场买入就会造成损失，但绿鞋选择权允许承销商以发行价从发行企业购买股票，从而保护它们的利益，且稳定市场价格。

如果市场价格低于发行价，就被称为“破发”。这可能会给公众留下这样的印象：所发行的股票可能不可靠。这会诱使新买家抛售股票，或避免购买更多股票。为了在这种情况下稳定股价，承销商就会以市场价格买入股票，并将这些股票返还给发行企业。

三、完全的、部分的和反向的绿鞋选择权

承销商回购股票的数量决定了它们是会行使部分绿鞋选择权还是完全绿鞋选择权。部分绿鞋选择权是指承销商在股价上涨时只能回购部分库存，完全绿鞋选择权则可行使全部选择权，并以发行价购买。绿鞋选择权可以在发行后的头 30 天的任何时间行使。

反向绿鞋选择权对股价的影响与普通绿鞋选择权相同，但只有当股价跌破发行价时，承销商才被允许在公开市场上购买股票并将其卖给发行者，而不是向发行者购买股票。

四、绿鞋选择权行为

公司在承保协议中提供绿鞋选择权是很常见的。例如，埃克森-美孚（Exxon-Mobil）在 IPO 中多卖出了 8 458 万股，因为投资者接到了购买 4.755 亿股的订单，而该公司最初只发行了 1.619 亿股。该公司之所以采取这一举措，是因为需求远远超过了股票供应。

五、底线

绿鞋选择权降低了公司发行新股的风险，允许承销商拥有购买权，以便在股价下跌时补仓，而不必在股价上涨时购买股票。作为收益，这保持了股价的稳定，令发行者和投资者都受益。

资料来源：Ana Gonzalez Ribeiro，Greenshoe Options：An IPO's Best Friend，May 10 2018，Investopedia：https://www.investopedia.com/articles/optioninvestor/08/greenshoe-option-ipo.asp.

5. 后市

（1）静默期。自发行日到其后 40 天内，美国证券交易委员会（SEC）要求公司及主承销商遵守静默期的规定，即与公众的所有信息沟通仅限于对一些事实的披露和普通的公告。其背后的逻辑是，所有重要信息已经包含在公司的招股说明书中。在静默期内，承销商的分析师不可以向公众推荐该公司的股票。

（2）禁售期。禁售期规定了公司的发起人股东以及一些战略投资者至少在上市后要等待一段时间才能变现自己手中持有的公司股票，这个时间段一般设置为 180 天。公司原始股东持有的股票数多于公众投资者的情形并不少见。也因为这样，在禁售期结束时，有可能出现原始股东大量变现的行为，使公司的股价有下降的压力。

专栏 8-2　　案例分析：Spotify 公司上市时发起人股东没有禁售期

SpotifyTechnology S.A.（简称 Spotify 公司）是由 Daniel Ek 和 Martin Lorentzon 成立的瑞典娱乐公司，总部位于瑞典的斯德哥尔摩。Spotify 是于 2008 年 10 月 7 日推出的一项音乐流媒体服务，在瑞典 65 个地区都可以使用。它为唱片公司和媒体公司提供受保护的内容。Spotify 是免费增值服务，最大特点是没有广告或限制，而其他功能如改进的流媒体质量和音乐下载，则通过付费订阅提供。2018 年 2 月 28 日，Spotify 公司申请在纽约证券交易所直接上市，Spotify

公司的股票从 2018 年 4 月 3 日开始交易。

在众多上市新股中，Spotify 公司有一份给原始投资者的礼物：他们可以随时兑现，即该公司没有针对原始股东的禁售期限制。

这家公司 2 月 28 日提交了上市申请，但没有承销商（该公司属于存量发行，即没有发行新股）。它缺乏传统的 180 天禁售期。该公司表示："我们的任何股东，包括拥有我们普通股的董事和高管以及其他重要股东，都可以在任何时候（根据适用法律的任何限制）出售任何或全部普通股，包括在上市后立即出售。" Spotify 公司首席执行官 Daniel Ek 持有的 25.7%的股份，联合创始人 Martin Lorentzon 持有的 13.2%的股份，Tiger Global 持有的 6.9%的股份、索尼持有的 5.7%的股份和技术跨界风投持有的 5.4%的股份都不例外。唯一的例外是中国互联网公司腾讯，它持有 Spotify 7.5%的普通股。根据提交的文件，腾讯（腾讯和腾讯音乐娱乐集团）的子公司同意在 2017 年 12 月 15 日之后的三年内不出售普通股。

不设禁售期的 Spotify 公司股价反而表现良好。上市首日以 149.01 美元/股的价格收盘，比开盘价下跌 10%，市值为 265 亿美元，但之后一路飙升，截至 2018 年 8 月 24 日股价达到 192.38 美元/股（见图 8-1）。

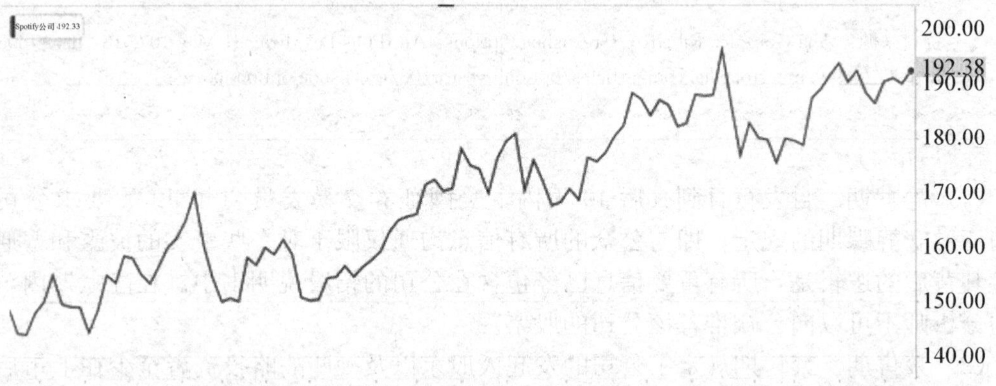

图 8-1 Spotify 公司截至 2018 年 8 月 24 日股价变动图

资料来源：Anita Balakrishnan，Ari Levy，"Most of Spotify's Investors Can Cash Out at Any Time，28 Feb 2018，Yahoo Finance.

（三）我国 IPO 制度及其实施效果

1. 我国现行 IPO 制度

我国境内的 A 股市场包括上海主板、深圳主板、深圳中小板和深圳创业板，其中深圳中小板也属于主板市场，适用与主板相同的上市要求。企业申请在 A 股上市所需的准备时间较长，通常为 8～12 个月，其间需要经历最初的准备（上市前辅导、确定主承销商、企业改制和重大问题调整等）、尽职调查、文件的准备及申报、证监会受理申请材料并核准、调研营销、路演推介、询价、发行、上市的一系列过程。在 A 股上市后需披露采用我国会计准则编制的年报和半年报。

申请在A股上市，企业需要达到以下要求：

(1) 发行人是依法设立且合法存续的股份有限公司（设立股份有限公司，应有2人以上200人以下为发起人，其中须有半数以上的发起人在中国境内有住所）。

(2) 发起人在成立股份有限公司后持续经营三年以上，但经国务院批准的除外。

(3) 业绩要求（两条标准中满足其一即可，主板和创业板存在区别，见表8-3）。

表8-3 我国主板市场与创业板市场的上市企业业绩要求

条件	主板	创业板
A	最近三个会计年度经营活动产生的现金流净额累计超过人民币5 000万元，或最近三个会计年度营业收入累计超过人民币3亿元	最近两年连续盈利，最近两年净利润累计不少于人民币1 000万元，且持续增长
B	最近三个会计年度净利润均为正数且累计超过人民币3 000万元，净利润以扣除非经常性损益前后较低者为计算依据	最近一年盈利，且净利润不少于人民币500万元，最近一年营业收入不少于人民币5 000万元，最近两年营业收入增长率均不低于30%，净利润以扣除非经常性损益前后较低者为计算依据

说明：A、B两个条件必须满足一个。

(4) 对独立性和关联交易的监管要求。拟上市公司必须突出主营业务，形成核心竞争力和可持续发展的能力；按照《上市公司治理准则》的要求独立经营，运作规范；有效避免同业竞争，减少和规范关联交易。发行人应当就是否存在同业竞争做出合理解释；控股股东应做出避免同业竞争的承诺；发行人应当披露关联交易的详细情况以及减少关联交易的措施。

(5) 对公司治理的要求。董事会每届任期不得超过三年。董事任期届满，连选可以连任。控股机构的管理人员不得兼任上市公司经理、财务负责人；独立董事必须超过董事会人数的1/3。监事会成员人数需要在3人以上，其中职工代表的比例不得低于1/3。

2. 我国新股发行制度的改革

随着资本市场的不断发展和法制体系的逐步完善，我国新股发行制度不断向市场化方向迈进。新股发行制度越来越强调市场约束，重视中小投资者意愿，积极促进长期理性投资，进一步提高了新股发行定价的市场化程度，增强了投资者防范一级市场投资风险的意识（见表8-4）。

表8-4 我国新股发行定价制度的变革

制度	核心特征	执行时间	阶段的主要特征
审批（额度）制	固定价格、固定市盈率	1990年12月至1997年2月	PE≤13；1994—1995年试点上网定价；EPS计算不统一。
		1997年3月至1998年2月	PE≤15，EPS为过去三年实现的EPS的算术平均值。
		1998年2月至1999年6月	PE≤15，EPS为预测的发行当年实现的EPS和未来预期EPS的加权。

续表

制度	核心特征	执行时间	阶段的主要特征
核准制	上网定价	2000年3月至2001年8月	1999年7月1日《证券法》实施；2000年3月16日《股票发行核准程序》颁布实施，标志着A股新股发行由核准制取代了审批制；市盈率无控制；承销商选择推荐企业上报发行审核委员会（简称发审委），发审委决定是否批准上市；适逢国有股减持，市场扩容压力倍增，上网定价发行方式很快终止。
核准（通道）制	网上累计投标询价	2001年9月至2004年12月	PE≤20；承销商首先确定询价区间，投资者在该区间内竞价投标，承销商最后确定发行价；实际操作过程中价格区间和拍卖形同虚设，询价区间最高价格大部分成了发行价。这一阶段实际上将定价权部分地下放给了承销商。
核准（保荐）制	两步询价	2005年1月至2008年12月	2003年12月28日，《证券发行上市保荐制度暂行办法》发布，2004年起施行证券发行上市保荐制度。2005年1月1日，《关于首次公开发行股票试行询价制度若干问题的通知》开始实施：初步询价向不少于20家机构投资者初询确定发行价格区间，然后保荐机构采用向询价机构累计投标询价方式确定发行价格（其中中小板市场由初步询价直接确定股票发行价格），同时向询价机构配售股票，配售比例设上限，也可回拨调整。按照证监会的窗口指导原则，最终制定的发行价格除不得超过30倍市盈率限制外，还不得高于以下四个值：所有参与初步询价机构报价的中值、均值，基金公司报价的中值与均值。
核准制向注册制逐步过渡	放开市盈率的管制	2009年7月至2010年10月	2009年6月10日，证监会颁布《关于进一步改革和完善新股发行体制的指导意见》，强调完善询价和申购的报价约束机制，淡化窗口指导规则，对市盈率不再做硬性或隐性的限制。
	引入了自主推荐询价对象、将询价信息透明化	2010年11月至2012年4月	2010年10月，证监会颁布《关于深化新股发行体制改革的指导意见》，提出了新股发行市场化的第二阶段改革措施，包括：合理设定每笔网下配售的配售量，以促进询价对象认真定价；主承销商可以自主推荐一定数量的具有较高定价能力和长期投资取向的机构投资者，参与网下询价配售；增强定价信息透明度；等等。
	放开了对新股定价方法的限定；再次引入市盈率管制	2012年4月至2013年11月	2012年4月证监会发布的《关于进一步深化新股发行体制改革的指导意见》规定：根据询价结果确定的发行价格市盈率高于同行业上市公司平均市盈率25%的，中国证监会综合考虑补充披露信息等相关情况后，可要求发行人及承销商重新询价。2012年5月，证监会发布修改后的《证券发行与承销管理办法》，对新股定价的可选方法做出了如下规定：首次公开发行股票可以通过向询价对象询价的方式确定股票发行价格，也可以通过发行人与主承销商自主协商直接定价等其他合法可行的方式，确定发行价格。

续表

制度	核心特征	执行时间	阶段的主要特征
核准制向注册制逐步过渡	明确逐步推进股票发行从核准制向注册制过渡	2013年11月至2015年11月	2013年11月30日证监会发布《关于进一步推进新股发行体制改革的意见》，强调坚持市场化、法制化取向，突出以信息披露为中心的监管理念，加大信息公开力度，审核标准更加透明，审核进度同步公开。以保护中小投资者合法权益为宗旨，着力保护中小投资者的知情权、参与权、监督权、求偿权。进一步明确了发行人和保荐机构、会计师事务所、律师事务所、资产评估师等证券服务机构及人员在发行过程中的独立主体责任，规定发行人信息披露存在重大违法行为给投资者造成损失的，发行人及相关中介机构必须依法赔偿投资者损失。
	重新启动新股发行工作，完善新股发行制度改革措施	2015年11月至现今	为具体落实上述新股发行制度的改革措施，证监会提出了相应修订《证券发行与承销管理办法》、《首次公开发行股票并上市管理办法》及《首次公开发行股票并在创业板上市管理办法》规章草案，并制定了《关于首发及再融资、重大资产重组摊薄即期收益有关事项的指导意见》，该文件于2016年1月1日起施行。

说明：表中PE代表新股发行价市盈率。

在2013年的《关于进一步推进新股发行体制改革的意见》(以下简称《新股发行体制改革意见》)中，改革亮点主要包括以下几方面：(1) 此次《新股发行体制改革意见》的发布意味着我国新股发行机制正式从核准制向注册制过渡，从单向监管向市场化转变，监管层的职能不再是单纯的事前审核批准，而是更加突出事中加强监管、事后严格执法。(2)《新股发行体制改革意见》对主承销商引入自主配售机制，主承销商可以将网下发行的股票按事先公布原则配售给自己的客户。主承销商为发展长期客户，需要合理定价，平衡买方利益。这有利于防止主承销商与发行人共谋定高价。(3) 强化社会监督。《新股发行体制改革意见》进一步要求招股说明书的披露时间提前，加强社会对拟上市公司的监督，同时对披露信息与事实不符的拟上市公司，证监会将中止审核，并在12个月内不再受理相关保荐代表人推荐的发行申请。《新股发行体制改革意见》将拟上市公司真正推向社会监督，通过提高透明度杜绝"造假现象"的出现。(4)《新股发行体制改革意见》强化中介机构的责任理赔机制，加大对业绩变脸公司的处罚力度，除暂不受理相关保荐机构推荐的发行申请外，还将直接移交稽查部门查处。同时引入主承销商自主配售机制，使主承销商对其客户的投资损失负责。(5)《新股发行体制改革意见》明确公募基金与社保基金主导发行定价，要求网下配售的股票中至少40%优先向以公开募集方式设立的证券投资基金和由社保基金投资管理人管理的社会保障基金配售，给予专业机构投资者一定的定价主导权，有利于拟上市企业发行定价更专业、合理。

总体而言，《新股发行体制改革意见》的发布对恶意炒新、财务造假等危害投资者的行为起到了积极的遏制作用，加强了市场监管，维护了市场公平，切实保护了投资者特别是中小投资者的合法权益，有利于我国证券市场健康、有序、稳定地发展。

表8-5总结了我国A股发行制度与美国股票市场发行制度的主要差异。

表 8-5　A股发行制度与美国股票市场发行制度的主要差异

	国内市场	美国市场
询价对象	在证券业协会备案的询价机构和个人投资者	没有固定范畴
价格区间的确定	价格区间根据初步询价结果确定	通过市场化的预路演来发现价格区间
	价格区间公告后不可修改	在国际机构配售部分的申购期结束之前，可以调整价格区间
	价格区间上下限的宽度为 20%	价格区间上下限的宽度一般不超过 50%
配售机制	摇号确定网上申购	可采用一人一手制（照顾中小散户）
	发行人及其主承销商应当向参与网下配售的询价对象配售股票；当发行价格以上的有效申购总量大于网下配售数量时，应当对发行价格以上的全部有效申购进行同比例配售*	自主配售权
回拨机制	双向回拨机制，根据申购情况调整网下配售和网上发行的比例，回拨比例不超过 20%	回拨比例最高可达 50%
新股锁定期	网下询价机构获配新股无锁定期限制，战略投资者需至少持有 12 个月	机构投资者获配股份无锁定期限制
		基石投资者锁定期可协商决定，一般为 3～12 个月**

注：* 在中小型公司新股发行中，发行人及其主承销商应当根据发行规模和市场情况，合理设定每笔网下配售的配售量，以促进询价对象认真定价。根据每笔配售量确定可获配机构的数量，再对发行价格以上的入围报价进行配售，如果入围机构较多应进行随机摇号，根据摇号结果进行配售。

** 基石投资者（cornerstone investor）主要是一些著名机构投资者（投资银行、养老基金、主权财富基金、保险公司等）、大型企业集团以及知名富豪等。基石投资者的引进实际是对公司基本面和发展前景的肯定，这给新股发行市场带来了很大的信心。相应地，基石投资者需要承诺购买且上市后锁定 6～12 个月。

专栏 8-3　案例分析：北京朝歌数码科技股份有限公司 IPO 被否

北京朝歌数码科技股份有限公司（以下简称朝歌数码）曾于 2011 年 7 月 8 日首次申请 IPO，结果被 2011 年第 45 次创业板发审委会议否决，2012 年再次向中国证监会提出首发申请，结果于 2014 年终止审核，2017 年 5 月第三次向证监会报送 IPO 申请材料，尽管报告期内收入和净利润都翻倍，但 2 月 7 日又遭到否决。这是为何呢？

朝歌数码第三次 IPO 的保荐机构是东兴证券；发行人律师是北京市康达律师事务所；发行人会计师是立信会计师事务所。其有关情况如下：

（一）基本情况——收入、净利润翻倍

1. 主营业务和产品

朝歌数码的主营业务为互动电视智能终端及系统平台的研发、生产、销售、运营与服务。公司长期专注于网络视频技术的研发并聚焦电视大屏应用，为运营商及行业客户提供互动电视智能终端及端到端整体解决方案，为家庭用户和行业客户打造电视新媒体互动体验。公司产品与服务分为三大关联板块：互动电视智能终端产品、网络视频行业应用系统及解决方案、互动电视系统平台产品及平台运营相关服务。

2. 业绩增长特别靓丽，报告期收入、利润翻倍

发行人 2015 年、2016 年、2017 年实现营业收入分别为 5.97 亿元、9.27 亿元和 17.95 亿元，实现扣非后归属于发行股东的净利润分别为 3 012 万元、4 189 万元和 7 002 万元。

（二）2011 年 IPO 被否原因：对委托加工和华为公司存在重大依赖

根据证监会《关于不予核准北京朝歌数码科技股份有限公司首次公开发行股票并在创业板上市申请的决定》："一、你公司负责主要产品 IPTV 家庭娱乐终端和融合视讯终端的研发、设计与销售，拥有产品的内置软硬件电路设计资料和产品设计组装图，全部生产制造业务委托加工商完成，你公司 2010 年、2009 年、2008 年委托百一股份及其全资子公司加维通讯加工产品的外包金额占你公司当年外包总额的 98.94%、99.68%、98.83%。二、你公司 2010 年、2009 年、2008 年对华为公司销售收入分别为 25 725.66 万元、16 886.13 万元、13 332.81 万元，占你公司当年全部销售收入的比例分别为 88.10%、79.42%、66.94%。创业板发审委认为，上述情形可能对你公司未来持续盈利能力构成重大不利影响，不符合《首次公开发行股票并在创业板上市管理暂行办法》（证监会令第 61 号）第十四条的有关规定。"

（三）2012 年申报但在 2014 年撤回 IPO 被反馈

发行人 2012 年曾向中国证监会提出首发申请并于 2014 年终止审核。结论是："请发行人补充说明：前次申报首发并上市的过程，申报文件和本次的差异；前次申报时中介机构及经办人员与本次申报时的差异；发行人撤回前次发行申请的具体原因，是否存在虚假记载、误导性陈述或重大遗漏，是否存在不符合发行条件的情形；本次申报时发行人是否已根据上述原因整改自身业务、合规情况，整改完毕后是否符合相关发行条件。请保荐机构、发行人律师核查上述问题并发表明确意见。"

（四）本次 IPO 发审委意见——被否原因

与 2011 年被否的原因基本一致：现存业务的发展空间有限，对大客户、供应商存在重大依赖，未来持续盈利能力存在重大不利影响。

1. 现存业务的发展空间有限，质疑发行人的未来持续盈利能力

要求发行人代表结合互动电视智能终端产品的行业发展情况、市场饱和程度、发行人的市场占有份额等，说明发行人的核心竞争力、商业模式合理性，主营业务的发展空间，发行人现存业务是否存在新的衍生拓展领域和业务增长点，是否对发行人未来持续盈利能力构成重大不利影响。并请保荐代表人发表核查意见。

2. 发行人对单一客户存在重大依赖，质疑与大客户业务的可持续性

反馈意见：报告期内，公司前五大客户销售额占当期营业收入的比例分别为 93.28%、89.81%、90.54%；发行人向华为公司销售额占比分别为 81.36%、74.23%、41.76%；发行人向 iTalkTV 销售额分别为 4.17 万元、2 118.34 万元、

536.33 万元，iTalkTV 为发行人股东二六三的子公司。发审委要求发行人补充披露：发行人与华为公司、国广东方、DMX 公司、银河互联的合作历史及背景；上述公司与发行人、其控股股东及实际控制人、董事、监事、高管是否存在关联关系。说明发行人是否构成对华为公司的重大依赖；是否对发行人本次发行上市构成实质性不利影响；在招股说明书中补充披露该风险。

发审委意见：报告期内发行人前五大客户销售额占当期营业收入的比例分别为 89.81%、90.54%、96.01%。请发行人代表：（1）说明发行人与华为公司、国广东方、中国移动的合作历史及背景，报告期内对上述企业销售排名变动的原因，结合市场情况说明 2017 年对中国移动销售额大幅上升及对华为公司销售额大幅下降的原因及合理性；（2）结合发行人与上述客户签署协议的主要条款，说明发行人与上述客户的合作是否具有可持续性，发行人是否构成对单一客户的重大依赖，是否对本次发行上市构成实质性不利影响。请保荐代表人发表核查意见。

3. 毛利率逐年下降且低于同行业毛利率水平，未来持续经营堪忧

报告期内，公司产品销售规模大幅提升，毛利率呈下降趋势，最近三年的综合毛利率分别为 17.18%、14.91%和 11.44%。公司报告期内毛利率波动的主要原因系公司互动电视智能终端产品毛利率下降所致，该产品占主营业务收入比例较高。公司毛利率波动受发行人市场推广策略、市场竞争激烈程度及上下游供需情况等多重因素影响。

发审委意见：发行人报告期主营业务收入主要来源于互动电视智能终端产品，其毛利率逐年下降至 9.4%，低于同行业毛利率水平。发行人网络视频行业应用系统及解决方案毛利率较高。请发行人代表说明毛利率变动的合理性以及对未来持续经营的影响。请保荐代表人发表核查意见。

4. 对主要供应商存在依赖，可能对发行人未来持续盈利能力构成重大不利影响

报告期内，发行人对前五大供应商的采购占公司采购总额的比例分别为 84.66%、78.77%、85.57%。请发行人代表：（1）说明发行人 2014 年、2015 年委托加工和代采辅料采购来自百一股份的金额占比较大，2016 年大幅下降的原因，2016 年应付百一股份的金额较大的合理性；（2）说明发行人采用委托加工模式而不自建工厂生产的原因及合理性，委托加工模式对发行人业务、资产的独立性和完整性是否构成实质性不利影响；（3）结合同行业上市公司采购相同原材料的定价情况，说明发行人对主要供应商采购定价的依据及公允性、发行人是否对主要供应商存在依赖，该等情形是否可能对发行人未来持续盈利能力构成重大不利影响。请保荐代表人发表核查意见。

5. 质疑存在放宽信用期促进销售收入

2015—2017 年的报告期内，公司应收账款余额分别为 5.97 亿元、9.27 亿元和 17.95 亿元，占营业收入的比例分别为 27.85%、22.26%、20.04%，账龄在 1 年以内的应收账款余额占比分别为 98.26%、97.18%和 98.22%。

发审委意见：报告期各期末，发行人应收账款账面余额较高，占营业收入比例较大，余额持续增加。请发行人代表说明：与主要类型客户合同中约定的信用

政策、结算方式和结算周期是否发生变化，是否存在放宽信用期促进销售收入的情形。请保荐代表人发表核查意见。

专栏 8－4　　**案例分析：友讯达 IPO 分析**

深圳友讯达科技股份有限公司（以下简称“友讯达”）的前身是深圳市友讯达科技发展有限公司，成立于 2002 年 9 月 4 日，公司于 2014 年 12 月 31 日整体变更为股份有限公司。2017 年 3 月 31 日，证监会核发 10 家企业 IPO 批文，友讯达在列。

友讯达是一家集研发、生产、销售无线产品及运维服务于一体的国家高新技术企业，其产品先后获得“国家重点新产品”“广东省名牌产品”等殊荣。公司主要生产销售无线传感网络模块、无线传感网络终端（采集器）和网关（集中器）等信息采集设备，包括水、气、热、电等智能仪表信息采集嵌入式应用。表 8－6、表 8－7、表 8－8 分别对友讯达的基本资料、上市前的主要指标、股权结构进行了介绍。

表 8－6　友讯达的基本资料

发行状况	股票代码	300514	股票简称	友讯达
	申购代码	300514	上市地点	深圳证券交易所
	发行价格（元/股）	8.46	发行市盈率	22.98
	市盈率参考行业	计算机、通信和其他电子设备制造业	参考行业市盈率（最新）	58.8
	发行面值（元）	1	实际募集资金总额（亿元）	2.12
	网上发行日期	2017-04-17（周一）	网下配售日期	2017-04-17
	网上发行数量（股）	10 000 000	网下配售数量（股）	15 000 000
	老股转让数量（股）	—	总发行数量（股）	25 000 000
	申购数量上限（股）	10 000	顶格申购需配市值（万元）	10.00
	中签缴款日期	2017-04-19（周三）	市值确认日期	T－2 日（T：网上申购日）
发行方式	发行方式类型	市值申购，网上定价发行，网下询价配售		
	发行方式说明	采用网下向股票配售对象询价配售和网上社会公众投资者资金申购定价发行相结合的方式，或采用中国证券监督管理委员会认可的其他方式		
经营范围	电子产品、通讯产品的销售；电力无线自动抄表系统、远端监控系统的销售；计算机软、硬件的技术开发；智能电表、智能水表、智能气表、智能热表的研发、销售；智能仪表信息采集系统软件研发和系统集成；无线物联网核心网络及外延设备的研发、销售；无线物联网的软件研发和系统集成；电力配网设备、计量自动化系统及相关设备、低压成套设备的销售；经营进出口业务。电力无线自动抄表系统、远端监控系统的生产；智能电表、智能水表、智能气表、智能热表的生产；无线物联网核心网络及外延设备的生产；电力配网设备、计量自动化系统及相关设备、低压成套设备的生产。			

续表

主营业务、	为各行业提供无线传感网络综合解决方案		
筹集资金将用于的项目	序号	项目	投资金额（万元）
	1	无线传感网络研发中心建设项目	5 000
	2	友讯达智能电网类产品生产基地新建项目	7 527
	3	营销与运维服务网络建设项目	7 036
	投资金额总计		19 563.00
	超额募集资金（实际募集资金一投资金额总计）		1 587.00
	投资金额总计与实际募集资金总额比		92.50%

表 8-7　友讯达上市前的主要指标

财务指标/时间	2016 年	2015 年	2015 年 6 月	2014 年
总资产（亿元）	4.834 8	3.877 2	3.279 3	3.674 8
净资产（亿元）	2.320 3	1.958 1	1.743 1	1.569 5
少数股东权益（万元）	—	—	—	—
营业收入（亿元）	4.574 7	3.506 1	1.346 9	3.759 7
净利润（亿元）	0.44	0.32	0.12	0.48
资本公积（万元）	5 663.25	5 663.25	5 507.96	5 306.96
未分配利润（亿元）	0.88	0.56	0.39	0.27
基本每股收益（元）	0.58	0.44	0.17	0.66
稀释每股收益（元）	0.58	0.44	0.17	0.66
每股现金流（元）	—	—	−0.53	—
净资产收益率（%）	20.08	18.31	7.50	35.78

表 8-8　友讯达的股权结构

序号	股东名称	持股数量（万股）	占总股本比例（%）
1	崔涛	2 419.2	32.26
2	海南华诚盛达投资有限公司	1 152	15.36
3	崔霞	720	9.6
4	崔奕	604.8	8.06
5	华周	576	7.68
6	许持和	576	7.68
7	深圳市威而来斯科技有限公司	288	3.84
8	张文玉	288	3.84
9	王丽君	288	3.84
10	深圳威而来斯投资企业（有限合伙）	156	2.08
11	张均奇	144	1.92
12	友讯投资	144	1.92
13	马晖	72	0.96
14	赵东杰	72	0.96
合计		7 500	94.24

三、增资发行

(一) 增资发行方式

公司对于外部资本的需求不会止于一次公开发行。一般而言，当上市公司面临新的成长机会，仅依靠内部融资不够时，公司会再次转向权益市场（当然也包括债券市场），发行新股融资，这就是增资发行（seasoned equity offering）。

增资发行和IPO方式的流程基本一致。主要的差别在于，公司增资发行时已经有了可以参照的二级市场定价。增资发行可以选择一般现款发行（cash offer）或认购权发行（right offer）。一般现款发行（国内一般称为“公募增发”）的对象是所有投资者包括现有股东，老股东也可以借此机会转让手中的股票。认购权发行（国内一般称为“配股”）中，一般只有现有股东参与增资。当公司管理层认为股价被市场低估时，可以选择这种方式增资，而不至于使现有股东遭受损失。由于增资发行涉及新、老股东的利益，往往需要多关注发行的方式和定价问题。

(二) 认购权发行方式

当公司发行新股时，现有股东若不参与认股，其控制权会被稀释，因而给每个现有股东认购权（认股权证），将可以规避股份的稀释。认股权证赋予股东在一段时间内以一定的价格认购一定数量新发行股份的权利。

1. 定价

只要认股权证的执行价格低于股票的市价，理性的投资者就会选择行权。根据募资额和行权价格，可以得出需要新发行的股数（新发股数＝目标融资额/执行价格），并得到每认购一股新股需要多少份认股权证（认购一股新股所需的认股权证数量＝现有股数/新发股数）。

认股权证是有价值的，因为它可以使股东以低于市价的价格认购新股。认股权证的价值是增发前后每股股价的差值，也等于“（当前股价－执行价格）/认购一股新股所需的认股权证数量”。

从下面的例子中，我们可以看到以认股权证方式进行增发的定价效应。

【例题8-1】 A和B两个投资者共同出资购买了6盎司的铂金，并以该铂金作为资本金开创了GY公司。6盎司铂金的当前价格总共为3 000美元，A和B分别出资1 500美元。A和B分别持有该公司1单位股份，即每股股份价值1 500美元。

发行看涨期权：若B投资人打算卖给C投资人一单位看涨期权，期权的执行价格为1 800美元，持有期为一年。如果1年后铂金的价格大于600美元每盎司，则C投资者一定行使该期权，B投资者将卖出其股份并获得1 800美元。假设1年后铂金的价格为700美元每盎司，则C投资者将获益300（＝700×3－1 800）美元。

发行认股权证：假设A和B举行董事会会议后一致决定发行认股权证，并将该认股权证卖给C，该认股权证赋予C投资者以1 800美元的执行价格来购买公司股票的权利。如果C决定行使该权利，则GY公司将会发行另外一单位的股票，并将该股票以1 800美元的价格卖给C。

通过上述例证可以发现，从投资者C所付出的成本来看，认股权证和看涨期权之间并无差异。然而，在发行认股权证的情况下，C投资者的收益由于认股权证的稀释效应，最终收益实则是减少的。假设一年后铂金的价格为700美元/盎司，则考虑公司发行认股权证的情况：

(1) C将会支付1 800美元给GY公司。

(2) 公司将会发行一单位股票并将其赋予C投资者，该股票代表了公司1/3的所有权。

(3) 由于C的加入，

公司目前的价值＝铂金的当前市场价值＋C的资本投入

＝4 200美元＋1 800美元

＝6 000美元

由于C拥有公司1/3的所有权，因此C所持有的股份的实际价值为2 000（＝6 000/3）美元。通过发行认股权证，C的价值增值为200美元（＝2 000美元－1 800美元）。

表8-9对两种方式进行了总结。

表8-9　看涨期权和认股权证对公司价值的影响　　单位：美元

公司价值	每单位铂金的价格	
	700	600
不发行认股权证或期权		
A持有股份的价值	2 100	1 800
B持有股份的价值	2 100	1 800
公司的价值	4 200	3 600
发行看涨期权		
A持有股份的价值	2 100	1 800
B持有股份的价值	0	1 800
C持有股份的价值	2 100	0
公司的价值	4 200	3 600
发行认股权证		
A持有股份的价值	2 000	1 800
B持有股份的价值	2 000	1 800
C持有股份的价值	2 000	0
公司的价值	6 000	3 600

为何上例中C投资者在行使认股权证时获益200美元而在行使看涨期权时获益300美元？关键在于认股权证的稀释作用。在发行看涨期权的情况下，C支出1 800美元并获得了公司1/2的所有权，因此她的收益是2 100美元（＝4 200美元×1/2），她的净收益为300美元。即行使看涨期权的收益为

$$\frac{4\,200\text{ 美元}}{2}-1\,800\text{ 美元}=300\text{ 美元}$$

在发行认股权证的情况下，C支出1 800美元仅获得公司1/3的所有权，因此她所持股份的市场价值为2 000美元，净收益为200美元。即行使看涨期权的收益为：

$$\frac{4\,200\text{ 美元}+1\,800\text{ 美元}}{2+1}-1\,800\text{ 美元}=200\text{ 美元}$$

同样，认股权证也会影响会计数据，认股权证的发行和可转换债券一样都会导致股票数量的增加，股票数量的增加将会摊薄每股收益，进而影响会计数据。

2. 增发对每股盈利、每股净资产和市值的影响

增发除了有可能影响每股股票所拥有的控制权之外，对公司的每股盈利、每股净资产和市值也有影响，关键在于增资所投入项目净现值的大小。

四、其他发行方式

（一）储架注册发行

在美国的股票发行实践中，还有一种被称为“储架注册”（shelf registration）的发行方式，即证券交易委员会允许一些规模较大的公司在一份注册说明书中纳入最多可实施三年之久的发行融资计划。在此计划范围内，无论是公司需要融资还是公司认为证券能以有利的价格发售，公司都可以及时发行证券，只需很少的附加文件就能完成。

在美国，具备一定资格的发行人提交的《储架注册说明书》经美国证监会审核并宣布生效后，发行人即被允许通过建立“储架”在三年内连续多次发行证券。其间发行人还可以随时注册新的三年期“储架”。由此看出，与传统发行机制比较，这种发行机制不是每次发行都要重新注册，因此该机制可以简化注册程序，提高融资灵活性，降低融资成本，提升市场效率。关于储架注册发行方式，也有一些争议，主要是信息披露的质量和实效性得不到保证，因为公司主要的注册招股说明书可能是在发行的两三年之前所做的。

储架注册发行制度是一项放松行政审批管制、加强监管的措施，为提高上市公司再融资行为的监管审批效率提供了具有参考价值的模式。上市公司证券发行可参照储架发行的方式，在核准再融资申请后，设定一个有效期，允许发行人在有效期内延后或持续多次发行证券。每次发行时，不再启动核准程序，只对具体的项目披露信息进行审查。

（二）OTC 柜台发行

OTC（over the counter）市场又称为场外市场、柜台交易市场。它的主要功能在于解决处于初创阶段中后期的中小企业在筹集资本性资金方面的需求，以及这些企业的资产价值评价、原始股东的风险分散和风险投资的股权交易和退出问题等。OTC 市场的准入制度较宽松，一般采用协议转让或做市商制度作为交易制度。OTC 市场作为多层次资本市场体系当中的一个层级，在成熟的资本市场体系中具有重要意义，比如美国的纳斯达克（NASDAQ）市场就是一个场外交易市场。在 OTC 市场挂牌的企业可以通过转板机制进入更高层级的市场。

美国的证券市场分为主板市场（纽约证券交易所）、NASDAQ 市场（国内也称为“创业板”或“二板”）和 OTCBB 市场（柜台交易市场，国内俗称“三板”）三个市场。OTCBB 市场成立于 1990 年，全称是场外电子柜台交易市场（over the counter bulletin board），是 NASDAQ 市场的管理者——全美证券商协会（NASD）——管理的柜台证券交易实时报价服务系统。一般而言，任何未在全国市场上市或登记的证券，包括在全国、地方或国外发行的股票、认股权证、证券组合、美国存托凭证等，都可以在 OTCBB 市场上报价交易。

虽然OTCBB市场股票与NASDAQ市场股票同样由做市商通过NASDAQ电脑网络进行报价，又同在NASD的管辖之内，但OTCBB市场与NASDAQ市场有本质的不同。

OTCBB市场采取了一种上市方式和门槛更为灵活的机制，对企业没有任何规模或盈利要求，只要有三名以上的做市商愿意为该证券做市，就可向NASD申请挂牌。我国现在有很多企业号称在美国上市，其实是在OTCBB市场挂牌，很大程度是对美国证券市场不熟悉，受不良中介、财务公司欺骗导致的。从功能上说，OTCBB市场是没有融资功能的，它注定只是一个过渡的板块，因为它不能发新股。它存在的价值就是给众多“摘牌公司”一个搁置的地方，在那里进行资产重组或者被收购，也可以进行私募。有些公司通过自我改造升级，重新把业绩做上去，升级回到主板。所有OTCBB市场的公司的最终目标应该是回到主板市场，谁如果把上OTCBB市场当成一个终点站，绝对是不正常的。一般来说，到OTCBB市场上利用“壳”做反向收购挂牌的公司应在半年到9个月之内升级主板，然后发行新股筹资。挂牌后的企业按季度向美国证券交易委员会提交报表，即可在OTCBB市场上流通。达到一定条件后，可直接升入NASDAQ小型资本市场或NASDAQ全国市场。

经过十几年的运作，OTCBB市场已确立了在美国非主板市场的霸主地位，最多时有超过3 600家公司、交易的证券超过6 000种、近400家做市商活跃于该市场。近几年来，参与OTCBB市场的美国投资者越来越多，而挂牌企业也陆续暴露出一些问题，美国证券交易委员会的监管随之变得更为严格。

专栏8-5　知识拓展：我国的“新三板”市场

我国的“三板”市场起源于2001年7月开设的“股权代办转让系统”。当时设立“三板”市场的一个主要目的是承接主板的退市股票，在特定的时期起到化解退市风险、弥补我国证券市场的结构性缺陷的作用。2001年7月，为了解决主板企业退市问题以及原STAQ、NET系统内存在法人股等历史遗留问题，“代办股份转让系统”正式成立，后被称为“老三板”。

作为柜台市场，“三板”理应具备更好的兼容性，吸引有潜质的中、小企业挂牌交易，成为主板或“二板”市场的储备资源。随着历史遗留问题股的流通、承接退市股票这两大任务顺利完成，“三板”市场的重新定位十分迫切。由于承接退市公司以及历史遗留问题公司，“三板”市场不可避免地充斥许多绩差公司、问题公司，甚至有人把“三板”市场称作“垃圾市场”。缺乏富有活力的上市企业，“三板”市场如何寻找发展的基础呢？

2006年1月，北京中关村科技园区非上市股份有限公司股份报价转让系统（即“新三板”）正式推出，作为国内证交所主板、中小板及创业板市场的补充。2006年11月，在“新三板”市场挂牌的北京时代和中科软两家公司定向私募增资成功，标志着“三板”市场具有了融资功能。2009年7月《证券公司代办股份转让系统中关村科技园区非上市股份有限公司报价转让试点办法（暂行）》正式实施，“新三板”市场实现进一步扩容。

从发展目标来看，未来我国资本市场架构的设计应分为主板市场、中小企业板市场、创业板市场、“三板”市场、大区域产权市场以及地方性的产权交易市场六个层次。“新三板”市场在其中的定位是为非上市的高新技术公众公司提供高效、便捷的股权转让和投、融资平台。对企业来说，“三板”市场应具备：(1) 宣传功能；(2) 培育功能；(3) 价值发现功能；(4) 融资功能；等等。

目前，“新三板”市场挂牌企业的试点园区已经进一步扩容到武汉东湖、上海张江高新和天津滨海等高新技术开发区等。未来还会有更多的国家级高新技术园区企业加入“新三板”市场。

(三) 境外上市

在我国资本市场的准入门槛非常高的情况下，有不少成长性好、但不满足国内上市要求的公司通过在境外上市的途径，募集到发展所需的资金。“红筹上市”就是其中很典型的一种。

“红筹上市”方式通常是指境内企业的实际控制人以个人名义在开曼群岛、英属维京群岛、百慕大群岛等离岸金融中心设立壳公司，再以境内股权或资产对壳公司进行增资扩股，并购境内企业的资产，以境外壳公司的名义达到曲线境外上市的目的。一般的操作方式是：企业实际控制人先以个人名义在开曼群岛/英属维京群岛/百慕大群岛等地设立注册壳公司，再把境内股权或资产以增资扩股方式注入壳公司；之后以境外公司的名义申请在美国、中国香港、新加坡等地上市，这种模式俗称“红筹上市”[①]。

设立境外特殊目的公司面临很多法律问题，比如外汇监管的问题。我国发改委和商务部在核准国内企业在境外投资开办企业方面也有相当多的规定，如 2006 年商务部等六部委发布的《关于外国投资者并购境内企业的规定》(俗称“10 号文”)，通过要求境内企业报送申请等一系列严格规定，限制了境内企业以“红筹方式”在海外上市。不过，2010 年以后以京东商城、阿里巴巴等为代表的一批企业实现了海外上市，海外上市仍然是我国一些企业的融资选择。

(四) 中国存托凭证[②]

百度、阿里巴巴、腾讯、京东等新经济龙头大多选择在境外资本市场上市，反映了由于制度设计、市场结构及历史沿革等原因，我国资本市场对新经济企业发展的支持力度不足。然而目前以新技术、新产业、新业态和新模式为代表的新经济企业迅速成长，为我国经济增长注入了源源不断的动力。

中国存托凭证（Chinese depository receipt，CDR）是指在境外上市的公司将部分已发行或新增发的股票托管在当地保管银行，由中国境内的存托银行发行、在 A 股市场上市、以人民币交易结算、供境内投资者买卖的投资凭证，可以实现股票的异地买卖。CDR 可以在基本不改变境内现行法律框架的基础上，为境外上市公司在 A 股上市提供更便捷、

① 关于我国企业海外上市的具体模式，可参考张明．境外私募股权基金是如何规避中国政府管制的．世界经济，2008 (3).

② 杨珉，杨宗杭．中国存托凭证试点的意义和风险．证券市场导报，2018 (4).

更低成本的通道。CDR试点有助于推动我国在境外上市的优质新经济企业重返A股市场，有利于深化资本市场改革，提升资本市场服务实体经济的能力，也有利于拓宽资本市场投资渠道，使国内投资者更好地分享新经济企业成长红利，是A股市场接轨国际市场的重要尝试。2018年5月21日，中国证券登记结算有限责任公司发布《存托凭证登记结算业务细则（公开征求意见稿）》，向市场参与主体公开征求意见。6月6日，证监会发布《存托凭证发行与交易管理办法（试行）》等文件。

我国在境外上市的新经济企业多采用VIE架构（采用协议方式实现海外上市主体对境内经营主体的控制权），普遍存在同股不同权的股权结构安排。相比借壳上市，CDR无须拆除VIE架构，上市手续简单，发行周期缩短，成本更低，更具优势。

CDR试点更重要的意义在于带动发行上市制度、上市公司监管规则的改革，完善资本市场估值体系。如果我国在境外上市的新经济企业回归A股或境外上市公司在A股上市，理应参照境外市场的估值体系和监管标准。在适当的制度安排下，CDR标的估值体系和监管标准可以为A股市场提供参考和借鉴，有助于完善A股市场估值体系，有助于A股上市公司提高监管效率，更有助于形成价值投资的理念和氛围。

第三节　IPO领域的经典研究问题[①]

一、新股发行的直接成本（承销费）

承销价差是指承销商从发行企业购买公司股票的价格相比最终发行价得到的折扣。在美国，大多数承销价差集中于7%的水平，这一IPO的直接融资成本相对于企业的发行规模比较缺乏弹性，因此成为关于IPO成本的一个谜题[②]，因为考虑到股票发行规模效应的存在，更大规模的IPO其成本应该降低。

可能的解释是：

（1）投资银行之间存在隐性的合谋，但并没有足够的证据支持这一观点。因为在证券承销领域的行业集中度较小，总有新进入者从事承销业务，并且相对于一般投资银行业务来说，7%并不是一项盈利非常高的业务。

（2）承销商通过价格进行信号传递来削弱竞争对手。实证研究发现，那些收费比竞争对手稍低的承销商拥有更大的市场份额，但是那些相比竞争对手收费低廉得多的承销商，市场份额反而更小。

承销价差的低弹性同样发生在再融资（SEO）中，其成本没有IPO那么高，一般集中在5%的水平。

---

① 关于IPO领域的西方研究文献，可参考纽约大学Alexander Ljungqvist的文献综述，载于B.埃斯潘·埃克布.公司财务实证研究.沈阳：东北财经大学出版社，2011：第7章.

② 关于7%的承销价差，可参见Hsuan-Chi Chen and Jay R. Ritter，"The Seven Percent Solution"，*Journal of Finance*，2000，55（3）：1105-1131；Robert S. Hansen，"Do Investment Bank Compete in IPOs?：The Advent of the '7% Plus Contract'"，*Journal of Financial Economics*，2001，59（3）：313-346.

二、新股发行的间接成本（IPO 抑价）

新股发行的间接成本往往用上市首日的平均收益率（即上市首日收盘价除以发行价，反过来理解，也就是发行企业折价发行）来度量。新股抑价/折价发行占到整个 IPO 成本的很大一部分。新股以低于其实际价值的价格发行，这就是著名的 IPO 抑价（underpricing）之谜，它使认购新股的投资者从公司老股东的“让利”中获益。根据 Ritter 和 Welch（2002）的统计，美国 1980—2001 年的 6 249 个 IPO 样本的平均抑价率是 18.8%。而根据 Wind 数据库提供的 1990 年 12 月到 2010 年 10 月在中国 A 股上市的 2 158 个新股样本的平均抑价率高达 138.12%。[①]

新股抑价的现象在全世界普遍存在。在欠发达的资本市场中，新股抑价率远高于发达的资本市场。关于新股发行抑价的原因，从承销商的角度而言，它们需要权衡把价格定高或定低的好处和成本。如果定价过低，IPO 的成本对于发行人来说过于昂贵。一方面，为了吸引发行企业客户，投资银行会尽可能把股价定得高一些。但另一方面，如果定价过高，可能导致发行失败，在包销中，承销商要承担股票卖不出去的直接损失；即便是代销，发行不成功也会使投资银行的声誉受损。另外，承销商还需要考虑参与一级市场的机构投资者客户（基金公司、保险公司等）的利益。这样，承销商、发行企业、机构投资者的不同动机可能最终导致了 IPO 抑价，尤其是当承销商对市场状况有更多的了解、处于拥有信息优势的一方时。但这不能解释问题的全部，因为对投资银行自己的 IPO（这些例子中不存在前述的利益冲突和信息不对称问题）的研究表明，这些 IPO 有着同样高的抑价率。

从投资者的角度而言，“赢者的诅咒”在一定程度上解释了抑价的问题。假如一只股票真的非常好，那它必然供不应求，于是当投资者得到配售的时候，有可能他已经为之支付了过高的价格，虽然得到了配售，反而没有得到收益。他之所以得到配售只是由于那些知情投资者放弃了申购。为了吸引足够多的投资者参与 IPO 市场，发行人需要以抑价来确保投资者能够通过认购新股获利。这一逻辑能够较好地解释采用固定价格定价方式的 IPO。

对于实行累积投标询价制度的资本市场来说，机构投资者和承销商之间的信息不对称也会作用于新股的定价。在累计投标询价定价的制度下，承销商需要根据潜在的购买者（机构投资者）询价来确定市场需求，并相应地制定新股发行的价格。作为机构投资者，有动机压低报价，以更好的价格买入股票。为了从专业的机构投资者处得到更真实的信息，一个办法是，给那些更看好公司股票的投资者配售更多的股票。当然，询价对象之间也有可能互相竞争而抬高定价，机构投资者是合谋还是竞争，是与具体的制度环境有关的。

最近的一些欧美理论文献发现，仅从信息不对称的角度已经无法完全解释 IPO 抑价，

---

① 在 Loughran 等（2010）对 45 个国家与地区的 IPO 抑价率的文献统计中，中国的平均 IPO 抑价率高达 164.50%，远远高出 45 个国家和地区的 IPO 抑价率均值 27.51%，详见 Loughran，Ritter 和 Rydqvist（2010）。不过根据李曜等（2010）的研究，近年来我国的新股抑价率在下降。

还应该从利益输送的角度进行分析。这些理论认为承销商具有主动抑制发行价格的动机，并利用其拥有的新股分配权（即承销商可以决定把新股分配给谁）向利益相关者输送利益，而相关者则会“投桃报李”，最终使承销商也从 IPO 抑价收益中分得一杯羹。

比如由 Loughran 和 Ritter（2004）[①] 提出并验证的假说认为：主承销商会把其承销的热销 IPO 股票分配给其他公司高管 CEO 的账户，而随后在该 CEO 控制的公司发行上市时，该 CEO 就会愿意选择这个投行作为主承销商，并且抑价发行其公司新股，从而实现利益交换。Liu 和 Ritter（2010）[②] 还使用 56 个 IPO 公司的数据直接检验了该假说，发现如果高管接受热销新股的分配，则该公司在雇用该投行做 IPO 承销时，其 IPO 抑价程度要显著高于其他公司，并且在随后的再融资过程中，该公司变换原承销商的概率更低。这些发现支持承销商利用新股的分配权实现利益输送、交换的观点。此外，Reuter（2006）[③] 针对投资基金实际账户数据的分析也发现：基金向投行支付的经纪佣金越多，其在该投行承销的 IPO 中获得配售的新股数量越大，这种正相关关系在抑价水平为正的 IPO 中更为显著。

三、新股长期弱势之谜

新股长期弱势之谜是指在 IPO 之后短期里公司股价往往表现很好，但 IPO 后 3～5 年的时间内，投资于这些新上市公司的收益率却低于持有其他上市公司，这被称为 IPO 的长期弱势之谜。这一现象其实在增发股票上市之后也存在。美国的实证研究表明，在 1975—1992 年，新股公司在其 IPO 后 5 年里的市场表现相比标准普尔 500 指数差了 44%。1980—2001 年，新股公司在其 IPO 后 3 年里的市场表现比市场平均收益低了 23.4%。[④]

这种弱势的股价表现也许并不是股票发行事件本身的结果，而可能是根源于公司选择股权融资的动因。比如公司在选择新股发行时进行了主动择时（timing），即在市场过于乐观、估值过高时进行了发行，结果之后股价回归正常状况；公司进行外部融资往往意味着公司计划进行新的投资，发行之后公司的风险增加，导致股票收益下降。

四、公司增发新股时的股价下跌

学者们发现，平均而言，当公司公布信息进行公募增发新股时，股价就会下跌。这种价格下跌造成的损失占到新募资的很大一部分。这一现象可以用逆向选择理论来解释。由于公司为了保护现有股东的利益，更倾向于在其股票被高估的时候发行新股，投资者从公

---

① Loughran T., Ritter J., “Why Has IPO Underpricing Changed Over Time?”, *Financial Management*, 2004, 33 (3): 5-37.

② Liu X., Ritter J. R., “The Economic Consequences of IPO Spinning”, *Review of Financial Studies*, 2010, 23 (5): 2024-2059.

③ Reuter J., “Are IPO Allocations for Sale? Evidence from Mutual Funds”, *The Journal of Finance*, 2006, 61 (5): 2289-2324.

④ 关于新股长期弱势的西方研究文献，可参考达特茅斯学院 Espen Eckbo 等人的文献综述，刊登于 B. 埃斯潘·埃克布. 公司财务实证研究. 沈阳：东北财经大学出版社，2011：第 6 章“证券发行”.

司公布的增资决策中察觉到这一点，于是随着公募增发消息的公布，公司的股价就下降了，因为这一信息传递了经理对公司前景的看法。

尽管逆向选择为增发新股的价格效应提供了一个合理的解释，但仍然有一些令人疑惑之处：(1) 通过优先认购权的手段保护现有股东，公司可以规避投资者的损失。但是现实当中使用这一方式的公司却非常少。(2) 就像IPO一样，有证据表明增发股票（SEO）后同样存在长期弱势现象。这种长期弱势的表现似乎说明，SEO宣告时的短期股价下跌还不够，因为后市更长久的下跌表明SEO的价格太高了。

公司的债务约束也有一定的影响。当公司管理层预计到企业有更高的财务风险的时候，往往更倾向于权益融资。如果投资者从公司的增资行为中解读出这一信息，那么股价也会下跌。

五、认购权发行之谜

认购权发行（相当于我国的附带认股权证的配股）比一般现款发行的成本更低，但在实际中，公司往往更多地选择一般现款发行。而如果公司的管理层是理性的，则应该选择更低成本的发行方式，这也是一个谜题。

现款发行的一个优势在于，承销商承担着更重要的角色，从而保证了发行的质量。承销商为发行做出努力，并且提升了公众的信心。并且，承销商会事先以固定的价格购买公司的所有股票，相当于为发行提供了保证。其他可能的原因包括：一般现款发行可以使公司的融资更快到位；相比认购权发行，一般现款发行所覆盖的投资者范围更大；承销商所给出的专业建议对于公司来说具有价值；公司现有股东可能会认为认股权证的执行与否，对于其个人财富而言并没有意义；市场价格低于认购权执行价格，风险较大；等等。

六、IPO周期性

从长期看，公司的IPO活动呈现出明显的周期性特征，即存在IPO热销（hot issue）和冷销（cold issue）的时期。从资金需求的角度看，在某些时期会出现很多公司有较好的投资项目需要资金的情况，比如20世纪90年代中后期的互联网浪潮时期。从资金供给的角度来看，当资金富裕、投资者寻求机会把手里的钱投出去的时候，也有可能出现较多的IPO案例。对于一家打算IPO的公司来说，了解IPO的浪潮趋势是由需求方引起的还是由供给方引起的，是很有意义的，因为这可以帮助它们选择一个较好的时机发行股票。但IPO为何呈现出周期性特征，其具体原因并未完全得到认知。

本章小结

1. 本章介绍了公司权益融资的动因、方法和效应。创业融资属于公司成长初期的私募融资的范畴，是风险投资、天使投资作为主要投资者的市场，具有很强的融资灵活性。首次公开发行（IPO）是企业在资本市场上公开募集股权资本，具有更为强调公平、公开、公正的流程，IPO具有不同的发行和定价方式，这些方式直接影响到参与主体的行为。我国的新股IPO发行和定价制度经历了多次改革，当前正处于重要的进一步改革阶段。

2. 除IPO之外，企业的股权融资还有增资发行、认购权发行等上市公司再融资方式，另外储架注册发行、OTC柜台发行和境外上市也是不同的发行上市方式。

3. 企业需要根据自身的发展阶段、面临的约束和不同资本市场的情况等，权衡各种融资方式的收益与成本，制定合适的权益融资方案。

4. 在权益融资领域，学术研究的经典问题十分丰富。比如新股抑价、新股长期弱势、新股发行成本、公募增发的股价下跌效应、IPO周期性规律等，均是学术界长期争论不下的著名研究课题。

问题与应用

1. 在公司创立之初，创业者投入了10万元，对应150万股。其后，创业者又以发行50万股的代价融到了一笔天使投资。现在，创业者打算引入风险投资，投资金额为600万元，对应300万股。

(1) 融资后估值（after-money valuation）为多少？

(2) 假设这是公司第一次引入风险投资，那么融资后，风险投资在公司的持股比例为多少？

(3) 创业者手上的股权目前价值多少？

2. 创业者用自己的研发专利和药品开发计划书获得了A公司200万元的风险投资，合作成立了一家药业公司，A公司占股40%。经过1年的努力，该项目完成了药品临床试验，同时需要再融资以进行批量生产和市场推广。新的资金需求为1 000万元，新的融资来源于另一家风险投资公司B。B公司获得了公司50%的股权。请编制除此融资和二次融资后的资产负债表。

3. W公司拟申请上市。它在最近一个会计年度的营业收入为3.25亿元，净利润为1 500万元。同行业其他近期上市的公司的发行市盈率和市销率如下表所示：

公司	市盈率	市销率
A公司	18.8	1.2
B公司	19.5	0.9
C公司	24.1	0.8
D公司	22.4	0.7
均值	21.2	0.9

公司发行后的股本为2 000万股，则

(1) 以市盈率计算的W公司的IPO发行价是多少？

(2) 以市销率计算的W公司的IPO发行价是多少？

4. 投资者以2 000股为单位申购T公司IPO的股票，定价为15元/股。有80%的可能性出现超额认购，超额认购的比例高达16∶1（即认购量是发行量的16倍），由于超额需求的存在，上市首日股价将上涨20%；有20%的可能性认购不足，上市首日股价将下跌5%。请计算投资者的平均收益，并根据计算结果解释为什么会出现“赢者的诅咒”

现象。

5. M公司刚刚进行IPO并顺利上市。此次对外发行股票为1 000股，每股发行价格15元。发行直接成本（承销费用）为筹资额的5%，股票上市首日的收盘价格为17元。计算M公司此次股票发行的折价成本和全部成本。

6. U公司为了筹集资金，打算采用认购权发行的方式发行新股，认购价为每股10元，配股比例为每2股可认购1股新股。公司当前的流通股总数为100 000股，市场价格为每股40元。假设所有股东均行使认购权，试计算：

（1）发行的新股数量；

（2）新投资的总额；

（3）发行后的公司总价值；

（4）发行后的股本总数；

（5）发行后的股价；

（6）购买1股新股的认股权证的价格。

7. 假设A公司有10 000股普通股，每股价值40元，公司股票的市场价值为40万元。若公司分别按40元、20元和10元的价格发行5 000股新股。计算每一种发行价格对现有股票价格产生的影响。

8. 一份面值为800美元的可转化债券，可按每股160美元的转换价格来换取普通股股票。该普通股目前的市场价格为50美元/股，其转换价值为多少？

9. 某公司股票市价为30元，因公司发展需要，管理层决定实行配股融资。配股发行价为每股15元，公司顺利融资9 000 000元，配股后股票的除权价为25元，问公司原来发行了多少股股票？

10. 某公司准备通过配股筹措3 500万元的资金，目前该公司发行在外的普通股为200万股，市场价格为每股50元，公司准备以每股35元的价格配售新股，则：

（1）为筹措到所需的资金，公司需配售多少股股票？

（2）如果每1股股票有1个配股权，为得到1股新股需要多少配股权？

（3）每个配股权的价值是多少？

推荐阅读材料

[1] B. 埃斯潘·埃克布. 公司财务实证研究. 沈阳：东北财经大学出版社，2011：第6，7章.

[2] Jay R. Ritter, "The Long-Run Performance of Initial Public Offerings", *Journal of Finance*, 1991, 46 (1): 3-27.

[3] Kevin Rock, "Why New Issues Are Underpriced", *Journal of Financial Economics*, 1986, 15 (2): 197-212.

参考文献

[1] Craig G. Dunbar, "Factors Affecting Investment Banks Initial Public Offering

Market Share", *Journal of Financial Economics*, 2000, 55 (1): 3-41.

[2] Grinblatt Titman, *Financial Market and Corporate Strategy*, 2nd edition, McGraw -Hill Education, 2002.

[3] Hsuan-Chi Chen and Jay R. Ritter, "The Seven Percent Solution", *Journal of Finance*, 2000, 55 (3): 1105-1131.

[4] M. Levis, "The Winner's Curse Problem, Interest Costs and the Underpricing of Initial Public Offerings", *Economic Journal*, 1990, 399 (100): 76-89.

[5] P. Asquith and D. W. Mullins, "Equity Issues and Offering Dilution", *Journal of Financial Economics*, 1986 (15): 61-90.

[6] Ritter, Jay R. , and Ivo Welch, "A Review of IPO Activity, Pricing and Allocations", *Journal of Finance*, 2002, 57 (4): 1795-1828.

[7] Robert S. Hansen, "Do Investment Bank Compete in IPOs?: The Advent of the '7% Plus Contract'", *Journal of Financial Economics*, 2001, 59 (3): 313-346.

[8] S. C. Myers and N. S. Majluf, "Corporate Financing and Investment Decisions When Firms Have Information That Investors Do Not Have", *Journal of Financial Economics*, 1994 (35): 99-122.

[9] Tim Loughran, Jay R. Ritter, and Kristian Rydquist, "Initial Public Offerings: International Insights", *Pacific-Basin Finance Journal*, 2004 (2): 165-199.

[10] 理查德·A. 布雷利，斯图尔特·C. 迈尔斯，弗兰克林·艾伦. 公司财务原理：10版. 北京：机械工业出版社，2012.

[11] 乔纳森·伯克，彼得·德马佐. 公司理财：3版. 北京：中国人民大学出版社，2017.

第九章

债务与租赁

学习目标：

1. 掌握债券的类型、发行以及合约条款；
2. 掌握债券调换的决策方法；
3. 掌握租赁的概念和类型；
4. 掌握租金的计算方法和租赁决策；
5. 掌握公司选择融资租赁的理由及其利弊。

引　言

据中国人民银行《2018 年第一季度中国货币政策执行报告》披露，我国企业债券净融资同比明显增多，当季企业债券净融资 5 371 亿元，占同期社会融资规模的 10.48%，同比增速为 5.7%；债券市场发行规模快速扩大。2018 年第一季度，累计发行各类债券 8.9 万亿元，其中，公司信用类债券发行 15 987 亿元，主要是非金融企业债务融资工具和企业债券发行同比均有增加。2018 年 3 月末，国内各类债券余额为 76.3 万亿元，同比增长 14.8%。

企业为何发行债券？如何发行债券？本章主要探讨企业债券发行以及融资租赁方式的内容。

第一节　长期负债

一、债券

债券是一种合约，该合约承诺对持有它的投资者支付一定的现金流量。一般而言，债务工具承诺的现金流量是定期支付的，但有关各方也可以通过谈判达成任何一种其他的现金流量的安排。债券合约中规定了支付利息的时间和金额，以及偿还本金的时间安排，另外还规定了债务人必须达到的财务要求及其他限制条款。

发行债券和向银行借款各有利弊，不过公募债券因为投资者一般数目众多，可以在较大程度上分散公司的风险。发行债券还可以使发行者有机会在所发行的债券上附加一些特别的条款。例如，公司可以发行可转换成普通股的债券（即可转换债券），也可以发行附有认股权证的债券。

（一）债券的分类

根据不同的标准，债券可以分为不同的类别。

1. 有担保债券和无担保债券

有担保债券（secured bond）是指以某种特定财产作为担保而发行的债券，主要有抵押债券、抵押信托债券和保证债券。

（1）抵押债券。它是指以土地、房屋、设备等不动产作为抵押担保而发行的债券。当债务人在债务到期不能按时偿还本息时，债券持有者有权处理抵押品作为抵偿。当某一抵押物的价值大于所担保债券的价值时，余额部分可以再次作为发行新债券的抵押品，从而产生第一抵押债券和第二抵押债券。第一抵押债券对于抵押品有第一留置权；第二抵押债券对于抵押品有第二留置权，即第一抵押债券清偿后，其余额可以用来偿付第二抵押债券的本息。[①]

（2）抵押信托债券。它是以公司拥有的有价证券，如股票和其他债券作为担保品而发行的债券。发行人通常要将作为抵押品的有价证券交给债权人或委托有关信托机构保管，当债务人无力偿债时，由债权人直接处理或由信托机构代为处理抵押品并用于偿债。

（3）保证债券。它是指由第三者担保偿还本息的债券。这种债券的担保人一般为其他企业、银行或非银行金融机构，个别的是由政府担保。

无担保债券（debenture bond）是指发行时无抵押担保品，完全凭企业的信用而发行的债券，又称信用债券。这类债券按其信用程度的高低，可划分为信用债券、附属信用债券和收益债券三种。

（1）信用债券。信用债券发行时没有具体的资产作为担保，仅凭公司的盈利能力作为保证。但是，这类债券的持有者仍受到债券合约规定的各种限制性条款的保护，特别是限制抵押条款，这一条款限制公司将其资产抵押给其他债权人。一般只有信用良好的公司才有可能发行信用债券。

（2）附属信用债券。它是指求偿权次于其他债务的债券。一旦公司破产清算，那么只有当有担保和其他无担保的债权人得到全部偿付之后，附属信用债券的持有者才有可能从剩余资产中得到偿付，不过其求偿权仍位于优先股股东和普通股股东之前。

（3）收益债券。它是指只有在公司获利时才支付利息给投资者的债券。收益债券具有累积性质，即某一特定年度的未付利息可以累积起来，一旦公司盈利，就必须在盈利许可

① 留置权是指债权人按照合同的约定占有债务人的动产，债务人不按照合同约定的期限履行债务的，债权人有权依照法律规定留置财产，以该财产折价或者以拍卖、变卖该财产的价款优先受偿。我国2007年出台的《物权法》对于留置权采取了开放式原则。留置权所担保的对象不再仅限制在合同债权。具体的留置权包括债权性留置和物权性留置两类。

范围内支付累积利息，但累积期限一般不超过 3 年。这种债券难以保证给予投资者固定收益，但其求偿权位于附属信用债券以及优先股和普通股之前。

2. 可转换债券和不可转换债券

可转换债券（convertible bond）是指根据债券合约规定，可以在一定时期内按照事先规定的转换比率或转换价格转换为一定数量的普通股股票的债券。若债券不能转换为公司股票，则为不可转换债券。由于可转换债券给予债权人更多的选择权利（即附加了期权），因此其票面利率要低于不可转换债券。

3. 可赎回债券和不可赎回债券

可赎回债券（callable bond）是发行公司可以按照债券发行时规定的条款，以一定的条件和价格提前赎回的债券。一般来讲，债券的赎回价格要高于债券面值，高出的部分称为赎回溢价。

可赎回债券关于提前赎回的规定是有利于发行公司/债务人的，因此可赎回条款等于给予债务人一个看涨期权，这个期权的出售方是债权人。一般当市场利率下跌的时候，在满足赎回条件的前提下，企业会行使赎回权，此时债权人/债券投资者无法继续持有债券并享受债券升值，获得的资金还必须按较低的市场利率投资。因此，为了弥补债权人的损失，可赎回债券的投资收益要高于同等条件下的不可赎回债券。

4. 可回售债券和不可回售债券

可回售债券（puttable bond）是投资者/债权人可以按照债券发行时规定的条款，以一定的条件和价格提前卖出债券给发行企业。一般来讲，债券的回售价格要高于债券面值，高出的部分称为回售溢价。

可回售债券关于提前回售的规定是有利于投资者/债权人的，因为可回售条款等于给予债权人一个看跌期权，这个期权的出售方是债务人。一般当市场利率上升的时候，在满足回售条件的前提下，投资者会行使回售权，将债券卖回给企业，这样投资者规避了债券继续下跌的风险，获得的资金可以按较高的市场利率重新投资。因此，拥有可回售条款债券的票面利率要高于同等条件下无回售条款债券。

赎回条款和回售条款对于企业债券是对称的，分别用于保护发行企业/债务人和投资者/债权人，我国的企业债券包括可转换债券等一般都同时拥有赎回条款和回售条款。

5. 浮动利率债券和固定利率债券

浮动利率债券的利率水平在债券期限内随市场利率的变化而变化。在发行浮动利率债券时，一般会规定相对于某一具有代表性的利率（如伦敦银行间同业拆借利率 LIBOR，或者我国的上海银行间同业拆借利率 SHIBOR）的溢价水平。

固定利率债券的利率在债券期限内是固定的，并载于债券票面上。

（二）债券的发行

1. 债券的发行条件

根据我国现行《证券法》的规定，我国企业发行公司债券必须符合下列条件：

（1）股份有限公司的净资产额不低于人民币 3 000 万元，有限责任公司的净资产额不低于人民币 6 000 万元。公司所拥有的净资产额的规模可以衡量公司的财产责任能力强弱和信用程度高低。因此，发债主体的净资产额必须达到一定的规模。

（2）累计债券余额不超过公司净资产额的40%。此项规定是为了控制公司所发行的债券与其净资产保持合理的比例，以保证公司有足够的偿还债务的能力。

（3）最近三年平均可分配利润足以支付公司债券一年的利息。债券发行不仅需要有一定数量的净资产作为其基础，还需要债券发行主体在经营上有良好的业绩，以确保有足够的偿债能力。

（4）筹集的资金投向符合国家产业政策。

（5）债券的利率不得超过国务院限定的利率水平。同时，国务院1993年颁布的《企业债券管理条例》规定公司债券的利率不得高于银行相同期限居民储蓄定期存款利率的40%。[①]

（6）国务院规定的其他条件。

此外，发行公司债券筹集的资金必须用于审批机关批准的用途，不得用于弥补亏损和非生产性支出。

2. 债券的发行方式

债券可以采取私募发行，也可以采取公募发行即公开发行方式。私募发行（private placement）是指发行债券的公司直接向少数特定的购买者发行，不必向证券管理机构办理发行注册手续和进行公开信息披露，即实行的是备案制度，同时私募债券一般不需要进行信用评级，可以降低发行费用。但是，私募发行的范围小，发行风险也较大，发行公司很可能筹集不到所需的资金。

公募发行（public offering）是指发行公司通过委托证券发行机构向社会公众发行债券。为了保护公众投资者的利益，公募债券要有较高的信用级别，要向证券监管机构进行发行申请并得到批准，即实行的是审核制或核准制。另外，债券承销机构一般要与发行企业签订委托发行债券的代销协议。

目前我国的企业债券主要分为中央企业债券和地方企业债券（其中按是否为上市公司所发行，又可分为上市公司债券和非上市公司债券），在地方企业债券中，又有2～10个企业作为集合发行主体的中小企业集合债券。在交易方面，我国债券市场形成了包括银行间市场、交易所市场和商业银行柜台市场三个子市场在内的统一分层的市场体系。中央国债登记结算有限公司作为债券中央托管机构，为中国债券实行集中统一托管，其中，银行间市场是债券市场的主体，债券存量约占全市场的95%。这一市场的参与者是各类机构投资者，属于大宗交易市场（批发市场）。证券交易所市场是另一重要部分，它由各类社会投资者参与，属于集中撮合交易的零售市场。[②]

下面是目前我国企业债券发行的有关流程以及已发行企业债券的一些情况（见图9-1至图9-3和表9-1至表9-3）。

---

① 该规定是在当时我国处于通货紧缩、治理整顿的经济背景下颁布的。当时一些企业债券出现利率过高、到期无法偿付的风险，因此该法规将企业债券利率与银行存款利率挂钩并设置上限，这一规定是有特定时代背景的。随着利率市场化进程的推进，我国企业债券利率的确定开始逐渐多样化，并向市场利率过渡。自2002年以后，企业债券市场利率的确定引进了部分市场机制，增加了附息债券、浮动利率债券，并引进了利率招标和投资者询价制度等。不过该法规目前仍然有效。

② 关于我国债券市场的情况，可参考全国金融专业硕士系列教材中的《金融市场与金融机构》《投资学》等的有关内容。

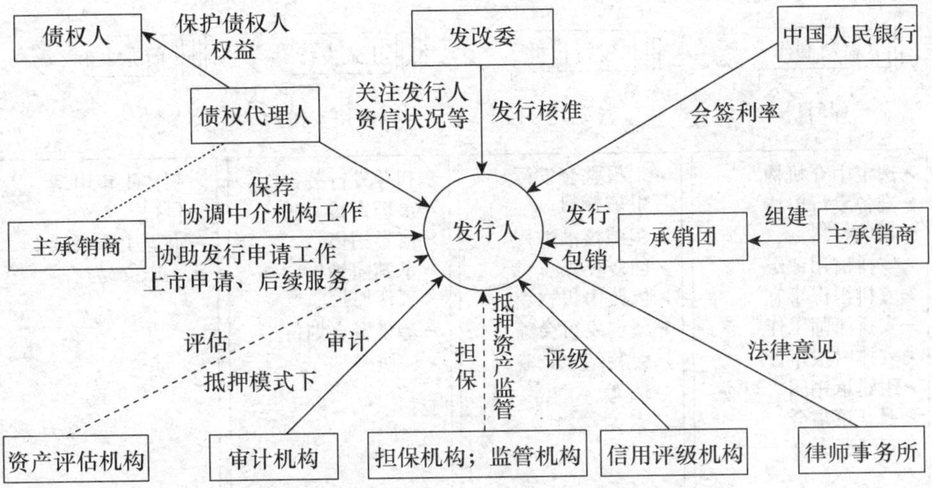

图 9-1　我国企业债券发行的相关主体

表 9-1　企业债券发行中介机构的职责

中介机构	主要工作内容
主承销商	● 协调各中介机构开展尽职调查 ● 牵头准备发行申请文件 ● 进行债券市场调查，设计债券发行方案 ● 负责债券发行申报工作 ● 策划债券宣传方案，安排路演推介工作 ● 组建承销团，领导承销团进行债券销售，并承担余额包销责任 ● 负责债券发行后的上市申请工作，以及债券存续期间的相关后续服务
审计机构	● 审计发行人最近三年的财务报表，出具审计报告 ● 完成发行人的财务尽职调查
承销商律师	● 为承销团提供法律咨询
发行人律师	● 就债券的发行、上市出具法律意见书和律师工作报告 ● 完成发行人的法律尽职调查
信用评级机构	● 出具债券评级报告 ● 进行债券存续期间的跟踪评级
担保机构	● 出具担保函，为债券的还本付息提供担保
资产评估机构	● 在抵押债券模式下，对相关抵押资产进行价值评估

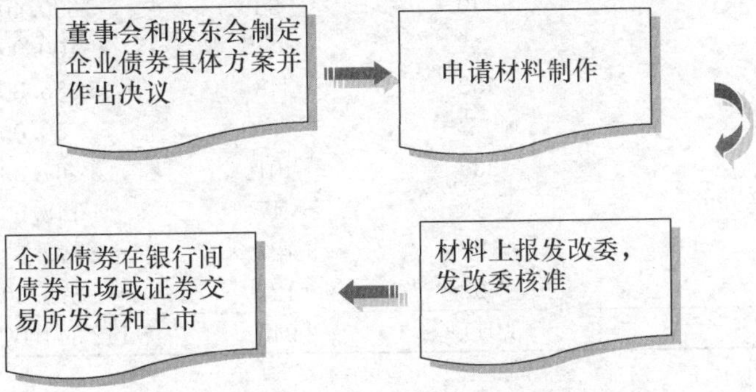

图 9-2　我国企业债券的发行工作流程

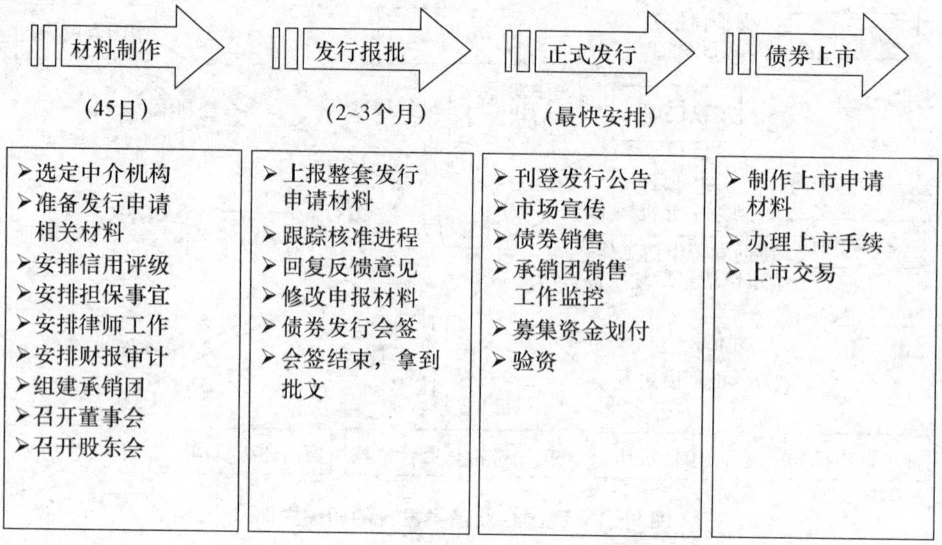

图 9-3　我国企业债券的发行时间安排

表 9-2　我国各类债券的发行量（2016—2017 年）

	发行量（只）		发行额（亿元）	
	2016 年	2017 年	2016 年	2017 年
国债	1 299	1 294	89 916.10	83 622.73
记账式国债	130	142	27 465.80	36 716.50
储蓄式国债	10	18	1 991.89	3 325.29
地方政府债	1 159	1 134	60 458.40	43 580.94
政策性银行债券	622	593	33 226.80	32 014.78
中国进出口银行债	128	147	6 336.40	5 449.50
国家开发银行债	243	238	14 506.40	16 194.88
中国农业发展银行债	251	208	12 384.00	10 370.40
商业银行债券	62	71	3 657.00	3 817.00
普通债	62	71	3 657.00	3 817.00
非银行金融机构债	32	38	905.00	769.00
国际机构债券	1	0	30.00	0.00
政府支持机构债	14	22	1 400.00	2 460.00
企业债券	498	382	5 925.70	3 730.95
项目收益债	40	33	390.40	200.70
中央企业债	2	1	100.00	30.00
地方企业债	453	348	5 385.30	3 500.25
集合企业债	3	0	50.00	0.00
资产支持证券	332	401	3 561.39	5 971.76
证券公司短期融资券	59	17	1 148.60	342.00
资本工具	92	127	2 573.50	4 824.23
二级资本工具	92	127	2 573.50	4 824.23
合计	3 011	2 945	142 344.09	137 552.45

资料来源：Wind 数据库。

表 9-3　不同债项评级信用债的发行额(2016—2017 年)

单位:亿元

评级	发行总额		1 年以下		1~3 年		3~5 年		5~7 年		7~10 年		10 年以上	
	2016 年	2017 年	2016 年	2017 年	2016 年	2017 年	2016 年	2017 年	2016 年	2017 年	2016 年	2017 年	2016 年	2017 年
AAA	31 597.77	36 379.45	1 639.35	2 856.40	2 960.21	7 258.71	7 911.46	11 279.56	11 675.14	7 665.41	2 804.87	1 638.48	4 606.75	5 680.88
AA⁺	13 226.03	8 361.24	93.74	206.04	516.72	698.55	3 586.44	2 829.79	6 134.83	2 961.54	1 744.66	974.30	1 149.65	691.02
AA	11 869.39	6 522.62	26.45	43.89	302.76	389.43	3 811.38	1 682.13	4 751.97	2 131.43	2 329.84	1 361.25	646.99	914.49
AA⁻	577.99	339.16	8.53	12.59	97.40	27.44	170.45	41.84	24.11	38.29	5.00	0.00	272.50	219.00
A-1	7 455.55	5 028.20	1 462.10	1 063.00	5 993.45	3 965.20	0.00	0.00	0.00	0.00	0.00	0.00	0.00	0.00
A+	228.73	124.15	5.51	0.00	19.22	7.68	4.00	0.00	0.00	0.00	0.00	0.00	200.00	116.47
A	88.56	50.40	0.00	2.23	13.75	6.20	0.71	1.21	0.60	0.00	2.50	0.00	71.00	40.76
A-	6.71	12.54	0.00	0.00	2.21	10.54	0.00	0.00	0.00	0.00	0.00	0.00	4.50	2.00
BBB⁺	0.00	1.76	0.00	0.00	0.00	1.76	0.00	0.00	0.00	0.00	0.00	0.00	0.00	0.00
BBB⁻	0.13	4.97	0.00	0.00	0.13	4.97	0.00	0.00	0.00	0.00	0.00	0.00	0.00	0.00
其他	36 911.07	26 835.11	27 928.52	20 166.61	1 071.11	1 659.53	2 857.93	2 064.36	4 669.51	2 534.64	223.49	178.01	160.51	231.96

资料来源:Wind 数据库。

（三）债券合约

1. 债券的基本条款

通常，债券的票面价值为100元，亦称作“本金”或“面额”。我国的公司债券一般是按面值发行，即平价发行。

债券市场上买卖双方之间的交易决定了债券的市场价值。债券的市场价值主要取决于市场利率水平。我国的绝大多数公司债券都是每年支付一次利息，但美国等西方国家的债券多是每季度或半年支付一次利息。债券利息的定期支付是债券发行企业必须履行的责任，如果公司无力支付到期利息，债权人就可以要求立即清偿债务，而不是等到事态进一步恶化。因此，债券利息的定期支付义务为债权人提供了一定的保障。表9-4是广州白云国际机场股份有限公司发行的2018年超短期融资债券的基本条款。

表9-4　广州白云国际机场股份有限公司发行的2018年超短期融资债券的基本条款

债券类型	超短期融资债券	交易市场	银行间债券市场
发行总额（亿元）	3	期限（年）	0.49
发行日期	2018-04-20	到期日期	2018-10-20
上市日期	2018-04-24	面值（元）	100
起息日期	2018-04-23	发行价格（元）	100
票面利率（当期）	4.35%	利率类型	固定利率
最新信用评级	AAA	评级机构	大公国际资信评估有限公司
还本方式	到期一次还本付息	发行方式	公募
债券担保	无担保	承销方式	余额包销
主承销商	中国民生银行股份有限公司	招标方式	簿记建档

资料来源：Wind数据库。

2. 偿付条款

（1）偿债基金。偿债基金（sinking fund）是指为清偿债券而设立的由债券信托人管理的账户。通常，债券发行公司每年会向信托人支付一笔款项，信托人从市场上购回公司的债券，或者采用抽签方式随机选择债券并以面值赎回。偿债基金一般有必须支付的强制性基金、由发行人决定是否还款的非强制性基金两种。

对于次级债券，由于其信用级别较低，一般要求在债券期限内，支付给偿债基金的资金要足以在有效期内分期等额赎回发行的全部债券；而对于高信用级别债券，其偿债基金的要求较低，一般只要在到期时能拿出偿付的资金即可。

偿债基金与定期支付利息一样考验着公司的偿债能力，如果公司无法向偿债基金支付现金，那么债权人可以要求公司提前偿还债务。所以，低信用级别的长期债券通常要有较大规模的偿债基金。虽然偿债基金会给公司带来财务负担，但它可以降低债券的风险和利率。

（2）赎回条款。赎回条款赋予债券发行企业在规定的日期或之后，以预先确定的赎回价格回购所有流通在外的债券的权利。赎回价格一般被设定为等于或高于债券的面值，以面值的百分比来表示。债券的赎回选择权使公司可以在利率下降和信用评级上升的情况下收回高利率债券，也能够使公司有效地防范那些不愿就债券条款重新谈判的债券持有者。

对发行企业来说，可赎回债券提供了一个保障：当利率下降时，发行企业不必被迫支付高额的利息费用，可以赎回高利率的债券而改为发行低利率的债券。但对于投资者而言，这种债券的吸引力弱于不可赎回债券。因为当市场利率低于债券持有者当前所得到的息票利率时，可赎回债券的持有者将因为债券被赎回而蒙受损失，面临着再投资风险。因此，可赎回债券的交易价格要比对等的不可赎回债券的价格低。

那么，如何理解其他条款对等的可赎回债券与不可赎回债券之间的价格关系呢？假设某只债券约定在某一特定的赎回日按面值赎回，在赎回日当天，如果债券的市场利率低于息票利率，可赎回债券将被赎回，其价格为债券的面值；如果债券的市场利率高于息票利率，可赎回债券将不会被赎回，则其价格与不可赎回债券相同。在债券赎回日之前，如果债券的市场利率低于息票利率，投资者预期债券很有可能被赎回，于是其价格与在赎回日到期的对等的不可赎回债券的价格较为接近；如果债券的市场利率高于息票利率，投资者预期债券将不太可能被赎回，于是其价格与对等的不可赎回债券接近。

【例题 9-1】 计算债券的赎回收益率

某公司按面值 100 元平价发行了息票利率为 8%、6 年期的公司债券，每年付息一次，债券可在 1 年后或其后的任何付息日按面值的 105%赎回。目前该债券的市价为 102 元。那么，该债券的到期收益率和赎回收益率分别是多少？

解答：

①债券的现值为

$$B=\sum_{t=1}^{n}\frac{利息_t}{(1+YTM)^t}+\frac{本金}{(1+YTM)^6}$$

$$102=\sum_{t=1}^{6}\frac{100\times 8\%}{(1+YTM)^t}+\frac{100}{(1+YTM)^6}$$

得出债券的到期收益率 YTM（yield to maturity）为 7.57%。

②若债券在第 1 年就被赎回，那么其赎回收益率 YTC（yield to call，也称为 redemption yield）可按下式计算：

$$102=\frac{8}{(1+YTC)}+\frac{105}{(1+YTC)}$$

得出债券的赎回收益率

$$YTC=10.78\%$$

（3）可转换条款。一些公司债券的条款赋予债券持有者将所持债券转化为普通股的选择权/期权，即按照既定的转换比率将每份债券转化为一定数量的普通股，这种债券被称为可转换债券。

公司发行可转换债券，就相当于赋予债权人一种期权，而期权总是有价值的，因此，可转换债券的价值要比对应的不可转换的普通债券的价值高。如果这两种债券都按照面值发行，则不可转换债券必须提供较高的票面利率。

可转换债券一般附有可赎回（callable）条款以及可回售（puttable）条款，以分别保护发行企业和投资者的利益。当公司正股价格和转债价格持续上升，已经超过转股价格一定幅度并持续一段时间（这也是通常可赎回条款的触发条件）时，发行企业可以启动可赎回条款。此时可转换债券持有者将面临决策：或者选择转换，或者接受被赎回。这样，公司可通过提前赎回债券，迫使债券持有者提早执行转换，而不是按照自己的意愿（等待更高的股价）进行转换决策。

根据MM理论，在完善的资本市场中，融资选择不会影响公司价值。对发行企业而言，可转换债券之所以较便宜是因为它的利率低，这种看法其实是一种误解。实际上，可转换债券的票面利率之所以低是因为它含有转换期权。

3. 限制性条款

为保护债权人的利益，债券合约中一般都设有限制性条款（covernant）来限制债券发行者的行为。这些限制性条款主要包括以下几个方面。

（1）融资条款。新债券的发行会稀释现有债券的价值，因此限制条款通常会限制新债券的数量。如果新债券没有担保，或者也没有优先于现有债券，这种稀释作用会更加明显。因此，该条款规定了公司可以发行新债券的金额以及在公司违约的情况下新债券持有者可以享受的对公司资产的求偿权。同时，还会限定公司所有新债券的持有者对资产都只拥有位于现有债券之后的次级求偿权。如果允许新债券的持有者在公司破产时对资产的求偿权与现有债券持有者的优先顺序一样，那么新债券的数量往往要受到限制。

（2）股利条款。该条款是对公司支付股利进行限制的条款。如果公司给股东支付了大量的现金股利，那么公司用于偿还债务的现金资产就会减少，导致公司偿债能力下降。因此，债券合约常会对公司现金股利的支付做出限制。同时该条款也会规定公司经营者不得将公司清算并把清算收入作为股利支付给股东，从而使债券持有者利益受损。

（3）资产条款。由于股东的索取权是凸的，所以他们可以通过风险上升而获益，而具有凹索取权的债权人则会受损。因此，限制条款要致力于保护债权人免于遭受风险上升，从而会对公司使用和分配资产的行为做出规定，例如，禁止公司投资新业务，或者限制公司的增长，或者规定出售的资产不得超过一定比例（10%或15%或更多）。另外，该条款还规定了债券持有者在公司违约时对公司资产享有的权利。某些债券属于高级债券，它的持有者有优先于次级债券持有者对公司资产进行清算或管理的权利，而次级债券对公司资产的要求权是靠后的。

（4）对公司并购的限制条款。对外并购常常会大量减少公司的现金流量，同时还会增加公司的债务。如果并购不当，也会增加公司的经营风险。这些都将使现有债权人的利益受到侵害。为了防止这种情况的发生，债券契约中要对发行公司的并购行为做出限制。

（5）对租赁的限制条款。公司除了直接发行债券购买资产外，也可以签订长期协议租赁资产。但对于债权人而言，租金的支付也会减少公司的现金流量，降低债券的求偿权价值。因此，契约中也会含有限制租赁的条款。

（四）债券调换

通过发行新债券取代尚未到期的旧债券，被称为债券调换（bond refunding）。那么，公司为什么会进行债券调换呢？其原因有三点：（1）通过发行低利率的新债券来降低借款成本；（2）废除限制性债券条款；（3）延长未偿还债券的期限。

1. 税收考虑

所有与债券调换有关的费用都是可以减税的，与清偿旧债券有关的费用在进行债券调换的当年扣除；而与发行新债券有关的费用可在偿还期内摊销。

在债券调换当年可以扣除的费用包括：(1) 提前偿债溢价，即提前偿债价格与面值的差额。(2) 旧债券的发行费用中还未摊销的余额。(3) 重复的利息支出，公司常在偿还旧债券之前就发行新债券，这样，从发行新债券到偿还旧债券这一期间就会发生新旧债券的利息重复支出。

2. 债券调换的决策

和公司其他决策一样，只有当债券调换能增加公司价值时才可以进行债券调换。债券调换的净现值等于债券调换产生的现金流量节余额的现值减去税后交易成本，其计算公式为

$$NPV=\sum_{t=1}^{n}\frac{CF_t}{(1+r)^t}-C \qquad (9-1)$$

式中，NPV 为债券调换的净现值；CF 是每年节约的税后现金流；r 为新债券的利率；C 是债券调换所需的税后交易成本。

与债券调换有关的交易成本主要涉及四种现金流量，即提前偿债溢价、新债发行费用、重复利息支出以及尚未摊销的旧债券发行费用产生的税收抵免。

当 NPV 大于 0 时，公司应该进行债券调换；当 NPV 小于 0 时，不应该进行债券调换；当 NPV 等于 0 时，债券调换与否不影响企业价值。

【例题 9-2】 公司债券调换决策

某公司现有未偿还的可赎回债券 50 000 万元，该债券的息票年利率是 10%，每年付息一次，剩余期限为 5 年。契约规定提前赎回需支付溢价 5%。目前，债券还有未摊销的发行费用 50 万元。

由于市场利率下降，现在公司准备发行利率为 8%的新债券赎回旧债券，新债券的发行费用为 100 万元，债券调换还将产生 20 天的利息重复支付。公司所得税税率为 25%。那么，该公司是否应该进行债券调换？

解答：

① 计算债券调换带来的税后交易成本 C：

C＝税后的提前支付溢价＋税后重复利息支出＋新债券的发行费用－未摊销的旧债券发行费用的节税额

$$=50\,000\times5\%\times(1-25\%)+50\,000\times10\%\times\frac{20}{360}\times(1-25\%)+100-50\times25\%$$

$$=2\,170.83(万元)$$

②计算每年节约的现金流量 CF：

旧债券的年税后现金流量＝税后利息支出－发行费用摊销的节税额

$$=50\,000\times10\%\times(1-25\%)-\frac{50}{5}\times25\%$$

$$=3\,747.5(万元)$$

新债券的年税后现金流量＝税后利息支出－发行费用摊销的节税额

$$=50\,000\times8\%\times(1-25\%)-\frac{100}{5}\times25\%$$

$$=2\,995(万元)$$

每年节约的现金流量 CF =旧债券的年税后现金流量－新债券的年税后现金流量

$$=3\,747.5-2\,995$$

$$=752.5（万元）$$

③计算债券调换的净现值：

$$NPV=\sum_{t=1}^{n}\frac{CF_t}{(1+r)^t}-C$$

$$=\sum_{t=1}^{5}\frac{752.5}{1.08^t}-2\,170.83$$

$$=833.68（万元）$$

由于债券调换得到的净现值大于零，所以该公司应该进行债券调换。

（五）债券筹资的利弊

企业发行债券有利有弊，所以在发行前应权衡利弊，做出最佳的融资选择。

1. 债券筹资的优点

（1）资金成本低。与股票相比，企业发行债券的成本较低，一是债券发行费用较低；二是债券利息在所得税前支付，可以为企业带来节税收益，故企业实际负担的债券成本一般低于发行股票的成本。

（2）保证控制权。债权人没有投票权，不直接参与公司的股东大会，故债券筹资不会分散企业的控制权。

（3）便于调整资本结构。公司通过发行可转换债券，或在发行债券时规定可提前赎回债券，有利于公司在必要的时候调整资本结构，保持负债与权益的最佳比例。

2. 债券筹资的缺点

（1）财务风险大。公司发行债券要承担定期还本付息的责任，若经营状况不佳，会影响到公司的偿债能力，从而使公司面临财务危机，甚至有可能导致破产。

（2）筹资数量存在上限。利用债券筹资通常会受到发行额度的限制。我国《证券法》规定，企业发行在外的累计债券余额不得超过其净资产的40%。[①] 另外，当公司的负债比率超出一定限度后，债券筹资的成本将会增加。

（3）限制条件严格。发行债券的限制条件通常比银行长期借款和租赁的限制条件严格，这在一定程度上限制了公司的经营决策。

二、银行贷款

银行贷款是指企业向银行或其他金融机构借入的资金，主要用于固定资产投资、更新改造以及研究开发投资等方面，是企业筹集长期资金的一种重要方式。贷款协议中包括贷款条款，它是以合同的形式对借款企业行为的一种限制。这与债券的限制性条款相似。例如，借款企业可能要接受对股利分配的限制以及借入其他资金的限制；或者会要求企业以某些资产如设备、不动产等作为贷款抵押，如果企业违约，银行可以要求以抵押的资产补

① 参见我国《证券法》第十六条。

偿原先需要偿还的贷款。

银行贷款按是否提供担保可分为担保贷款和信用贷款。目前，我国企业从金融机构借入的长期资金基本上都是担保贷款。

与债券融资方式相比，银行贷款具有以下一些优势：

(1) 银行拥有企业的内部信息，可以解决信息不对称问题，从而降低企业融资成本。对于某一借款企业，与外部投资者相比，银行如果对该企业的未来发展前景了解很多，那么就会对其未来有很大的信心，这样银行就可以通过贷款定价来反映它们所具有的这些信息优势。对于那些与银行有业务往来，而没有债券评级资格的公司而言，与公开发行债券的融资成本相比，银行借款的融资成本要低一些。

(2) 银行能比较好地监督借款企业。银行贷款一般都有详细的限制性条款，这些条款通常都是针对借款企业的特定问题和投资机会确定的。当企业向申请银行贷款时，如果贷款银行和企业之间具有存款关系或者其他业务关系，那么企业的借款成本就可能降低，因为银行已经拥有了评估企业信用水平的有用信息。

(3) 银行贷款有利于维护企业投资机会的保密性。企业一般不希望向公众披露涉及商业机密的信息，而发行债券往往要求信息公开。假如一家企业正在为一个涉及新的市场战略的投资机会筹集资金，若竞争者在其公司战略实施之前对此有所了解，那么公司战略计划的成功实施就可能受到影响，从而会影响其预期收益乃至公司价值。而向银行借款可以使企业保持它的经营战略计划不对外泄露。

(4) 利用银行贷款可以使企业避免发行证券所需的昂贵费用以及审批手续等带来的长时间的等待过程。不过，银行贷款也要花费成本，固定成本较低，可变成本较高；而发行债券的固定成本比较高，可变成本很低。[①] 所以，银行贷款更适合于中小型的融资，或者说，债券的发行规模使一些中小企业的融资或者大型企业的中小规模融资不足以从债券融资的规模经济中获益时，利用银行贷款更为有利。

三、可转换债券

可转换债券是指持有者可按一定的转换价格或转换比率将债券转换为公司普通股的债券。在债券发行时将之转换为普通股并不会给债券持有者带来利益，但当股票价格升高时，转换便成了一个有吸引力的选择。公司一般通过给债券附有可转换条款的方式来降低债券的利率。

转换比率表示每张债券可转换的普通股股数，用可转换债券的面值除以转换价格即可得出。转换价格是指可转换债券的持有者在行使转换权的有效期内，将可转换债券转换为普通股的价格。

(一) 可转换债券的特征

可转换债券除了具有与普通债券相同的票面利率、到期日和选择性赎回特征外，还具

---

① 固定成本主要指中介机构的财务顾问费、审计费用、信用评级费等，这些费用并不随融资规模变动而变动。变动成本主要指与融资规模成比例的一些费用。

有以下转换特征：

（1）它可以在到期日前的任一时间以规定的转换价格转换成普通股，转换价格通常高于发行时股票的价格。也就是说，转换选择权在发行时是一个虚值。

（2）转换价格通常会由于股票分割、股票股利或认股权发行而加以调整。

（3）债券持有者将债券转换后就不能获得债券的利息收入，因此持有者很少在利息支付日前自愿进行转换。

（二）发行可转换债券的理由

可转换债券具有低票面利率与可转换为公司普通股的特征，而这两个特征是公司发行可转换债券的主要原因。

首先，对于公司而言，发行可转换债券比发行直接债券的成本要低。这是因为可转换债券的票面利率低于普通债券的票面利率，而且，公司将可转换债券的转换选择权部分视为权益，而将直接债券部分视为可转换的负债，由于选择权具有价值，从而降低了负债的利率。

其次，对于高速成长但目前的现金流并不太高的公司而言，发行可转换债券相对于发行普通债券而言是一个具有吸引力的选择。高成长和高风险的结合可以增加转换选择权的价值，从而降低债券利率并减轻公司现金流的压力。

最后，可转换债券可以减少公司权益投资者和债券投资者之间的矛盾。权益投资者可以通过采纳高风险的投资项目和借入新债来剥夺债券投资者的财富，而可转换债券的存在可以使债券投资者利用转换选择权使自己成为权益投资者，从而避免成为财富剥夺的对象。

四、债券的创新

当债券的基本特征之一发生改变时，便产生了创新债券。传统的债券具有固定的利息支付、固定的偿还计划和固定的到期日，这些特征中任意一个特征的变化都会导致创新债券的产生。①

创新债券的产生主要是为了达到三个目的：（1）管理投资者和发行公司所面临的利率风险；（2）降低投资者在信息不对称情况下购买债券所面临的信息成本；（3）提高金融资产的可交易性。

例如，与商品价格相联系的债券是通过在公司预期现金流量下降时降低利率支付，以降低财务困境成本，并把风险转移给愿意承担风险的市场参与者。而资产支持证券则定位于通过提高流动性和降低交易成本等使投资者获益。另外，创新的债券还能在一个单独的交易中实现以前可能要通过复杂交易才能实现的目的。例如，双重货币债券（dual currency bond）是固定利率债券和以外汇定价的远期协议的组合，它是以不同的货币计价发行、支付利息、偿还本金的债券，即以一种货币付利息、另一种货币偿还本金的债券，前

① K. A. Carrow and J. J. McConnell，"A Survey of US Corporate Financing Innovations：1970—1997"，*Journal of Applied Corporate Finance*，1999（12）.

者通常是债券投资人所在国家的货币，后者则通常是美元或发行人所在国家的货币。投资人通常可获得较市场水平为高的票面利率，但也可能要承受一定的外汇风险。

（一）利息支付方面的创新债券

改变固定的利息支付而产生的创新债券包括：浮动利率票据、拍卖利率票据（auction rate note）、再次交易票据（remarketed note）、流动收益选择权票据（liquid yield option note，LYON）、逐步增长和逐步下跌票据（step-up and step-down note）、多种支付形式票据（payment-in-kind note）等，这里票据一般是指中期债券。

浮动利率票据的利息支付等于某一特定的利率指数（如 LIBOR）再加上反映发行公司风险、流动性等差价的和。拍卖利率票据通过周期性拍卖的过程，把利息支付与发行公司当前的市场利率联系起来。再次交易票据是再次交易机构（remarketed agent）依据发行公司的现行市场利率重新安排利息支付。拍卖利率票据和再次交易票据既能通过规避利率风险来降低公司现金流的不稳定性，又能根据发行公司的信用水平重新安排利率，从而降低投资者的不确定性和信息成本。

流动收益选择权票据在到期日之前没有任何支付，而在到期日，本金和应计利息都要一次性支付。逐步增长和逐步下跌票据是按照预先确定的方案提高或降低支付的证券，其中，逐步增长固定利率票据的息票利率在未来一定期限内以某一特定数额稳步提高，而逐步增长浮动利率票据的息票利率在未来一定期限内则以渐增的数额稳步提高；逐步下跌票据的情况正好相反。多种支付形式票据向发行公司提供了以现金或其他证券支付利息的选择权。

（二）偿付方面的创新债券

对偿还安排做出改变而产生的创新债券包括：能转换成发行公司另一种证券的证券，如强制性可转换证券（mandatory convertible security），这也是可转换债券的一种特殊类型；能转换为发行公司以外的其他公司所发行证券的证券，如可交换债务（exchangeable debt）；与商品价格相联系的证券，如商品指数优先证券（commodity indexed preferred security）；与股票指数相联系的证券。

（三）到期日方面的创新债券

改变到期日而产生的创新债券包括：不到期的债券，如永续浮动利率票据（perpetual floating rate note）；可延长债券期限的选择权的债券，如可延期债券（extendable bond）。

永续浮动利率票据的期限没有限制，并且利息支付与利率指数相联系。可请求即售的债券不是具有通用的证券出售权（a general put），就是具有有限的证券出售权（a limited put）。通用证券出售权为投资者提供了在证券到期日之前，以一定价格把债券售回给发行公司的选择权。而有限证券出售权的实现可能有具体条件，只有满足这些条件证券才能售回给发行公司，同时还对可售回的证券数量做出了规定。可延期债券使投资者能够延长债券的持有期限。

专栏 9-1　知识拓展：双重货币债券的起源与发展

第一个双重货币债券由美国医药国际于 1982 年在瑞士市场发行。在随后的几年中，瑞士法郎对美元的双重货币债券缓慢而稳步地增长。到 1985 年中期，已有 20 多只双重货币债券在苏黎世股票交易所挂牌交易，总价值将近 20 亿瑞士法郎。尽管最初发行的某些债券的期限为 12 年和 15 年，但多数债券的期限为 8～10 年。这些债券的利率为 7%～7.5%，比同类的普通瑞士法郎债券高1～2个百分点。但是，其暗含的到期日汇率常为 1 美元兑 1.60～1.90 瑞士法郎，而 1982—1985 年现货市场的平均汇率高于 1 美元兑 2.0 瑞士法郎。瑞士法郎双重货币债券主要面对小投资者，这种相对于现货市场非常有利的赎回汇率为其提供了投机于远期瑞士法郎兑美元汇率的便利方法。

尽管其他货币的双重货币债券也在发展，但市场上真正有成长潜力的是日元/美元债券。随着欧洲市场 1985 年 5 月的自由化，1985 年夏天已有几只日元/美元债券被发行。例如，1985 年7 月发行的福特汽车信用日元/美元双重货币债券，该债券期限为 10 年，总金额为 250 亿日元，债券的发行价格为面值的 $100\frac{11}{16}\%$，利率为 8%，实际的赎回汇率为 1 美元兑 208 日元，比同类的日元债券的利率高 1～1.5 个百分点，如当时的 10 年期日本政府债券的利率仅为 6.2%。日元/美元双重货币债券主要面向日本机构，它们想锁定高利息收入并愿承担赎回时的汇率风险。

大多数这类交易的重要部分是日本银行向借款人提供的颇具吸引力的远期汇率。美国公司和多数欧洲公司能以极有利的汇率避免日元负债相对其他货币（主要是美元）的风险。市场参与者们纳闷这种远期汇率是否对日本银行有利，它可能与日本石油进口商购买美元的高汇率抵消（它们需购买美元远期以支付将来的石油款），也可能是日本银行想赢得大客户的注意拟从事欧洲债券业务。

尽管日元/美元双重货币债券已很普遍，但它并非没有问题。许多投资者根据长期远期外汇市场的汇率，认为利率相对其所暗含的赎回汇率太低，即赎回汇率没有足够的日元对美元升水。其他市场参与者认为，由于许多这类债券预先卖给日本金融机构，这类债券不易流通。虽然许多这类业务由非日本投资银行安排，但日本银行对投资者影响很大。在某些情况下，安排业务的非日本银行承销商仅是名义上的牵头人，并不分销债券。日元/美元双重货币债券常在发行几天后，就从经纪人的屏幕上消失，因此，这种债券实际上没有二级市场交易。

专栏 9－2　宝武钢铁的可交换公司债券融资

中国宝武钢铁集团有限公司为了偿还公司债务，优化公司债务结构，并尽可能地节省公司利息费用，于 2017 年 11 月 21 日公布了有关公开发行可交换公司债券的公告，公告中详述了本次公司债券的发行对象、发行总额、票面利率及发行方式等内容，具体见下表：

债券类型	可交换公司债券	主承销商	中国国际金融股份有限公司
发行总额（亿元）	150	期限（年）	3
起息日期	2017-11-24	到期日期	2020-11-24
最新信用评级	AAA	评级机构	中诚信证券评估有限公司
发行价格（元）	100	面值（元）	100
票面利率	1%	利率类型	固定利率
息票品种	附息	付息频率	每年付息一次
计息方式	单利	承销方式	承销团余额包销
发行方式	网下面向合格投资者询价配售		
上市日期	2017-12-28	发行日期	2017-11-24

2017 年 12 月 4 日，中国宝武钢铁集团有限公司公布了本次债券的发行结果：通过采取网下面向《公司债券发行与交易管理办法》规定的合格投资者询价配售的方式，最终确定的票面利率为 1%，债券发行规模为 150 亿元，债券期限为发行首日起 3 年，发行价格为 100 元/张。

（一）可交换债券主要条款

1. 可交换债券换股的有关规定

换股的起止日期自本期债券发行结束满 12 个月后的第一个交易日起至本期债券到期日止，即自 2018 年 11 月 29 日起至 2020 年 11 月 24 日止；初始换股价格为 10 元/股。

在本期可交换债券发行后，当该公司因派送股票股利、转增股本、增发新股或配股、派送现金股利等使股份或者股东权益发生变化时，将进行换股价格的调整。

2. 换股价格向下修正条款

本期债券没有设置换股价格向下修正条款。如果预备用于交换的股票在债券发行后价格持续下跌，则可能导致可交换债券的换股价格发生不利变化，从而给投资者带来相应的风险。

3. 到期赎回条款

在公司可交换债券期满后 5 个交易日内，公司将以面值的 103%的价格向持有人赎回全部未换股的可交换债券。如果在换股期内，未换股余额不足 3 000 万元，公司有权决定按面值加当期应计利息的价格赎回全部未换股的可交换债券。

4. 回售条款

本期债券没有设置有条件回售条款，如果预备用于交换的股票价格持续下跌且低于换股价格，可能出现投资者无法通过将债券回售给公司来保障投资利益的风险。

（二）换股价格的调整

由于宝钢股份于 2018 年 6 月向全体 A 股股东派发了每股 0.45 元的现金股利，根据《中国宝武钢铁集团有限公司公开发行 2017 年可交换公司债券募集说明书》，将本期可交换债券的换股价格自 2018 年 6 月 8 日起由 10 元/股调整为 9.55 元/股。

（三）对公司财务状况的影响

1. 对公司资产负债率的影响

可交换债券发行完成并且募集资金运用后，公司的资产负债率不会发生变化。而且，由于长期债权融资比例有较大幅度提升，反而能有效改善公司的债务结构。

2. 对公司财务成本的影响

由于公司日常生产经营资金需求量较大，而宏观调控政策的变化可能会增加公司资金来源的不确定性，从而可能增加公司资金的使用成本。由此，采用较低的固定利率发行的可交换债券就有利于锁定公司的财务成本。同时，公司还能获得长期稳定的经营资金，减轻短期偿债压力。

3. 对公司短期偿债能力的影响

当可交换债券发行完成且募集资金运用后，公司的流动比率则可以从2017年6月30日的0.78倍提升至0.82倍，从而使公司的流动比率有所改善，短期偿债能力有所增强。

第二节　租赁

租赁（lease）是一项出租契约，是指资产的所有者（即出租人）把使用资产的权利让渡给另一方（即承租人），以换取租赁合同规定的固定收入。因此租赁也被视为一种债务工具。出租人和承租人订立的合同规定了承租人可以或必须使用租赁资产的时间；哪一方负责维护出租资产；承租人是否有权在租赁期满后购买租赁资产，以及按什么价格购买该资产。

一些出租人是设备的生产厂家，还有一些是商业银行或独立的租赁公司。有的租赁公司不仅是出租人，而且是租赁经纪人（协调租赁交易）。

本节将介绍租赁的分类，并对其利弊进行分析，同时还将重点介绍租赁的决策方法。

一、租赁的类型

（一）经营租赁

经营租赁（operation lease）又称为业务租赁，是融资租赁的对称，是为了满足经营使用上的临时或季节性需求而发生的资产租赁。经营租赁是一种短期租赁形式，它是指出租人不仅要向承租人提供设备的使用权，还要向承租人提供设备的保养、保险、维修和其他专门性技术服务的一种租赁形式。经营租赁协议通常是短期的，租赁期限通常比资产的实际寿命期要短，而且租赁费的现值往往远低于资产的实际价格。在租赁期满后，资产返还给出租人，出租人再将资产租给原承租人或其他人。承租人通常有权取消租赁并把资产返还给出租人。

在经营租赁中，承租人将全部的租金作为经营费用，且租金可享受应税收益额的减免，但不在其资产负债表中列示该项资产。资产所有权仍属于出租人，如果资产老化或报废，承租人只承担很少，甚至不必承担风险。承租人不为租赁资产计提折旧，也不在资产负债表中报告租赁资产或租金负债。

（二）融资租赁

融资租赁（finance lease）又称设备租赁，是指实质上转移与资产所有权有关的全部或绝大部分风险和收益的租赁。租赁期一般等于租赁资产的使用寿命，租赁费的现值能覆盖资产价格。融资租赁通常不能撤销，在租赁期满后，承租人可以以较低的价格再租或以优惠价格购入该资产。融资租赁使承租人承担了大部分资产风险。

1. 融资租赁的特点

融资租赁是设备租赁的基本形式，以融通资金为主要目的。其特点是：

（1）不可撤销。这是一种不可解约的租赁，在基本租期内双方均无权撤销合同。

（2）完全付清。在基本租期内，设备只租给一个用户使用，承租人支付租金的累计总额为设备价款、利息及租赁公司的手续费之和。承租人付清全部租金后，设备的所有权即归于承租人。

（3）租期较长。基本租期一般相当于设备的有效寿命。

（4）承租人负责设备的选择、保险、保养和维修等；出资人仅负责垫付货款，购进承租人所需的设备，按期出租，以及享有设备的期末残值。

2. 融资租赁的形式

融资租赁按其业务的不同特点，又可分为以下三种形式：

（1）直接租赁。承租人选定所需的资产，再要求租赁公司从生产厂家购买，同时与租赁公司签署一份合约，这种形式的租赁被称为直接租赁。

（2）售后租回租赁。公司将自己拥有的资产卖出，再从购买者那里租回该资产，这种先售后租的方式常见于不动产的处置。在售后租回的协议下，资产的所有者一般按市价将该资产售出。购买者取得了该资产的所有权，因而取得了与资产所有权有关的税额减免并享受资产的残余价值。作为定期支付租赁费的交换，售后租回者得到了在租赁期内使用该资产的权利。

（3）杠杆租赁。出租人靠借款筹集购买资产的部分资金，以租赁合约担保这笔贷款。这种安排并不改变承租人的义务。

3. 融资租赁的会计处理

租赁资产列示在承租人的资产负债表中，承租人为租赁资产计提折旧。另外，承租人在资产负债表中报告租赁负债。融资租赁提高了公司资产负债表的杠杆率，所以有些公司因负债率较高，更愿意将租赁归为经营租赁来处理，以使其不在资产负债表中出现。《企业会计准则第 21 号——租赁》明确规定了区分经营租赁和融资租赁的具体标准。如果一项租赁满足以下所列的任何一条，那么承租人应将其视作融资租赁[①]：

（1）在租赁期届满时，将租赁资产的所有权转移给承租人。

---

① 可参见我国《企业会计准则第 21 号——租赁》第六条。

（2）承租人有购买租赁资产的选择权，所订立的购买价款预计将远低于行使选择权时租赁资产的公允价值，因而在租赁开始日就可以合理确定承租人将会行使这种选择权。

（3）虽然资产的所有权不转移，但租赁期占租赁资产使用寿命的大部分。

（4）承租人在租赁开始日的最低租赁付款额现值，几乎相当于租赁开始日租赁资产的公允价值；出租人在租赁开始日的最低租赁收款额现值，几乎相当于租赁开始日租赁资产的公允价值。

（5）租赁资产性质特殊，如果不作较大改造，只有承租人才能使用。

【例题 9-3】　租赁与资产负债表

某航空公司当前的资产负债表如下（单位：亿元）：

现金	6	债务	11
固定资产	14	股权	9
资产总额	20	债务与股权总额	20

公司计划增加一架新的飞机，其价格为3亿元。飞机的增加主要有三种可能的选择途径：（1）借款3亿元购入飞机；（2）通过融资租赁租入飞机；（3）通过经营租赁获得。在上述三种情况下，该公司的资产负债表会发生怎样的变化？

解答：

对于（1）和（2）两种途径，飞机成为公司的新资产，不论是采用借款还是采用融资租赁的方式，都将使公司负债增加。新的资产负债表为

现金	6	债务	14
固定资产	17	股权	9
资产总额	23	债务与股权总额	23

此时，公司的债务权益比率从1.22倍（=11/9）提高到1.56倍（=14/9）。

对于第（3）种途径，通过经营租赁方式取得的资产不在资产负债表中列示，租金也不被视为负债，公司的财务杠杆比率保持不变。①

二、租赁决策

（一）租赁与购买：从承租人的角度考虑

融资租赁的承租人通过签订租赁合约，在租赁期内按期支付租金获得资产的使用权。从现金流量的表现形式上看，与承租人事先借款购买资产，然后逐年归还借款本息的做法是完全一致的。显然，承租人需要在借款购买与融资租赁之间进行选择。

租赁与借款购买决策是通过比较两种方式的成本高低而做出的，其基本步骤是：

（1）计算借款购买的成本现值；

① 关于航空公司租赁飞机的选择和会计处理，可参考李刚，陈利军，陈倩，张人骥．经营租赁的真实动机——基于东方航空公司的案例研究．管理世界，2009（9）．

(2) 计算融资租赁的成本现值；

(3) 比较两种方式的成本现值，选择现值较低者。

对于承租人而言，在资产寿命内一般产生如下现金流量：租赁费用；享受应税收益额减免的债务利息费用；不享受应税收益额减免的债务本金支付；源于资产折旧的节税收益；因购入资产而产生的任何其他营业费用，如维修费用；资产使用期末时的残值。

租赁费和利息费用是公司承担的类似的支付责任，因此就风险而言，为了估计贴现率，应对租赁费和利息费用进行类似处理。因为债务的贴现率是公司借入资金的税后成本，故租赁费的贴现率也使用税后债务成本。

【例题 9-4】 承租人的租赁决策

A 公司需要增加一台挖土机，设备购买价格为 100 万元。预计挖土机可以使用 5 年，期末无残值。A 公司也可以从一家租赁公司 B 租用这台挖土机，但需要在每年年初支付租金 25 万元。A 公司的借款利率为 8%（税前），公司所得税税率为 25%，并且采用直线折旧法对挖土机提取折旧。若 A 公司按照每年等额还本付息的条件借款购买挖土机，那么它应该选择借款购买还是租赁？

解答：

(1) 根据以上数据，借款购买方式下的现金流如表 9-5 所示。

表 9-5 A 公司借款购买方式下的现金流 单位：万元

年份	本金支付 ①	利息费用 ②	利息税盾 ③=0.25×②	折旧 ④	折旧税盾 ⑤=0.25×④	净现金流出 ⑥=①+②−③−⑤
1	17.05	8	2.00	20	5	18.05
2	18.41	6.64	1.66	20	5	18.39
3	19.89	5.16	1.29	20	5	18.76
4	21.48	3.57	0.89	20	5	19.16
5	23.2	1.85	0.46	20	5	19.59

说明：表中本金支付和利息费用是按照年等额还本付息方式计算出来的，每年的本息支付额均为 25.05 万元。

利用表 9-5 中的数据，计算得到 A 公司借款购买的现金流现值为

$$PV_{购买}=\sum_{t=1}^{5}\frac{CF_t}{[1+r(1-t)]^t}=\frac{18.05}{1.06}+\frac{18.39}{1.06^2}+\frac{18.76}{1.06^3}+\frac{19.16}{1.06^4}+\frac{19.59}{1.06^5}$$
$$=78.96(万元)$$

(2) 若 A 公司以租赁方式获得挖土机的使用权，则其现金流如表 9-6 所示。

表 9-6 A 公司租赁方式下的现金流 单位：万元

年份	租金支付 ①	税收减免 ②=0.25×①	净现金流出 ③=①−②
0	25	6.25	18.75
1	25	6.25	18.75
2	25	6.25	18.75
3	25	6.25	18.75
4	25	6.25	18.75

根据表 9-6 中的数据，计算得到 A 公司租赁的现金流出的现值为

$$PV_{租赁} = CF_0 + \sum_{t=1}^{4} \frac{CF_t}{[1+r(1-t)]^t} = 18.75 + \sum_{t=1}^{4} \frac{18.75}{1.06^t} = 83.72(万元)$$

由于借款购买的成本现值低于租赁，因此A公司应该采用借款购买的方式。

上述分析假设租赁和购买时公司面临的风险是一样的，但有时这两种选择带来的风险是有差异的。

贷款人与出租人之间对现金流的要求权有先后区别。与出租人相比，贷款人（如银行）对贷款的利息费用和本金通常有优先求偿权。因此可以认为，租赁费比与债务有关的现金流具有更高的风险，因而租赁的债务成本实际上高于贷款的债务成本。

（二）租赁与购买：从出租人的角度考虑

上面从承租人的角度考察了租赁与购买的决策。对出租人来说，它们的判别标准则不过是将度量的对象颠倒过来。只要出租人和承租人处在相同的纳税等级，承租人的任何一笔现金流出都将对应出租人的一笔现金流入，因此，只有出租人亏损时承租人才能盈利，反之亦然。但如果承租人的税率低于出租人，两者就有可能实现双赢，而且随着税率差异的增大，租赁收益也会随之提高。

从出租人的角度进行租赁和购买分析必须将租赁费用看作收入，同时还要考虑任何与所有权有关的税收利益因素，比如折旧。此外，如果出租人借款购买资产（即杠杆租赁），与借款有关的利息和本金也应予以考虑。

通常，出租人的现金流量包括以下内容：租赁费用即经营收入；可享受应税收益额减免的利息费用以及租赁提供的维护和服务费用；与折旧有关的税收收益；贷款本金的偿还；在租赁期末取得的租赁资产的残值。

这些现金流量必须利用能反映它们风险的贴现率进行贴现。租赁费（经营收入）应用承租人的税后债务成本进行贴现，这是因为承租人的违约风险决定了出租人是否能得到租赁费。其他现金流量应以出租人的资本成本为贴现率进行贴现，如果出租人用于购买租赁资产的资金来自借款，那么就应采用出租人的税后债务成本作为贴现率。在大多数情况下，对出租人和承租人都采用同一贴现率。如果出租人和承租人的违约风险差不多，就不会出现严重问题，但若两个公司有不同的违约风险特征，就会产生错误估计。

【例题9-5】　出租人的租赁决策

在例题9-4中，假设出租人B公司以8%的利率（税前）借入全部资金购买挖土机，购买价格为100万元，并在设备寿命（5年）内偿还，期末无残值，B公司在5年内采用直线折旧法对挖土机提取折旧。B公司在5年中每年年初将得到租金25万元。若B公司的所得税税率为33%，那么B公司的租赁现值为多少？

解答：

如果B公司按照从第一年起每年等额还本付息的条件借款购买挖土机，则借款购买和租赁方式下的现金流分别如表9-7和表9-8所示。

表9-7　B公司借款购买方式下的现金流　　单位：万元

年份	本金支付 ①	利息费用 ②	利息税盾 ③=0.33×②	折旧 ④	折旧税盾 ⑤=0.33×④	净现金流出 ⑥=①+②-③-⑤
1	17.05	8	2.64	20	6.6	15.81

续表

年份	本金支付 ①	利息费用 ②	利息税盾 ③=0.33×②	折旧 ④	折旧税盾 ⑤=0.33×④	净现金流出 ⑥=①+②-③-⑤
2	18.41	6.64	2.19	20	6.6	16.26
3	19.89	5.16	1.70	20	6.6	16.75
4	21.48	3.57	1.18	20	6.6	17.27
5	23.2	1.85	0.61	20	6.6	17.84

表 9-8　B公司租赁方式下的现金流　　单位：万元

年份	租金收入 ①	税收 ②=0.33×①	净现金流入 ③=①-②
0	25	8.25	16.75
1	25	8.25	16.75
2	25	8.25	16.75
3	25	8.25	16.75
4	25	8.25	16.75

利用表 9-7 和表 9-8 中的数据，分别计算得到 B 公司的借款购买和租赁方式下的现金流现值如下：

$$
\begin{aligned}
PV_{\text{购买}} &= \sum_{t=1}^{5} \frac{CF_t}{[1+r(1-t)]^t} = \frac{15.81}{1.0536} + \frac{16.26}{1.0536^2} + \frac{16.75}{1.0536^3} \\
&\quad + \frac{17.27}{1.0536^4} + \frac{17.84}{1.0536^5} \\
&= 71.73(\text{万元})
\end{aligned}
$$

$$
PV_{\text{租赁}} = CF_0 + \sum_{t=1}^{4} \frac{CF_t}{[1+r(1-t)]^t} = 16.75 + \sum_{t=1}^{4} \frac{16.75}{1.0536^t} = 75.65(\text{万元})
$$

出租人 B 公司的租赁净现值为

$$
NPV = PV_{\text{租赁}} - PV_{\text{购买}} = 75.65 - 71.73 = 3.92(\text{万元})
$$

在该例中，租赁为出租人提供了正的净现值。

（三）租金的确定

在租赁筹资方式下，承租企业要按合同规定定期支付租金。租金的数额和支付方式对承租企业的财务状况产生直接的影响，是租赁决策的重要依据。

1. 租金的决定因素

融资租赁每期支付租金的多少，取决于以下几个因素：

（1）租赁资产的购置成本，包括资产的买价、运杂费和途中保险费等。

（2）租赁资产的预计残值。

（3）资产租赁期间的利息，指租赁公司为购买租赁资产进行融资而应付的利息。

（4）租赁手续费，包括租赁公司承办租赁的营业费用以及一定的盈利。租赁手续费的高低一般无固定标准，可由承租人与租赁公司协商确定，按资产购买成本的一定比率计算。

（5）租赁期限。租赁期限的长短影响租金总额，从而影响每期租金的数额。

（6）租金的支付方式。一般而言，租金支付次数越多，每次的支付额就越小。租金的支付方式有如下几种：(1) 按支付间隔期分为年付、半年付、季付和月付；(2) 按在期初和期末支付，分为先付租金和后付租金；(3) 按每期支付金额分为等额支付和不等额支付。

2. 租金的计算方法

租金的计算方法很多，在我国融资租赁实务中，一般采用等额年金法和平均分摊法。

(1) 等额年金法。该方法是将一项租赁资产在未来各租赁期内的租金按一定的贴现系数予以贴现，使其总额等于租赁资产的成本。在这种方法下，通常要根据利率和手续费确定一个租赁费率，作为贴现率。其计算公式为

$$R=\frac{C}{A_r^T} \tag{9-2}$$

式中，R 为每年支付的租金；C 为租赁资产的原始购置成本；A_r^T 为 T 期后付年金现值系数；T 为支付租金次数；r 为租赁费率。

【例题 9-6】 某公司于 2018 年 1 月 1 日从租赁公司租入一套机械设备，其价值为 100 万元，租期为 5 年，预计租赁期满时无残值。假设租赁费率为 10%，那么该公司每年年末应支付多少租金？若租金支付发生在每年年初，应该支付多少？

解答：

①利用等额年金法，计算该公司每年年末支付的租金为

$$R=\frac{C}{A_r^T}=\frac{100}{A_{0.1}^5}=26.38(\text{万元})$$

②若租金支付发生在年初，则租金为

$$R=\frac{C}{A_r^T+1}=\frac{100}{A_{0.1}^4+1}=23.98(\text{万元})$$

(2) 平均分摊法。首先确定租赁期间的利息和手续费，再加上资产购置成本，按支付次数平均支付。其计算公式为

$$R=\frac{(C-S)+I+F}{T} \tag{9-3}$$

式中，R 为每次支付的租金；C 为租赁资产成本；S 为租赁资产的预计残值；I 为租赁期间的利息；F 为租赁手续费；T 为租赁期限。

【例题 9-7】 某公司于 2018 年 1 月 1 日从租赁公司租入一台起重机，其价值为 150 万元，租期为 8 年，预计租赁期满时的残值为 5 万元。假设年利率为 8%，租赁手续费为设备价值的 4%，那么该公司每年年末应支付多少租金？

解答：

利用平均分摊法，计算该公司每年年末支付的租金为

$$R=\frac{(C-S)+I+F}{T}=\frac{(150-5)+[150\times1.08^8-150]+150\times4\%}{8}$$
$$=34.83(\text{万元})$$

三、租赁的利弊

（一）租赁的优点

(1) 利用税收优惠。在经营租赁下，出租人拥有租赁出去的资产的所有权，可以从应

税利润中扣除资产的折旧。如果出租人能比资产使用者更好地利用折旧的节税效应，例如出租人适用的税率高于承租人，那么出租人就可以在保留设备所有权的条件下，适当地降低租赁费，将部分税金好处让利给承租人。对于正在发生亏损的公司而言，由于没有能力享受源于购买资产的应税收益额减免，往往会选择租赁而不是购买资产。

(2) 降低交易成本。一般来说，签署一份租赁合约的成本要远低于转移一项资产所有权的成本。这样，使用简单的租赁合约，就可以使公司“贷放”小额资金，而无须花费大量的调查、管理或交易成本。所以说，租赁为小公司提供了相对便宜的融资渠道。

不过，租赁也可能产生交易中的代理成本。例如，承租人可能过度使用或者错误使用资产，因为承租人对该资产的剩余价值并不关心，而这项成本会隐含在较高的租金中，并由承租人承担。虽然出租人也可以通过监督来降低这些代理成本，但监督也是有成本的。

因此，当购买和重新出售资产的交易成本远高于租赁的代理成本和监督成本时，租赁就是最可取的。

(3) 减少风险。一些租赁合约允许承租人在租期内更换资产或将资产升级。当公司不明确其所需资产的使用期限或资产的技术更新很快时，通过租赁进行风险转移是很重要的。就交易时间和成本而言，相比租赁，购入和卖出资产的费用是昂贵的。另外，一些租赁带有撤销选择权，这种选择权也是很有价值的。

(4) 发掘新资金来源。有些企业由于各种原因（例如负债比率过高）不能从外部筹集大量资金，此时，采用租赁就可以使企业在资金不足而又急需资产时，不必付出大量资金就能及时得到所需资产。

(5) 保存借款能力。一些融资租赁并不体现在企业的资产负债表上，因此不会增加企业的负债，不会改变企业的资本结构，也不会削弱企业的借款能力。另外，当承租人违约时，租赁资产存在较高的回收价值。

（二）租赁的缺点

租赁的主要缺点是资金成本较高。通常，融资租赁的隐含利率要高于借款的利率。同时，尽管承租人可以采取措施规避融资租赁的标准，而免于将长期租赁在资产负债表中列示为负债，但事实上，不论租赁是否出现在资产负债表中，固定的租金支付都是公司一项较沉重的负担。另外，承租人通常必须放弃资产残值。潜在的承租人应仔细分析这些成本，再判断租赁是否比借款买入资产更合适。

对于出租人而言，租赁带给出租人的税收好处在一定程度上会被抵消，这是因为租赁收入的全部金额都是应税所得。因此，只有当租赁收益的现值高于租赁成本的现值时，租赁才是有益的。

四、融资租赁与银行分期付款的区别

融资租赁与银行分期付款的区别主要表现在以下几个方面：

(1) 银行分期付款是一种买卖交易，买者不仅获得了所交易物品的使用权，而且获得了物品的所有权。而融资租赁则是一种租赁行为，尽管承租人实际上承担了由租赁物引起的成本与风险，但从法律上讲，租赁物所有权名义上仍归出租人所有。

(2) 融资租赁和银行分期付款在会计处理上也有所不同。融资租赁中租赁物所有权属出租人所有，因此，作为出租人资产纳入其资产负债表中，并对租赁物计提折旧，承租人将租赁费用计入生产成本。而银行分期付款购买的物品归买主所有，因而列入买方的资产负债表并由买方负责计提折旧。

(3) 融资租赁和银行分期付款在税务上也有区别。融资租赁中的出租人可将计提的折旧从应计收入中扣除，而承租人则可将计提的折旧费从应纳税收入中扣除。在银行分期付款中，买方可将计提的折旧费从应纳税收入中扣除，还能将所花费的利息成本从应纳税收入中扣除。

(4) 在期限上，银行分期付款的付款期限往往短于交易物品的经济寿命，而融资租赁的租赁期限则往往和租赁物品的经济寿命相当。因此，同样的物品采用融资租赁方式比采用分期付款方式所获得的信贷期限要长。

(5) 银行分期付款不是全额信贷，买方通常要即期支付贷款的一部分；而融资租赁则是一种全额信贷，它对租赁物价款的全部甚至运输、保险、安装等附加费用都提供资金融通。虽然融资租赁通常也要在租赁开始时支付一定的保证金，但这笔费用一般比银行分期付款所需的即期付款额要少得多（例如在进出口贸易中买方至少需现款支付15%的贷款）。因此，同样一件物品，采用融资租赁方式提供的信贷总额一般比银行分期付款交易方式所能够提供的要大。

(6) 融资租赁与银行分期付款交易在付款时间上也有差别。后者一般在每期期末，通常在分期付款之前还有一定的宽限期，融资租赁一般没有宽限期，租赁开始后就需支付租金，因此，租金支付通常在每期期初。

(7) 融资租赁期满时租赁物通常留有残值，承租人一般不能对租赁物任意处理，需办理交换手续或购买等手续。而银行分期付款的买者在规定的分期付款后就拥有了所交易的物品，可以任意处理之。

(8) 融资租赁的对象一般是寿命较长、价值较高的物品，如机械设备等。

专栏 9-3　案例：光伏产业的融资租赁业务发展

我国光伏产业近年来发展迅速，产业规模高速增长，技术不断创新突破，国内产能布局更加合理，发电成本不断下降，光伏电站新增装机量持续增加。同时，产能过剩、弃光限电、补贴缺口持续扩大等问题仍然无法彻底解决，目前可再生能源补贴资金缺口已累计约 1 200 亿元，并且仍在逐年扩大。

根据国家能源局公布的数据，与 2016 年相比，2017 年绝大多数省（区、市）可再生能源电力消纳量实现增长，弃光问题正逐步得到改善。但西北地区的弃光率依然居高不下，2017 年新疆Ⅱ类、甘肃Ⅰ类、宁夏地区的弃光率分别高达 20%、25.47%、11.60%。

光伏产业链包括硅料、铸锭、硅片、电池片、电池组件、光伏系统六个环节。产业链上游为硅料、铸锭、硅片环节，中游为电池片、电池组件环节，下游为光伏系统环节。

（一）光伏产业的经营模式及行业特征

光伏电站开发主要有投资者开发并自运营、投资开发完成后转让电站两种经营模式。自运营模式下，光伏电站开发者通常也作为电站投资者，以自有资金投资建设电站，并网后自己运营并获取收益；转让电站模式下，光伏电站投资者委托开发者建设光伏电站，并网之后，开发者将电站以资产或股权的形式出售给投资者，从而获取收益。

光伏行业产业链较长，链上企业一般从事某个环节或某几个环节的业务，仅有少数企业能覆盖整个链条。产业链上各公司之间紧密合作，相互开展采购、销售活动。融资租赁企业则在链上发挥融资功能，如某些开展光伏租赁业务的融资租赁公司，其母公司或股东就为光伏产业链上大型能源企业，融资租赁公司则围绕股东开展业务，为链上企业提供融资服务。

（二）光伏融资租赁业务的现状

光伏电站建设资金需求量大，且资金需求期限长。由于光伏电站的发电量及收益状况易受电站规模、所处地区位置以及地区政策的影响，其从银行获取长期贷款的难度较大，尤其是地方对电站的财政补贴、限电，以及下调电价等增加了电站的政策风险，加大了电站取得银行融资的难度。这些都促使了融资租赁与光伏产业的结合，并且光伏电站项目的特征与融资租赁高度契合，可通过租赁的方式实现对光伏电站的融资。

融资租赁公司开展的光伏租赁业务主要涉及大型集中式地面光伏发电项目、分布式光伏发电项目，其中大型集中式地面光伏发电项目开展的体量较大，致使当前该板块业务空间已减缩；分布式光伏发电项目于近两年兴起，一般较为分散且项目规模相对较小，风险也较为突出，故租赁公司开展此类项目一般需有一个资信良好的项目主体（运营商）作为承租人。

光伏租赁业务模式包括直租、售后回租、经营性租赁、经营性售后回租四种，目前主要以售后回租为主，其次为直租，经营性租赁鲜少开展。项目期限一般较长，具体模式的选择主要取决于项目自身需求，通常较为灵活。

直租模式下，租赁公司从项目建设前期、采购环节介入，把控项目整体质量及建成后运营发电情况，同时需要承担政策调控风险、流动性风险等诸多不确定因素。

售后回租模式下，租赁公司主要为已建成电站提供融资，此类项目一般为已并网项目，操作较为简单，租赁期限主要取决于承租人融资需求，可短至几年，也可长至覆盖电站整个生命周期。

经营性租赁是一种股债结合模式，租赁公司提供项目建设资金，电站建成租赁给项目运营商或第三方运营，并按照投资比例获取相应股权，同时向承租人收取租金。

经营性售后回租模式下，项目运营商将已建成并网电站转让给租赁公司，之后租赁公司将电站经营权租回给项目运营商或租赁给第三方，按期收取租金。

（三）未来的发展

2018 年 5 月 31 日，国家发展改革委、财政部国家能源局联合发布《关于 2018 年光伏发电有关事项的通知》，旨在提高光伏行业发展质量，加快补贴退坡。在新政的影响下，租赁公司国内光伏租赁项目资源可以从以下四方面挖掘：

1. 无补贴分布式发电项目

新政并未禁止不需要国家补贴的分布式光伏发电项目，租赁公司可寻求此类项目。但开展该类项目，对应的承租人应尽量选择资金实力雄厚、信用良好的大型运营商，并重点关注项目投向及业主情况，采用更为严格的风控标准，确保承租方未来现金流的稳定。

2. 地方补贴分布式项目

虽然新增余电上网分布式发电项目能否拿到国家补贴暂时未知，但是不少地方政府出台了支持分布式光伏发电的补贴政策，并且有些地方对电站的财政补贴发放也较为及时，租赁公司也可重点关注此类地区的分布式发电项目，寻求合适的业务机遇。

3. 已建成并网电站融资项目

新政在缩减了光伏电站建设规模的同时，也促使了已并网运营电站的优质发展，以及补贴发放的提速。此类电站将成为一项优质资产，租赁公司可向其中具有盘活资产需求的电站提供融资。

4. 等待开展进入 2019 年及以后年度规模的项目

虽然目前我国光伏电站规模整体在收紧，2018 年各类指标已满，但 2019 年及以后年度仍然会有新的指标下放，因此，一些仍处于建设期的、6 月 30 日前不能实现并网的项目也可排队等待进入 2019 年及以后年度的规模范围。租赁公司可待电站项目被纳入规模以后再进入，但需要注意的是 2019 年及以后年度的规模大小未知，未来规模内项目资源或许有限。

第三节　不同融资方式的比较

一、直接融资与间接融资的比较

无论是资本市场上的直接融资还是信贷市场上的间接融资，信息不对称现象总是存在，并且都有可能产生风险。那么，到底哪种融资方式具有更大的优势呢？下面我们将从信息经济学的角度对直接融资与间接融资进行比较分析。

（一）直接融资的评价

一般来说，资本市场要求的信息公开化程度较高，是在比较广泛且制度化的交易场所对标准化的金融产品进行交易活动，并在一定的市场准入、信息披露、公平竞价交易、市场监督制度规范下进行的。另外，债券投资者还可以通过期限、到期收益率、风险收益以及信用风险评级结果等获得债券发行者的相关信息。因此，从信息公开性和资金价格的竞争性来看要优于信贷市场。同时，由于风险在众多的证券投资者之间分摊，资本市场可以为风险较大的项目融资，特别是资本市场可以集中风险厌恶程度低的投资者来为风险较大的新兴行业融资。

但是，直接融资也会面临信息不对称问题。首先，任何一种融资活动都可被看作一种合约。在股权合约的条件下，由于代理人（经营者）与委托人（所有者）之间存在信息不对称问题，而且代理人的利益或目标并不总是和委托人相一致，当代理人的自利行为损害和侵占委托人的利益时，就会产生严重的道德风险和逆向选择问题。

其次，从资金配置效率的角度考虑，配置效率的中心问题是价格信号的准确性问题。股票市场对上市公司的未来价值做出正确评价的基本条件是股票价格必须能反映上市公司的预期收益。一般的股票投资者难以分辨上市公司业绩的好坏，他们只愿意接受反映上市公司平均业绩的股票价格。而上市公司经营者掌握的信息多，业绩好的上市公司不愿意接受只反映平均业绩的股票价格，只有业绩差的上市公司才会接受相对自身业绩而言被高估的价格，从而产生逆向选择问题。

另外，在股票市场还存在“搭便车”问题。对分散的个人投资者来说，他们因监督经营者而产生的监督成本全部由自己负担，而监督行为带来的利益则由所有的投资者来享受，因此个人投资者缺乏对企业经营者进行事前监督的激励，而且他们持有的股份很少，也缺乏事前监督的可能性。当投资者了解到企业经营不善，而通过出售股票实现事后监控时，企业的所有者作为投资者已经蒙受了一定的风险损失。

（二）间接融资的评价

间接融资也会受到信息不对称问题的影响。一般而言，银行与企业在投资风险方面存在信息不对称。信贷市场上有许多风险程度不同的企业，当银行不能观察到投资项目的风险或不能确定投资成本的高低时，银行只能根据企业平均风险状况确定贷款利率。这样，低风险的企业由于贷款成本高于预期水平而退出信贷市场，只剩下愿意支付高利率的高风险企业，从而导致贷款风险上升，银行收益可能会降低，呆账可能会增多。

另外，道德风险也常存在于银行信贷活动中，包括银行对众多存款人和存款保险公司的道德风险——银行因经营高风险贷款项目而使存款遭受损失；经营者对其所有者的道德风险——内部人控制，即经营者利用信息优势牟取私利而不承担经营风险和损失；以及借款人对银行的道德风险——企业经营不善造成亏损导致无法还贷，或者恶意逃债。

当然，在比较规范的商业银行借贷活动中，合理的银行制度也能较好地解决信息不对称问题。具体而言包括以下几个方面的内容：

（1）银行具有信息收集优势。银行自身有条件、有能力收集和分析有关企业投资、经营和收益状况的信息。同时银行通过不断地更新贷款合约或者与债务人保持长期关系，能在一个较长的时期考察和监督企业，有助于防止或解决企业道德风险问题以及合约的不完全问题（Diamond，1991）。

（2）银行具有收集和分析信息的规模经济特点。银行通过规模经济效应、专业化以及避免单个贷款者的重复劳动，有效地降低了处理信息和监督借款企业的交易成本。

（3）银行贷款是非公开交易的，可以确保银行掌握的信息不会被其他市场参与者获得，这在很大程度上可以解决“搭便车”问题，并使银行从信息生产中获得相应的利润，同时也减少了企业信息披露的成本（Harris，1990）。

（4）银行是主要的或者唯一的债权人，而且银行贷款的流动性差，这提高了银行监督借款企业的积极性，同时银行通过为借款企业提供结算服务，能够有效地监控借款企业的财务状况和投资状况。

（5）银行对企业的控制是一种相机控制（congtingent control），当企业能够偿还贷款时，控制权就掌握在企业手中；如果企业无法清偿贷款，控制权就会转移到银行手里。

综上所述，银行制度更有利于解决信息不对称问题，而证券市场则能提供有价值的信息和分散风险。

二、债务融资与股权融资的比较

（一）从融资成本角度分析

既然发行债券融资与发行股票融资都需支付一定的融资成本，那么企业在这两种外部融资方式中应该如何进行选择？下面将从资金成本、破产成本以及代理成本的角度对债务融资与股权融资进行比较分析。

（1）债务融资的利息计入成本，具有减税作用；而在股权融资中却存在公司所得税和个人所得税“双重纳税”的问题，而且股利的支付是在税后进行的，并不具有减税作用。

（2）发行债券的企业可以利用债务融资扩大投资，增加企业原有股东的收益，产生“杠杆效应”。然而实际上，所得税的高低会影响债务融资“杠杆效应”的大小。尽管税法规定了企业所得税税率，但由于不同的企业所处的行业和地区不同，再加上以前年度的盈亏状况不一致，所以面临着不同的税收优惠，使各企业之间的实际税收负担存在很大的差异。由此，各企业的债务减税能力就不一致，这将对企业的融资结构造成影响。

（3）从对经理人员激励的角度看，在投资总量和经理人员对企业的绝对投资一定的情况下，扩大投资中债务融资的比例，将增大经理的股权比例，从而降低代理成本，代理成本的降低会引起企业投资水平的上升。在股权融资中，新增股东将会分享企业的盈利，造成新股东侵占原有股东的利益，从而增加股权融资的代理成本。当然，公司治理效率高的企业将可能以较低的成本获得外部股权融资。

（4）权衡理论认为，当债务的破产成本和代理成本等于税盾收益时，就实现了最优资本结构，此时企业价值最大。但进行债务融资需要支付利息，随着企业债务的增加，企业偿债负担加重，那么财务风险也会上升，即企业陷入财务困境的可能性将增加，甚至导致最终破产，而这将会产生财务困境成本或者破产成本。相反，进行股权融资时的股利支付是一个“软约束”，当企业没有能力支付现金股利时，可以减少股利支付或者根本不支付股利，或者不支付现金股利而采用其他的股利支付方式。

（二）从控制权角度分析

在两权分离的前提下，企业所有者和经营者之间形成了一种委托代理关系。由于经营者与所有者之间的信息不对称以及各自的利益目标不同，便产生了逆向选择和道德风险问题。从所有者角度来说，他希望经营者能按股东利益最大化的目标进行经营管理；经营者由于受自身利益最大化的驱使，常常会违背所有者的意图，从而产生代理问题。而解决代理问题最有效的方法是将经营者的自身利益与企业的生存和发展联系起来。Harris 和 Raviv 认为，由于经营者拥有企业的控制权，所以即使企业运营不佳也不会主动清算。在这种情况下，负债比例的增加能够使企业破产的可能性提高，即使企业控制权转移的可能性增大。经营者为防止控制权的转移，就会主动减少公司资产被“误用”的情况，因而经营者的自利行为被抑制，而企业价值得到了提高。

在股权融资的情况下，股东即所有者享有剩余收益索取权和剩余控制权。股东行使控制权的方式有两种：“用手投票”和“用脚投票”。“用手投票”原则上可以对企业进行事前监督。但在股东分散的情况下，监督行为成为一种公共产品，这使股东们宁愿自己的权益受到侵害也不愿对企业经营者进行事前监督。“用脚投票”也许可以弥补“用手投票”的不足，它是投资者通过在股票市场上出售股票而对企业实行的一种控制。这种事后监督虽能对企业经营者形成一定的压力，但其约束力相对较小。所以，提高债务融资比例可以降低监督成本和激励成本，避免经营者的道德风险和逆向选择问题，从而能够增加企业的市场价值。

（三）从信息不对称角度分析

信息不对称问题的存在使投资者根据企业对融资结构的选择来判断其市场价值。企业扩大债务融资的比例会增加破产风险，从而可能使经理的自身利益也受到影响，因此，负债比例上升说明经营者对企业未来收益有较高的期望，同时也反映了经营者对企业前景充满信心并且会努力工作，以保证企业经营效益和自身利益的不断增加。如果经营者进行债务融资，市场将认为企业预期收益会上升，企业市场价值就会增大。相反，企业如果通过股权融资，市场可能认为股价被高估，而使新发股票贬值；或者市场会认为经营者试图通过提高股权比例来降低企业财务风险，从而导致市场对企业的评价下降，引起企业市场价值下降。总之，信息不对称理论认为，应优先选择债务融资，然后才是发行股票。

第四节　中国企业债务融资的现状

一、中国企业融资结构的现状

首先，利用统计数据考察一下中国企业融资结构。从表 9－9 可以看出，中国企业的外部融资中银行贷款占相当大的比重，一直保持在 70%以上的比例，而债务融资中银行贷款的占比在大部分年份达到 80%以上，反映了中国企业利用外部融资时更加偏好银行贷款。在直接融资中，通过企业债券融资的占比由 2000 年的 0.5%逐渐提升到 2016 年的 17.4%，而且在 2008—2016 年，中国企业的债券融资占比基本上超过了股票融资（2010 年除外）。

表 9-9　中国企业融资结构

年份	外部融资增加额总计（亿元）	股票融资 增加额（亿元）	股票融资 比重（%）	企业债券融资 增加额（亿元）	企业债券融资 比重（%）	银行贷款 增加额（亿元）	银行贷款 比重（%）
2000	15 533	2 103	13.6	83	0.5	13 347	85.9
2001	13 838	1 252	9.0	147	1.1	12 439	89.9
2002	20 266	962	4.8	325	1.6	18 979	93.6
2003	29 418	1 358	4.6	358	1.2	27 702	94.2
2004	20 345	1 511	7.4	467	2.3	18 367	90.3
2005	21 220	1 883	8.9	2 010	9.5	17 327	81.6
2006	38 499	5 594	14.5	2 310	6.0	30 595	79.5
2007	47 370	8 680	18.3	2 284	4.8	36 406	76.9
2008	51 079	3 852	7.5	5 523	10.8	41 704	81.7
2009	114 782	6 125	5.3	12 367	10.8	96 290	83.9
2010	102 546	11 972	11.7	11 063	10.8	79 511	77.5
2011	88 223	5 814	6.6	13 658	15.5	68 751	77.9
2012	108 648	4 134	3.8	22 551	20.8	81 963	75.4
2013	109 966	2 803	2.5	18 111	16.5	89 052	81.0
2014	129 149	7 087	5.5	24 253	18.8	97 809	75.7
2015	163 144	10 975	6.7	29 399	18.0	122 770	75.3
2016	172 750	16 257	9.4	29 993	17.4	126 500	73.2
2017	156 390	16 614	10.6	4 495	2.9	135 281	86.5

资料来源：中经网统计数据库。

其次，利用账面价值余额对中国企业的融资行为进行分析（见图 9-4）。中国企业的外部融资额从 2000 年开始一直保持缓慢、持续的上升趋势，然而受 2008 年金融危机及之后采取的宽松的宏观政策的影响，2008 年后企业的外部融资又开始大幅上升。其最大的原因就是银行贷款的持续增加，而且外部融资总额的增长趋势与银行贷款基本上保持一致，而企业债券融资和股票融资在融资总额中所占比重非常小，对企业融资的总体趋势基本未产生影响。

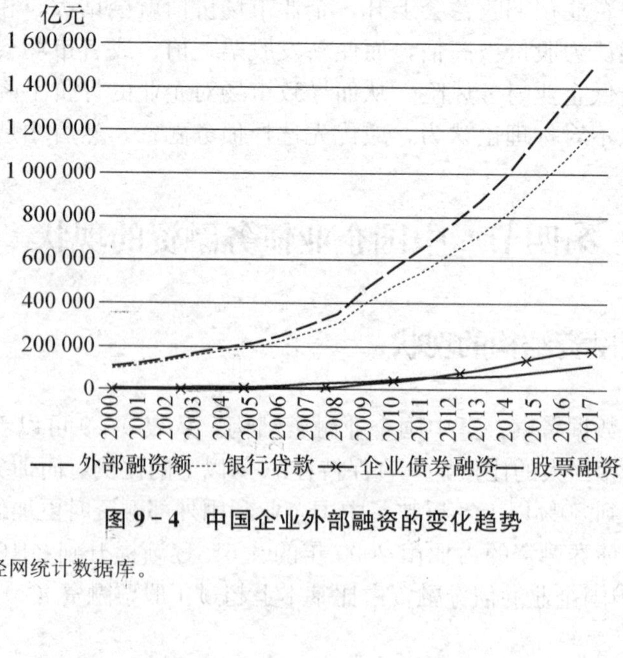

图 9-4　中国企业外部融资的变化趋势

资料来源：中经网统计数据库。

二、各种融资方式的运用现状

（一）间接融资与直接融资

图 9-5 显示了 2000 年以来中国企业新增外部融资的增量变化。从中可以看出，中国企业的银行贷款所占比例依然很大，而且自 2005 年以来还在急速上升，尤其是 2009 年上升速度最快。而直接融资的发展速度近年来虽然较快，但与银行贷款相比在融资总量中所占比例仍然偏小，尤其是企业债券融资在债务融资中的占比很小。从中国企业的融资趋势可以发现，尽管中国的融资体制已由财政到银行的供给体制逐渐转向了市场主导型的融资体系，但市场主导型的融资体系并没有完全脱离旧融资体制的种种约束，在制度设计上存在严重的缺陷，比如市场准入尚存在一定的“所有制歧视”、发行债券和股票的门槛依然很高、发行制度尚不健全等，这些制度缺陷限制了企业对直接融资的利用，导致企业只能较多地依赖金融机构的贷款资金。但企业过度依赖银行贷款会使企业负债率过高、利息负担过重、资本结构不合理，从而增大企业的经营风险，同时也会使社会资金的融资风险过多地集中于银行体系内。

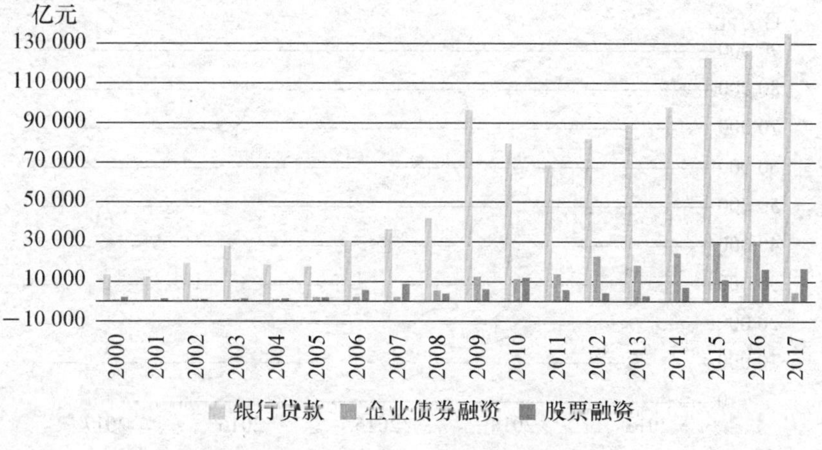

图 9-5 中国企业外部融资的增量变化

资料来源：中经网统计数据库。

（二）债券融资

近年来，中国企业通过债券市场融资的规模逐步提升，企业债券融资规模占社会融资总规模的比例从 2003 年的 1.5%提升到 2017 年的 23.4%，债券融资已经远超非金融企业的境内股票融资，成为直接融资最重要的渠道。

2015 年 1 月，证监会发布《公司债券发行与交易管理办法》，将公司债券发行主体范围扩大至所有公司制主体。大量“3+2”（3 年期债券，但投资者有权决定 3 年后让发债方再借 2 年）和“2+1”期限结构的品种开始发行。公司债券自此以来，以相对高的效率与适当放松的标准满足了大量的融资需求（见图 9-6）。

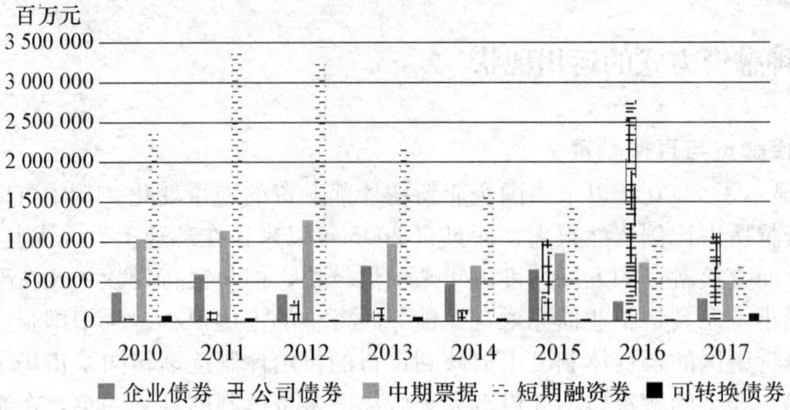

图 9-6　中国企业债券融资金额

资料来源：Wind 数据库。

统计数据还显示，企业发行信用债券在近几年呈快速增长趋势。2013 年发行规模只有 3.68 万亿元，2014 年和 2015 年则分别为 5.15 万亿元和 6.72 万亿元，2016 年发行规模更是突破了 8 万亿元，是 2013 年的两倍多（见图 9-7）。

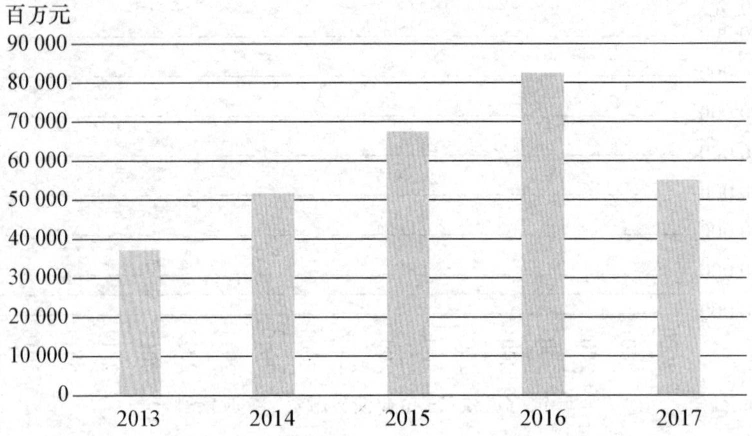

图 9-7　中国公司类信用债券发行规模

资料来源：Wind 数据库。

本章小结

1. 债券的发行可以采用公募形式也可以采用私募形式。债券的基本条款中须说明债券的票面利率、计息方式、有无担保等内容，我国企业发行的债券一般是有担保的。

2. 长期债券的条款包括偿债基金和赎回条款等。债券赎回条款赋予债券发行者在特定的日期或之后赎回债券的权利。可赎回债券的交易价格一般要比对等的不可赎回债券的交易价格低。债券的赎回收益率是指可赎回债券在提前赎回时所对应的收益率。

3. 可转换债券是指持有者可按一定的转换价格或转换比率将债券转换为公司普通股的债券，具有低票面利率与可转换为公司普通股的特征。

4. 债券调换是指发行新债券调换尚未到期的旧债券的行为，其目的是节约债券的利息支出，降低融资成本，或者延长债券的偿还期限。

5. 租赁可分为经营租赁和融资租赁，而融资租赁又有直接租赁、售后租回租赁和杠杆租赁三种。

6. 在分析租赁和购买决策时，公司应将租赁与借款购买资产的成本现值进行比较，从中选择成本较低的一种方式。在计算成本现值时，有关租赁和借款购买资产的现金流应用税后债务成本贴现。

7. 只要出租人和承租人处在相同的纳税等级，承租人的任何一笔现金流出就都将对应出租人的一笔现金流入，因此，只有出租人亏损承租人才能盈利，反之亦然。但是，如果出租人和承租人的税率不同，租赁可能使两者都受益。

8. 在确定租金时，可以采用等额年金法和平均分摊法。等额年金法考虑了资金的时间价值；平均分摊法没有考虑资金的时间价值。

问题与应用

1. 债券的私募发行和公募发行之间有什么区别？结合2012年开始的在沪深证券交易所发行的中小企业私募债券，讨论私募债券的优劣。

2. 什么是偿债基金？偿债基金对发行公司有什么有利之处和不利之处？

3. 赎回条款对发行公司而言有何好处？

4. 什么是经营租赁？什么是融资租赁？两者的主要区别是什么？

5. 和银行贷款相比，租赁的主要有利之处和不利之处是什么？

6. 某公司现有10亿元的债券流通在外，利率为10%，剩余期限为8年，若提前赎回需支付5%的溢价。公司现打算发行10亿元的8年期、利率为7.5%的新债券，并对现有债券进行调换。新债券的发行成本为80万元，旧债券还未摊销的费用为35万元。公司的所得税税率为25%。假设没有重复利息支出，公司是否应该进行债券调换？

7. A公司需要一台起重机，它可以花1 000万元购买或从租赁公司租用。租赁条款要求该公司每年年初支付租金150万元，设备租赁期为10年。预计设备使用期满时的残值为5万元，并在10年里利用直线折旧法计提折旧。租赁公司适用的所得税税率为33%，ABC公司的所得税税率为25%。假设设备购买采用借款方式，每年付息一次，到期偿还本金，借款利率为10%。

(1) 对于A公司而言，租赁的净现值为多少？

(2) 对于租赁公司而言，租赁的净现值为多少？

8. B公司需要10台大型计算机，正在考虑是购买还是租赁。这两种方式的详细资料如下：

(1) 每台计算机的购买价格为100 000元，使用寿命为8年，期末无残值，且在8年内按直线折旧法提取折旧。每年计算机的维护费为5 000元。

(2) 公司可以以每年25 000元的租金租入一台计算机，出租人负责计算机的维护。

(3) 公司可以按10%的利率借入资金购买，每年付息一次，到期归还本金。公司所得税税率为25%。

请问该公司是应该采用租赁方式还是借款购买该设备？

推荐阅读材料及网站

[1] Ang, J. and P. P. Peterson, "The Leasing Puzzle", *Journal of Finance*, 1984, 39 (4).

[2] Asquith, P. and D. W. Mullins, "Convertible Debt: Corporate Call Policy and Voluntary Conversion", *Journal of Finance*, 1991, 46 (4).

[3] Brennan, M. J. and E. S. Schwartz, "Saving Bonds, Retractable Bonds and Callable Bonds", *Journal of Financial Economics*, 1997, 5 (1).

[4] Carrow, K. A. and J. J. McConnell, "A Survey of US Corporate Financing Innovations: 1970—1997", *Journal of Applied Corporate Finance*, 1999 (12).

[5] Grenadier, S. R., "An Equilibrium Analysis of Real Estate Leases", *Journal of Business*, 2005, 78 (4).

[6] Gârleanu, N. and J. Zwiebel, "Design and Renegotiation of Debt Covenants", *Review of Financial Studies*, 2009, 22 (2).

[7] Hendel, I. and A. Lizzeri, "The Role of Leasing Under Adverse Selection", *Journal of Political Economy*, 2002, 110 (1).

[8] 中国债券信息网，http://www.chinabond.com.cn.

参考文献

[1] 格林布莱特，蒂特曼. 金融市场与公司战略. 北京：中国人民大学出版社，2003.

[2] 郭丽虹，王安兴. 公司金融学. 上海：上海财经大学出版社，2008.

[3] 李心愉. 公司金融学. 北京：北京大学出版社，2008.

[4] 理查德·A. 布雷利，斯图尔特·C. 迈尔斯，弗兰克林·艾伦. 公司财务原理：10版. 北京：机械工业出版社，2012.

[5] 刘力. 公司财务. 北京：北京大学出版社，2007.

[6] 乔纳森·伯克，彼得·德马佐. 公司理财. 北京：中国人民大学出版社，2009.

[7] 斯蒂芬·A. 罗斯，伦道夫·W. 威斯特菲尔德，杰弗利·F. 杰富. 公司理财：9版. 北京：机械工业出版社，2012.

[8] 汤谷良，韩慧博，祝继高. 财务管理案例：2版. 北京：北京大学出版社，2012.

[9] 小唐纳德·H. 丘，思腾思特公司. 新公司金融：理论与实践：3版. 北京：中信出版社，2007.

第十章

股利与股利政策

学习目标：

1. 了解现金股利的发放程序以及股利政策对公司价值的影响；
2. 了解影响股利政策的因素，掌握公司股利政策的各种选项及其利弊；
3. 掌握股票股利、股票分割与股票回购的财务处理方法。

引　言

股利分配是公司按照国家有关法律法规以及公司章程的规定，在兼顾股东、债权人及其他利益相关者的利益的基础上，将实现的部分利润分配给公司股东的活动。对于股东来说，股利政策是股东当前利益与公司未来发展之间权衡的结果；对于企业来说，股利政策将引起公司的资金存量与股东权益规模及结构的变化，也将对公司的筹资活动和投资活动产生影响。

第一节　公司利润的分配及股利的发放

一、公司利润的分配

公司的税后利润分配通常包括公积金（reserve）、留存收益（retained earning）和支付给股东的股利（dividend）。前两者为公司的未来成长储备资金，后者则是股东/投资者的投资收益。公司一般依据法律要求提取公积金，然后根据自身需要决定余下部分在留存收益和股利之间如何进行分配（见图 10 - 1）。

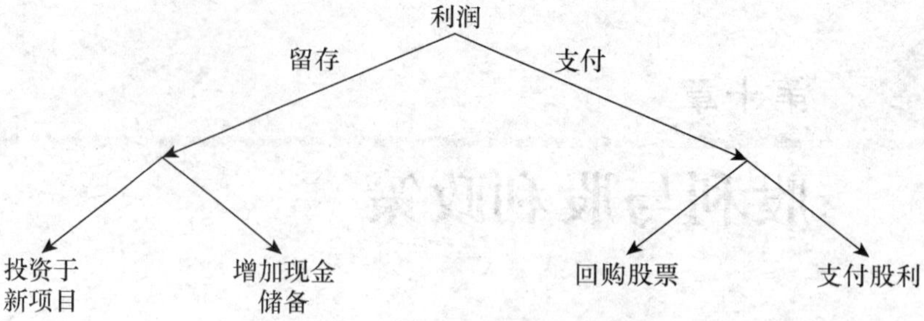

图 10-1　公司税后利润的分配

从投资者角度看，投资者投资持有一家公司的股票，期望获得的收益来自两个方面：所持公司的利润分配和股票在资本市场买入卖出的差价收入。如果一家公司将其税后利润按股份比例进行分配，我们称之为股利，其发放可以采取两种形式：现金股利和股票股利。

按照我国 2006 年 1 月 1 日实施的《公司法》，公司的利润分配顺序为：(1) 法定公积金；(2) 任意公积金；(3) 股利。此外，《公司法》还规定：(1) 资本公积不得用于弥补公司的亏损；(2) 公司持有的本公司股份不得分配利润；(3) 如果公司章程另有约定，则可以按照章程的约定，进行“同股不同利”的利润分配。

专栏 10-1　知识拓展：国有企业的利润分配

国有企业的利润分配不同于一般公司制企业的股利政策问题，在我国，随着国有企业改革的推进，国有企业的利润分配政策发生过制度变迁。

1994 年税制改革之际，中国政府考虑到国有企业承担的离退休职工费用等沉重包袱，作为阶段性措施，暂停了向国有企业收缴利润，以“激励企业改革和发展”。14 年后，随着国有企业整体走出困境，中国政府宣布重新启动国有企业向国家上缴利润政策。

2007 年 9 月，国务院发布了《国务院关于试行国有资本经营预算的意见》，决定中央级国有资本经营预算从 2007 年起进行试点，2008 年开始实施。2007 年 12 月 11 日，财政部和国资委共同发文《中央企业国有资本收益收取管理办法》，宣告了中央企业不向政府分红做法的历史终结。

2014 年，财政部发布了《关于进一步提高中央企业国有资本收益收取比例的通知》，国有独资企业应缴利润收取比例在现有基础上提高 5 个百分点，企业按不同类别上缴利润，即：第一类企业为 25%；第二类企业为 20%；第三类企业为 15%；第四类企业为 10%；第五类企业免交当年应缴利润。符合小型微型企业规定标准的国有独资企业，应缴利润不足 10 万元的，比照第五类企业，免缴当年应缴利润。其中第一类企业只有中国烟草总公司一家；第二类企业包括中石油、国家电网等 14 家企业；第三类企业包括宝钢集团、保利集团等企业；第四类企业包括中国核工业集团、教育部所属企业、邮政集团等；第五类企业有中储粮和中储棉两家公司。

参照国外经验，我们发现，国外国有股东的代表都被要求将国有企业的红利转给财政部门，用于公共支出。像丹麦、芬兰、法国、德国、新西兰、挪威、韩国、瑞典等都是如此，而且上缴的红利比例不低。如在法国，国有企业在按税法规定纳税外，如有盈利则必须按50%的税率上缴所得税。其他很多国家国企上缴红利的比例，也都远远高于我国目前规定的比例，有的国家要求上缴的红利为盈利的1/3～2/3，甚至更高。

资料来源：根据截至2018年相关报刊资料整理。

二、股利的发放

股利，又译为股息、红利，是指股份公司从留存收益中派发给股东的那一部分。股利是股东投资股份公司收益的一部分（另一部分是资本利得），是付给资本的收益。

专栏 10－2　上海浦东发展银行历年股利分配情况

上海浦东发展银行是1992年成立的股份制商业银行，1999年9月公开发行股票，同年11月在上海证券交易所上市。截至2017年年底股本293.52亿股。2015—2017年，该行的利润总额分别为668.77亿元、699.75亿元和698.28亿元，每股收益分别为2.6477元/股、2.5036元/股和1.8503元/股。上市之后，上海浦东发展银行历年分红情况如表10－1所示。

表10－1　上海浦东发展银行历年股利分配情况

分红方案	登记日	除息日	发放日	红股上市日
每10股派现金1元（税后1元）	2018-07-12	2018-07-13	2018-07-13	—
每10股送3股派现金2元（税后2元）	2017-05-24	2017-05-25	2017-05-25	2017-05-26
每10股送1股派现金5.15元（税后5.15元）	2016-06-22	2016-06-23	2016-06-23	2016-06-24
每10股派现金7.57元（税后7.19元）	2015-06-19	2015-06-23	2015-06-23	—
每10股派现金6.6元（税后6.27元）	2014-06-23	2014-06-24	2014-06-24	—
每10股派现金5.5元（税后5.225元）	2013-05-31	2013-06-03	2013-06-07	—
每10股派现金3元（税后2.7元）	2012-06-25	2012-06-26	2012-06-29	—
每10股送3股派现金1.6元（税后1.14元）	2011-06-02	2011-06-03	2011-06-13	2011-06-07
每10股送3股派现金1.5元（税后1.05元）	2010-06-09	2010-06-10	2010-06-18	2010-06-11
每10股送4股派现金2.3元（税后1.67元）	2009-06-08	2009-06-09	2009-06-16	2009-06-10
每10股送3股派现金1.6元（税后1.14元）	2008-04-23	2008-04-24	2008-04-29	2008-04-25
每10股派现金1.5元（税后1.35元）	2007-07-17	2007-07-18	2007-07-20	—
每10股派现金1.3元（税后1.17元）	2006-05-24	2006-05-25	2006-05-29	—

续表

分红方案	登记日	除息日	发放日	红股上市日
每10股派现金1.2元（税后0.96元）	2005-05-11	2005-05-12	2005-05-16	—
每10股派现金1.1元（税后0.88元）	2004-05-19	2004-05-20	2004-05-25	—
每10股派现金1元（税后0.8元）	2003-06-20	2003-06-23	2003-06-27	—
每10股转增5股派现金2元（税后1.6元）	2002-08-21	2002-08-22	2002-08-27	2002-08-23
每10股派现金1.5元（税后1.25元）	2000-07-05	2000-07-06	2000-07-07	—

资料来源：Wind数据库。

股利通常采用现金方式派发，称“现金股利”（cash dividend），也称“红利”。例如，上海浦东发展银行2018年7月13日派发的2017年红利为每10股1元（含税），从上海浦东发展银行分红历史来看，该银行自1999年上市后基本每年分红，每股现金股利平均为0.22元。

股利支付率是衡量红利占净利润比重的一个重要指标，即每股红利和每股收益之比。它通常取决于投资者是更愿意分红还是更愿意获得资本利得。在上例中，上海浦东发展银行2017年的股利支付率为

$$2017\text{年股利支付率}=\frac{DPS}{EPS}\times 100\%=\frac{0.1}{1.84}\times 100\%=5.43\%$$

另外，上海浦东发展银行在2017年和2016年还送红股，两年分别是“10送3”“10送1”，即每10股送3股、每10股送1股。这种按股份比例向股东送出的一定数额的股票即“股票股利”（stock dividend），也称“红股”。但是与现金股利不同的是，股票股利没有改变股东的持股比例，公司也没有现金的流失。它不像现金分红，有现金实实在在流出公司，而只是将股份分割得更细了，所以派发股票股利也被称为股票分割（stock split）。

第二节 现金股利的分配

一、现金股利

现金股利是公司以现金形式将净利润的一部分向股东进行的分配。现金股利在我国通常被称为“红利”或者“股息”[①]。

二、现金股利的发放程序

公司的股利分配方案通常由公司董事会提出，经股东大会批准后实施。公司每年发放的股利次数，在不同的国家、行业和企业均存在差异。比如，我国的股份公司多为一年发

① 将“现金股利”称为“股息”大概有与债券的利息相对应的意思，但这种对应是不恰当的。因为债券的利息金额根据债权合同的规定通常是固定的，而且不论公司的经营业绩如何，都要按照固定的金额向债权人支付利息。而现金股利作为公司净利润中向股东分配的一部分，并没有相应的合同保证每年必须支付固定的数量（优先股除外），股东能否得到现金股利，得到多少现金股利，都要取决于公司的盈利状况，并不是固定的，这与债权人获取的“利息”有某种本质的区别。因此，将“cash dividend”称为“现金股利”而不是“股息”更为恰当。

放一次，而美国公司则多为一季度发放一次。

现金股利发放的重要日期如下：

（1）宣告日（declaration date）。公司董事会根据定期发放股利的周期举行董事会会议，讨论并提出董事会方案，由公司股东大会讨论通过后，正式宣布股利发放方案。宣布股利发放方案的那一天即为宣告日。

（2）登记日（record date）。由于工作和实施方面的原因，自公司宣布股利发放至公司实际将股利发出有一定的时间间隔。由于上市公司股票在此时间间隔内处在不停的交易之中，公司股东会随着股票交易而不断变化。为了明确股利的归属，公司必须确定股权登记日。凡在股权登记日之前（含登记日当天）在公司股东名单上的股东，都将获得当前发放的股利，而在这一天之后才列于公司股东名单上的股东，将得不到当期发放的股利。

（3）除息日（ex-dividend date）。由于股票从交易到过户需要一定的时间，因此，只有在登记日的一段时间前购买股票的投资者，才可能在登记日之前列于公司股东名单上，并享有当期股利的分配权。由于各国证券登记结算方面的差异，不同国家的登记日和除息日的先后有差异，比如在美国，除息日在登记日之前，一般为登记日之前的两个营业日，在除息日之前购买的股票可以得到将要发放的股利，在除息日当天及以后购买的股票则无权得到当期的股利。但在中国，股权登记可以在交易当天收盘后完成，所以，登记日后的一天才是股价除息日。股票价格在除息日会下跌。

（4）发放日（payment date）。也称付息日，指将股利正式发放给股东的日期。在这一天，公司按规定支付股利，并冲销股利负债。[1]

专栏 10－3　上海浦东发展银行 2017 年度的利润分配

2018 年 1 月 6 日晚间，上海浦东发展银行发布的 2017 年业绩报告披露，公司全年实现净利润 697.85 亿元，同比减少 0.27%。2018 年 5 月 28 日，上海浦东发展银行召开年度股东大会，宣布上海浦东发展银行以 2017 年年末普通股总股本 29 352 080 397 股为基数，向全体股东每 10 股派送现金股利 1 元人民币（含税），合计分配现金股利 29.35 亿元人民币。

股权登记日：2018 年 7 月 12 日；

除权除息日：2018 年 7 月 13 日；

现金红利发放日：2018 年 7 月 13 日。

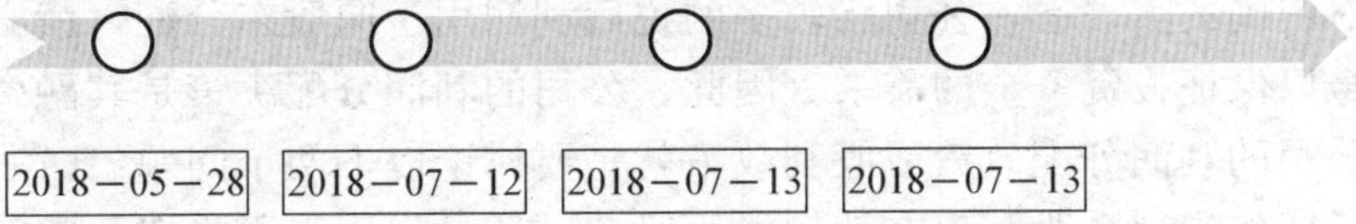

资料来源：《上海浦东发展银行股份有限公司 2018 年年度报告》及相关公开资料。

① 在股利被实际支付之前，股利金额作为“应付股利”属于企业的短期负债，记录在资产负债表上，但属于无息债务。

第三节　股利政策与公司价值

影响公司利润分配政策的一个核心问题是：在其他因素不变的前提下，利润分配是否会影响公司的价值？当公司向股东分发现金股利时，股东得到现金收入。从表面上看，根据股息永续增长模型确定的股票价格公式 $P_0=\frac{Div_1}{r-g}$①，增加现金股利分配额 Div_1，可以增大分子的数值，进而提高股票价格，增加股东财富。但是，股票价格的高低不但与上述公式的分子有关，还与分母有关。在分母中，永续增长模型确定的现金股利增长率为

$$g=(1-\text{现金股利分配率})\times ROE$$

在其他条件不变的情况下，增加现金股利分配额 Div_1，意味着提高现金股利分配率，降低留存收益和再投资比率，这将会削弱企业的增长能力，使 g 减小，分母增大，导致股票价格下跌。从市场形象来看，保持适度的现金股利分配有利于保持股东对企业的满意程度和企业的市场形象，但现金股利分配额过高，也会使投资者对企业的长远发展前景产生怀疑。因此，如何权衡确定可分配利润中用于现金股利分配和企业留存收益的比例，是公司利润分配决策的核心所在。

一、股利分配与公司融资

税后利润是公司一项重要的内部资金来源，公司的利润分配决策实质上就是公司要不要将，以及将多少利润用于再投资的问题。

公司可使用的现金来自内部和外部两个方面，这些资金的用途又可以分为：(1) 用于公司的简单再生产，即在维持现有经营规模和方式的条件下保证公司的持续经营；(2) 用于扩大再生产，即增加和扩大公司的经营规模或经营范围，而这又可以通过直接投资建设新的项目和收购其他公司两种方式来实现；(3) 用于向股东分配，可以采用分配现金股利的方式，也可以采用回购股票的方式。

上述公司的资金来源与使用的关系，在公司金融学上表现为三个重要的决策，即投资决策、融资决策和利润分配决策，这三者显然是相互关联、相互作用的。其中，公司的利润分配决策与公司的融资决策属于同一决策范畴。在公司的投资决策既定、所需使用的资金相对明确的前提下，公司将较多的税后利润用于向股东分配，就必须在外部筹措较多的资金以保证投资资金的需求。因此，公司的利润分配决策是其融资决策的一个组成部分。公司的利润分配政策或股利政策就是要讨论以下两个问题：(1) 公司的现金是否要分配，即作为现金股利现在就发放给股东，还是先用于再投资，留待以后再向股东分配，也可称为股利分配的时间安排问题；(2) 公司的现金股利分配多少，即分配金额和比例的问题。

---

① 该模型以及增长率的公式即 Gordon 模型。

二、股利政策与公司价值无关论

(一) 关于股利政策与公司价值无关的讨论

在关于资本结构的讨论中，我们介绍了 Modigliani 和 Miller（MM）关于资本结构与公司价值关系的理论。MM 关于资本结构与公司价值的命题指出，在满足一定假设的前提下，公司的资本结构与其价值无关。在公司股利政策方面，同样存在类似的命题，即在满足相关假设的前提下，公司的股利政策与其价值无关。这些假设为：

（1）没有公司所得税和个人所得税；

（2）没有股票的发行成本与交易成本；

（3）投资者对于股利收益与资本利得收益具有同样的偏好；

（4）公司的投资决策与股利分配方案无关；

（5）投资者与公司管理人员对公司未来的投资机会具有同样的信息。

【例题 10-1】 假定某公司全部资产均由股东权益构成（即无负债），发行在外的普通股有 200 000 股，2015 年年底公司总价值为 4 000 000 元。公司还将继续经营两年（2016 年和 2017 年），两年后将清算关闭。公司的权益收益率为 20%，公司财务数据如表 10-2 所示。

表 10-2 公司财务数据 单位：元

	2015 年 12 月 31 日	2016 年	2017 年
总资产	4 000 000		
股东权益	4 000 000		
净利润		800 000	920 000

2016 年年底，公司计划投资 600 000 元，该项投资在 2017 年当年即可全部收回并产生 20%的投资收益。融资方案有三种：（1）从 2016 年税后利润中提取；（2）增发普通股；（3）上述两种方案的结合。公司最终考虑了两种方案：方案 1，全部资金从 2016 年的税后利润中提取，这样公司股东将只得到 200 000 元的现金股利；方案 2，从 2016 年的税后利润中提取 300 000 元，余下的 300 000 元资金靠增发新股筹集，公司股东将得到500 000 元的现金股利，两个方案如表 10-3 所示。公司的新老股东从方案 1、2 中所得到的收益见表 10-4。

表 10-3 公司的融资方案 单位：元

	方案 1	方案 2
内部现金总额	800 000	800 000
2016 年现金股利	200 000	500 000
用于再投资的资金（留存收益）	600 000	300 000
2017 年投资总额	600 000	600 000
外部筹措资金金额	0	300 000

表 10-4 公司新老股东从方案 1、2 中所获得的收益 单位：元

	方案 1		方案 2	
	总量	每股股利	总量	每股股利
2016 年				
现金股利	200 000	1.00	500 000	2.50
2017 年				
清算时全部可分配的现金构成				
初始投资				
(a) 老股东	4 000 000		4 000 000	
(b) 新股东	0		300 000	
2016 年留存收益	600 000		300 000	
2017 年税后净利润	920 000		920 000	
减：分配给新股东的现金				
(a) 初始投资	0		−300 000	
(b) 税后利润（初始投资的 20%）	0		−60 000	
2017 年年底老股东可得到的现金	5 520 000	27.60	5 160 000	25.80

说明：这里假设新股东的资本成本（股权收益率）也是 20%。

由表 10-4 可知，根据方案 1，老股东在 2016 年年底每股股票可以得到 1.00 元的现金股利。2017 年年底公司清算，全部价值为 2016 年年底公司股东权益价值（留存收益）4 600 000 元加上 2017 年获得的 920 000 元税后净利润，总计 5 520 000 元，平均每股 27.60 元。因此，公司老股东 2016 年年底可以得到每股 27.60 元的现金收益。按照 20% 的贴现率计算，2015 年年底时每股股票价格为

$$P_0=1/(1+0.2)+27.6/(1+0.2)^2=20(元/股)$$

根据方案 2，老股东在 2016 年年底和 2017 年年底每股股票分别可得到 2.5 元和 25.8 元的现金收益，按照 20% 的贴现率计算，2015 年年底时每股股票价格为

$$P_1=2.5/(1+0.2)+25.8/(1+0.2)^2=20(元/股)$$

由此可见，不管采用方案 1 还是方案 2，公司当前股价均为 20 元/股，公司股票价格与 2016 年采取的利润分配方案无关。

（二）MM 关于股利政策与公司价值无关的证明

MM 关于股利政策与公司价值无关的结论，可以用下述方法证明。①

假设公司的资金来源全部为权益资本，NOI_t 为 t 期公司净收益，Div_t 为 t 期现金股利发放额，I_t 为公司 t 期投资额，N_t 为公司 t 期发行在外的股票数量，S_t 为 t 期公司股东权益总值，P_t 为 t 期公司股票价格，R 为贴现率，则有

$$S_t=\frac{Div_{t+1}+N_tP_{t+1}}{1+R}$$

即 t 期公司股票的价值等于 $t+1$ 期的股利分配额与股票市价总额的贴现值。由于公司的资

① 关于 MM 的股利政策与公司价值无关理论的证明，可参见 Merton H. Miller and Franco Modigliani, "Dividend Policy, Growth, and the Valuation of Shares", *The Journal of Business*, 1961 (10): 410-414.

金来源与资金运用必须相等，所以有

$$NOI_{t+1}+M_{t+1}P_{t+1}=Div_{t+1}+I_{t+1}$$

式中 M_{t+1} 是 $t+1$ 期新发行股票的数量；P_{t+1} 是 $t+1$ 期新发行股票的价格。将上式移项后有

$$Div_{t+1}=NOI_{t+1}+M_{t+1}P_{t+1}-I_{t+1}$$

$$S_t=\frac{NOI_{t+1}+M_{t+1}P_{t+1}+N_tP_{t+1}-I_{t+1}}{1+R}$$

由于 $t+1$ 期的股票总数为 t 期股票总数与 $t+1$ 期发行股票数之和，所以

$$N_{t+1}=N_t+M_{t+1}$$

移项后有

$$N_t=N_{t+1}-M_{t+1}$$

代入上式，有

$$\begin{aligned}S_t&=\frac{NOI_{t+1}+M_{t+1}P_{t+1}+(N_{t+1}-M_{t+1})P_{t+1}-I_{t+1}}{1+R}\\&=\frac{NOI_{t+1}+N_{t+1}P_{t+1}-I_{t+1}}{1+R}\\&=\frac{NOI_{t+1}+S_{t+1}-I_{t+1}}{1+R}\end{aligned}$$

在上式中，没有股利分配额出现，表明只要公司的投资决策不因股利发放数量的变化而变化，公司股票的价值就不因股利发放额的不同而不同，即公司股利政策与公司股票的价值无关。

MM 关于股利政策与公司价值无关讨论的实质是，公司股票的价值取决于公司的投资决策，即公司如何利用它所筹集到的资金在一定的风险条件下创造出足够的收益，而与公司如何筹措投资所需的资金无关。从这个结论衍生出的一个推论就是，不论公司以何种方式筹措资金，它都不应该放弃净现值为正的投资项目。

三、股利政策与公司价值的其他理论

MM 关于股利政策与公司价值无关的讨论与他们关于公司资本结构与公司价值无关的讨论一样，都是建立在一系列理想的假设前提之上的。但现实世界与 MM 假设的理想情景有很大的差异，MM 的一些假设条件得不到很好的满足，因此，现实世界中的股利政策就可能对公司价值产生某种程度的影响。对此，金融学者们做了许多讨论。

（一）二鸟在林不如一鸟在手（bird in hand）

这一观点认为，投资者对股利收益与资本利得收益的偏好是不同的。现金股利特别是正常的、有规律的现金股利，是投资者有把握按时按量得到的收入，是一种理性预期下的现金流，好比手中之鸟。资本利得则要靠出售股票才能得到，而股票价格又总是起伏不定的。因此，“资本利得”好比“林中之鸟”，虽然看上去很多，但不一定抓得到。由于资本利得的风险大于股利收益的风险，回避风险的人们更喜欢现金股利，故随着公司现金股利

分配比率的降低，股票的资本成本将上升，使股票价格下降。①

但这一观点对股利政策的解释存在一定的疑问。从长远来看，不论是现金股利还是资本利得，都需要公司的实际业绩支撑。因此，尽管公司在短期内可以通过资金的调度来实现股利的足额发放，但如果没有长期盈利业绩的支持，必然会造成未来某一时期现金股利无法发放。反之，如果公司能够保持良好的盈利业绩，即使在短期内发放较少的股利，投资者依然会对此种类型的股票持有信心。因此，现金股利的风险不一定低于资本利得的风险，现金股利也就不一定优于资本利得。

专栏 10－4　知识拓展：二鸟在林，不如一鸟在手

——巴菲特 2001 年 2 月 28 日致股东的信（部分摘录）

抛开税负因素，我们用来分析评估股票与项目的公式并无二致，事实上亘古至今，这个评估所有金融资产投资的公式从来就未曾改变，从公元前 600 年某位先知头一次揭示就是如此。

奇迹之一就是在伊索寓言里，那历久弥新但不太完整的投资观念，也就是“二鸟在林，不如一鸟在手”。要进一步诠释这项原则，你必须再回答三个问题：你如何确定树丛里有鸟儿？它们何时会出现，同时数量有多少？无风险的资金成本是多少？如果你能回答以上三个问题，那么你将知道这个树丛最高的价值有多少，以及你可能可以拥有多少鸟儿，当然小鸟只是比喻，真正实际的标的还是金钱。

一般的准则，诸如股利收益率、资本金收益率，甚至是成长率，除非他们能够提供一家企业未来现金流入流出的任何线索，否则与价值评估没有一点关联，有时成长甚至对价值有损，如果这项投资计划早期的现金流出大于之后的现金流入贴现值的话。有些市场的分析师与基金经理人信誓旦旦地将“成长型”与“价值型”列为两种截然不同的投资典型，可以说是无知的，那绝不是真知灼见。成长只是一个要素之一，在评估价值时，可能是正面的，也有可能是负面的。

很多时候，即使是最聪明的投资人也没有办法提出小鸟确实会出现的证据，即使是在最宽松的假设下仍是如此，这种不确定性在检验新项目或是快速变化的产业时尤其明显，在这种状况下，任何资金的投入都难摆脱投机的嫌疑。

在伯克希尔·哈撒韦（Berkshire Hathaway）公司，我们从来没有妄想要从一堆不成气候的公司中挑出幸运儿，我们自认没有这种超凡的能力，这点我们绝对有自知之明，相反我们试着遵循 2 600 年来既有的古老伊索寓言，耐心研究某些树丛里到底有多少鸟儿，以及它们出现的时机，当然我们永远没有办法精准地预估一家公司每年现金流入与流出的状况，所以我们试着从比较保守的角度去估

① 该假说的主要贡献者是 Myron Gordon（1963），可参见 Gordon，M. J.，“Optimal Investment and Financing Policy”，*Journal of Finance*，1963（18）：264-272.

算，同时将重心锁定在那些不容易让股东错估形势的公司上面，即便是如此，我们还是常常犯错，大家可能还记得我本人就曾经自称是相当熟悉集邮、纺织、制鞋以及二流百货公司等产业的人士。

资料来源：节选自严行方．巴菲特这样抄底股市．北京：中国城市出版社，2009．根据英文原文做了必要的校正。

（二）所得税影响（tax effect）

在国外，不同来源收入的所得税征收比率有所不同。比如在美国，1986 年税制改革前，美国政府规定投资期达 6 个月以上的投资者出售股票所得的资本利得只按收入的 40%征收所得税，因此，对一个边际所得税税率为 30%的投资者来说，如果他通过出售长期持有的股票而得到资本利得，那么他只需按 12%的税率缴纳所得税；而如果他得到的是现金股利，则要按 40%的税率缴纳所得税。根据美国 1992 年的税法，对现金股利征收的最高所得税税率为 31%，对资本利得征收的所得税税率最高为 28%，两者仍有一些差异。另外，如果投资者不出售股票，就没有获得资本利得，也就无须纳税。投资者将资金保留在公司中继续增值，直至出售股票获得资本利得时才需纳税，这种推迟纳税的效果，有利于投资者获得更多的收益。因此，从所得税的效应看，那些能够充分利用留存收益进行有效投资、增加股东财富的公司，不发或者少发现金股利对股东更为有利。

但是，这一解释也存在缺陷。因为美国的投资者因家庭年收入不同，其个人所得税的适用税率也有很大的差异。来自低收入家庭的投资者，其现金股利收益可能只需缴纳很低的个人所得税，甚至根本不需要缴纳个人所得税。因此，那些个人所得税边际税率较低的投资者可以选择发放现金股利较多的公司进行投资，而那些个人所得税边际税率较高的投资者可以选择少发甚至不发现金股利的公司进行投资。只要各类投资者的数量足够多，大家就都可以找到合适的投资对象，企业也可以找到相应的融资对象。如果是这样，那么对于企业和投资者均不存在现金股利与资本利得孰优孰劣的问题。

按照我国税法规定，个人投资者通过出售股票取得的资本利得无须缴纳所得税，仅需支付必要的交易费用和印花税。[①] 2015 年 9 月 7 日财政部发布《关于上市公司股息红利差别化个人所得税政策有关问题的通知》，个人从公开发行和转让市场取得的上市公司股票，持股期限超过 1 年的，股息红利所得暂免征收个人所得税。个人从公开发行和转让市场取得的上市公司股票，持股期限在 1 个月以内（含 1 个月）的，其股息红利所得全额计入应纳税所得额；持股期限在 1 个月以上至 1 年（含 1 年）的，暂减按 50%计入应纳税所得额；上述所得统一适用 20%的税率计征个人所得税。新政策于 2015 年 9 月 8 日起开始施行。新政策实施之前，《中华人民共和国个人所得税法》第三条规定对股息红利适用个人所得税税率统一为 20%。

① 根据《投资者报》的调研，我国证券交易佣金费率为 0.03%～0.3%，不过，交易佣金费率根据投资者的资金规模、市场行情、地区竞争程度等发生变化。另外，从 2008 年 9 月 19 日起，财政部对证券交易印花税政策进行调整，由双边征收改为单边征收（即只对卖出行为征税），税率保持在 1‰的水平，基金和债券不征收印花税。

专栏 10-5　万科A（000002）回购方案的税收分析

2015年9月中旬，万科发布公告，拟通过深圳证券交易所以集中竞价交易方式回购公司部分A股股份，回购额度拟在人民币100亿元之内，回购价格不超过人民币13.20元/股，若全额回购，预计可回购股份不少于75 757.6万股，占其已发行总股本的比例不低于6.86%。

万科公告称，回购的目的是："A股股票市场大幅震荡，为保护投资者利益，公司在综合考虑业务增长、财务状况、未来发展战略以及合理估值水平等因素的基础上，拟以自有资金回购公司A股股份。"回购的直接动因是为了防止"野蛮人"宝能系获得公司的绝对控股权。

若万科以100亿元人民币派发股利，则每股需缴所得税：100×10%/110.49=0.090 5（元）。（2015年9月30日，万科总股本数为11 049 610 300股。）

股东实际得到的每股股利为：100/110.49－0.090 5=0.814 5（元）。

而实际上，万科以100亿元进行回购的方案公布后，万科股价上涨，从9月份的最低12.52元/股上涨到一年后的26.17元/股。

股东得到的资本利得为：26.17－12.52= 13.65（元/股）。

由于是资本利得收入，在目前的税法规定中，不需要缴纳个人所得税，所以股东实际的资本利得收入还是13.65元。因此，当避税效用显著时，股票回购就可能是股利政策的一个有效的替代方式，不仅可以获得避税收益，还可能获得额外的资本利得。

资料来源：万科2016年年报。

（三）股利分配的信号传递效应（signal effect）

MM关于股利分配政策与公司价值无关的讨论得以成立的基本假设之一是，投资者和公司管理层对公司的未来发展和收益状况有相同的了解和预期。但实际上，正如我们在关于普通股筹资利弊的讨论中所指出的，投资者对公司实际状况和未来前途的了解远不如公司管理层清晰，在他们之间存在信息不对称。

一般来讲，投资者只能通过公司的财务报告和其他公开发布的信息来了解公司的经营状况和盈利能力，并据此来判断股票价格是否合理。由于公司的财务报告可以在一定程度内进行调整和"润色"，从而既符合有关规定，又能给外界留下一个较好的印象，某些提供虚假信息的财务报告甚至有可能逃过独立审计机构的检查，因此，投资者对公司财务报告的信任程度是有保留的，他们还需要从其他渠道获取信息。公司的现金股利分配就是一条重要的信息渠道，而且现金股利作为企业真实的现金支出，一般被认为是一个高质量、拥有真实信息含量的信号。

从长远来看，盈利能力不足和资金匮乏的公司是无法按期、按量支付现金股利的。公司现金股利的发放金额是其盈利能力和盈利质量的一条重要的反映渠道。通常，增加现金股利发放额被看作公司经营状况良好、盈利能力充足的象征，是一条好消息，往往会导致股价的上升。而减少现金股利发放则被看作公司经营状况恶化且前途不乐观的象征，是一条坏消息，往往会导致股价的下降。而且，股票市场对股利发放数额上下变动的反应是不对称的，股利下降一定数量引起的股价下跌幅度要大于同等数量股利上升造成的股价上升幅度。因此，企业通常不愿意降低现金股利分配额。

总体来看，国外投资者对现金股利非常重视，且将现金股利的发放与增加作为公司向市场传递的正向信号。但是在我国，投资者则明显对现金股利持否定态度，将其作为一种负向信号看待。因此，我国投资者对股票股利持欢迎态度，将其看作一种正向信号。投资者的这种反应可能与我国股票市场处于供不应求的状况有关。随着我国股市的迅速扩容、供需渐趋平衡，以及广大投资者日益趋向理性和成熟，上述状况在新的时期和新的研究中可能会有所变化。

（四）迎合理论（catering theory）

哈佛大学商学院的 Malcolm Baker 和纽约大学斯特恩商学院的 Jeffrey Wurgler 于 2003 年提出了股利的迎合理论。[①] 该理论认为公司发放现金股利的决策取决于投资者的需求，当投资者愿意花较高的价格购买那些发放现金股利的股票时，公司管理层就会迎合这种需求而发放现金股利；相反，当投资者愿意花较高的价格购买那些不发放现金股利的股票时，管理层就会迎合投资者的需求而不发放现金股利。

因此，股利的迎合理论可概括为：市场上存在这样的投资者，以是否发放股利对公司进行分类，支付现金股利的公司和不支付现金股利的公司被视为两类。投资者对这两类公司的兴趣及股利政策偏好时常变化，从而对股票价格产生影响。公司管理层通常迎合投资者偏好制定股利政策，迎合的最终目的在于获得股票溢价。即当投资者倾向于风险回避时，他们可能偏好发放现金股利的股票，因为他们可能认为这类公司风险小（一鸟在手理论），于是对支付现金股利的股票给予溢价，管理层就支付现金股利；当投资者偏好股票股利，对发放股票股利的公司股票给予溢价时，管理层就改为股票股利。如果公司管理层对最大化公司的短期价值有兴趣，或者股票价格与公司管理层薪酬收入相关，管理层就更有可能为了迎合、取悦投资者而改变股利政策。

股利迎合是从行为金融学的研究范式提出的理论，是对传统金融学的挑战，它是行为理论与公司治理方面的一个融合，为我们研究现金股利政策提供了新的视角与参考。

第四节　公司股利政策的选择

在公司的经营实践中，要综合考虑各种因素来确定自己的股利政策。公司通常可采用的股利政策有以下几种：

---

① Baker, M. and Wurgler, J., "A Catering Theory of Dividends", *The Journal of Finance*, 2004 (59): 1125-1165.

一、剩余股利政策

剩余股利政策要考虑公司投资活动的资金需求。剩余股利政策就是以满足公司资金需求为出发点的股利政策。根据这一政策，公司将按如下步骤确定其股利分配额：

（1）确定公司的最佳资本结构（即假定保持不变的负债率）；

（2）确定公司下一年度的资金需求量；

（3）确定按照最佳资本结构，为满足资金需求所需增加的股东权益数额；

（4）公司税后利润首先满足公司下一年度的资金增加需求，剩余部分用于发放当年的现金股利。

由于公司的投资活动变化较大，采取剩余股利政策会导致企业每年的股利发放产生较大波动，在公司投资金额较大的年度，股利较少甚至没有股利；在公司投资金额较小的年度，股利较多。实践中，采取剩余股利政策的企业很少。

二、稳定股利政策

稳定股利政策要求公司各年发放的现金股利金额保持稳定或稳中有增的态势。它以确定的现金股利分配额作为利润分配的首要目标优先予以考虑，一般不随资金需求的波动而波动。这一股利政策有以下两点好处：

（1）稳定的股利给股票市场和公司股东一个稳定的信息。当公司利润下降而现金股利额保持稳定时，人们对公司的信心并不会大幅下降。公司管理层可以利用这一股利政策向外界传达这样一种信息："公司的状况并不像利润下降所表现的那样可怕，公司有能力在短期内改变这一现象。"当然，如果公司的亏损状况不能在短时期内扭转，公司将缺乏足够的现金维持其稳定的股利政策。

（2）许多作为长期投资者的股东希望公司股利能够成为其稳定的收入来源，以便安排消费和其他各项支出，稳定股利政策有利于公司吸引和稳定这部分投资者的投资。

采用稳定股利政策，要求公司对未来的支付能力做出较好的判断。一般来说，公司确定的稳定股利额不应太高，要留有余地，以免陷于无力支付的困境。

三、固定股利支付率政策

这一政策要求公司每年按固定的比例从税后利润中支付现金股利。从公司支付能力角度看，这是一种真正稳定的股利政策。但由于企业利润的变化，这一政策将导致公司股利分配额的频繁变化，可能传递给外界公司不稳定的信息，所以实践中采取这一股利政策的公司并不常见。

四、正常股利加额外股利政策

按照这一政策，企业除每年按一固定股利额向股东发放称为正常股利（regular dividend）的现金股利外，还在企业盈利较高、资金较为充裕的年度向股东发放高于一般年度正常股利额的现金股利，其高出部分即为额外股利或特别股利（special dividend）。这一股利政策为公司特别是利润和资金需求浮动幅度较大的公司提供了一定的灵活性。一方面，公司可以设计一个较低的正常股利，保证公司在一般年度有足够的支付能力支付现金股利；另一方面，当公司盈利较高或资金需求较小时，公司又可以额外支付一部分现金股利，以增加股东的现金收入。

以上四种股利政策中，稳定的股利政策应用最为普遍。根据国外（Lintner，1956）的研究，公司管理层一般不愿意因为利润的短期波动而改变每年的股利支付水平。[①] 又如，股利政策增长假设理论（Barclay and Smith，1988）认为[②]，稳定的股利现金流可以减少公司其他方面波动对股票价格的影响，因此，管理层应尽量避免削减股利，而努力在未来相当长的时期内保持一个稳定而持续增长的股利支付水平；当减少股利不可避免时，公司应该采取一次性足够大的削减幅度以防止未来再次削减。

专栏 10-6　招商银行的固定股利支付率政策

招商银行是中国境内第一家完全由企业法人持股的股份制商业银行，也是国家从“体制外”推动银行业改革的第一家试点银行，于 1987 年在深圳经济特区成立。招商银行成立 30 多年来，伴随着中国经济的快速增长，从当初只有 1 亿元资本金、1 家营业网点、30 余名员工的小银行，发展成为资本净额超过 4 000 亿元、资产总额超过 6 万亿元、员工达 7 万人的全国性股份制商业银行，并跻身全球 100 家大银行之列。

自 2007 年起，招商银行对股东主要实行的是现金分红政策。除 2008 年发放红股外，其他年份都是以现金股利进行分红。每年的净利润按规定提取法定盈余公积以及一般准备后，将部分利润进行股东分红。2010 年，招商银行实行了配股方案，以每 10 股配 1.3 股的融资方案完成了融资计划。由于最终的配股价格 8.85 元比最初方案的价格高出甚远，广大股民从配股方案中得到的实惠并不多，很难把它看作一项隐性股利。而事实上，配股是一种融资手段，我们并不能把它看作一种真正的股利政策。表 10-5 列出了 2007—2017 年招商银行分红情况。

表 10-5　2007—2017 年招商银行分红情况

公告日期	分红方案（每 10 股）			除权除息日	股权登记日	红股上市日
	送股（股）	转增（股）	派息（元）			
2018-06-28	0	0	8.4	2018-07-12	2018-07-11	—
2017-05-27	0	0	7.4	2017-06-14	2017-06-13	—

① 这也被称为“林特纳模型”，即股息稳定调整模型。John Lintner，“Distribution of Incomes of Corporations Among Dividends，Retained Earnings，and Taxes”，*The American Economic Review*，1956，46（2）：97-113.

② Michael J. Barclay and Clifford W. Smith，Jr. ，“Corporate Payout Policy Cash Dividends versus Open-market Repurchase”，*Journal of Financial Economics*，1988（22）：61-88.

续表

公告日期	分红方案（每 10 股）			除权除息日	股权登记日	红股上市日
	送股（股）	转增（股）	派息（元）			
2016-06-29	0	0	6.9	2016-07-13	2016-07-12	—
2015-06-20	0	0	6.7	2015-07-03	2015-07-02	—
2014-07-01	0	0	6.2	2014-07-11	2014-07-10	—
2013-06-01	0	0	6.3	2013-06-13	2013-06-07	—
2012-05-31	0	0	4.2	2012-06-13	2012-06-06	—
2011-06-03	0	0	2.9	2011-06-10	2011-06-09	—
2010-06-25	0	0	2.1	2010-07-01	2010-06-30	—
2009-06-29	3	0	1	2009-07-03	2009-07-02	2009-07-06
2008-07-22	0	0	2.8	2008-07-28	2008-07-25	—
2007-06-28	0	0	1.2	2007-07-04	2007-07-03	—

表 10-6 列出了 2010 年招商银行配股方案。

表 10-6　2010 年招商银行配股方案

公告日期	配股方案（每 10 股）			除权日	股权登记日	缴款起始日	缴款终止日
	配股（股）	配股价格（元）	基准股本（亿股）				
2010-03-02	1.3	8.85	191.51	2010-03-15	2010-03-04	2010-03-05	2010-03-11

资料来源：Wind 数据库。

图 10-2 展示了 2009—2017 年招商银行每股收益与每股股利情况。通过观察 2012—2017 年招商银行的股利政策，我们不难发现其每股股利与每股收益的比例维持在一个相对固定的数值。股利支付率基本上保持在 30%左右（见表 10-7）。因此，我们可以认为招商银行的股利政策是一种固定股利支付率的政策。

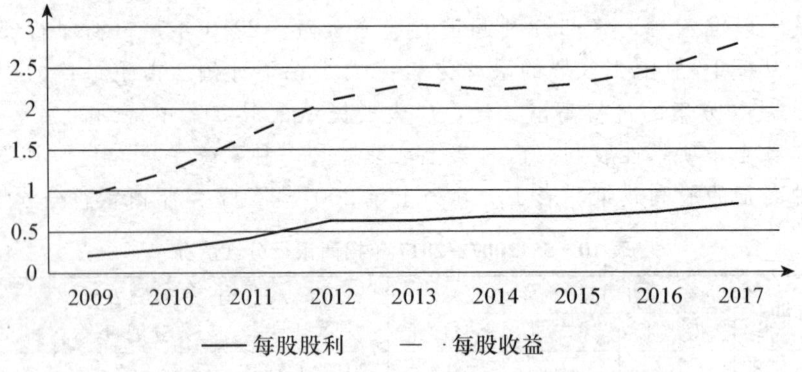

图 10-2　2009—2017 年招商银行每股收益与每股股利情况

资料来源：Wind 数据库。

表 10-7　2012—2017 年招商银行股利支付率

年份	2012	2013	2014	2015	2016	2017
股利支付率	25%	30%	30%	30%	30%	30%

资料来源：通过每股收益以及每股股利计算得到。

在图 10-2 中，每股股利的变化趋势与每股收益的变化趋势基本相同。股利支付率除了 2008 年较低之外，其他年份都保持了相同的趋势。公司将每年盈利的某一固定百分比作为股利分配给股东，多盈多分，少盈少分，不盈不分。这使公司和股东都处在一个相对公平的地位上。一方面，公司不会有固定每股股利金额带来的压力，另一方面，股东也公平地分享了公司的经营成果。虽然固定股利支付率政策在一定程度上会引起股利水平的波动，但是由于每股分红的金额较小，因而产生的股利波动很难对投资者产生较大影响。事实上，在中国这样一个“重资本利得、轻红利”的证券市场中，股利的波动对股东的决策预期影响甚微。

第五节 股票股利、股票分割与股票回购

一、股票股利

除现金股利外，公司还可以通过向股东赠送股票的方式派发股利，这被称为股票股利（stock dividend），又称为“送红股”。与发放现金股利不同，发放股票股利只是将公司的税后利润转化为股本金，并不会导致公司的现金流出，股东权益账面价值的总额也不会发生变化。但发放股票股利将增加发行在外的普通股股票数量，导致每股股票所拥有的股东权益价值的减少。

（一）股票股利的发放

现以上海浦东发展银行的股利分配实施方案举例说明股票股利的发放。

上海浦东发展银行 2016 年度利润分配公告中披露了其分配方案，主要信息如下：

每 10 股送 3 股派现金 2 元（扣税后 2 元），即每股送 0.3 股再派发现金红利 0.2 元；

股权登记日：2017 年 5 月 24 日（当日上海浦东发展银行股票的收盘价为 11.75 元/股）；

除权（除息）日：2017 年 5 月 25 日（当日开盘价为 11.75 元/股）；

新增可流通股份上市流通日：2017 年 5 月 26 日。

从上述利润分配的实施公告披露的信息可知，该公司的股利分配包括现金股利分配和股票股利。从股东持有的股份数量看，公司发放股票股利会产生股东增持股份效果，但并未增加股东持有股份的价值。由于股票股利来自未分配利润，股东仍然需要缴纳所得税。

上海浦东发展银行在实施利润分配前，所有者权益情况如表 10-8 所示。

表 10-8 上海浦东发展银行所有者权益情况（实施利润分配前） 单位：百万元

项目	金额
股本（每股面额 1 元）	21 618
其他权益工具	29 920

续表

项目	金额
资本公积	74 678
盈余公积	78 689
一般风险准备	65 493
其他综合收益	233
未分配利润	97 316
所有者权益合计	367 947

资料来源：《上海浦东发展银行股份有限公司 2016 年年度报告》。

根据分配方案，每 10 股派发现金红利 2 元，发放现金股利总额 4 323 655 984.40 元，使公司的现金和未分配利润同时减少 4 323 655 984.40 元，即

发放现金股利总额＝21 618 279 922×0.2 ＝ 4 323 655 984.40(元)

至于每 10 股派送 3 股股票股利，我国上市公司是按照股票面值从未分配利润转入股本的，即未分配利润减少 6 485 483 977 元，同时增加股本 6 485 483 977 元，这只改变了所有者权益的内部结构，不影响所有者权益总额，即

发放股票股利增加的股本＝21 618 279 922/10×3＝6 485 483 976.6(元)

实施此次股利分配方案后，通过发放股票股利，股本总额变为

股本总额＝21 618 279 922＋6 485 483 977＝ 28 103 763 899(元)

分配后剩余的未分配利润＝97 316－6 485－4 323＝86 508(百万元)

上海浦东发展银行 2017 年度利润分配前后的所有者权益各项目如表 10－9 所示。

表 10－9　上海浦东发展银行所有者权益情况表（利润分配前后）　单位：百万元

项目	利润分配前（2016 年年末）	利润分配后
股本（面额 1 元，均为发行的普通股）	21 618	28 103
其他权益工具	29 920	29 920
资本公积	74 678	74 678
盈余公积	78 689	78 689
一般风险准备	65 493	65 493
其他综合收益	233	233
未分配利润	97 316	86 508
所有者权益合计	367 947	363 624

资料来源：《上海浦东发展银行股份有限公司 2016 年年度报告》。

从表 10－9 可以看出，利润分配后比利润分配前银行股本总额减少了 4 323 655 984.40 元，即来自股票股利从未分配利润中转出的 4 323 655 984.40 元。所有者权益总额的变化是现金股利分配的结果（上述计算未考虑股利税的影响）。

在美国等西方国家，发放股票股利通常是以发放前的股票市价为基础，将股票股利从留存收益项目转出，其中按照股票面额部分转至股本项目，股票市价与面值差额的部分转入资本公积项目。而我国的股票股利是直接增加股本，并不改变资本公积科目。

（二）股票股利的发放对股票价格的影响

我国上市公司在实施利润分配方案时，可以是单独发放现金股利或股票股利的分配方

案，也可以是现金股利与股票股利组合方案，或者同时伴随着从资本公积转增股本的方案。由于股票股利与资本公积转增都会增加公司的股本数量，但每个股东持有股份的比例并未改变，结果导致每股价值被稀释，从而使股票交易价格下降。

发放股票股利对每股收益和每股市价的影响，可以通过对每股收益、每股市价的调整直接算出：发放股票股利后的每股收益为 $E_0/(1+D_n)$，其中，E_0 为发放股票股利前的每股收益，D_n 为股票股利发放率。发放股票股利后的每股市价为 $M/(1+D_n)$，其中，M 为股利分配权转移日（即除权日）前的每股市价。

在除权（除息）日，上市公司发放现金股利与股票股利，股票的除权参考价计算如下：

$$股票的除权参考价=\frac{股权登记日收盘价-每股现金股利}{1+送股率+转增率}$$

专栏 10-7　　案例：上海浦东发展银行股票股利发放对其市价的影响

上海浦东发展银行股票在 2017 年 5 月 26 日除权（除息）日的参考价＝(15.47－0.2)/(1＋0.3)＝11.75（元/股），该公司股票的开盘价为 11.75 元/股，相对于股权登记日（2017 年 5 月 25 日）的股价有较大幅的下降，这是正常的股价除权缺口（见图 10-3）。

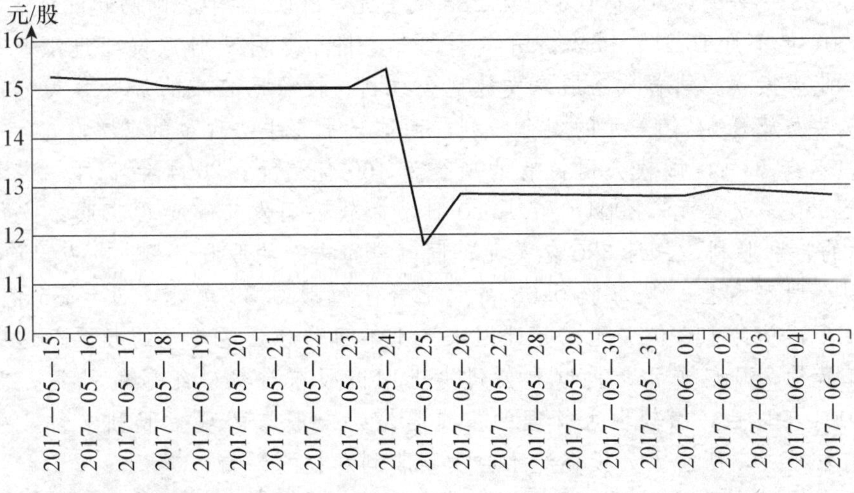

图 10-3　上海浦东发展银行 2017 年 5 月 15 日至 2017 年 6 月 5 日股价趋势线

资料来源：Wind 数据库。

从纯粹数字的角度看，股票股利没有改变公司所有者权益总额，既不增加股东财富与公司的价值，也不改变财富的分配，仅仅增加了股份数量，但是股票股利对股东和公司都有特殊意义，这主要表现在以下几个方面。

1. 使股价保持在合理的范围之内

在企业盈余和现金股利不变的情况下，发放股票股利可以降低每股股票价值，使股价保持在合理的范围之内，从而吸引更多的投资者。我们可以设想，如果微软等优秀公司从不发放股票股利或进行股票分割，其股价可能已经高达数千美元，大大超出正常的交易价格范围。

专栏 10-8　　微软公司的股利政策变迁

1975年，比尔·盖茨创立了美国微软公司，1986年微软公司以每股28美元的价格在纳斯达克市场首次公开发行上市。由于营收及获利成长实在太快，微软公司上市后股价一路上扬。为避免每股股价过高，影响股票的流通性，1987—2006年，微软一共进行了7次“1股变成2股”以及2次“2股变成3股”的股票分割。具体地说，如果你在微软初次上市时持有它1股的股票，那么到2006年年底时，你这1股会变成288股（$2^7 \times 1.5^2$）。在这一段时间内，微软的市场价值大约成长了658倍（以2006年11月微软的收盘价每股29美元计算）。

自1986年上市以来，微软公司持续高速发展，成为电脑软件业的“印钞机”。然而，微软公司却始终拒绝向股东派发股息，长达26年（直至2003年首次派发现金股息）的时间里从未向股东支付现金红利。2000年成为微软公司发展的一个分水岭：公司自此从高速增长的发展阶段步入了成熟的阶段。微软公司的增长速度日趋正常的同时，它手头掌握的现金日益增多。2000年6月其现金储备约为203亿美元，2001年6月为285亿美元，2002年年底则高达434亿美元。

2003年1月16日，微软公司终于宣布，将于3月7日派发年度股息每股8美分。此为微软公司首次给股东发放现金红利。按照已公布的每股8美分，2003年微软共发放8.64亿美元的现金股利，而这只是它手头现金的2%。

2003年6月，微软公司持有的现金为460亿美元；2004年7月，这个数字上升至560多亿美元。2004年7月20日，微软公司发布震撼性声明：支付每股3美元的特别股利，总计320亿美元；同时宣布未来的股利计划——从2004年度起，现金股利翻番，从每股0.08美元上升至每股0.32美元，每年35亿美元，连续4年，总计140亿美元；并计划未来4年回购300亿美元的股票。这项计划总共花费约750亿美元，是世界公司史上回馈股东金额破纪录的壮举。盖茨宣称，2004年以后，微软现金管理的重点是增加对股东的现金股利支付，并保证公司前景乐观，所有重大投资绝不会受到股利发放的影响。

其实，微软股利政策的转变说明：除了集中再投资微软公司的品牌软件领域之外，微软已经没有能力通过在主业之外的投资为股东创造超常价值。此时，微软公司唯一负责任的选择是将这些累积的现金进行分红，至少是部分分红，让股东自己寻找适合自己的投资机会。

资料来源：根据公开资料整理。

2. 以较低的成本向市场传达利好信号

通常管理层只有在公司前景看好时，才会发放股票股利。管理层拥有比外部投资人更多的信息，外部投资人把股票股利的发放视为利好信号。因此，平均说来，发放股票股利后股价会在短时间内上升。不过，如果未来市场未能见到股利或盈余真的增加，股价就会回到原来水平。

3. 有利于保持公司的流动性

持有一定数量的现金是公司具有流动性的标志。向股东分派股票股利本身并未导致现金流出公司，仅改变了所有权权益的内部结构。如果每股现金股利的水平较高会影响到公司现金持有水平，那么适当配合发放一定数量的股票股利可以使股东在分享公司盈余的同时使现金留存在公司内部，作为营运资金或用于其他用途。

二、股票分割

股票分割（stock split）是指将面额较大的股票拆分成面额较小的股票的行为。例如，将原来的 1 股股票拆分成 2 股股票。股票分割不属于股利分配方式，但其所产生的效果与发放股票股利近似，故在此一并介绍。

股票分割后，发行在外的股票数量增加，从而使每股股票的面额降低。如果公司盈利总额和市盈率不变，则每股收益下降，但公司价值不变，股东权益总额、权益各项目的金额及其相互间的比例也不会改变。这与发放股票股利时的情况既有相同之处，又有不同之处。

【例题 10－2】 某公司原发行面额 2 元的普通股股票 200 000 股，按 1 股拆分成 2 股的比例进行股票分割，分割前、后的股东权益计算分别如表 10－10 和表 10－11 所示。

假定公司本年度净利润为 440 000 元，则股票分割前的每股收益为 2.2（＝440 000÷200 000）元。假定股票分割后公司净利润不变，分割后的每股收益为 1.1 元，如果市盈率不变，每股市价也会因此而下降。

表 10－10　股票分割前的股东权益　　单位：元

项目	金额
普通股（面额 2 元，已发行 200 000 股）	400 000
资本公积	800 000
未分配利润	4 000 000
股东权益合计	5 200 000

表 10－11　股票分割后的股东权益　　单位：元

项目	金额
普通股（面额 1 元，已发行 400 000 股）	400 000
资本公积	800 000
未分配利润	4 000 000
股东权益合计	5 200 000

从实践效果看，由于股票分割与股票股利非常接近，所以一般要根据证券管理部门的

具体规定对两者加以区分。例如，有的国家的证券监管机构规定，发放25%以上的股票股利即属于股票分割。

对公司来讲，实行股票分割的主要目的在于通过增加股票数量降低每股市价，从而吸引更多的投资者。此外，股票分割往往是成长中公司的行为，所以宣布股票分割后容易给人一种“公司正处于发展之中”的印象，这种利好信息会在短时间内提高股价。从纯经济角度看，股票分割和股票股利没有什么区别。

尽管股票分割与发放股票股利都能达到降低公司股价的目的，但一般来说，只有在公司股价暴涨且预期难以下降时，才采用股票分割的办法降低股价；而在公司股价上涨幅度不大时，往往通过发放股票股利将股价维持在理想的范围之内。

相反，若公司认为自己股票的价格过低，为了提高股价，会采取反分割（也称股票合并）措施。反分割是股票分割的相反行为，即将数股面额较小的股票合并为一股面额较大的股票。例如，若上例中原面额2元、发行200 000股、市价20元的股票，按2股换成1股的比例进行反分割，该公司的股票面额将变为4元，股数将变为100 000股，市价也将上升。实践中，一般都是公司股价非常低迷，比如价格在1美元以下时才会采取股票合并，这样有利于短期提高公司股价（在美国，如果股价低于1美元并持续一定时间就会被纽约证券交易所摘牌下市）。

三、股票回购

股票回购（stock repurchase）是指公司在存在多余现金时，向股东回购发行在外的股票的行为。近年来，股票回购已成为公司向股东分配利润的一个重要形式，尤其当避税效用显著时，股票回购就是股利政策的一个有效的替代方式。

（一）股票回购的意义

股票回购是指公司以多余现金购回股东所持有的股份，使流通在外的股份数量减少，每股收益增加，从而使股价上升，股东因此获得资本利得，这相当于公司支付给股东现金股利。所以，可以将股票回购看作现金股利的一种替代方式。股票回购与现金股利对股东具有同等效用，可以通过下例说明。

【例题10-3】 某公司普通股的每股收益、每股市价等相关数据如表10-12所示。

表10-12　某公司相关数据

税后利润	4 000 000元
流通股数	1 000 000股
每股收益	4元
每股市价	40元
市盈率	10

假定公司利润增加，且未来利润增加能够持续，因此公司准备从盈利中拨出1 000 000元发放现金股利，每股可得股利为1（=1 000 000÷1 000 000）元，则宣告发放股利之后，投资者调整预期，每股市价将变为41元（=原市价40元+预期股利1元）。

若公司改为用 1 000 000 元以每股 41 元的价格回购股票，可购得 24 390（=1 000 000÷41）股，则每股收益将为

$$EPS=4\ 000\ 000/(1\ 000\ 000-24\ 390)=4.1(\text{元})$$

如果市盈率仍为 10，股票回购后的每股市价将为 41（=4.1×10）元。这与支付现金股利宣告后的每股市价相同。可见，公司不论采用支付现金股利的方式还是股票回购的方式，分配给股东的每股现金都是 41 元。

然而，股票回购却有着与发放现金股利不同的意义。

（1）对股东而言，股票回购后股东得到的资本利得需缴纳资本利得税，而发放现金股利后股东则需缴纳股息所得税。在资本利得税低于股息所得税的情况下，股东将得到纳税上的好处。但上述分析是建立在各种假设的基础之上的，如假设可以用 41 元（计算出的市价）回购股票、股票回购后其市盈率不变等。实际上这些因素很可能因股票回购而发生变化，股票回购的最终结果是否对股东有利难以预料。

（2）对公司而言，股票回购的最终目的有利于增加公司的价值。

第一，公司进行股票回购的目的之一是向市场传递股价被低估的信号。股票回购有着与股票发行相反的作用。从信号传递理论（即公司信息不对称）的角度，股票发行被认为是公司股票被高估的信号，而股票回购被认为是公司股票被低估的信号。因为只有公司管理层认为公司目前的股价被低估，他们才会进行股票回购，并向市场传递此信息。市场对股票回购的反应通常是股价上升，从而有利于稳定公司股票的价格。

第二，当公司可支配的现金流明显超过投资项目所需的现金流时，可以用自由现金流进行股票回购，有助于增加公司每股收益。同时，股票回购减少了公司自由现金流，起到了降低管理层代理成本的作用。管理层通过股票回购试图使投资者相信公司的股票是具有投资吸引力的，公司没有把股东的钱浪费在收益不好的投资中。

第三，避免股利波动所带来的负面影响。当公司的剩余现金流是暂时的或者不稳定时，或者公司没有把握长期维持高现金股利政策时，可以在维持一个相对稳定的现金股利支付率的基础上，通过股票回购发放股利，因为现金股利是相对稳定的，而股票回购是临时的、多变的。

第四，发挥财务杠杆的作用。如果公司认为资本结构中权益资本的比例较高，可以通过股票回购降低股本、提高负债比率，改变公司的资本结构，降低公司的加权平均资本成本。虽然发放现金股利也可以减少股东权益，增加财务杠杆，但两者对公司每股收益的影响不同（股票回购可以提高每股收益，而现金股利不能影响每股收益）。特别是，通过发行债券融资回购本公司的股票可以快速提高公司的负债比率。

第五，通过股票回购，可以减少外部流通股的数量，提高股票价格，而且回购来的股票可以转让给员工或者友好股东，在一定程度上起到反敌意收购的作用。

第六，调节所有权结构。公司拥有回购的股票（库藏股），可以用来交换被收购时目标公司的股票，也可用来满足认股权证持有人认购公司股票或可转换债券持有人转换公司普通股的需要，还可以在执行管理层与员工股票期权时使用，避免因发行新股而稀释权益。

（二）我国《公司法》[①] 关于股票回购的规定

我国《公司法》规定，公司只有在以下六种情形下才能回购本公司的股份：一是减少公司注册资本；二是与持有本公司股份的其他公司合并；三是将股份用于员工持股计划或者股权激励；四是股东因对股东大会作出的公司合并、分立决议持异议，要求公司收购其股份；五是将股份用于转换上市公司发行的可转换为股票的公司债券；六是上市公司为维护公司价值及股东权益所必需。[②]

公司因第一种情况收购本公司股份的，应当在收购之日起 10 日内注销；属于第二、第四种情况的，应当在 6 个月内转让或者注销；公司因奖励职工回购股份的，应不得超过本公司已发行股份总额的 10%，所收购的股份应当在三年内转让给职工。

2005 年 6 月 16 日，中国证券监督管理委员会发布了《上市公司回购社会公众股份管理办法（试行）》，这是中国证券市场的一项长远性制度建设。该办法允许上市公司回购流通股，此举有利于稳定证券市场以及实现公司价值的合理回归。上市公司董事会可以根据公司的股价表现和公司的现金流、债务结构和资产结构状况等，相机抉择，自主提出股票回购方案，以对公司持续发展能力产生积极影响。

（三）股票回购的方式

股票回购的方式按照不同的分类标准主要有以下几种。

（1）按照股票回购地点的不同，可以分为场内公开收购和场外协议收购两种。场内公开收购是指公司把自己等同于任何潜在的投资者，在证券公司开户并按照公司股票当前市场价格在证券公开交易市场上购买股票。场外协议收购是指公司与某一类或某几类投资者直接见面，通过协商并签署协议来回购股票的一种方式。协商的内容包括价格与数量的确定，以及执行时间等。

（2）按照股票回购方式的不同，可以分为公开市场回购、要约收购（即向全体股东招标回购）和协议回购（向个别股东协议回购）。公开市场回购即在资本市场上随机收购的方式，最为普遍，但往往受到监管机构的严格监控。要约收购即向全体股东以招标方式回购，回购价格通常高于当时的股票市价，具体的回购工作一般委托金融中介机构进行，成本费用较高。协议回购即向个别股东协议回购，也称为定向回购，由于不是面向全体股东，所以必须保持回购价格的公正合理性，以免损害其他股东的利益。

（3）按照融资方式的不同，可分为举债回购、现金回购和混合回购。举债回购是指公司向通过向银行等金融机构借款的办法来回购本公司的股份，由于举债回购会使公司负债率大幅上升、股价提高，所以其目的往往是防御恶意收购。现金回购是指企业利用剩余资金来回购本公司的股票。如果企业既动用剩余资金，又向银行等金融机构举债来回购本公司股票，就称为混合回购。

（4）按照回购价格确定方式的不同，可以分为固定价格要约回购和荷兰式拍卖回购。

---

① 2018 年 9 月 6 日，中国证监会会同财政部、中国人民银行、国资委、银保监会等有关部门，提出完善上市公司股份回购制度修法建议，起草了《中华人民共和国公司法（修正案）》草案（简称修正案草案），通过修法鼓励、引导上市公司在各种情形下更多回购股份，客观上减少股份供给，提升每股收益、提高每股交易价格。此次修正案草案出现了三大变化，包括增加股份回购情形、完善实施股份回购的决策程序、建立库存股制度。

② 可参见我国《公司法》第一百四十二条。

固定价格要约回购是指公司在回购要约中明确回购价格以购买一定数量的股份。为了在短时间内回购数量相对较多的股票，公司可以宣布固定价格回购要约。它的优点是赋予所有股东向公司出售其所持有股票的均等机会，而且通常情况下公司享有在回购数量不足时取消回购计划或延长要约有效期的权利。荷兰式拍卖回购在回购价格确定方面给予公司更大的灵活性。在荷兰式拍卖的股票回购中，首先公司指定回购价格的范围（通常较宽）和计划回购的股票数量（可以上下限的形式表示）；然后由股东进行投标，说明愿意以某一特定价格水平（股东在公司指定的回购价格范围内任选）出售股票的数量；公司汇总所有股东提交的价格和数量，确定“价格-数量曲线”，并根据实际回购数量确定最终的回购价格。荷兰式拍卖回购中，最终所有接受回购的股东的价格是一致的。

专栏 10－9　京东方 A（000725）的股票回购

受国内外宏观经济环境和证券市场波动等多种因素的影响，2015 年后，京东方股价一直“跌跌不休”，一度跌入 2.11 元/股的低谷。为支撑公司股价，显示公司对未来发展的信心，京东方启动了股票回购计划。

京东方于 2016 年 7 月 15 日发布公告称，将以公司自有资金进行股票回购，回购股票的资金规模不超过人民币 11 亿元。截至 2017 年 8 月 18 日，回购期限满，京东方共回购京东方 A 股 88 692 299 股、京东方 B 股 265 976 681 股，支付总金额分别为 226 525 285.09 元人民币、799 996 931.17 港元。

图 10－4 显示，京东方 A 股股票价格从 2016 年 7 月初的每股不到 3 元一路走高，至 2017 年 11 月飙升至每股超过 7 元。因此，2016 年京东方的股票回购是一个十分成功的回购案例，它成功稳定了股价，并且用高额的资本利得回馈了广大股东。

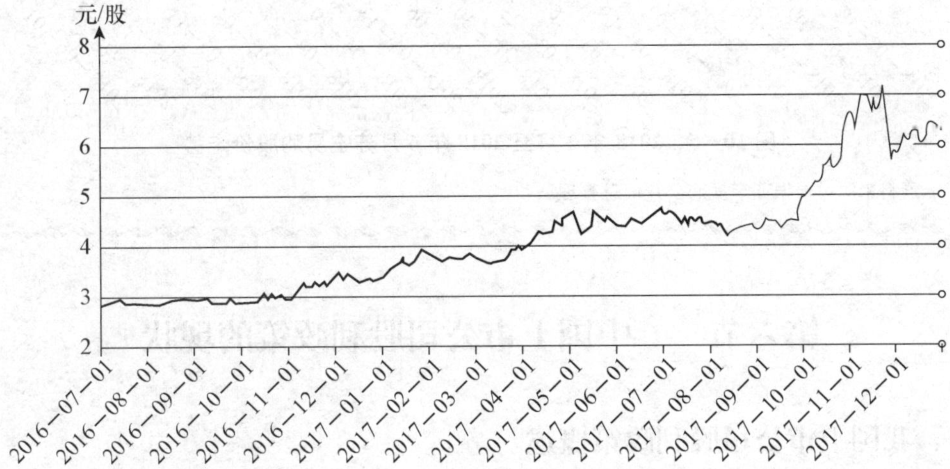

图 10－4　2016 年 7 月至 2017 年 12 月京东方 A 股股价走势

资料来源：Wind 数据库。

资料来源：根据京东方公开信息整理。

专栏 10-10　　苏宁易购（002024）的股票回购

2018 年 2 月 10 日，苏宁易购公布回购计划称，公司计划使用税后利润以集中竞价交易方式回购公司股份，回购总金额不超过人民币 10 亿元，回购股份成本价格不超过 16 元/股。回购股份的种类为本公司已发行的 A 股社会公众股份，预计公司本次回购的股份数量约为 6 250 万股，占公司总股本的比例约为 0.67%。回购股份用于实施股权激励方案，将企业、员工、股东利益统一，有利于企业长期健康发展，有利于公司在资本市场树立良好形象，增强公众投资者对公司的信心，并进一步提升公司价值，实现股东利益最大化。

假定回购数量为 6 250 万股，按照截至 2017 年 12 月 31 日公司股本结构测算，预计回购股份转让后公司股权的变动情况如下：

在公布回购计划之后，公司的二级市场股价也有相应的反应，股价从低点的 12 元/股左右上涨到 16 元/股（见图 10-5）。

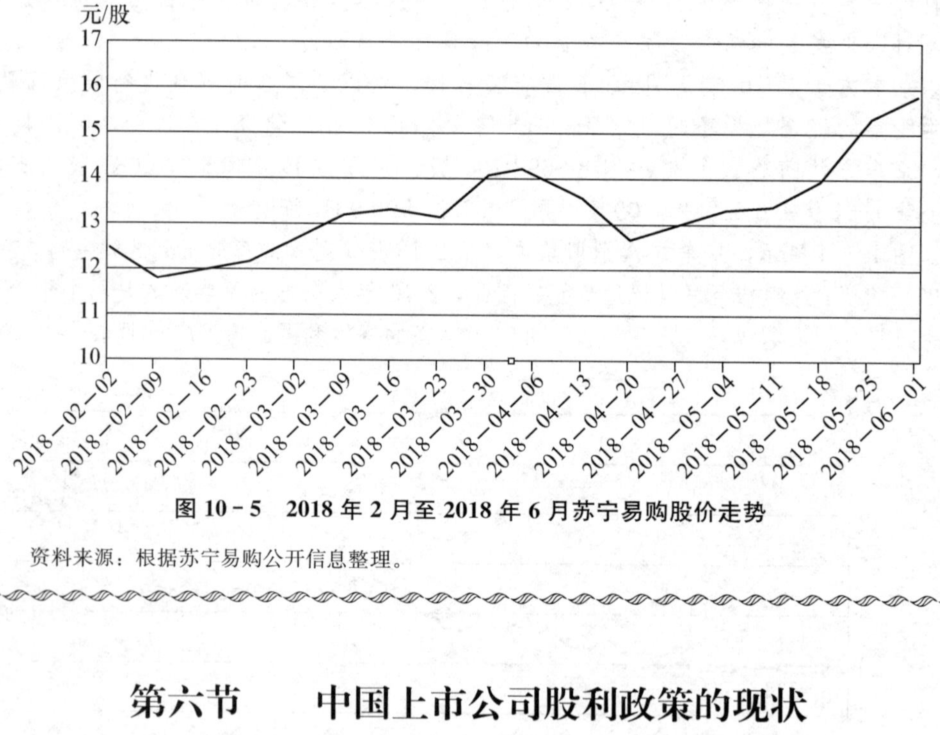

图 10-5　2018 年 2 月至 2018 年 6 月苏宁易购股价走势

资料来源：根据苏宁易购公开信息整理。

第六节　中国上市公司股利政策的现状

一、我国上市公司股利政策概述

以 1990 年 11 月上海证券交易所的成立为标志，我国股票市场经过近 30 年的发展，上市公司由最初的“老八股”发展到 2016 年的 3 000 多家，沪深两市的总市值从最初的几亿元发展到 2017 年的超过 56 万亿元，可谓发展迅速。但是，高速发展的股票市场还存在很多问题，分红问题就是其中之一。我国股票市场发展之初，制度设计重市场的融资功能，而轻市场的资源配置功能，反映在股利分配方面，表现为上市公司实行低股利分配政策，普遍不重视投资者收益。

为引导和规范上市公司分红行为，2001 年，中国证监会开始实施半强制分红政策，即将公司的现金股利与其再融资资格联系在一起。与世界上一些国家如智利、哥伦比亚、菲律宾等国颁布法律强制上市公司进行分红相比，我国的政策并没有强制上市公司分红，但公司若想进行再融资就必须达到一定的分红比例，这种不具有强制性但带有“软约束”性的股利监管制度被形象地称为半强制分红政策。

通过对现有相关文献的梳理，我们发现：(1) 半强制分红政策的实施显著提高了中国资本市场的派现意愿和派现水平。(2) 半强制分红政策具有两面性。一方面，其监管压力推动了理应分红的非竞争性行业、高盈利公司提高其派现水平；另一方面，其规定的再融资资格也迫使那些不该分红的高成长、有再融资需求的公司分红派现。(3) 半强制分红政策并非总是有效，事实上它难以约束“铁公鸡”公司进行派现，也没有降低“铁公鸡”公司的占比。总体而言，半强制分红政策对于改善上市公司分红状况卓有成效，但其局限性亦不容忽视（魏志华等，2012）。如何从根本上（包括在制度设计上）规范上市公司的分配行为，是一个值得研究并颇有挑战性的问题。

在进一步讨论我国上市公司股利分配问题之前，有必要对中国股票市场股利分配相关或相近的名词进行厘定。送股，即股票股利，是指上市公司把留存收益转化为股本的分红方式，本质上是留存利润的凝固化和资本化；转股，是指上市公司从其资本公积中转增股份。经过送股、转增股本后，是指上市公司的股东权益总额不变，但改变了公司权益的内部结构。

送股和转股显然不是一回事：送股来自公司的年度税后利润，只有在公司有盈余的情况下，才能向股东送红股；而转增股本却来自资本公积，它可以不受公司本年度可分配利润的多少及时间的限制，只要将公司账面上的资本公积减少，增加相应的注册资本就可以了。另外，送股是要纳税的（10%），转股则不用纳税。

配股是指向原股票股东按其持股比例、以低于市价的某一特定价格配售一定数量新发行股票的融资行为。需要注意的是，上市公司向原股东配股，除了要符合公开发行股票的一般规定外，还应当符合下列规定：(1) 拟配售股份数量不超过本次配售股份前股本总额的 30%；(2) 控股股东应当在股东大会召开前公开承诺认配股份的数量；(3) 采用证券法规定的代销方式发行。

可见，只有送股是股利分配的一部分，而转股和配股并不属于股利分配方式。

二、我国上市公司股利分配现状

我国上市公司的股利政策在 20 世纪 90 年代呈现出一些特征，如股利支付率低且不分配的公司逐步增多（李常青，1999），派现公司的比例和派现水平都呈下降趋势。从 2001 年半强制分红政策实施开始，上市公司的股利分配情况明显改观，派现公司占比和现金股利支付率指标甚至已接近国外成熟市场的水平。

表10-13对2000—2016年上市公司未分配股利和未分配现金股利的情况进行了统计。从2011年开始[①]，未分配股利的公司所占比例基本上低于30%，未分配现金股利的公司所占比例也在逐年下降。特别是近两年，未分配股利的公司所占比例、未分配现金股利的公司所占比例双双下降到20%左右。以2016年为例，沪深两市共有2 053家公司分配现金股利，分红金额8 307.77亿元，2016年年末A股总市值为630 479亿元，全市分红率为1.32%；1 128家上市公司连续5年分配现金股利；1 415家上市公司连续3年分配现金股利。2016年分红较多的行业主要集中在银行、保险、白色家电等行业，其中A股上市银行共分红3 578亿元，是分红最多的行业。

表10-13　2000—2016年未分配股利和未分配现金股利的公司统计

财务年度	未分配股利的公司		未分配现金股利的公司		上市公司总数（家）
	公司数量（家）	所占比例（%）	公司数量（家）	所占比例（%）	
2000	352	34.04	406	39.26	1 034
2001	421	37.16	480	42.37	1 133
2002	546	45.39	589	48.96	1 203
2003	613	48.34	665	52.44	1 268
2004	602	44.01	677	49.49	1 368
2005	339	33.01	621	46.27	1 342
2006	282	24.72	698	50.51	1 382
2007	670	42.51	797	50.57	1 576
2008	555	34.75	762	46.92	1 624
2009	687	39.99	742	43.19	1 718
2010	693	33.59	739	35.82	2 063
2011	699	29.85	725	30.96	2 342
2012	694	28.28	761	31.01	2 454
2013	578	23.49	614	24.95	2 461
2014	614	23.71	668	25.79	2 590
2015	803	28.43	854	30.24	2 824
2016	670	21.67	697	22.54	3 092

资料来源：中国股票市场研究数据库（CSMAR）及Wind数据库。

近些年来，以格力电器、美的集团、招商银行等为代表的高分红的公司越来越获得投资者的认可，这些公司的市场表现也颇为不俗。下面以美的集团为例，分析我国上市公司的股利分配及其原因。

由表10-14可以看出，美的集团一直保持一个较高的分红比例，同时保持了超高的市值增长幅度。公司市值与公司现金分红总额保持了同步的持续高增长。

① 2011年10月，时任证监会主席郭树清上任后“第一把火”就点向了现金分红制度，要求所有上市公司明确分红政策。当然，一些上市公司由于未来资金需求增大，为保障公司长远发展而不进行股利分配倒也无可厚非，但有些公司拥有大量的可供分配利润，既不派现亦不分配，却从资本市场大量融资，公司高管薪酬翻倍，以三普药业为例，虽然2010年公司实现净利润3.02亿元，2010年未分配利润高达7.03亿元，但依然不分配不转增，这是三普药业自上市以来连续第15年没有任何股利分配，可谓是一毛不拔的“铁公鸡”。

表 10-14　美的集团近年股利分配情况

指标名称	2014-12-31	2015-12-31	2016-12-31	2017-12-31
每股收益（元）	2.43	2.94	2.26	2.58
每股现金股利（元）	1.00	1.20	1.00	1.20
分红比率	0.41	0.41	0.44	0.47
分红总额（亿元）	42.16	51.21	64.66	79.01
总市值（亿元）	1 156.82	1 400.01	1 809.90	3 629.85

美的集团采取高分红股利政策有多重原因，分析可以发现其中重要的原因：一是高分红政策可以有效提升品牌影响力。美的集团一直致力于成为拥有消费电器、暖通空调、机器人与自动化系统、智能供应链（物流）的科技集团，而高现金分红的战略决策显示了美的集团是在真正让投资者受益，而非上市圈钱，并具有强大的现金创造能力，这给公司赢得了广泛的市场赞誉，并不断强化着公司实力雄厚、已成为国际一流品牌的良好形象。这也给公司带来了可观的品牌溢价，使公司能掌握较大的定价权，并对公司不断扩大规模，走向国际化起到了重要的作用。二是高分红政策使公司管理层更好地掌控风险，把握好公司的发展战略。长期高现金分红的战略决策，会使公司更加注重让投资者受益，由于掌控的资金更加有限，会选择最优的投资决策，有效减少公司管理层的非理性行为。

三、影响我国上市公司分红的因素探讨

影响我国上市公司分红的因素众多，以下列举部分可能的因素：

（1）监管政策影响现金股利的派发。长期以来，中国A股市场的股利派发率较低，为了改变这种现状，监管层陆续出台了对应政策。比如2001年证监会将再融资条件与分红挂钩的政策，是上市公司的现金股利政策由低派现向高派现转变的重要影响因素之一。

（2）研究表明，处于生命周期不同发展阶段的上市公司，其股利政策存在显著的差异。这是由于公司处于生命周期的不同阶段，其融资需求、现金流水平均存在显著差异，相应地，其股利分配政策也会有所不同。一般来说，相比处于成长阶段和成熟阶段的公司，处于衰退阶段的公司更倾向于不分配现金股利；在股利分配力度方面，处于衰退阶段的公司具有更高的现金股利支付率和更低的每股现金股利。同样，处于成长期初级阶段的公司，由于其发展需要大量现金支持，其发放股利的能力也会受到限制。

（3）现金股利分配倾向和分配力度与负债水平负相关。负债水平越高，公司财务风险越大，再融资时越倾向于以留存收益等方式进行筹资。同时债权人为了保证自己的利益，往往会在借款合同中对股利发放设置一些限制性规定，因此负债水平较高的公司往往支付较少的现金股利或不支付现金股利。

（4）中国投资者对于股利的绝对水平并不是很关心，他们可能更关心股利的变动。若股利下降，可能导致一些投资者的“不愉悦”，所以公司当前支付的股利水平倾向于不低于以前年度的股利水平。

（5）规模较大的公司相对于规模较小的公司来说，一方面由于可抵押的资产多，在行业中竞争力强，在外名声更大等原因更易融资；另一方面由于规模经济等原因，扩张欲望

往往不如规模小的公司，赚取利润后更倾向于分配股利。

(6) 与国外情况一致，税收也会影响股利分配，这主要取决于资本利得税和公司红利税之间的差距。出于避税的考虑，理性投资者可能偏好低股利支付政策而不是高股利支付政策。

四、我国上市公司分红的特点

1. “同行效应”与“高送转”

心理学认为，个体的偏好或决定会受到周围人的影响，其实不仅仅是个人，公司的金融决策行为往往也会受到周围环境的影响，尤其是同行公司的影响（Bizjak et al.，2008）。

“高送转”是我国一些上市公司所偏好的股利分配方式，对于“高送转”许多学者从各个角度进行了分析，提出了信号传递理论、流动性理论等，这些理论对理解公司进行“高送转”的动机有重要意义，但是均未考虑到同行公司对公司股利政策的影响。实际上，同行效应认为个体受到了同行“组平均”的影响，其作为社会学习的一种形式，广泛存在于社会的各个领域（Foster and Rosenzweig，1995）。

上市公司会根据同行公司采取行为之后的好坏来决定是否进行模仿，当同行公司的行为产生了积极结果时，公司将会模仿学习。公司“高送转”会产生很多结果，如公告效应，股票流动性的变化等。由于中国股民历来有炒作“高送转”的习惯，“高送转”后的股票更大概率能获得超额收益。因此，当同行公司采取“高送转”后，其他公司也会主动地去模仿学习，以免在竞争中处于劣势。

比较我国证券市场各板块上市公司中采取“高送转”的公司数量可以发现，整体上高送转在2015年以前呈现出逐年递增的态势，其中主板市场采取“高送转”的公司数量基本保持稳定，数量变化幅度相对较小。其原因可能是主板上市公司一般体量较大，并且其股东结构中国有股、法人股所占比例较大，因此对于以送转股为代表的股票股利分配方式需求不大，而相比之下，每年采取“高送转”的公司数量最多的板块集中在中小板和创业板（见表10-15）。

表10-15　2007—2016年A股各板块采取“高送转”的公司数量一览表　　单位：家

年份＼板块	上海主板	深圳主板	深圳中小板	深圳创业板
2007	63	26	72	0
2008	31	8	45	0
2009	39	12	65	28
2010	41	11	175	102
2011	47	19	165	123
2012	29	8	125	107
2013	35	13	104	128
2014	53	14	176	156
2015	97	24	150	130
2016	51	17	116	111

2. 分红集中化趋势提升

分红集中度高意味着现金分红的主要来源是少部分上市公司。据统计，美国股市现金分红最多的100家公司，其分红占全部上市公司分红的比重从1978年的67%提升到了2000年的82%（DeAngelo et al.，2004）。

我国上市公司的分红也呈现出集中化的趋势，50家分红最多的公司的分红占总分红的比重从2000年的40.5%提升到了2010年的77.2%（张跃文，2012）。我国股市分红之所以出现集中化趋势主要是因为大型商业银行、保险公司以及中央企业等大量分红。这些企业的盈利多，且大多数处于成熟期，成长性不高，不需要过多资本投入，因此也愿意将盈利进行分红。

本章小结

1. 股利分配是公司回馈股东投资的重要手段，股利分配有宣告日、登记日和发放日等几个重要日期。公司利润分配决策本质上是上市公司融资决策的后续组成部分。MM的股利政策与企业价值无关理论提出：在完美市场和没有税收等假设下，公司的价值与公司的股利政策无关。

2. 由于市场不完善，存在税收等因素，各种股利理论在放松MM假设的条件下，均认为公司的价值与其股利政策相关，代表性的如风险回避假说（“二鸟在林不如一鸟在手”）、所得税效应理论、股利迎合理论等。另外，公司的股利分配决策可以向市场传递某种信息，从而对公司的股票价格产生影响。

3. 公司在确定实际股利政策时，要考虑许多因素，包括法律和契约的约束、公司的投资机会、公司偿债能力、融资的资本成本等。公司的股利政策具体可以分为剩余股利政策、固定股利支付率政策、固定股利额政策和固定股利与额外股利相结合的政策等。

4. 股票分割是指公司将一股股份分割成两股以上的股份。股票分割增加了流通中的股份数量，但不影响公司的现金支出。

5. 公司可以以股票股利的方式向股东分配利润，股票股利类似于股票分割，只增加流通中的股票数量，并没有向股东支付任何现金。

6. 股票回购是指公司用手中的现金从股东手中购回发行在外的股票的行为，股票回购也可以是公司向股东分配利润的一种方式。在资本利得税低于现金股利所得税的情况下，以股票回购的方式向股东分配利润可以降低股东的税收负担。

7. 我国特有的制度环境造就了我国上市公司股利政策的一些特点，比如“同行效应”下的“高送转”、现金分红集中度高等。

问题与应用

1. 什么是股利分配的信号传递效应？
2. 什么是股利的宣告日、登记日、除息日？
3. 你认为公司在什么情况下应将利润用于再投资？什么时候应将利润分配给股东？

4. 与现金股利相比，股票股利的优点是什么？

5. 某公司成立于2015年1月1日。2015年度实现的净利润为1 000万元，分配现金股利550万元，提取公积金450万元（所提公积金均已指定用途）。2016年实现的净利润为900万元（不考虑计提法定公积金的因素）。2017年计划投资，所需资本为700万元。假定公司目标资本结构为权益资本占60%，长期借入资本占40%。

（1）在保持目标资本结构的前提下，计算2017年投资方案所需的权益资本和需要从外部借入的长期债务资本。

（2）在保持目标资本结构的前提下，如果公司执行剩余股利政策，计算2016年度应分配的现金股利。

（3）在不考虑维持目标资本结构的前提下，如果公司执行固定股利政策，计算2016年度应分配的现金股利、可用于2017年投资的留存收益和需要额外筹集的资本。

（4）在不考虑维持目标资本结构的前提下，如果公司执行固定股利支付率政策，计算该公司的股利支付率和2016年度应分配的现金股利。

（5）假定公司2017年从外部筹资面临困难，只能从内部筹资，不考虑目标资本结构，计算在此情况下2016年度应分配的现金股利。

6. 某公司2015年年末资产总额为2 000万元，权益乘数为2，其权益资本包括普通股和留存收益，每股净资产为10元，负债的年平均利率为10%。该公司2016年年初未分配利润为−258万元（超过税法规定的税前弥补期限），当年实现营业收入4 000万元，固定经营成本为700万元，变动成本率为60%，所得税税率为33%。该公司按15%的比例提取公积金。

（1）计算该公司2015年年末的普通股股数和年末权益资本。

（2）假设负债总额和普通股股数保持2005年的水平不变，计算该公司2016年的税后利润和每股收益。

（3）结合（2），如果该公司2016年采取固定股利政策（每股股利1元），计算该公司本年度应提取的公积金和发放的股利额。

7. 某公司现有资产2 000万元，该公司资产负债率为40%，并打算明年保持此资本结构，现有权益均为普通股，每股面值为1元，负债利息率为10%，所得税税率为33%，其他有关资料如下：当年实现的税后净利润为1 000万元；按10%的比例提取法定公积金；明年计划投资2 800万元。

（1）按剩余股利政策确定该公司当年应否发放股利。

（2）若上述2 800万元的投资中所需负债部分全部发行债券，利息率为10%，所需权益资本的部分减去当年留利部分的差额，全部通过发行普通股（每股市价10元）取得，计算需增发多少股股票？如果下年度预计息税前利润为2 200万元，计算其每股收益。

8. 某公司的息税前利润为800万元，总负债为200万元，均为长期债券，平均利息率为10%，预期权益收益率为15%，发行普通股股数600 000股（每股面值1元），每股账面价值10元，所得税税率为40%。该公司产品市场相当稳定，预期无成长，所有盈余全部用于发放股利，并假定股票价格与其内在价值相等。

(1) 计算该公司每股收益及股票价格。

(2) 计算该公司的加权平均资本成本。

(3) 该公司可以增加400万元的负债，使负债总额为600万元，以便在现行价格下购回股票（购回股票数四舍五入取整）。假定此项举措将使负债平均利息率上升至12%，普通股权益成本由15%提高到16%，息税前收益保持不变。试问该公司应否改变其资本结构（提示：以股票价格高低判别）？

(4) 计算该公司资本结构改变前后的已获利息倍数。

9. 某公司年终利润分配前的股东权益项目资料如下：

单位：万元

股本—普通股（每股面值2元，300万股）	600
资本公积	180
未分配利润	920
所有者权益合计	1 700

公司股票的每股现行市价为25元。通过计算回答下述三个互不相关的问题：

(1) 计划按每10股送1股的方案发放股票股利，并按发放股票股利后的股数派发每股现金股利0.2元，股票股利的金额按现行市价计算。计算完成这一分配方案的股东权益各项目数额。

(2) 如按1股换2股的比例进行股票分割，计算股东权益各项目数额和普通股股数。

(3) 假设利润分配不改变市净率，公司按每10股送1股的方案发放股票股利，股票股利按现行市价计算，并按新股数发放现金股利，且希望普通股市价达到每股22元，计算每股现金股利应是多少？

推荐阅读材料

[2] 路易斯·科雷拉·达·席尔瓦，等. 股利政策与公司治理. 北京：北京大学出版社，2008.

[1] 原红旗. 中国上市公司股利政策分析. 北京：中国财政经济出版社，2004.

参考文献

[1] DeAngelo, H. et al., "Are Dividends Disappearing? Dividend Concentration and the Consolidation of Earnings", *Journal of Finance Economics*, 2004, 72 (3): 425-456.

[2] Forster, A. D., and Rosenzweig, M. R., "Learning by Doing and Learning from Others: Human Capital and Technical Change in Agriculture", *Journal of Political Economy*, 1998, 103 (6): 1176-1209.

[3] 李长青等. 半强制分红政策的市场反应研究. 经济研究，2010 (3).

[4] 刘力. 公司财务. 北京：北京大学出版社，2007.

[5] 上海浦东发展银行股份有限公司2016年年度报告，2017.

[6] 上海浦东发展银行股份有限公司2017年年度报告，2018.

［7］斯蒂芬·A.罗斯，伦道夫·W.威斯特菲尔德，杰弗利·F.杰富.公司理财：9版.北京：机械工业出版社，2012.

［8］王蕾.中国上市公司现金股利发放的统计研究.经济与管理，2012，26（2）.

［9］魏志华等.半强制分红政策与中国上市公司分红行为.经济研究，2014（6）.

［10］张跃文.我国上市公司现金分红决策研究.证券市场导报，2012（9）.

［11］招商银行.招商银行2017年年度报告，2018.

第十一章

负债企业的估值方法

学习目标：

1. 掌握 WACC 法、FTE 法和 APV 法的基本概念和原理及其在企业估值中的应用；
2. 了解三种方法各自的特点和适用条件；
3. 掌握 APV 法在杠杆收购中的应用。

引　言

2017 年 3 月 15 日，中国香港上市公司长实地产（1113. HK）公布，经过股东特别大会的决议批准，长实地产将联合长江基建（1038. HK）和电能实业（0006. HK）共同收购澳洲能源公司 DUET100％的股权。

DUET 公司在澳大利亚、美国和欧洲拥有能源资产并从事能源公用事业的经营，该公司的主要业务包括供气、供电、提供清洁能源及远端能源解决方案和油气的管道输送。2016 财年 DUET 公司的税前利润为 2.13 亿澳大利亚元，约合 12.20 亿港元，总资产为 34.11 亿澳大利亚元，约合 195.37 亿港元，此次长实地产财团拟定的收购价格是 424.48 亿港元，约为该公司净资产的 2.17 倍。

此次收购被看成是长实集团拓展其海外能源市场的重要投资。收购 DUET 公司对于长实地产来说是不是一项好的投资呢？以远高于 DUET 公司市值的价格进行收购是否合理？长实地产又是如何评估企业价值的呢？这是本章将要展示给读者的主要内容。

本书前面章节都有一个隐含的假设，即企业的融资全部来自权益融资。本章将讨论当企业运用负债杠杆时，如何评估负债企业的价值。这里主要介绍了三种通行的估值方法：加权平均资本成本（WACC）法、股权现金流（FTE）法和调整净现值（APV）法。理论上，这三种方法对企业的估值结果是相同的。读者需要理解这三种方法的原理，并区分各自的适用范围及优劣，以便灵活应用。

第一节　加权平均资本成本法

一、加权平均资本成本

企业的资金一般来源于债权人和股东，既有债务融资又有权益融资，债权人和股东的期望收益率也就构成了企业的资本成本。加权平均资本成本就是对企业不同融资来源成本的加权平均。加权平均资本成本（weighted-average-cost-of-capital method，WACC）法也就是通过加权平均资本成本对企业自由现金流进行贴现，从而得到企业的价值估计。例如，假设权益资本成本是 r_E，在不考虑税收的情况下，债务的资本成本就是借款利率 r_D，考虑税收后，税后债务资本成本是 $r_D(1-T)$。加权平均资本成本 r_{WACC} 的计算公式是

$$r_{WACC}=\frac{E}{E+D}r_E+\frac{D}{E+D}r_D(1-T) \tag{11-1}$$

其中，权益成本的权重 $\frac{E}{E+D}$ 和债务成本的权重 $\frac{D}{E+D}$ 一般要按照市场价值（market value）而非会计价值（accounting value，又称账面价值，book value）来表示。

【例题 11-1】　雅戈尔公司是国内一家著名的服装生产商，主要生产衬衫、西服、夹克等产品，形成了成熟自信、稳重内敛和崇尚品质生活的品牌特色。事实上，雅戈尔公司并不只是经营服装生产，还从事房地产开发和金融投资业务，该三项业务形成了雅戈尔公司发展的三根支柱。

随着中国老龄化问题的逐渐加重和国家医疗体制的逐渐改革，假设雅戈尔公司高管认为医药行业将来会有较高的投资收益，公司打算投资一个项目进军医药行业。已知目前公司的债务账面价值为 157.82 亿元，所有者权益账面价值为 133.87 亿元，股价为 9.38 元，股数为 17.871 5 万股，β 值为 1.14。管理层希望该项目的资产负债率维持在 50%，负债水平维持在 5 000 万元。在评估过程中，分析师认为该股权市场价值相比账面价值有 20%的溢价，同时医药行业可比公司平均无杠杆 β 值为 0.75，无风险利率为 4.0%，市场收益率为 10.5%，债务资本成本为 5.5%，所得税税率为 25%，试求该项目的加权平均资本成本？

解答：

①医药行业的投资项目经营风险与公司之前的经营风险有较大区别，故不能用公司原来的 β 值来代替该项目的 β 值，而应该采用医药行业可比公司的 β 值；

②该项目的资本结构与公司的资本结构不同，故不能采用公司的资本结构，而是应该采用项目的资本结构，即计算项目的债务权益（市值）比。

由于资产负债率（账面）维持在 50%，负债水平为 5 000 万元，故权益的账面价值为 5 000 万元。由于股权市场价值存在 20%的溢价，得到权益的市值为 6 000 万元，因此债务权益比（D/E）为 5/6。所以

$$\beta_i = 0.75 \times \left[1 + \frac{5}{6}(1 - 25\%)\right] = 1.22$$

$$r_i = 4\% + 1.22 \times (10.5\% - 4\%) = 11.93\%$$

$$WACC = \frac{5}{5+6} \times 5.5\% \times (1 - 25\%) + \frac{6}{5+6} \times 11.93\% = 8.38\%$$

进一步假设公司保持固定不变的债务权益比率，于是，等式中计算的 *WACC* 保持不变。*WACC* 考虑了债务的抵税作用，可用来计算包含利息税盾收益的负债企业价值。具体而言，如果$FCFF_t$为 t 年年末项目投资的期望自由现金流，则企业（或项目）的价值计算公式为

$$V^L = \frac{FCFF_1}{1 + r_{WACC}} + \frac{FCFF_2}{(1 + r_{WACC})^2} + \frac{FCFF_3}{(1 + r_{WACC})^3} + \cdots + \frac{FCFF_t}{(1 + r_{WACC})^t} + \cdots \quad (11-2)$$

【例题 11-2】 假设 A 公司准备投资一个新项目，该项目的初始投资额和今后预期产生的净现金流如表 11-1 所示。预计设备 4 年过时，采用直线法计提折旧，其中公司所得税税率 $T=35\%$，项目的借款成本 $r_D=8\%$，市场上无风险利率 $r_f=4\%$，市场收益率 $r_m=12\%$，$\beta=1.5$，项目的目标债务权益比率为 1∶4。（此题不考虑营运资本的变化。）

表 11-1 A公司项目预期财务现金流量表 单位：万元

年份（t）	0	1	2	3	4
销售收入		3 500	4 025	4 628.75	5 323
销售成本		−1 500	−1 725	−1 983.75	−2 281
折旧		−1 000	−1 000	−1 000	−1 000
EBIT		1 000	1 300	1 645	2 042
公司所得税		−350	−455	−575.75	−714.7
无杠杆净收益		650	845	1 069.25	1 327.3
固定资产投资	−4 000	—	—	—	—
折旧		1 000	1 000	1 000	1 000
财务现金流		1 650	1 845	2 069.25	2 327.3

①由 CAPM 可知，公司的权益资本

$$r_E = r_f + \beta(r_m - r_f) = 4\% + 1.5 \times (12\% - 4\%) = 16\%$$

②由 WACC 模型可知，公司的加权平均资本成本

$$r_{WACC} = \frac{E}{E+D} r_E + \frac{D}{E+D} r_D(1-T) = \frac{4}{5} \times 16\% + \frac{1}{5} \times 8\% \times (1 - 35\%)$$
$$= 13.84\%$$

③计算子公司的杠杆价值

$$V^L = \frac{1\,650}{1+13.84\%} + \frac{1\,845}{(1+13.84\%)^2} + \frac{2\,069.25}{(1+13.84\%)^3} + \frac{2\,327.3}{(1+13.84\%)^4}$$
$$= 5\,661.36\text{（万元）}$$

由于子公司的价值（5 661.36 万元）大于当前的固定资产投资（4 000 万元），所以该项目净现值大于 0，可以投资。

二、WACC 法的扩展

（一）股权和债务资本成本的确定

1. 债务资本成本的确定

债务融资主要有银行借款和发行债务两种方式。这里所指的债务指的是附息债务，如短期借款、长期借款、长期债券等，而生产经营产生的负债并不包含在内，如应付账款、应付税金、应付职工薪酬等。① 同时，债务的税前资本成本指的是在当前的投资环境下筹集新债的成本。

银行借款（如短期借款、长期借款）的资本成本可以参考央行存贷款利率或者企业贷款合同上规定的利率。值得注意的是，计算短期借款资本成本时，还应考虑该短期借款是不是暂时的、季节性的、偶然发生的。若该短期借款只是临时性的，借款时间较短，则对该借款资本成本“零处理”也并无过错。②

长期债券的资本成本可用债券的到期收益率代替，对于具有公开市场活跃交易的债券，其价格和到期收益率可在证券交易所、银行间市场或者其他财经网站上直接获得。对于非上市公司发行的企业债券，一般可参考该行业可比公司发行债券的资本成本，并做适当的风险溢价调整，也可用无风险利率加上风险溢价。假设 A 公司打算发行 5 年期债券，已知 A 公司的信用等级为 BBB，对应的利差为 2.6%，无风险利率为 4.10%，则公司债务的资本成本为 6.7%。

2. 股权资本成本的确定

股权资本成本反映了股东的期望收益率，一般可由 CAPM 计算得到，即

$$r_i = r_f + \beta_i(r_m - r_f)$$

其中，r_i 为证券 i 的权益资本成本（严格意义上，r_i 为期望值），r_f 为无风险利率，β_i 为证券 i 的 β 值，r_m 为市场收益率。

无风险利率 r_f 可参考长期国债利率，一般选择 10 年期国债利率，或者选取距到期日 5 年以上的长期国债收益率的平均值。市场收益率 r_m 一般可由证券市场的历史收益率计算得出，如选择某一时段该市场的股票指数，如标准普尔 500 指数、沪深 300 指数等。β 值受到公司的经营杠杆和财务杠杆的影响，一般可在专业数据库（如 Wind 数据库）中找到上市公司的 β 值。对于非上市公司的 β 值，一般可以按无财务杠杆的方式计算，具体方法如下：

（1）查找可比上市公司的 β 值（β_{L_0}）。

（2）将可比公司 β 去杠杆化，公式为

$$\beta_{U_0} = \frac{\beta_{L_0}}{1+\dfrac{D}{E}(1-T)} \qquad (11-3)$$

① 这些非附息债务主要是企业流动负债。

② 理查德·A. 布雷利，斯图尔特·C. 迈尔斯，弗兰克林·艾伦. 公司财务原理：10 版. 北京：机械工业出版社，2012.

其中 β_{L_0} 是有杠杆的可比公司的 β 值，可从数据库中得到；β_{U_0} 为去杠杆后可比公司的 β 值，D 为债券价值，E 为股权价值，T 为所得税税率。

（3）选取多个同行业的可比上市公司，重复步骤（2），将得到的各个 β_{U_0} 值取平均值或中位数值，作为目标公司（即为行业的）不含杠杆的参考值 β_U。

（4）加载财务杠杆。将得到的不含杠杆的参考值 β_U 再杠杆化，代入目标公司的 D 和 E 值，得到目标公司的含杠杆 β 值。公式如下：

$$\beta_L=\beta_U\cdot\left[1+\frac{D}{E}(1-T)\right] \tag{11-4}$$

此外，在实务中，通常还会加上一个特别风险溢价 α，主要从公司规模风险收益率和个别风险收益率两方面考虑。多项研究结果表明，小企业的必要平均收益率明显高于大企业。因此有必要做规模收益调整。一般而言，0%～4%的规模风险收益率是合理的。个别风险是指企业相对于同行业企业的特定风险，主要包括：(1)企业所处经营阶段；(2)历史经营状况；(3)主要产品所处发展阶段；(4)企业经营业务、产品和地区的分布；(5)公司内部管理及控制机制；(6)管理人员的经验和资历；(7)对主要客户及供应商的依赖；(8)财务风险；(9)国家产业政策。

（二）权重的确定

在计算 *WACC* 的过程中，每种投入资本的权重都要以该资本的市场价值为基础。一般而言，债务价值可用账面价值代替，权益价值则不行。这主要是由于对于短期借款，其到期时间较短，同时可能采用浮动利率，账面价值与市场价值相差不大。对于长期债务，由于债务交易并不活跃，其市场价值往往和账面价值差异不大或者无法获取（如银行信贷），除非公司面临较为严重的财务困境，否则一般情况下也将长期债务的账面价值作为其市场价值处理。

在我国，尚未有上市公司发行优先股，所以不予考虑。[①] 在国外，考虑到优先股获取固定的利率收益，一般也对其做类似债券处理。对于普通股，股价反映了股东对公司未来的期望，账面价值则反映了历史价值，两者相差较大，一般可用公司股价乘以公司的股份数得到公司的权益价值。

【例题 11-3】 分析师对某一拟上市重型机械企业进行尽职调研，得到相关可比公司数据如表 11-2 所示。

表 11-2

公司	债务（百万元）	股份数（百万股）	股价（元/股）	税率	β 值（杠杆）
三一重工	31 865	7 668	9.07	25%	0.99
中联重科	44 922	7 794	3.10	25%	0.99
徐工机械	25 714	7 008	4.59	25%	0.99
柳工机械	12 896	1 125	8.38	25%	0.99

① 优先股制度在我国一直以来都没有得到确立，主要是由于优先股制度在法律上的空白。《公司法（2005 修订）》肯定了不同种类股份的存在，其第一百六十七条规定："股份有限公司按照股东持有的股份比例分配，但股份有限公司章程规定不按持股比例分配的除外。"这为优先股按固定比例支付现金股利提供了法律依据。目前《证券法》只是依据普通股的性质来规范股票的发行、交易和监管，没有对优先股做出明确的规定。

同时，该分析师还查得当前10年期国债利率为4.04%，债券平均利率为4.32%，市场超额收益率为6.5%，该拟上市公司的目标资本结构比率（D/E）为25%，税率为25%，求该公司的加权平均资本成本（$WACC$）。

解答：

①先求出这四家公司的资本结构（D/E）。如三一重工的$D/E=31\,865/(7\,668\times9.07)=0.46$，其他三家分别为1.86、0.80、1.37。

②卸载财务杠杆。三一重工的无杠杆β值$=0.99/[1+0.46\times(1-25\%)]=0.74$，其余三家分别为0.41、0.62、0.49。然后求得这4个β值的平均值为0.57，作为该目标公司的β值。

③加载财务杠杆。目标公司的杠杆β值$=0.57\times[1+0.25\times(1-25\%)]=0.68$。

④计算权益资本。$r_i=4.04\%+0.68\times6.5\%=8.46\%$。

⑤计算$WACC$。$r_{WACC}=0.25/(1+0.25)\times4.32\%\times(1-25\%)+1/(1+0.25)\times8.46\%=7.416\%$。

所以该目标公司的加权平均资本成本（$WACC$）为7.416%。

（三）计算企业（或项目）的自由现金流量

使用WACC法估算企业的现金流时，采用的是企业的自由现金流量（free cash flow of firm，FCFF），或称财务现金流量（financial cash flow of firm，也记为FCFF）[①]，即企业在正常运营下产生的归属于股东和债权人的现金流量。

$$FCFF=净利润+折旧摊销+利息费用\times(1-T)-净营运资本的增加-资本性支出 \tag{11-5}$$

（四）项目估值

在使用$WACC$法计算时，我们假设公司维持不变的债务权益比率，从而使r_{WACC}值不变，才能对每年的自由现金流都用r_{WACC}值贴现。例如考虑一个简单的问题，海尔公司新增了一条生产线，生产一种更为节能省电的电冰箱，预计该项目能够带给股东2 000万元利润，假设海尔公司目前的债务比例为50%，则海尔公司需要增长2 000万元的债务来维持r_{WACC}不变。然而，公司在实际运营中并不总是能够维持r_{WACC}值不变，于是公司资本结构就会有所变化。在面临这一问题时，我们采取两阶段方法——将估值期间分为预测期和稳定期。在前面几年的预测期，对r_{WACC}做一定的调整，确定每一年的r_{WACC}，而在后面几年的稳定期，我们则维持一个不变的r_{WACC}以便于计算。此外，我们也可以对r_{WACC}值进行敏感性分析，考察在不同r_{WACC}值下项目价值的变化范围。

【例题11-4】 上题中，我们考虑了25%的债务权益比率下公司的加权平均资本成本。现若政府出台一系列政策加快城市化建设，完善城市交通规划，公司管理层认为这是一个利好消息，会增大未来市场需求，故加大机械设备的生产。公司采用债务融资的方式，打算使债务权益比率上升到50%的水平。若公司的债务资本成本仍不变，求融资后的加权平均资本成本。

① “财务现金流量”和“自由现金流量”的名称不同，但实际含义和计算公式都是一致的，这在西方的教科书（如Ross等的教材）中已经注明，本书在第二章也给出了脚注。

解答：

一种直接的解答方式：

$$r_{WACC}=0.5\times4.32\%\times(1-25\%)+0.5\times8.46\%=5.85\%$$

事实上，以上的解答是错误的，但人很容易跳入这个陷阱中。正如之前所提到的，债务比例提高了，公司的财务风险会增大，那么股东要求的权益资本成本也会相应地提高。所以，应该先调整权益资本成本。由于无杠杆 β 值不受资本结构的影响，所以仍使用 0.57 作为 β_U。

$$\beta_2=0.57\times[1+0.5\times(1-25\%)]=0.78$$

$$r_2=4.04\%+6.5\%\times0.78=9.11\%$$

$$r_{WACC_2}=0.5\times4.32\%\times(1-25\%)+0.5\times9.11\%=6.18\%$$

由此可见，虽然债务融资成本较低，但债务比例的加大会提高权益资本成本，从而影响加权资本成本。

三、维持债务权益比率

之前我们一直简单假设公司采用不变的债务权益比率的财务政策，而要保持债务权益比率不变，公司的债务就要随着新投资而变化。如例题 11-2 中，若维持 A 公司项目债务权益比率 1∶4 不变，则新项目的债务融资额必须等于新投资项目价值的 20%。经过之前的计算可知，项目增加的市场价值为 5 661.36 万元，为保持债务权益比率不变，A 公司需要增加 1 132.27 万元的借款。

在此，我们引入借债能力（debt capacity）D_t，表示 t 期为了维持公司目标债务权益比率而需要的债务融资额。

$$D_t=\frac{D}{D+E}\cdot V_t^L \tag{11-6}$$

其中，V_t^L 表示 t 期企业（项目）的有杠杆价值，该值可以通过加权平均资本成本（WACC）对项目的 t 期后的未来现金流贴现获得，因为项目的借债能力呈逐年下降趋势，直至最后一期为 0，故也可从最后一期开始向前推算求得。

【例题 11-5】 根据【例题 11-2】中 A 公司的投资信息，可以求得 A 公司为维持该项目债务权益比率不变的债务融资情况（见表 11-3）。

表 11-3 A 公司项目借债能力 单位：万元

年份（t）	0	1	2	3	4
年度自由现金流		1 650	1 845	2 069.25	2 327.3
杠杆价值 V_t^L（$r_{WACC}=13.84\%$）	5 661.36	4 794.89	3 613.50	2 044.36	—
借债能力（$\frac{D}{E}=\frac{1}{4}$）	1 132.27	958.98	722.70	408.87	—
债务利息（$r_D=8\%$）		90.58	76.72	57.82	32.71

专栏 11-1　　WACC 的困境

WACC 的概念最初是在项目资本预算中作为项目的资本成本而得到广泛运用的。由资本结构理论可知，在现实的经济环境中，资本结构对于不同投资项目或企业的价值事关重大，因为资本结构的不同直接影响到投资项目或企业的资本成本及其价值。所以后来，评估师把 WACC 的概念也应用到企业价值评估中来。在很多情况下，企业的资本结构非常复杂，也许包括优先股或几种不同级别的债务，因此，在实际运用 WACC 法计算企业资本成本和企业价值时存在一些困境。

(1) WACC 中债务权益比率应该按照其市场价值比例确定就是一个难题。

在企业价值评估中，首先，对于企业来说，权益和负债已经有了一个账面价值，这个账面价值是历史的投资记录，并不代表其当前的市场价值。此时是否必须采用市场价值作为 WACC 计算的权重呢？

Brealey，Myers 和 Allen 的教材中这样说："公司价值评估并没有提出什么新的概念问题。我们只是把公司看成一个大的项目，预测公司的现金流，并且把它贴现为现值。如果预期公司的债务比例基本维持不变，那么公司的 WACC 就是合适的贴现率。"Grinblatt 和 Titman 也在他们的著作《金融市场与公司战略》中这样描述："WACC 引入了这样的概念，即我们必须估算资本结构中每一个元素的权重，而这种估算的关键一点就是：资本结构中债务与权益或其他元素的相对权重都是基于其市场价值的数量而非账面价值。"

尽管如此，还是不断有人质疑这个比例权重的问题，特别是一些会计界的学者声称，采用账面价值也可以计算得出相同的结果。

(2) 正由于在 WACC 的计算中需要采用市场价值的权重，WACC 计算中出现了另一个难点，即在企业价值评估中如何确定权益和债务的市场价值？特别是在评估非上市公司时，债务和权益都没有市场价，如何确定权重？

由于我国债务品种相对较少，企业债券市场也受到很多限制，所以大部分企业的债务资本主要是以非流通的有息负债即银行信贷为主。评估师在确定其市场价值的时候，可以以其账面值加上其偿还期内利息的现值之和作为市场价值。这样处理是为了相对准确地计算债务的市场价值。

但是对于权益来说，就不是那么简单的事情，因为评估的目的往往就是要求给出企业的整体价值或企业股权的价值，而现在要用一个待求的目标价值来确定计算过程中的参数，这就出现了循环论证的问题：求出资本成本的目的就是用它来估算企业债务和权益资本的价值，而这个资本成本又要采用债务和权益的市场价值计算权重。解决这一问题的唯一办法就是采用迭代计算的方法：用最初的权益值（可以是账面值或任意值）求算最初的 WACC，然后用这个 WACC 又计算出新的权益值，如此反复迭代计算，最终可得出收敛的结果。这个迭代计算的方法也是很多权威培训教材推荐的方法。现在有了计算机和计算软件，处理迭代计算也是轻而易举的事情。

(3) WACC 中的债务资本应包括哪些内容？这里债务资本的定义是什么？各种融资要素的资本成本如何计算？

当企业的融资方式多于两种时，每一种构成要素都有其各自的资本成本，其中要素的权重也就是它们在市场价值中所占的比重。最一般的情况就是 WACC 的公式中包括权益、负债和优先股。而在计算负债的时候，很多情况下仅仅考虑长期融资，即短期负债忽略不计。理论上讲这是不正确的，然而实践中这种忽略是可以接受的。但是对于一些小公司或一些处于特殊经济环境的公司来说，当短期负债成为一种重要的永久性融资资源的时候，它们就不能被忽略，而其利息成本也就应该成为 WACC 中资本成本的一个组成部分。对于权益资本成本，一般是利用股票市场的数据估算投资者对公司股权要求的期望收益率。有了这个估计值，计算 WACC 就比较容易，因为借款利率、负债价值比、权益价值比等都可以直接估算出来，优先股的价值和期望收益也可以按类似方法进行估算。但如果资本结构中还包括其他如可转换债券或违约风险很高的垃圾债券等，则问题会比较复杂。对大多数垃圾债券来说，没有简易可行的方法估算其期望收益率，只能近似地采用其承诺收益率。

一般在实务中，企业的资金来源主要包括短期负债、长期负债、优先股和普通股。考虑到债务融资具有税盾作用，所以 WACC 的公式如下：

$$r_{WACC}=(w_{sd}r_{sd}+w_{ld}r_{ld})\times(1-T)+w_{pe}r_{pe}+w_{ce}r_{ce} \tag{11-7}$$

其中，w_{sd} 代表短期债务（short debt）所占权重，w_{ld} 代表长期债务（long debt）所占权重，w_{pe} 为优先股（preferred equity）所占权重，w_{ce} 为普通股（common equity）所占权重；T 为所得税税率；r_{sd} 为短期债务的税前资本成本；r_{ld} 为长期债务的资本成本；r_{pe} 为优先股资本成本，r_{ce} 为普通股资本成本。

资料来源：王少豪．资本结构、资本成本与 APV 法．中国资产评估，2011（6）．

第二节　股权现金流量法

一、股权现金流量法

股权现金流量（flow-to-equity，FTE）法是另一种企业估值方法，它只对杠杆企业项目所产生的属于权益所有者的现金流量进行贴现，贴现率为权益资本成本r_E。从企业现金流量分配的角度看，现金流量可以分为流向债权人的现金流量和流向股东的现金流量。股权现金流量（free cash flow to equity，FCFE）就是企业资产现金流量减去支付给债权人的净现金流量（利息支付、借债、偿还债务等）之后剩余的自由现金流量。股权现金流量法就是在股权现金流量的基础上计算企业（或项目）的股权价值。

二、股权现金流量的计算

FTE 法的第一步就是要确定项目为股东带来的自由现金流量，即股权现金流量。

FCFE 是在调整利息支付、借债及债务偿还之后剩余的自由现金流量。一般而言，股权现金流量的计算公式如下：

$$FCFE=\text{净利润}+\text{折旧摊销}-\text{净营运资本的增加}-\text{资本性支出}+\text{净借债} \quad (11-8)$$

其中，

$$\text{净借债}=\text{新增债务}-\text{债务本金的偿还}$$

或

$$\text{净借债}=D_t-D_{t-1}$$

其中，D_t 为 t 期借债能力。

对比之前 *FCFF* 的计算公式（11－5），可以得出：

$$FCFE=FCFF-\text{利息费用}\times(1-T)+\text{净借债} \quad (11-9)$$

【例题 11－6】 通过股权现金流量法计算例题 11－2 中 A 公司的项目价值。

由例题 11－2 和例题 11－5 可求得在不同时期，为维持项目债务权益比率不变的债务融资额，进而求得项目利息支出和 t 期的净借债，以及每期的股权现金流量（*FCFE*）。表 11－4 展示了 A 公司项目股权现金流量。

表 11－4 A 公司项目股权现金流量 单位：万元

年份（t）	0	1	2	3	4
销售收入		3 500	4 025	4 628.75	5 323
销售成本		－1 500	－1 725	－1 983.75	－2 281
折旧		－1 000	－1 000	－1 000	－1 000
EBIT		1 000	1 300	1 645	2 042
利息		－90.58	－76.72	－57.82	－32.70
税前利润		909.42	1 223.28	1 587.18	2 009.30
所得税		－318.30	－428.15	－555.51	－703.26
净利润		591.12	795.13	1 031.67	1 306.04
股权自由现金流量					
加：折旧		1 000			
减：资本性支出		—	—	—	—
减：营运资本增加		—	—	—	—
加：净借债的变化		－173.29	－236.28	－313.83	－408.87
股权自由现金流量	1 132.27	1 417.83	1 558.85	1 717.84	1 897.17

三、股权资本成本的计算

在 WACC 法中，我们使用 r_{WACC} 对企业的自由现金流量进行贴现。相应地，在使用股权现金流量计算时，就应该使用股权资本成本 r_E 作为贴现率。该贴现率仍可以运用

CAPM 计算得到。

根据前面章节有关 MM 命题的相关理论可以知道，考虑税收后，有税的 MM 命题Ⅱ为 $r_E = r_0 + \frac{D}{E} \times (1-T) \times (r_0 - r_D)$，$r_0$ 为全权益企业的资本成本。因此，也可以通过该方法求得股权资本成本 r_E 。

四、项目价值的计算

$$股权价值 = V = \sum_{t=1}^{\infty} \frac{FCFE_t}{(1+r_E)^t}$$

其中$FCFE_t$ 为第 t 年公司的股权现金流量。

如例题 11-5 中，我们已经知道每年的股权现金流量，并通过 CAPM 求得$r_E=16\%$，因此可得

$$V = 1\,132.27 + \frac{1\,417.83}{1+16\%} + \frac{1\,558.85}{(1+16\%)^2} + \frac{1717.84}{(1+16\%)^3} + \frac{1\,897.17}{(1+16\%)^4}$$

$$= 5\,661.36(万元)$$

该结果与例题 11-2 中通过加权平均资本成本（WACC）法所得出的项目价值是一致的。

而当归属于股东的权益现金流量是一项永续年金时，公式可简化为

$$V = \frac{有杠杆企业项目权益现金流量}{r_E}$$

在使用股权现金流量法计算时，也同样假设公司保持不变的债务比例，从而使公司资本成本不变。当然，在预测期我们可以根据实际情况做简单调整，前几年股权现金流量按照相应不同的贴现率贴现，而在后面的稳定期则使用相同的权益资本成本以便于计算。

第三节 调整净现值法

一、调整净现值法

前面两种方法中，我们通常假设公司维持不变的资本结构，从而使贴现率保持不变，计算项目价值。同时，我们也指出，在现实情况中，很难维持债务权益比率不变，需要对贴现率进行调整。为了解决资本结构改变后对公司价值评估的影响，学者们提出了调整净现值（adjusted present value，APV）法，该方法在杠杆收购中有较多的应用。

调整净现值法可用下面的式子描述：

$$APV = V^U + NPVF \tag{11-10}$$

换言之，一个杠杆企业（或项目）的价值（APV）等于一个无杠杆企业（或项目）的价值（V^U）加上融资方式的附带影响的净现值（net present value of financing，NPVF）。该方法的原理是将企业价值分为两部分计算：一是计算公司无杠杆时的价值，即全权益下公司各期自由现金流量贴现的价值；二是融资效应带来的净现值。一般考虑以下四个方面的影响：

（1）债务的税收收益。企业由于借债而产生的利息是税前支付的，因而借债使杠杆企业产生了额外的现金流入。

（2）新债券的发行成本。企业公开发行公司债券，要有投资银行的参与，对于投资银行所付出的时间和努力，企业要给予补偿，这就是发行成本，它降低了项目的价值。

（3）财务困境成本。随着债务融资的增加，企业面临财务困境，甚至陷入破产的可能性也增加。从前面章节的介绍我们已经知道，财务困境增加企业成本，从而降低其价值。

（4）债务融资的贴息。若企业的债务融资来源于政府，企业从政府部门借得的款项通常利率较低，或者企业获得政府税收优惠政策比如发行债券的利息是免税的，免税债券的利率大大低于应税债券的利率，则这种借款利率上的优惠会使项目或企业的价值增加。

以上四个方面的影响都很重要，但其中债务的税收收益在实际中影响最大，因此以下举例中暂且撇开其余三个方面，仅考虑税收收益这一点。

在计算中，APV 法直接加入了利息税盾的价值，而不是像 WACC 法那样通过调整贴现率来反映利息税盾的价值。

二、无杠杆价值

无杠杆价值是假设公司为全权益资本融资时项目自由现金流贴现产生的价值。计算过程与自由现金流量贴现法（WACC 法）中的一样，只是其贴现率并不是加权平均资本成本，而是无杠杆即权益融资的资本成本。

当然，此处的无杠杆并不是指公司不进行债务融资，而是指在计算第一部分的无杠杆价值时所用的贴现率，即权益资本成本是在没有债务融资的情况下计算得到的。

可以证明，该无杠杆资本成本等于税前加权平均资本成本，用公式表示为

$$r_u=\frac{D}{D+E}r_D+\frac{E}{D+E}r_E=\text{税前}\,r_{WACC} \tag{11-11}$$

该公式表明，公司的无杠杆资本成本等于它的税前加权平均资本成本，计算时所用的债务成本是税前成本r_D，而不是税后成本r_D（$1-T$）。APV 法对税盾单独进行估值。如例题 11－2 中 A 公司项目的税前加权平均资本成本$r_u=\frac{1}{5}\times 8\%+\frac{4}{5}\times 16\%=14.4\%$。可见，由于债券抵税效应的存在，税前的加权平均资本成本大于税后的加权平均资本成本（13.84%）。

我们还可以用另一种方法计算无杠杆资本成本，即通过卸载财务杠杆后再加载财务杠杆（已在 WACC 法中说明）得到无杠杆的 β 值，然后通过 CAPM 计算得到，即 $r_u=r_f+\beta_u(r_m-r_f)$。

三、利息税盾

将每期的利息税盾现金流进行贴现可以得到利息税盾的价值。利息税盾的现金流等于企业所得税税率乘以利息费用，即$r_D\cdot D\cdot T$。

至于利息税盾的贴现率，国外学者如 Brealey，Myers，Berk 和 DeMarzo 等认为若公

司维持目标杠杆率不变，则它未来的利息税盾与项目的现金流具有相同的风险①，因此，利息税盾应以项目的无杠杆资本成本贴现。若公司并不维持债务比例不变，而是计划将项目的债务固定在某一个水平，则认为该利息税盾的风险与债务相同，可以用债务资本成本进行贴现，由于每期的债务利息水平相同，税盾价值也一样，所以税盾价值成为永续现金流，按照债务成本进行贴现，此时税盾的现值便为 $D \cdot T$。

【例题 11－7】 之前已经通过加权平均资本成本法（WACC 法）和股权现金流法（FTE 法）对例题 11－2 中 A 公司投资的新项目进行估值。那么，通过调整净现值法（APV 法）估值的结果又会如何呢？

解答：

第一步：通过例题 11－2 中的信息，求得无杠杆资本成本：

$$r_u=\frac{1}{5}\times 8\%+\frac{4}{5}\times 16\%=14.4\%$$

第二步：计算无杠杆项目价值：

$$V^{U}=\frac{1\,650}{1+14.4\%}+\frac{1\,845}{(1+14.4\%)^2}+\frac{2\,069.25}{(1+14.4\%)^3}+\frac{2\,327.3}{(1+14.4\%)^4}$$
$$=5\,592.93(\text{万元})$$

第三步：计算利息税盾（见表 11－5）：

表 11－5　A 公司项目借债能力、利息及利息税盾　　单位：万元

年份（t）	0	1	2	3	4
借债能力$\left(\frac{D}{E}=\frac{1}{4}\right)$	1 132.27	958.98	722.7	408.87	—
利息（$r_D=8\%$）		90.58	76.72	57.82	32.70
利息税盾（$T=35\%$）		31.70	26.85	20.24	11.45

$$NPVF=\frac{31.70}{1+14.4\%}+\frac{26.85}{(1+14.4\%)^2}+\frac{20.24}{(1+14.4\%)^3}+\frac{11.45}{(1+14.4\%)^4}$$
$$=68.43(\text{万元})$$

第四步：计算项目价值：

$$APV=V^{U}+NPVF=5\,592.93+68.43=5\,661.36(\text{万元})$$

由此可见，通过三种方法计算得出的企业（项目）价值基本一致。②

债务融资能够带来税盾价值，但是也会使公司陷入财务困境，产生财务困境成本，以及代理成本。随着公司债务增多，现金流断裂的可能性增大，陷入财务困境的可能性也增大，同时也会使公司面临更高的借款成本和更大的信誉风险，这些成本将减少项目期望的自由现金流量。特别在经济不景气的环境下，公司更容易面临财务困境，从而导致融资的资本成本大大提高。

尽管财务困境成本和代理成本会影响公司的价值，然而将其量化比较复杂，在 APV

① 可参见这几个西方学者有关公司金融的教科书。

② 此处数据与前面 WACC 法、FTE 法等得出的结果略有差异，原因是小数点后四舍五入等。

法的计算中并未过多考虑。

四、调整净现值法在杠杆收购中的应用

（一）杠杆收购

杠杆收购（leverage buy out，简称 LBO ）是以被收购对象的资产作抵押，来获取债务融资，对收购目标进行股权投资。杠杆收购是 20 世纪 80 年代兴起于美国投资银行业的一种企业兼并的特殊形式。其运作方式主要是运用财务杠杆加大债务比例，以被收购企业的资产为担保而获得债务融资。这样能以较少的股本投入融得数倍的资金，对企业进行收购、重组，使其产生较强的盈利能力，从而实现收购的价值。作为收购的一种形式，LBO 是一种高风险、高收益、高技巧的资本运作方式。通常，杠杆收购企业具有如下一些财务特征。

（1）LBO 的资本结构较为极端，其资本结构为：股本 5%～20%；债券 10%～40%；银行贷款 40%～80%。可见，LBO 的权益债务比率可在 1∶5 至 1∶20 之间，债务比例极高，故 LBO 也被称为高度负债的杠杆收购方式。

（2）由于杠杆收购资本结构中债务比例非常高，利息负担沉重，偿债压力极大，因此，在融资协议中会要求企业制订明确的偿债计划，这必然会造成未来企业资本结构极不稳定。因此，杠杆收购企业的这种财务特征显然不适用于 WACC 法的前提条件，而应用 APV 法可在一定程度上解决杠杆收购企业的价值评估问题。

（二）APV 法在杠杆收购中的运用

在杠杆收购中，权益投资者希望能按规定时间表清偿债务。它们知道企业的债务比例会逐年下降，并能够预测未来经营所需的债务融资量。在这种情况下，由于资本结构一直在变动，APV 法比 WACC 法更加适用。

【例题 11-8】 现有 B 公司，近三个月的股价在 22 元/股左右波动，此时 A 公司（一般是收购型的私募股权基金）发现了 B 公司为有利的杠杆收购的潜在目标，决定以每股 30 元要约收购 B 公司。请问：这一收购价格是否合理？

A 公司为了确定收购活动的成功率，以及收购后对 B 公司进行更加有效的经营，对 B 公司及其所在的行业做了全面的调查和分析，并了解到 B 公司共发行股票 8 500 000 股，持有债务 1 600 万元。A 公司认为，收购完成后伴随 B 公司每年偿债，公司债务逐年减少，并计划第 5 年以后债务保持在企业价值的 20%（与所在行业债务水平一致）。B 公司在无杠杆情形下的股权收益率为 15%，且预测 5 年后无杠杆现金流稳定地按每年 5%的比率增长，B 公司税前的平均债务成本 r_D=12%。表 11-6 列示了 A 公司对 B 公司 5 年内无杠杆现金流的预测。

表 11-6　B 公司的经营现金流　　单位：万元

年份	1	2	3	4	5
营业收入	4 500	5 400	6 210	7 140	8 220
营业成本	2 000	2 300	2 645	3 020	3 470
所得税（T=35%）	875	1 085	1 248	1 442	1 663
税后利润	1 625	2 015	2 317	2 678	3 087

续表

年份	1	2	3	4	5
加：折旧	460	510	510	510	510
减：资本性支出	520	510	550	545	529
减：营运资本增加	−180	−210	160	215	225
无杠杆现金流	1 745	2 225	2 117	2 428	2 843

在收购策略上，A 公司计划在收购过程中大幅提高目标 B 公司的财务杠杆，这一过程也使公司同时享有其高利息带来的节税利益。为此，A 公司（这里一般是以 A 公司组建的壳公司为发行主体，收购完成后，壳公司与 B 公司合并，则债务由 B 公司承担）特意发行了约 2.5 亿元的公司债，并且需每年支付一定的高额利息费用。表 11 - 7 列示了预计利息费用和节税额。

表 11 - 7　预计利息费用和节税额　　单位：万元

年份	1	2	3	4	5
预计利息费用	3 200	2 980	3 110	3 260	3 440
节税额（T=35%）	1 120	1 043	1 089	1 141	1 204

现在我们根据表 11 - 6 和表 11 - 7 中的数据应用 APV 法来计算 B 公司作为杠杆收购目标的企业价值。

评估分四步进行：

第 1 步：计算未来 5 年的无杠杆现金流的现值。一般对这些现金流按必要的资产收益率进行贴现，B 公司的全股权资本收益率为 15%，因而，无杠杆现金流的现值是

$$\frac{1\,745}{1+15\%}+\frac{2\,225}{(1+15\%)^2}+\frac{2\,117}{(1+15\%)^3}+\frac{2\,428}{(1+15\%)^4}+\frac{2\,843}{(1+15\%)^5}=7\,393.46(\text{万元})$$

第 2 步：计算 B 公司 5 年以后的无杠杆现金流的现值。因为 B 公司第 5 年以后的无杠杆现金流稳定地按每年 5%的比率增长，这些现金流在第 5 年年末的价值等于一个永续增长额的贴现值。

$$\frac{2\,843\times 1.05}{15\%-5\%}=29\,851.5\,(\text{万元})$$

同第 1 步一样，按公司的资产收益率为 15%，贴现到第 1 年年末的现值为

$$\frac{29\,851.5}{(1+15\%)^5}=14\,841.47\,(\text{万元})$$

所以，企业总的无杠杆价值是 7 393.46+14 841.47=22 234.93（万元）。

第 3 步：计算第 1 年到第 5 年利息的节税额的现值。按税前的平均债务成本（r_D = 12%）贴现，根据表 11 - 7 所列的数据，可计算出节税额现值为

$$\frac{1\,120}{1+12\%}+\frac{1\,043}{(1+12\%)^2}+\frac{1\,089}{(1+12\%)^3}+\frac{1\,141}{(1+12\%)^4}+\frac{1\,204}{(1+12\%)^5}=4\,014.91(\text{万元})$$

第 4 步：计算第 5 年以后利息节税额的现值。最后需要计算第 5 年以后该公司由于债务融资所带来的节税额的现值。因为企业负债逐年减少，并计划第 5 年以后保持在企业价值的 20%的水平，公司在目标资本结构下第 5 年后的价值，就可以采用 WACC 法计算，

该价值包括全权益价值和节税价值。

第 5 年以后，如果 B 公司的资本结构中 20%为负债，那么其 WACC 约为

$$r_E=r_0+\frac{D}{E}(1-T)(r_0-r_D)=15\%+\frac{1}{4}\times(1-35\%)\times(15\%-12\%)=15.5\%$$

$$r_{WACC}=\frac{E}{E+D}r_E+\frac{D}{E+D}r_D(1-T)=80\%\times15.5\%+20\%\times12\%\times(1-35\%)$$
$$=14\%$$

这样第 5 年年末公司的有杠杆终值可计算如下：

$$\frac{2\,843\times1.05}{14\%-5\%}=33\,168.33(\text{万元})$$

公司的有杠杆终值是无杠杆终值与利息节税价值之和，所以有

$$\text{节税价值(第 5 年年末)}=V^L(\text{第 5 年年末})-V^U(\text{第 5 年年末})$$
$$=33\,168.33-29\,851.5$$
$$=3\,316.83\ (\text{万元})$$

再按债务成本 12%折算成第 1 年年末的价值：

$$\frac{3\,316.83}{1.12^5}=1\,882.06(\text{万元})$$

全部的节税价值为

$$4\,014.91+1\,882.06=5\,896.97(\text{万元})$$

把以上各部分加总，得到收购计划中 B 公司的总价值为 22 234.93＋5 896.97＝28 131.9（万元）。减去负债的市场价值 1 600 万元，得到权益价值为 26 531.9 万元，即每股为 31.21 元，从而 A 公司制定的收购价格 30 元/股是比较合理的。

因为随着收购进程的发展，债务不断被偿还，利息税盾逐年递减，*WACC* 则逐年增加，因此需要计算各年的加权平均资本成本。也就是在企业资本结构不断变化的情况下，不存在一个固定不变的资本成本。

应用 WACC 法评价杠杆收购项目时还存在一个自我迭代问题（前文已经分析）。要计算不断变化的 *WACC*，就得了解企业债务和权益的市场价值，就要知道企业的市场价值，换言之，必须知道企业的价值才能计算 *WACC*。因此，要运用 WACC 法，就得借助账面价值来衡量企业的债务和权益，对其市场价值的变化做出假设。

而 APV 法是建立在全权益融资假设的基础之上的，不受资本结构变化的影响。因此，当资本结构不断变化时，能够确切预知未来的债务水平和利息税盾，更适宜采用 APV 法进行项目估值。

专栏 11-2　　我国杠杆收购的发展现状

杠杆收购于 20 世纪 60 年代首先出现在美国，随后风行于北美和西欧，最初只在规模较小的公司中进行。但从 20 世纪 80 年代开始，随着银行、保险公司、投资银行等各种金融机构的介入，杠杆收购在世界范围内盛行起来。一直发展到现在，杠杆收购作为一种重要的并购方式，已成为私募股权资本经常运用的一种收购

方式，实现了全球范围内资金的高效运用，促进了国际资本市场的互通发展。

1. 杠杆收购在我国的发展

随着我国市场经济的不断发展，杠杆收购吸引了金融业内人士的关注。近年来，虽然我国资本市场发展迅速，企业并购数量不断增长，出现了京东方杠杆收购韩国 HYDIS、美国太平洋联盟集团（PAG）杠杆收购好孩子童车等成功案例，但是令人遗憾的是，杠杆收购这一在国际资本市场广泛应用的并购手段在我国表现并不令人满意，目前它还未被国内资本市场普遍接受和广泛应用。

2. 我国杠杆收购发展中存在的问题

(1) 债券市场不发达。目前，我国资本市场的框架已经基本确立，但与发达国家相比仍存在很大的差距。主要问题包括资本结构过于单一、金融工具品种缺乏，尤其是债券市场发展缓慢。这些因素造成了杠杆收购资金来源的匮乏。

(2) 中介机构的专业化程度欠缺。投资银行作为最主要的中介机构，在收购中的地位和作用非常重要。目前国内的投资银行和私募股权机构的专业化程度欠缺，缺乏进行杠杆收购的核心竞争力，这些不足严重阻碍了我国企业杠杆收购活动的正常开展。

(3) 缺乏支持性的相关法律法规制度。杠杆收购是极其复杂的过程，涉及财政税收、银行信贷、国有资产管理、员工处置和就业政策、社会保障等方方面面。目前国内关于企业收购兼并的程序与相关事项中的法律条款规范，基本上不利于开展杠杆收购。

因此，杠杆收购在我国的发展还有漫长的道路要走，相信随着我国经济结构转型、资本市场不断完善，杠杆收购将会在企业收购兼并中发挥重要作用。

第四节 WACC 法、FTE 法和 APV 法的比较

一、三种方法的比较

在前边的章节里，我们分别对 WACC 法、FTE 法和 APV 法进行了详细的介绍。上述三种方法计算企业（项目）价值的原理基本相同，即首先确定适用的方法，然后确定使用该方法的未来现金流，再确定对于该现金流的贴现率，最后求得该企业（项目）的价值。

WACC 法中，计算的企业（项目）现金流为全部的现金流，贴现率为加权平均资本成本。FTE 法中，计算的企业（项目）现金流为股权现金流，贴现率则为对应的股权资本成本。APV 法中，计算企业（项目）价值分为两步：先计算无杠杆价值，其现金流为企业（项目）全部现金流，而贴现率为无杠杆企业的资本成本；然后计算利息税盾的价值，将两者加总即为企业价值。

理论上，这三种方法都是用来解决同一问题的，对同一个企业（项目）估值计算的结果是相同的。然而，三种方法计算时又不完全相同。

使用 WACC 法和 FTE 法时，一般假设企业（项目）维持一个不变的资本结构，而 APV 法不需要该假设。APV 法可以更为方便地分析资本结构在未来发生改变时对企业（项目）价值的影响，同时也考虑了融资带来的其他成本，如财务困境成本、代理成本等，这些成本很难在 WACC 法和 FTE 法中体现，另外 APV 法在杠杆收购中有较多的应用。

与 WACC 法相比，APV 法的优点是更贴近实际应用，需要满足的假设少，当企业的资本结构和股权资本成本发生改变时，仍适用于企业（项目）价值评估。

与 FTE 法相比，WACC 法反映了利息税盾的作用，能够直观地反映债务融资和权益融资成本的差异，为财务融资决策提供了依据。同时，它计算的是企业（项目）的整体价值，能够深入地了解价值来源，用 WACC 法计算的结果减去债务价值，可以得出权益价值。在实际处理中，WACC 法的应用更为广泛。

二、方法应用

在本书所举的例子中，三种方法计算所得的项目估值基本相等，从理论上说也应如此，但在实践中，特定的条件下总是有某一种方法更便于计算，某些情况下有些方法则根本就无法计算。

首先，我们来看一下什么时候用 WACC 法和 FTE 法比较合适。如果某项目的风险在其整个寿命内保持不变的话，我们可以假设r_0保持不变（这种情况多数时候比较符合现实）。另外，如果债务权益比率在整个项目寿命内也保持不变的话，则r_E和r_{WACC}也将保持不变。在这种情况下，不论是 FTE 法还是 WACC 法都较容易计算。但如果债务权益比率逐年变化，则r_E和r_{WACC}也会逐年变化，换言之，FTE 法和 WACC 法中使用的贴现率每年发生变动，这就使计算变得十分繁杂，误差也随之增大。因此，当债务权益比率随时间的推移而不断变动时，FTE 法和 WACC 法的计算就很困难。

APV 法的计算是以未来各期的债务水平为基础的。当未来各期的债务水平能被准确地预知时，APV 法比较容易计算，但当未来各期的债务水平不确定时，这种方法就会变得复杂。比如，在债务权益比率一定的情况下，债务水平随企业（项目）价值的变化而变化，而未来一年中企业（项目）的价值是难以预测的，因此未来的债务水平也难以预测。

在很多情况下采用 APV 法是比较好的，比如，在杠杆收购中，企业开始有大量的债务，但数年后很快清偿，而早在安排杠杆收购时，收购企业（私募股权基金）就拟好了债务清偿的时间表，所以很容易预测未来年份的债务和税盾收益，便于计算 *APV*。而在这种情况下，由于债务权益比率不固定，所以 WACC 法和 FTE 法就难以运用，另外在涉及利息补贴和发行成本的情况下，运用 APV 法处理会更容易。

值得注意的是，这三种方法既可以对企业进行估值，也可以用来评估项目价值。在计算资本成本时必须明确的是对应的资本结构。我们不能简单地将公司的 *WACC* 作为项目的平均资本成本，除非项目的经营风险与公司类似，且项目的资本结构也与公司的资本结构相同。例如，某制药公司进行一个房地产项目投资，则该项目资本成本就不能使用公司的加权平均资本成本，而是应该对比房地产行业的权益资本成本（可以通过去杠杆和加载杠杆的方法计算得到），再根据该项目的债务比例加权计算得到。

第五节 案例分析：青岛海尔的价值估计

本节将给出一个具体的案例，通过建立财务模型，详细解构实践中如何运用本章所讲的方法对企业进行估值。本案例使用了简单的财务估值模型，并没有考虑如非经常性损益、递延所得税资产、递延所得税负债等会计科目。此外，为了使案例更具代表性，便于读者理解估值方法、估值流程，我们还对某些科目做了一定的改动。故本案例的一些数据会与实际有所出入，估值结果仅作为读者学习估值方法的参考。

一、公司简介

青岛海尔（600690），全名青岛海尔股份有限公司，其前身是成立于1984年的青岛电冰箱总厂，于1993年11月在上海证券交易所上市交易。青岛海尔股份有限公司是一家电器类公司，公司主要从事电冰箱、空调、电冰柜、洗衣机、热水器、洗碗机、燃气灶等家电及其相关产品的生产和经营，以及日日顺商业流通业务。海尔是中国最具价值的品牌之一。公司在全球建立了29个制造基地，8个综合研发中心，19个海外贸易公司，全球员工总数超过6万人，已发展成为大规模的跨国企业集团。海尔冰箱、海尔洗衣机的全球市场占有率在行业中均位列前茅。

表11-8为青岛海尔主营业务在2016年和2017年的毛利率水平，公司白色家电业务的毛利率均超过30%。表11-9表示的是青岛海尔的主营业务收入占比，可以看出电冰箱业务的收入占比最高，空调、厨卫和洗衣机产品也是该公司主要的收入来源。

表11-8 主营业务毛利率水平

产品	2016年	2017年
空调	32.29%	31.79%
电冰箱	33.08%	32.11%
厨卫	41.16%	39.76%
洗衣机	34.64%	35.58%
装备部品	6.18%	6.31%
渠道综合服务业务及其他	12.98%	10.23%

资料来源：根据公司相关年份年报整理。

表11-9 主营业务收入占比

产品	2016年	2017年
空调	15.75%	18.11%
电冰箱	30.58%	29.68%
厨卫	16.04%	17.99%
洗衣机	19.80%	19.46%
装备部品	2.24%	1.91%
渠道综合服务业务及其他	15.60%	12.84%
合计	100%	100%

资料来源：根据公司相关年份年报整理。

二、价值评估

截至 2017 年 12 月 31 日，公司股票收盘价为 18.53 元/股，作为一名坚定的价值投资者，你很想知道当前股价是否正确反映了该公司的价值，是股价被低估，该买入持有，还是股价被高估，应卖出套现呢？这就需要对该公司的价值进行评估。

对一家公司的价值进行评估，一般需要采取以下几个步骤：(1) 评估公司的背景，了解企业的基本情况，从宏观经济的角度来分析企业所处的政治、法律环境及经济环境等。(2) 行业环境分析，如企业所处的生命周期、行业竞争情况等；(3) 公司分析，对企业的竞争能力，如营运能力、盈利能力等进行全面的分析；(4) 价值评估，对企业的现金流进行预测，评估企业的价值。本案例主要侧重于第四个步骤。

实务中，估值方法有相对估值法和绝对估值法两种。本章之前所讲的三种方法都是绝对估值法。相对估值法则是将目标企业与可比企业对比，用可比企业的价值衡量目标企业的价值，所计算的结果是一种相对价值，该方法主要包括可比公司法和先例交易法，常用的为可比公司法。①

（一）可比公司法估值

可比公司，就是能够与目标公司进行比较的公司。一般来说，可比公司法的步骤为：(1) 选取可比公司。可比公司是指与目标公司所处的行业、主营业务、资本结构、盈利能力等类似的公司，可以通过一些行业财务指标等判断，也可以使用分析师研究报告中所比较的公司。(2) 选取并计算估值指标。通常采用的可比估值指标主要有市盈率（*PE*）、市净率（*PB*）、市销率（*PS*）、*EV/EBIT*、*EV/EBITDA* 等。(3) 计算企业价值。利用选取的可比公司估值指标数据，结合公司的每股收益、*EBITDA* 等指标计算出企业的价值。

本案例中，我们找到了 4 家可比公司，以市盈率（*PE*）和 *EV/EBITDA* 为参考指标进行估值，具体见表 11-10。

表 11-10　可比公司估值指标

证券代码	证券简称	*PE*	*PB*	*PS*	*EV/EBITDA*	预测 *PE*	股价（元/股）
600060	海信电器	19.13	1.44	0.59	10.62	17.46	14.77
000333	美的集团	21.79	4.92	1.59	16.20	19.80	54.18
000651	格力电器	14.38	4.01	1.95	6.30	13.34	43.70
000100	TCL 集团	28.75	1.77	0.48	13.60	14.53	3.78
平均值		21.01	3.04	1.15	11.68	16.99	
600690	青岛海尔	16.66	3.57	0.75	6.59	14.37	18.53

说明：数据截至 2017 年 12 月 31 日。
资料来源：Wind 数据库。

从表 11-10 中可以看出，青岛海尔的 *PE* 为 16.66，低于可比公司的平均值。使用 PE 法进行估值时，我们将行业平均值作为目标公司即青岛海尔的 *PE*，然后乘以每股收益

① 诚讯金融培训公司．估值模型．北京：中国金融出版社，2011.

便为公司的股价，对比目前的公司股价，就基本能得出目标公司是否具有投资价值。

在计算之前，需要对某些指标进行说明和处理。首先，关于每股收益指标的选取，考察可比公司时我们关注的是其核心业务的获利能力，一般报表上的净利润会受到非经常性损益的影响，故应调整净利润，从而得到剔除非经常性损益后的每股收益，不过该数据一般可以从年报或者数据库中查得。2017 年，公司剔除非经常性损益后的每股收益为 0.92 元，则股价应为 0.92×21.01=19.33（元/股），略高于当前 18.53 元/股的股价。

当然，市盈率指标的选取也需要特别注意。由于股价和每股收益处于波动状态，市盈率指标也经常变化。历史净利润数据的市盈率相对容易得到，然而股价反映的是投资者对未来盈利的预期，因此实际估值时常使用预测的市盈率（也称为动态市盈率），该数据也可以从数据库中查得，如 Wind 数据库等。本案例中，四家公司的预测 *PE* 平均值为 16.99，则股价为 0.92×16.99=15.63（元/股），低于使用当前市盈率的预测结果。

PE 法一般适用于连续盈利、处于成熟稳定期的企业。若企业收益为负，市盈率法便失去了比较的意义。同时，市盈率法受到公司折旧、摊销等的影响较大，对于存在大量固定资产的企业（可以使用 PB 法）并不是非常适用。

相对于 PE 法，*EV/EBITDA* 估值指标剔除了因会计政策不同引起的折旧摊销不同的影响，同时，也剔除了因企业处于生命周期不同阶段导致的折旧摊销水平不同对净利润的影响。其中，*EV*（enterprise value）指公司价值，一般为有息债务价值加上权益价值减去货币资金和交易性金融资产的价值，*EBITDA* 指 *EBIT* 加上折旧摊销。

在本案例中，我们使用了简单的财务估值模型，对一些会计科目如非经常性损益、公允价值变动损益等不做过多考虑，对利润表做了些调整，故会与实际值有所出入。

由表 11-10 得出 *EV/EBITDA* 平均值为 11.68，又从利润表 11-11 可知，公司 2017 年的 *EBITDA* 为 11 922.66 百万元，则公司的价值为 11.68×11 922.66=139 256.67（百万元）。从资产负债表表 11-12 得出公司的有息债务价值为 26 915.07（=10 878.58+16 036.49）百万元，货币资金为 35 177.28 百万元，交易性金融资产（衍生金融资产）为 0 元①，故权益价值为 147 518.88（=139 256.67+35 177.28+0-26 915.07）百万元，股票数为6 097 百万股，故股价应为 24.20 元/股，高于按 PE 法测算的股价。

表 11-11　青岛海尔的利润表　　单位：百万元

会计年度	2016A	2017A
营业收入	119 065.83	159 254.47
营业成本	82 126.88	109 889.62
营业税金及附加	687.77	808.89
销售费用	21 254.10	28 276.01
管理费用	8 382.44	11 133.23
EBIT	6 614.64	9 146.72
财务费用	720.89	1 392.87
营业利润	5 893.75	7 753.85

① 金融衍生交易资产的数据来源于青岛海尔 2017 年年报。

续表

会计年度	2016A	2017A
所得税费用	884.06	1 163.08
净利润	5 009.69	6 590.77
折旧摊销	2 423.73	2 775.94
EBITDA	9 038.37	11 922.66

表 11-12　青岛海尔的资产负债表　　单位：百万元

会计年度	2016A	2017A
货币资金	23 504.63	35 177.28
应收账款	12 247.24	12 448
预付账款	578.54	590.59
存货	15 237.94	21 503.52
其他	17 947.82	18 613.06
流动资产合计	69 516.17	88 332.45
长期股权投资	11 057.82	12 992.77
固定资产	15 539.05	16 017.52
在建工程	1 769.88	1 530.39
无形资产	7 242.42	7 005.19
其他	26 129.93	25 584.79
非流动资产合计	61 739.1	63 130.66
资产总计	131 255.27	151 463.11
短期借款	18 165.53	10 878.58
应付账款	20 594.20	25 654.01
其他	34 693.13	40 361.86
流动负债合计	73 452.86	76 894.45
长期借款	15 530.80	16 036.49
其他	4 691.27	11 782.16
非流动负债合计	20 222.07	27 818.65
负债合计	93 674.93	104 713.10
股东权益	37 580.37	46 750.01
负债和股东权益	131 255.27	151 463.11

说明：因四舍五入以及简化报表的原因，部分数据与实际数据略有差异，后同。

可比公司法计算简单，容易理解，但精确性不够，对公司估值会有一定的偏差，通常要结合公司的具体财务指标等进行深入分析。当然，使用可比公司法估值时，我们可以做一些调整。例如，对行业的 $EV/EBITDA$ 值赋予权重，而不是简单地进行算术平均。此外，若目标公司是该行业的龙头企业，或者目标公司的某个产品具有核心竞争力、目标公司具有较大的增长潜力等，可以对平均的 $EV/EBITDA$ 指标给予一定水平的溢价，使估值更符合目标公司的潜在价值。

（二）绝对估值法

为了规避相对估值法的缺陷，通常会将相对估值法和绝对估值法结合起来，对公司营运活动、投资活动及融资活动进行更为详细的预测。一般采用阶段模型如两阶段模型、三阶段模型等。对于两阶段模型，第一阶段是最近几年详细的预测期，第二阶段是后续稳定增长阶段。判断企业进入稳定状态的标志主要有两个：(1) 具有稳定的销售增长率，大约接近于宏观经济的名义增长率；(2) 具有稳定的投资资本收益率。

1. 营业收入、营业成本预测

一般的预测先从营业收入开始。预测销售收入增长不仅要考虑公司历史增长率，而且要结合国家整体的宏观环境、行业环境、公司市场环境、竞争对手，及未来市场发展空间等方面做出估计。例如，通过线性模型或 ARMA 模型对历史增长率进行估计并预测，2018 年青岛海尔的营业收入增长率为 19.26%，则 2018 年预期的营业收入约为 189 926.88（=159 254.47×1.192 6）百万元。

具体分析青岛海尔，我们认为：(1) 近年来青岛海尔发力空调业务，公司公告拟投资建设年产量 500 万套自清洁空调项目以提升海尔空调在华南市场的品牌竞争力，公司在空调产业技术与产品创新方面的成效显著，盈利能力继续提升。(2) 收购斐雪派克，解决同业竞争，践行全球大厨电战略，形成斐雪派克社交厨房、GEA 专业厨房、卡萨帝艺术厨房、海尔智慧厨房、统帅时尚厨房五大品牌全套系解决方案，形成新的增长引擎。(3) 滚动式的激励计划保障积极性：公司拟实施第三期核心员工持股计划，计划金额不超过 2.73 百万元，参与对象共计 635 人，包括董事、监事、高层 7 名，剩余为经营管理骨干、核心技术（业务）人才。因此，我们对青岛海尔的收入预测[①]如表 11 - 13 所示。

表 11 - 13 青岛海尔的主营业务预测

	2017A	2018E	2019E	2020E	2021E	2022E	2023E
冰箱（百万元）	47 113.59	54 180.63	59 598.69	65 558.56	72 114.42	79 325.86	87 258.44
增长率	15.00%	10.00%	10.00%	10.00%	10.00%	10.00%	5.00%
毛利率	32.50%	33.00%	33.00%	33.00%	33.00%	33.00%	33.00%
洗衣机（百万元）	30 895.00	40 651.64	52 034.10	64 522.28	77 426.74	89 040.75	102 396.87
增长率	31.58%	28.00%	24.00%	20.00%	15.00%	15.00%	10.00%
毛利率	34.00%	34.00%	34.00%	34.00%	34.00%	34.00%	34.00%
空调（百万元）	28 745.00	35 068.90	42 082.68	48 815.91	54 673.82	60 141.20	66 155.32
增长率	22.00%	20.00%	16.00%	12.00%	10.00%	10.00%	6.00%
毛利率	32.00%	32.00%	32.00%	32.00%	32.00%	32.00%	32.00%
厨卫电器（百万元）	28 560.00	32 986.80	36 945.22	41 378.64	45 516.51	50 068.16	54 073.61
增长率	15.50%	12.00%	12.00%	10.00%	10.00%	8.00%	6.00%
毛利率	41.00%	41.00%	41.00%	41.00%	41.00%	41.00%	41.00%
渠道综合服务及其他（百万元）	20 915.88	23 404.87	25 979.41	28 577.35	31 435.08	33 949.89	36 665.88
增长率	11.90%	11.00%	10.00%	10.00%	8.00%	8.00%	6.00%
毛利率	7.50%	7.50%	7.50%	7.50%	7.50%	7.50%	7.50%
装备部品（百万元）	3 025.00	3 630.00	4 210.80	4 800.31	5 376.35	5 913.98	6 505.38

① 收入增长预测参考西南证券行业研究报告。

续表

	2017A	2018E	2019E	2020E	2021E	2022E	2023E
增长率	20.00%	16.00%	14.00%	12.00%	10.00%	10.00%	8.00%
毛利率	15.00%	15.00%	15.00%	15.00%	15.00%	15.00%	15.00%
营业收入合计（百万元）	159 254.47	189 922.84	220 850.89	253 653.05	286 542.91	318 439.84	353 055.50
综合增长率	19.26%	16.28%	14.85%	12.97%	11.13%	10.87%	6.95%
营业成本合计（百万元）	109 889.62	131 175.17	152 297.66	174 631.47	197 098.59	218 781.98	242 379.65
综合毛利率	31.00%	30.93%	31.04%	31.15%	31.21%	31.30%	31.35%

营业税金及附加与公司的营业收入有高度相关性。例如，营业税、消费税、城建税等均是按营业收入的一定比例征收。对该科目的预测可以通过预测该科目与营业收入的比例，然后乘以预测期的营业收入求得。

销售费用主要包括广告费、运输费、包装费等，与营业收入有较强的关联性。我们也可以按销售费用占营业收入的一定比例，再结合公司的年报信息调整得出。

管理费用主要包括职工薪酬（管理人员）、差旅费、业务招待费等。一般地，管理费用也与公司营业收入呈正相关，但也存在一些特例，可以通过考察历史数据得出基本结论。

结合青岛海尔的实际情况，可以得到如表 11－14 所示的预测表格。

表 11－14　青岛海尔的 *EBIT* 预测

	2017A	2018E	2019E	2020E	2021E	2022E	2023E
营业收入（百万元）	159 254.47	189 922.84	220 850.89	253 653.05	286 542.91	318 439.84	353 055.50
营业成本（百万元）	109 889.62	131 175.17	152 297.66	174 631.47	197 098.59	218 781.98	242 379.65
营业税金及附加（百万元）	808.89	949.61	1 104.25	1 268.27	1 432.71	1 592.20	1 765.28
营业税金及附加/营业收入	0.51%	0.50%	0.50%	0.50%	0.50%	0.50%	0.50%
销售费用率	17.76%	18.00%	18.00%	18.00%	18.00%	18.00%	18.00%
管理费用率	6.99%	7.00%	7.00%	7.00%	7.00%	7.00%	7.00%
销售费用（百万元）	28 276.01	34 186.11	39 753.16	45 657.55	51 577.72	57 319.17	63 549.99
管理费用（百万元）	11 133.23	13 294.60	15 459.56	17 755.71	20 058.00	22 290.79	24 713.88
EBIT（百万元）	9 146.72	10 317.34	12 236.26	14 340.05	16 375.88	18 455.70	20 646.70

2. 经营营运资本预测

企业活动分为经营活动和金融活动两个方面。经营活动包括销售商品或提供劳务等营业活动以及与此相关的生产性投资活动。金融活动包括融资活动以及多余资金的利用。在前面的章节我们提过，营运资本等于流动资产减去流动负债。那么经营营运资本就等于经营性流动资产减去经营性流动负债，其中经营性流动资产主要包括应收账款、应收票据、存货、其他应收款、预付账款及其他经营性流动资产；经营性流动负债包括应付账款、应付票据、其他应付款、预收账款、应付职工薪酬、应交税费及其他经营性流动负债。

在这里，读者可能会有疑问，为什么要考察经营营运资本而不只是简单考察营运资本？这是因为经营营运资本的上述科目与企业的生产经营具有很强的相关性，而某些非经营性流动资产与企业的生产经营相关性不强，不随着企业营业收入的增加而增加，因此要将这部分资产剥离出来，如交易性金融资产、应收股利等。

对经营营运资本的科目进行预测时，通常有两种方法。一是假设科目与营业收入或营业成本维持一定的比例，因为这些科目与营业收入的相关性很强，如应收账款占营业收入的比例。二是考察该项目的周转率或周转天数，例如应收账款周转率等，不过这种方法对于企业改变应收账款政策的情况比较合适，比如企业管理层认为目前企业的应收账款周转天数大大超过行业平均水平，决定加快应收账款的回笼速度，使企业的应收账款周转天数从原来的 90 天缩短到现在的 60 天，那么通过方法二预测就比较方便。不过两者本质上是一致的，因为应收账款周转率＝营业收入/[(期初应收账款额＋期末应收账款额)/2]。此外，还可以对有些会计科目进行合并，一起预测，例如应付票据和应付账款可以被合并在一起作为应付款项等。我们以第一种预测方法为例，对公司的经营营运成本做了估计，得到表 11－15。

表 11－15　青岛海尔的经营营运成本预测

	2018E	2019E	2020E	2021E	2022E	2023E	2024E
应收票据/营业收入	8.20%	8.20%	8.20%	8.20%	8.20%	8.20%	8.20%
应收账款/营业收入	7.80%	7.80%	7.80%	7.80%	7.80%	7.80%	7.80%
预付款项/营业收入	0.40%	0.40%	0.40%	0.40%	0.40%	0.40%	0.40%
其他应收款/营业收入	0.60%	0.60%	0.60%	0.60%	0.60%	0.50%	0.50%
存货/营业收入	13.00%	13.00%	13.00%	13.00%	13.00%	10.00%	10.00%
其他流动资产/营业收入	3.00%	3.00%	3.00%	3.00%	3.00%	3.00%	3.00%
营业收入（百万元）	189 922.8	220 850.9	253 653.1	286 542.9	318 439.8	353 055.5	377 592.9
应收票据（百万元）	15 573.7	18 109.8	20 799.6	23 496.5	26 112.1	28 950.6	30 962.6
应收账款（百万元）	14 814.0	17 226.4	19 784.9	22 350.3	24 838.3	27 538.3	29 452.2
预付款项（百万元）	759.7	883.4	1 014.6	1 146.2	1 273.8	1 412.2	1 510.4
其他应收款（百万元）	1 139.5	1 325.1	1 521.9	1 719.3	1 910.6	1 765.3	1 888.0
存货（百万元）	24 690.0	28 710.6	32 974.9	37 250.6	41 397.2	35 305.5	37 759.3
其他流动资产（百万元）	5 697.7	6 625.5	7 609.6	8 596.3	9 553.2	10 591.7	11 327.8
经营性流动资产合计（百万元）	62 674.5	72 880.8	83 705.5	94 559.2	105 085.1	105 563.6	112 900.3
应付款项/营业收入	26.00%	24.00%	23.00%	22.00%	21.00%	18.00%	17.00%
预收款项/营业收入	3.50%	3.50%	3.00%	3.00%	3.00%	2.00%	2.00%

续表

	2018E	2019E	2020E	2021E	2022E	2023E	2024E
应付职工薪酬/营业收入	1.50%	1.50%	1.50%	1.50%	1.50%	1.50%	1.50%
应交税费/营业收入	1.20%	1.20%	1.20%	1.20%	1.20%	1.20%	1.20%
其他应付款/营业收入	6.80%	6.80%	6.80%	6.80%	6.80%	6.80%	6.80%
其他流动负债/营业收入	0	0	0	0	0	0	0
一年内到期的非流动负债/营业收入	0	0	0	0	0	0	0
应付款项（百万元）	49 379.9	53 004.2	58 340.2	63 039.4	66 872.4	63 550.0	64 190.8
预收款项（百万元）	6 647.3	7 729.8	7 609.6	8 596.3	9 553.2	7 061.1	7 551.9
应付职工薪酬（百万元）	2 848.8	3 312.8	3 804.8	4 298.1	4 776.6	5 295.8	5 663.9
应交税费（百万元）	2 279.1	2 650.2	3 043.8	3 438.5	3 821.3	4 236.7	4 531.1
其他应付款（百万元）	12 914.8	15 017.9	17 248.4	19 484.9	21 653.9	24 007.8	25 676.3
其他流动负债（百万元）	0.0	0.0	0.0	0.0	0.0	0.0	0.0
一年内到期的非流动负债（百万元）	0.0	0.0	0.0	0.0	0.0	0.0	0.0
经营性流动负债合计（百万元）	74 069.9	81 714.8	90 046.8	98 857.3	106 677.3	104 151.4	107 614.0
净营运资本（百万元）	−11 395.4	−8 834.0	−6 341.3	−4 298.1	−1 592.2	1 412.2	5 286.3
净营运资本增加（百万元）	1 930.2	2 561.3	2 492.7	2 043.2	2 705.9	3 004.4	3 874.1

资料来源：根据公司相关年份年报整理。

3. 净经营性长期资产预测

（1）经营性长期资产。经营性长期资产主要包括长期应收账款、长期股权投资、固定资产、在建工程、无形资产、长期待摊费用等。

固定资产是公司重要的资产之一。对于制造业企业，固定资产占总资产的比重会较大，尤其是重资产公司，如航空公司、铁路公司等。对固定资产进行简单预测时，可以直接假设固定资产净值占营业收入的一定比例，折旧则占固定资产的一定比例，然后通过固定资产等式即固定资产期初值加上固定资产购建值减去折旧等于固定资产期末值，倒推出固定资产购建值。

青岛海尔的固定资产主要包括房屋建筑物、生产设备、运输设备和办公设备等。2017年青岛海尔的固定资产较年初增加3.05%，主要来自房屋建筑物和运输设备的增加。在建工程较年初下降14.32%，主要是由于公司先前的在建工程项目转入固定资产科目中。可见，2017年青岛海尔的发展已经处于稳定阶段，预计未来几年在建工程占营业收入的比重将处于平稳的下降趋势。

值得说明的是，固定资产以及折旧的详细预测可以从固定资产的折旧方法、年限、残值率，当前的固定资产净值等进行展开，具体数据可从年报中查得，一般可将固定资产分三项计算：(1) 固定资产维护的资本性支出；(2) 新购的固定资产、已经报废的固定资产处置；(3) 在建工程转入固定资产。同时，可以得到计提的折旧。用公式表示即为

$$\text{期初固定资产}+\text{新购固定资产}\left(\text{维护和新增的固定资产}\right)+\text{转入固定资产}-\text{处置固定资产}-\text{折旧}=\text{期末固定资产}$$

无形资产主要包括商标权、著作权、专利权、土地使用权等。本案例中，公司的无形资产有土地使用权、特许使用权、专有技术等，同样可以按照占营业收入的比例进行预测。对于部分无形资产较为单一的公司，例如无形资产主要是土地使用权的公司，其无形资产的预测可以根据固定资产（厂房）的购建做相应调整。

（2）经营性长期负债。经营性长期负债主要包括长期应付款、专项应付款、预计负债、递延所得税、其他非流动负债等。这些项目预测难度较大，需要公司内部信息做支撑，一般也做简单化处理，如假设长期经营性负债占营业成本的一定比例。①

本案例中，我们只是采用了简单的财务预测模型，没有考虑递延所得税资产、递延所得税负债等。此外，考虑到长期待摊费用金额较小，占非流动资产的比例非常低，也简化不做考虑。对固定资产等科目进行预测时，也只是简单地处理成固定资产占营业收入之比来预测未来年度的固定资产额，同样，对在建工程、无形资产等也做了类似处理。最终，我们得到表 11－16。

表 11－16 青岛海尔的净经营性长期资产预测 单位：百万元

相关科目	2017A	2018E	2019E	2020E	2021E	2022E	2023E	2024E
固定资产	16 017.5	17 093.1	19 876.6	22 828.8	25 788.9	28 659.6	31 775.0	33 983.4
在建工程	1 530.4	1 709.3	1 766.8	1 775.6	1 719.3	1 592.2	1 412.2	1 132.8
无形资产	7 005.2	7 596.9	8 834.0	7 609.6	8 596.3	9 553.2	7 061.1	7 551.9
经营性长期资产合计	24 553.1	26 399.3	30 477.4	32 213.9	36 104.4	39 805.0	40 248.3	42 668.0
其他非流动负债	1 170.9	949.6	883.4	761.0	573.1	318.4	0.0	0.0
经营性长期负债合计	1 170.9	949.6	883.4	761.0	573.1	318.4	0.0	0.0
净经营性长期资产	23 382.2	25 449.7	29 594.0	31 453.0	35 531.3	39 486.5	40 248.3	42 668.0
净经营性长期资产增加	－639.8	2 067.5	4 144.4	1 859.0	4 078.3	3 955.2	761.8	2 419.7
折旧摊销	2 775.9	2 734.9	2 782.7	2 739.5	2 578.9	2 579.4	2 542.0	2 718.7
净经营性长期资产总投资	2 136.2	4 802.4	6 927.1	4 598.4	6 657.2	6 534.6	3 303.8	5 138.3

上表中，净经营性长期资产总投资＝净经营性长期资产增加＋折旧摊销，净经营性长期资产总投资即为经营性资本支出。②

① 诚讯金融培训公司. 估值模型. 北京：中国金融出版社，2011.

② 因为折旧摊销并非现金流出，所以从现金流角度分析的净经营性长期资产总投资必须将折旧摊销加回。

4. 财务费用预测

财务费用主要包括利息支出，即公司短期借款、长期借款、长期债券等需要支付的利息。长期借款或长期债券在一年内到期的部分本金将会转入一年内到期的非流动负债，此外，一些企业发行的短期融资券也有可能被放到其他流动负债科目中，所以需要仔细分析年报披露的信息。

对财务费用进行预测，首先需要预测债务的金额，主要包括短期债务融资和长期债务融资。然后预测利率，短期贷款利率可从中国人民银行官方网站查到，长期债务融资利率可以从年报中得到或者用之前提及的 WACC 法预测。最后就是计算利息费用。若是能够确切知道贷款发生或者偿还的具体时间，则按月份计；若不能得知，则一般求年初和年末债务的平均值，再乘以利率。当然，公司存放在银行的部分货币资金也会带来一定的利息收入，两者相减便可得到财务费用。

本案例中，公司披露的财务费用包括利息支出、利息收入、汇兑损益等。汇兑损益主要是受到汇率波动的影响，故在此不做过多考虑。按照公司年报披露，2017 年财务费用较同期增加 93.34%，主要是由于本年借款平均余额较同期增加。

为了让读者知悉具体的预测过程，我们将该科目做了较大改动，使结果更具有一般性。我们考察了 2017 年中国人民银行公布的存贷款利率，结合公司的短期借款和长期借款的年限，做了如下假定，详见表 11-17。

表 11-17　青岛海尔财务费用预测

相关科目	2017A	2018E	2019E	2020E	2021E	2022E	2023E
基本假设：短期借款利率 4.6%，长期借款利率 5.15%，存款利率 2.1%							
短期借款金额（百万元）	10 878.6	10 027.9	7 288.1	5 022.3	3 782.4	3 152.6	2 111.3
一年内到期的非流动负债（百万元）	2 850.3	0.0	0.0	0.0	0.0	0.0	0.0
长期借款金额（百万元）	16 017.5	15 383.7	15 901.3	15 980.1	15 473.3	14 329.8	15 887.5
短期借款利息支出（百万元）	415.8	470.4	389.6	277.0	198.1	156.0	118.4
长期借款利息支出（百万元）	798.5	808.6	805.6	820.9	809.9	767.4	778.1
利息支出总计（百万元）	1 214.3	1 279.0	1 195.2	1 097.9	1 008.0	923.5	896.5
货币资金/营业收入	22.09%	16.00%	14.00%	12.00%	10.00%	9.00%	8.00%
货币资金（百万元）	35 177.3	30 387.7	30 919.1	30 438.4	28 654.3	28 659.6	28 244.4
存款款项/货币资金	93.80%	90.00%	85.00%	80.00%	80.00%	80.00%	75.00%
利息收入合计（百万元）	313.6	574.3	551.9	511.4	481.4	481.5	444.8
现金折扣（百万元）	178.5	213.7	224.6	265.7	284.6	252.6	199.5
财务费用（百万元）	722.3	490.9	418.7	320.8	242.1	189.4	252.2

预测中，较为常用的预测方法是假定公司短期借款主要是为了提供公司营运资金，而长期借款更多与公司的资本性支出有关，故比例指标可以选取短期借款与营运资本增加之比、长期借款与固定资产净额之比。货币资金通常也与公司的营业收入具有一定的相关性。一般来说，公司会有最低的货币资金需求来维持正常的生产经营。本案例中，该公司的货币资金可以分为库存现金、银行存款、其他货币资金。其中，其他货币资金主要是银行承兑汇票保证金和借款质押保证金，并没有利息收入，计算出银行存款占货币资金的比例，将其乘以假定的存款利率便可以得出利息收入。例如表 11－17 中 2018 年预期短期借款利息支出＝（10 878.6＋10 027.9)/2×4.6%＝470.4（百万元）。

5. 预测盈利

预测了上述主要科目后，基本上就能够勾画出公司的利润表。当然，在这个财务模型中我们做了简化，并没有考虑非经常性损益，如营业外支出、营业外收入等。实务中需要调整非经常性损益时，对于与生产经营相关的政府补贴，如增值税退税等可以计入营业收入中。此外，在实务中，公司所得税并不等于税前利润乘以公司所得税税率，例如 2017 年青岛海尔所得税与税前利润之比为 14.20%，而不是 15%，这是由于税法计税依据与会计计税原则有些不同，例如政府有时会提供一些税收优惠政策等。

一般所得税应按照税法的相关规定计算得出，因此我们计算所得税费用一般使用有效税率，而非边际税率。我国一般企业所得税边际税率为 25%，青岛海尔享受高新技术企业的税收优惠，所得税税率为 15%。有效税率可以通过公司历年的所得税税额与当年的税前利润之比获得。在本案例中，我们假设前 5 年公司仍能享受 15%的所得税税率，之后按照 25%的税率纳税。有效税率前 5 年为 14.2%，之后为 24.2%。整理后，公司的利润表如表 11－18 所示。

表 11－18 青岛海尔利润表预测

单位：百万元

相关科目	2017A	2018E	2019E	2020E	2021E	2022E	2023E
营业收入	159 254.5	189 922.8	220 850.9	253 653.1	286 542.9	318 439.8	353 055.5
营业成本	109 889.6	131 175.2	152 297.7	174 631.5	197 098.6	218 782.0	242 379.6
营业税金及附加	808.9	949.6	1 104.3	1 268.3	1 432.7	1 592.2	1 765.3
销售费用	28 276.0	34 186.1	39 753.2	45 657.5	51 577.7	57 319.2	63 550.0
管理费用	11 133.2	13 294.6	15 459.6	17 755.7	20 058.0	22 290.8	24 713.9
EBIT	9 146.7	10 317.3	12 236.3	14 340.1	16 375.9	18 455.7	20 646.7
财务费用	722.3	490.9	418.7	320.8	242.1	189.4	252.2
营业利润	8 424.4	9 826.4	11 817.6	14 019.2	16 133.8	18 266.3	20 394.5
所得税费用	1 196.3	1 395.4	1 678.1	1 990.7	2 291.0	2 593.8	5 098.6
净利润	7 228.2	8 431.1	10 139.5	12 028.5	13 842.8	15 672.5	15 295.9
折旧摊销	2 775.9	2 734.9	2 782.7	2 739.5	2 578.9	2 579.4	2 542.0
EBITDA	11 922.7	13 052.2	15 019.0	17 079.5	18 954.8	21 035.1	23 188.7

三、企业估值

在评估之前，我们需要知道各项融资的资本成本，如何取得有关数据已在之前阐述过，故下文直接给出，详见表 11－19。

表 11－19　青岛海尔融资的资本成本

债务价值（百万元）	29 746.4	Gordon 增长率	3.50%	债务资本成本	5.00%
股价（元/股）	18.5				
股数（百万股）	6 097.0	无风险利率	4.00%	市场收益率	8.10%
权益市值（百万元）	112 977.4				
D/E	26.33%	杠杆 β 值	1.44	权益资本成本（杠杆）	9.90%
$D/(E+D)$	20.84%	无杠杆 β 值	1.29	全权益资本成本	9.29%
税率 1	14.20%			$WACC_1$	8.73%
税率 2	24.20%			$WACC_2$	8.14%

说明：（1）$WACC_1$ 为税率 1 下的加权平均资本成本，$WACC_2$ 为税率 2 下的加权平均资本成本。
（2）Gordon 增长率为永续不变增长率，这里假定是稳定期的增长率。

（一）WACC 法估值

根据之前的预测，我们便可以计算公司的自由现金流，计算公式已在前文中阐述过，在此便不再展开，得到表 11－20。

表 11－20　青岛海尔的 *FCFF* 预测　　单位：百万元

相关科目	2017A	2018E	2019E	2020E	2021E	2022E	2023E
净利润	7 228.2	8 431.1	10 139.5	12 028.5	13 842.8	15 672.5	15 295.9
加：税后利息费用	619.7	421.2	359.2	275.3	207.7	162.5	191.1
加：折旧摊销	2 775.9	2 734.9	2 782.7	2 739.5	2 578.9	2 579.4	2 542.0
减：净营运资本增加	－1 886.0	1 930.2	2 561.3	2 492.7	2 043.2	2 705.9	3 004.4
减：资本性支出	2 136.2	4 802.4	6 927.1	4 598.4	6 657.2	6 534.6	3 303.8
FCFF	10 373.6	4 854.5	3 793.0	7 952.1	7 929.0	9 173.8	11 720.8

之后将现金流量贴现便得到公司的价值，详见表 11－21。

表 11－21　根据 WACC 法测算的青岛海尔的企业价值

	2017A	2018E	2019E	2020E	2021E	2022E	2023E
FCFF（百万元）		4 854.5	3 793.0	7 952.1	7 929.0	9 173.8	11 720.8
资本成本		8.73%	8.73%	8.73%	8.73%	8.73%	8.73%
预测期的贴现现金流量（百万元）		4 464.6	3 208.1	6 185.7	5 672.3	6 035.7	
稳定期的贴现现金流量（百万元）	147 334.6					223 939.3	
价值合计（百万元）	172 901.0						

表 11－21 中，我们假定 2023 年之后公司自由现金流量稳定增长，使用 Gordon 永续增长模型，将 2023 年之后的企业现金流量贴现到 2022 年，其值为

11 720/(8.73%－3.5%)＝223 939.3（百万元）

贴现到 2017 年年末为 147 334.6 百万元。①

由表 11－21 可以得出，企业价值为 172 901 百万元，2017 年年底公司的货币资金为 35 177.3 百万元，交易性金融资产为 0 百万元，债务价值为 26 915.1 百万元，则公司的股权价值为 181 163.2 百万元，公司的总股本数为 6 097 百万股，则预测公司的股价为 29.71 元/股。

考虑到公司价值很容易受到 Gordon 模型永续增长率和加权平均资本成本的影响，我们对股价进行了敏感性分析。结果如表 11－22 所示。

表 11－22　青岛海尔的 WACC 法敏感性分析　　单位：元/股

永续增长率	加权平均资本成本（*WACC*）						
	7.23%	7.73%	8.23%	8.73%	9.23%	9.73%	10.23%
2.00%	31.64	28.78	26.37	24.33	22.57	21.05	19.71
2.50%	34.38	30.98	28.18	25.84	23.84	22.13	20.64
3.00%	37.76	33.66	30.34	27.61	25.32	23.37	21.69
3.50%	42.05	36.96	32.95	29.71	27.04	24.81	22.91
4.00%	47.66	41.15	36.18	32.27	29.10	26.50	24.31
4.50%	55.33	46.63	40.27	35.42	31.60	28.51	25.97
5.00%	66.43	54.13	45.63	39.42	34.68	30.95	27.93

（二）FTE 法估值

同样，我们计算得到的股权现金流量见表 11－23。

表 11－23　青岛海尔的 *FCFE* 预测　　单位：百万元

相关科目	2017A	2018E	2019E	2020E	2021E	2022E	2023E
净利润	7 228.2	8 431.1	10 139.5	12 028.5	13 842.8	15 672.5	15 295.9
加：折旧摊销	2 775.9	2 734.9	2 782.7	2 739.5	2 578.9	2 579.4	2 542.0
加：净借债	3 644.0	1 526.0	1 936.0	613.0	－241.0	－355.0	145.0
减：净营运资本增加	－1 886.0	1 930.2	2 561.3	2 492.7	2 043.2	2 705.9	3 004.4
减：资本支出	2 136.2	4 802.4	6 927.1	4 598.4	6 657.2	6 534.6	3 303.8
FCFE	13 397.9	5 959.3	5 369.8	8 289.8	7 480.3	8 656.4	11 674.7

将现金流量贴现便可得到股权的价值，见表 11－24。

① 由于表中只保留一位小数，故存在一定误差。

表 11-24　根据 FTE 法预测的青岛海尔的股权价值

相关科目	2017A	2018E	2019E	2020E	2021E	2022E	2023E
FCFE（百万元）		5 959.3	5 369.8	8 289.8	7 480.3	8 656.4	11 674.7
资本成本		9.29%	9.29%	9.29%	9.29%	9.29%	9.29%
预测期的贴现股权价值（百万元）		5 452.8	4 495.8	6 350.6	5 243.4	5 552.0	
稳定期的贴现股权价值（百万元）	129 348.1					201 670.5	
股权价值合计（百万元）	156 442.7						

由表 11-24 可知，目前公司的股权价值为 156 442.7 百万元，公司总股本为 6 097 百万股，所以该方法预测得出公司的股价为 25.66 元/股。我们也对该股价做了敏感性分析，结果见表 11-25。

表 11-25　根据 FTE 法预测的青岛海尔的股权价值的敏感性分析　　单位：元/股

永续增长率	加权平均资本成本（*WACC*）						
	7.23%	7.73%	8.23%	8.73%	9.23%	9.73%	10.23%
2.00%	21.29	21.29	21.29	21.29	21.29	21.29	21.29
2.50%	22.53	22.53	22.53	22.53	22.53	22.53	22.53
3.00%	23.97	23.97	23.97	23.97	23.97	23.97	23.97
3.50%	25.66	25.66	25.66	25.66	25.66	25.66	25.66
4.00%	27.66	27.66	27.66	27.66	27.66	27.66	27.66
4.50%	30.09	30.09	30.09	30.09	30.09	30.09	30.09
5.00%	33.08	33.08	33.08	33.08	33.08	33.08	33.08

（三）APV 法

用 APV 法对企业估值的结果见表 11-26。

表 11-26　根据 APV 法预测的青岛海尔的股权价值

永续增长率	加权平均资本成本（WACC）						
	2017A	2018E	2019E	2020E	2021E	2022E	2023E
FCFF（百万元）		4 854.5	3 793.0	7 952.1	7 929.0	9 173.8	11 720.8
资本成本		9.29%	9.29%	9.29%	9.29%	9.29%	9.29%
各期的现值（百万元）		4 441.9	3 175.6	6 091.9	5 557.9	5 883.9	
全权益价值合计（百万元）	129 859.2						
预测期债务的税盾价值（百万元）		3 608.5	3 292.9	2 982.4	2 734.3	2 482.5	4 355.7
稳定期债务的税盾价值（百万元）		75 241.0					
税盾的现值（百万元）		3 301.8	2 756.9	2 284.7	1 916.6	49 850.6	
总税盾价值（百万元）	60 110.6						
企业价值（百万元）	189 969.8						

说明：(1) 表中 2023 年税盾增长主要是由于所得税税率由 14.2%变为 24.2%。(2) 税盾的贴现率采用的是全权益下的资本成本 9.29%。

表 11－26 中并没有考虑负债可能带来的财务破产成本，若该公司的财务评级为 A－，对应的破产概率为 1.4%[①]，假定破产成本占全权益价值的比例为 30%，则预期的破产成本为 545.41 百万元，最终企业价值为 189 424.39 百万元。公司总股本为 6 097 百万股，所以该方法预测得出公司的股价为 31.07 元/股。若不考虑财务破产成本，该方法预测得出公司的股价为 31.16 元/股。

四、总结

以上三种方法得到的估值仍具有较大差异。APV 法与之前的 WACC 法测算出来的企业价值存在区别，主要是由于 2023 年之后假设公司所得税有效税率为 24.2%，相较于之前的 14.2%，税盾价值有了较大改变。使用 APV 法估值时，资本成本并未受到资本结构的影响，但使用 WACC 法时，我们能够很轻易地发现：有效税率改变势必会导致加权平均资本成本变化（因为 WACC 是税后的成本），但实际计算中并未将这一点考虑进去。

案例使用了两阶段模型，后续预测期（即稳定增长期）的估值存在一定主观性，也会导致估值结果有较大变化。例如，WACC 法中后续预测期现值为 147 334.6 百万元，占总价值的比重较大，为了消除这种影响，有兴趣的读者可以使用三阶段或者多阶段模型，得出更为可靠的估值结果。

本章小结

1. 在对企业（项目）进行估值时，有三种通行的估值方法：加权平均资本成本（WACC）法、股权现金流量（FTE）法和调整净现值（APV）法。理论上，这三种方法对企业（项目）的估值结果是相同的，实际应用中各有优势，应根据具体情况采用不同方法。

（1）加权平均资本成本（weighted-average-cost-of-capital，WACC）法就是通过加权平均资本成本对企业自由现金流量进行贴现，从而得到企业（项目）的价值估值的方法，即

$$r_{WACC}=\frac{E}{E+D}r_E+\frac{D}{E+D}r_D(1-T)$$

$$V^{L}=\sum_{t=1}^{\infty}\frac{FCFF_t}{(1+r_{WACC})^t}$$

（2）股权现金流量（flow-to-equity，FTE）法是从企业现金流量分配角度看，对杠杆企业（或项目）所产生的属于权益所有者的现金流量，通过权益资本成本 r_E 进行贴现，从而得到企业（或项目）的价值估值的方法。

$$FCFE=\text{净利润}+\text{折旧摊销}-\text{净营运资本的增加}-\text{资本性支出}+\text{净借债}$$

$$V=\sum_{t=1}^{\infty}\frac{FCFE_t}{(1+r_E)^t}$$

（3）调整净现值（adjusted present value，APV）法的原理是：一个杠杆企业（项目）

① 财务评级数据来自彭博数据库，破产成本和破产概率表是基于美国公司的统计数据。

的价值（APV）等于一个无杠杆企业（项目）的价值加上融资方式的附带影响的净现值。

$$APV=V^{U}+NPVF$$

无杠杆企业（项目）的价值通过企业自由现金流量对无杠杆资本成本（即税前加权平均资本成本）贴现而得，其中

$$r_{U}=\frac{D}{D+E}r_{D}+\frac{E}{D+E}r_{E}=\text{税前}\,r_{WACC}$$

$$V^{U}=\sum_{t=1}^{\infty}\frac{FCFE_{t}}{(1+r_{U})^{t}}$$

APV 法通常适用于一些特殊的情形，如存在贴息融资、LBO 和融资租赁的情形等。WACC 法和 FTE 法则普遍适用于更加典型的资本预算情形，在典型的资本预算情形下，APV 法是相对采用较少的方法。

问题与应用

1. 亚荣公司为了扩大生产经营，通过批准平价发行 2 亿元票面利率为 10%的 5 年期长期债券。又经评估可知，该公司短期借款 5 000 万元，长期借款 2.5 亿元，股权市场价值 8 亿元。目前，短期借款利率为 6%，长期借款利率为 8%，无风险利率为 4%，市场风险溢价为 8%，公司的 β 值为 1.2，所得税税率为 25%，求该公司发行债券后的加权平均资本成本。

2. 远东集团正考虑收购一家下游的制造企业华元公司，已知目前华元公司的市场权益价值约为 2 000 万元，有息负债账面价值约为 1 500 万元，可比公司的无杠杆 β 值为 0.7，债务平均成本为 6%，市场无风险利率为 4%，平均风险溢价为 7%，所得税税率为 25%。分析师认为并购后，华元公司受益于原材料采购成本下降等，第一年可以获得 250 万元的现金流，之后现金流以每年 5%的速度递增，且债务权益比率下降为原来的 80%，之后保持不变。暂不考虑收购之后对远东集团的协同效应，则理论上收购价值应该为多少？

3. 方通公司本年度实现 2 000 万元的销售收入，毛利率为 20%，销售净利率为 10%，销售费用和管理费用为 100 万元，折旧额为 100 万元。当年，公司营运资本新增了 50 万元，资本性支出为 100 万元，新增债务 100 万元，若公司自由现金流量每年能以 3%的速度增长，加权平均资本为 12%，目前公司账目债务金额为 1 000 万元，货币资金为 50 万元，分别计算目前的企业价值和权益价值。（公司价值＝净债务的价值＋权益价值－现金和短期有价证券价值。）

4. 上网查找当前银行的存贷款利率、长期国债利率，并选择一家上市公司，通过数据库查找该公司的 β 值、公司的股价，计算该公司当前的权益价值和债务价值，估计目前的加权平均资本成本。

5. WACC 法、FTE 法、APV 法三种估值方法的差异是什么？各自适用的条件有哪些？请结合教材对青岛海尔的估值，分析讨论哪一种估值结果更为准确。若估值结果与证券市场定价存在差异，这种差异的可能原因是什么？

推荐阅读材料

[1] J. A. Miles, and J. R. Ezzel, "The Weighted Average Cost of Capital, Perfect

Capital Market and Project Life: A Clarification", *Journal of Financial and Quantitative Analysis*, 1980, 15 (3): 719-730.

[2] R. Harris, and J. Pringle, "Risk Adjusted Discount Rates: Transition From Average Risk Case", *Journal of Financial Research*, 1985, 8 (3): 237-244.

[3] S. C. Myers, "Interactions of Corporate Financing and Investment Decisions——Implications for Capital Budgeting", *Journal of Finance*, 1974 (29): 1-25.

[4] S. Kaplan and R. Ruback, "The Valuation of Cash Flow Forecasts: An Empirical Analysis", *Journal of Finance*, 1995, 50 (4): 1059-1093.

[5] T. Copeland, T. Koller and J. Murrin, *Valuation Measuring and Managing the Value of Companies*, McKinsey & Company, Inc., 2000.

[6] 诚讯金融培训公司. 估值建模. 北京：中国金融出版社，2011.

[7] 蒂姆·科勒. 价值估值——公司价值的衡量与管理. 北京：电子工业出版社，2007.

[8] 理查德·A. 布雷利，斯图尔特·C. 迈尔斯，弗兰克林·艾伦. 公司理财原理：10版. 北京：机械工业出版社，2012.

[9] 乔纳森·伯克，彼得·德马佐. 公司理财. 北京：中国人民大学出版社，2009.

参考文献

[1] E. R. Arzac, and L. R. Glosten, "A Reconsideration of Tax Shield Valuation", *European Financial Management*, 2005, 11 (4): 453.

[2] Inselbag, and H. Kaufold, "How DCF Approaches in Valuing Companies under Alternative Financing Strategies (and How to Choose between Them)", *Journal of Applied Corporate Finance*, 1997, 10 (1): 114.

[3] J. A. Miles, and J. R. Ezzell, "The Weighted Average Cost of Capital, Perfect Capital Markets, and Project Life: A Clarification", *Journal of Financial and Quantitative Analysis*, 1980, 15 (3): 719-730.

[4] 阿斯沃思·达摩达兰. 价值评估. 北京：北京大学出版社，2003.

[5] 阿斯沃思·达摩达兰. 深入价值评估. 北京：北京大学出版社，2005.

[6] 诚讯金融培训公司. 估值建模. 北京：中国金融出版社，2011.

[7] 戴书松. 公司价值评估. 北京：清华大学出版社，2009.

[8] 菲利普·R. 戴维斯. 公司价值评估——管理者、投资者指南. 北京：清华大学出版社，2005.

[9] 理查德·A. 布雷利，斯图尔特·C. 迈尔斯，弗兰克林·艾伦. 公司理财原理：10版. 北京：机械工业出版社，2012.

[10] 乔纳森·伯克，彼得·德马佐. 公司理财. 北京：中国人民大学出版社，2009.

[11] 青岛海尔股份有限公司2017年年度报告，2017.

[12] 山西证券. 青岛海尔—600690—消费升级趋势下，公司强者恒强，2018.

[13] 申万宏源. 青岛海尔—600690—2017年年报及2018年一季报点评：业绩优异，改善红利持续释放，2018.

[14] 思克里·R. 阿扎克. 兼并、收购和公司重组. 北京：机械工业出版社，2011.

[15] 斯蒂芬·A. 罗斯，伦道夫·W. 威斯特菲尔德，杰弗利·F. 杰富. 公司理财：9版. 北京：机械工业出版社，2012.

[16] 谭三艳. 企业价值评估方法研究. 财会通讯，2009 (8).

[17] 王少豪. 资本结构、资本成本与 APV 法. 中国资产评估，2011 (6).

[18] 西南证券. 青岛海尔—600690—三季度点评：业绩超预期，盈利能力逆势而上，2017.

[19] 雅戈尔集团股份有限公司 2011 年年度报告，2011.

第十二章

营运资本管理与短期融资

学习目标：

1. 理解营运资本的构成及营运资本管理的意义；
2. 理解信用与应收账款管理的步骤和内容；
3. 理解监控应付账款的方法；
4. 理解存货管理的基本目标；
5. 理解现金管理的步骤及现金收支管理的方法；
6. 理解短期融资的主要方式。

引　言

本书前面章节的大部分内容都在探讨长期财务决策，如资本预算、资本结构和股利政策。在本章中，我们将讨论短期财务管理。短期财务管理主要集中探讨影响流动资产和流动负债的决策。公司的流动资产与流动负债之差即为公司的净营运资本。短期财务管理通常被称为营运资本管理。

营运资本管理不仅包括短期资产账户，如现金、存货、应收账款的管理，还包括短期负债账户，如应付账款等的管理。对于营运资本每一个账户的投资水平，因公司和行业而异，取决于诸如公司类型和行业标准等因素。例如，零售公司一般需要大量的存货投资，而连锁酒店的存货投资一般占总资产的比例很小，其盈利主要来自固定资产投资，即宾馆及其配套设施。

存货、应收账款投资以及持有现金往往存在许多合理的理由：现金能够带来流动性；存货具有满足订货需求的能力；为客户提供信用（从而产生应收账款）可以促进销售。然而它们都是存在机会成本的：投资于这些账户的超额资金原本可以用于偿还债务，或者以红利或股票回购的方式返还给股东。合理的营运资本管理需要权衡此项投资的收益和成本。本章将重点探讨公司有效管理营运资本，从而最小化机会成本的工具和方法。

公司对这些流动资产和流动负债的决策会影响现金余额和现金需求。当公司运用内部现金来源无法满足预测的现金流出时，公司就面临一个短期融资问题。本章最后将讨论公司在现金短缺时筹集现金的短期融资方式。

第一节　营运资本概述

一、营运资本的构成

流动资产与流动负债被统称为营运资本（working capital）。营运资本的构成如表 12－1 所示。

表 12－1　营运资本的构成

流动资产	流动负债
现金	应付账款
有价证券	应付票据
应收账款	应计费用
存货	应付税款
其他流动资产	其他流动负债

流动资产是指现金和预期能在 1 年之内转换成现金的其他资产。一项重要的流动资产是应收账款。应收账款是由于客户不能立即支付货款而产生的，这些未支付的货款是公司预期近期将转化为现金的有价值的资产。

另一项重要的流动资产是存货。存货主要包括原材料、在产品和产成品。

此外，流动资产还有现金和有价证券。现金包括库存现金，但是大多数现金以银行活期存款（在活期存款账户存储的公司可以随时用于支付的货币）的形式存在。有价证券指的是可以在短期内很快出售并转换成现金的低风险证券（比如政府发行的 1 年内到期的国库券等货币市场投资工具）。

流动负债是预期在 1 年之内就需要支付现金清偿的债务。公司主要的流动负债是应付账款。应付账款也就是应当支付给其他公司的未偿还账款。

营运资本每一个项目的水平因行业和公司而异。图 12－1 显示了流动资产在不同行业的相对重要性。例如，零售业的流动资产主要是存货，石油/煤炭行业的流动资产主要是应收账款，而计算机与电子行业的流动资产则主要是现金与有价证券。

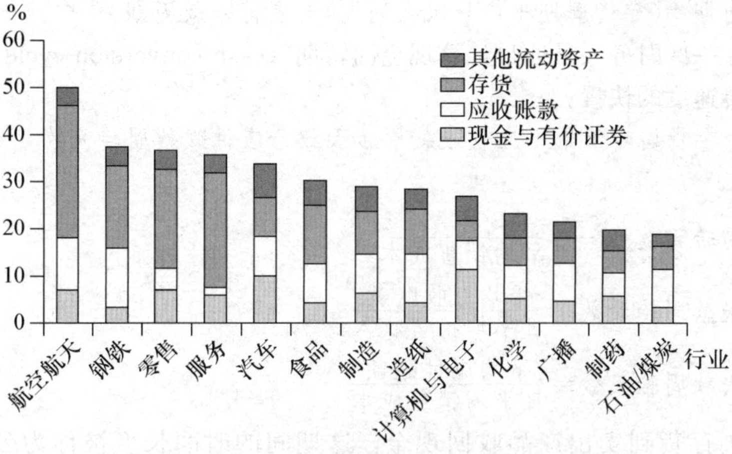

图 12-1 美国不同行业流动资产占资产总额的百分比

资料来源：理查德·布雷利，斯图尔特·迈尔斯，艾伦·马库斯. 财务管理基础：8版. 北京：中国人民大学出版社，2017.

二、营运资本与现金周期

营运资本的水平反映了从生产开始时现金流出公司到流回公司的时间长度。公司首先从供应商处购买存货，这些存货可以是原材料或产成品。公司一般通过商业信用赊账购买存货，这意味着公司在购买时无须立即支付现金。这个滞后的时间是应付账款周期（accounts payable period）。公司加工原材料并销售产成品。开始存货投资和最后销售日之间的时间为存货周期（inventory period）。公司在销售产品时，通常使用信用赊销的方式，这意味着公司销售产品一段时间后客户才会支付账单。销售日和收到账款之间的时间为应收账款周期（accounts receivable period）。公司从购买存货实际支出现金，到销售利用存货生产出的产成品而收回现金，这期间的时间长度被称为公司的现金周期（cash cycle）。图 12-2 显示了公司现金周转的流程。

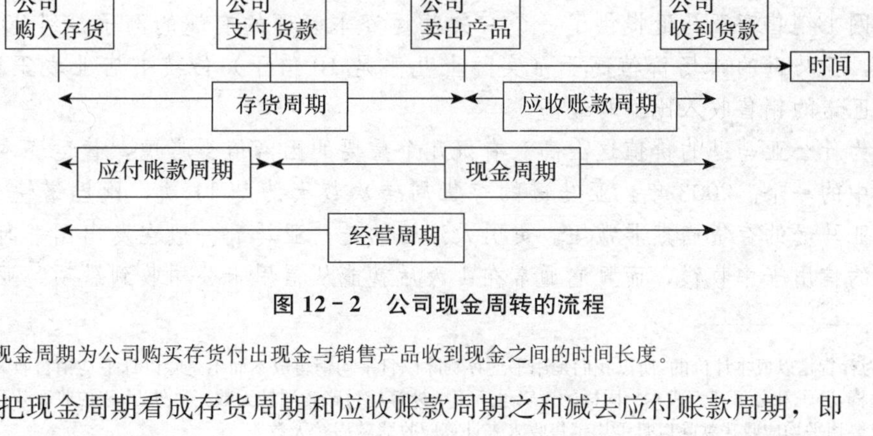

图 12-2 公司现金周转的流程

说明：现金周期为公司购买存货付出现金与销售产品收到现金之间的时间长度。

可以把现金周期看成存货周期和应收账款周期之和减去应付账款周期，即

现金周期=(存货周期+应收账款周期)-应付账款周期

在实践中，一些财务人员通过计算现金周转期（cash conversion cycle，CCC）的指标来衡量现金周转速度的快慢：

$$CCC=存货周转天数+应收账款周转天数-应付账款周转天数$$

式中，

$$存货周转天数=\frac{平均存货}{日平均销售成本}$$[①]

$$应收账款周转天数=\frac{平均应收账款}{日平均销售收入}$$

$$应付账款周转天数=\frac{平均应付账款}{日平均销售成本}$$

公司从购买存货到卖出产品收回现金，这期间的时间长度被称为公司的经营周期(operating cycle)。如果公司用现金购买存货，则经营周期就等于现金周期。但大多数公司凭借商业信用赊购存货，缩短了现金投资与现金收回的间隔。

公司的现金周期越短，在存货和应收账款上的投资就越少；相反，公司的现金周期越长，占用的营运资本越多，就需要越多的现金维持其日常运营。

三、营运资本与公司价值

大多数项目要求公司投入净营运资本（net working capital)。净营运资本就是流动资产与流动负债之间的差额。净营运资本的增加意味着减少项目所产生的现金流。营运资本通过影响公司的自由现金流而改变公司的价值。营运资本需求的下降会产生正的自由现金流，公司可立即将这一现金流发放给股东。

因而，有效地管理营运资本将会最大化公司的价值。在接下来的几节里我们就开始分别讨论具体的营运资本的管理。

专栏 12-1 为什么亚马逊的价值这么高？

网上销售商亚马逊提供了一个有关营运资本管理的有趣的例子。到 2004 年中期，亚马逊的市场价值高于（实际上几乎是 10 倍于）传统书店业之王巴诺，尽管巴诺的销售收入比亚马逊高。

为什么亚马逊的价值这么高？有好几个重要的因素值得考虑，营运资本管理是其中的一个。2003 年，亚马逊的存货周转次数大约是 11 次，比巴诺快 4 倍，因此亚马逊的存货周期非常短。更引人注目的是，亚马逊一般在发出图书时就从顾客的信用卡中收钱，而且它通常在 1 天后就能从信用卡公司收到款项。亚马逊

① 因为存货是以成本计价的，所以我们是用平均存货除以日平均销售成本而不是除以日平均销售收入来计算存货周转天数，这样，分子和分母都为成本。同样的逻辑也适用于计算应付账款周转天数。另外，由于应收账款是以产品价格计算的，所以要用平均应收账款除以日平均销售收入来计算应收账款周转天数。

一般利用商业信用赊购存货，有一个适当的应付账款周期。这意味着亚马逊的现金周期是负的！事实上，2003 年亚马逊的现金周期是－50 天，每一笔销售都能产生可立即投入使用的现金流入。类似的现金周期为负值的公司还有美国的戴尔电脑公司，该公司也是采取类似的商业模式。

第二节 信用与应收账款管理

我们从公司的应收账款开始营运资本管理的讨论。当一家公司销售商品或提供劳务时，它可能要求在交货日或交货日之前支付现金，或者它可能授予客户信用，允许付款有一定的延迟。公司在授予信用的时候，就产生了应收账款（account receivable）。这些应收账款包括向其他公司提供的信用，称为商业信用（trade credit），和向消费者提供的信用，称为消费信用（consumer credit）。

信用与应收账款管理包括以下五个部分：

（1）必须对于计划进行销售的商品设定销售条件。如打算给予客户多长的时间来支付账单？是否准备向提前付款的客户提供一定的折扣？

（2）必须决定客户延期付款时需要提供什么样的债务凭证。是仅仅要求客户签一份收据还是要求客户提供一份更为正式的借据？

（3）必须确定哪些客户是有可能支付账单的，这被称为信用分析。

（4）制定信用政策。如准备向每一个客户提供多少信用？是否会出于安全的考虑而拒绝任何可疑的潜在客户？或是否愿意冒接受少量坏账的风险去发展大量的长期客户？

（5）决定收账政策。当货款到期时，将如何收款？应如何对支付情况进行跟踪？如何对付顽固的客户？如何对付赖账的客户？

下面我们将依次讨论这些问题。

一、销售条件

只要销售商品，就得制定销售条件（terms of sale）。销售条件是指授予信用的期限和对现金购买给予的折扣。

（一）基本形式

了解销售条件的最简单方法是看一个例子。例如，假如对于某客户的销售条件是“2/10，净 30”，这就表示该客户从开具发票日（invoice date）起有 30 天的付款期来支付全部金额，然而，如果客户在 10 天内付款，则能享受销售价格 2%的现金折扣。如果指明的销售条件是“净 60”，则客户可在从开票日起的 60 天内付清全部货款，但是，提前付款并没有现金折扣。

一般来说，销售条件可以按照以下方法来理解：“可以从发票价格中扣除××折扣/如果在××天之内付款的话，否则，在××天内支付全部发票金额。”

（二）信用期限

信用期限（credit period）是授予信用的基本时间长度。如果提供现金折扣，那么信用期限就包括两个要素：净信用期限和现金折扣期限。净信用期限是指客户必须付款的时间长度；现金折扣期限则是折扣的有效期限。例如，在“2/10，净 30”下，净信用期限为 30 天，现金折扣期限为 10 天。

在不同的行业中，信用期限有很大的差别。例如，向消费者出售耐用品的企业可能允许购买者在 1 个月内付款；而那些出售非耐用品，比如新鲜水果和农产品的批发企业，则一般要求客户在 1 周内付款。一般地，公司在设置信用期限时必须考虑以下一些因素：

（1）客户的信用风险。客户的信用风险越大，信用期限就相对越短。

（2）账款金额大小。如果账款金额较小，则信用期限相对较短，因为小额的应收账款的管理费用相对较高，同时小客户也相对不太重要。

（3）商品腐坏的难易程度和抵押价值。容易腐坏的商品周转得较快，抵押价值也较低，因此，这种商品的信用期限就相对较短。

（4）竞争激烈程度。当公司处于一个高度竞争的市场上时，就可能会提供较长的信用期限，作为吸引客户的手段之一。

（三）现金折扣

现金折扣（cash discount）通常是销售条件的一部分。提供现金折扣的目的之一是加速应收账款的回收。公司应在应收账款回收加速与折扣成本之间进行权衡。

提供现金折扣的另一个目的是对那些已经得到信用的客户收取较高的价格。从这个角度来看，现金折扣是对那些被授予信用的客户收费的一种方便的手段。

请注意，当提供现金折扣时，这笔信用在折扣期间实质上是免费的。只有在折扣过期后，买主才需要支付信用成本。在“2/10，净 30”下，一个理性的买主要么在第 10 天付款，以便最大限度地利用免费的信用；要么在第 30 天付款，以便尽可能最长时间地利用放弃折扣所换来的资金。因此，如果放弃现金折扣，买主实际上得到了 30－10＝20（天）的信用，但为此大约多付了 2%的货款，等价于以 44.6%的实际年利率借款。[①] 既然利率这么高，卖主就不可能会从客户提前付款中得到利益。如果忽略买主违约的可能性，那么客户放弃现金折扣的决定，几乎肯定是对卖主有好处的。

提供现金折扣鼓励客户提前付款，可以缩短应收账款周期。而且，假设其他一切情况不变，它会减少公司在应收账款上的投资。例如，假设一家公司目前的销售条件是“净 30”，而且平均收账期[②]（average collection period，ACP）是 30 天。如果该公司提出“2/10，净 30”的销售条件，那么 50%的客户将在 10 天后付款，其余的客户平均仍需 30 天付款。因此，公司新的平均收账期将是 0.50×10 天＋0.50×30 天＝20 天，平均收账期

① 假设订单金额是 1 000 元，买主可以在 10 天后支付 980 元，或者再等 20 天，支付 1 000 元。买主实际上是借款 980 元，借了 20 天，买主为这笔“借款”付了 20 元的利息。因此利率是 20/980＝2.040 8%。在 1 年中有 365/20＝18.25 个 20 天的期间。因此，如果没有接受现金折扣，买主所支付的实际年利率是：EAR＝ $(1+2.0408\%)^{18.25}-1=44.6\%$。从买主的角度来看，这是一个非常昂贵的融资来源！如果客户乐于以这样的利率借款，那么可以认为他实在是无法拿出现金（或者是不曾考虑到复利计息）。

② 又称为应收账款周转天数。

缩短了10天。如果公司的年销售收入为1 500万元（在折扣前），那么日均销售收入是1 500万元/365=41 096元，因此，公司在应收账款上的投资将减少41 096元×10=410 960元。

二、信用工具

销售条件规定了客户何时履行付款义务，但没有规定信用工具的种类。信用工具（credit instrument）是债务的基本凭证。大多数的商业信用都记录在往来账户（open account）上，这意味着唯一正式的信用工具就是发票。发票随同货物一起发送至客户，客户在发票上签字以证明他已收到货物。此后，公司和它的客户各自在它们的会计账簿上记录这笔交易。

有时，公司可能要求客户签发一张本票（promissory note）或借据（IOU）。当交易金额很大以及公司预期收账有困难时就会采取这种做法。本票可以消除日后关于存在信用协议的争议。

本票的一个问题是它们是在发货后才签发的。在发货前得到客户的信用承诺的一种方法是使用商业汇票（commercial draft）。通常，销售方签发一张商业汇票，要求客户在某一特定日期前支付某一特定金额。然后，该汇票和发货发票一起被送至客户的银行。银行要求买主在汇票上签字之后把发票交给客户。然后货物可以被运送给客户。如果要求立即付款，那么该汇票被称为即期汇票（sight draft）。此时，在运送货物之前资金必须先交给银行。

对销售方来说即使签字的汇票也常常是不够的。在这种情况下，它也许要求银行支付货款和向客户收款。当银行书面同意这么做时，该汇票被称为银行承兑汇票（banker's acceptance draft）。也就是说，银行承担了付款的责任。因为银行一般是著名的和倍受信赖的机构，所以银行承兑汇票是一种具有流动性的工具，换句话说，销售方可以在二级市场上出售（实际上采取贴现的方式）银行承兑汇票。

公司也可以使用有条件销售合同（conditional sales contract）作为信用工具。这是一种公司保留货物的法律所有权直到客户付清货款的安排。有条件销售合同通常采取分期付款的方式，并且加入了利息成本。

三、信用分析

公司在决定是否授予信用之前，试图区分会付款的客户和不会付款的客户。信用分析（credit analysis）就是确定一个客户是否会付款的过程。它通常涉及两个步骤：收集信用信息并做出信用评价和评分。

（一）信用信息

如果公司想要获取客户的信用信息，有很多渠道。一般来说，用来取得评估客户信用情况的信息渠道包括：

（1）财务报表。公司可以要求客户提供财务报表，并据此计算出有关的财务比率以测评客户的财务状况及信用状况。

（2）客户与其他公司间付款历史的信用报告。有许多机构出售有关公司信用能力和信用历史的信息。这类机构中最著名、规模最大的公司是美国邓白氏集团（Dun&Bradstreet），它向订阅者提供信用参考书和单个公司的信用报告。信用参考书有对成千上万个企业的信用评级。

（3）银行。在获取有关其他公司的信用信息时，银行一般会提供一些帮助。银行可以和客户的开户银行联系，要求获得客户的平均银行余额、银行信用的使用情况和信誉等客户信息。

（4）客户与本公司间的付款历史。估计客户不付款概率的最明显的方法就是看其在过去是否及时付款。

专栏 12－2　信用资信提供者——美国邓白氏集团

美国邓白氏集团是国际上最著名、历史最悠久的企业资信调查类的信用管理公司，就其规模而言，堪称国际企业征信和信用管理行业的巨人。

美国邓白氏集团（纽约证券交易所代码：DNB）于1841年成立，是世界著名的商业信息服务机构，总部设在新泽西州。在其170多年的发展历程中，邓白氏集团通过技术创新，不断开拓信用评估市场。1841年，邓白氏集团创始人刘易斯·大班（Lewis Tappan）在纽约成立了第一家征信事务所；1849年邓白氏集团出版了全球第一本商业资信评级参考书；1900年出版了全球第一本证券手册；1963年发明了邓白氏编码；1975年建立了美国商业信息中心；1990年起提供完整的商业信息服务；2000年起致力于电子商务的发展。为了在市场竞争中占有优势地位，公司网罗了一大批一流的管理人才和专业人才。美国历史上有四位总统——林肯、格兰特、克里夫兰和麦金莱——曾在邓白氏集团供职。

经过170多年的发展，邓白氏集团旨在为客户提供商业信息、工具及专业经验，协助客户做出信心十足的商业决策。邓白氏集团的全球商业数据库覆盖了超过1亿条企业信息，并通过邓白氏集团特有的DUNSRight流程，对每天收集的原始数据进行编辑及核实以保证其质量。邓白氏集团及全球领先的商业信息提供商组成了一个强大的联盟——邓白氏全球网络，客户可以通过这个网络进入全世界最大、最优质的商业信息数据库。

邓白氏集团成为一个全球性的征信公司，同时也在纽约证券交易所上市。20世纪90年代，邓白氏集团拥有15个子公司，其中包括全球最权威的资信评级公司穆迪公司、美国最著名的黄页广告公司丹尼雷公司和美国最大的市场调查公司尼尔森公司，在全球拥有375个分公司或办事处，员工达8万多人，年产值达50多亿美元。

2001年，邓白氏集团公司进行改组，把邓白氏公司和穆迪公司两家公司分拆，使二者成为独立的上市公司。改组后的邓白氏集团进一步加快了专业化的步伐。

（二）信用评价和评分

一旦信息收集完毕，公司就可以对客户进行信用评价和评分。有的人不相信如魔术般的公式可以计算客户不付款的概率。许多公司使用被称作“信用 5C”(five Cs of credit) 的传统的和主观的指标对客户进行信用评价：

(1) 品德 (character)，指客户履行信用责任的意愿。

(2) 能力 (capacity)，指客户以经营性现金流来履行信用责任的能力。

(3) 资本 (capital)，指客户的财务储备。

(4) 担保 (collateral)，指客户违约时的抵押资产。

(5) 状况 (condition)，指客户所处行业的一般经济状况。

信用评分 (credit scoring) 是指根据所收集到的信息，计算客户的信用数值。例如，公司利用可取得的有关某个客户的全部信息，对该客户的信用 5C 的每一项给予 1 (非常差) 到 10 (非常好) 范围内的评分；然后，根据这些评分的合计数计算出信用分数。根据经验，可能信用分数在 30 分以上的客户的信用水平被认为是可以接受的。

像发行信用卡之类的公司已经开发出精细的统计模型 (称作信用评分模型) 以确定客户的违约概率。通常对一大群客户所有关联的和可观测的特征进行研究，可以发现它们与违约的历史关系。根据这些结果，就有可能确定预示一个客户是否违约的主要变量，然后可以根据这些变量来计算客户的信用分数。

四、信用决策

假设为了进行有效的信用管理，你已经采取了前面的三个步骤，即已经制定了销售条件；已经决定了使用的信用工具；已经制定了预测客户付款可能性的方法。那么下一个步骤就是要决定信用政策 (credit policy)，即决定向哪些客户提供信用。

(一) 单次订货的信用决策

如果不考虑多次订货的可能，那么信用决策将是相对简单的。图 12-3 的信用决策树概括了你的选择。

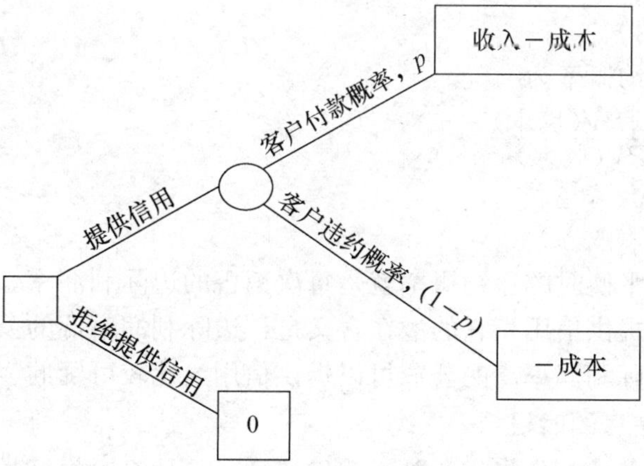

图 12-3 信用决策树

说明：如果你拒绝提供信用，那么你既没有获利也没有损失。如果你提供信用，而客户付款的概率为 p，此时你将得到 (收入－成本)；客户违约的概率为 $(1-p)$，此时你的损失为成本。

一种选择是你拒绝提供信用，此时，你既不获利也不亏损。另一种选择是你提供信用。假设客户付款的概率为 p，如果客户的确支付账款，你将获得额外的收入，承担额外的成本，你的净利润为收入与成本之差的现值。不过你不能确定客户一定会付款，它有 $1-p$ 的违约概率，违约意味着你不仅什么也得不到，还要赔上额外的成本。因此，这两种选择的期望利润见表 12－2。

表 12－2　两种选择的期望利润

选择	期望利润
拒绝提供信用	0
提供信用	$p\times PV$（收入－成本）$-(1-p)\times PV$(成本)

如果提供信用的期望利润高于拒绝提供信用的期望利润，换句话说，提供信用的期望利润为正，你就应该提供信用。

【例题 12－1】　考虑某公司的情形。平均而言，每进行一次没有拖欠的销售，该公司就能获得现值为 12 000 元的收入，发生现值为 10 000 元的成本。因此，公司提供信用的期望利润为

$$p\times PV(\text{收入}-\text{成本})-(1-p)\times PV(\text{成本})=p\times 2\,000-(1-p)\times 10\,000$$

如果付款的概率为 5/6，那么收支相抵：

$$\text{期望利润}=\frac{5}{6}\times 2\,000-\left(1-\frac{5}{6}\right)\times 10\,000=0$$

因此，该公司的政策应该是只要付款的概率大于 5/6，就提供信用。

在这个例子中，付款概率大于 5/6 时公司提供信用的期望利润为正。一般来说，通过将提供信用的期望利润设为零，解出 p，就可以算出收支平衡时的付款概率。收支平衡时的付款概率的计算公式就是成本现值与收入现值的比率：

$$p\times PV(\text{收入}-\text{成本})-(1-p)\times PV(\text{成本})=0$$

$$p=\frac{PV(\text{成本})}{PV(\text{收入})}$$

收支平衡时的违约概率为

$$(1-p)=\frac{1-PV(\text{成本})}{PV(\text{收入})}$$

$$=\frac{PV(\text{利润})}{PV(\text{收入})}$$

也就是说，收支平衡时的违约概率就是每次销售的边际利润率。如果违约概率大于边际利润率，就不应该提供信用。它的潜在含义是：边际利润率低的公司对高风险客户提供信用应该谨慎，而边际利润率高的公司可以提供信用给比较可疑的客户。

（二）停止收集信息的时机

对于客户信用信息的收集工作，前面我们谈到了从什么时候开始，但没有涉及什么时候终止。现在，我们来考察分析更加详细的信用分析将会如何影响公司的利润。

假设在例 12－1 中该公司的信用部门承担着预测哪些客户最有可能违约的研究任务。研究显示，95%的客户会及时付款，另有 5%的客户会延期付款。以前为延期付款者的客户比

以前为及时付款者的客户在下一张订单上的违约概率大。平均而言，以前为延期付款者的客户在今后的交易中会有 20%的概率违约，而以前为及时付款者的客户仅有 2%的概率违约。

假设该公司抽取了 1 000 名客户的样本，其中任何一名客户都还没有违约记录，950 名以前为及时付款者，50 名以前为延期付款者。根据以往的经验，该公司认为会有 19 名以前为及时付款者的客户和 10 名以前为延期付款者的客户违约（见表 12 - 3）。

表 12 - 3

客户类型	客户人数	违约概率	违约的期望人数
以前为及时付款者	950	0.02	19
以前为延期付款者	50	0.20	10
全部客户	1 000	0.029	29

现在信用管理人员必须做出决策：公司是否应该拒绝向以前为延期付款者的客户提供信用?

如果你很清楚客户一直是一位延期付款者，你的回答显然为“是”。每一次出售给延期付款者，仅有 80%的付款概率（$p=0.8$）。所以，出售给延期付款者，将会有 400 元的期望损失：

$$\begin{aligned}期望利润&=p\times PV(收入-成本)-(1-p)\times PV(成本)\\&=0.8\times 2\,000-0.2\times 10\,000\\&=-400(元)\end{aligned}$$

但是，假设通过检查该公司的记录来核查客户是及时付款者还是延期付款者要花费 100 元，那么是否值得这样做？这类检查的期望收益为

$$\begin{aligned}信用检查的期望收益&=(确认为延期付款者的概率\times 不提供信用所获得的收益)-信用检查成本\\&=0.05\times 400-100\\&=-80(元)\end{aligned}$$

此时并不值得进行信用检查，因为你是花费 100 元来避免有 5%概率的 400 元损失。但如果客户一次订购 10 个单位，那么信用检查就值得进行，因为你是花费 100 元来避免有 5%概率的 4 000 元损失：

$$\begin{aligned}信用检查的期望收益&=0.05\times 4\,000-100\\&=100(元)\end{aligned}$$

因此，信用管理人员只是对超过 5 个单位的订单才检查客户过去的付款记录。你可以检验一下，对 5 个单位的订单，进行信用检查的费用与所获得的收益正好相抵。

这个简单的示例所揭示的本质含义是：你无须对每一张订单都进行同样的信用分析，你应该集中精力，认真处理有疑问的大额订单。

（三）多次订货的信用决策

前面我们忽略了多次订货的可能，然而，当前提供信用的原因之一正是这可能有助于你找到一个优质的长期客户。因此，我们还需要考虑多次订货时的信用决策。

图 12 - 4 说明了这个问题。

假设在例题 12 - 1 中该公司有一个新客户要求得到销售信用，但你手头关于该客户的

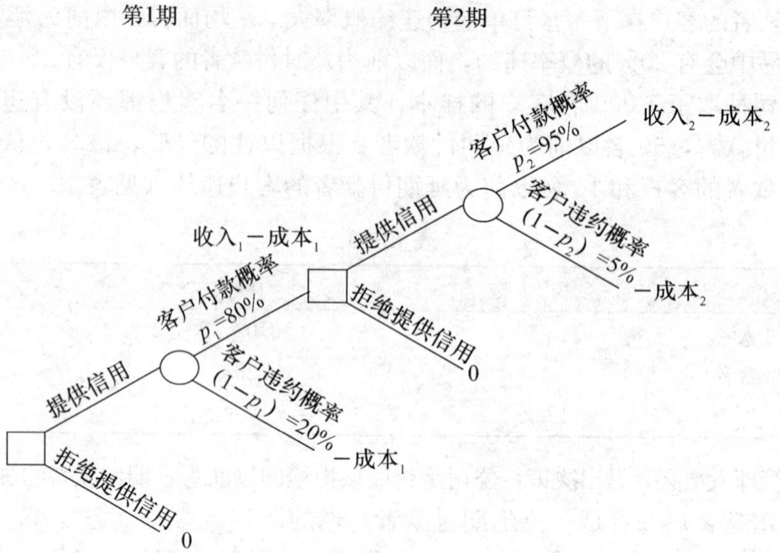

图 12－4　信用决策树

说明：在这个例子中，客户在第 1 期有 80%的概率付款。当客户按期付款后，在第 2 期会有重复订单。一旦客户在第 1 期已经付款，其在第 2 期付款的概率就为 95%。多次订货所带来的好处弥补了在第 1 期的预期损失。

信息很少，你认为其付款概率不会高于 0.8。如果你提供信用，那么从该客户的订单上所能获得的期望利润为：

$$
\begin{aligned}
\text{初始订单的期望利润} &= p_1 \times PV(\text{收入}_1 - \text{成本}_1) - (1-p_1) \times PV(\text{成本}_1) \\
&= 0.8 \times 2\,000 - 0.2 \times 10\,000 \\
&= -400(\text{元})
\end{aligned}
$$

因此，你将决定拒绝提供信用。

在不发生多次订货的前提下，这个决策无疑是正确的。然而让我们再看一下图 12－4 的决策树，如果该客户这次付款了，这样在下一年就有了一个付款记录。因为该客户已经付过一次款，所以你相信他下一次付款的概率为 95%。由于这种原因，任何多次订货都是有利可图的。

$$
\begin{aligned}
\text{下一年重复订单的期望利润} &= p_2 \times PV(\text{收入}_2 - \text{成本}_2) - (1-p_2) \times PV(\text{成本}_2) \\
&= 0.95 \times 2\,000 - 0.05 \times 10\,000 \\
&= 1\,400(\text{元})
\end{aligned}
$$

现在，你可以重新检查今天的信用决策。如果你今天提供信用，你所获得的期望利润为初始订单的期望利润加上下一年再次订货提供信用的潜在收益：

$$
\begin{aligned}
\text{多次订货下的期望利润总额} &= \text{初始订单的期望利润} + \text{下一年再次订货的概率} \\
&\quad \times PV(\text{下一年再次订货的期望利润}) \\
&= -400 + 0.8 \times PV(1\,400)
\end{aligned}
$$

无论以什么合理的贴现率计算，你今天都应该提供信用，比如，贴现率为 20%，那么

$$
\begin{aligned}
\text{多次订货下的期望利润总额} &= -400 + 0.8 \times 1\,400/1.20 \\
&= 533.33(\text{元})
\end{aligned}
$$

在这个示例中，你应该放松信用政策，即使你预计在初始订单上会有损失，但可能找到一个可信赖的长期客户所带来的潜在收益要远远大于这一期望损失。这时的信用决策和期权的讨论有很多相似之处。通过现在提供信用，公司就拥有了一份有价值的对未来的多次销售提供信用的期权。只要客户按时付款，从而证明了自己值得被信任，公司就会执行这份期权。

（四）几条一般原则

当然，现实中的情况往往要比这个简单示例复杂得多。客户的信用时好时坏，并非一成不变。而且，对客户是否会付款的概率估计也比单纯阐述理论时复杂得多。多次销售也具有强烈的不确定性，你并不能肯定客户是否会再次光顾或者多长时间以后再次光顾。

几乎所有的财务决策都要涉及大量的判断，信用决策同样如此。我们的示例旨在提醒你应该注意的问题，而不是作为解决问题的指南。以下是几条需要牢记的基本原则：

（1）利润最大化。作为信用管理人员，关注的焦点不应该是坏账量的最小化，而应该是期望利润的最大化。你必须面对这些事实：最好的结果是客户及时付款；最坏的结果是客户违约。最好的情形下，公司从销售中得到了全部销售收入减去成本；最坏的情形下，公司什么都得不到还要搭上成本。你必须考虑这些情况发生的可能性。如果边际利润较高，那么可以适当放宽信用政策；反之就不能允许过多坏账的出现。

（2）重点关注危险账户。你不应该对所有的信用申请都做同等的分析。如果申请量很少且前景明确清晰，那么你基本上可按常规决策处理；如果申请量很大或存有疑问，你最好直接进行详细的信用分析。大多数信用管理人员并非对订单逐笔地进行信用分析，而是为每一个客户设置一定的信用额度，只有客户赊购超过了既定额度，才会要求销售代表申请信用审批。

（3）不要仅注重眼前利益。信用决策是动态决策，眼光要放长远，不能只顾眼前利益。如果客户有可能成为可以信赖的长期客户，那么即使其信用风险相对较高，也仍值得向其提供信用。因此，与现有业务相比，承接新业务就要做好接受发生更多坏账的准备，这是寻找优质客户所要花费的成本之一。

五、收账政策

信用管理的最后一个步骤是决定收账政策（collection policy）。收账政策涉及监控应收账款以便发现问题，并取得逾期账款的支付。

（一）监控应收账款

为了跟踪客户的付款，大部分公司都会监控应收账款。公司用以监控应收账款的两个工具是应收账款周转天数（或平均收账期）和账龄分析表。

1. 应收账款周转天数

应收账款周转天数就是公司收回销售款的平均天数。公司可通过将应收账款周转天数与销售条件中规定的信用期限进行比较，以判断信用管理的有效性。例如，公司计算出的应收账款周转天数为 40 天，而销售条件规定为“净 30”，那么公司就可断定，平均而言，客户逾期付款达 10 天。

公司还应该关注应收账款周转天数的长期变化趋势。如果在过去几年里公司的应收账款周转天数大约为 25 天，而今年却为 35 天，公司可能就需要重新审查它的信用管理。当然，如果经济不景气，那么整个行业都会受到影响。在这种情况下，应收账款周转天数的增加也许与公司自身没有什么关系。

应收账款周转天数的主要缺点在于它仅仅是一个数字，隐藏了更多有用的信息。季节性销售因素可能导致计算出的应收账款周转天数在一年中差异很大，这甚至会造成公司的大部分客户都逾期付款时，该数字也可能看起来合理。

2. 账龄分析表

账龄分析表（aging schedule）是指公司根据账簿上尚未收回的应收账款的存续天数，对应收账款进行分类。公司可根据未收回应收账款的账户数目或未收回应收账款的金额来编制账龄分析表。例如，假设公司开出的销售条件为“2/10，净 30”，账簿上记录的账龄小于 10 天（含 10 天）的应收账款账户数有 26 个，共计 50 000 元；账龄在 11～30 天的应收账款账户数有 14 个，共计 25 000 元；账龄在 31～40 天的应收账款账户数有 5 个，共计 15 000 元；账龄在 41～50 天的应收账款账户数有 3 个，共计 7 000 元；账龄在 51～60 天的应收账款账户数有 1 个，共计 2 000 元；账龄超过 60 天的应收账款账户数有 1 个，共计 1 000 元。表 12－4 列示了基于未收回应收账款账户数目和未收回应收账款金额编制的账龄分析表。

表 12－4　账龄分析表

(a) 未收回应收账款账户数目

应收账款存续天数（天）	未收回应收账款账户数目（个）	未收回账户占比（%）	未收回应收账款金额（元）	未收回金额占比（%）
1～10	26	52	50 000	50
11～30	14	28	25 000	25
31～40	5	10	15 000	15
41～50	3	6	7 000	7
51～60	1	2	2 000	2
60+	1	2	1 000	1
	50	100	100 000	100

在这个例子中，如果公司的平均日销售额为 5 000 元，则应收账款周转天数为 100 000/5 000＝20（天）。但更进一步考察，根据表 12－4 的账龄分析表，我们发现，该公司有 20%（按金额计算则为 25%）的信用客户逾期付款。这个问题是否严重，取决于公司收账和客户的性质。通常，超过某个特定的账龄之后，账款几乎就收不回来了。在这种情况下，监控账龄是非常重要的。

如果账龄分析表出现“底重”（bottom-heavy）现象，也就是说，账龄分析表的下半部分的百分比开始增加，公司就很可能需要重新审查其信用管理政策。

（二）收账行动

对于账款逾期的客户，公司通常采取下列程序进行收账：

(1) 给客户寄信，通知客户其应收账款逾期的状况。

(2) 给客户打电话。

(3) 雇用收账代理机构。

(4) 对客户采取法律行动。

有时，在拖欠账款付清之前，公司也许会拒绝向该客户提供新的信用。这样可能会引起客户的对立，以及引发收账部门和销售部门之间的潜在利益冲突。

（三）保理

保理（factoring）是指公司把应收账款出售给被称为保理商的金融机构。保理的一般做法是：公司和保理商就每一个客户的基本信用条件达成一致。公司通知每一个客户债权已经出售给保理商，客户直接将所欠款项支付给保理商，保理商承担客户不付款的风险。保理商折价购买应收账款，折价比率通常为发票金额的 0.35%～4%，平均折价比率可能在 1%左右。

保理最常见于服装和玩具等行业。这些行业的主要特征是具有许多相互间缺乏长期关系的小规模生产商和零售商。保理公司可能为许多生产商提供服务，比任何一家公司所经手的交易都多，因而能够更好地评估每位顾客的信用状况。

应该强调的一点是，我们在对信用管理的各个部分进行分别论述时，好像各个部分之间是彼此独立的。事实上，它们之间是密切相关的。例如，如果你比较仔细地选择提供信用的对象，那么就可以制定较为宽松的销售条件；如果你能有效地催讨延期付款者，那么就可以接受风险较高的客户。

专栏 12－3　中美企业信用与应收账款管理差异对比

中美企业在信用与应收账款管理方面存在很多差异，具体表现在以下几个方面：

第一，在信用销售方面，美国企业普遍采取赊销方式，交易的80%～90%是通过信用方式进行的。而在我国，这个比例不到20%。我国5%的坏账率又明显高于美国0.25%～0.5%的水平。

第二，美国企业内部一般都设有专门的信用管理部门，对信用风险进行全面、全程的管理。而我国企业对应收账款的管理基本上由销售部和财务部两个部门承担。两个部门由于在管理目标、职能和利益上不同，容易出现效率低下、管理真空等问题。

第三，信用服务企业的市场发育程度不同。美国信用服务企业市场化程度高，邓白氏、穆迪等大型信用服务公司都有自己强大的商业数据库，在保持独立性、中立性和公正性的前提下，为细分、稳定的客户群提供专业的信用信息。而我国目前还未培养出市场化程度比较高的信用服务企业主体，历史短、市场成熟度差、客户群体较小、信用产品的生产能力较弱是主要特征。

第四，信用与应收账款管理的方法和技术不同。在信息技术支持下，美国企业已经普遍实现网络化和信用风险管理系统软件操作，可以在全球实时收集、汇总授信信息，以任一个或多个检索项汇总授信承诺金额和余额。而我国大多数企业还没有采用信用风险管理系统，对客户的信用风险缺少评估和预测。

第五，信用与应收账款管理的法律环境不同。美国已经制定并在不断完善以《公平信用报告法》为中心的信用法律、法规。而我国信用立法滞后已经成为制约我国信用体系建设的瓶颈。

资料来源：梁莱歆．公司理财．北京：清华大学出版社，2009：262.

第三节 应付账款管理

由供应商向公司提供的商业信用即为应付账款。应付账款余额表示公司已经收到商品但尚未支付给供应商的欠款。前面已提及，应收账款是一个公司的主要流动资产，而一个公司的债权一定是另一个公司的负债，因此，应付账款就是一个公司的主要流动负债。

只有当商业信用为最便宜的资金来源时，公司才应该选择使用应付账款方式融资。商业信用的成本取决于销售条件。卖方所提供的折扣百分比越高，买方放弃折扣的成本也就越高，而且放弃折扣的成本也会随着信用期限的缩短而加大。

一旦公司选择利用供应商提供的商业信用，就应该总是在卖方允许的最迟日期付款。例如，如果销售条件为“2/10，净 30”，公司采用折扣，则应该在第 10 天付款，而不是在第 10 天前付款；公司放弃折扣优惠，那么就应该在第 30 天支付全款，而不应该在这之前支付。公司应该在不损害其与供应商的业务关系，或不违反职业道德的前提下，尽可能推迟付款，以充分利用应付账款的资金来源。

以下，我们考察公司用于监控应付账款的两种方法。

一、确定应付账款周转天数

与应收账款类似，公司应该监控其应付账款，以确保在最适当的时间付款。一种方法是计算应付账款周转天数，并将其与卖方的销售条件相比较。应付账款周转天数等于应付账款余额除以日平均销售成本。假设供应商给出的销售条件为“2/10，净 30”，如果公司计算的应付账款周转天数是 40 天，则一般可得出公司逾期付款以及可能使供应商遭遇困境的结论。反之，如果公司计算的应收账款周转天数是 20 天，并且公司没有采用折扣，则表明公司过早地支付了货款，原本应该还可以利用 10 天的资金或赚取 10 天的资金利息。

二、应付账款展期

如果公司无视销售条件的到期付款日而逾期付款，则这种做法被称为应付账款展期（stretching the accounts payable）。例如，给定销售条件为“2/10，净 30”，公司也许会选择在第 40 天付款，这样做会降低商业信用的直接成本，因为延长了公司使用资金的时间。这时放弃折扣的成本保持不变，折合每期的利率仍然是 2/98＝2.04％，但是现在公司对这 98 元的使用天数超出折扣期限 30 天，而不是销售条件所提供的 20 天。销售条件“2/10，净 30”的实际年利率为 $(1+2.04\%)^{365/20}-1=44.6\%$。如果公司延期至第 40 天付款，则实际年利率就降低为 $(1+2.04\%)^{365/30}-1=27.85\%$。

公司也可能采用折扣，只支付折扣价，但在第 30 天甚至更晚的日期付款。所有这些行为都会降低商业信用的实际年利率。但公司有可能因这些行为而招致其他成本。供应商可能会对那些总是逾期付款的公司做出反应，施加一些约束条件，比如，要求货到付款或者先付款后发货。拖欠的公司将承担这些严厉的支付条件所产生的附加成本，比如，公司可能不得不向银行申请贷款以获得现金用于支付货款。供应商也可能会终止与拖欠的客户进行交易，迫使客户另找货源，而其他货源与现有货源相比，也许价格较贵或质量较差。不好的信用评价也可能会导致公司难以从别的供应商那里获得有利的销售条件。而且，在公司已明确同意供应商的销售条件的前提下还发生违约，这在大多数人的心目中也已构成了不道德的商业行为。

第四节　存货管理

存货包括原材料、在产品、待销或待运输的产成品。像应收账款一样，存货在许多公司都是一笔非常庞大的投资。对于典型的制造业公司，存货经常超过资产的 15％。对于零售企业，存货则可能超过资产的 25％。

尽管一般的公司在存货上的投资规模较大，公司的财务经理通常对存货没有主要控制权，而其他职能部门，比如采购、生产和营销部门通常会分享有关存货的决策权，因而存货管理在经营管理课程中得到了广泛的关注。不过，为支持公司的存货政策而必需的融资是由公司的财务经理来安排的。存货主管的主要职责是平衡与存货相关的成本和收益。过多的存货会占用资金，有效的存货管理会增加公司的价值。

一、持有存货的好处

公司需要存货以维持正常运营，主要是出于以下几个原因：

第一，持有存货有助于公司减少生产时得不到要素投入的风险。如果公司持有的存货太少，一旦公司现金短缺或用光，就可能发生停工待料的情形，从而导致销售减少和客户流失。

第二，公司持有存货可能是诸如季节性需求等因素所致，即客户采购并不完全与最有效的生产周期相匹配。假如公司的销售是季节性的，而对于该公司而言，全年中以相对平稳的水平进行生产效率会更高。如果公司以固定的速度进行生产，因为预期进入销售旺季后销售量将急剧增加，所以到了即将进入销售旺季时，它的存货水平将达到高峰。与之相对，公司可以考虑采取季节性生产策略，即在销售旺季开足马力大量生产。在这一策略下，存货不会积压，而且可从营运资本中释放现金流，降低存货成本。然而，季节性生产会引发额外的成本，比如，在销售旺季，生产设备由于超负荷运转而磨损加大，而且需要雇用和培训季节工。公司要在平稳生产时的存货积压成本与高效率生产所带来的收益之间进行权衡。最优的选择很可能是上述两种极端生产策略的折中，所以公司将会保持一定的存货。

二、持有存货的成本

投资于存货是有成本的，与存货相关的成本有两种基本类型：

第一种是持有成本（carrying cost）。在这里，持有成本代表手头上持有存货所有的直接成本和机会成本，包括仓储成本、保险费、税费、损坏或变质成本、报废成本，以及存货所占用资金的机会成本。这些成本的总和可能很大，每年是存货价值的20%～40%。

第二种是短缺成本（shortage cost）。短缺成本是手头上的存货不足所产生的成本。短缺成本的两个要素是交易或订货成本以及与安全库存相关的成本。交易或订货成本是下订单以获得更多的现金（经纪人费用）或更多的存货（生产准备成本）的成本。与安全库存相关的成本是指失去销售量、丧失对客户的信誉，以及生产计划中断的成本。

存货管理中存在一个基本的权衡，因为持有成本随着存货水平的增加而增加，但是短缺成本却随着存货水平的增加而下降。因此，存货管理的基本目标就是要使这两种成本之和最小。

一些公司设法尽可能降低存货水平以减少存货的持有成本。公司降低存货水平的一种现代方式是准时制存货管理（just-in-time inventory management）技术。通过利用这种管理技术，公司在需要时即可精确地取得存货，以致存货的余额总是为零或非常接近于零。这种管理技术是日本丰田公司开创的。丰田公司只在需要时才订购原材料，从而保持汽车零部件的存货数量降到最低水平，因此每天零部件运送到公司的时间间隔甚至可以短至一个小时。这一管理技术既要求公司与供应商之间保持高度协调，也要求公司能够准确预测客户对产品的需求。①

一些公司根据订单生产产品，从而减少产成品存货。例如，美国戴尔电脑公司发现，公司根本不必保有大量的产成品存货，顾客可以通过互联网定制其所需的个人电脑配置，

① 零库存管理是日本丰田汽车公司提出的精益生产的一个方面，精益生产是多品种小批量条件下的最优生产方式，实施精益生产会给企业带来巨大的收益，因而被誉为第二次生产方式革命。精益生产的核心是追求消灭一切“浪费”，以客户拉动和JIT（just-in-time）方式组织企业的生产和经营活动，形成一个对市场变化快速反应的独具特色的生产经营管理体系。

然后，公司按订单组装电脑并发送给顾客。

第五节 现金管理

从大多数公司的资产负债表可以看到，公司持有或多或少的现金余额。现金不能获得利息，公司为何要持有现金？当然，公司持有现金的一个目的是在其购买货物和劳务时用于支付。

本节讲述公司如何管理现金。现金管理的基本目标是在有效和高效地开展公司的经营活动的同时，将现金投资保持在尽可能低的水平。这个目标通常被简化成一句格言：“早收账，迟付款。”相应地，我们将讨论加速收账以及管理付款的方法。此外，公司还应当把暂时闲置的现金投资于短期证券上。

一、持有现金的原因

公司之所以持有现金主要有三个原因：

（一）满足日常经营需要

就像个人一样，公司也必须持有足够的现金来支付账单。公司为支付账单而需要的现金数额有时被称为交易性余额（transactions balance）。公司为满足交易性余额要求而需要的现金数量取决于公司进行交易的平均规模和公司的现金周期。

（二）应对公司现金需求的不确定性

公司为应对未来现金需求的不确定性而持有的现金数额被称为预防性余额（precautionary balance）。预防性余额的规模取决于公司现金流的不确定性程度。未来现金流越不确定，公司对交易需求的预测就越困难，需要保持的预防性余额也就应该越大。

（三）满足银行的要求

公司的贷款银行可能会要求公司在银行账户中存有一定的补偿性余额（compensating balance），用于支付银行提供服务的费用。补偿性余额的存款利率通常为零或者非常低。这一安排类似于银行为个人提供的免费支票服务，要求余额不低于一定水平。实质上，存款人不能使用他所拥有的这部分现金余额。同样，公司存放的用于满足补偿性余额要求的现金也不得挪作他用。银行向公司提供信贷服务所要求的最低补偿性余额，可能为公司所持有的现金水平设定了一个下限。

如果公司保持的现金余额过小，就可能出现现金耗尽的情况。如果这样，那么公司必须出售证券或借款来满足现金需要。出售证券和借款会产生交易成本。

而当公司持有的现金超过所需的最低金额时，就会产生机会成本。超额现金（以现钞或银行存款方式持有）的机会成本就是下一个最好的用途（比如投资在短期证券上）所能赚取的利息收入。为了确定适当的现金余额，公司必须权衡持有现金的利益和成本。

二、现金收支管理

（一）浮差

公司账簿上记录的现金余额和公司的银行账户上显示的现金余额不是一回事。银行账户余额和公司账面余额之间的差额称为浮差（float），它代表支票在结算过程中的净效应。

1. 支付浮差

公司开出支票就会产生支付浮差（disbursement float），导致公司账面现金余额立即减少，却未引起银行账户余额立即下降。例如，假设某公司当前的银行存款余额为 10 万元。7 月 8 日，该公司购买了一批原材料，并开出了一张 10 万元的支票向卖主支付货款。公司的账面余额立即减少了 10 万元。但是，直到卖主将支票存入其银行并且被提交给公司的银行要求付款前，比如说 7 月 15 日，该公司的银行将不会发现这张支票。直到支票兑付前，公司的银行账户余额都大于公司的账面余额，拥有正浮差。

在 7 月 8 日之前，公司的现金状况为

浮差＝公司的银行账户余额－公司的账面余额
＝100 000－100 000
＝0(元)

在 7 月 8 日至 7 月 14 日，公司的现金状况为

支付浮差＝公司的银行账户余额－公司的账面余额
＝100 000－0
＝100 000(元)

在支票结算期间，该公司拥有 10 万元的银行存款余额。当支票未结算时该公司可以获得这些现金的好处，例如，将这个银行账户余额投资于证券。

2. 收款浮差和净浮差

公司收到支票就会产生收款浮差（collection float），它会立即增加公司的账面余额，却不立即增加公司的银行账户余额。例如，假设某公司从客户处收到一张 10 万元的支票。假设该公司的银行存款余额为 10 万元，且浮差为零。11 月 8 日，该公司将支票存入银行，其账面余额增加 10 万元。然而，在该公司的银行提交支票给其客户的银行并收到 10 万元前，比如说 11 月 15 日，这笔现金对公司来说并不是可用的。在这期间，该公司的现金状况将反映 10 万元的收款浮差。

在 11 月 8 日之前，公司的现金状况为

浮差＝公司的银行账户余额－公司的账面余额
＝100 000－100 000
＝0(元)

在 11 月 8 日至 11 月 14 日，公司的现金状况为

收款浮差＝公司的银行账户余额－公司的账面余额
＝100 000－200 000
＝－100 000(元)

一般说来，公司的付款活动会产生支付浮差，而收款活动会产生收款浮差，其净效应，也就是总支付浮差和总收款浮差之和，就被称为净浮差（net float）。在任何一个时点上的净浮差就是公司的银行账户余额和公司的账面余额之间的差额。如果净浮差为正，那么公司的支付浮差就超过它的收款浮差，公司的银行账户余额就超过它的账面余额。如果净浮差为负，那么公司的支付浮差就低于它的收款浮差，公司的银行账户余额就低于它的账面余额。

相较账面现金余额，公司更应关注净浮差和银行账户余额。如果一个财务经理知道公司开出去的支票几天里将不会结算，他将可以在银行中保持较低的现金余额。良好的浮差管理可以产生大量的现金。假如一个公司的平均日销售额为1亿元，如果该公司加快收款进程1天，它就释放1亿元，可投资于证券。在10%的利率下，这意味着1天内可获得大约273 97元（=1亿元×0.10/365）的利息。

3. 浮差管理

浮差管理包含对现金的收款和支付的控制。现金收款的目标是缩短客户支付账单的时间和支票收账的时间之间的间隔。现金支付的目标是放慢付款，从而延长支票开具和支票提交支付之间的时间。换句话说，早收款和迟付款。

收款和支付的浮差可以分成以下三部分（见图12-5）：

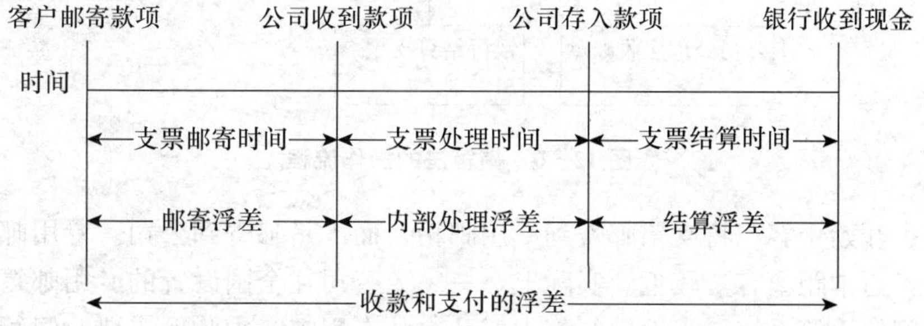

图12-5 收款和支付的浮差的基本组成部分

（1）邮寄浮差（mail float）。邮寄浮差是支票处于邮政系统时从收款到支付这段时间内产生的浮差。

（2）内部处理浮差（in-house processing float）。内部处理浮差是在支票的接收方处理这笔付款并将支票存入银行收款所花的时间内产生的浮差。

（3）结算浮差（availability float）。结算浮差是指在通过银行系统进行支票结算所需的时间内产生的浮差。

加速收款涉及缩短其中一个或者几个部分，而要延期支付，则必须拉长其中一个或者几个部分。

（二）加速收款

从前面的讨论中我们知道，收款延迟对公司来说是不利的。因此，在其他情况不变时，公司将采取一些措施来加速收款，以缩短收款时间。

收款过程的总时间由支票邮寄时间、支票处理时间和支票结算时间所组成。收款过程的每个部分所花费的时间取决于公司的客户和银行所在的位置以及公司收款的效率。我们介绍以下两种用以加速收款和减少收款时间的方法。

1. 锁箱法

锁箱（lock-box）是运用最广泛的加速收款的方法。它是为接收应收账款支付而设置的一种专门邮箱。

图 12－6 展示了锁箱法的操作流程。

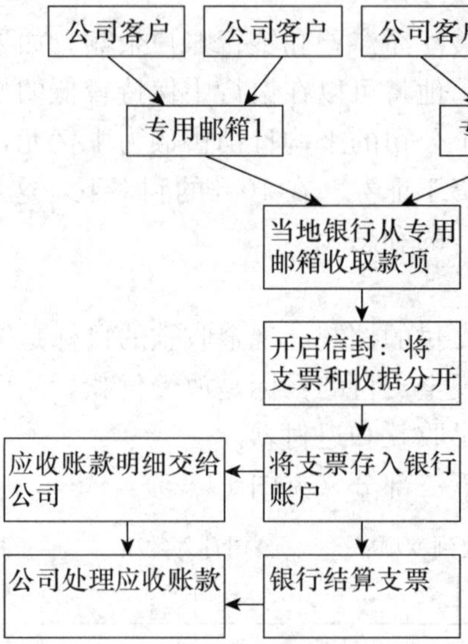

图 12－6　锁箱法的操作流程

收款过程开始于客户将支票邮寄到专用邮箱，而不是邮寄到公司。专用邮箱由一家当地银行保管，通常距离客户较近。实际上，一家大公司在全国设置的专用邮箱可能多达几十个。在典型的锁箱系统，当地银行每天好几次从专用邮箱中收取支票。银行直接将支票存入公司的账户。操作的明细用计算机记录下来并发送给公司。

因为支票是在附近的邮局而不是在公司总部收到，锁箱法缩短了支票邮寄时间。因为减少了公司自己处理应收账款以及将支票存入银行所需的时间，锁箱法也缩短了支票处理时间。锁箱法能使公司的应收账款的处理、存储和结算相较在公司总部收取支票并且公司自己将支票送交银行办理存储和结算更快。

2. 集中银行法

另一种加速收款的方法是更快地将现金从各存款银行转入公司的集中银行（concentration bank）。这种方法被称为集中银行法（concentration banking）。

在集中银行法下，公司的销售机构通常负责客户支票的收取和处理。销售机构将支票存入当地银行账户。过剩的资金从当地存款银行转移到集中银行。集中银行法的目的是从附近的地点收取客户的支票。因为公司的销售分支机构通常比公司总部离客户近，集中银行法减少了邮寄时间。此外，因为客户的支票通常是在当地银行支取，银行结算时间将缩短。图 12－7 说明了这个过程，它将集中银行法和锁箱法结合在一个总的现金管理系统中。

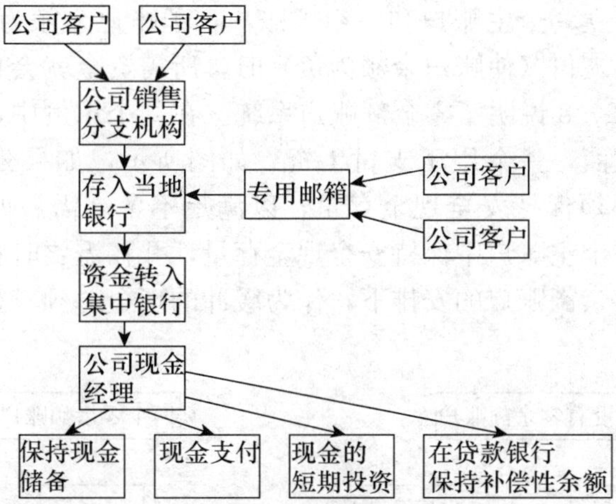

图 12-7 现金管理系统中的锁箱法和集中银行法

公司的现金经理使用集中银行的现金池进行短期投资或用于其他目的。集中银行通常作为短期投资的资金来源，也被作为向支付银行转入资金的中心点。

（三）延迟支付

加速收款是现金管理的一个方面，而延迟支付则是现金管理的另一个方面。从公司的观点来看，支付浮差是公司所希望的。因此，公司可能会形成一些策略来尽可能地延迟支付，以增加支付浮差。除此之外，公司还制定了一些措施，使为支付而持有的现金最小化。我们讨论几种最常见的方法。

1. 增加支付浮差

我们已经知道，对支付的延迟来自支票邮寄、支票处理和支票结算所需的时间。通过开具由距离客户较远的银行付款的支票，就可以增加支付浮差，因为这将增加通过银行体系进行支票结算所需的时间。从距离客户较远的邮局寄出支票是另一种延迟支付以增加支付浮差的方法。

使支付浮差最大化的策略在道德上和经济上备受争议。首先，就像我们在信用管理中所讨论的那样，销售条件通常都对提早付款给予相当大的折扣。该折扣通常都比玩浮差游戏所可能节省的要大。在这种情况下，如果收款者对付款日期的认定是根据收到的日期而非邮戳，那么拉长邮寄时间就没有好处。

其次，供应商不太可能被延迟支付的企图所愚弄。与供应商之间的恶劣关系所导致的负面影响的代价可能很高。

最后，利用邮寄时间等手段故意制造支付延迟，甚至在账单到期时还不付款，都是不道德的商业行为。

2. 零余额账户

我们已经知道，使支付浮差最大化可能是不良的商业手法。然而，公司还是希望尽量使支付所牵制的现金越少越好。因此，公司已经发展出一些有效管理支付过程的制度。这些制度的总体想法是使银行中的存款不超过支付所需的最低金额。零余额账户（zero-balance account）是达成这个目标的一种方法。

公司在同一银行设立一个主账户和一组子账户，子账户余额为零。当公司开出支票，向零余额账户提示支票支付（使账户余额为负）时，所需资金就会自动地从主账户划转到该零余额账户上。图 12-8 说明了零余额账户系统。在这个示例中，公司保持两个支付账户，一个用于支付供应商，一个用于支付工资。如图所示，如果公司没有使用零余额账户，那么每个账户都必须保持安全现金存量，以满足不备之需。如果公司采用零余额账户，那么它就可以在一个主账户中保持安全现金存量，并在需要时将资金划转到两个子账户上。关键在于，在零余额账户的安排下，作为缓冲的现金总额较少，因而有较多的现金可以用于其他用途。

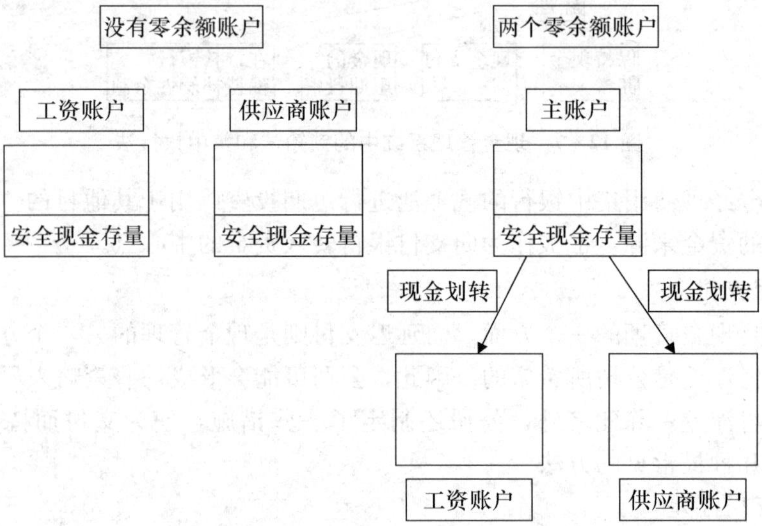

图 12-8　零余额账户系统

说明：在没有零余额账户时，每个账户都必须分别保持安全现金存量，因而冻结了一些现金。在零余额账户下，公司只要在主账户中保持一个安全现金存量，需要时再把资金划转到支付账户上即可。

三、闲置现金投资

如果公司有暂时性的闲置现金，它就可以投资于货币市场（money market）上的各种短期证券。货币市场是短期金融资产交易的场所，在货币市场上交易的短期金融资产的到期期限不超过一年。

短期证券投资可以获得收益，而闲置现金则不能。就一些大型公司而言，与拥有闲置现金余额的机会成本相比，买卖证券的交易成本可能就显得微不足道了。

一些大公司通常自己直接投资这些短期证券。然而，一些小公司则经常将闲置现金投资于货币市场共同基金，这些货币市场共同基金投资在短期金融资产上。公司向基金管理人支付管理费，作为对基金管理人所提供的专业服务的收益。另外，银行也会提供服务，替公司将账户上可利用的多余资金进行投资。

（一）短期证券的特征

假设公司有一些暂时性的闲置现金，有许多不同的短期证券可以投资。这些短期证券的最重要特征体现在以下几个方面：

1. 到期期限

到期期限是指还本付息的期限。利率水平的变动所导致的到期期限较长的证券的价格变动比到期期限较短的证券的价格变动要大，因而，投资于长期证券的公司就会比投资于短期证券的公司面临更大的风险。这种风险通常被称为“利率风险”。所以，多数公司通常只限于投资到期期限小于90天的短期证券，以避免因为利率变动而产生的价值损失。当然，期限较短的证券的预期收益率通常要低于期限较长的证券的预期收益率。

2. 违约风险

违约风险是指无法按期如数收回本息的可能性。一些信用评级机构提供了众多公司及其公开发行的证券的信用评级，这些评级都和违约风险息息相关。公司出于将闲置现金进行投资的目的，应尽量避免投资于违约风险大的证券。

3. 可交易性

可交易性是指把资产转换成现金的容易程度，因此，可交易性和流动性所指的差不多是同一件事情。它具有以下两个特点：

(1) 无价格压力效应。如果一种资产能在不改变市价的情况下大量销售，那么这种资产就具有可交易性。所谓价格压力效应是指为了有利于资产的销售，而不得不降低该资产的价格。

(2) 时效性。如果一种资产能以现有市价快速售出，那么这种资产就具有可交易性。

总之，可交易性就是指一种资产按其现有市价快速且大量售出的能力。也许，在所有的证券中，短期国债是最具可交易性的。

(二) 货币市场证券的种类①

货币市场证券一般都是短期的，并且具有较低的违约风险和很高的可交易性。它们的种类非常多，在这里我们只列举最常见的几种。

1. 国库券

国库券是中央政府发行的短期债券，到期期限在1年以内，无违约风险，可交易性非常强。目前，我国短期国库券的品种和数量较少。

2. 银行可转让大额存单

银行可转让大额存单是商业银行发行的短期债券，到期期限不超过1年，违约风险极低，可在二级市场上转让，可交易性低于国库券。

3. 回购协议

回购协议本质上为一项贷款安排，其中，银行或券商为“借方”，投资者为“贷方”。投资者从银行或券商处买进诸如国库券等证券，并与银行或券商签订协议，规定投资者在以后按预定的较高价格将该证券回售给银行或券商；期限非常短，从1天到大约3个月不等；有证券作为抵押品，投资者的风险非常小。不过，投资者在评估风险时，要考虑银行或券商的信誉度。不存在回购协议的二级交易市场。

① 关于具体的货币市场工具，可参考全国金融专业硕士系列教材《金融市场与金融机构》中的有关内容。

4. 银行承兑汇票

银行承兑汇票是企业（通常为进口企业）签发的、经银行承兑并保证支付的远期汇票。到期期限一般为1～6个月；企业和银行共同为汇票担保，风险很小；可在到期前向银行贴现。

5. 商业票据（短期融资券）

商业票据在我国被称为短期融资券，通常是大公司发行的无担保短期债券。到期期限一般为1～9个月；违约风险取决于发行公司的信誉度；不存在活跃的二级市场，可交易性很低。

专栏 12－4　电子商务对企业现金管理的影响

电子商务作为当今时代计算机网络信息技术发展和运用的产物，有力地促进了企业传统的经营和管理方式的变革和创新。就企业营运资本管理而言，电子商务对现金管理产生了深远的影响。

第一，现金的构成将发生改变。

传统环境下，现金包括库存现金、商业银行中的支票账户存款（活期存款）以及未存入银行的支票（在途现金）。在电子商务环境下，货币电子化已成为一个发展趋势，现金的使用将越来越少。另外，随着电子资金转账技术的广泛运用，在途现金的比重将大大降低，并逐步退出现金管理的范围。

第二，浮差管理将失去作用。

传统环境下，现金收支管理的一个重要内容是浮差管理，即企业从现金的收款和付款两方面下功夫。一方面，通过采取一些有效措施如锁箱法、集中银行法来加速收款；另一方面，通过采取一些延迟支付的办法如从距离供应商较远的开户银行开出支票、从距离供应商较远的邮局寄出支票等来放慢付款。在电子商务环境下，电子支付消除了支票邮寄以及处理过程，大大减少甚至消除了传统意义上的浮差。随着电子支付方式的普及，浮差管理这一传统环境下的现金管理方法将失去作用。

第六节　短期融资

以上我们讨论了应收账款、应付账款、存货、现金等主要流动资产和流动负债的管理。公司对这些流动资产和流动负债的决策会影响公司的现金余额和现金需求。

当公司运用内部现金来源无法满足预测的现金流出时，公司就面临一个短期融资问题。公司如何筹集短缺的现金，取决于它的短期财务政策。在弹性的（flexible）或宽松的（accommodative）短期财务政策下，公司可能会试图通过长期债务来筹集短缺的现金。

本节将讨论公司在现金短缺时筹集现金的几种主要的短期融资方法。

一、银行短期贷款融资

为暂时性现金短缺进行融资的最普遍的方法是利用商业银行的短期贷款。

（一）银行短期贷款的方式

1. 信用贷款

信用贷款是指银行完全凭借款人信用，无须提供经济担保和财产抵押的一种贷款方式。这种方式只适用于那些信誉好、经济实力强、经济效益显著的公司。

2. 经济担保贷款

经济担保贷款是指银行要求借款人以第三方的经济信誉或财产担保作为还款保证而发放贷款的一种方式。一般要求担保方是经济实力雄厚、信誉好、具有法人资格的企业或单位，如财政、金融或上级的主管部门均可成为特殊的信用担保人。银行要对担保方的资格、承保能力进行审查，并同借款人、担保方签订合法完整的贷款合同、担保合同，明确担保方的责任。担保方有责任监督借款人按贷款合同的要求还款和代借款人偿还逾期贷款本息。一般作为担保方也要对被担保的借款人做好资信调查，以免承担不必要的损失。

3. 抵押贷款

抵押贷款是指银行要求借款人将自己的财产作为抵押物而发放贷款的一种方式。借款人提供的抵押物必须是所有权明确、具有使用价值和价值、易于保管和变卖的金融资产或实物资产，如债券、股票、应收账款、存货、房产、汽车等。银行应对抵押物进行评估审查，然后才能签订抵押贷款合同。当借款人不能按期归还贷款时，银行有权处理抵押物并优先受偿。目前，银行越来越多地采用这种抵押贷款方式，以保证自身的利益不受侵害。

4. 贴现贷款

贴现贷款是指持有银行承兑汇票或商业承兑汇票的公司以未到期的票据向银行办理贴现而取得贷款的一种方式。银行从票据到期金额中扣除自贴现日至票据到期日的利息后予以贴现。在票据付款方到期无力付款时，如果贴现的票据是商业承兑汇票，则贴现银行将汇票及有关凭证退回借款公司，并从借款公司的账户中扣回款项。

（二）银行短期贷款的条款

根据国际通行的做法，银行发放短期贷款往往有一些规定条款，其中主要包括信贷限额、周转信贷协定、补偿性余额等。

1. 信贷限额

信贷限额是银行与借款人之间达成的正式或非正式的、在一定期限内（通常为 1 年）的最大贷款额的协定。银行可根据借款人生产经营状况的好坏核准或调整信贷限额。通常在信贷限额内，借款人可随时向银行申请贷款。例如，银行核定某公司在某一年内的信贷限额为 100 万元，那么该公司在这一年内如需要资金，可在限额内向银行申请贷款，但累计的贷款数额不能超过核准的信贷限额 100 万元。但是，银行并不承担提供全部信贷限额的义务。如果公司信誉恶化，经济效益下降，即使银行曾同意过按信贷限额提供贷款，公司实际中也可能得不到贷款。此时，银行并不承担法律责任。

2. 周转信贷协定

周转信贷协定是指银行与借款人签订的具有法律义务、承诺提供不超过某一最高限额的贷款的协定。它是一种正式的信贷限额。银行做出的这种承诺，往往具有法律效力。在协定规定的期限内，不论借款人的财务状况如何（除非破产），只要借款人的贷款总额未超过最高限额，银行就必须满足借款人任何时候提出的贷款要求。此时，借款人需要对协定中未动用的信贷额度支付一定比率的承诺费。例如，银行正式核准某公司在某一年内最高周转信贷限额为100万元，该公司只使用了80万元，假设银行承诺费率为0.5%，则该公司应向银行支付的承诺费为（100－80）×0.5%＝0.1（万元）。

3. 补偿性余额

补偿性余额（compensation balance）是银行要求借款人必须在银行账户中保持按贷款限额或实际贷款额的一定比例计算的最低存款余额。银行这样做的目的是降低贷款损失的风险。而对借款人来讲，补偿性余额提高了贷款的实际利率。例如，假设银行规定只要公司没有偿清贷款，就要将贷款额的10%保留在银行的无息账户中。如果某公司的贷款额为100万元，则根据补偿性余额要求，公司必须在银行账户里保留100×10%＝10（万元），该公司可动用的贷款资金实际上只有90万元，而利息支付却要按贷款的全额计算。10%的名义利率意味着1年支付利息100×10%＝10（万元），实际利率是10÷90＝11.11%。

二、应收账款融资

应收账款融资是指通过应收账款抵押、让售、证券化等方式来获得短期融资。

（一）应收账款抵押

应收账款抵押是指公司以应收账款作抵押向金融机构预先取得货款。提供应收账款抵押贷款的金融机构一般为商业银行或大的财务公司。贷款数额占抵押账面价值的比例取决于应收账款的质量和数额。所谓“质量”，是指所提供的应收账款清单中欠款公司信用品质的高低。欠款公司的信用品质越高，公司应收账款质量越高，金融机构同意对指定应收账款账面价值贷款的百分比越高。根据符合接受条件的应收账款的质量，金融机构一般按应收账款账面价值的50%～80%放贷。所谓“数额”，是指每笔应收账款的平均余额。应收账款的平均规模越小，处理每1元贷款花费的成本越多。因此，持有小规模应收账款的公司，即使应收账款质量高，也难以获得融资。

为了降低单独检查每笔应收账款以决定是否接受的成本，可以采用“批量的”应收账款抵押，在这一抵押方式下，贷款人不记录每笔应收账款，只记录应收账款总额和已收到的付款。“批量的”应收账款抵押舞弊概率高，所以贷款一般只占应收账款账面价值的25%。

应收账款抵押对债务有追索权和应收账款置留权，若发生坏账损失则由借款人承担。这是一种弹性强的抵押融资方式，随着应收账款的积累，可以使公司获得额外资金为这种应收账款积累融资，也是一种持续的融资方式。

（二）应收账款让售

应收账款让售是指公司通过向金融机构出售自己拥有的应收账款来筹措资金的一种方式。让售应收账款有两种情况：

（1）无追索权让售，即应收账款购买方（金融机构）要承担收取应收账款的风险，即承担应收账款的坏账损失；而出售方则承担销售折扣、销售折让或销售退回的损失。为此，金融机构在购买应收账款时，一般要按一定比例预留一部分余款，以备抵出售方应承担的销售折扣、折让或退回的损失，待实际发生销售折扣、折让或退回时，再予以冲销。

（2）有追索权让售，即出售方公司应承担向购买方即金融机构偿付的责任，在已出售应收账款上发生的任何坏账损失，均应由出售方公司承担。

（三）应收账款证券化

应收账款证券化是资产证券化的一种。它是公司以应收账款为支撑，通过特定的组织机构和结构设计提升信用状况，向投资者发行信用级别较高的证券的融资过程。

应收账款证券化的运作过程如下：（1）成立一个独立的证券化特设机构 SPV（special purpose vehicle）；（2）原始债权人（发起人）将应收账款出售给 SPV，SPV 对所购买的应收账款按期限、业务来源等特征进行重组匹配；（3）担保公司对应收账款的按期偿还进行第三方担保；（4）对 SPV 的应收账款进行信用增级；（5）对即将发行的资产抵押债券（asset-backed security，ABS）进行信用评级；（6）SPV 以经过信用增级后的应收账款发行 ABS；（7）证券承销商对 SPV 所发行的 ABS 进行包销；（8）投资者购买 ABS；（9）证券承销商将出售 ABS 的资金扣除一定的费用后，返还给 SPV；（10）ABS 在市场上进行交易和流通，托管银行负责对 ABS 的还本付息工作。

三、商业票据（短期融资券）融资

商业票据（commercial paper）在我国被称为短期融资券，是由公司发行的短期无担保债券。商业票据自 20 世纪 60 年代以来在国际上有了很大的发展，成为企业特别是发达国家的企业筹措短期资金的一个重要工具。对于定期需要巨额资金的一些大型知名公司而言，利用商业票据市场直接向大型投资者发行商业票据筹集短期资金比向银行短期借款更加经济。不过，由于投资者不愿意购买信用等级不是最高级的商业票据，所以如果公司的信用等级较低，公司就不能利用商业票据市场筹集短期资金。

在美国，商业票据的最长期限为 270 天，超过该期限的商业票据必须到美国证券交易委员会注册。多数商业票据的期限只有 60 天或更短。

近年来，国外商业票据市场非常不景气。2008 年雷曼兄弟公司破产，无法清偿尚未偿付的商业票据，随之商业票据市场开始萎缩。现在外国许多公司发现难以发行商业票据或需要为商业票据支付非常高的利率。

在我国，2005 年 5 月 24 日中国人民银行公布并实施了《短期融资券管理办法》，允许符合条件的企业在银行间债券市场向合格机构投资者发行短期融资券。

短期融资券的期限一般在 2～9 个月，最长不超过 1 年。利率随期限和发行公司的资信而定，但大多低于银行短期贷款利率。

短期融资券的发行方式可分为经纪人代销和直接销售两种。经纪人代销是指先由发行人卖给经纪人，然后由经纪人卖给投资者。经纪人主要有银行、投资信托公司、证券公司等。公司委托经纪人发行短期融资券，需要支付一定数额的手续费。直接销售是指发行人直接销售给最终投资者。直接销售短期融资券的公司，通常是经营金融业务的公司或自己拥有附属金融公司的公司，它们有自己的分支网点，有专门的金融人才，因此，有能力自己组织推销工作，从而可以节省经纪人代销时支付给经纪人的手续费。

与长期债券相似，短期融资券也要由信用评级机构确定信用等级。

专栏 12－5　　我国首批短期融资券今日发行

2005 年 5 月 26 日，华能国际、振华港机、中国国际航空、国家开发投资公司以及五矿集团共 5 家公司在银行间债券市场正式发行短期融资券，5 家企业融资总额为 109 亿元。这是《短期融资券管理办法》颁布后获准发行的首批企业短期融资券。

据了解，华能国际共发行 50 亿元融资券，其中第一期期限为 365 天，金额为 45 亿元；第二期期限为 9 个月，金额为 5 亿元；振华港机发行 12 亿元期限为 365 天的融资券；中国国际航空发行 20 亿元期限为 365 天的融资券；国家开发投资公司发行 10 亿元期限为 3 个月的融资券；五矿集团发行 17 亿元融资券，其中期限为 365 天的 15 亿元，期限为 180 天的 2 亿元。

标准普尔给予华能国际的信用评级为 BBB＋级，信用评级展望为“稳定”。标准普尔从 1998 年开始连续 6 年给予该公司国家主权级的评级水平，这也是标准普尔给予国内企业的最高评级。振华港机经联合资信评估有限公司综合评定，本期短期融资券的信用级别为 A—1＋级；中国国际航空经中诚信国际信用评级有限责任公司（简称中诚信）评定，短期信用级别为 A—1＋级；国家开发投资公司经中诚信综合评定，短期信用等级为 A—1＋级，长期信用等级为 AAA 级，评级展望为“稳定”；中诚信评定 2005 年五矿集团长期信用级别为 AAA 级，短期信用级别为A—1＋级。

根据发行公告，华能国际拟利用募集资金进一步拓展发电项目；振华港机拟将募集资金用于采购在生产过程中所需的国内原材料；中国国际航空所筹资金将主要用于流动资金周转及弥补企业日常运营的资金缺口；国家开发投资公司拟将所筹集资金用于支持电力、煤炭、港航、化肥等基础性和资源性行业的资金需求；五矿集团募集资金将用于补充集团下属各单位营运资金的需求，以摆脱融资单纯依靠银行的局面，提高直接融资比例和优化融资结构，减少银行贷款融资，降低融资成本。

资料来源：我国首批短期融资券今日发行．证券时报，2005-05-26．

本章小结

1. 流动资产与流动负债被称为营运资本。流动资产是指现金和预期能在 1 年之内转换成现金的其他资产。公司主要的流动资产是现金、应收账款和存货。流动负债是预期在 1 年之内就需要支付现金清偿的债务。公司主要的流动负债是应付账款。

2. 公司从购买存货实际支出现金，到销售利用存货生产出的产成品而收回现金，这期间的时间长度被称为公司的现金周期。可以把现金周期看成存货周期和应收账款周期之和减去应付账款周期。公司的现金周期越短，公司在存货和应收账款上的投资就越少；相反，公司的现金周期越长，占用的营运资本越多，就越需要更多的现金维持其日常运营。营运资本通过影响公司的自由现金流而改变公司的价值。

3. 信用与应收账款管理包括以下五个部分：(1) 设定销售条件；(2) 决定信用工具；(3) 进行信用分析；(4) 决定信用政策；(5) 决定收账政策。

4. 销售条件是指授予信用的期限和对现金购买给予的折扣。信用工具是指要求客户提供什么样的证明。信用分析就是确定一个客户是否会付款的过程。信用政策即决定向哪些客户提供信用。收账政策涉及监控应收账款并取得逾期账款的支付。

5. 只有当商业信用为最便宜的资金来源时，公司才应该选择使用应付账款方式融资。一旦公司选择利用供应商提供的商业信用，公司就应该总是在卖方允许的最迟日期付款。公司应该监控其应付账款，以确保在最适当的时间付款。一种方法是计算应付账款周转天数，并将其与卖方的销售条件相比较。

6. 公司的财务经理通常对存货没有主要控制权，而其他职能部门，比如采购、生产和营销部门通常会分享有关存货的决策权。存货主管的主要职责是平衡与存货相关的成本和收益。

7. 现金管理分为三个步骤：(1) 确定适当的目标现金余额；(2) 有效地进行现金收支；(3) 将闲置现金投资于短期证券。

8. 银行账户余额和公司账面余额之间的差额被称为浮差。一般来说，公司的付款活动会产生支付浮差，而收款活动会产生收款浮差，其净效应，也就是总支付浮差和总收款浮差之和，就称为净浮差。相较账面现金余额，公司应更关注净浮差和银行账户余额。

9. 现金收支管理的目标就是实现早收晚支。

10. 用于加速收款的两种方法是：(1) 锁箱法；(2) 集中银行法。

11. 公司可能会形成一些策略来尽可能地延迟支付，以增加支付浮差。而使支付浮差最大化的策略在道德上和经济上备受争议。此外，公司还制定了一些措施，使为支付而持有的现金最小化。零余额账户是达成这个目标的一种方法。

12. 如果公司有暂时性的闲置现金，它就可以投资于货币市场上的各种短期证券。货币市场证券一般都是短期的，并且具有较低的违约风险和很高的可交易性，最常见的是国库券、银行可转让大额存单、回购协议、银行承兑汇票、短期融资券。

13. 当公司运用内部现金来源无法满足预测的现金流出时，公司就面临一个短期融资问题。公司在现金短缺时筹集现金的短期融资方法主要是：银行短期贷款、应收账款融资、发行短期融资券。

问题与应用

1. 回答下列问题：

(1) 公司的现金周期和经营周期有何区别？

(2) 在其他条件相同的情况下，如果公司增加存货，会对现金周期产生什么影响？

(3) 如果公司开始利用供应商提供的折扣，对现金周期会产生什么影响？

2. 公司的现金周期增加，一定意味着公司的现金管理水平差吗？

3. 信用管理主要有哪些步骤？

4. 在确定销售条件时应考虑哪些因素？

5. 某公司以“1/30，净 60”的销售条件出售产品，某客户购物发票的金额为 1 000 元。

(1) 如果该客户在第 30 天付款，可以获得多少折扣？

(2) 如果该客户在到期日而不是在第 30 天付款，实际年利率是多少？

(3) 如果：a. 产品易腐；b. 产品难以在短期内转销；c. 产品被出售给高风险企业。那么，公司将如何相应修改销售条件？

6. 假如供应商给公司的销售条件为“1/10，净 45”。如果公司选择放弃折扣，并在第 45 天付款，那么商业信用的实际年利率是多少？

7. 利润率、利率、多次订购的概率分别发生变化时，你的授信愿望将会有何相应变化？试针对每一种情况分别给予简例说明。

8. 某公司今年的销售额为 1 000 万元，它的应收账款余额平均为 50 万元。公司的平均收账期为多长？

9. 某公司的会计账簿上有下列账户：

客户	欠款金额（元）	欠款天数（天）
A	50 000	35
B	35 000	5
C	15 000	10
D	75 000	22
E	42 000	40
F	18 000	12
G	82 000	53
H	36 000	90

公司提供的销售条件为“1/15，净 30”。建立公司的账龄分析表，以 15 天为一个间隔，直到第 60 天，并指出账龄超过 60 天的账户。

10. 下列说法是否正确？

(1) 出口商为了提高买方支付货款的确定性，可以要求客户在提货单上签字，并以它代替即期汇票。

(2) 通过查看坏账比例来衡量信用经理的业绩表现，这很有意义。

(3) 如果多次催款后客户依然拒绝支付，公司通常会将债务转交代收人或聘请律师处理。

11. 什么是公司支付应付账款的最佳时间?

12. 应付账款展期是什么意思?

13. 某公司按照"1/25,净25"的销售条件采购。如果选择利用折扣,公司就必须取得银行贷款以满足其短期融资需要。当地一家银行向公司报出的贷款利率为12%。公司应该与银行签订贷款协议并开始利用折扣吗?

14. 假设公司按照"3/15,净40"的销售条件从供应商处采购商品。

(1) 如果公司选择放弃折扣,并在第40天付款,那么商业信用的实际年成本率是多少?

(2) 如果不打算利用折扣,并在第50天付款,则实际年成本率是多少?

15. 为什么公司需要持有存货?与持有存货相关的成本有哪些?

16. 存货管理的基本目标是什么?

17. 公司持有现金的原因是什么?

18. 某公司正在研究聘用一家专业机构来提供记账和收款服务的可行性。这家专业机构擅长提供此类服务,这将会使收款浮差缩短20天。公司平均每日收款额为1 200元。公司用现金投资可获得8%的年收益率。提供记账和收款服务的专业机构每月收取的服务费为250元。公司是否应该雇用记账和收款的专业机构?

19. 什么是锁箱法?什么是集中银行法?它们能实现什么目的?

20. 什么是零余额账户?这种账户有什么优点?

21. 在下列短期证券中:短期国库券、银行可转让大额存单、短期融资券,你预期哪一种收益率最高?为什么?

22. 短期融资有哪些基本方式?

23. 银行短期贷款的方式有哪些?

24. 什么是补偿性余额?为什么说补偿性余额提高了贷款的实际利率?

25. 以应收账款为抵押获得贷款与应收账款让售有何不同?

推荐阅读材料

[1] F. J. Fabozzi, S. V. Mann, and M. Choudhry, *The Global Money Markets*, New York: John Wiley & Sons, Inc., 2002.

[2] R. H. Cole and L. Mishler, *Consumer and Business Credit Management*, 11th ed. New York: McGraw-Hill Education, 1998.

[3] T. S. Maness and J. T. Zietlow, *Short-Term Financial Management*, Lawrenceville, NJ: South-Western, 2004.

参考文献

[1] 比尔·尼尔,特雷弗·麦克尔罗伊. 公司理财:基于价值的方法. 北京:经济管理出版社,2007.

[2] 登齐尔·沃森，安东尼·黑德．公司理财：原理与实践：6版．北京：清华大学出版社，2017.

[3] 理查德·A．布雷利，斯图尔特·C．迈尔斯，艾伦·马库斯．财务管理基础：8版．北京：中国人民大学出版社，2017.

[4] 理查德·A．布雷利，斯图尔特·C．迈尔斯，弗兰克林·艾伦．公司财务原理：10版．北京：机械工业出版社，2013.

[5] 梁莱歆．公司理财．北京：清华大学出版社，2009.

[6] 乔纳森·伯克，彼得·德马佐．公司理财：3版．北京：中国人民大学出版社，2014.

[7] 斯蒂芬·A．罗斯，伦道夫·W．威斯特菲尔德，杰弗利·F．杰富．公司理财：9版．北京：机械工业出版社，2012.

第十三章

期权与公司金融

学习目标：

1. 理解期权的基本概念，能够运用风险中性定价法进行期权定价；

2. 理解运用期权定价的框架进行投资决策的原理，以及如何运用期权定价模型来进行投资决策；

3. 理解实物期权分析法与传统的贴现现金流分析法的不同之处；

4. 结合互联网公司投资决策中的案例分析，理解实物期权分析法在企业投资决策中的实施方法。

引　言

虽然传统的贴现现金流法在资本预算中发挥了巨大的作用，但是当投资决策随着时间的推移而改变时，借助期权定价的分析方法，往往能够更有利地帮助我们进行投资决策。

本章首先介绍期权的基本概念、运用风险中性定价法进行期权定价，在此基础上，重点讲解为何可以运用期权定价的框架来帮助我们进行投资决策？实物期权分析法与传统的贴现现金流分析法相比，有何不同之处？如何运用期权定价模型来进行投资决策？最后，我们通过实物期权分析法在互联网公司投资决策中运用的案例，详细介绍实物期权分析法在企业投资决策中的实施。

第一节　期权相关概念

一、期权的概念[①]

期权是一种在交易所以及场外市场进行交易的衍生证券，分为看涨期权（call option）

① 关于期权的基本概念，可以参考全国金融专业硕士系列教材《投资学》和《金融衍生工具》中有关期权的内容。

与看跌期权（put option）。看涨期权是指在将来某一特定的时间以预定的价格（行权价格）购买某种资产［通常也被称为标的资产（underlying asset）］的权利；而与之相对的看跌期权是指在将来某一特定的时间以某一预定的价格（行权价格）卖出某种资产（标的资产）的权利。与期货的不同之处在于，期权是一种权利。因此，投资者只有认为自己盈利时才会行使权利，而当投资者认为亏损时可以放弃该权利。如果按照行权的时间来分，期权可分为欧式期权（European option）及美式期权（American option）。购买了欧式期权的投资者只能在期权的到期日行权，而购买了美式期权的投资者可以在到期日之前的任何时点选择最佳时机行权。另一种百慕大式期权（Bermudan option）是一种介于欧式期权与美式期权之间的期权，投资者可以在期权到期日之前的一段时间（如一周）内选择最佳时机行权。

正确理解持有期权的投资者在期权到期日的盈利（pay off），是理解期权概念的重要环节。

我们以宝钢股份认购权证为例进行说明。宝钢股份认购权证（宝钢 JTB1）是一种第三方发行的权证（备兑权证①）。首发日为 2005 年 8 月 18 日，到期日为 2006 年 8 月 30 日，行权价格为 4.2 元，属于欧式期权。在这个例子中，宝钢 JTB1 的标的资产就是宝钢股份的股票。持有宝钢 JTB1 的投资者有权在 2006 年 8 月 30 日［到期日（expiration date）或满期日（maturity date）］以 4.2 元的价格（行权价格）购买宝钢股份的股票。在宝钢 JTB1 的发行日，宝钢股份的股票收盘价格为 4.58 元，假如 2006 年 8 月 30 日宝钢股份的股票涨到了 5 元，则投资者可以用 4.2 元购买价值 5 元的宝钢股票，其到期日的盈利为 0.8（＝5－4.2）元；而当 2006 年 8 月 30 日宝钢股份的股票价格跌至 4 元的时候，投资者如果用 4.2 元购买价值 4 元的宝钢股票，将会亏损，因此，投资者可以放弃行权，其到期日的盈利为 0 元。以上分析结果，我们可以用图 13－1 来表示。当到期日宝钢股票的价格超过行权价格 4.2 元时，权证的持有者获得超过 4.2 元的部分，而当到期日宝钢股票的价格跌破行权价格 4.2 元时，放弃行权，投资者的盈利为 0 元。但是，考虑到投资者取得权证时，需要支付其价格（风险溢价）0.688 元，因此，实际盈利为－0.688 元。与之相对应，我们也可以考虑宝钢股份的认沽权证。如图 16－2 所示，当到期日股票价格跌破行权价格 4.2 元时，认沽权证的持有者获得超额部分，而当到期日的股票价格高于 4.2 元时，投资者放弃行权，盈利为负，损失即为认沽权证的期权价格 0.257 元。②

上述分析结果，我们可以用数学公式简洁地表述出来。假设到期日股票价格为 S_T，行权价格为 X，那么到期日看涨期权的持有者的盈利可以表示为

$$\max(S_T-X,0)$$

① 权证是一种在将来特定的时间以预订的价格（行权价格）购买或卖出标的股票的权利，本质上是期权的一种形式。买入股票的权利被称为认购权证，而卖出股票的权利被称为认沽权证。认购权证又分为两种，一种是投资者行权时，公司需要发行新股，被称为认股权证；另一种是由第三方发行的备兑权证，投资者行权时公司不需要发行新股，只要将存入专用账户的股权以预定的价格卖给投资者即可。

② 这里，认购权证的价格 0.688 元是根据 B-S 模型计算而得的，而认沽期权的价格 0.257 元是根据看跌-看涨平价关系（put-call parity）计算得到的。

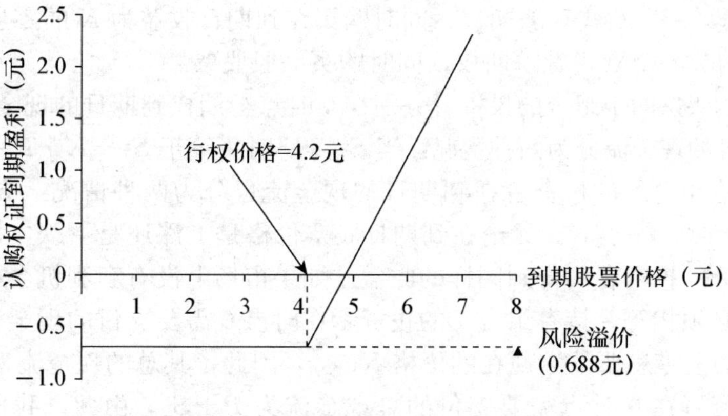

图 13-1 宝钢认购权证的到期盈利

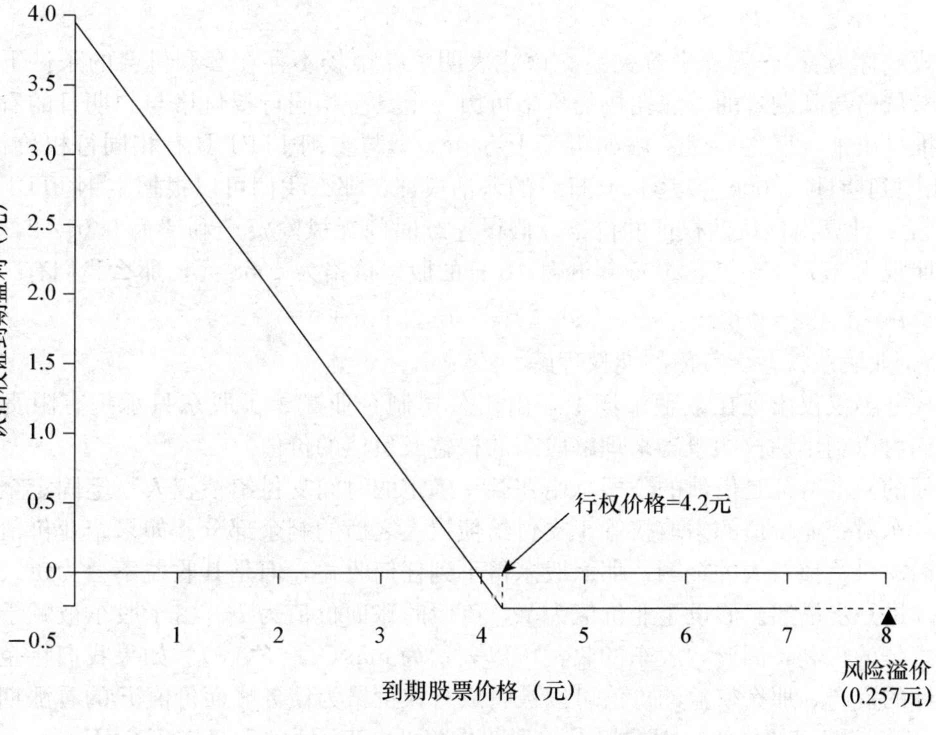

图 13-2 宝钢认沽权证的到期盈利

而看跌期权的持有者在到期日的盈利可以表示为

$$\max(X-S_T,0)$$

1. 看跌-看涨平价关系

如果市场上没有套利机会存在，那么看跌期权与看涨期权在理论上存在一定的关系。假设看涨期权与看跌期权的行权价格均为 K，两个期权距离到期日的时间间隔为 T，在 0 时点看涨期权的价格为 C，看跌期权的价格为 P，股票价格为 S_0。期权到期时的股票价格为 S_T，无风险资产利率为 r。为了推导看涨期权与看跌期权之间的关系，我们考虑两个投资组合：

- 组合 1：购买一个欧式看涨期权，同时购买在到期日收益为 K 的零息票债券。
- 组合 2：购买一个欧式看跌期权，同时购买一股股票。

我们来分析购买这两个组合的投资者分别在 0 时点与期权到期日的现金流。持有组合 1 的投资者在到期日的现金流分为两种情况：当 $S_T \geqslant K$ 时，等于 $S_T - K + K = S_T$；当 $S_T < K$ 时，等于 K。持有组合 2 的投资者在到期日的现金流也分为两种情况：当 $S_T \geqslant K$ 时，等于 S_T；当 $S_T < K$ 时，等于 K。无论在到期日股票价格是上涨还是下跌，持有组合 1 的投资者与持有组合 2 的投资者均得到同样的收益。如果市场上没有套利机会存在，那么这两个组合的现值就必须相等。持有组合 1 的投资者在时点 0 需要支付的现金流为负的欧式看涨期权价格 C，加上零息票债券现在的价格 Ke^{-rT}，因此，其总的现金流为 $C+Ke^{-rT}$。而持有组合 2 的投资者在 0 时点需要支付的总现金流为 $P+S_0$。由此，我们可以得到以下关系：

$$C+Ke^{-rT}=P+S_0$$

上式被称为看跌-看涨平价关系。该式表明，在市场不存在套利机会的条件下，具有某个行权价格与到期日的看涨期权的价格可由一个具有相同行权价格与到期日的看跌期权的价格推导出来，反之亦然。假如市场上存在一个与宝钢 JTB1 具有相同行权价格（4.2 元）、相同到期日（2006 年 8 月 30 日）的认沽权证，那么我们可以根据宝钢 JTB1 的价格（0.688 元）计算出该认沽权证的价格。假设连续时间无风险资产利率为 0.012 2，距离到期日的期限为 377/360 年，2005 年 8 月 18 日的股票价格为 4.58 元，那么我们有

$$P=0.688+4.2\times e^{-0.0122\times\frac{377}{360}}-4.58=0.2545(\text{元})$$

2. 企业股东权益、负债的期权理解

期权并不仅仅出现在金融市场上，由于公司制企业赋予了股东只承担有限责任的权利，我们可以利用期权的概念来理解股东的权益及负债的价值。

负债的基本特征是借债的公司承诺在某一确定的时间支付给债权人一笔固定金额的现金，而股东对企业价值的索取权等于支付给债权人之后的剩余部分。如果企业价值等于或少于承诺支付给债权人的金额，那么股东得不到任何收益，但是其收益不会为负。我们用图 13-3 进一步描述。假设企业价值为 V，负债的账面价值为 F。由于股东被赋予了仅承担有限责任的权利，因此，股东的收益可以表示为 $\max(V-F, 0)$。如果我们将企业价值 V 看成标的资产，那么权益的价值可以被看成行权价格为债务账面价值 F 的看涨期权。我们用 C 表示该期权的价值。而债权人的到期收益可以表示为 $\min(V, F)=F-\max(F-V, 0)$，因此负债的价值可以被看作负债的账面价值减去行权价格为 F 的看跌期权的价值。如果我们用 P 表示看跌期权的价值，则负债的现值等于 $PV(F)-P$，$PV(F)$ 表示负债面值的现值。

企业价值等于权益价值加上负债价值，因此我们有

$$V=C+[PV(F)-P]$$

将上式变形可得

$$C+PV(F)=V+P$$

这刚好是看跌-看涨平价关系，它表示了企业的权益、负债中包含的看涨期权与看跌期权之间的关系。

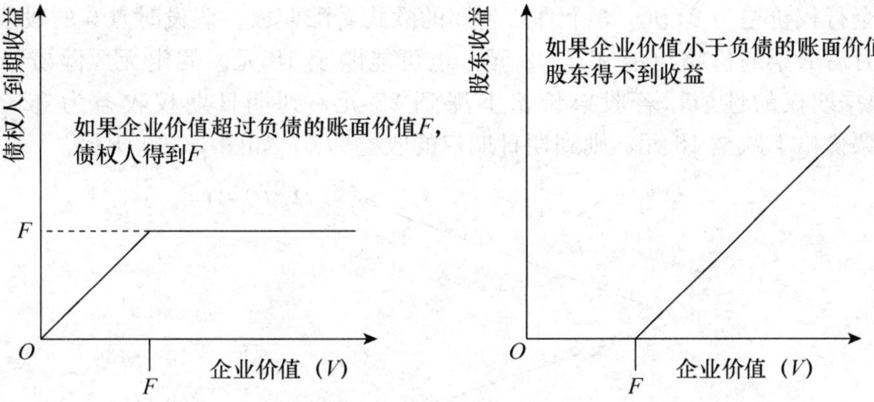

图 13-3 债权人到期收益、股东收益与企业价值的关系

二、期权定价

由以上分析我们可以看出，期权的持有者在期权到期时的收益一定是大于或等于 0 的，投资者想要获得这种“只赚不赔”的证券，就需要付出一定的风险溢价。投资者如果想要获得在将来一定的时间以一定的金额买（卖）某种资产的权利，在现在的时点需要付出多大的成本呢？这就是期权定价要解决的问题。以下我们首先讨论期权的无套利定价区域，然后利用风险中性定价的原理，介绍二叉树（binomial tree）期权定价模型及 B-S-M（Black-Scholes-Merton）期权定价模型。

1. 看涨期权价格的无套利定价区间

在看涨期权到期时，期权价格 $C_T=\mathrm{Max}(S_T-X, 0)$。因此，在没有套利机会存在的条件下，以下条件成立：

- 由于 $C_T\geqslant 0$，期权现在的价格 $C_0\geqslant 0$。
- 由于 $C_T\geqslant S_T-X$，因此 $C_0\geqslant S_0-X/(1+r_f)$。式中，$C_0$ 为时点 0 的期权价格；S_0 为时点 0 的股票价格；X 为期权的行权价格；r_f 为无风险资产利率。
- 由于 $C_T\leqslant S_T$，因此 $C_0\leqslant S_0$。

因此，看涨期权价格的无套利定价区间如图 13-4 所示。

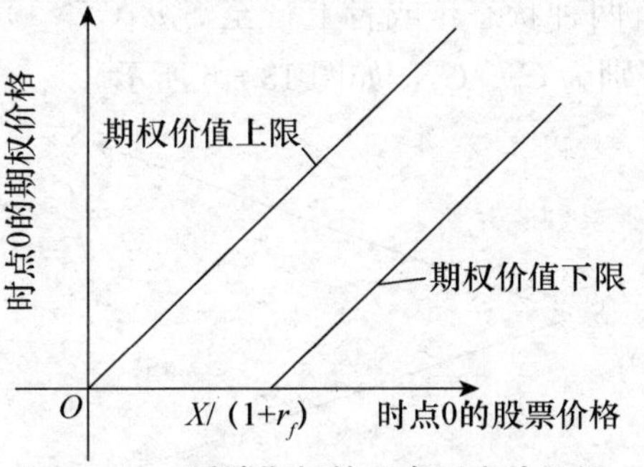

图 13-4 看涨期权的无套利定价区间

2. 单期二叉树期权定价模型

我们首先来看一个具体的例子，然后将其一般化。

考虑一个行权价格为 21 元，3 个月后到期的欧式看涨期权。假设时点 0 的股票价格为 20 元，3 个月后股票的价格可能涨至 22 元，也可能跌至 18 元。假定无风险资产收益率 $r=12\%$。根据期权的性质，若股票价格上涨到 22 元，到期日期权收益为 $22-21=1$（元）；若股票价格下跌至 18 元，则到期日期权的收益为 0，如图 13－5 所示。

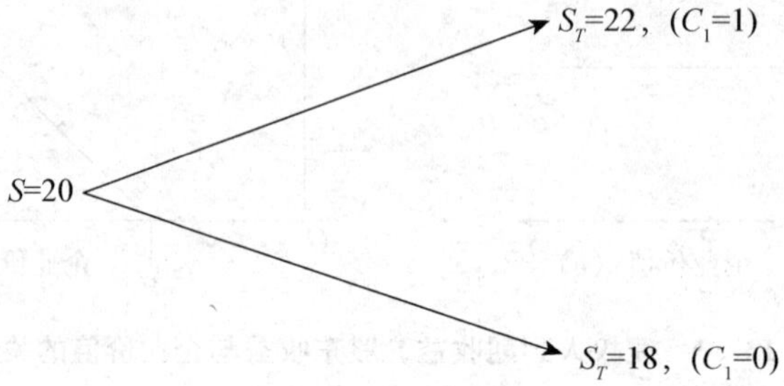

图 13－5　股票价格和期权价格（单位：元）

现构建一个投资组合：购买 Δ 股股票，同时做空 1 份欧式看涨期权。如果 $S_T=22$ 美元，则组合的价值 V 为 $22\Delta-1$；如果 $S_T=18$ 美元，则组合的价值为 18Δ。选择一个 Δ，使投资组合是无风险的，这意味着组合在股票上涨与下跌时价值一致，因此

$$22\Delta-1=18\Delta$$

即

$$\Delta=0.25$$

此时，到期日组合的价值 $V=22\times0.25-1=18\times0.25=4.5$（元）。已知当前的股票价格为 20 元，假定时点 0 期权的价格为 C_0，则组合在时点 0 的价值为 $20\times0.25-C_0$。由于组合为无风险资产，所以其收益率一定等于无风险资产收益率，因此

$$20\times0.25-C_0=5-C_0=4.5e^{-0.12\times0.25}$$

我们可以得到时点 0 期权的价值 $C_0=0.633$（元）。

以上例子中，我们通过用股票与期权构建无风险资产组合的方法求得了期权的价值。下面，我们将该方法一般化。

考虑一个到期时间为 T 的期权。假定时点 0 期权的价格为 C_0，股票价格为 S_0。假定在期权到期时股票的变化只有两种状态：或者上行至 S_0u（$u>1$），或者下行至 S_0d（$d<1$），上行及下行时期权的收益分别为 C_u、C_d，如图 13－6 所示。

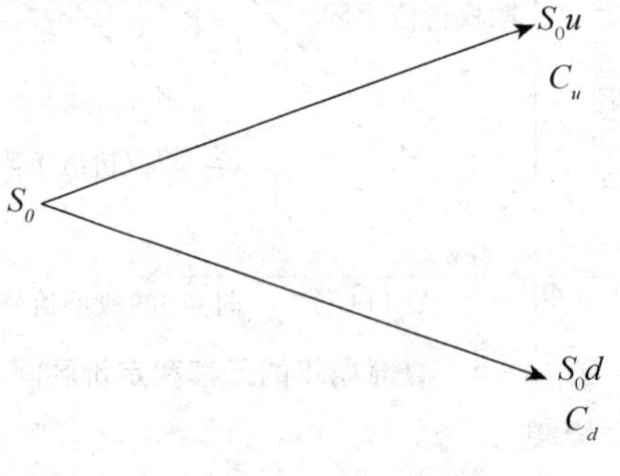

图 13－6　一般化下的股票价格和期权价格

考虑一个由 Δ 股的股票多头和 1 份期权空头构成的组合。如果股票价格上涨，该组合在到期日的价值为 $\Delta S_0 u - C_u$；反之，股票价格下跌时该组合的价值为 $\Delta S_0 d - C_d$。选择 Δ，使组合为无风险资产，则有

$$\Delta S_0 u - C_u = \Delta S_0 d - C_d$$

$$\Delta = \frac{C_u - C_d}{S_0 u - S_0 d}$$

假设无风险资产收益率为 r，该组合的收益率应该等于无风险资产收益率，因此

$$(\Delta S_0 u - C_u)\mathrm{e}^{-rT} = \Delta S_0 - C_0$$

$$C_0 = \Delta S_0 - (\Delta S_0 u - C_u)\mathrm{e}^{-rT}$$

将 Δ 代入上式，可得

$$C_0 = \frac{C_u - C_d}{u-d} - \left(\frac{C_u - C_d}{u-d}u - C_u\right)\mathrm{e}^{-rT}$$

$$= \left(\frac{\mathrm{e}^{rT} - d}{u-d}C_u + \frac{u - \mathrm{e}^{rT}}{u-d}C_d\right)\mathrm{e}^{-rT}$$

取 $p = \frac{\mathrm{e}^{rT} - d}{u-d}$，则有 $1-p = \frac{u - \mathrm{e}^{rT}}{u-d}$，因此，期权的价格 C_0 可简化为

$$C_0 = \mathrm{e}^{-rT}[pC_u + (1-p)C_d]$$

我们可以把 p 理解为股票价格上涨的概率，而把 $1-p$ 当作股票价格下跌的概率。上式给了我们一个很好的求期权价格的方法。我们只需要运用“自制概率”来计算期权在到期日的期望收益，然后用无风险资产收益率进行贴现即可。尽管我们并没有假设投资者是风险中性的，但是，为什么我们可以用无风险资产收益率来贴现风险资产期权的期望收益呢？问题的关键在于，我们用了“自制概率” p 来计算其期望收益。需要注意的是，该概率 p 并不是我们实际能够观察到的标的股票上涨的概率，而是一个“虚构的概率”，在这个虚构的概率空间里，风险资产将会变为无风险资产，就好像我们站在地面上能看到电梯的运动，但是当我们站在电梯里的时候，感觉不到电梯的运动一样。

为了进一步说明，我们运用刚才得到的概率 p 来计算股票的期望收益，看看股票是否也会变为无风险资产。

$$E(S_T) = pS_0 u + (1-p)S_0 d$$

$$= \frac{\mathrm{e}^{rT} - d}{u-d}S_0 u + \frac{u - \mathrm{e}^{rT}}{u-d}S_0 d$$

$$= S_0\left[\frac{\mathrm{e}^{rT}(u-d)}{u-d}\right]$$

$$= S_0 \mathrm{e}^{rT}$$

上式表明，当我们采用概率 p 来计算股票价格的期望值时，其期望收益率等于无风险资产收益率。我们可以把这一结论推广到其他风险资产。也就是说，在该概率空间里，所有的风险资产都会变为无风险资产。因此，我们将概率 p 称为风险中性概率（risk-neutral probability）。需要注意的是，我们虽然是在风险中性概率空间里得到的期权价格，但该价格也是我们实际能够观测到的概率空间里的价格。在两个概率空间里，它们的概率虽然不

同，但是其"实现值"是一致的。

下面我们用风险中性概率来计算这一节最初的例子中的期权价格。在上述例子中，$r=0.12$，$T=0.25$，$u=1.1$，$d=0.9$，因此，风险中性概率为

$$p=\frac{e^{rT}-d}{u-d}=\frac{e^{0.12\times0.25}-0.9}{1.1-0.9}=0.6523$$

时点 0 的期权价格为

$$C_0=[0.6523\times1+(1-0.6523)\times0]e^{-0.12\times0.25}=0.633\text{（元）}$$

与前面得到的答案一致。

3. 多期二叉树期权定价模型

我们可以将以上分析推广至多期模型。下面以两期模型为例，两期以上的模型类似。

假设初始股票价格为 S，在每一期二叉树中，股票价格或上升到初始值的 u 倍，或下降到初始值的 d 倍。期权价值的符号表示在图 13-7 中（例如，在两次上升运动之后，期权价值为 C_{uu}）。假设每一期二叉树的时间长度是 Δt 年。则有

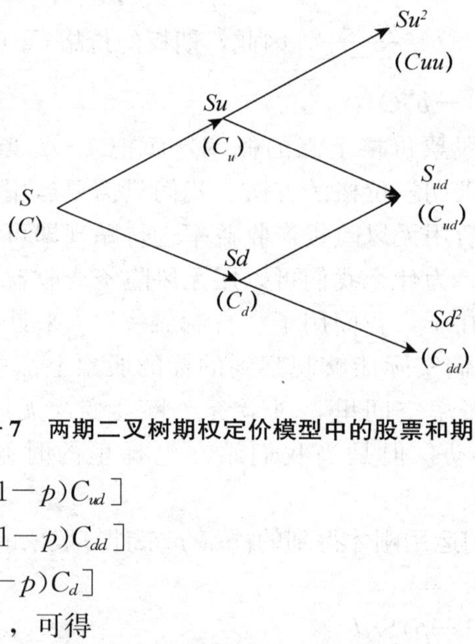

图 13-7　两期二叉树期权定价模型中的股票和期权价格

$$C_u=e^{-r\Delta t}[pC_{uu}+(1-p)C_{ud}]$$
$$C_d=e^{-r\Delta t}[pC_{ud}+(1-p)C_{dd}]$$
$$C=e^{-r\Delta t}[pC_u+(1-p)C_d]$$

用前两式替换 C_u、C_d，可得

$$C=e^{-2r\Delta t}[p^2C_{uu}+2p(1-p)C_{ud}+(1-p)^2C_{dd}]$$

在一个风险中性的世界，期权的价格总是等于其期望收益以无风险资产收益率贴现的现值。

在美式期权中，两期二叉树最后节点上的价值与欧式期权相同。在更早的节点上，期权的价值是以下两个中的较大者：(1) 按公式 $f=e^{-rT}[pC_u+(1-p)C_d]$ 算出的期权价值；(2) 提前行权的收益。

【例】　欧式看跌期权

假定股票的当前价格为 50 元，期权的执行价格为 52 元，价格为两期二叉树，每期长为 1 年，在每个单期二叉树中股票价格或者上涨 20%，或者下跌 20%，无风险资产收益率为 5%。二叉树如图 13-8 所示。

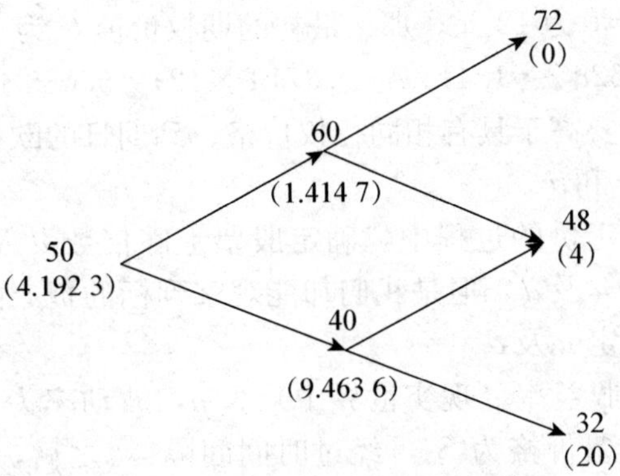

图 13-8 利用两期二叉树图法为欧式看跌期权估值（单位：元）

说明：在每个节点，上面的数字是股票价格，下面括号里的数字是期权价格。

在这种情况下，$u=1.2$，$d=0.8$，$\Delta t=1$，$r=0.05$，则风险中性概率 p 的值为

$$p=\frac{e^{0.05\times 1}-0.8}{1.2-0.8}=0.628\,2$$

最后股票的可能价格为 72 元、48 元、32 元。在这种情况下，$C_{uu}=0$，$C_{ud}=4$，$C_{dd}=20$，因此，期权的价值 C 为

$$C=e^{-2\times 0.05\times 1}(0.628\,2^2\times 0+2\times 0.628\,2\times 0.371\,8\times 4+0.378\,1^2\times 20)=4.192\,3(\text{元})$$

【例】 美式看跌期权

如果考察的是一个美式期权，结果可能有所不同。沿用上面关于股票价格等的假定，只是把欧式期权改为美式期权，其二叉树如图 13-9 所示。

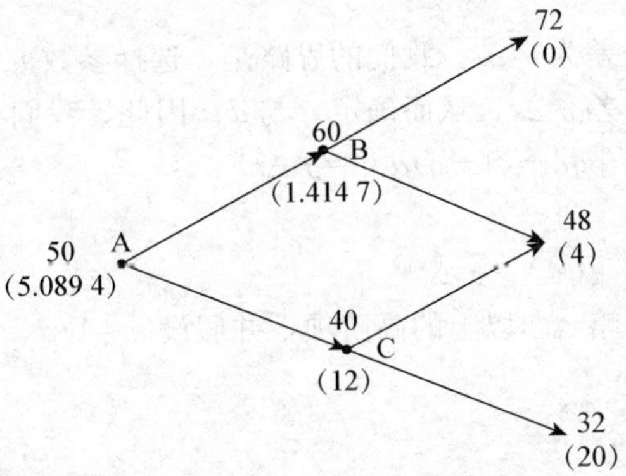

图 13-9 利用两期二叉树图法为美式看跌期权估值（单位：元）

说明：在每个节点，上面的数字是股票价格，下面括号中的数字是期权价格。

在这种情况下，$C_{uu}=0$，$C_{ud}=4$，$C_{dd}=20$，因此，在节点 B 的期权价值 C_u 为

$$C_u=e^{-0.05\times 1}(0.628\,2\times 0+0.371\,8\times 4)=1.414\,7(\text{元})>0$$

在节点 C 由公式

$$C=e^{-rT}[pC_u+(1-p)C_d]$$

计算得到的期权价格为

$$e^{-0.05\times 1}(0.628\,2\times 4+0.371\,8\times 20)=9.463\,6<(52-40)=12(\text{元})$$

故节点 C 处的期权价值为 12 元，那么最初的期权价值 C 为

$$C=e^{-0.05\times 1}(0.6282\times 1.4147+0.3718\times 12)=5.0894(\text{元})$$

可以看出，美式期权价值要高于具有相同行权价格、到期日的欧式期权价值。

3. 根据波动率计算 u 和 d

运用二叉树模型进行定价的过程中，确定股票上涨倍数 u 及下跌幅度 d 是关键。通常，我们无法直接观察到 u 及 d，但是我们却能观察到标的资产的波动率，因此，我们可以通过波动率来间接地确定 u 及 d。

我们假定股票的期望收益率（现实世界中）为 μ，波动率为 σ。股票价格遵从以下二叉树模型，即时点 0 的股票价格为 S_0，经过时间间隔 Δt 之后，上涨至 S_0u 的概率为 q，下跌至 S_0d 的概率为 $1-q$，如图 13－10（a）所示。

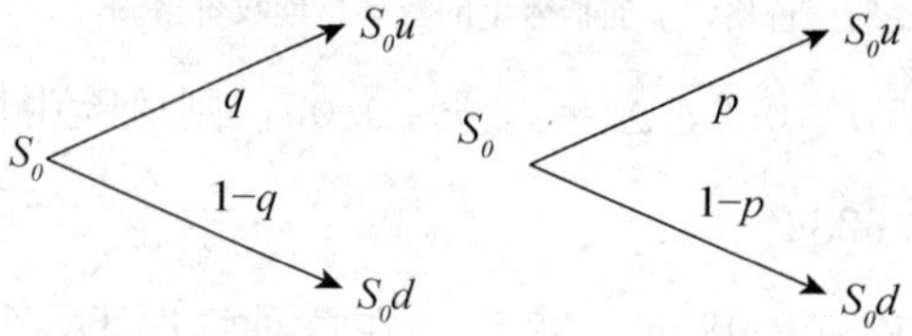

图 13－10　Δt 时间段后股票价格的变化

二叉树的期望收益率应该等于 μ，因此

$$tqS_0u+(1-q)S_0d=S_0e^{\mu\Delta t}$$

$$q=\frac{e^{\mu\Delta t}-d}{u-d}$$

已知股票收益率的方差为 $\sigma^2\Delta t$。我们的思路是，选择参数 u 及 d，使二叉树的股票价格的方差等于观察到的方差 $\sigma^2\Delta t$，从而确定 u 与 d。因此，我们有

$$qu^2+(1-q)d^2-[qu+(1-q)d]^2=\sigma^2\Delta t$$

代入 q，则有

$$e^{\mu\Delta t}(u+d)-ud-e^{2\mu\Delta t}=\sigma^2\Delta t$$

将上式进行泰勒展开，忽略 Δt^2 以上的高阶项，并假设 $u=1/d$，可以得到

$$u=e^{\sigma\sqrt{\Delta t}}$$

$$d=e^{-\sigma\sqrt{\Delta t}}$$

该方法是由 Cox，Ross 和 Robinstein（1979）提出的。

接下来，我们来检验一下在风险中性的世界里，股票的波动率有何变化。股票的波动如图 13－10（b）所示。风险中性概率为

$$p=\frac{e^{r\Delta t}-d}{u-d}$$

在这个风险中性世界里，我们可以计算出股票的期望收益率为无风险资产收益率 r，而股票的方差等于：

$$pu^2+(1-p)d^2-[pu+(1-p)d]^2=e^{r\Delta t}(u+d)-ud-e^{2r\Delta t}$$

忽略 Δt^2 以上的高阶项，有

$$u=1+\sigma\sqrt{\Delta t}+\frac{1}{2}\sigma^2\Delta t$$

$$d=1-\sigma\sqrt{\Delta t}+\frac{1}{2}\sigma^2\Delta t$$

$$e^{r\Delta t}=1+r\Delta t$$

$$e^{2r\Delta t}=1+2r\Delta t$$

代入上述方差的计算公式，可以得到，股票价格收益率的方差等于 $\sigma^2\Delta t$。

以上分析说明，当我们从现实世界切换到风险中性世界的时候，股票的预期收益率有变化，从增长率 μ 降到了无风险资产收益率 r，但是其波动率保持不变（至少在 Δt 趋近于零的时候）。

4. B-S-M 模型

二叉树期权定价模型是一个离散时间模型。它假定标的资产价格在下一期的状态只有两个，要么上涨，要么下跌。在多期二叉树模型中，只要我们把模型的期数取得足够多（如：30 期），也就是说每一期的时间间隔 Δt 足够小，那么其定价的精度就可以满足实践的需求。当时间间隔 $\Delta t\to 0$ 时，理论上可以证明，它的极限状态就是著名的连续时间期权定价模型——B-S-M 模型。这里我们不做严密的模型推导，只对该模型做一个简要的介绍。

假设 S 表示股票现在的价格，T 表示期权距离到期的时间，X 表示期权的行权价格，σ 表示股票收益率的波动率。B-S-M 模型假设股票价格遵从以下所示的几何布朗运动：

$$\frac{dS_t}{S_t}=\mu dt+\sigma dz_t$$

上式中，μ 表示股票收益率的期望增长率，z_t 表示布朗运动。运用伊藤引理（Ito's lemma），我们可以将上式改写为

$$\ln\left(\frac{S_t}{S_0}\right)=\left(\mu\ \frac{1}{2}\sigma^2\right)\Delta t+\sigma\sqrt{T}\varepsilon$$

$$\varepsilon\sim N(0,1)$$

可以看出，股票的对数收益率遵从对数正态分布：

$$\ln\left(\frac{S_t}{S_0}\right)\sim N\left(\left(\mu-\frac{1}{2}\sigma^2\right)\Delta t,\sigma^2 T\right)$$

图 13-11 对标准正态分布与对数正态分布的密度函数进行了对比。与正态分布相比，对数正态分布的偏度较大（大于 3），整个分布向右倾斜。

上式可以给我们一个关于股票价格走势的直观感觉。当股票价格遵从几何布朗运动时，其期望收益率与时间成正比，也就是说，总的来说股价有一个向上的趋势，但是，同时围绕该趋势又有较大的扰动。图 13-12 展示了 $\mu=20\%$、$\sigma=40\%$、股价的初始值 $S_0=20$ 元时，遵从几何布朗运动的股票价格的 10 条样本路径。

当股票价格遵从几何布朗运动时，Black、Scholes、Merton 给出了欧式期权的定价模型。假设时点 0 的欧式看涨期权价格为 C，欧式看跌期权的价格为 p，则有 B-S-M 模型：

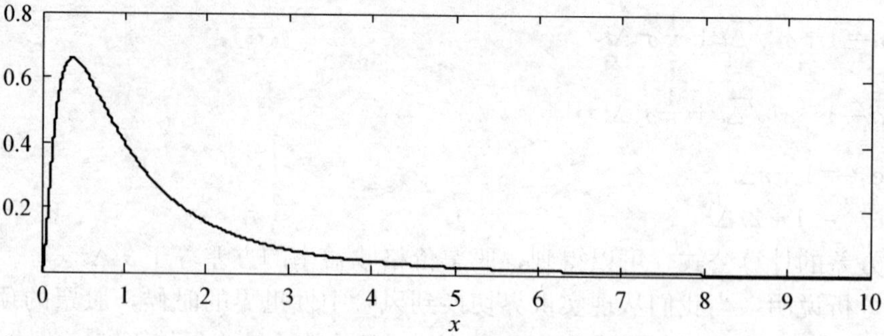

(a) 对数正态分布密度函数（均值=0，标准差=1）

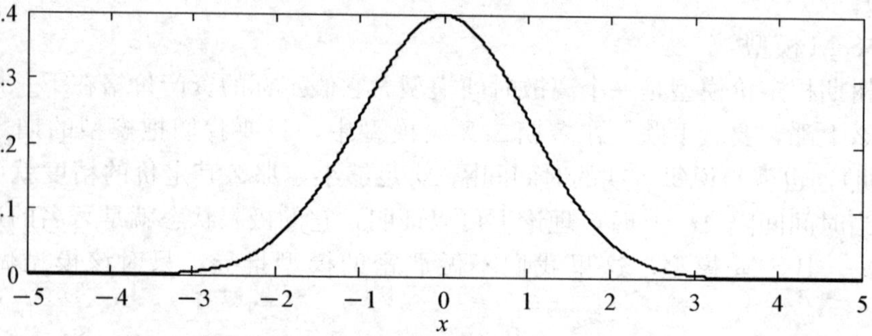

(b) 正态分布密度函数（均值=0，标准差=1）

图 13-11　对数正态分布与正态分布密度函数的对比

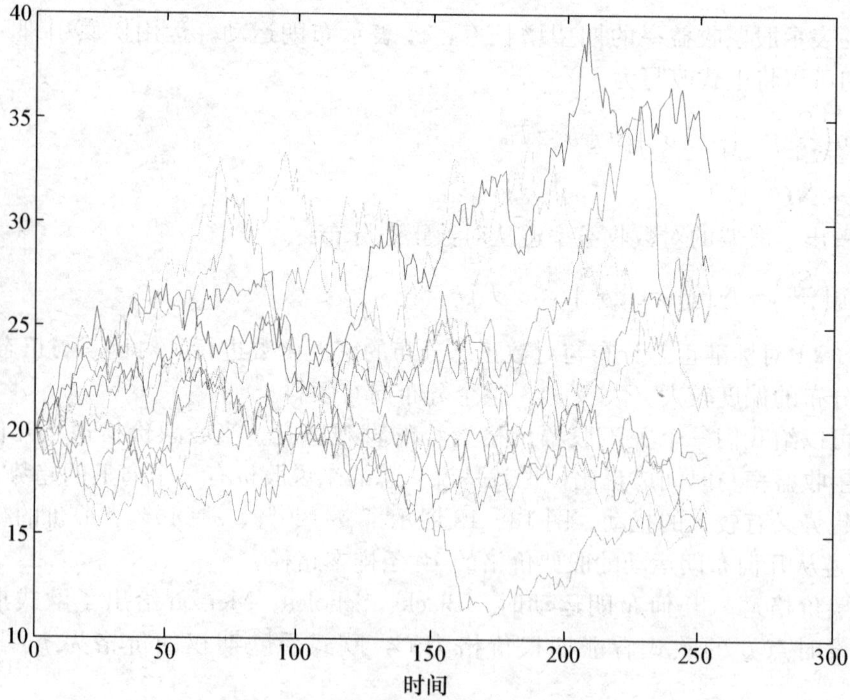

图 13-12　遵从几何布朗运动的股票价格

$$C = S_0 N(d_1) - X\mathrm{e}^{-rT} N(d_2)$$

$$P = X\mathrm{e}^{-rT} N(-d_2) - S_0 N(-d_1)$$

$$d_1 = \frac{\ln(S_0/X) + (r + \sigma^2/2)T}{\sigma\sqrt{T}}$$

$$d_2 = \frac{\ln(S_0/X) + (r - \sigma^2/2)T}{\sigma\sqrt{T}} = d_1 - \sigma\sqrt{T}$$

上述模型为股票不付股利时的期权计算公式。如果股票支付股利，那么上述模型需要做相应的修正。假设股票支付的连续时间股利为 q，那么以下两种情况下，到期的股票价格理论上均相同。

(1) 初始股票价格为 S_0，股利支付率为 q。

(2) 初始股票价格为 $S_0\mathrm{e}^{-qT}$，不支付股利。

因此，我们只要将不支付股利的 BSM 模型中的 S_0 替换为 $S_0\mathrm{e}^{-qT}$，即可得到股利支付率为 q 的期权定价模型。

$$C = S_0\mathrm{e}^{-qT} N(d_1) - X\mathrm{e}^{-rT} N(d_2)$$

$$P = X\mathrm{e}^{-rT} N(-d_2) - S_0\mathrm{e}^{-qT} N(-d_1)$$

$$d_1 = \frac{\ln(S_0/X) + (r - q + \sigma^2/2)T}{\sigma\sqrt{T}}$$

$$d_2 = \frac{\ln(S_0/X) + (r - q - \sigma^2/2)T}{\sigma\sqrt{T}} = d_1 - \sigma\sqrt{T}$$

上述模型中，$N(\cdot)$ 表示标准正态分布的分布函数。

需要注意的是，B-S-M 模型只适用于欧式期权，而对于实物期权来说，美式期权占了绝大多数，因此，B-S-M 模型并不适合用来对这些期权进行估值。再者，B-S-M 模型的一个重要前提是，标的资产能在市场上交易，市场是完全市场（complete market）。但是，实物期权的标的资产往往是现金流、企业价值等，这些标的资产并没有市场进行交易，这也是 B-S-M 模型不能用于大多数实物期权估值的原因之一。

三、认股权证

1. 认股权证的定价

认股权证（warrant）是一种使其持有人（即投资者）拥有在将来某一时期内以某一固定的价格购买发行公司股票权利的证券。每一份认股权证均会规定权证持有人可以购买的股票的数量、行权价格及到期日。

认股权证与股票期权从表面上看非常类似。但是，它们之间存在显著的差异。首先，股票期权往往由第三方金融机构独立发行。而认股权证一般由权证的标的股票企业发行。并且，认股权证可以附在债券之上，也可以单独出售及流通。在一般情况下，认股权证可以在发行后立即与债权分离而单独出售和流通。然后，股票期权被行权的时候，标的股票的发行公司不会向权证持有人发行新股票，因此，市场上流通的标的股票的数量不会发生变化。但是，认股权证被行权的时候，标的股票的发行公司需要对认股权证的持有人发行新股票，因此，标的股票的市场流通份额会增加，导致标的股票份额的“稀释”。

由于认股权证的上述性质，其定价模型需要在股票期权定价模型的基础上进行必要的调整。假设某公司在外交易的流通股数量为 n_s，公司扣除债务后的净资产价值为 E。以该公司股票为标的资产的股票期权的行权价格为 X，距离到期日的时间为 T。那么，认股权证的投资人执行一份股票期权所获得的收益为

$$\frac{E}{n_s}-X$$

假设有一份以该公司股票为标的资产的认股权证，其参数与股票期权相同。该认股权证行权时，标的股票的发行公司需向认股权证的持有人追加发行 n_W 份流通股。那么，认股权证的持有人执行一份认股权证所获得的收益为

$$\frac{E+X}{n_s+n_W}-X=\frac{n_s}{n_s+n_W}\times\left(\frac{E}{n_s}-X\right)$$

因此，认股权证的价格可按照以下步骤计算：

（1）利用期权定价模型（如 B-S-M 期权定价模型、二叉树期权定价模型）计算与认股权证具有相同参数（到期日、行权价格等）的股票期权的价格；

（2）将该股票期权价格乘以 $n_s/(n_s+n_W)$。

2. 中国的权证①

2005 年 8 月 22 日宝钢权证［宝钢 JTB1(580000)］在上海证券交易所挂牌上市。截至 2009 年 12 月 31 日，中国共有 55 只权证发行，其中上海证券交易所和深圳证券交易所分别发行了 38 只和 17 只。

中国权证的推出主要是为了配合股权分置改革的需要，所有权证的发行人是进行股改的企业，而非第三方创设人。因而不存在香港等权证市场上交易的由第三方券商发行的备兑权证。但是，在认购权证中，除了认股权证（到期行权时，发行权证的企业需要发行新股）之外，也存在另一类认购权证，该类权证的发行方需要提供履约担保，到期行权时不发行新股，虽然它与备兑权证有些相似，但是并非由第三方发行的备兑权证。

中国的权证市场分为上海证券交易所及深圳证券交易所两个市场。深圳证券交易所上市的权证没有创设机制。在本节的样本中涉及 7 只认沽权证，它们是：钢钒 PGP1、华菱 JTP1、钾肥 JTP1、深能 JTP1、万科 HRP1、五粮 YGP1、中集 ZYP1。因此，这些权证是完全没有做空机制的，而且，由于行权价格不随股票价格变化而适时调整，易使认沽权证处于深度虚值状态。与之相对，在上海证券交易所上市的 11 只认沽权证（包钢 JTP1、海尔 JTP1、沪场 JTP1、机场 JTP1、茅台 JCP1、南航 JTP1、万华 HXP1、武钢 JTP1、雅戈 QCP1、原水 CTP1、招行 CMP1），自 2005 年 11 月 21 日上海证券交易所颁布了《关于证券公司创设武钢权证有关事项的通知》（以下简称《通知》）之后，推行了创设机制，允许符合资质要求的券商进行权证的创设。但是《通知》规定，经证券交易所认定的创新试点类券商在以股票或者资金作抵押的情况下可创设出与原权证完全相同的权证上市交

① 马文杰，路磊. 认沽权证系统性高估机理：投机还是创设机制?. 管理科学学报，2016（5）.

易，也就是说，所创设的权证与原权证具有相同的标的证券、行权价、行权方式及存续期。由于新创设权证的行权价格也不随股票价格变化而适时调整，同样面临易使认沽权证处于深度虚值状态的问题。

无论是在深圳证券交易所还是在上海证券交易所上市的认沽权证，发行人或第三方权证创设人均需提供履约担保。根据《深圳证券交易所权证管理暂行办法》、《上海证券交易所权证管理暂行办法》以及《关于证券公司创设武钢权证有关事项的通知》的规定，履约担保可采取以下形式：(1) 通过专用账户提供并维持足够数量的标的证券或现金，作为履约担保，履约担保的现金金额＝权证上市数量×行权价格×行权比例×担保系数；(2) 提供经上海证券交易所认可的机构作为履约的不可撤销的连带责任保证人。因此，无论是否导入了创设机制，对于发行及创设方提供履约担保金的要求都是一样的。

与国外的权证市场相比，中国的权证发行机制具有以下几个特性：

● 中国权证的发行人是股改企业，而德国、澳大利亚等权证市场上交易的备兑权证的发行人是拥有标的股票的企业之外的第三方创设人。

● 中国权证缺乏“连续创设”机制。在深圳交易所上市的权证均不能创设。即使在上海证券交易所推出创设机制之后，权证的创设也仅限于符合资格的创设券商，一般投资者不能创设。即使是创设券商，由于创设审查较严，也无法随意创设。因此，中国的权证市场缺乏严格意义上的卖空机制。虽然德国、澳大利亚等权证市场上交易的备兑权证也不能做空，但是，第三方发行人创设的自由度很大，能起到抑制权证价格过度上涨的作用。

● 中国权证只能创设与原有权证相同的权证。由于新创设权证的行权价格不能根据标的股票价格的变化进行相应的调整，导致了在股价连续攀升的牛市期间，几乎所有的认沽权证均处于深度虚值状态，很可能沦为投机的工具。而对于在德国、澳大利亚等权证市场上市的权证进行创设时，可以根据标的股票价格的波动，不断创设出行权价格与之相对应的权证，保证处于平价状态附近的权证始终处于交易最活跃的状态。

● 中国权证的发行与创设需要提供全额担保。对于认沽权证的发行人或创设券商来说，它们在发行、创设权证时需要存入相当于行权价格的现金，因此，它们除了承担将来股票下跌被交易对手行权的风险之外，还需要承担现金成本。在股票持续上涨的牛市期间，尽管认沽权证处于深度虚值状态，其理论价值几乎为零，但是由于发行人或创设券商还承担了利息成本，为避免损失，它们还会要求较高的权证价格，导致认沽权证价格被高估。而相对于中国内地权证的发行来说，中国香港等地权证的创设人承担的履约担保金额较低。

四、可转换债券

可转换债券（convertible bond）与附有认股权证的债券较为类似。两者之间的主要区别在于，认股权证可以与债券剥离，单独交易，而可转换债券则不能。可转换债券的持有人可以在债券到期日之前的任意时点（包括到期日）将债券转换为一定数量的股票。例如，上海电气集团股份有限公司于 2015 年 2 月 12 日发布了一款可转换债券，具体信息如表 13-1 所示。

表 13-1 上海电气集团股份有限公司可转换债券

项目	详细资料
公司名称	上海电气集团股份有限公司
债券代码	113008
代码简称	电气转债
发布时间	2015-02-12
发行日期	2015-02-16
发行额度（亿元）	60.00
发行价格（元）	100.00
发行方式	荷兰式招标
面额（元）	100.00
存续期间（年）	6
回售条件	可转换债券持有人有权将其持有的可转换债券全部或部分按面值的103%回售给公司
首年利率	0.2%
每年增加百分点（个）	0.3
计息日	2015-02-02
到期日	2021-02-01
每年付息日	02-02
主承销商	瑞信方正证券有限责任公司
转换期间	2015年8月3日—2021年2月1日
上市地	上海证券交易所
发行企业	上海电气集团股份有限公司
初始转股价（元）	10.72
备注	票面利率分别为：第一年为0.2%，第二年为0.5%，第三年为1.0%，第四年为1.5%，第五年为1.5%，第六年为1.6%

理解可转换债券，关键要理解以下几个基本概念。

● 转换比率（conversion ratio）：每份债券可以换取的标的股票份数。

● 转换价格（conversion price）：等于债券的票面价格除以转换比率。在电气转债中，转换价格为10.72元。因此转换比率＝100/10.72＝9.328。

● 转换溢价（conversion premium）：（转换价格－实际标的股价格）÷实际标的股价格。例如：2018年9月18日可转换债券的最新转换价格为10.37元，股价为6.34元，因此，其转换溢价＝(10.37－6.34)/6.34＝63.6%，说明可转换债券如果立即转换是亏损的，该状态被称为“虚值状态”。

1. 可转换债券的价值评估

(1) 可转换债券的价值构成。可转换债券的价值分为以下三个部分：纯粹债券价值、转换价值以及期权价值。

纯粹债券价值相当于若可转换债券不具备可转换的特征，仅作为债券，那么持有者在市场上能销售的价格，等于将来债券支付的息票及本金的现值之和。

转换价值（conversion value）是指将可转换债券以当前标的股票的市场价格转换为普通股票能够获得的价值。其计算方法是，将每份可转换债券能够转换成普通股票的份数

（转换比率）乘以当前的普通股价格。

显然，可转换债券不能以低于其转换价值的价格出售，否则就有套利机会存在。假设某公司有 100 股普通股股票和 10 份可转换债券。债券是面值为 100 元的贴现债券，不付息票。到期时，每份债券可以转换为 10 股新发行的普通股。如果可转换债券的持有人将其转换为普通股，将收到 10×10＝100（股）普通股。加上公司原有的 100 股普通股股票，公司发行在外的普通股数量将达到 200 股。可转换债券的持有人将成为公司的股东，并持有公司 50％的股份，拥有公司价值（V）的一半。如果可转换债券的持有人不选择转换，那么他将得到 1 000 元现金。因此，只要转换得到的股票价值高于 1 000 元，或者只要公司价值（V）高于 2 000 元，可转换债券的持有人就会选择转换，反之，选择不转换是有利的。

因此，可转换债券有两根价值底线：纯粹债券价值和转换价值。转换价值随着标的股票价格的上升而上升，如图 13－13 所示。

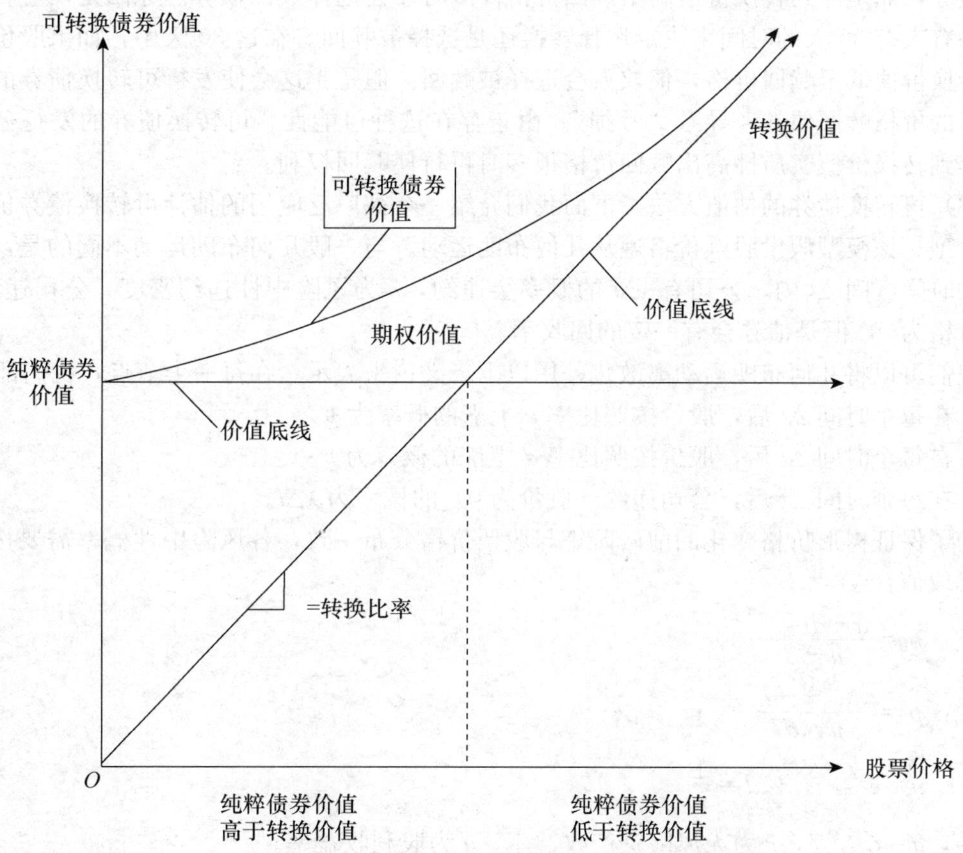

图 13－13　给定利率下可转换债券的价值与股票价格

说明：可转换债券价值是价值底线与期权价值之和。

可转换债券的价值通常会高于纯粹债券价值和转换价值，原因是可转换债券的投资人拥有选择对自己最为有利的转换时机的权利。这份选择转换时机的权利是有价值的，它会导致可转换债券的价值高于纯粹债券价值和转换价值之和。因此，可转换债券的价值应该等于纯粹债券价值与转换价值二者中的较大者与其期权价值之和。

可转换债券价值＝max(纯粹债券价值，转换价值)＋期权价值

（2）转换策略。发行可转换债券的公司通常会拥有对债券的可赎回权。当债券被赎回时，持有人通常有30天的时间对以下两项决策进行选择。1）将债券按照转换比率转换为普通股；2）放弃债券，收取公司按赎回价格支付的现金。

发行可转换债券的公司会怎么做呢？从总体上来说，赎回可转换债券不会改变公司的价值。但是，一个最优的赎回策略应该使股东受益，当然，这要以损害债权人的利益为代价。如果债券的转换价值高于赎回价格，债券持有人选择转换有利，反之，债券持有人会选择赎回。只有一项策略可以使股东价值最大化并使债券持有人价值最小化。该项策略就是：当债券价值等于其赎回价格时赎回该债券。

但是，在实践中我们能够观察到，当转换价值等于赎回价格时，公司并不总是赎回可转换债券，而是等到转换价值高出赎回价格许多时才会选择赎回债券。原因是，可转换债券的持有人有30天的时间来决定选择转换还是选择被赎回。在这30天中，如果股价下跌导致转换价值低于赎回价格，债权人会选择被赎回。但是，这会使发行可转换债券的公司以更高的价格赎回债券，导致“亏损”。由于存在这种可能性，可转换债券的发行公司会选择等到转换价值实质性高出赎回价格很多时再行使赎回权利。

（3）可转换债券的估值方法。下面我们介绍一个被广泛应用的估计可转换债券价值的简单模型。该模型假设股票价格遵从几何布朗运动。与一般几何布朗运动不同的是，在每个小的时间区间 Δt 内，公司有 $\lambda\Delta t$ 的概率会违约，λ 为风险中性违约密度。公司违约时，股票价格为0，但是债券会有一定的回收率。

我们可以将几何布朗运动离散化，用以下二叉树来表示。在每一个节点，我们都有：

- 在每个时间 Δt 后，股价按照比率 u 上涨的概率为 p_u。
- 在每个时间 Δt 后，股价按照比率 d 上涨的概率为 p_d。
- 在每个时间 Δt 后，公司违约（股价为0）的概率为 $\lambda\Delta t$。

为了保证树形价格变化的前两阶矩与股票价格分布一致，各风险中性概率需要按照以下方式取值：

$$p_u=\frac{a-d\mathrm{e}^{-\lambda\Delta t}}{u-d}$$

$$p_d=\frac{u\mathrm{e}^{-\lambda\Delta t}-a}{u-d}$$

$$u=\mathrm{e}^{\sqrt{(\sigma^2-\lambda)\Delta t}},d=\frac{1}{u}$$

上式中，$a=\mathrm{e}^{(r-q)\Delta t}$，$r$ 为无风险资产收益率，q 为股利收益率。

树形的期限设定为可转换债券的期限。在债券可赎回期，树形的每个节点均需要比较继续持有债券的价值与债券被赎回的价值，二者取其小，判断发行公司是否选择赎回；然后与债券的转换价值进行比较，二者取其大，判断债券持有人是否选择转换。因此，每个节点上债券的价值为

$$\max[\min(V_1,V_2),V_3]$$

式中，V_1 为继续持有债券的价值（没被转换也没被赎回，该价值由模型倒推得到），V_2 为赎回价格，V_3 为转换价值。

【例题 13-1】 考虑 A 公司发行的一种期限为 9 个月、面值为 100 元的零息票可转换债券。转换比率为 2，并且该债券可在未来 9 个月的任何时点以 113 元的价格被赎回。股票的初始价格为 50 元，波动率为 30%，不支付股利，违约密度为每年 1%，对应于所有期限的无风险利率为 5%。并且，假定发生违约时，债券的价值为 40 元（回收率为 40%）。采用上述考虑违约概率的二叉树模型计算该可转换债券的价格。

解答：

为了简便起见，我们考虑三个阶段，每个阶段为 3 个月。首先计算模型用到的各个参数。

$$u=e^{\sqrt{(0.3^2-0.01)\times 0.25}}=1.1519,\ d=\frac{1}{u}=0.8681$$

$$a=e^{0.05\times 0.25}=1.0126$$

$$p_u=\frac{1.0126-0.8681\times e^{-0.01\times 0.25}}{1.1519-0.8681},\ p_d=0.4808$$

公司的违约概率为 $1-e^{-\lambda\Delta t}=1-e^{-0.01\times 0.25}=0.002\,497$。如图 13-14 所示的树形图的最下方为违约节点，其股票价格为 0，债券价格为 40 元。

首先考虑树形的最终节点，例如 G 节点，在该节点上，债券的价格等于其面值 100 元，转换价值 $=2\times 76.42=152.85$（元），赎回价格为 113 元，因此，该节点上债券的价值 $=\max[\min(100, 113), 152.85]=152.85$（元）。节点 H、I、J 上的价值可采用与节点 G 同样的方法得到。

关于最终节点之前的节点的价值计算稍微有些不同。例如，在节点 E 上，债券被转换的价值为 $2\times 50=100$（元），被赎回的价值为 113 元。但是继续持有该债券的价值必须要从后面往前倒推方能得到。此时，股票价格将会以 $p_u=0.5167$ 的概率上涨至 H 点，以 $p_d=0.4808$ 的概率下跌至 I 点，还会以 0.002 497 的概率违约，此时债券价格为 40 元。因此，在 E 点继续持有债券的价值为

$$(0.5167\times 115.19+0.4808\times 100+0.0002497\times 40)\times e^{-0.05\times 0.25}=106.272(\text{元})$$

因此

$$\text{节点 E 的价格}=\max[\min(106.272, 113), 100]=106.272(\text{元})$$

其余节点（A、B、C、D、F）均可采用与节点 E 同样的方法计算其价值。最后，该可转换债券在现在时点的价值为节点 A 上的债券价值，即 106.93 元。

风险中性违约密度 λ 可以通过企业债券价格进行估计。假设企业债券与无风险债券的利差全部来自公司的信用风险，那么每年的条件违约密度 $\bar{\lambda}$ 为

$$\bar{\lambda}=\frac{s}{1-R}$$

式中，$\bar{\lambda}$ 为每年的平均违约密度，s 为企业债券收益率与无风险利率之差，R 为债券回收率期望值。

2. 企业发行可转换债券的原因

（1）有效市场中的结论。关于企业发行可转换债券的原因存在很多争论，也存在很多误区。在完全市场中，股价随机游走，无论是可转换债券还是其他融资工具，对企业价值

可转换比率＝2
违约概率＝0.002 497
面值＝100 元
u＝1.151 91
d＝0.868 123
a＝1.012 578
p_u＝0.516 665
p_d＝0.480 838
赎回价格＝113 元

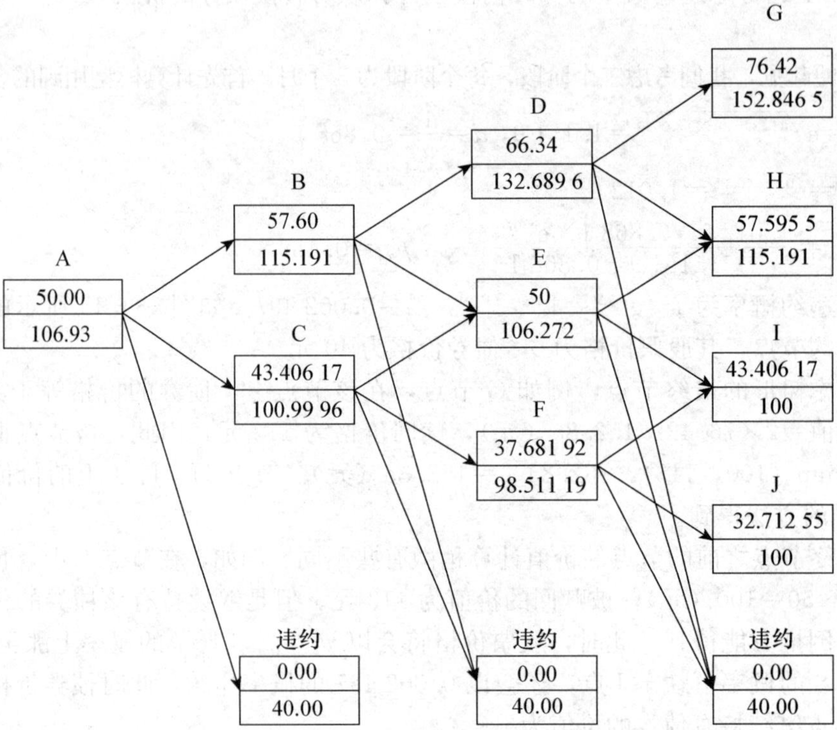

图 13－14　可转换债券定价树形图

说明：每个节点上方的数值为股票价格，下方的数值为可转换债券的价格。

均无影响。我们可以从以下几方面进行理解。

首先，我们来比较可转换债券与纯粹债券，分两种情形考虑。

● 情形一：股价在可转换债券发行之后上涨幅度较大。此时可转换债券会被转换为股票，导致现有股份被稀释。虽然可转换债券利率较纯粹债券低，但是，企业必须以低于市场价格的价格出售所转换的股票，融资成本较高。

● 情形二：股价在可转换债券发行之后下跌或上涨不够多。此时可转换债券不会被转换为股票，并且，由于可转换债券的利率较纯粹债券更低，所以发行可转换债券的融资成本较低。

其次，我们来比较可转换债券与普通股，也分两种情形考虑。

● 情形一：股价在可转换债券发行之后上涨幅度较大。在这种情况下可转换债券会被转换为股票，并且，当可转换债券被转换时相当于以更高的价格发行了普通股，因此发行可转换债券相比发行普通股票更有利。

● 情形二：股价在可转换债券发行之后下跌或上涨不够多。在这种情况下，如果公司之前选择了发行股票，相当于之前以较高的价格发行了股票。因此，选择发行普通股票将比发行可转换债券更为有利。

由以上分析可以看出，发行可转换债券与发行纯粹债券及普通股票相比，在发行之后股票上涨或下跌的情形下，各有优势及劣势的，很难一概而论。在有效市场中，我们无法推论发行可转换债券与发行纯粹债券相比，孰优孰劣，也无法推论发行可转换债券是否会优于发行普通股。

(2) 现实世界中的结论。虽然在有效市场中，我们无法解释企业发行可转换债券的优势，但是在现实世界里，我们确实能观察到，发行可转换债券的公司具有以下特点，例如：

● 发行可转换债券的公司，其信用评级较低。

● 高成长性和高财务杠杆的小公司，更倾向于发行可转换债券。

● 可转换债券一般都是次级债，且无担保。

如何理解这些现象呢？以下是一些相对合理的解释。

● 与企业的现金流特征相匹配。初创期企业，现金流匮乏，无法承担较高的利息。可转换债券的利率比纯粹债券低很多，刚好能满足初创期企业的需要。并且，即使将来可转换债券转换为股票会对股票产生稀释作用，此时企业也已经能够承担了。

● 风险协同效应。可转换债券的价值包括纯粹价值与以公司股票为标的物的看涨期权价值。发行企业的风险对于这两部分价值的影响不同，而且会相互抵消。例如，企业风险高会导致纯粹债券部分的收益率升高，价格下降。但是，企业风险高反而会推高期权的价值。这两部分影响的方向不同，会相互抵消。因此，当企业的风险较高，投资的不确定性较大时，投资可转换债券的收益的波动性相对较小。

● 代理成本。股东与债权人之间的利益冲突会导致债务代理人成本。但是，由于可转换债券具有权益的特点，因此，发行可转换债券代替纯粹债券，会缓解股东与债权人之间的利益冲突，从而降低代理人成本。在现实世界里，可转换债券的债券契约中的限制性条款要明显少于纯粹债券的条款。

● 替代性的权益证券。具有高财务风险、高成长性的企业，由于缺少担保，很难以合理的条件发行债券。另外，如果股价低，那么企业不愿通过发行股票来进行融资。在这种情况下，可转换债券将是不错的选择。

五、实物期权

实物期权指在将来一定的期间内，以一定的成本（行权价格）进行某种行动（如：延期、扩大、缩小或中止某项目等）的权利。随着时间的推移，投资决策者掌握的信息量会越来越多，他们很可能改变自己的投资决策。例如：当他们发现市场前景比预先估计的好时，会追加投资；相反，当市场不如预先估计的乐观，甚至完全相反时，会缩小投资规模甚至中止投资。随着时间的推移，投资者根据需要随时改变投资决策的这些权利可以被看作一种期权，从而可以借助期权定价的框架帮助我们进行投资决策。

为什么我们可以借助期权定价的框架来帮助我们进行投资决策呢？我们可以对照金融期权的概念来理解。假如投资者现在面临一个项目，在今后3年之内的任何时候均可支付100万元对该项目进行投资。换个角度来说，这相当于投资者手上持有一个权利，在今后3年内的任何时点都可以用100万元买到该项目带来的后续现金流。如果我们将该项目的后续现金流的现值看成标的资产，投资成本100万元看成行权价格，3年看成到期时间，那么投资者就相当于持有了一个美式看涨期权。投资者可以在今后3年内选择最佳行权（投资）时机。如果选择行权（投资），那么投资者将得到 NPV，而失去期权价值；如果不行权，投资者手中还拥有期权价值。因此，投资者将比较立即投资得到的 NPV 与期权价值的大小，来决定是否立即投资。

实物期权并非在金融市场上进行交易的金融期权。投资者想要获得金融期权，需要从期权市场上购买。但是，实物期权并没有对应的期权市场，它来源于投资机会（投资项目）的性质。例如，某项目的投资者有选择参与投资的时机的权利，那么该项目的投资者就拥有了延期期权。该期权本来就已经隐藏在项目当中了，并不需要额外购买。如果在进行项目投资决策或价值评估时没有考虑该期权的价值，那么将会导致该项目价值被低估。用期权定价的分析框架对隐藏在项目中的期权价值进行分析，进而帮助我们更加合理地进行投资决策，这便是实物期权分析法。

第二节　实物期权分析法在投资决策上的不同之处

一、决策过程的比较

传统的投资决策法假定投资决策是静态的，一旦决策就无法改变。实物期权分析法假定决策者面临多种选择。随着时间的推移、信息量的增加，决策者可以改变自己的决策。在未来复杂多变、不确定的经营环境中，实物期权分析法充分考虑了决策者决策的弹性及灵活性。采用传统的投资决策法，投资的起点与终点之间只有一条路径连接；采用实物期权分析法，投资的起点与终点之间有多条路径连接，随着时间的推移，决策者可以更新路径，进行动态决策。

我们从下面有关矿山开采权的例子中可以看出贴现现金流分析法与实物期权分析法的不同。

假设某公司的管理层正面临是否租用国有煤矿开采权的决策。通过对煤炭价格、埋藏量、煤炭价格的波动等情况的调查，确定了每年产生的现金流，计算出该项目的 $NPV=$ 8 100万元。管理层是否该采用该项目呢？

在这个项目的预算中，至少有两个不确定因素会对该项目的 NPV 产生巨大的影响。第一，担心中标价格有可能还会上升。目前的 NPV 是根据预估的中标价格测算的，如果该中标价格上升，其 NPV 将会显著下降。第二，目前每吨煤的收益仅比成本高出1元，如果将来煤价变化1元，收益可能翻倍，也可能为零。

面对该不确定性，公司的决策层也考虑到了在不同的时机进行开采。由于开采权有效期为 5 年，因此，决策层将煤矿开采时间分为现在、1 年后、2 年后、3 年后、4 年后 5 种情况，分别计算出项目的 *NPV*。但是，其结果并没有明显差别。其原因是什么呢？因为尽管考虑了现在、1 年后、2 年后、3 年后、4 年后 5 个时点，但是这 5 种情况进行决策的时点都一样，都是现在。因此，对于决策者来说，他们所掌握的信息都一样，预测的将来现金流也大同小异，得到的净现值也就基本一致了。最后，决策层意识到该项目具有延期期权。也就是说，决策层不需要现在立即做出开采还是不开采的决策，而是等待市场走势逐渐明朗之后再做决策，如果煤炭价格上涨至足够高的水平，并在其下跌之前有可能收回成本，那就进行开采，反之，就继续选择等待。考虑到该期权的价值之后，该项目的价值变为 1.595 0 亿元。结果，该公司以 9 900 万元中标，之后煤炭价格上涨，为公司带来巨大盈利。

在本例中，贴现现金流分析法与实物期权分析法的区别在于，前者将 5 种不同开采时间的项目作为 5 个相互排斥的项目进行决策，而后者却将其看作一个项目，在每个时点判断其是否应该延期。贴现现金流分析法对于每一个项目的决策，仅仅考虑投资或不投资两种决策，并没有考虑到随着时间的推移决策者拥有的信息逐渐增加时，其有可能会改变决策。

二、决策结果的比较

下面我们通过案例分析，比较贴现现金流分析法与实物期权分析法在决策结果上的两种不同情况。

(一) 净现值为负也并不意味着可以完全放弃项目（放弃期权案例）

某公司计划钻探石油。钻探设备的成本为 3 亿元，一年以后钻探有可能成功，也有可能失败。假定成功与失败的概率各为 50%。如果成功，后续现金流的现值为 5.75 亿元；如果失败，项目的净现值为 0。假设贴现率为 10%。

首先，我们运用净现值分析法进行分析，决策树如图 13 - 15 所示。

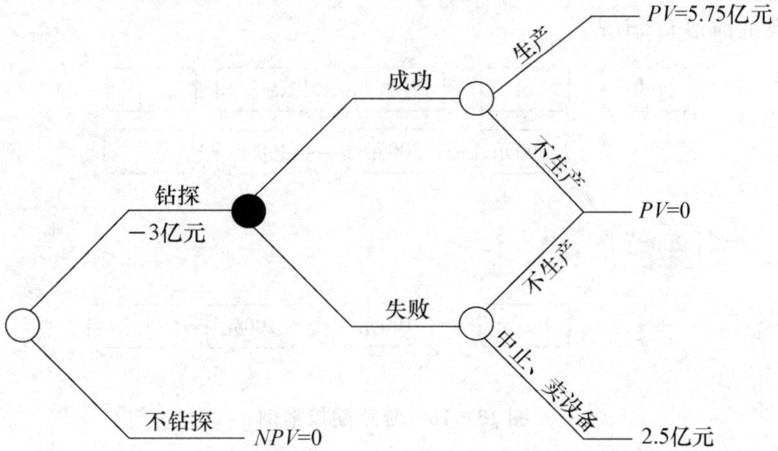

图 13 - 15　净现值分析法的决策树

如果钻探成功，选择继续生产，1 年之后获得后续现金流的现值为 5.75 亿元；如果钻探失败，选择中止，后续现金流的现值为 0 元。因此，一年之后的期望现金流为

$$期望现金流=0.5\times5.75+0.5\times0=2.875(亿元)$$

$$NPV=-3+\frac{2.875}{1+0.1}=-0.3864(亿元)$$

以上分析说明，采用净现值分析法，由于项目的净现值为负，因此，应该放弃该项目。但是，上面的分析没有考虑到钻探失败之后公司可以中止该项目，并将设备卖掉的选择。假设钻探失败后将设备卖掉可以回收 2.5 亿元，显然在钻探失败的情况下，公司将选择中止项目、卖掉设备。在这种情况下，一年之后的期望现金流变为

$$期望现金流=0.5\times5.75+0.5\times2.50=4.125(亿元)$$

$$NPV=-3+\frac{4.125}{1+0.10}=0.75(亿元)$$

可见，在项目中实际上包含中止期权，如果考虑到该期权的价值，项目的总价值就变为 0.75 亿元，说明该项目具有开采的价值，不应该全部放弃。我们可以把项目的市场价值看作不考虑期权时项目的 *NPV* 与项目中隐含的期权价值之和。因此，我们可以得到中止期权的价值。

$$0.75=-0.3864+中止期权的价值$$

$$中止期权的价值=1.1364(亿元)$$

该案例说明，即使项目的净现值为负，也不意味着我们可以完全放弃该项目。原本隐含在项目里的一些期权，如果我们在做投资决策时忽略其价值，将会低估该项目的价值。

（二）净现值为正也并不意味着立即投资是最佳的决策（延期期权案例）

假设某企业正考虑投资生产某设备的项目，该投资是不可逆的。假设该企业投资 $I=$ 1 600 万元，每年可以生产设备 1 万台。现在该设备价格为 200 元/台，第二年其价格有 50%的概率上涨至 300 元/台，有 50%的概率下跌至 100 元/台，如图 13－16 所示。为简化分析，假设设备价格波动的风险均为可分散的风险，因此我们可以采用无风险利率（10%）对其现金流进行贴现。

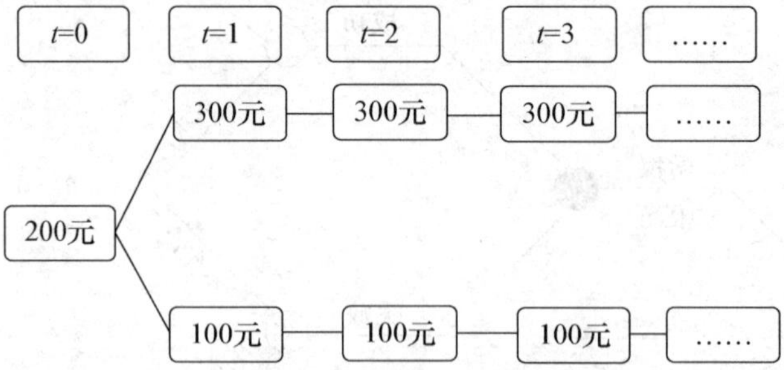

图 13－16　延期期权案例

如果现在立即投资，从第一年开始，每台设备的平均价格为 200 元，每年生产 1 万台设备，总金额为 200 万元。运用永续年金的计算公式，其净现值为

$$NPV = -1\,600 + \sum_{t=0}^{\infty} \frac{200}{1.1^t} = -1\,600 + 2\,200 = 600(万元)$$

项目的净现值远远大于0，根据净现值理论，该企业应该立即投资项目。但是，如果我们仔细分析，事情似乎并不能如此肯定。因为在第一年年末，设备的价格存在不确定性。如果上涨至300元/台，该项目的NPV将会更大，但是，如果设备的价格下跌至100元/台，该项目的NPV将小于零。因此，如果立即投资该项目，将有50%的概率获得正的NPV，有50%的概率获得负的NPV。

以上分析均是在现在立即投资的前提下进行的。在这个案例中，企业并非现在必须做出是否立即投资的决策。企业拥有选择最佳投资时机的权利。也就是说，企业拥有延期期权。如果企业改变投资策略，现在并不急于做出投资决策，而是等到第一年结束时再做决策，那时价格的不确定性将会消失，如果价格上涨至300元/台，就投资该项目，反之，如果价格下跌至100元/台，就放弃投资。我们重新计算一下采用该投资决策时项目的现值。

$$NPV = \frac{0.5 \times \left(-1\,600 + \sum_{t=0}^{\infty} \frac{300}{1.1^t}\right) + 0.5 \times 0}{1.1} = \frac{850}{1.1} = 773(万元)$$

与现在立即进行投资相比，净现值增加了773－600＝173(万元)，表明企业延期进行投资决策是有利的。净现值增加的部分可以理解为该延期期权的价值。该期权的价值也可以理解为，企业为了获得推迟投资决策的权利所愿意支付的价值。

该案例告诉我们，当投资者可以选择其投资时机时，即使现在立即投资获得的净现值为正，也不意味着立即投资是最佳的，采取等待的策略也许能够获得更高的收益。这相当于美式期权的持有者选择最佳投资时机。即使立即行权能够获得正的收益，也并不意味着立即行权是最佳的，需要比较立即行权获得的收益与继续持有期权的价值两者的大小来决定。

第三节　利用期权定价模型进行投资决策

在这一节中，我们将通过案例来学习如何利用二叉树期权定价模型来计算项目中隐含的中止期权以及扩张期权的价值。

一、中止期权

假设某制药公司计划开发新药。由于开发进度、市场需求、动物实验以及获得监督机构的批准等方面均存在非常大的不确定性，因此决策层考虑了中止期权。开发期间为5年。如果中止该项目，公司可以将专利等知识产权卖给其他签约的制药公司，得到1亿元的收益。

在进行实物期权分析之前，需要先进行净现值分析。根据净现值分析法，计算出项目最有可能发生的场景（基本场景）的净现值为 1.5 亿元。通过蒙特卡罗模拟得到的该项目将来现金流的现值的对数增长率的波动率为 30%。假设无风险资产收益率为 5%。该项目中隐含的中止期权的价值是多少？含有该中止期权的项目的真正价值有多大？

为了计算该中止期权的价值，我们首先要确定该期权的各个参数。我们将项目的将来现金流的现值作为该中止期权的标的资产，项目的基本场景的净现值 1.5 亿元作为该标的资产的初始价格。期权的到期时间为 5 年。行权价格为卖掉专利所能够回收的收益 1 亿元。标的资产价格的对数收益率为 30%。因此，我们可以得到标的资产价格的二叉树，如图 13-17 所示。

接下来，我们从第 5 年一步步往前倒推，计算出含有期权的项目价值。对于第 5 年的到期节点来说，项目价值＝max{标的资产的价值，行权价格（1 亿元）}。例如：对于节点 A 来说，其价值等于 max{6.722 5，1}＝6.722 5（亿元）。对于中间节点来说，项目价值＝max{不行权时期权的价值，行权价格}。而不行权时期权的价值可以根据风险中性定价方法来计算。

$$F_t=[P\times F_{t+1}^U+(1-P)\times F_{t+1}^D]\times e^{-rT}$$

式中，F_t 为 t 期的期权价值，F_{t+1}^U 为 $t+1$ 期价格上涨时的期权价值，F_{t+1}^D 为 $t+1$ 期价格下跌时的期权价值。例如，对于节点 B 来说，保持不行权时期权的价值为

$$F=[3.6894\times 0.51+2.0248\times(1-0.51)]\times e^{-0.05\times 1}=2.7332(\text{亿元})$$

因此，节点 B 的项目价值等于 max（2.733 2，1）＝2.733 2（亿元）。依此类推，我们可以得到时点 0 的含有期权的项目价值为 1.566 4 亿元（见图 13-18）。期权价值应该等于 1.566 4 亿元－1.50 亿元＝664 万元。

标的资产的初始价格（亿元）	1.500 0
到期时间（年）	5.00
无风险资产收益率	0.05
波动率	0.30
上涨倍数	1.35
下跌倍数	0.74
风险中性概率	0.51

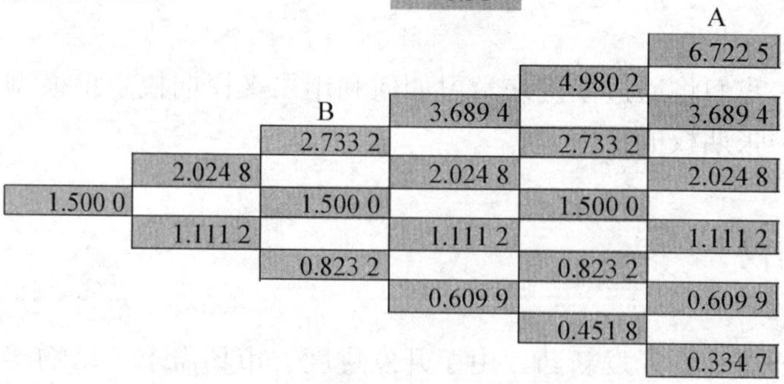

图 13-17　中止期权中标的资产价格的二叉树（单位：亿元）

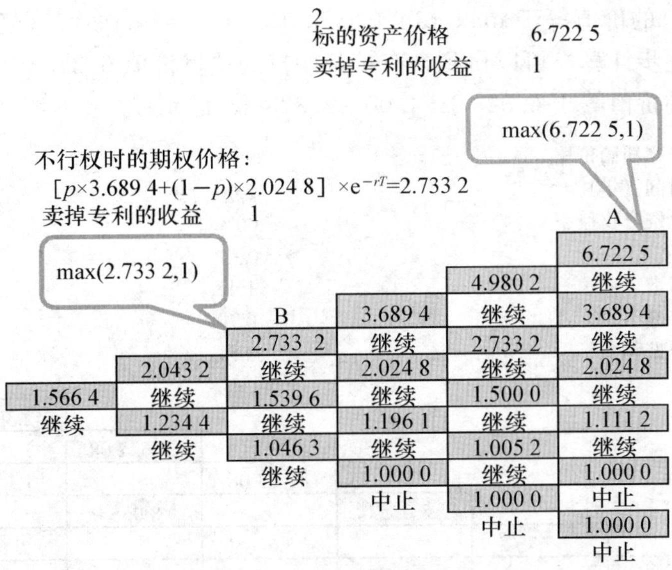

图 13-18 隐含中止期权时项目的价值（单位：亿元）

二、扩张期权

某企业根据净现值分析法得到项目的 $NPV=4$ 亿元。根据蒙特卡罗模拟得到的将来现金流的对数增长率的波动率为 35%，无风险资产收益率为 7%。假设该企业今后 5 年可以用 2.5 亿元收购竞争企业，从而将规模扩大两倍。考虑到该期权的价值，该企业的真正价值是多少？其扩张期权的价值是多少？

在该案例中，项目中隐含的扩张期权的特性为，标的资产价格的初始值为 4 亿元，波动率为 35%，行权价格为 2.5 亿元，期权的到期时间为 5 年，属于美式看涨期权。

与计算中止期权时一样，首先，我们需要确定标的资产价格的二叉树，如图 13-19 所示。

然后，我们运用风险中性定价原理，从第 5 年开始，逐步向前推算，计算出隐含有期权的企业价值。我们以节点 C 来说明第 5 年的节点的价值计算方法。节点 C 的价值等于 max（企业扩张时的价值，企业不扩张时的价值）。企业扩张时的价值为

$$2\times 23.018\,4-2.50=43.536\,8(\text{亿元})$$

而企业不扩张时的价值等于 23.018 4 亿元，因此，节点 C 的价值等于 max（43.536 8，23.018 4）=43.536 8（亿元）。对于中间节点来说，不同之处在于企业不扩张（不行权）时项目价值的计算。例如，对于节点 D 来说，企业不扩张时的期权价值为

$$[20.687\times 0.51+9.179\,1\times(1-0.51)]\times e^{-0.07\times 1}=14.030\,7(\text{亿元})$$

而企业扩张时的价值为

$$2\times 8.055-2.50=13.61(\text{亿元})$$

因此，节点 D 的价值等于 max（14.030 7，13.61）＝14.030 7（亿元）。按照同样的方法，由后往前逐步计算，可以得到含有扩张期权的项目价值 6.323 0 亿元，如图 13－20 所示。扩张期权的价值等于 6.323 0－4.00＝2.323 0（亿元）。

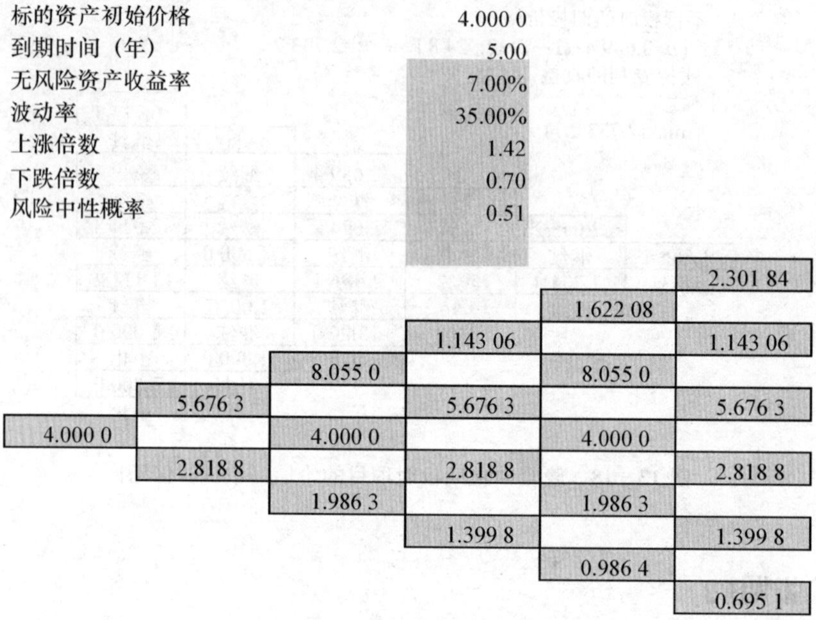

图 13－19　扩张期权中标的资产价格的二叉树（单位：亿元）

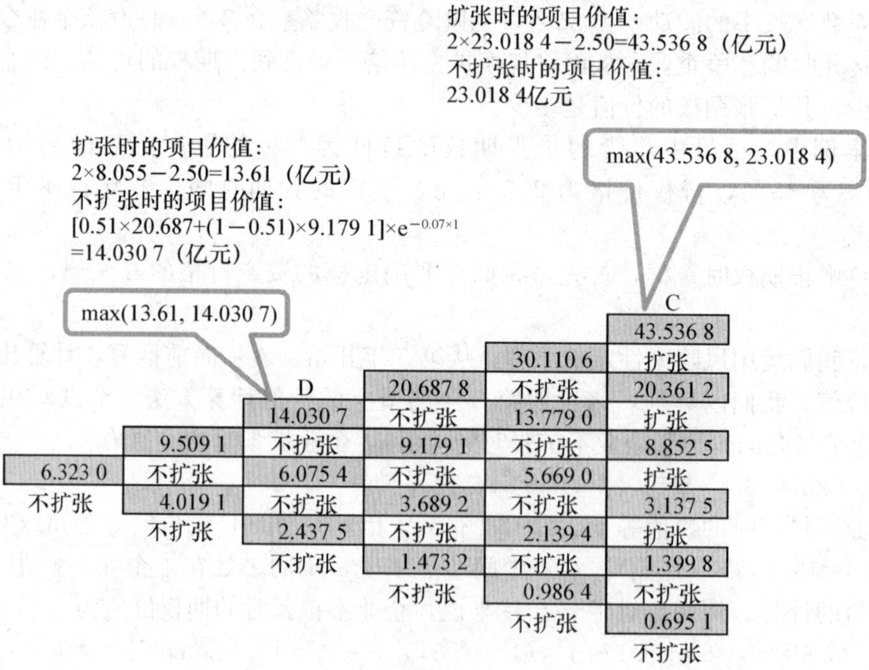

图 13－20　含有扩张期权的企业价值（单位：亿元）

第四节 具体案例分析：实物期权分析法在软件开发中的应用①

一、案例背景介绍

PORTES公司是一家在美国运作了10年的软件公司，它的旗舰产品是一个被叫作Recover的系统恢复软件，需要根据客户需求定制且价格昂贵。该公司的创始人兼现任CEO Diane Mullins是一名软件专家，曾在法国拿到MBA学位。

几年以前，Diane Mullins意识到本公司的产品已到平台期，量身定制式的生产极大地制约了产品的大规模生产和销售，网络销售也无法实现。于是Diane Mullins研发出一款可以在网上销售的标准化数据恢复软件，但分销商的佣金高昂，而PORTES公司又没有自己的网络资源，销售再次遇到瓶颈。

一个在巴黎工作多年的好友Olivier建议Diane Mullins在法国开拓网络化市场。一是法国市场的潜在需求很大，PORTES公司也不需要为当地分销商提供佣金，且法国的B2B电子商务市场没有美国那样拥挤；二是由于对当地情况缺乏了解和语言障碍，美国竞争者无法满足法国市场的需求；三是进口关税和邮递费用进一步阻碍了法国消费者购买美国本土产品。Olivier认为，借助在法国开拓市场占据的有利本土优势，PORTES公司不仅可以出售现有产品，还可以销售其他产品，同时进一步了解法国软件市场的需求特征。

二、传统净现值分析法

Diane Mullins对其好友的建议有些心动，吩咐她的财务总监Bill对这个投资项目做一个投资分析。Bill和他的团队经过认真研究分析，得到了关于此投资项目的一些投资特征：

- 在初期有一个对软件的净投入。
- 在文字媒体和网络上有高昂的持续宣传成本，以及网络的运营成本。
- 在项目投资的前6年，产品销量预测由200单位上升至400单位，单价由30 000美元降至20 000美元，单位生产成本由9 000美元降至7 000美元。租金每年200 000美元，行政费用为收益的10%。
- 项目初始投资35 000 000美元，计划10年摊销完毕。
- 法国的税率为40%。

结合同类比较法并考虑市场风险和汇率风险后，公司决定采用13.88%的预期收益率。因无法确切估计6年后项目的收益和成本，他们决定采用简单年金增长模型来估计项目的终值。假设现金流的长期增长率为4.709%，第6年年末项目的终值为

$$V_6=\frac{V_6(1+g)}{r_{WACC}-g}=\frac{3\,920\times(1+0.047\,09)}{0.138\,8-0.047\,09}=44\,752.81(\text{千美元})$$

① 该案例根据Tom Copeland和Vladimir Antikarov（2003）的第11章整理而成。

项目的现金流如表 13－2 所示。

运用 NPV 法则，Bill 算出该项目的净现值为－312 000 美元，如果按该法则，不应该投资该项目。因为 PORTES 公司最近 5 年盈利不少，且没有负债，故有意向在法国开展该项目，但 Diane Mullins 无法相信 Bill 算得的 *NPV* 为负，请求 Bill 再次计算。于是 Bill 决定运用实物期权分析法再次分析该项目的可行性。

表 13－2　项目现金流分析表

项目	第0年	第1年	第2年	第3年	第4年	第5年	第6年	第7年
销售量（单位）		200	230	264	303	348	400	
年增长率		13.86%						
单价（千美元）		30.00	27.66	25.51	23.52	21.69	20.00	
年增长率		8.1%						
单位成本（美元）		9.0	8.6	8.1	7.7	7.4	7.0	
收入（千美元）		6 000	6 355	6 731	7 130	7 552	7 999	
销售成本（千美元）		1 800	1 966	2 148	2 346	2 563	2 800	
毛利润（千美元）		4 200	4 389	4 584	4 784	4 989	5 199	
毛利率		70%	69%	68%	67%	66%	65%	
租金（千美元）		200	200	200	200	200	200	
销售及管理费用（千美元）		600	636	673	713	755	800	
息税折旧前利润（千美元）		3 400	3 553	3 710	3 871	4 034	4 200	
折旧（千美元）		3 500	3 500	3 500	3 500	3 500	3 500	
息税前利润（千美元）		－100	53	210	371	534	700	
息税前利润增长率			－153%	294%	76%	44%	31%	
税收（千美元）		0	21	84	148	214	280	
净利润（千美元）		－100	32	126	222	320	420	
折旧（千美元）		3 500	3 500	3 500	3 500	3 500	3 500	
初始投资（千美元）	35 000							
自由现金流（千美元）	－35 000	3 400	3 532	3 626	3 722	3 820	3 920	
自由现金流增长率			4%	3%	3%	3%	3%	
持续价值（千美元）								44 752.81
贴现率	13.88%							
现值（千美元）	34 688	36 102	37 581	39 171	40 886	42 740	44 753	
净现值（千美元）	－312	39 502	41 113	42 797	44 608	46 560	48 673	
自由现金流/净现值		8.6%	8.6%	8.5%	8.3%	8.2%	8.05%	

三、实物期权分析法

运用实物期权法分析包括以下几个步骤：

- 挖掘项目中隐含的期权。
- 对 *NPV* 的对数增长率进行蒙特卡罗模拟。首先，需要对 *NPV* 的影响因素（如销售量、单价等）的分布进行估计。
- 估计销售量的均值、波动率。
- 估计单价的均值、波动率。
- 运用二叉树模型估算含有期权的项目的价值。

（一）挖掘项目中隐含的期权

Bill 与 Diane Mullins 达成共识，公司未来的现金流来源除产品 Recover 外，还有一个目前已到研发后期的新产品 PreventLoss，未来两种产品将利用投入的网络资源形成互补。Diane Mullins 与 Bill 还考虑了该项目的扩大投资与退出的可能性。如果在项目投入的前 5 年内 Recover 的销售额理想，他们就会扩大投资并引进新产品 PreventLoss。在这种状态下，公司需要追加投资 1 050 万美元，投资结束后即可使现金流增加 30%。因此，该项目隐含一个扩张期权。然而，若项目进展不顺利，他们可以在未来 6 年内的任意时间以 1 500 万美元的价格卖出投资的硬件设施。也就是说，该项目还隐含一个中止期权。

（二）运用蒙特卡罗模拟估计 *NPV* 对数增长率的波动率

计算期权价值，首先需要知道 *NPV* 的对数增长率的波动率。图 13－21 展示了项目现金流的波动情况，图 13－22 展示了项目现值随时间的波动状况。

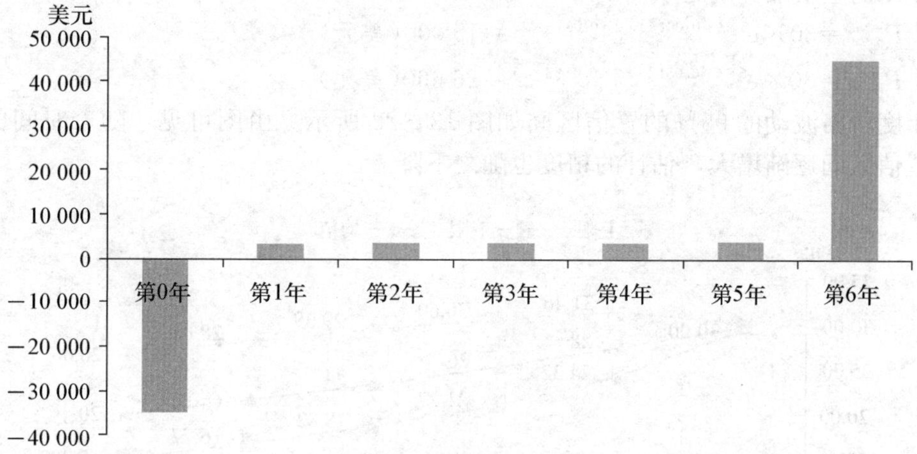

图 13－21 项目现金流的波动情况

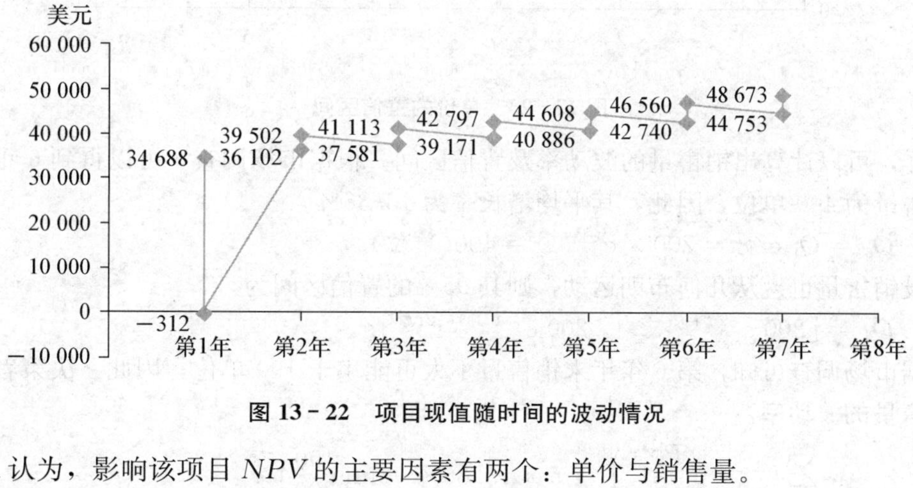

图 13－22 项目现值随时间的波动情况

Bill 认为，影响该项目 *NPV* 的主要因素有两个：单价与销售量。

1. 估计单价与销售量的波动率

首先估计单价的波动率。根据市场调查，6 年后单价的平均值为 20 000 美元，基本上不会低于 15 000 美元。因此，单价的平均增长率为−8.11%。

$$P_6 = P_1\,e^{r_P T} = 30\,e^{-0.0811\times 5} = 20\,000\text{（美元）}$$

假设价格增长率遵从几何布朗运动，则其价格的95%的置信区间为

$$P_6 = [30e^{5\times(-0.0811)-2\sigma\sqrt{5}},\ 30e^{5\times(-0.0811)+2\sigma\sqrt{5}}]$$

因此，我们可以根据第6年年末价格的下限15 000美元，按以下公式反算出价格的波动率：

$$\sigma_P = \frac{\sum_{i=1}^{n} r_i - \ln\left(\frac{Q_T^{\text{lower}}}{Q_0}\right)}{2\sqrt{T}} = \frac{5\times(-8.1\%) - \ln\left(\frac{15}{30}\right)}{2\sqrt{5}} = 6.43\%$$

知道了价格的波动率，我们即可估算出每一年价格波动的95%的置信区间的上下限。例如第6年的上下限分别为

$$P_6^{\text{lower}} = 30\times e^{5\times(-0.0811)-2\times 0.0643\times\sqrt{5}} = 15\,000\text{（美元）}$$

$$P_6^{\text{upper}} = 30\times e^{5\times(-0.0811)+2\times 0.0643\times\sqrt{5}} = 26\,660\text{（美元）}$$

各年度价格波动的95%的置信区间如图13-23所示。由图可见，随着时间的推移，价格的置信区间逐渐增大，估计的精度也随之下降。

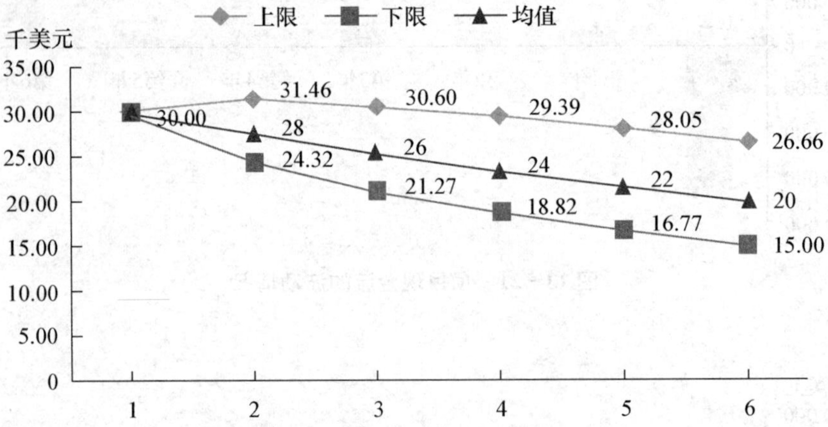

图13-23 单价的置信区间

同样，可以计算出销售量的波动率及置信区间。根据市场调查，可以得到6年之后的平均销售量为400单位，因此，其平均增长率为13.86%。

$$Q_6 = Q_1\,e^{r_Q T} = 200\times e^{0.1386\times 5} = 400\text{（单位）}$$

假设销售量也遵从几何布朗运动，则其95%的置信区间为

$$Q_6 = [200\,e^{5\times 0.1386-2\sigma\sqrt{5}},\ 200\,e^{5\times 0.1386+2\sigma\sqrt{5}}]$$

根据市场调查可知，第6年年末销售量不太可能小于190单位，因此，决策者可以反算出销售量的波动率。

$$\sigma_Q = \frac{\sum_{i=1}^{n} r_i - \ln\left(\frac{P_T^{\text{lower}}}{P_0}\right)}{2\sqrt{T}} = \frac{5\times 13.86\% - \ln\left(\frac{190}{200}\right)}{2\sqrt{5}} = 16.65\%$$

再根据销售量的波动率，可以计算出每一年销售量的95%的置信区间。如：第6年年

末销售量的 95%的置信区间的上下限分别为

$$Q_6^{lower}=200\times e^{5\times0.1386-2\times0.1665\times\sqrt{5}}=190(\text{单位})$$

$$Q_6^{upper}=200\times e^{5\times0.1386+2\times0.1665\times\sqrt{5}}=842.02(\text{单位})$$

得到的各年销售量的 95%的置信区间如图 13-24 所示，同样可以看出销售量的置信区间随着时间的推移逐渐增大，估计精度也随之降低。

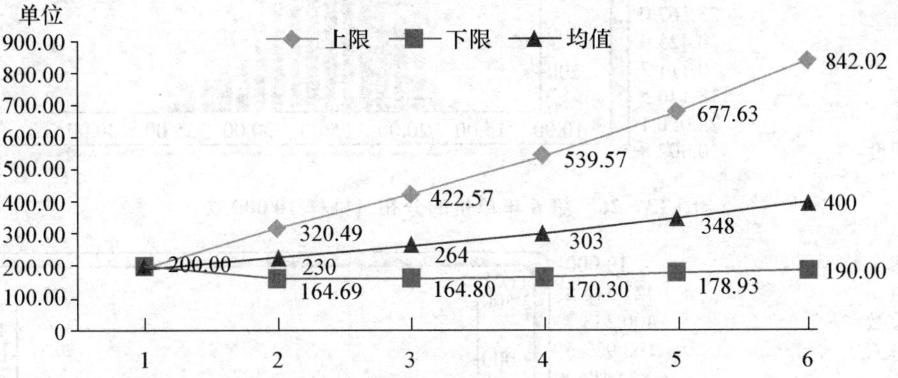

图 13-24 销售量置信区间随时间的波动

2. 蒙特卡罗模拟

至于单价，可以从第 1 年的价格 30 000 美元出发，按照以下公式，逐年计算其单价：

$$P_t=P_{t-1}\,e^{r_P+\sigma_P\varepsilon}$$

$$\varepsilon\sim N(0,1)$$

同样，从第 1 年的销售量 200 单位出发，按照以下公式，逐年计算销售量：

$$Q_t=Q_{t-1}\,e^{r_Q+\sigma_Q\varepsilon}$$

$$\varepsilon\sim N(0,1)$$

对服从正态分布的随机变量进行 10 000 次抽样，即可得到 NPV 对数增长率以及第 6 年单价、销售量的分布。可以看出，NPV 对数增长率的波动率为 22.86%（见图 13-25 至图 13-27）。

元素个数	10 000
均值	0.146 4
中位数	0.128 6
标准差	0.228 6
方差	0.052 2
变异系数	1.560 8
最大值	1.181 9
最小值	−0.476 5
值域	1.658 5
偏度	0.453 3
峰度	0.218 1
25%分位数	−0.016 6
75%分位数	0.286 7
95%误差精度	0.030 6

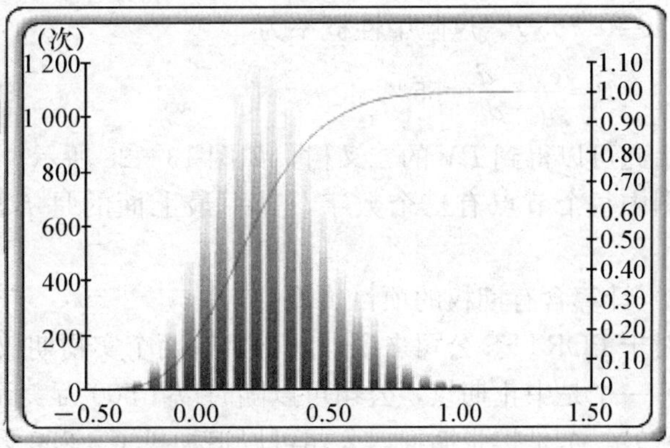

图 13-25 *NPV* 对数增长率的分布（抽样 10 000 次）

元素个数	10 000
均值	20.196 5
中位数	19.982 9
标准差	2.922 6
方差	8.541 4
变异系数	0.144 7
最大值	35.265 9
最小值	12.099 0
值域	23.167 0
偏度	0.425 9
峰度	0.311 7
25%分位数	18.146 5
75%分位数	22.026 1
95%误差精度	0.002 8

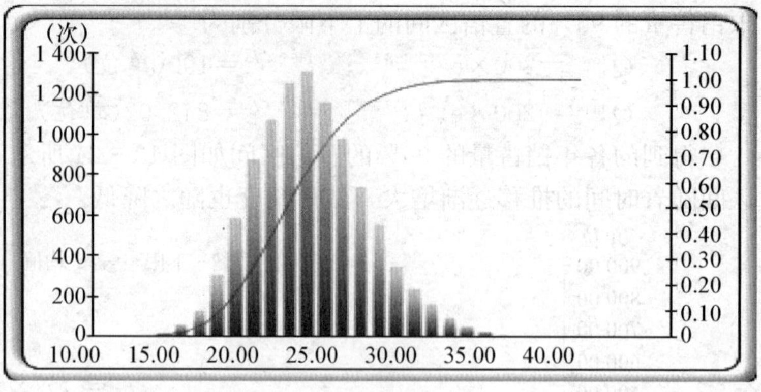

图 13－26　第 6 年单价的分布（抽样 10 000 次）

元素个数	10 000
均值	427.510 8
中位数	400.233 7
标准差	163.933 5
方差	26 874.186 8
变异系数	0.383 5
最大值	1 905.496 6
最小值	98.233 5
值域	1 807.263 1
偏度	1.214 3
峰度	3.024 0
25%分位数	311.057 5
75%分位数	512.682 5
95%误差精度	0.007 5

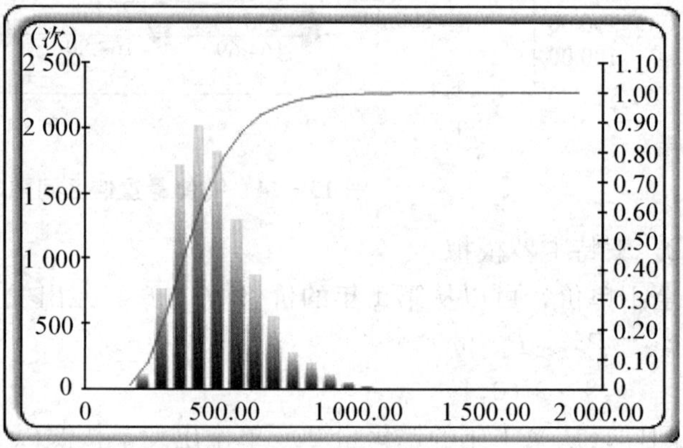

图 13－27　第 6 年销售量的分布（抽样 10 000 次）

（三）运用二叉树模型估算含有期权的项目价值

1. 确定标的资产的二叉树

以第 0 年的现值 34 687.51 千美元为标的资产的初始价格，波动率为 22.86%，期权到期时间为 6 年，无风险利率为 5%。即可计算出上涨倍数 $u=e^{\sigma}=1.256\ 8$，下跌倍数 $d=1/u=0.795\ 7$。风险中性概率为

$$P=\frac{e^{r_f}-d}{u-d}=55\%$$

由此可以得到 PV 的二叉树，如图 13－28 所示。

图中每个节点有三个数字，其中最上面的是 NPV，中间的是现值，最下面的是现金流。

2. 计算含有期权的项目价值

对于 PORTES 公司来说，此项目有两个实物期权。

- 一个是中止期权，公司可以随时以 1 500 万美元的价格卖出硬件投资。
- 另一个是扩张期权，公司可以追加投资 1 050 万美元，引进新产品 PreventLoss，使现金流增加 30%。

各节点的项目价值为扩张、中止、保持现状三者中的最大值，如图 13－29 所示。由图

第0年	第1年	第2年	第3年	第4年	第5年	第6年
						79 679.79
						73 263.002 97
					69 066.76	6 416.78
					63 399.791 24	
				59 958.57	5 666.97	50 446.09
				54 955.194 87		46 383.556 64
			52 124.53	5 003.38	43 726.87	4 062.53
			47 707.971 21		40 139.056 39	
		45 372.55	4 416.56	37 960.39	3 587.82	31 937.93
		41 474.563 03		34 792.696 04		29 365.904 2
	39 502.13	3 897.99	33 000.57	3 167.69	27 683.93	2 572.03
34 687.51	36 102.13		30 204.404 61		25 412.447 21	
	3 400.00	28 725.83	2 796.17	24 033.11	2 271.48	20 220.23
		26 257.970 13		22 027.611 78		18 591.854 35
		2 467.86	20 893.00	2 005.50	17 526.98	1 628.38
			19 122.717 54		16 088.880 29	
			1 770.28	15 215.61	1 438.10	12 801.64
				13 945.906 36		11 770.693 18
				1 269.70	11 096.51	1 030.94
					10 186.034 7	
					910.48	8 104.85
						7 452.146 261
						652.70

图 13-28 ***NPV*** 的二叉树（单位：千美元）

第0年	第1年	第2年	第3年	第4年	第5年	第6年
						91 158.69
						6 416.78
					77 586.70	84 741.903 86
					5 666.97	
				65 945.13	71 919.728 61	53 861.16
				5 003.38		4 062.53
			55 936.92	60 941.753 33	45 527.53	49 798.623 63
			4 416.56		3 587.82	
		47 699.27	51 520.362 57	38 909.81	41 939.711 25	31 937.93
		3 897.99		3 167.69		2 572.03
	41 164.27	43 801.281 98	33 747.26	35 742.123 37	27 683.93	29 365.904 2
36 147.058 52	3 400.00		2 796.17		2 271.48	
35 000	37 764.270 24	29 752.65	30 951.094 23	24 613.56	25 412.447 21	20 220.23
1 147		2 467.86		2 005.50		1 628.38
		27 284.790 9	22 386.33	22 608.058 56	18 896.08	18 591.854 35
			1 770.28		1 438.10	
			20 616.049 35	18 016.05	17 457.982 46	16 030.94
				1 269.70		1 030.94
				16 746.350 67	15 999.22	15 000
					910.48	
					15 088.744 53	15 652.70
						652.70
						15 000

图 13-29 含有期权的项目价值（单位：千美元）

可知，含有期权的项目的净现值为 1 147 千美元。比较扩张、中止、保持现状三者的值的大小，可以得到项目的决策树，如图 13－30 所示。

第1年	第2年	第3年	第4年	第5年	第6年
					扩张
				扩张	
			扩张		扩张
		扩张		扩张	
	扩张		扩张		扩张
扩张		扩张		保持现状	
	保持现状		保持现状		中止
		保持现状		中止	
			中止		中止
				中止	
					中止

图 13－30　项目的决策树

考虑到项目隐含的实物期权的价值后，项目价值由最初的－312 000 美元提高到了 1 147 000 美元，如图 13－31 所示。

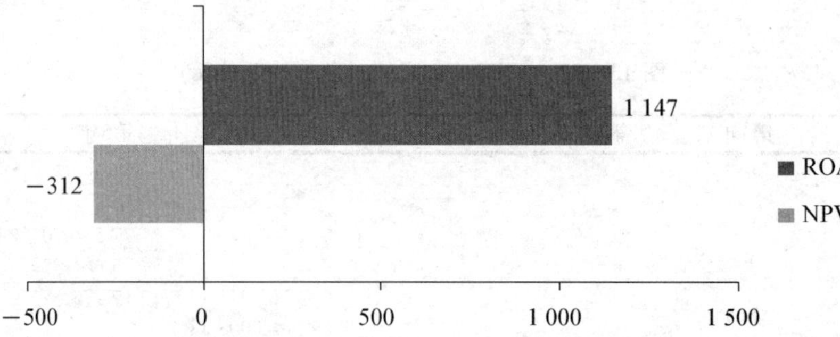

图 13－31　实物期权分析法与净现值分析法的分析结果比较（单位：千美元）

说明：图中 ROA 代表实物期权分析的结果，NPV 代表净现值分析的结果。

四、总结

从以上分析我们可以看出，在该项目的估值中，如果忽略了项目中隐含的期权价值，将会低估该项目的价值，从而失去可能带来良好收益的投资项目。实物期权分析法往往会为公司高层管理者的“直觉”找到科学依据。

本章小结

1．期权是一种在交易所以及场外市场进行交易的衍生证券，分为看涨期权与看跌期权。看涨期权是指在将来某一特定的时间以预定的价格购买某种资产的权利，而与之相对的看跌期权是指在将来某一特定的时间以某一预定的价格卖出某种资产的权利。

2. 期权定价可以借助二叉树期权定价模型和B-S-M期权定价模型。

3. 认股权证是一种使其持有人（即投资者）拥有在将来某一时期内以某一固定的价格购买发行公司股票权利的证券。每一份认股权证均会规定权证持有人可以购买的股票的数量、行权价格及到期日。

4. 可转换债券与附有认股权证的债券较为类似。两者之间的主要区别在于，认股权证可以与债券剥离，单独交易，而可转换债券则不能。可转换债券的持有人可以在债券到期日之前的任意时点（包括到期日）将债券转换为一定数量的股票。

5. 实物期权指在将来一定的期间内，以一定的成本（行权价格）进行某种行动（如：延期、扩大、缩小或中止某项目等）的权利。

6. 可以利用二叉树期权定价模型来计算项目中隐含的中止期权以及扩张期权的价值。

问题与应用

1. 净现值分析法能够处理项目中存在的不确定性吗？如何处理？与实物期权分析法相比存在什么不同？

2. 为何实物期权分析法被看作降低风险、提升价值的一种投资决策方法？

3. 假如本章第三节的中止期权案例中，卖出专利回收的资金从第1年开始上涨了10%，重新计算其项目的价值及期权价值。

4. 在本章第三节的扩张期权案例分析中，一个重要的前提是竞争对手企业的增长速度、风险与估值对象企业处于同样水平。如果竞争对手企业的增长速度、风险发生了变化，在估值时需要做出什么样的调整？当竞争对手企业的波动率从35%增至45%时，重新评价该企业的价值。

5. 某制药公司决定启动一个新药研发的项目，该项目包括两个必须实施的阶段和一个指标测试的阶段（如下图所示）。

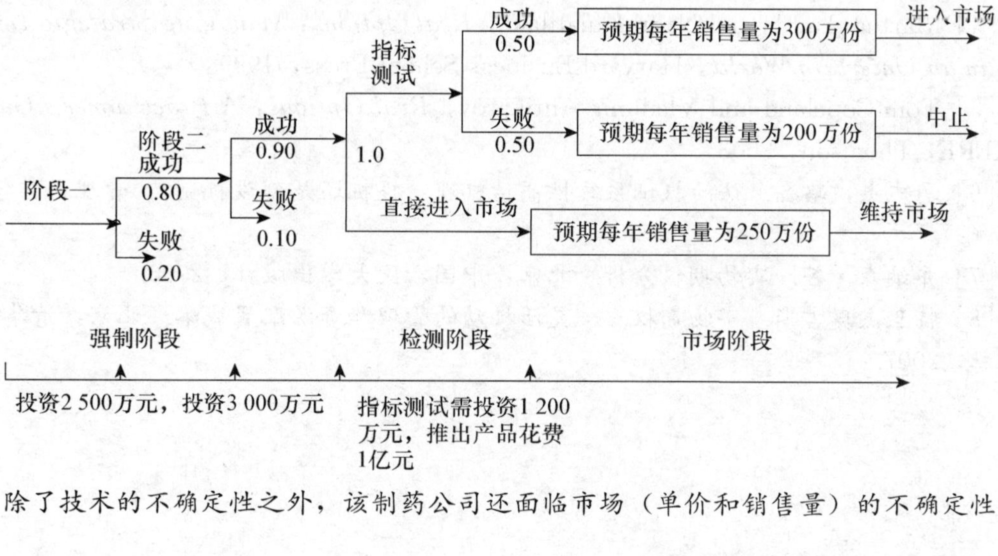

除了技术的不确定性之外，该制药公司还面临市场（单价和销售量）的不确定性。公

司估计该药品现在可以每份 15 美元的价格出售，之后每年平均预期增长率为 8%，每年价格的波动率估计为 10%。产品的销售量同样是不确定的，估计的每年销售量会依据决策的不同而不同。若在前两个实验阶段后直接将产品推向市场，每年的预期销售量为 250 万份；若进行进一步的检测，每年的预期销售量会依据检测结果而不同，若检测成功，则预期销售量为每年 300 万份；若检测失败，则预期销售量为每年 200 万份。一旦产品进入市场，它的价值估计为其现金流的 8 倍。

为了简化自由现金流的估计，定义现金流等于总收入（单价乘以销售量）与总支出（可变成本为每单位 5 美元，固定成本为 300 万美元）的差值。加权平均资本成本为 7%，无风险利率为 5%。

请运用实物期权分析法分析该项目是否可行及在不同情形下的最优决策。

推荐阅读材料

[1] John C. Hull，*Options，Futures，and Other Derivatives*，7th edition，Pearson Prentice Hall，2008.

[2] Johnnathan Mun，*Real Options Analysis Course：Business Cases and Software Applications*，Hoboken，New Jersey，John Wiley & Sons，Inc.，2003.

参考文献

[1] Dixit，Avinash K. and Robert S. Pindyck，*Investment Under Uncertainty*，Princeton University Press，1994.

[2] John C. Hull，*Options，Futures，and Other Derivatives*，7th edition，Pearson Prentice Hall，2008.

[3] Johnnathan Mun，*Real Options Analysis Course：Business Cases and Software Applications*，Hoboken，New Jersey，John Wiley & Sons，Inc.，2003.

[4] Martha Amran and Nalin Kulatilaka，*Real Options：Managing Strategic Investment in an Uncertain World*，Harvard Business School Press，1999.

[5] Tom Copeland and Vladimir Antikarov，*Real Options：A Practitioner's Guide*，TEXERE，Thomson，2003.

[6] 马文杰，路磊. 认沽权证系统性高估机理：投机还是创设机制?. 管理科学学报，2016（5）.

[7] 乔纳森·芒. 实物期权分析. 北京：中国人民大学出版社，2006.

[8] 特里杰奥吉斯. 实物期权——灵活机动的管理和资源配置战略. 北京：清华大学出版社，2007.

第十四章

企业并购、重组与破产

学习目标：

1. 掌握企业并购的基本概念、类型和动因；
2. 掌握目标公司的各种估值方法；
3. 理解公司重组的不同类型；
4. 理解公司破产重整与清算。

引　言

2017年8月21日，福建七匹狼实业股份有限公司（简称七匹狼）发布了《福建七匹狼实业股份有限公司关于投资Karl Lagerfeld项目的公告》，其中详细介绍了此次七匹狼并购的总体情况。公告表示，福建七匹狼实业股份有限公司（股权代码：002029）拟通过香港全资子公司出资24 030万元人民币的等值美元，投资Karl Lagerfeld Greater China Holdings Limited（KLGC，以下简称“目标公司”）80.1%的股权及对应的股东贷款，并在股权转让完成交割后与目标公司其他股东共同按持股比例对目标公司的境内运营主体——加拉格（上海）商贸有限公司——提供10 000万元人民币或等值美元的增资，对应公司的增资金额为8 010万元人民币或等值美元。两项合计投资3.2亿元人民币或等值美元。

为什么七匹狼要进行此次并购交易？七匹狼在其公告中表示，随着人均可支配收入的增加及消费升级，消费者希望通过差异化产品展示个性，表达身份及品位，轻奢类设计师品牌在国内发展潜力大。本次交易完成后，目标公司将被纳入七匹狼的合并报表范围。七匹狼将结合服装行业的运作经验，努力提高目标公司门店的经营效率，发展目标公司品牌授权计划，力图在销售规模和利润上获得良好增长。七匹狼本次利用自有资金投资目标公司项目，符合公司“打造七匹狼时尚集团”的长期战略发展方向，有利于完善和补充公司的品牌组合，扩展目标消费者群体，为广大消费者提供更多样化、个性化的产品及服务，打造多品牌时尚版图，提升公司的品牌形象和地位，巩固综合竞争力，对公司未来发展具有重要意义。

七匹狼似乎正在进行一场深远的改革，而本次收购只是它全方位转型的开始，问题是此次“联姻”能否成功？据七匹狼 2018 年半年报，目标公司营业收入约为 1 364 万元，亏损 2 282 万元，净资产为－2 592 万元，这项投资并未提高七匹狼的盈利能力，反而成为导致其盈利能力下降的主要因素。

此外，根据七匹狼披露的目标公司境内财务业绩情况来看，从 2014 年至 2016 年，目标公司公司一直都处于亏损状态。而在经营方面，目标公司在 2013 年进军中国后，目前公司在北京、上海及部分一线城市运营 6 家直营零售店面及 1 家奥特莱斯店面。相比于其他积极发展大中华区业务的奢侈品品牌来说，目标公司不仅起步晚、规模小，而且在境内一直处于亏损状态，这些都将会极大地影响公司的估值。那么，此次七匹狼以 3.2 亿元的估值入手目标公司是否合理呢？

本章将主要讨论兼并收购决策的动因和效应，并介绍对目标公司的各种估值方法。读者需要理解各种可能促使并购决策的动因，并能够运用各种估值方法对目标公司进行估值，从而判断并购决策能否增加收购方的股东价值。

第一节　公司并购概述

企业的扩张有两种选择——内在成长或外部扩张，后者通常通过并购来实现。与内部成长相比，通过并购活动的外部扩张可以迅速增大生产规模或拓展分销渠道，相比自我发展，其成本可能更低，速度可能更快。并购决策对企业战略发展有着举足轻重的作用。

一、企业并购的定义

企业并购一般是指兼并（merger）和收购（acquisition），简称 M&A，中文翻译简称并购。

（一）兼并的定义

英国《大不列颠百科全书》对兼并的解释为：“两家或更多的独立企业合并组成一家企业，通常是由一家占优势的公司吸收一家或更多的公司。”①

我国《公司法》第一百七十二条规定：“公司合并可以采取吸收合并或者新设合并。

① 大不列颠百科全书. 北京：中国大百科全书出版社，1999.

一个公司吸收其他公司为吸收合并，被吸收的公司解散。两个以上公司合并设立一个新的公司为新设合并，合并各方解散。”

公司兼并，是指在市场经济中，相关独立法人通过购买或者其他有偿转让的形式获得其他企业的资产，使这些企业的法人资格丧失，实现产权转移，获得其控制权的经济行为。公司兼并相当于公司法中的“吸收合并”，对应英文中的“merger”。

（二）收购的定义

收购是指一家企业用现金、股票或债券等有价证券购买另外一家企业的股票或者资产，以获得对该企业的部分或者全部资产或股权的所有权。

根据收购对象的不同，收购可以分为股权收购和资产收购。股权收购是指通过购买已发行的股票或者认购新股实现对目标公司的经营控制权。资产收购是指从被收购方购买某项具有使用价值的资产，不影响被收购方的持续经营。两者的区别主要表现为股权收购完成后，收购方成为目标公司的股东，资产收购中收购方并不成为其股东。

（三）兼并和收购的区别

兼并和收购本质上均是公司的产权交易，主要区别包括以下几项：首先，兼并完成后，目标公司丧失了法人资格或改变了法人实体，换句话说，目标公司在法律意义上不再存在，但收购完成后，收购方仅掌握了目标公司的部分所有权和经营控制权，原目标公司的法律实体资格还存在。其次，兼并完成后，兼并方承担了目标公司的所有权利、债务及相关责任，需要解决诸如法律诉讼、合同纠纷等问题。收购中，收购方仅以自己的出资额为限承担责任和风险。再次，兼并通常是善意的，体现双方共同的意愿，通过谈判协商寻求令双方满意的结果，但收购可能是敌意的，即由收购方单方面的意愿促成，目标公司处于被动地位并可能发生抵抗。最后，兼并一般在双方达成协议后向外界公开声明，不需要披露交易细节，但收购一般是围绕上市公司进行的（包括上市公司作为被收购方和收购方），在准备、开始、中间和结束等各个阶段都要向有关部门申报，并进行公开信息披露。

（四）接管的定义

接管（takeover）是一个泛指的术语，指公司由一个股东集团控制转为由另一个股东集团控制，即公司的控股股东发生了变化。欲通过接管控制目标公司的企业被称为“投标者”（bidder）。除了并购，接管还包括委托书收购和上市公司私有化。

委托书收购（proxy contest）是指投标者以征集目标公司股东委托书的方式，在股东大会上取得表决权优势，进而通过推荐并选举代表投标者的董事的方式改组董事会，最终达到实际控制目标公司的目的。发起委托书收购的主体可能是公司的中小股东、机构股东（养老基金等）、独立董事、外部中介机构（律师等）。委托书收购在不出售股票的前提下将投票权汇集，为中小股东提供了参与公司决策、维护自身权益的机会。

上市公司私有化（going-private transaction）是指一小部分投资者，通常包括公司管理层、大股东或外部投资者（通常是私募股权基金），全数买回公司股份，并撤销这家公司的上市资格，使其变为这些投资者的私有企业，即退市。[①]

二、公司并购的基本类型

（一）根据并购双方所属行业划分

根据并购双方（并购企业和目标公司）所属行业相同与否，可以将并购划分为横向并购、纵向并购和混合并购。

横向并购，是指两个或两个以上具有竞争关系的、经营领域相同或生产销售相同或相似产品公司之间的并购行为，如2006年国美对永乐电器的收购、优酷和土豆的合并。横向并购的优点包括：并购企业可以迅速扩大市场份额、进入新的区域市场、减少成本、实现规模经济。横向并购的缺点包括：破坏市场竞争、形成行业垄断、降低社会福利。

纵向并购，是指在生产过程或经营环节中，相互衔接、互为购买者或销售者的企业间的并购，并购双方是生产同一产品但处于不同生产阶段的公司，例如，中粮集团在2011年7月对海外原材料企业Tully糖厂实施的纵向并购。纵向并购又可分为向前并购和向后并购。向前并购指为了解决公司原材料及半成品来源等问题，而收购一家上游的供应企业。向后并购指为了接近最终消费者，解决销售问题，而收购一家经销商或零售商。纵向并购的优点包括：可以加强生产各个环节的配合，缩短生产周期，节约运输和库存经费，减少资源浪费，节约交易成本。[②]

混合并购，是指在生产和职能上无任何联系的两家或多家企业间的并购。混合并购的优点包括：帮助企业实现多元化经营战略，减少企业仅在一个行业经营的特有风险，促使企业快速进入更具有成长性的行业，进而提高公司盈利能力。混合并购一般不会受到各国反垄断法规的限制。

（二）根据并购双方意图划分

根据并购双方意图，并购可以划分为善意收购和敌意收购。

善意收购，是指在获得目标公司管理层的同意后，双方共同磋商购买条件、购买价格、支付方式和收购后公司地位以及被收购公司人员的继续雇佣等问题，从而完成收购行为的一种收购方式。在善意收购中，目标公司一般会主动向收购方提供有关公司经营的信息，并且董事会、管理层一般会规劝公司股东接受收购要约。总而言之，善意收购的前提是双方自愿、合作、公开，所以成功率很高。

敌意收购，又称恶意收购，指目标公司管理层董事会不清楚收购意图或对收购意图持反对态度的情况下，收购方对目标公司进行强行收购的行为。双方强烈的对抗性是敌意收购的基本特点。对收购方来讲，敌意收购的优点包括：掌握主动权、收购速度快。缺点包括：难以获得真实的经营信息，收购成本会因目标公司的抗拒、竞争方的出现等而增加，成功可能性较低。

---

① 在西方，上市公司下市也被称为PTP交易（public to private）。

② 纵向并购扩大了企业的有效边界，使原来发生在企业间的市场交易行为转化成企业内部行为，因此能够节约交易成本。这是美国经济学家科斯开辟的新制度经济学关于交易成本、企业边界的观点。

(三) 根据收购资金来源划分

根据收购资金来源，并购可以划分为杠杆收购和非杠杆收购。

杠杆收购，是指收购方只支付少量的自有资金（一般仅占收购总款的10%～15%），主要利用目标公司资产的未来经营收入大规模融资来支付并购资金的收购方式。收购融资的债权人只能向目标公司求偿，而无法向真正的借款方——收购方——求偿，因为债券发行主体或者借款的债务人只是一个“壳公司”，在并购完成后壳公司就和目标公司合并了，债务主体变成目标公司。[①]

非杠杆收购，是指收购方主要以自有资金，不以目标公司资产的未来经营收入来担保支付并购金而完成收购的方式。但非杠杆收购不意味着收购公司不举债，几乎所有的收购都会利用贷款，只是贷款数额多少的区别。

(四) 根据出资方式划分

根据出资方式，并购可以划分为现金并购和换股并购。

现金并购，是指并购方以现金为支付工具，达到收购目标公司的目的。现金是并购中最简单而且迅速的支付方式，在并购中占有很高比例。其特点包括：一旦目标公司股东收到现金支付，就失去了对原公司的任何权益，而且高额的现金收入会立即产生资本利得税负；对并购方来说，现金支付不会对原股东权益产生任何稀释，但会有较为沉重的即时现金负担。

换股并购，是指收购方将目标公司的股票按一定比例换成本公司股票，目标公司被终止，或成为收购方的子公司。其特点包括：收购方不需要支付大量现金，因而不会挤占公司的营运资金；换股并购可能改变收购方的股权结构，导致股东权益被稀释，可能使原股东对公司的控制权被稀释甚至原股东失去公司控制权。[②]

(五) 根据并购目的划分

根据并购目的的不同，并购可以划分为战略并购和财务并购。

战略并购，是指为了实现经营协同作用而进行的并购。战略并购中，两家企业合并后能够实现比单独经营更高的企业价值。

财务并购，是指收购方因目标公司价值被低估或者因收购带来的税务收益而进行的并购。财务并购不产生经营上的协同效应。

三、企业并购的动因

西方文献比较全面地研究了企业并购的动因，从不同角度提出了很多假说和理论。

(一) 协同效应假说

由Weston提出的协同效应理论（synergy effect）认为[③]，两个企业实施并购后的产

① 这也是西方私募股权基金收购企业的主要操作方法。

② 收购方股东因为收购行为反而丧失了对原公司（一般是上市公司）的控制权，被收购方因为换持股份而成为原收购公司的控股股东，这被称为反向借壳上市。

③ 本部分对并购动因的总结参考了J. 弗雷德·威斯通，马克·L. 米切尔，J. 哈罗德·马尔赫林. 接管、重组与公司治理. 4版. 北京：北京大学出版社，2006.

出比并购前两个企业产出之和要大。这种效应主要体现在经营协同效应、财务协同效应、管理协同效应等方面。经营协同效应主要建立在行业中存在规模经济的假设前提下。并购前企业的经营规模达不到规模经济的潜在要求，并购后企业的生产规模大幅提高，达到规模经济的生产范围，降低了生产成本。财务协同效应的主要来源是税务收益和融资成本的降低。例如，并购后企业的举债能力可能大于合并前两个企业之和。管理协同效应是指管理能力不同的企业合并所带来的效率改善。比如，高效率企业并购另一个企业之后，通过业务整合、资产重组，提高了目标公司的效率，进而使企业价值有所增加。

（二）市场力假说

市场力假说（market power）认为企业并购是为了提高市场占有率。由于市场中竞争对手减少，优势企业可以加强对市场的控制力，并保持长期获利机会。只有在并购后实现了两家企业的有效整合，产生了规模经济或协同效应，这一假说才能成立。

（三）税赋效应理论

此理论认为并购是由于一个企业有过多的账面会计盈余，因而必须承担高额税收，并购是为减轻税收负担而采取的行为。

（四）委托代理理论

代理问题的产生是由于公司管理层与股东的利益不一致，导致委托人（股东）、代理人（管理层）在签订和执行合约过程中产生的成本。该理论对企业并购动因的解释可归纳为以下三点。

1. 并购可以降低代理成本

当目标公司管理层有代理问题时，并购成功后外部管理者可以取代现有的管理层，获得对目标企业的决策控制权。因此被收购的可能性起到了随时监督管理层、降低代理成本的作用。

2. 管理者主义

Mueller（1969）① 提出的管理者主义假说认为，代理人的收益取决于公司的规模，因此代理人有动机通过收购使公司规模扩大以提高收益，而忽视并购为企业带来的实际投资收益率。

3. 自负假说

Roll（1986）② 提出的自负假说认为，管理层由于野心、自大或过分骄傲等原因，在评估并购机会时过分乐观，可能导致并购失败。管理层的意图是通过并购增加企业的资产，但因可能付出过高的价格，而损害了股东的利益。

（五）信息讯号理论

信息讯号理论（signaling）认为，通过并购行为，目标公司可以向证券市场传递自身

① Dennis C. Mueller, "A Theory of Conglomerate Mergers", *The Quarterly Journal of Economics*, 1969, 83（4）: 643-659.

② Richard Roll, "The Hubris Hypothesis of Corporate Takeovers", *The Journal of Business*, 1986, 59（2）: 197-216. 这一观点实际上是行为公司金融学派的解说。可参见本书第十五章“行为公司金融”的有关阐述。

价值被低估的信息。

尽管西方的各种企业并购动因理论在一定程度上能够解释我国的部分并购活动，但我国的企业并购仍有自己的特色。如众多企业并购的原始动机主要是迎合政府主管部门解决长期存在的亏损企业问题、减轻财政负担和支持地方优势企业发展等要求。另外，受我国资本市场上市资格的严格限制，买壳上市成为部分企业并购的动机。

专栏 14－1　　企业并购的历史

1. 美国资本市场的六次并购浪潮

美国资本市场的第一次并购浪潮发生于19世纪末到20世纪初（1897—1904年），历时8年，共发生并购案2 943起，平均每年368起。其中78.3%为横向并购，12%为纵向并购，其余9.7%为混合并购。在此次并购浪潮中，美国许多垄断巨头获得了垄断地位，形成了成熟的现代工业体系。此次并购浪潮被认为是美国并购历史上最重要的一次并购浪潮。例如，这一时期，J.P. 摩根创建的美国钢铁公司收购了安德鲁·卡内基创办的卡内基钢铁公司以及其他784家独立公司，形成了钢铁巨人——美国钢铁集团，它的产量一度占美国钢铁行业生产总量的75%。1904年美国股市狂跌，标志着这次并购高峰的结束。

第二次并购浪潮发生在20世纪20年代（1916—1930年），仅1926—1930年，就发生了大约4 600起并购。由于美国反托拉斯法立法的不断完善，特别是1914年国会通过的《克莱顿反托拉斯法》，对行业垄断的监管更加严格，使第二次并购浪潮以上下游企业的整合，即纵向并购为主。在此次并购浪潮中，出现了很多占据很大市场份额的寡头公司，譬如通用汽车公司和IBM公司。此次并购浪潮被美国1929年的经济大危机打断。

第三次并购浪潮发生于第二次世界大战后的经济复苏时期（1954—1969年），在60年代中后期达到顶峰，仅1967—1969年完成并购10 585起。此次浪潮与前两次相比最主要特点是由跨行业的并购，即多元化并购主导。在前两次并购浪潮中，大多数情况下目标公司比收购方要小很多，此次浪潮中企业并购多发生在大型企业之间。

第四次并购浪潮发生在20世纪80年代（1981—1989年），是第二次世界大战以来美国经济持续景气最长的一个周期。在这期间共发生并购22 000多起，并购交易额大大超过了上次并购浪潮。例如，1968年平均每起并购的交易额为977万美元，而1988年平均每起并购的交易额则上升至1.09亿美元。此次并购浪潮主要以杠杆收购主导，收购的主要目的就是将来（一般5～7年后）将目标公司以更高的价格出售，以赚取买卖的差价及并购交易的咨询服务费用。收购方通常是一些专门从事杠杆收购的投资银行。此次并购浪潮中，敌意收购大增。

第五次并购浪潮发生在20世纪90年代（1992—2000年），在此期间，美国一共完成了52 045起并购，数量上大大超过了第三次和第四次并购浪潮。特别是中后期1996—2000年，五年共发生了40 301起并购，平均每年达到了8 060起。

此次浪潮中，参与并购的企业规模巨大。

经济全球化的进一步发展促进了第六次并购浪潮在全球范围内的发展。此次浪潮始于2004年，在2006年达到创纪录的高峰，以私募股权基金主导的大规模杠杆收购为主，全球并购总额达到4万亿美元。

2. 我国并购市场的发展历程

从改革开放以来，我国并购市场的发展历程可划分为五个阶段。

萌芽阶段起于1978年，于1988年左右结束。最早出现企业并购的城市是河北省保定市。1984年7月，保定机械厂兼并了保定针织器械厂，成为改革开放后我国企业并购的第一案。随后，全国大多数城市都发生了企业间的并购。

进入20世纪90年代，全国各地分别成立了多个产权交易市场，企业可以通过产权交易市场进行以实物形态为基本特征的财产权益的全部或部分交易。并且随着上海和深圳两个证券交易所的成立，我国证券市场迅速成长，使公司并购进入起步阶段（1993—1996年）。1993年9月，深圳宝安集团通过上海证券交易所大量购买上海延中实业股份有限公司的股票，成为后者第一大股东，这是国内首起通过股票市场收购上市公司的案例。

之后，我国并购市场进入快速兴起阶段（1997—2001年），主要以协议收购和区域性收购重组为主导。但在此阶段，平均每年也仅有不到80起并购，与美国百年前的并购浪潮相比要弱很多。

2002年，证监会颁布《上市公司收购管理办法》《关于向外商转让上市公司国有股和法人股有关问题的通知》等规章制度，使控制权市场逐步走向成熟，并购市场也进入规范发展阶段（2002—2005年）。从2002年开始，我国并购总体规模有了较快增长，一年完成了168起。在2005年，共有294家上市公司发生股权转让，交易总额达到243亿元人民币。

2005—2007年的股权分置改革成为推动上市公司并购重组的重要因素，使并购市场进入股改后的新阶段（2006年至今）。同时，制度环境也有了很大改进，建立起了较为完整的法律制度框架。[①]

第二节　企业并购分析

企业并购一般分为三个阶段。第一阶段为战略选择阶段，在这一阶段企业应明确并购的战略目标，选取目标行业和目标企业。第二阶段为并购实施阶段，在这一阶段企业应对目标企业进行价值评估和尽职调查，制定交易方案包括选取收购方式、融资方式等

① 关于美国的并购重组历史，可参见帕特里克·A. 高根. 兼并、收购和公司重组：4版. 北京：中国人民大学出版社，2010. 关于我国的企业并购重组，可参见中国证监会. 中国上市公司并购重组发展报告. 北京：中国经济出版社，2009.

交易细节。最后一个阶段是并购后的整合阶段，在这一阶段企业应对战略、文化、组织、人力资源、业务、资产、负债等内容进行整合。本节将分别介绍三个阶段中涉及的分析方法。

一、目标公司的选择

在并购中，收购方的首要任务就是明确战略目的，正确选择收购对象。目标公司的选择一般采取由上至下的方式，即先选行业、再选企业。

（一）行业分析

对于行业的选择，收购方应首先明确战略目的。如果是为了减少中间成本，增强企业竞争力，应选择上下游行业的企业进行纵向并购；如果是为了扩大销售、提高产能，应选择同行业的企业进行横向并购；如果是为了有效利用企业的剩余资本和管理能力，可选择新的与自身行业没有关联的行业进行混合并购。

收购方需要对目标行业进行的分析具体包括以下几个方面：第一，行业所处的生命周期、产品供需关系等。如果此行业已进入衰退期，市场供给达到顶峰，而需求开始下降，那么并购前景不被看好。第二，国家对该行业的政策。如果该行业属于国家扶持行业，那么并购前景较好。第三，行业的竞争程度和盈利能力。如果行业竞争激烈，利润率低，那么并购很可能不能提高公司价值。

（二）公司分析

在并购战略目标的指导下通过行业分析后，需要对具体的目标进行企业层面的分析。需要考虑的因素主要包括以下几方面：

1. 股本特点

首先，股本规模决定并购的难易。如果目标企业市值较大，那么并购方需要足够的资金才能完成并购。小盘股更容易被收购。对于市值较大、需要收购较多股权的上市公司，收购方一般采用场外协议转让的方式进行收购。

其次，股权的集中程度同样决定着并购的难度。股权集中程度越高，收购方为实现控股需要的股份就越多，难度也就越大。第一大股东的持股比例、大股东中的股权分散和制衡度等是主要考虑因素①，当然其中应考虑股东中存在一致行动人②的情况。

2. 股东股权出让难度

股东属性也是需要考虑的重要因素。稳定性股东包括公司创始人、银行、养老基金等其他稳定性机构投资者，通常情况下不愿出让所持有的股权。而流动性股东一般包括个人投资者和共同基金等流动性机构投资者，更愿意出让所持有的股权。

---

① 在公司治理中，衡量一家企业的股权集中程度以及股东间的制衡关系，可以采用第一大股东持股比例、前5大股东持股比例、前10大股东持股比例、HI指数（赫芬达尔指数，即股东持股比例的平方和）、第一大股东持股比例/第2～5大股东持股比例等指标。

② 一致行动人指通过协议、合作、关联方关系等合法途径扩大其对一个上市公司股份的控制比例，或者巩固其对上市公司的控制地位，在行使上市公司表决权时采取相同意思表示的两个以上的自然人、法人或者其他组织，即股东中的关联企业。

3. 目标公司的股价

如果目标公司现行股价被高估，则不宜进行并购，因为成本过高，会影响收购方日后收益。应选择那些股票价格被低估的企业作为目标公司。图 14－1 展示了企业并购流程。

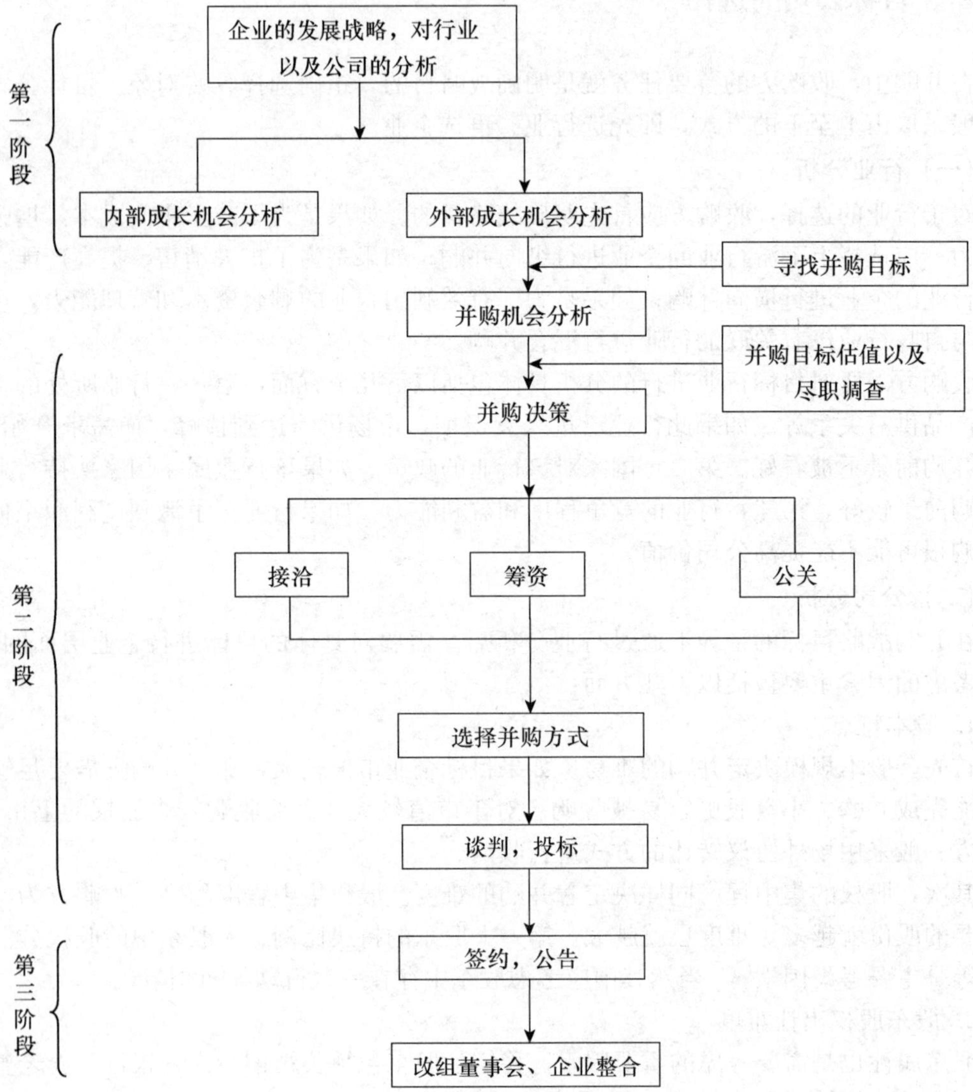

图 14－1　企业并购流程

4. 目标公司营运状况

需要关注的营运状况指标包括：(1)目标公司的主营业务毛利水平。毛利水平越低，并购能带来的收益越小。(2)目标公司的市场占有率。占有率越高，并购预期越好。(3)目标公司职工人数。人数越多，遣散或重新雇用成本越高。(4)目标公司经营的多样化程度。市场多样化程度越高，目标公司业务的复杂度也越高，并购过程越复杂，并购后的整合风险越大。

5. 目标公司的财务状况

收购方应谨慎分析目标公司的财务状况，特别注意目标公司有没有财务信息失真的情况。常用的财务比率，比如长期与短期偿债能力指标、盈利能力指标和资产经营效率各指标，可以提供有关目标公司财务运营情况的基本依据。收购方应聘请会计师事务所对目标公司进行财务尽职调查。

6. 法律分析

首先，审查目标公司的公司章程，确认章程中对出售股份、资产等是否有投票认可的限制，对投票权利是否有特别限制。其次，审查目标企业债务。再次，审查目标企业涉及的所有诉讼案件。最后，审查财产清单。上述信息可以通过聘请律师事务所进行法律尽职调查获得。

二、并购交易的估价

（一）盈亏平衡的协同效应

并购交易中，收购方支付的价格一般超出目标公司的估价，被称为溢价（premium)。收购中的溢价现象很普遍，一般为 20%～40%。在出价时，收购方应先确定兼并所能创造的价值，即协同效应的价值（synergy benefit)，据此确定其能够支付的最高价格。

如用 V_B 、V_T 、V_C 分别代表并购公告前的收购方、目标公司和并购发生后合并公司的股权价值，S、C 分别代表协同效应和收购方支付给目标公司的现金（以及其他非权益部分）的现值之和，那么并购后公司的股权价值为

$$V_C = V_B + V_T + S - C \tag{14—1}$$

如用 P_T 代表支付给目标公司的收购价，那么溢价为

$$Premium = P_T - V_T \tag{14—2}$$

溢价为日标公司股东的收益，收购方股东的收益（损失）为

$$\text{收购方收益} = S - Premium \tag{14—3}$$

换言之，协同效应将在收购方与目标公司之间分配，可表述为

$$\text{协同效应} = \text{收购方收益} + \text{目标公司收益}$$

因此，一场并购最终产生的协同效应，是在买卖双方股东之间进行利益分享的。在协同效应已知的前提下，可以确定收购方可承担的最高收购价。此价格即将协同效应全部分配给目标公司股东的临界值，此时收购方收益为 0，目标公司股东获取全部协同效应，即 $S = Premium$。此时的协同效应，对于收购方来说，就是盈亏平衡的协同效应。但 P_T 的具体值还取决于收购的支付形式。

1. 全现金收购

在全现金收购中，计算最为直观，最高支付价格 $p_{max} = (V_T + S)/n_T$，其中 n_T 代表目标公司发行在外的股份。

【例题 14-1】 假设 A 公司准备收购 B 公司，两公司的相关信息如表 14-1 所示：

表 14-1　A 公司与 B 公司的相关信息

	A 公司	B 公司
公告前股价（元/股）	40	32
净利润（百万元）	100	50
发行在外的股份（百万股）	50	20
每股收益（元）	2	2.5
市盈率	20	12.8
市场价值（百万元）	2 000	640

假设此收购能实现的协同效应为 200 万元。如果此收购为全部现金收购，计算 A 公司能支付的最高价格。

解答：

$$p_{\max}=\frac{(V_T+S)}{n_T}=\frac{640+200}{20}=42(\text{元/股})$$

即 A 公司所能支付的最高价格，也即使 A 公司达到盈亏平衡的收购价格为 42 元/股。

2. 换股收购

在换股收购交易中，收购价格应该等同于换股比例乘以合并后的公司的每股价格，而不是收购前收购方的股价。如果交易全额由换股完成，假设 r_{max} 代表换股比例（每 1 股目标公司股份可以换得 r_{max} 股收购方股份），n_B 代表收购方发行在外的股份，那么合并后公司每股价格 p_c 为

$$p_c=\frac{V_c}{n_B+r_{max}\,n_T}=\frac{V_B+V_T+S-C}{n_B+r_{max}\,n_T} \tag{14—4}$$

支付给目标公司股东的收购价 P_T 为

$$P_T=r_{max}\,n_T\,p_c \tag{14—5}$$

如果假设所有协同效应全部被分配给目标公司，那么以下等式成立：

$$S=P_T-V_T \tag{14—6}$$

通过上述等式可以计算出r_{max}，此即为全额换股交易情形下，收购方在不损害现有股东的前提下，可以给出的最高换股比例（即盈亏平衡的换股比例）。

【例题 14-2】　在例题 14-1 中假设此收购为全额换股收购，计算 A 公司能支付的最高换股比例。

解答：

将有关数值分别代入等式（14—4）至等式（14—6），可得

$$p_c=\frac{2\,000+640+200-0}{50+20r_{max}}$$

$$P_T=20\,r_{max}\,p_c$$

$$200=P_T-640$$

由三等式计算可得 $r_{max}=1.05$，即每 1 股 B 公司股份最多可以换得 1.05 股 A 公司的股份。

3. 现金和股票收购

如果交易对价由现金和换股共同完成，假设 r 代表换股部分的换股比例，p_{cash} 代表现

金支付部分的价格，合并后公司每股价格 p_c 为

$$p_c=\frac{V_c}{n_B+r_{max}n_T}=\frac{V_B+V_T+S-n_T p_{cash}}{n_B+r_{max}n_T} \tag{14—7}$$

支付给目标公司的收购价 P_T 为现金与支付股票价值之和，即

$$P_T=n_T p_{cash}+r n_T p_c \tag{14—8}$$

如果假设所有协同效应全部分配给目标公司，则以下等式成立：

$$S=P_T-V_T \tag{14—9}$$

通过等式（14—4）、（14—5）和（14—6）可以计算，现金与股票收购中收购方在不损害现有股东利益的前提下，支付总价值最高时 r 与 p_{cash} 应满足的关系。

【例题 14-3】 在例题 14-1 中假设此收购为现金和股票的混合收购，计算 A 公司在不损害现有股东的前提下，支付总价值最高时 r 与 p_{cash} 应具有的比例关系。

解答：

将数值分别代入等式（14—7）至等式（14—9），可得

$$p_c=\frac{2\,000+640+200-20p_{cash}}{50+20r}$$

$$P_T=20p_{cash}+20r p_c$$

$$200=P_T-640$$

由三等式计算可得 $p_{cash}=42-40r$。在例题 14-1 中，$r=0$，可得支付最高价格为 42 元/股。在例题 14-2 中，$p_{cash}=0$，可得支付最高换股比例＝1.05。除此之外，还有很多种现金股票组合与最高额的现金支付和换股比例支付价值一致，比如说 22 元现金加 0.5 股股票交换相当于 42 元全现金支付或者换股比例 1.05 的全额换股。不过，目标公司股东可能会觉得部分由股票支付的形式更具有吸引力，因为股票支付的对价部分可以延迟缴纳资本利得税，在税收上更具有优势。

（二）估值模型

盈亏平衡的协同效应分析中，我们假设协同效应是已知的。目标企业的定价取决于协同效应的估值，或者说取决于合并后企业价值的估计。并购中涉及的估值模型基于本书前文中所介绍的资本估值理论，常用方法包括以下几种。

1. 成本法

对于拥有较多无形资产的企业，成本法的适用性很强，可以选择账面价值或重置成本作为成本估计。

账面价值法即净资产价值法或调整账面价值法，是以公司的账面净资产作为基础来评估公司的价值。净资产即企业的总资产减去总负债的差额。常采用如下公式：

$$V_T=(TA_T-TD_T)(1+\omega) \tag{14—10}$$

其中，V_T 指目标企业的股东价值，TA_T 指目标企业总资产，TD_T 指目标企业总负债，ω 指调整系数。[①] 对于不同目标企业的估值，收购方可基于账面净资产调整 ω，进而确定收购价格。

---

① 在我国的企业并购实践中，调整系数 ω 又被称为“加成系数”，用来反映对账面净资产的调整。例如在吸收合并中，对两个企业进行股权估值确定换股比例时，大多采取了加成系数的做法，如清华同方合并鲁颖电子、第一百货合并华联商厦、东方航空合并上海航空等案例。

此种方法的优点是操作简单，易于理解。缺点包括：不能反映企业的实际获利能力；依赖于公司资产负债表信息的准确性；不同会计估计和会计政策的选择对资产的账面价值可以产生重大影响，进而影响企业价值评估结果。在股权分置改革以前，由于国家股和法人股不能上市流通，我国上市公司控制性股份的协议转让一般就以净资产作为买卖价格的基础。

重置成本法是指以资产存在实体性贬值、功能性贬值和经济性贬值为理论基础，分别评估目标企业单项资产的重置资本，并加总得到目标企业价值的估值方法。公式为

$$V_i = RC_i - PD_i - FD_i - ED_i \tag{14—11}$$

$$V_T = \sum V_i$$

其中，V_T 指目标企业的资产价值，V_i 指目标企业第 i 项资产的价值，PD_i 指第 i 项资产的实体性贬值，FD_i 指第 i 项资产的功能性贬值，ED_i 指第 i 项资产的经济性贬值。

重置成本法的优点同样是方法简单易懂，缺点是三项贬值的确定需要很多专业判断，因此评估成本可能较高。

2. 可比公司估值法

可比公司估值法是根据被评估公司的特点，在交易市场选择一组与评估对象在主要业务、财务特点、业绩驱动因素和风险方面高度相似的公司作为可比公司，通过计算可比公司一系列财务指标和比率，如企业价值倍数（EV/EBITDA）、债务对息税折旧及摊销前利润比率（DEBT/EBITDA），或市盈率（P/E）等，作为估值乘数，用可比公司样本的估值乘数均值或中位数乘以评估对象的相关财务指标，计算得出估值区间。

这类似于买房子时，通常大家会把周围类似的房子放到一起进行比较。在分析股票和公司时，我们也把类似的企业放在一起，通过比较相关倍数或比率来判断估值对象的合理价值。

可比公司估值法主要有以下五个步骤。

第一步，寻找可比公司。

选用可比公司估值法时，最困难的部分在于寻找可比公司。如果选取的公司与将要估值的公司相似度很低，就不具备运用可比公司估值法的基础。在寻找可比公司时，可以从目标公司的竞争对手看起。

具体过程主要包括：首先，研究待评估公司概况。公司概况通常包括业务概况（如：所属部门、产品和服务、顾客和目标市场、分销渠道等）和财务概况（如：公司规模、盈利、增长概况、投资收益率、信用概况等）。其次，筛选可比公司。可参考监管机构、证券机构以及金融数据服务商提供的较宽的行业分类筛选可比公司；也可以通过标的企业的年报、招股说明书、资产交易报告等收集竞争公司的名单。

第二步，搜集所需的财务信息。

在确定了可比公司后，就需要收集这些公司过去三年以及未来一段时间的财务和市值信息，主要包括：销售收入、营业成本、毛利润、净利润、EBITDA、EBIT、每股收益、现金结余、债务余额、股东权益、折旧与摊销、资本支出、当前股价对过去 52 周最高股价比例、投资资本收益率、权益收益率、资产收益率、信用评级等。

第三步，计算财务指标以及估值乘数。

财务指标主要包括：

(1) 规模指标：权益价值和企业价值。

权益价值=股价×完全稀释流通股数；企业价值=权益价值+总债务+优先股−现金及现金等价物。

（2）盈利能力：毛利润、EBITDA、EBIT 和净收入。

（3）成长性指标：历史和估计的增长率。

（4）投资收益率：ROIC、ROE、ROA 和股息收益率。

（5）信贷指标：杠杆率、覆盖率和信用评级。

最为广泛使用的估值乘数均是分子为市值的测度（如：企业价值、权益价值）；分母为财务业绩指标（如：EBITDA、净收入）。对于企业价值乘数来说，分母采用的财务指标要覆盖债务和权益持有人，比如：销售额、EBIT。对于权益乘数（或者股价），分母一定为只涉及权益持有人的财务指标，如：净收入。常用的权益价值乘数为市盈率（P/E =股价/每股收益=权益价值/净收益），它受资本结构和会计处理方式的影响。常用的企业价值乘数包括：企业价值/EBITDA、企业价值/EBIT、企业价值/销售额。

第四步，确定可比公司基准。

找到可比公司的主要财务数据并计算财务指标以及估值乘数后，需要进一步进行基准分析。首先，制定估值对象和其可比公司关键财务指标，着重找出最接近或“最佳”的可比公司，并剔除异常值；其次，分析和比较对比组的估值乘数，确定最佳估值乘数。

使用可比公司估值乘数需要注意三点：第一，应选择最合理的交易乘数，企业价值/EBITDA 相较于被广泛使用的 P/E 更为合理，因为其不会受资本结构和非经营性的损失或利得影响。第二，计算乘数的口径要一致。第三，选择合适的可比公司，从未来成长性、投资收益率等角度思考。

第五步，确定标的公司价值。

以可比公司估值乘数为基础，计算乘数范围，作为确定标的公司估值的乘数，乘上相关财务数据，得到标的公司估值区间。例如，假设净债务为 500 美元，完全稀释的流通股股数为 100（见表 14－2）。

表 14－2　标的公司估值区间

时间	EBITDA（美元）	乘数范围	隐含的企业价值（美元）	减：净债务（美元）	隐含的权益价值（美元）	股票份额（股）	隐含股价（元/股）
LTM*	200	7.0～8.0	1 400～1 600	(500)	900～1 100	100	9.00～11.00
2019E**	215	6.5～7.5	1 398～1 613	(500)	898～1 113	100	8.98～11.13
2020E***	230	6.0～7.0	1 380～1 610	(500)	880～1 110	100	8.80～11.10

注：* LTM（last twelve months）指过去 12 个月；** 2019 年预测值；*** 2020 年预测值。

可比公司法在并购、IPO 和重组中都有广泛的应用。因为没有两个公司的特征是完全一样的，且市场交易中存在价格扭曲，所以可比公司法不能完全正确地计算出一个公司的真正价值。因此，交易方应该综合其他估值方法来确定目标公司的最终价值。

【例题 14－4】　以公司 T 为例子，利用可比公司估值法逐步进行分析。

第一步，寻找可比公司。

一般来说，竞争对手都具有相同的关键业务和财务特征，它们在市场上往往享有类似的机会或遭受同样的风险。首先选取5～10个类似的竞争公司来比较。发现可作为可比公司的有公司1、公司2、公司3、公司4、公司5。

第二步，搜集所需的财务信息。

为了进行比较，到相关数据库如Wind数据库或企业官网去查找所需的财务信息。

第三步，计算关键统计数据、比率以及交易乘数。

（1）规模指标：权益价值和企业价值。

公司T当前的股价为50元/股。完全稀释的普通股股数为100股．我们得出股权价值约为5 000元人民币。截至2018年7月30日，公司T的借债总额为1 850元，货币现金及现金等价物为100元，再加上股权价值5 000元，我们得出公司T的企业价值约为6 750元。

同理，可以算出其他可比公司的股权价值和企业价值等（见表14-3）。

表14-3　公司T和其他可比公司的股权价值和企业价值等　单位：元

公司名称	股权价值	企业价值	销售额	毛利润	*EBITDA*	*EBIT*	净利润
公司T	5 000	6 750	3 385	1 155	700	500	248
公司1	9 800	11 600	6 560	2 329	1 443	1 279	705
公司2	5 600	8 101	5 895	1 945	1 047	752	419
公司3	5 172	5 856	4 284	1 585	839	625	325
公司4	5 000	6 750	4 725	1 680	900	725	388
公司5	4 852	5 345	3 187	922	665	506	248

（2）盈利能力指标：毛利润率、*EBITDA*/销售额、*EBIT*/销售额和（净利润率）净收入/销售额（见表14-4）。

表14-4　公司T和其他可比公司的盈利能力指标

公司名称	销售额（元）	毛利润率（%）	*EBITDA*/销售额（%）	*EBIT*/销售额（%）	净利润率（%）
公司T	3 385	34.1	20.7	14.8	7.3
公司1	6 560	35.5	22.0	19.5	10.7
公司2	5 895	33.0	17.7	12.8	7.1
公司3	4 284	37.0	19.6	14.6	7.6
公司4	4 725	35.6	19.0	15.3	8.2
公司5	3 187	29.0	20.8	16.0	7.9

（3）成长性指标：历史增长率和估计增长率（见表14-5）。

表14-5　公司T和其他可比公司的成长性指标（%）

公司名称	销售额		*EBITDA*		*EPS*	
	历史增长率	估计增长率	历史增长率	估计增长率	历史增长率	估计增长率
公司T	10	9	15	9	—	—
公司1	14	8	22	8	27	10
公司2	10	7	10	7	11	11
公司3	10	7	10	7	10	15
公司4	8	11	5	15	6	31
公司5	10	8	10	8	11	20

（4）LTM 投资收益率指标：*ROIC*、*ROE*、*ROA* 和股息收益率（见表 14－6）。

表 14－6　公司 T 和其他可比公司的 LTM 投资收益率指标（%）

公司名称	*ROIC*	*ROE*	*ROA*	股息收益率（%）
公司 T	10	7	4	—
公司 1	30	29	9	0
公司 2	16	18	6	2
公司 3	19	14	7	0
公司 4	21	23	8	2
公司 5	17	10	6	2

（5）信贷指标：LTM 杠杆率、LTM 覆盖率和信用评级（见表 14－7）。

表 14－7　公司 T 和其他可比公司的信贷指标

公司名称	LTM 杠杆率		LTM 覆盖率		信用评级	
	债务/总资产（%）	债务/*EBITDA*	*EBITDA*/利息支出	*EBIT*/利息支出	历史	估计现在
公司 T	30	2.1	7.0	5.0	—	—
公司 1	47	1.5	10.1	9.0	Ba2	BB
公司 2	57	3.0	13.8	9.9	Baa2	BBB
公司 3	37	1.8	8.4	6.2	Baa3	BBB－
公司 4	52	2.1	9.0	7.3	Baa3	BBB－
公司 5	25	1.3	11.0	8.4	Baa1	BBB＋

（6）计算重要的交易乘数（见表 14－8）。

表 14－8　可比公司的交易乘数

公司名称	公司 1	公司 2	公司 3	公司 4	公司 5
股价（元/股）	70.00	40.00	68.50	50.00	52.50
股价/LTM *EPS*	13.9	13.4	15.9	12.9	19.6
股价/2019E *EPS*	13.5	12.8	14.7	11.2	16.6
股价/2020E *EPS*	12.5	11.8	13.4	10.0	14.4
企业价值（*EV*，元）	11 600	8 101	5 856	6 750	5 345
EV/LTM *EBITDA*	8.0	7.7	7.0	7.5	8.0
EV/2019E *EBITDA*	7.8	7.7	7.0	7.1	7.9
EV/2020E *EBITDA*	7.3	7.2	6.5	6.6	7.4
EV/LTM *EBIT*	9.1	10.8	9.4	9.3	10.6
EV/2019E *EBIT*	8.8	10.7	9.4	8.8	10.4
EV/2020E *EBIT*	8.2	10.1	8.7	8.210.4	9.7

第四步，确定可比公司基准。

在完成第一步到第三步后，需要进一步进行基准分析，找出最佳的可比公司。通过比较公司 T 与可比公司的财务数据后，可以确定公司 3、公司 4 和公司 5 同公司 T 在规模、盈利和负债等角度更为接近。因此，确定以该三家公司为可比公司。

第五步，确定标的公司估值。

根据公司所属行业的不同，可以选择不同类别的交易乘数对目标公司进行估值。以 *EV*/*EBITDA* 乘数为例，以可比公司的乘数上下限为基准可得，企业价值如表 14－9 所示。

表 14－9

时间	*EBITDA*（元）	乘数范围	企业价值（元）
LTM	700	7.0～8.0	4 900～5 600
2019E	725	7.0～7.9	5 075～5 728
2020E	779.4	6.5～7.4	5 066～5 768

3. 贴现现金流法

贴现现金流（discounted cash flow，DCF）法是指对企业未来的现金流及其风险进行预测，然后选择合理的贴现率，将未来的现金流进行贴现的估值方法。DCF 法是一种内在价值估计法，可以作为可比公司法这种以市场价值估计为基础的方法的补充。特别是在没有好的可比对象时，DCF 法就显得非常重要了。

DCF 法主要有 5 个步骤。

第一步，研究目标企业。

全面了解目标企业的业务模式、财务状况、终端市场和竞争对手等情况。对于上市公司而言，应仔细阅读其年报、季报和临时报告，了解该公司在过往报告期内的财务及营运表现。股票研究报告也可以提供不同视角的信息和观点。对于非上市公司，只能依赖公司管理层提供的相关财务报表和数据。

除此之外，也要分析目标企业的可持续经营能力，找到业绩的关键驱动因素，即目标企业的销售增长、盈利能力或自由现金流等是依靠什么产生的？这些驱动因素既可能是内部的，如新建生产线、新产品、新的客户，以及营运效率的改善等，也可能是外部的，如收购、消费者购买模式的改变、宏观经济因素或法律监管的变化等。

第二步，预测自由现金流。

自由现金流（FCF）是站在整个公司的角度，代表所有资本提供者，包括债权人和股东可得的现金。计算自由现金流的方法如下：

　　EBIT
减：税收（以边际税率计算）
　　EBIAT
加：折旧摊销
减：资本支出
减：净营运资本的增加
得：FCF

第三步，计算加权平均资本成本。

首先应确定目标企业的资本结构，然后分别计算目标企业的债务成本和权益成本。债务成本一般为无风险利率加上信用风险价差；权益成本可以根据 CAPM 计算：

$$E(r_i) = r_f + [E(r_M) - r_f]\beta_{iM} \tag{14—12}$$

最后，计算加权平均资本成本。根据收购对象的目标资本结构、债务资本和权益资本计算加权平均资本成本。根据计算公式：

$$WACC=[r_d\times(1-t)]\times\frac{D}{D+E}+r_e\times\frac{E}{D+E} \tag{14—13}$$

第四步，确定终值。

DCF 法是建立在公司未来产生的自由现金流的现值的基础上的，由于预测无限期的公司自由现金流不可行，一般采用计算终值的方法估算超出预测期间的公司价值。终值的计算方法一般有两种：退出乘数法和永续增长法。

（1）退出乘数法。退出乘数法是基于估值目标 LTM 可比估值乘数（也可称为退出乘数）和终年的 EBITDA（或 EBIT）计算得到的。

退出乘数法的终值计算公式如下：

$$终值=EBITDA_n\times退出乘数 \tag{14—14}$$

（2）永续增长法。永续增长法的前提假设是企业的自有现金流会在预测期之后以固定增长率持续增长，这个增长率可以公司所在行业的长期增长率为估计值，永续增长法的计算公式为

$$终值=\frac{FCF_n\times(1+g)}{r-g} \tag{14—15}$$

式中：FCF_n 是预测期终年的自由现金流；g 为未来永续增长率；r 为加权平均资本成本。

第五步，计算现值和确定目标估值。

将预测期每年的自由现金流和未来永续年度的终值乘以贴现因子，计算估值目标的企业价值现值。贴现因子的计算方式可分为两种，一种是假设每年的现金流为年末流入，另一种是假设每年的现金流均匀流入。其贴现因子的计算公式分别为

年末贴现因子计算公式：

$$年末贴现因子=\frac{1}{(1+WACC)^n} \tag{14—16}$$

均匀现金流贴现因子计算公式：

$$均匀贴现因子=\frac{1}{(1+WACC)^{n-0.5}} \tag{14—17}$$

将预测期内每年的自由现金流贴现部分与终值的贴现部分加总，就可以得到估值目标的企业价值。再从企业价值中减去净负债和优先股，就确定了股权价值，除以总股数进一步得到股价。

4. 运用实物期权评估无形资产

期权指在未来一定时期可以买卖的权利，是买方向卖方支付一定数量的金额后拥有的在未来一段时间内或未来某一特定日期以事先约定好的价格向卖方购买或出售一定数量的特定标的物的权利，但不负有必须买进或卖出的义务。在金融交易所交易的期权被称为金融期权。没有公开交易市场的期权，如许可证、专利、购买土地的权利等被称为实物期权。①

如果把未完全利用的专利的所有权看作未利用的机会，此期权可被认为是买入期权。执行价格即为启用此无形资产的初始投资，无形资产的期限即为期权到期时间。对于此种

① 关于实物期权，可参见本书第十三章的内容。

实物期权的定价可采用B-S-M期权定价模型：

$$C = SN(d_1) - E\,e^{-rT}N(d_2)$$

$$d_1 = \frac{\ln(S/E)+(r_f+0.5\sigma^2)t}{\sigma\sqrt{t}}$$

$$d_2 = d_1 - \sigma\sqrt{t} \qquad (14—18)$$

其中，C为期权价值，S为无形资产的当前价格，E为执行价格，r_f为无风险利率，σ^2为无形资产收益率的波动率（方差），t为期权到期时间，$N(d_1)$和$N(d_2)$为标准正态分布变量的累积概率分布值。

【例题14-5】 假设某一目标企业有5年期的专利。专利投入生产需要初始投资1 000万元，5年内产生的预测现金流现值是900万元，现金流的年度方差是4%。当前5年期定期年利率是5%，估算此专利的价值。

解答：

$$d_1 = \frac{\ln(S/E)+(r_f+0.5\sigma^2)t}{\sigma\sqrt{t}}$$

$$= \frac{\ln(900/1\,000)+(0.05+0.5\times0.04)\times5}{\sqrt{0.04\times5}}$$

$$=0.547$$

$$d_2 = d_1 - \sigma\sqrt{t} = 0.547 - \sqrt{0.04\times5} = 0.100$$

$$C = SN(d_1) - E\,e^{-rT}N(d_2) = 900\times N(0.547) - 1\,000\,e^{-0.05\times5}N(0.100)$$

$$=216.623(\text{万元})$$

此专利价值为216.623万元。

专栏14-2　中石化收购Daylight Energy公司的分析

1. 目标公司概况

Daylight Energy公司是一家加拿大综合油气开发公司，总部设在加拿大艾伯塔省，在多伦多证券交易所上市。2010年，公司收入贡献较大的依次是天然气、轻油、天然气凝液和重油业务。其油气核心资产位于加拿大艾伯塔省西北部和不列颠哥伦比亚省东北部的69个油气田内。截至2010年年底，其总资源储量为174MMboe（百万桶油当量），较2009年增长46%。2010年资本支出共计3.4亿美元，钻井75口，成功率100%，全年平均权益产量[①]为4.1万桶油当量/天。

2. 交易概况

交易前Daylight Energy公司由Fidelity、BlackRock、I. G Investment和其他投资者分别持股5.08%、4.54%、2.43%和87.95%。交易后由中国石油化工

① 集团性企业通常采用权益产量来统计企业的总体生产能力。权益产量等于集团公司持有的各个下属分公司股份比例与此分公司产量乘积的加总。

集团公司下属中国石化集团国际石油勘探开发有限公司拥有100%股权。

(1) 交易结构。股权收购：现金收购Daylight Energy公司100%股权。

债券收购：若Daylight Energy公司的Series C和Series D债券持有人对该方案表决通过，收购方需接受每股9.6加拿大元的Series C可转换债券的转换价格，并按照每股10.08加拿大元对其进行收购；此外，收购方还需购买所有发行和流通在外的Series D债券。若表决未通过，则所有Series C债券和Series D债券将被排除在该安排外。

生效条件：方案需在目标公司股东大会通过并获得加拿大法院和监管机构的批准方可生效；目标公司预计将于2011年12月5日召开特别大会，届时股东和债权人就方案进行投票。

(2) 交易对价。收购价格为每股10.08加拿大元，较前一交易日收盘价溢价119.6%；较前20个交易日平均价溢价70.0%；较前60个交易日平均价溢价43.6%；最终成交价为22.5亿加拿大元（不含债务）。

(3) 交易进程。2011年10月9日发布交易公告，宣布该交易已在双方董事会通过。

目标公司预计在2011年12月5日召开特别大会对该方案进行表决，需获得2/3以上股东支持该方案才生效；债券持有人也将在特别大会上对该方案进行表决。

该收购方案还需获得加拿大法院和监管机构的批准，最终在2011年年底完成。

(4) 财务顾问。Daylight Energy公司（目标方）财务顾问：Canaccord Genuity公司，CIBC World Markets公司；

中石化（收购方）财务顾问：Barclays Capital。

3. 交易动机

(1) 弥补生产“短板”，布局上游资源。相对于中石油、中海油，原油产量一直是中石化的“短板”，而其炼化能力在三家公司（中石油、中石化、中海油）中处于第一位，更突显了其原油需求缺口，加之国内资源有限，中石化更依赖于原油进口，未来业绩面临原油价格上涨和海外业务扩张受阻的风险。此次收购将有助于提升中石化的上游产能，弥补其炼化能力与原油产能的缺口。

(2) 把握时间窗口，推进海外扩张。近几个月来，国际油价连续下跌，加拿大油气行业股票股价普遍受到油价下跌和债务水平的双重打压下跌，为中石化海外收购提供了较好的时间窗口。

4. 市场比较法分析

同可比公司相比，由于Daylight Energy公司仍处于早期开发阶段，市净率处在相对低位；由于早期阶段的油气开采公司收益水平较低，市盈率指标过高，参考价值有限；而早期阶段较大规模的折旧摊销导致其*EV/EBITDA*相对偏低（见表14-10）。

表 14-10　目标公司 Daylight Energy 的相似公司估值

公司名称	最新市值（百万美元）	最新企业价值（百万美元）	过去 12 个月 *P/B*	过去 12 个月 *PE*	过去 12 个月 *EV/EBITDA*
Daylight Energy	2 092	2 778	1.6	99.6	7.6
Encana Corporation	14 937	22 290	0.9	55.9	5.2
Penn West Petroleum	8 484	11 496	1.0	—	6.6
Peyto Exploration& Development Corp.	3 021	3 495	3.6	25.2	12.3
Provident Energy Ltd.	2 532	3 046	4.3	19.2	11.7
均值	7 244	10 082	2.5	33.4	9.0
中值	5 753	7 496	2.3	25.2	9.2

从近两年的可比交易情况来看，中石化收购 Daylight Energy 公司为每一单位资源量支付的交易金额处在高位（见表 14-11），但考虑到 Daylight Energy 公司的资源质量以天然气和轻油为主，品质较好，价值较高，该估值是较为合理的。

表 14-11　相似交易案例的估值（交易金额/资源量）

宣布日	交易金额（百万美元）	收购股比	收购方	出售方	交易金额/资源量
2011-10-09	2 163	100%	中石化	Daylight Energy	12.4
2011-01-21	2 280	40%	PTT Exploration & Production PCL (PTTEP)	Oil & Gas Assets (Kai Kos Dehseh Oil Sands Project)	16.0
2010-11-02	1 898	100%	未公开收购方	Talisman Energy Inc. (Non-core Canadian Assets)	15.8
2010-10-12	3 250	100%	Apache Corp.	Oil & Gas Assets (Western Alberta and British Columbia)	8.4
2010-06-25	4 650	9.03%	中石化	Syncrude Canada	4.2
				均值	11.1

由图 14-2 可知，Daylight Energy 公司的股价自 2011 年 4 月持续走低，直至 10 月发出交易公告。分析师普遍认为此次交易的报价较为合理，反映了目标公司的真实价值。

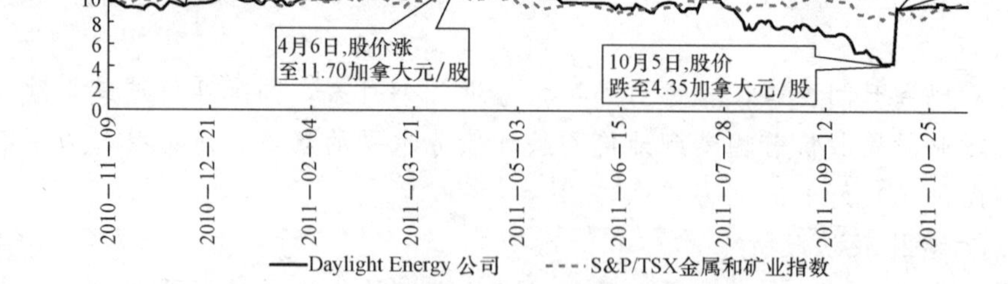

图 14-2　发出交易公告前后 Daylight Energy 公司的股份变化

资料来源：中金公司．当前中国并购市场概况及典型案例分析，2012.

三、收购方式

（一）协议收购

协议收购主要指收购方在证券交易场所之外与目标公司的股东以协商的方式签订收购其股份的协议，以期达到对目标公司控股的目的。协议收购通常是善意的，自 20 世纪 90 年代以来，我国上市公司发生的控制权变动的收购大部分都是协议收购。

我国《证券法》第九十四条规定："采取协议收购方式的，收购人可以依照法律、行政法规的规定同被收购公司的股东以协议方式进行股份转让。以协议方式收购上市公司时，达成协议后，收购人必须在三日内将该收购协议向国务院证券监督管理机构及证券交易所作出书面报告，并予公告。在公告前不得履行收购协议。"第九十五条规定："采取协议收购方式的，协议双方可以临时委托证券登记结算机构保管协议转让的股票，并将资金存放于指定的银行。"

协议并购中，当目标公司股东持股结构发生变化时，按照有关规定有义务披露相关信息。首先，收购方持有、控制一个上市公司已达到公司所发行股份的 5%，应当履行信息披露义务，在事实发生日起 3 个工作日内提交权益变动报告书。披露内容包括：信息披露人的名称、住所；上市公司名称；信息披露义务人持有、控制股份的变动情况；持股变动方式；信息披露义务人前 6 个月就该上市公司股份进行的交易；中国证监会、证券交易所要求予以载明的其他事项。其次，收购方应当在达成收购协议的 3 日内，向中国证监会报送上市公司的收购报告书，同时抄送上市公司所在地的中国证监会派出机构，抄送证券交易所，通知被收购公司，并对上市公司收购报告书摘要做出提示性公告。报告书要详细、规范地披露公司信息，其中包括收购方介绍、收购方持股情况、前六个月内买卖挂牌交易股份情况、与上市公司间的重大交易、资金来源、后续计划、对上市公司的影响分析、收购人的财务资料、其他重大事项、备查文件等。另外，被收购公司董事会应及时就收购可能对公司产生的影响发表意见，在董事会报告书中披露如被收购公司的基本情况、利益冲突、董事建议或声明、独立财务顾问意见、重大合同和交易事项及备查文件等内容。

当收购方采取协议收购方式收购目标公司已发行的股份达到 30%时，如继续进行收购，应当向目标公司所有股东发出收购目标公司全部或者部分股份的要约，经国务院证券监督管理机构豁免发出要约的情况除外。

（二）要约收购

要约收购（tender offer）指收购方向目标公司所有股东发出购买其所持股份的书面要约，表明以一定的收购价格、在某一有效期限内买入全部或部分的目标公司股份。与协议收购的最大区别是，要约收购是在证券交易所内进行的收购活动，所有股东在平等获取信息的基础上，可以自主做出选择是否接受要约。因此，要约收购是完全市场化的收购模式，中小股东的利益可以得到保障。

我国对要约收购的相关规定包括以下几个方面：第一，要约收购的主体。上市公司要约收购的主体除了法人外，还有自然人。第二，强制要约收购的触发条件。收购方持有目标公司发行股份的 30%时，继续进行收购，应当发出全面要约或部分要约。第三，自愿收购要约的规定。预定收购股份不得少于5%，预定收购完成后所持股份不得超过30%。第四，要约收购的价格。不得低于要约收购提示性公告前6个月内收购人取得该类股票所支付的最高价格，并且如果低于提示性公告日前30个交易日该股票每日加权平均价格的算术平均值，收购方应进行解释说明。第五，要约收购的对价支付。如以现金支付，应当在做出提示性公告的同时，将不少于总金额的20%的履约保证金放在指定银行账户，并办理冻结手续。如用可转让证券进行支付的，应当在做出提示性公告的同时，将其用以支付的全部证券交由证券登记结算机构保管。第六，要约收购的期限。有效期一般不得短于30日（自然日），不得超过60日。

四、企业并购的融资方式

并购活动需要大量资金，融资方式包括内部融资和外部融资。内部融资总体来说优于外部融资，因为内部融资可以减轻税负，且无须受资金提供者监督。但内部融资金额有限，很多情况下无法满足并购活动对资金的需求。外部融资渠道包括债务融资、权益融资、混合融资等其他方式。

债务融资又包括借款融资和债券融资。借款融资指企业根据借款合同或协议向商业银行等金融机构借款。[①] 一般商业银行向企业提供的是优先级别贷款，即提供贷款的金融机构对被收购的资产或股权享有一级优先权。借款融资的优点包括：第一，相对发行股票、债券，借款程序较为简单，可以迅速募集资金；第二，相对发行股票、债券等，银行借款融资的中间费用低；第三，银行一般会组织银团，提供巨额贷款，满足并购对资金的需求。借款融资的缺点包括：第一，一般需要固定资产进行质押或抵押，或者需要担保；第二，企业必须向银行公开其财务、经营状况，日后经营会受到银行制约。债券融资指企业按照法定程序发行的约定在一定时期还本付息的有价证券，包括抵押债券、信用债券、垃圾债券等。与权益融资相比，债券融资的优点包括：债券利息具有抵税功能，筹资成本较低；债券利息一般是固定的，不会因为企业利润增加而增加企业支出；不会造成股东控制权的稀释。债券融资的缺点是：债券到期还本付息压力大；由于国家政策的限制，筹资数额有限；发行债券的程序复杂、周期长。目前我国采用债券融资进行收购的情况较少。

权益融资又称股票融资，可以分为普通股融资和优先股融资。普通股融资即向公开市场发行普通股来获得并购所需的资金。其优点包括：有利于提高公司信誉，增强其融资能力；降低资产负债率，维持举债能力。其缺点包括：稀释企业控制权；承销费用高；股利在税后支付，无抵税功能。优先股融资指公开发行优先股以获得并购所需资金。其优点包括：融资成本固定，可以将更多的未来潜在收益留给普通股股东；没有到期还本的压力；不会稀释普通股股东的控制权。其缺点包括：税后资金成本高于债务融资成本；优先股股东承担较大风险但只能获得固定收益，发行时对投资者的吸引力不如债券。

除了债务融资和权益融资外，还有一些其他的融资方式，比如，可转换债券融资、认股权证融资、卖方融资等，但在我国企业并购中的实际应用还不是十分普遍。

---

① 2008年我国银监会颁布了《商业银行并购贷款风险管理指引》，我国商业银行自此可以正式开始并购贷款业务。

我国长期以来的企业并购融资渠道较少，大部分并购活动是通过企业自有资金或银行并购贷款完成的。但银行贷款一般需要足够的抵押担保，很多企业无法满足这个条件。[①]在我国中小型企业并购融资中出现了一些特有的融资方式，其中包括：个人或多人组成一个团队承债式收购；承包人根据承包经营合同应得的利润转为对企业的投资，若干年后获得企业的控制权；单位员工集资收购；等等，但这些融资方式的普遍适用性非常有限。

五、支付方式

支付是并购交易的最后一个环节，与并购融资情况密不可分。支付方式主要包括现金支付、资产置换、股权支付和混合支付等。

现金支付的优点包括：易被目标公司股东接受，可以缩短并购时间，尤其如果收购市场上存在竞争对手，可以迅速完成收购；可以防止收购方股权被稀释，避免被反向收购。缺点包括：收购方必须在短期内支付大量现金，可能会给经营带来一定压力，而且对于目标公司股东来说，收到现金后需要立刻支付资本利得税。[②]

资产置换指收购方以实物资产、无形资产或收购方持有的其他股权资产换取目标公司的股权。其优点在于可以减轻收购方支付大量现金的压力，缺点在于资产价值的评估较难。

股权支付的优点包括：没有现金支付的压力；把目标公司股东和收购方公司股东利益联系在一起，共担收购后的风险，有利于公司管理经营。缺点在于新发行的股权会稀释收购方控制权，并且增发新股周期较长，程序复杂。

混合支付可以扬长避短，综合各种支付方式的优势。

六、并购后的整合

并购交易的完成仅仅是第一步，并购后的整合决定着并购交易能否达到预期效果。只有并购方和目标公司真正融合，开始良好运转，并购才能真正称得上圆满完成。收购方和目标公司通常有着不同的战略发展计划，不同的管理组织模式、不同的业务范畴、不同的企业文化和评价考核机制等。并购后，两者的整合应着重从这些方面入手，制定周密的整合战略计划。

1. 战略整合

战略整合指收购方在综合分析目标企业情况后，将目标企业纳入其发展战略内，合理安排利用目标企业的各种资源，取得协同效应。并且根据并购后产生的不确定因素，调整公司的总体战略，以实现更好的发展。

---

① 我国《商业银行并购贷款风险管理指引》第二十九条明确规定：商业银行原则上应要求借款人提供充足的能够覆盖并购贷款风险的担保，包括但不限于资产抵押、股权质押、第三方保证，以及符合法律规定的其他形式的担保。以目标企业股权质押时，商业银行应采用更为审慎的方法评估其股权价值和确定质押率。

② 在我国，对于个人股东没有资本利得税，但是对于公司法人股东，会产生股权投资收益，该权益将被纳入企业报表，产生企业所得税。

2. 文化、组织与人力资源整合

并购最大的风险即人员流失，尤其是管理层和关键员工。这可能直接导致销量降低，失去竞争力。人员的流失可能是由不同文化间的冲突造成，也可能是因为组织结构的烦冗降低了公司的管理效率，使目标公司员工丧失了工作的安全感。

因为公司文化是公司在长期生产经营的实践中逐步形成的，也与国家文化背景相关，所以在并购后要想短时间内完成两个公司的文化整合难度较大。首先，收购方应确定目标公司文化对其生产经营是否有推动作用，如果确定则应予以保留并视情况决定是否相融于本公司的文化理念。其次，也要把握好推动文化整合的时机，尽量避免在员工阻力很强的并购初期推行全面的文化整合，最好能以潜移默化的方式实现两公司的文化整合。

组织结构通常能够反映公司的文化管理理念。开放、灵活、透明、自律的组织模式是公司管理层追求的目标。并购后，如何将两家公司的组织结构进行有效的合并，减少冗余重复部门便是组织整合的关键。可采用两种模式——集权管理模式或分权管理模式。集权管理模式指目标公司的组织结构完全并入收购方。分权管理模式多应用于多元化经营，目标公司被当作比较独立的整体来管理，母公司仅保留对某些问题的决策能力。确定组织结构整合模式后，还要制定相应的管理制度代替被收购企业原来的制度。

在文化与组织结构整合的基础上，收购方可以对人力资源进行一定程度的整合，积极留用具有管理才能、专业技能且忠诚的员工，迅速辞退那些碌碌无为的员工；建立有效的绩效工资体系，吸引优秀人才；同时搭建企业人员与管理层的沟通渠道，让员工了解公司的发展战略，并向管理层及时传达自己的意愿。

3. 业务整合

并购后业务整合首先应从调整企业产品结构入手，砍掉不盈利的产品线或品种，增加盈利产品线或品种的投入，提高企业盈利能力；其次要进行生产与技术的整合。对于追求规模经济效益的企业来说，生产的整合尤为重要。把一方的先进技术引入另一方，也对提高企业盈利水平有至关重要的作用。

4. 资产负债整合

双方的资产整合是并购后整合的重点部分，它是指在保持生产体系完整性、协调性的前提下，对于固定资产进行吸收整合或剥离出售。对于长期投资进行价值分析与质量评估，吸收具有投资价值的长期投资，剥离出售或转让投资质量低劣的资产，包括出售、置换或投资多余的流动资产，同时也要重视无形资产的整合。如果收购方在并购中偿债压力过大，可将债务转为股权，或剥离部分资产将其变现来偿还债务。

专栏 14－3　　联想收购 IBM 全球个人电脑业务后的整合

2004 年 12 月 8 日，联想集团与美国蓝色巨人 IBM 共同签署转让协议：联想将斥资 12.5 亿美元收购 IBM 的全球个人电脑业务。2005 年 5 月 1 日，双方对外宣布，联想完成了此次收购，并将总部迁往纽约。在这之后，占全球个人电脑市场份额第九位的联想跃升至第三位，仅次于戴尔和惠普。跨国并购一直以来都具有很高的风险，因为企业文化的巨大差异经常导致并购后的整合失败。联想与IBM的国际地位悬殊，所以此次收购开始并不被看好，被人们称为“蛇吞象”。但联想风雨兼程，有效地进行了收购后的整合。

联想将两个企业的整合分为几个阶段。首先，在双方签署了转让协议后，联想便立刻开始了整合的铺垫工作。为了防止人才流失，联想召开公司内部沟通会，CEO兼总裁杨元庆首次提出了文化融合的六字要求——“坦诚、尊重、妥协”。针对IBM老员工，杨元庆携新CEO史蒂夫·沃德（原IBM高级副总裁）一起到全球各地进行沟通，原IBM员工周边的同事、上级老板、工作方式、福利薪资等都不发生变化，力保员工稳定。

在收购完成后，联想进入“稳定为要”的并行整合阶段。为了确保不发生大规模客户和员工流失，实施了类似香港回归“一国两制”的做法，即老联想集中精力做好中国业务，并购过来的IBM部门按照原来的业务模式发展海外市场。整个联想除了财务、法务等基本职能外，剩余的业务方面职能，包括供应链、产品、生产、销售等全部分开运作，各自独立。谈到为什么实行两个市场分别管理的措施，杨元庆说：“由于两家公司业务交叉很小，我们并不急于把业务整合起来，这个阶段保持客户与员工稳定是第一要务，因为整合毕竟会涉及组织的变化、人事的重新定位等，必然会有一些大的动荡，风险非常大，所以与其冒这样的风险，不如让两个业务先保持独立运行，让双方队伍相互了解、彼此熟悉起来再做下一步整合。”这个阶段，原IBM个人电脑业务的员工离职率不到2%。此种策略下，联想整合首个季度即获得盈利。根据2005年8月10日联想集团公布的季度财务报表（4—6月，其中包括5月和6月整合最初的60天），联想集团综合营业额较上年同期增长234%，达196亿港元，主要来自新兴市场业绩增长及新收购个人电脑业务的贡献，税前溢利增长54%，达5.15亿港元。

自2005年9月30日开始，联想进入加速整合阶段，并行了5个月的双系统正式合并，全球业务整合开始，包括产品、供应链、销售等业务体系。2005年12月20日，联想集团宣布任命威廉·J. 阿梅里奥为集团总裁兼CEO，代表联想正式进入“增长为要”的第二阶段整合。此时联想内部有三种文化在磨合。第一种是老联想的中国人，他们求实、进取、有激情，但缺乏国际化管理经验。第二种是原IBM员工，他们职业素养很高，有丰富的经验和国际化视野。最后一种是阿梅里奥引入的一系列戴尔系人员，他们狼性十足，看重效率，为达目标不惜代价。这个阶段是联想整合最为重要的阶段，从2006年年底至2008年北京奥运会阶段，阿梅里奥把联想的业绩推向了一个空前的繁荣期，在2008年，联想成为中国首家进入世界500强的非中央企业。

2009年2月5日，联想集团宣布CEO阿梅里奥辞任，其职位由杨元庆接替，作为创办人之一的柳传志被委任为非执行董事会主席。中国高管回归，自此联想整合进入了尾声。这次高层变迁看似是由2008/2009财年第三季度的亏损［也是三年来首次亏损（9 670万美元）］引起，实际上2010年杨元庆在亚布力中国企业家论坛第十届年会上坦言是因为阿梅里奥不够关注开疆拓土的战略性业务，没有把自己当作企业主人来经营。中国高管回归之后两个季度，联想的巨亏开始回转，联想开始在全球拓展擅长的消费业务，步入稳定发展阶段。

资料来源：李国刚，许明华．中国蛇吞外国象全纪实：联想并购以后．北京：北京大学出版社，2010.

七、反收购策略

目标企业进行反收购的策略有很多，按照实施时间在收购方发出收购要约前后可以分为两类：防御型反收购策略和反击型反收购策略。

（一）防御型反收购策略

目标公司可以通过对公司章程的修改，使其中某些条款很难被收购方接受，从而抵御恶性收购。具体包括：第一，董事轮换制，也称为“错层董事会”（staggered board），即在章程中规定目标公司每年只能更换少量董事。这样即使收购方获得公司绝大多数股权，也难以获得董事会的控制权。目前错层董事会制度已在我国上市公司章程中普遍应用。第二，绝对多数条款，即在公司章程中规定公司合并需要获得绝对多数（比例达 3/4 或者更高）股东的赞成票。此条在我国应用也很广泛。第三，董事任职资格审查制度，即授权董事会对董事任职资格进行审查，规定非具备某些特定条件者不得担任公司董事。第四，限制大股东表决权的相关条款，比如说规定股东股数超出一定数量时，就限制其表决权，如合几股为一表决权，或者采取累积投票法，投票人的每一股可以投等于候选人人数的票，并可以将所有选票投给一个人。

除了修改公司章程，“毒丸”（poison pill）计划也是防御型反收购策略的一种。“毒丸”计划指目标公司在章程中预先制定一些对袭击者极为不利的规定，一旦收购方拥有目标公司，“毒性”马上发作，通常可以稀释收购方手中的股份，或者可以增加收购方的并购成本，还可能使目标企业自我伤害。

相互持股计划也是防御型反收购的一种有效策略，即关联公司或友好公司（被称为“白衣骑士”）相互持有对方股权，在其中一方受到收购威胁时，另一方确保不将手中的股权转让，使流通在外的股权减少，提高收购难度。

降落伞（parachute）计划在保护目标公司员工的同时也增加了收购方的额外支出，提高了收购成本。目标公司被收购后，公司员工从高层到普通员工都有可能被更换，降落伞计划一般规定：一旦目标公司被收购，公司员工失去工作，收购方公司需要提供赔偿金。

（二）反击型反收购策略

目标公司在已经接受收购要约后，可以寻找“白衣骑士”，即选择一家关系密切，并且有实力的公司以更优惠的条件达成善意并购。或者可以将收购方感兴趣的资产剥离或购入收购方不感兴趣的资产，减弱目标公司在收购者心中的吸引力。另外员工持股计划（ESOP）也可抵制恶意收购，因为员工一般不会轻易出让自己手中的股票。

第三节 企业重组类型

公司重组（restructuring）是为了在战略上改善公司经营管理状况，强化企业的核心竞争力，推进企业创新而针对公司产权关系或其他债务、资产、管理结构所展开的公司改组、整顿与整合的过程。公司重组是以资本保值增值为目标，采取分立型、分拆上市与整体上市等重组模式①，对企业的资源进行合理分配，达到资源最优配置。

一、分立型公司重组模式

分立型公司重组模式（spin-off）是指一个母公司将其在某子公司中所拥有的股份，按母公司股东在母公司中的持股比例分配给现有母公司的股东，从而在法律上和组织上将子公司的经营从母公司的经营中分离出去，形成两家相互独立的股权结构相同的公司。在公司分立过程中，不存在股权和控制权向母公司和其股东之外的第三者转移的情况。

分立型公司重组模式根据原有公司法人资格是否存在，可划分为新设分立和派生分立。

新设分立又称解散分立，指一个公司将其全部财产分割，解散原公司，并分别归入两个或两个以上新公司中的行为。在新设分立中，原公司的财产按照各个新成立的公司的性质、宗旨、业务范围进行重新分配组合。同时原公司解散，债权、债务由新设立的公司分别承受。新设分立，是以原有公司的法人资格撤销为前提，成立新公司。派生分立，又称存续分立，指一个公司将一部分财产或业务依法分出，成立两个或两个以上公司的行为。在存续分立中，原公司继续存在，原公司的债权债务可由原公司与新公司分别承担，也可按协议由原公司独立承担。新公司取得法人资格，原公司也继续保留法人资格。

二、分拆上市重组模式

分拆上市又称股权切离（equity carve-out），是指母公司将资产的一部分转移到新设立的公司，再将子公司的部分股权拿出来向社会出售，在不丧失控制权的情况下给母公司带来现金收入的方法。认购这些股权的人可以是母公司的股东，也可以不是。母公司的股东可以自由改变投资到子公司与母公司两家公司的组合比例，增强投资决策的灵活性。在此之前，这些股东只有通过母公司的投资，才能投资到子公司。

因为多元化经营的公司通常不透明，而且公司是否有能力同时经营好互不相关的行业一直受到投资者质疑，因此股票市场并不十分喜欢此类公司。② 所以当这类多元化公司将

---

① 当然，公司重组的类型，从资产角度有资产剥离、分拆等；从负债和权益角度有重新资本化、股份回购、上市、下市、增发等；从公司资产负债角度，有公司分立等。本章这里简单列举了一些做法。

② 关于多元化公司的市值低于每部分业务加总的市值，这个现象被称为“多元化折扣”（diversification discount），可参见 Berger 和 Ofek（1995）。我国资本市场上的多元化公司也存在这种现象。

主要子公司分拆上市时，原母公司和分拆后独立上市的子公司在市场上的估值大多会增加，即出现价值释放现象。

分拆上市与公司分立的区别包括：第一，在公司分立中，子公司的股份是被当作一种股票福利按比例分至母公司的股东手中，而分拆上市中在二级市场上发行子公司的股权所得归母公司所有。第二，在公司分立中，一般母公司对被拆出公司不再有控制权。而在分拆上市中因为母公司此举只把子公司小部分股权拿出来上市，因而仍然对其有控制经营权。第三，公司分立没有使公司获得新的资金，而分拆上市使公司可以获得新的资金流入。

企业分拆的类型可以分为横向分拆、纵向分拆和混合分拆三类。横向分拆是指对母公司的股权进行分离与分立，分拆出与母公司从事同一种业务的子公司，由此实现子公司的首次公开发售。纵向分拆是指由于母公司从事的业务涉及某一行业产业链中的不同环节（例如石油行业有开采、生产、提炼和向最终消费者推销等业务链），将母公司的股权进行分离，分拆出与母公司从事同一行业，但处于产业链中不同业务环节的子公司并进行首次公开发行。混合分拆是指由于母公司属于业务经营多元化的企业，因而将母公司的业务结构中与其核心业务关联度较弱的某一行业或某一类型的业务分离出去，重新组建一家可以实施首次公开发行计划的公司，以便母公司和子公司可以更好地集中资源优势，做大和做强其核心业务，从而提高核心业务的竞争力。

专栏 14－4　　同仁堂分拆上市的案例分析

同仁堂是国内最负盛名的老药铺，由乐显扬创建于清朝康熙年间，历经数代发展成为跨国经营的国有企业——中国北京同仁堂（集团）有限责任公司。1997年6月，中国北京同仁堂（集团）有限责任公司6家绩优企业组建成立北京同仁堂股份有限公司，于同年7月在上海证券交易所上市。

从1999年上半年开始，北京同仁堂股份有限公司便开始对中药现代化、市场化和国际化进程进行布局，以期将优秀的传统中药打入国际医药主流市场。为了实现此目标，同仁堂开始寻求海外上市的可行方案。在多家财务顾问公司提出的三种上市方案中，同仁堂董事会采纳了北京中证万融投资服务有限公司（简称中证万融）提出的分拆部分高科技资产和业务，设立北京同仁堂科技发展股份有限公司（简称同仁堂科技）并在香港创业板上市的方案。

2000年2月22日，北京同仁堂股份有限公司股东大会通过此分拆上市议案，以生产颗粒、胶囊、片剂为主体的北京同仁堂制药二厂、中药提炼厂、进出口分公司和科研中心等以实物资产及部分现金投入同仁堂科技，其账面价值为10 000.07万元，评估确认值10 035.4万元，折股10 000万股，占1.1亿元总股本的90.909%。另外，中证万融董事长赵炳贤以个人名义出资现金5 017 700元，持有股份500万股，占总股本的4.545%。殷顺海、田大方、王兆奇、梅群等同仁堂高管分别出资现金501 770元，持有50万股，各占总股本的0.455%。这是H股公司中首家外部自然人和公司高管人员持股的企业，充分表现出这些个人对企业未来的信心，有利于社会投资者对企业的认可。除此之外，2000 年 10 月 10 日，香港著名商人李嘉诚旗下公司“和记黄埔”斥资约 5 000 万元，以发行价认购同仁堂科技近 10%的股份，成为其最大的战略投资者，这对树立投资者信心起到了关键作用。

2000 年 10 月 31 日，北京同仁堂科技发展股份有限公司在香港联交所创业板挂牌交易，发行价 3.28 港元，首日开盘价 4 港元，以 4.3 港元报收（比其招股价高出近三成），成交量 2 771.5 万股，成交金额 12 455.5 万港元，获 20 多倍超额认购，共集资 23 878 万港元（不含超额认购部分）。可以看出，同仁堂科技这次上市非常成功，成为中国资本市场上市公司中分拆上市第一股。

三、整体上市重组模式

整体上市是指一家公司将其主要资产和业务整体改制为股份公司上市的做法。实现整体上市的模式主要有：第一，通过整体改制后首次公开发行上市。第二，借助其控股的上市公司，以吸收合并或资产重组的方式实现经营性资产的整体上市。2006 年股权分置改革完成以后，以中国船舶、上港集箱、中国铝业等为例，我国国有控股上市公司的整体上市成为一种主流的公司重组模式。按照上市地点划分，实现整体上市的模式又有境内上市和境外上市两种。

整体上市的好处包括两方面：业绩增长和估值溢价。业绩增长可能是因为整体上市有利于更好地利用和发挥集团的资源、管理优势，完善公司产品结构，提高盈利水平。从估值来看，整体上市后，由于注入优良资产，主业更加突出，关联交易和同业竞争大幅减少或消失，企业的行业地位更具优势，因此估值上可以享受溢价。

第四节 财务困境与破产清算

一、应对公司财务困境

财务困境（financial distress）指一个企业处于经营性现金流不足以抵偿现有到期债务，而被迫采取改组行动的一种状况。它既可能是在某一特定时点企业资产价值少于负债价值，企业的变现资产不足以偿还企业到期债务的一种财务状况；也可能是在某一期间内持续没有足够现金流清偿到期债务的一种财务状况。

企业主要通过提高资产的变现能力（如资产重组）和降低债务契约的刚性（如债务重组）两种方式，使企业摆脱财务困境。一方面，企业可以通过实施资产重组或股权置换来解决息税前利润率低下的问题，通过恢复和提升盈利能力来给自身造血，积累资金，再逐步解决债务问题，但这种解决策略对迫切需要解决沉重债务负担的企业来说过于缓慢；企业也可以通过被别的企业兼并而引入资金来解决债务问题。另一方面，企业也可以实施债务重组，从而解决企业的债务支付问题。

财务困境成本包括直接成本和间接成本。直接成本主要是指与重组、破产直接相关的法律费用、中介费用和行政费用。间接成本是指机会成本，包括销售和利润的非正常损失、投资机会的丧失、员工的流失和运营成本的增加等。

二、破产预警管理

破产预警管理，也叫财务预警管理，是指企业组织为降低破产危机带来的威胁，所进行的长期规划与不断调控和反馈的动态调整过程。通过对企业财务报表及相关经营资料的分析，利用及时的财务数据和相应的数据化管理方式，将企业所面临的危险情况预先告知企业经营者和其他利益关系人。①

（一）财务预警的定性分析法

1. 标准化调查法

标准化调查法即通过专业人员、咨询公司、协会等，就企业可能遇到的问题加以详细调查与分析，形成报告文件供企业经营者参考的方法。这些机构调查的问题是对所有的企业或组织普遍适用的，其缺点是无法提供对某些特定问题的分析。

2. “四阶段症状”分析法

“四阶段症状”分析法将企业财务运营病症大体分为四个阶段，根据每个阶段的典型症状，采取相应措施，以摆脱财务困境、恢复财务正常运作。四个阶段包括：

（1）财务危机潜伏期。此阶段症状可总结为盲目扩张；无效市场营销；疏于风险管理；缺乏有效的管理制度，企业资源分配不当；无视环境的重大变化。

（2）财务危机发作期。此阶段症状可总结为自有资本不足；过分依赖外部资金、利息负担重；缺乏财务的预警作用；债务拖延偿付。

（3）财务危机恶化期。此阶段症状为经营者无心经营业务，专心于财务周转；资金周转困难；债务到期违约不支付。

（4）财务危机实现期。此阶段负债超过资产，丧失偿付能力；宣布倒闭。

3. 管理评分法

管理评分法也称“A 记分法”②。该方法由美国学者仁翰·阿吉蒂首先提出，后来我国学者李秉成等人将其应用于我国上市公司。它将企业失败的影响因素分为 17 项和 3 大类③，进行对比打分，并根据各项因素影响的程度进行加权处理。用管理评分法对企业经营管理进行评估时，每一项或者是 0 分，或者是满分。在理想的企业中，这些分数应当为

① 此部分财务预警研究方法参考借鉴了耿桂娟发表于《商场现代化》的文章“浅析财务预警研究方法”，并进行了补充修改。

② 李秉成，梁慧，刘芬芳．上市公司财务困境“A 记分法”预测模型研究，管理评论，2005（9）．

③ 影响因素包括：经营缺点类——管理活动不深入、管理技能不全面、被动的经理班子、财务经理不够强、无过程预算控制、无现金开支计划、无成本监督系统、董事长兼任总经理、总经理独断专行、应变能力太弱；经营错误类——高杠杆负债经营、缺乏资本的过头经营、从事风险过大项目；破产类——危机财务信号、被迫编造假账、经营秩序混乱、管理停顿。

零；分数越高，则企业的处境越差。如果企业所得评价总分超过 25 分，就表明企业正面临失败的危险。企业的安全得分一般小于 18 分。因此，18～25 分构成企业管理的一个不确定区域。如果企业所得评价总分位于此区间之内，企业就必须提高警惕，迅速采取有效措施，使评价总分降低到 18 分以下的安全区域内。

管理评分法是基于这样一个前提，即企业失败源于企业的高级管理层。其优点是：简明易懂、有效，并且可以提前于财务预警体系发出警报之前，发现企业经营异常的情况。其缺点是：效果取决于评分者对被评分公司及其管理者的了解程度。

（二）财务预警的定量分析法

1. 单变量模式

单变量模式是指运用单一变量，用个别财务比率来预测财务危机的模型。按照这一模式，当企业模型中所涉及的几个财务比率趋于恶化时，通常是企业发生财务危机的先兆。

（1）比率分析法。单变量模式所运用的预测财务失败的比率，按其预测能力大小，预测财务危机比率依次排序为：债务保障率（现金流量/债务总额）、资产收益率（净收益/资产总额）、资产负债率（债务总额/资产总额）等。按照单变量模式的解释，企业的现金流、净收益和债务状况不能改变，单变量模式主要预警的是企业的长期状况而非短期因素。

（2）“利息及票据贴现费用”判别分析法。日本经营咨询诊断专家田边升一提出，检查企业“血液”——资金——的秘诀之一是“利息及票据贴现费用”判别分析法[①]，该法以利息及票据贴现费用大小，即以企业贷款利息及票据贴现费用占其销售额的百分比来判断企业正常（健康）与否（见表 14-12）。

表 14-12 “利息及票据贴现费用”判别分析法指标

	企业贷款利息及票据贴现费用/销售额			
制造业	3%	5%	7%	10%
批发商	1%	3%	5%	7%
企业状况	健康型	维持现状型	缩小均衡型	倒闭型

2. 多变量模式

多元线性函数模式是运用多变量模式的思路建立起来的，其中最著名的是美国的 Edwards Altman 在 20 世纪 60 年代中期提出的“Z 计分模型”[②]。其基本思路是：把所选择的五种财务比率合并入一个线性方程，以求得 Z 值，并据此对企业的安全性做出判断。

$$Z = 0.012X_1 + 0.014X_2 + 0.033X_3 + 0.006X_4 + 0.999X_5$$

其中，Z 为判别函数，X_1 =（营运资金/资产总额）×100，X_2 =（留存收益/资产总额）×100，X_3 =（息税前利润/资产总额）×100，X_4 =（普通股和优先股市场价值总额/负债账面价值总额）×100，X_5 = 销售收入/总资产。

通过“Z 计分模型”，Edwards Altman 实际上将反映财务风险的主要指标［偿债能力

① 田边升一. 企业经营弊病的诊治. 上海：上海翻译出版公司，1987.

② Altman，E. I.，“Financial Ratios，Discriminant Analysis and the Prediction of Corporate Bankruptcy”，*Journal of Finance*，1968，23（4）：589-609.

(X_1, X_4)］和反映经营风险的主要指标［获利能力（X_2，X_3）及营运能力（X_5）］有机地结合起来，以综合分析企业风险和全面预测企业破产的可能性。一般来说，Z 值越低，企业面临的风险越大，发生破产的可能性越大。根据美国的经验数据，Edwards Altman 的模型提出，判断企业破产的临界值为：Z 值大于 2.675，则表明企业的财务及经营状况良好，发生破产的可能性较小；Z 值小于 1.81，则表明企业已处于破产的边缘；Z 值为 1.81～2.675，则表明企业的财务及经营状况极不稳定，Edwards Altman 称之为“灰色地带”。

后来 Edwards Altman 对该模型进行了修订和扩展，建立了第二代计分模型，具体模型为

$$Z = 3.25 + 6.56\,X_1 + 3.26\,X_2 + 6.72\,X_3 + 1.05\,X_4$$

其中，X_1 ＝营运资本/总资产，X_2 ＝留存收益/总资产，X_3 ＝营业利润/总资产，X_4 ＝股东权益账面价值/债务账面价值。

Z 值与信用等级的对应关系为：AAA 级为 8.15；AA 级为 7.30；A 级为 6.65；BBB 级为 5.85；BB 级为 4.95；B 级为 4.15；CCC 级为 2.50；D 级为 0。企业的 Z 值越高，其信用风险越低，信用等级就越高。

由于该模型使用简便、成本低、效果佳，一度被美国各商业银行广泛用于对客户的信用风险评估，但是 Z 计分模型的预测效果随时间的长短不一样，时间越短，准确率越高，反之越低。且这种方法的可靠性在很大程度上取决于企业财务数据的真实性，这在很大程度上影响了它的应用范围。

三、公司破产清算

财务困境的极端解决方式即为破产清算。在债权人或债务人提出破产申请，法院受理此破产清算案件后，通常按以下程序进行破产清算。

（一）首先成立清算组

根据《公司法》规定，公司应在公布解散的 15 天内成立清算组，如逾期没有成立的话，法院可指定有关人员成立清算组，接管破产企业。清算组成员可以从公司的主管部门、政府有关部门和专业人员中产生，也可以聘请我国的注册会计师和律师参加。根据《公司法》规定，清算组在清算期间行使下列职权：清理公司财产，分别编制资产负债表和财产清单；通知或者公告债权人；处理与清算有关的公司未了结的业务；清缴所欠税款；清理债权、债务；处理公司清偿债务后的剩余财产；代表公司参与民事诉讼活动。

（二）通知债权人申报债权

根据《公司法》，清算组应当自成立之日起 10 日内通知债权人，并于 60 日内在报纸上至少公告三次，公告和通知中应当规定第一次债权人会议召开的日期。

（三）召开债权人会议

所有债权人均为债权人会议成员。第一次债权人会议由人民法院召集，应当在债权申请期限届满后 15 日内召开。以后的债权人会议在人民法院或者会议主席认为必要时召开，也可以在清算组或占无财产担保债权总额的 1/4 以上的债权人要求时召开。

（四）确认破产财产

破产财产指用以清偿债务的全部财产，主要包括：宣告破产时破产企业经营管理的全部财产；破产企业在破产宣告后至破产程序终结前所取得的财产；应当由破产企业行使的其他财产权利。担保物价值超过所担保的债务数额的，超过部分属于破产财产。破产企业内属于他人的财产，应由该财产的权利人通过清算组取回。

（五）确认破产债权

破产债权指宣告破产前就已成立的、对破产人发生的、依法申报确认并从破产财产中获得公开清偿的可强制性执行的财产请求权。主要包括：宣告破产前成立的无财产担保的债权和放弃优先受偿权利的有财产担保的债权；宣告破产时未到期的债权，被视为已到期债权，但是应当减去至到期日的利息；宣告破产前成立的有关财产担保的债权，债权人享有就该担保物优先受偿的权利。该项债权数额超过担保物价款的，未受清偿的部分被作为破产债权。债权人参加破产程序的费用不得作为破产债权。

（六）拨付破产费用

破产费用指在破产程序中为了破产债权人的共同利益而从破产财产中支付的费用，主要是破产财产的管理、变卖和分配所需要的费用，包括：聘任工作人员的费用；破产案件的诉讼费用；为债权人的共同利益而在破产程序中支付的其他费用。破产费用应当从破产财产中优先拨付。

（七）按顺序清偿破产财产

破产财产在优先拨付破产费用后，按照下列顺序清偿：破产企业所欠职工工资和劳动保险费用；破产企业所欠税款；破产债权。破产财产不足以清偿同一顺序的清偿要求的，按照比例分配。

（八）破产清算结束

经过上述破产清算程序后，清算组应当编制破产清算结束报告，并出具清算期内的各种报表连同各种财务账册，经中国注册会计师验证后，报授权部门审批。经批准后再向工商行政管理部门和税务部门注销登记并公告公司终止。

本章小结

1. 企业并购一般是指兼并和收购。兼并指两家或更多的独立企业合并组成一家企业，通常是由一家占优势的公司吸收一家或更多的公司。收购指一家企业用现金、债券或股票等有价证券购买另外一家企业的股票或者资产，以获得对该企业的部分或者全部资产或股权的所有权。

2. 并购的基本类型按照不同划分方式包括：横向并购、纵向并购和混合并购；善意收购和敌意收购；杠杆收购和非杠杆收购；现金并购和换股并购；战略并购和财务并购。

3. 并购的动因包括：协同效应假说；市场力假说；税赋效应理论；委托代理理论；信息讯号理论等。

4. 企业并购一般分为三个阶段。在第一阶段即战略选择阶段，企业应明确并购的战略目标，选取目标行业和企业。在第二阶段即并购实施阶段，企业应对目标企业进行价值评估和尽职调查，制定交易方案，包括选取收购方式、融资方式等交易细节。第三个阶段是并购的整合阶段，包括对战略、文化、组织、人力资源、业务、资产负债等内容的整合。

5. 通过盈亏平衡的协同效应可以确定收购方可以给出的最高收购价。此价格即将协同效应全部分配给目标公司而收购方收益为0的临界值。

合并企业的估值模型包括净资产价值法和调整账面价值法；市场比较法与市盈率法；贴现现金流法。

收购方式包括协议收购和要约收购。

6. 公司重组是为了战略上改善公司经营管理状况、强化企业的核心竞争力、推进企业创新而针对公司产权关系或其他债务、资产、管理结构所展开的公司的改组、整顿与整合的过程。公司重组是以资本保值增值为目标，采取分立型、分拆型与整体上市等重组模式，对企业的资源进行合理分配，达到资源最优配置。

7. 财务困境指企业处于经营性现金流不足以抵偿现有到期债务，从而被迫采取行动的一种状况。它既可能是在某一特定时点企业资产价值少于负债价值，企业的变现资产不足以偿还企业到期债务的一种财务状况；也可能是在某一期间持续没有足够现金流清偿到期债务的一种财务状况。

8. 公司破产清算程序是：首先成立清算组；通知债权人申报债权；召开债权人会议；确认破产财产；确认破产债权；拨付破产费用；按顺序清偿破产财产；破产清算结束。

问题与应用

1. 并购决策的动因包括哪些？

2. 假设环球公司准备收购同行业的亚洲公司，两公司的相关信息如下表所示：

	环球公司	亚洲公司
公告前股价（元/股）	45	38
净利润（百万元）	132	56
发行在外的股份（百万股）	55	22
市场价值（百万元）	2 400	660

假设此收购能实现的协同效应为220万元。

（1）如果此收购为现金收购，计算环球公司能支付的最高价格。

（2）如果此收购为全额换股收购，计算环球公司能支付的最高换股比例。

3. 同乐公司在2012年度的营运资金为2 000万元，资产总额为1亿元，留存收益为800万元，息税前利润为1 800万元，普通股和优先股市场价值总额为7 000万元，负债的账面价值总额为5 000万元，销售收入为9 000万元。计算同乐公司的Z值并对企业的财务状况做出分析。

4. 上网搜索我国企业最近的一个并购案例，并分析其动因和表现。

推荐阅读材料

[1] Altman, E. I. , "Financial Ratios, Discriminant Analysis and the Prediction of Corporate Bankruptcy", *Journal of Finance*, 1968, 23 (4): 589-609.

[2] Mueller, D. C. , "A Theory of Conglomerate Mergers", *Quarterly Journal of Economics*, 1969 (8): 643-659.

[3] Roll, R. , "The Hubris Hypothesis of Corporate Takeovers", *Journal of Business*, 1986 (59): 197-216.

[4] 田边升一. 企业经营弊病的诊治. 上海：上海翻译出版公司，1987.

参考文献

[1] Altman, E. I. , "Financial Ratios, Discriminant Analysis and the Prediction of Corporate Bankruptcy", *Journal of Finance*, 1968, 23 (4): 589-609.

[2] J. 弗雷德·威斯通，马克·L. 米切尔，J. 哈罗德·马尔赫林. 接管、重组与公司治理：4 版. 北京：北京大学出版社，2006.

[3] Mueller, D. C. , "A Theory of Conglomerate Mergers", *Quarterly Journal of Economics*, 1969 (8): 643-659.

[4] Roll, R. , "The Hubris Hypothesis of Corporate Takeovers", *Journal of Business*, 1986 (59): 197-216.

[5] Rosenbaum J. and Pearl J. , *Investment Banking: Valuation, Leveraged Buyouts, and Mergers & Acquisitions*, the 2nd Edition, John Wiley & Sons, 2017.

[6] Ross S. A. , Westerfield R. W. and Jaffe J. , *Corporate Finance*, 9 edition, McGraw-Hill Education, 2010.

[7] 恩里克·R. 阿扎克. 兼并、收购和公司重组：2 版. 北京：机械工业出版社，2011.

[8] 李曜. 公司并购与重组导论：2 版. 上海：上海财经大学出版社，2010.

[9] 唐纳德·德帕姆菲利斯. 兼并、收购和重组. 北京：机械工业出版社，2004.

[10] 田边升一. 企业经营弊病的诊治. 上海：上海翻译出版公司，1987.

第十五章

行为公司金融

学习目标：

1. 掌握行为公司金融的理论基础，理解行为公司金融学在哪些方面拓展了传统公司金融学的研究领域；

2. 理解企业决策者可能存在哪些类型的非理性行为；

3. 理解为什么资本市场投资者的非理性会对公司融资以及股利分配等行为产生影响；

4. 理解为什么企业管理者的非理性会对公司投资、融资以及股利分配等行为产生影响。

引　　言

利用光伏效应，使太阳光照射到硅材料上产生电流直接发电，围绕对硅材料的应用和开发而形成的光伏产业，在如今这个崇尚环保节能、追求清洁能源的时代背景下，一度被视为极具发展潜力的朝阳产业。光鲜的产业前景，诱人的财富创造，催化了中国各地光伏企业如雨后春笋般迅速崛起。上海超日太阳能科技股份有限公司（以下简称“超日太阳”）便是其中之一。

超日太阳成立于2003年6月，是一家以太阳能材料、太阳能设备、太阳能灯具等的生产、销售及安装为主营业务的新能源企业。2010年，借行业复苏发展的态势，超日太阳成功在深圳证券交易所中小板上，以58.06倍的市盈率共募集资金228 662万元，被分析师们溢美为“正在崛起的光伏产业新星”。上市当年，超日太阳累计完成销售量201MW，与2009年相比增长了133.72%，实现净利润2.19亿元，同比增长29.10%，其中，境外市场贡献了销售量的绝大部分，德国市场更是以152.34

MW 的销售量占据了公司销售业绩的约 3/4。然而，2014 年 3 月 4 日，这家光伏企业却进入了寒冬，当晚，上海超日太阳能科技股份有限公司发布公告称，由于流动性危机尚未化解，该公司于 2012 年发行上市的债券本期利息将无法于原定付息日 2014 年 3 月 7 日按期全额支付，仅能支付人民币 400 万元。“11 超日债”由此成为中国资本市场上第一只实质性违约的公司债券。伴随着光伏产业的兴衰，“11 超日债”从发行到爆出违约再到最终全额兑付，剧情发展险象环生又扑朔迷离，其“精彩”程度不亚于一部好莱坞大片。

为什么“11 超日债”会产生这样的结局？企业和企业家的决策出现了哪些重大失误？这其中蕴含着什么行为公司金融学的原理？

第一节　行为公司金融概述

一、有效市场假说与行为金融学

有效市场假说（efficient market hypothesis，EMH）是经典金融学中最重要的命题之一。有效市场假说的概念由 Samuelson（1965）首次提出，经 Fama 和 Jensen 等学者的努力，发展成一套认识金融市场的理性分析框架。有效市场理论在 20 世纪 70 年代达到顶峰，并一直是经典金融学的主流思想。

有效市场假说的经典定义来源于 Fama（1970），即价格总是完全反映了所有可得信息的市场被称为有效市场。他同时列出了有效市场的三种类型：第一种，弱式有效市场，即价格完全反映了包含在历史记录中的信息；第二种，半强式有效市场，即价格不但反映了历史记录中的信息，而且反映了与之相关的所有公开信息；第三种，强式有效市场，即价格反映了所有与其有关的信息，不仅包括公开信息，还包括私人信息。

有效市场假说建立在三个逐渐放松的假定之上：首先，投资者被认为是理性的，他们能对金融资产做出合理的价值评估；其次，在某种程度上某些投资者并非理性，但由于他们之间的交易是随机进行的，他们的非理性会相互抵消，因此价格不会受到影响；最后，在某些情况下，非理性的投资者会犯同样的错误，但是他们在市场中会遇到理性的套利者，后者会消除前者对价格的影响。也就是说，如果金融市场中存在理性投资者，那么非理性投资者的行为将微不足道，金融资产的价格由理性投资者决定，市场可以达到有效。

传统金融学为有效市场假说建立了一般均衡模型，来描绘信息有效的机理：竞争性理性预期均衡价格能够完全揭示私人信息，使理性预期均衡模型成为人们更好地理解完全竞争的金融市场有效性的理论基础。在理性预期均衡的框架下，交易者都是完全理性的，他们所掌握的信息会充分体现在对资产基本价值的估计中，在有效市场中资产的实际市场价格等于其基本价值，而基本价值由经典金融学的均衡定价模型所决定；理性交易者的套利行为是促使市场回到基本价值的力量。如果市场是有效的，那么任何基于可获得信息的交易策略将无法获得预期收益以上的超额收益。换句话说，在一个有效市场中，无论是机构投资者还是个人投资者，均不能期望长期战胜市场。

随着金融学研究的深入，在理论和实证方面有效市场假说均遇到了挑战。理论方面，Grossman 和 Stiglitz（1980）提出了 Grossman-Stiglitz 悖论。在完全竞争的市场中，如果不确定性仅仅来源于未来收益的随机性，则完全揭示的竞争性理性预期均衡不具有稳定性，甚至不存在。完全竞争市场中的交易者是价格接受者，如果均衡价格完全揭示私人信息，那么交易者都有“搭便车”的动机，即不愿意自己搜寻有成本的私人信息，而只想从价格中推测信息。当全体交易者都不搜寻私人信息时，价格中就没有信息可以汇总和传递。

对于有效市场假说的挑战主要来自金融学的实证研究。在股票收益的历史可预测性方面，按照弱有效市场的观点，投资者无法利用历史价格信息来构造投资策略以获得超额利润。从 20 世纪 80 年代开始，有很多研究发现了股票收益可预测的证据。例如，De Bondt 和 Thaler（1985）发现，股票长期的历史累计收益与未来的长期股票收益负相关，基于这个现象构造的投资策略可以获得超额收益，这个现象被称为“长期反转”。而 Jegadeesh 和 Titman（1993）的研究显示股票中期的历史累计收益与未来的中期股票收益正相关，基于这个现象构造的投资策略也可以获得超额收益，这个现象被称为“惯性”。在公开信息对股票收益的影响方面，按照半强式有效市场的观点，投资者无法利用市场公开信息来构造投资策略以获得超额利润。然而，许多研究发现，在控制了诸多风险因子之后，股票收益与公司规模（Banz，1981）、账面市值比（B/M）（Basu，1983）、盈利价格比（E/P）等特征有关。另外，对有关盈余公告事件的研究发现，股票价格对盈余公告先“反应不足”后“反应过度”。在市场总体特征方面，在有效市场条件下，股票价格由“未来红利的预期净现值决定”，因此，股票价格的波动应该可以由这个贴现模型来解释。而 Shiller（1981）有关股市波动的研究发现，股价的波动幅度要远远高于贴现模型所能够解释的程度，这也被称为“波动率之谜”。

实证研究发现的异象极大地推动了金融学的发展。金融学对更为基本的问题做了进一步思考。有效市场理论基于理性经济人的假设，而现实中的金融市场参与者并非完全理性，这些实证研究发现的市场异象也许是金融市场参与者非理性行为的结果。对于行为人的决策，心理学有大量的研究发现，现实中人们的决策行为与经济学的理性假设有一定的差异。因此，根据心理学的研究成果来放松理性经济人假设，并以此为基础来研究金融问题，这就产生了行为金融学。

二、行为公司金融概述

行为公司金融（behavioral corporate finance）是行为金融和公司金融的融合，这一概念由 Barberis 和 Thaler（2001）提出，他们从行为金融学的角度对公司管理者的决策行为进行了研究。Shefrin（2001）指出传统公司金融理论都建立在三个假设的基础之上：

(1) 理性行为；(2) 资本资产定价模型 (CAPM)；(3) 有效市场。这三个假设均没有考虑人的非理性行为对公司金融决策行为的影响。传统公司金融理论认为公司的管理者和市场的投资者都是完全理性的，人们的决策是依据理性预期、风险回避和期望效用最大化做出的，并根据实际情况的变化不断更新自己的决策知识。但是大量的心理学研究表明，人们的实际决策并非如此。市场参与主体的行为方式以及其中更深层次的相关心理特征等，对企业金融活动的结果具有重要的影响。

行为金融从心理学角度对传统的金融学提出了质疑：(1) 心理现象使决策者不能理性行事；(2) 证券的风险溢价不能完全由 β 决定；(3) 市场价格经常偏离基础价值。行为金融学在资产定价领域对资本市场有效性假说提出了质疑。而且大量的实证研究表明，股票市场并非理性，股票价格往往偏离公司真实价值 (mispricing)。在公司金融领域，传统的公司金融模型假设资本市场有效，即投资者行为理性，能够对公司资本配置行为正确估价，即股票价格能正确反映公司的内在价值。因此，最大化股东价值等同于最大化公司股票价格。支配公司资源的管理者以股东价值最大化为准则理性配置资本，即投资于净现值大于 0 的项目。但公司所有权与经营控制权分离以及外部股权分散，难以有效监控管理者，导致公司管理者致力于自身价值最大化；或者虽然管理者理性，但由于信息不对称，投资者低估公司股票价值。

有关行为金融以及管理决策行为的研究推动了行为公司金融的兴起和发展。行为公司金融关注两种非理性对公司资本配置行为及绩效的影响：(1) 公司管理者非理性；(2) 资本市场投资者非理性。Shefrin (2007) 提出了在公司价值最大化过程中存在两种行为障碍：公司内部障碍和公司外部障碍。Shefrin 将第一种障碍称为行为成本，这种行为成本是由管理者的认知非理性和决策的情绪驱动引起的，导致了价值损失。第二种障碍则是投资者和分析师的行为错误使市场价格和基础价值出现偏离，管理者会因此无法确定如何将这种行为错误考虑进他们的决策中。由此，也形成了行为公司金融的两种基本研究假设：第一种认为投资者不理性，第二种认为管理者不理性。

在这两种非理性假设下，行为公司金融研究两种非理性对公司金融决策行为的影响，主要问题是：(1) 非理性的投资者是否影响了公司的金融决策，包括公司的投资、融资、股利政策，以及企业的兼并收购及重组行为等。(2) 非理性的管理者对公司金融决策的影响包括公司的投资、融资、股利政策，兼并、收购及重组行为等。

专栏 15－1　光伏之殇——“11 超日债”违约始末

1. 暗流涌动

超日太阳成立于 2003 年 6 月，是一家以太阳能材料、太阳能设备、太阳能灯具等的生产、销售及安装为主营业务的新能源企业，实际控制人为倪开禄。公司成立之初，德国、西班牙等国上网电价政策的出台推动了欧洲光伏装机量的大幅增长，从而带动了全球光伏市场的蓬勃发展，中国光伏产业也因此受益，从 2004 年起产能连续以超过 100% 的年增长率向前狂奔。然而随着 2008 年金融危机的爆发，全球经济增长放缓，以德国、西班牙为首的许多国家纷纷削减光伏补贴、下调上网电价，光伏装机需求大幅下降，光伏行业因此陷入低迷，一直持续到2009年。此后，随着美国、日本等国光伏补贴政策的出台以及中国政府一系列促进光伏产业快速发展政策的颁布，这些新兴市场的光伏需求出现井喷，整个光伏行业又迎来了春天。2010年，借着行业复苏发展的态势，超日太阳成功在深圳证券交易所中小板上市，以58.06倍的市盈率共募集资金228 662万元，被分析师们溢美为“正在崛起的光伏产业新星”“光伏产业新力军”。而事实上，这已是超日太阳的第二次IPO冲关，第一次发生在2009年，当时由于被质疑财务造假和募投项目上马过快而被否决。相较一年前，这一次IPO发生了一些变化：上市板块由创业板改成了中小板，申请募集资金也由6亿元增加到12.9亿元。上市当年，超日太阳累计完成销售量201MW，与2009年相比增长了133.72%，实现净利润2.19亿元，同比增长29.10%，其中，境外市场贡献了销售量的绝大部分，德国市场更是以152.34MW的销售量占据了公司销售业绩的约3/4。

据统计，2009—2010年，中国成为光伏产业第一生产大国，掌控了65%的全球光伏产能和60%的全球市场份额。然而中国光伏产业技术含量普遍较低，需要大量的人力、财力投入；产业链上游的多晶硅生产、产业链下游的电池组件制作，都可能造成环境污染；原料多晶硅依靠进口，光伏产品又销往国外，不计成本的产能过剩把价格打压得越来越低，在光伏产业，中国俨然继续着世界代工厂的模式。超日太阳的产能不及行业领头羊无锡尚德的1/10，在国内属于二线光伏企业。

2. 风光不再

上市初期的优异表现坚定了超日太阳不断攀登的信心。进入2011年，公司继续扩大投资规模，为了改变产能配套能力低下的局面，超日太阳投资建设了洛阳基地、九江基地电池片项目及洛阳赛阳硅业土建工程，公司同时收购了卫星太阳能200MW组件以及洛阳银电光伏50MW单晶拉棒。为了应对光伏市场变化，公司开始着力于开拓海外电站项目，投资设立了香港超日太阳能科技股份有限公司并先后两次增资，该公司作为超日太阳海外电站项目的操作平台，陆续在保加利亚、塞浦路斯、希腊、德国等地建立了数目众多的电站公司，超日太阳的触角由此在国际范围内伸展开来。截至2011年年底，超日太阳固定资产投资累计达到11.3亿元，资产总额达到72.1亿元，较上年增加了62%。然而，与超日太阳的积极扩张做法不相称的是，2011年的光伏市场环境似乎并不太平。

受欧洲债务危机的影响，为抑制过度投资，德国、西班牙、瑞士等国逐步削减甚至终止了光伏补贴，这一举措严重压缩了欧洲光伏市场的装机需求，也给过度依赖欧洲市场的中国光伏行业沉重一击。受上述环境影响，超日太阳的海外销售境况出现剧烈波动，销售回款时间延长，加之采用规模扩张战略，公司流动资金全面吃紧，尽管销售收入有所增加，但全年净利润却首度亏1.12亿元，超日太阳随着其所在的光伏行业的变迁进入了运营的低谷。

3. 发债求生

2011年的经营红灯并未动摇超日太阳对光伏产业乐观前景的判断，为了维持正常的经营发展并重拾辉煌，公司毅然选择再筑债台。2011年9月28日，超日太阳发行公司债券申请获得中国证监会通过。2011年10月22日，公司2010年三季报发布，其中预测2011年归属于上市公司股东的净利润比上年同期增长50%以上。相比之下，此时的光伏老大无锡尚德已爆出严重亏损。2天后，证监会顺利核准了“11超日债”的发行计划。2012年1月31日，超日太阳发布《2011年度业绩预告修正公告》，预计2011年度净利润同比下降35%～65%，经历第一次业绩变脸。2月29日，业绩快报出炉，显示2011年度净利润同比下降62%，但仍盈利8 437万元。紧接着的3月5日，超日太阳发布《公开发行公司债券募集说明书》，由中信建投证券股份有限公司（同时也是超日太阳股票上市的保荐人，以下简称“中信建投”）保荐，鹏元资信评估有限公司（以下简称“鹏元资信”）将发行主体与“11超日债”均评为AA级。3月7日—9日，“11超日债”成功发行，规模10亿元，期限5年，年利率8.98%，按年付息，到期还本，采用无担保方式。超日太阳与广发银行和中信银行针对本期债券发行签订了共计8亿元的银行流动性贷款支持协议，以保障本期公司债券本息的偿付。3月26日，超日太阳公告将2011年年报披露时间从3月28日推迟到4月26日，之后便出现了第二次业绩变脸，4月17日业绩修正公告称，2011年度由盈转亏，利润变成−5 853万元。仅仅3天后，“11超日债”在深圳证券交易所公开上市。4月26日，2011年度报告带着“亏损5 479万元”的最终结果姗姗来迟。更有甚者，2013年4月24日，超日太阳披露的《重大前期会计差错更正的公告》显示：截至2011年年末，超日太阳投资建设了44家境外子公司，开展太阳能光伏电站业务，但并未将这些子公司纳入合并报表。这样一来，超日太阳向这些子公司供应光伏电站组件，产生的应收账款则成为虚增收入和利润的手段。因此，超日太阳2011年虚增营业收入9.45亿元，虚增比例达39%；虚增母公司净利润0.55亿元，当年亏损幅度扩大到1.1亿元。

4. 无力回天

“11超日债”的发行，为公司偿还了4亿元银行贷款，补充了6亿元流动资金，然而这点星星之火却无法温暖下一个更加寒冷的冬天。

2012年11月，美国国际贸易委员会做出最终裁决，对中国产晶体硅电池及组件征收18.32%～249.96%的反倾销税，以及14.78%～15.97%的反补贴税，高额的“双反”税导致中国对美光伏电池、组件出口额大幅下降，也打破了超日太阳自此冉冉升起的梦想。原本还在2012年三季报中为即将扭亏为盈而提前欣喜的超日太阳，却在短短几个月后因经营状况严重下滑而再度报亏，2012年巨亏17.4亿元。面对极度恶化的财务状况，超日太阳曾因规模扩张需要而高筑的债台此时也摇摇欲坠，大量借款逾期。2012年12月27日，新浪微博还曾爆料超日太阳董事长倪开禄携款跑路的传闻，一时闹得沸沸扬扬。尽管后来公司回应“倪开禄目前的确身在国外，正忙于催收应收账款事宜”，但流动性紧张已暴露无遗。危急时刻，超日太阳所在地上海市奉贤区政府选择出手相救，说服当地银行推迟对公司逾期贷款的追偿，在政府的援助下，超日太阳算是平稳地度过了一年。

在经历了一连串波折后，超日太阳已然筋疲力尽，然而，悲惨的命运还远没有结束。2013年，欧盟接过美国手中的接力棒，对中国产光伏产品实行了更为苛刻的“双反”，凭借一纸裁决，占据中国光伏企业70%以上出口份额的欧洲市场坠入了深渊，行业出现整体性亏损，超日太阳也由此彻底失去了翻身的机会。因缺乏生产所需的流动资金，公司许多生产线停产，销售收入大幅下降，而与此同时，大量的应收账款无法及时收回，财务状况已经到了“不堪入目”的境地，资产负债率甚至一度超过了100%。2013年继续巨亏15亿元。2013年3月7日，超日太阳勉强如期兑付了2012年8 980万元利息。公司及债券的前景仍未明朗。

5. 债券违约

“11超日债”发行后，随着坏消息接踵而来，市场对其违约的预期也越来越浓重。在债券上市仅仅2个月后，鹏元资信将超日太阳主体长期信用评级展望调整为负面，又于年底将“11超日债”的信用评级由AA降为AA—。蹊跷的是，这份评级变更文件显示日期是2012年12月27日，而超日太阳直到2013年1月9日才予以公示，滞后长达两个星期。评级下调后，“11超日债”大幅跳水，从106元跌破面值，经过几个月的挣扎才恢复到100元以上。2012年年底爆出倪开禄跑路传闻，“11超日债”随之停牌。2013年2月1日，忽然复牌的“11超日债”发生断崖式跳水，当天降幅高达23.25%，自此一蹶不振，市场价格徘徊在60元左右，而此时该债券的到期收益率高达40%。

另外，“11超日债”发行时为无担保债券。2013年年初超日太阳董事会决定，根据中信建投要求，为这期债券补充提供担保，担保的资产范围包括上海超日公司及子公司的部分应收账款、部分不动产及机器设备。但担保人的信息披露过于简单，也未披露担保人的财务状况。针对这些现象，债权人主动发起了反击，对中信建投、鹏元资信和深圳证券交易所提起大量诉讼，但均被驳回。

2014年3月7日，“11超日债”的第二期付息日很快将如约而至，为了筹集利息所需资金，超日太阳先后制定了两套解决方案。第一套方案制定于2014年2月24日，意在通过转让项目的方式获取付息资金，但在相关的手续、文件都已就绪，距离利息打款日仅剩3天时，却发现该方案存在法律障碍，被迫停止。于是当晚，公司又迅速制定出第二套方案，其核心内容是引入重组方，由奉贤区政府代为偿付债券利息，以此来抵免奉贤区政府曾欠超日太阳重组方的债务，重组方承诺在重组完成后返还政府7 000万元，这一方案很快获得了奉贤区政府的通过，只剩具体落实。然而在3月4日，距付息日仅剩3天时，敲定好的第二套方案被奉贤区政府以“风险太大”为由否决，超日太阳资金链彻底断裂，不得不于当晚发布公告称，公司仅能于2014年3月7日支付人民币共计400万元的利息，占当期应付利息的4.5%。消息一出，可谓一石激起千层浪，中国股市、汇市、大宗商品应声暴跌，多只债券暂停发行，投资者恐慌情绪持续上升。事实上，此前，中国光伏产业龙头无锡尚德也发生过难以偿还美元债券的情况，最后以宣告破产告终。但无锡尚德是美国上市公司，债券募资对象也都以海外投资者为主，所以“11超日债”当仁不让地成为中国债券市场上第一只违约的公募债券。自上市以来，超日太阳对外融资近70亿元，却穷得还不起钱。

因2011年、2012年、2013年连续三年亏损，超日太阳的股票自2014年5月28日起被暂停上市，“11超日债”也于2014年5月30日起被终止上市。

6. 重整救市

如果已经三连亏的超日太阳在2014年继续亏损，则会直接退市，各债权人本可获得的清偿资金将化为泡影，所以重整成为决定超日太阳命运的最后一根救命稻草。最终，江苏协鑫能源有限公司（以下简称“江苏协鑫”）向超日太阳伸出了援手。江苏协鑫的母公司协鑫集团控股公司，是一家以清洁能源与新能源为主营业务的综合能源集团，是中国最大的非公有制电力控股企业、全球最大的光伏材料制造商。在江苏协鑫的带领下，包括嘉兴长元、上海安波、北京启明在内的9家投资者受让了公司由资本公积转增的股本共计168 000万股，受让资金达到14.6亿元。这些受让资金以及公司通过处置境内外资产和借款筹集的资金被用来支付重整费用并偿还债务，剩余资金则作为企业后续经营的流动资金。

毋庸置疑，在超日太阳的债权偿付方案中，最受关注的当属“11超日债”的偿还。按照重整计划，由于“11超日债”属于有财产担保债权，其债权人能够按照相应担保物评估价值优先受偿1 781.25万元，其余未优先受偿部分则按照普通债权受偿，同时中国长城资产管理公司和上海久阳投资管理中心为“11超日债”的持有人出具保函，分别提供累计金额最高不超过7.88亿元和0.92亿元的连带责任担保，而长城资产管理公司隶属“国家队”的背景让“11超日债”的偿付闪动着政府的身影。

2014年12月17日，超日太阳发布2011年公司债券兑付公告，原定的5年存续期提前终止，自2014年6月26日上海一中院裁定受理公司重整之日起视为到期，将针对每手“11超日债”面值1 000元派发本息合计1 116.40元（含税），还本付息日为2014年12月22日。至此，“11超日债”的债权人不仅可以得到本金和利息，连罚息都有了。难怪有债民慨叹“还是债市好，有钱任性，可以再去搞点城投债”。

2014年12月26日，重整计划执行完毕，伤痕累累的超日太阳从死亡线走了回来，实际控制人易主为协鑫集团的大股东朱共山。

正当江苏协鑫领衔重整超日太阳之时，《新财富》杂志发布了2014年度“500富人榜”，汉能控股集团董事局主席李河君以870亿元的身家成为新首富，而汉能集团是全球最大的薄膜太阳能企业。

2015年3月9日，超日太阳将公司名称变更为协鑫集成科技股份有限公司，换了新衣的超日太阳似乎整理好了心情重新出发，但是，历史永远不能被遗忘，曾经的“光伏新星”为何会骤然陨落？

资料来源：中国管理案例共享中心案例库。

三、决策者的非理性行为

1. 决策中的判断方法

（1）典型（representativeness）判断法。典型判断法是指人们在不确定的情况下，会关注一个事物与另一个事物的相似性，以推断这个事物的可能特征。经理人在考察某个事物或某种观点究竟在多大程度上符合某个模式时，往往会看该事物或观点在多大程度上代表其所属类型。

《商业周刊》报道说，Scott McNealy 相信，互联网从根本上改变了美国的经济状况，并且对于相当多的企业来说，互联网都是非常关键的。基于典型判断法而得出的结论会导致一部分人认为：正是因为互联网在经济中重要性的不断增强，以及网络公司盈利的短暂而急速的波动，美国的经济将经历急剧变动而非起伏型波动。正是基于典型状况的思考方式使 Scott McNealy 得出这样的结论，即美国的经济周期模式将会是峰状而非波浪状。

（2）可得性（availability）判断法。可得性判断法是指人们倾向于根据时间在记忆中总的可得性程度来评估其相对概率，容易感知到的信息被判定为更经常出现。这种方法使他们更依赖于那些容易获得的信息，而忽视那些相对不易获得的信息。这种做法容易导致判断的偏差。

（3）锚定效应与调整性（anchoring and adjustment）判断法。经理人通常会对某个他们所熟悉的事情快速地做出一个初始判断，然后在新的环境下对初始判断进行调整，以反映新的信息。这就像是为了防止船顺水漂远而抛锚一样，经理人的初始意见会锚定他们的判断。这类方法被称为锚定效应与调整性判断法，由此引发的偏差被称作锚定偏差。

在世纪之交，也就是太阳微系统公司最为鼎盛的时期，公司的利润增长率达到了每季度50％的水平，该增速快于竞争对手微软公司、英特尔公司和戴尔电脑公司。不过这一增长比率并不持久。在考虑公司增长前景的时候，一个问题就是，如何围绕50％的季度增长率来调整未来的预期？如果太阳微系统公司的执行管理层“锚定”在50％的水平上，那么即使他们将未来的增长预期下调，他们也会从心理上倾向于不充分的调整，这是锚定偏差的自然属性。在这种情况下，锚定效应将会导致对增长的过度乐观预期。

（4）情感性（affect heuristic）判断。大多数经理人都依照自己情感上觉得是正确的事情来做决策。心理学家们用情感这一术语来描述感观情绪，用情感性判断来描述过于依赖直觉或者“心理情绪”的行为。如同其他形式的直接判断一样，情感性判断包括了那些能够导致经理人行为偏差的心理特征。

2. 财务决策中的个体心理偏差

公司经理人在财务决策中都试图以理性的方式判断市场并进行相应的决策，但是面对不确定性的环境，作为普通人而非理性人，其决策还会受到心理、情绪和意志等因素的影响，以至陷入行为陷阱。企业家在决策过程中存在过度自信、过度乐观等心理特征。这些心理偏差会直接影响公司经理人对信息的注意和对风险的感知，从而直接影响他们对风险的判断和决策。

（1）过度乐观（excessive optimism）。一般而言，经理层都存在过度乐观的心理特征。经理人往往高估了出现有利结果的概率，却低估了将会面临不利结果的概率。

事实证明，Scott McNealy 对 2001 年经济衰退的预言过分地乐观了。那么他的预言是否具有偏差呢？虽然 Scott McNealy 的预言被事实证明是错误的，但是否依然有道理？

在第二次世界大战到 2000 年期间，美国经济衰退的平均时间为 11.6 个月。2001 年前发生的最后一次经济衰退出现在 1990—1991 年，实际国民投资总额持续下降 12 个月。我们可以从中得到什么结论呢？历史记录并未表明经济衰退是一个短期现象。一个更为合理的结论是，Scott McNealy 的预言因为乐观而发生了偏差，他的乐观导致他没能及时削减成本开支，从而影响了其公司的价值。

（2）过度自信（overconfidence）。过度自信是一种因人们对自身能力和知识面了解程度不足而产生的偏差。在管理者中非常普遍，Russo 和 Schoemaker（1992）发现，99%以上的管理人员都高估了自己的经营能力和企业的盈利能力，特别是管理者常常认为别人不一定成功而自己却能够成功。①

《商业周刊》杂志在描述 Scott McNealy 时用到了“聪明”和“骄傲自大”两个词。骄傲自大是过度自信的一种表现。过度自信的人确实很聪明，但并不像他们自己所认为的那么聪明。此外，以往的成功经历能使人们变得过度自信。Scott McNealy 就曾经在以前取得过重大的成就，特别是他做出了使用太阳微系统公司自己开发的软件而不是使用微软公司软件的决定。同时，Scott McNealy 相当自信地认为，2001 年的经济衰退将会呈现峰状路线，即经济开始急剧下行，紧随其后会有急速的回升。然而，事实并非如此。Scott McNealy 显然轻率地过度自信了。

（3）证实偏差（confirmation bias）。人们一旦形成一个信念较强的设想，就会下意识地寻找有利于证实该信念的证据，用一些证据错误地解释支持该信念，而不再关注那些否定该信念的证据，那么他们就会表现出证实偏差。

《商业周刊》的文章有没有提到表明 Scott McNealy 存在证实偏差的情况呢？文章中提到，在 2000 年年末，太阳微系统公司的执行官们在得知思科公司也就是该行业的领头羊利润出现了大幅下滑后，提出了要在太阳微系统公司内部建立起成本削减规划体系的建议。2001 年 3 月，思科公司裁减了 18%的雇员。然而，这个消息并没能得到证实，它否定了 Scott McNealy 关于经济衰退是短暂的这一观点。尽管公司其他管理人员向他提出了上述削减成本的建议，但 Scott McNealy 拒绝批准任何成本削减计划。Scott McNealy 表现出的证实偏差导致了他的错误决策。

---

① Russo, J. Edward, and Paul J. H. Schoemaker, “Managing Overconfidence”, *Sloan Management Review*, 1992 (33): 7-17.

（4）控制幻觉（illusion of control）。当一位经理人做出某项决定时，该决定会带来的结果往往取决于运气与专业技能的结合。通常，经理们会潜意识上夸大他们对决策结果的掌控能力。与之相关的偏差被称为控制幻觉。

在《商业周刊》杂志的文章中，尽管太阳微系统公司的一些执行官主张购买英特尔公司的芯片，但是 Scott McNealy 还是固执地认为本公司的芯片制造团队有足够的能力控制成本差距。在一次短暂的公司会议上，Scott McNealy 明确规定公司的产品不能带有“Intel Inside”的特征。七年后的情况是，英特尔芯片的运行速度达到了太阳微系统公司所生产的芯片速度的两倍。回顾当时的决策，Scott McNealy 表示那是他最大的遗憾。

（5）损失厌恶（loss aversion）。人们面对同样数量的收益和损失时，损失的数量更加令他们难以忍受。损失对人们造成的负的刺激度远远高于同等收益对人们的正的刺激度，例如人们失去 1 万元的难受程度比得到 1 万元的欢喜程度更高。

这种对理性的违背说明人们在决策中有着不同的风险偏好：在盈利情况下，人们是“风险厌恶”（risk-aversion）的；在亏损情况下，人们是“风险寻求”（risk-seeking）的。卡尼曼和特韦斯基的“前景理论”（prospect theory）的重要发现之一是，人们在面对收益和损失时的决策表现出不对称性：同量的损失带来的负效用为同量收益的正效用的 2.5 倍。他们的实验结论是：人们并非厌恶风险，当他们认为合适时，他们会选择赌上一把，所以，人们的动机主要是躲避损失，而不是厌恶不确定性。人们厌恶的是损失，因为损失总显得比收益更突出。损失厌恶还会导致行为人不愿意承认已有的损失，在已经出现亏损时还继续增加投入。

（6）后悔厌恶（regret aversion）。后悔厌恶是指人们做出错误的决策时，对自己的行为感到痛苦，为了避免后悔，人们常常会做出一些非理性行为。认知失调（cognitive dissonance）是后悔厌恶的一种表现形式。认知失调是指人们被告知有证据表明其信念或假设是错误的时，所表现出的心理和智力上的冲突，它是对错误信念的后悔。

（7）心理账户（mental account）。人们根据资金的来源、资金的所在、资金的用途等因素对资金进行归类，这种现象被称为“心理账户”。在决策过程中，人们通过三种心理账户对他们所面对的选择得失进行评价：（1）最小账户仅仅与可选方案间的差异有关，而与各个方案的共同特性无关；（2）局部账户描述的是可选方案的结果与参考水平之间的关系，这个参考水平由决策的产生背景所决定；（3）综合账户亦称总账户，从更广的类别对可选方案的得失进行评价。实验表明，人们往往依据局部账户来进行决策，而忽略了从总账户的角度来衡量方案的得失，从而可能导致决策的不理性。

（8）从众行为（herd behavior）。从众行为也称“羊群行为”，是指个人在真实的或臆想的群体压力下，在认知上或行动上以多数人或权威人物的行为作为准则，进而努力与之趋于一致的现象，也是人类社会中一个非常普遍的现象。

羊群行为会影响公司经理人的决策，使经理人在投融资决策或股利分配决策中，不是根据企业的实际情况进行决策，而是受到市场或他人的影响，在没有经过理性分析和科学决策程序的情况下，进行超越自身控制能力的盲目投资或并购行为，从而给公司带来不必要的损失。

3. 财务决策中的群体心理偏差

在实际运用中，群体决策并非理想中那么完美。人的心理与决策水平在个体和群体模式下会表现出不一样的特性，群体决策中的心理表现并不是个体的简单叠加，人的认知心理会随着群居的出现而改变。在追求“群体内聚性”的过程中，个体的创造性、独特性和独立思考的能力往往会丢失。这不仅会导致群体决策不能按理性的程序进行，更严重的是，它会使群体决策失去相对于个体决策的效率优势。

(1) 服从权威（obedience to authority)。人们普遍有一种“服从权威”的心理，其源自一系列反映人类行为中天生忠诚的社会心理实验，这一实验开始于 1961 年，是由著名心理学家 Stanley Milgram 所做。Stanley Milgram 发现人类有一种顺从权威的内在动力，正是这种动力导致了研究对象顺从地执行权威的命令。

(2) 群体思维（group thinking)。群体思维是社会心理学中一个众所周知的现象。Solomon Asch 在 1965 年给出了这方面的一个著名例子。当其他人认可一个明显的错误时，参与者自身会受到影响，会认可明显的错误。这里需要注意：金融市场的价格错误不像 Solomon Asch 试验中的问题那么明显。研究发现，群体思维主要出现在精神高度紧张或情况非常复杂的时候。

第二节 非理性下的公司投资

一、市场非理性时公司的投资

(一) 资本预算

在公司投资决策中，市场上的股价波动往往会影响到公司的实际投资，导致公司投资不足、投资过度或资本配置不当。Keynes 在 1936 年指出了股票价格包含着非理性因素。美国证券市场发展历史中有许多证据支持这一观点，例如，1952—1962 年的电器股繁荣，1967—1968 年的成长股，20 世纪 70 年代早期的“漂亮 50 股”，20 世纪 90 年代末的网络股等。股票价格的波动直接影响了公司相应的投资决策。对美国股票市场价格与公司投资行为关系的研究表明，公司的投资决策在很大程度上依赖于当时整个股票市场的状况，而且越是股权依赖型的公司，即那些资金来源主要通过股权融资方式获得的公司，其投资受股票价格的影响越显著，表明投资者情绪会对公司投资产生重大影响。

在并非有效的资本市场中，投资者情绪会使股票价格偏离其基本价值，此时理性的公司管理者会通过过度投资或减少投资来迎合投资者，致使公司长期价值受到损失。

当投资者情绪过于乐观、公司股价高于其基本面时，公司经理人为迎合投资者倾向于进行更多的投资，但是这些投资项目并不能产生价值，从长期看，这些投资项目的净现值为负，最终会损害公司价值。一个典型的例子是：20 世纪 90 年代末期，中国股票市场存在强烈的“高科技”板块效应，凡是与高科技有关的股票价格涨幅惊人，当时有许多中国上市公司受投资者情绪影响，纷纷上马高科技项目，但这些投资大部分是亏损的。

类似地，当投资者过度悲观、股票价格被低估时，公司因为股票被低估，融资额少、融资成本高，只得放弃融资，结果可能会导致投资不足。

（二）兼并与收购

传统的公司并购理论，如交易成本理论、产业组织理论，都不能完全解释一次又一次的并购浪潮：为什么一段时间并购活动非常活跃，而另一段时间并购活动却十分少？大量研究表明，股票市场的非有效性以及价格对价值的偏离是导致公司并购的一个重要动因。也就是说，与企业真实价值无关的投资者心理因素影响了股票价格并进而影响到企业的并购行为。总结历史上的数次并购浪潮，都是与股票市场的价格波动密切联系的，而且并购活动非常活跃的情形与高的市场估值有着密切的联系。

Shleifer 和 Vishny（2001）解释了股票市场定价对美国公司不同时期并购行为特征的影响。他们认为美国公司在 20 世纪 60—70 年代的多元化并购、80 年代的杠杆并购和 90 年代中后期的业务相关企业换股并购行为等，都是公司管理者对股票市场定价偏差的理性反应。①

二、管理者非理性时公司的投资

（一）资本预算

公司的经理人在某些条件下会出现某些认识局限和心理偏差，影响到对投资方案的评价。例如启发式偏差、过度自信等认知偏差的存在，导致经理人往往不是按照科学的决策程序而是依赖直觉和经验进行投资方案的评估。

（1）经理人启发式偏差对公司投资决策的影响。经理人依赖于自身情感来判断的启发式方法，是财务决策时常用的方法。即决策者在评价一个项目时，不仅仅考察财务分析的结果，还可能会依赖自己的直觉进行方案的选择。这也是很多公司常常依赖项目回收期法则而不是 NPV 法则或 IRR 法则的原因。经理人会偏向于比较直观的原理，而回避那些难以理解的方法。在这种情况下，使用项目回收期法则进行决策比采用那些详细、耗时的法则进行决策的成本要低。但大量事实也表明，使用简单直观的项目回收期法则甚至基于直觉进行决策，而不是基于 NPV 法则等科学评价法则，就无法科学地估计项目未来的现金流和可能存在的风险，从而导致投资失误。摩托罗拉公司的“铱”星系统使该公司遭受了巨大的经济损失，而这个项目的论证过程就是直观推断决策方法的代表。

专栏 15－2　　摩托罗拉的“铱”星系统

1987 年，摩托罗拉（Motorola）的一些工程师考虑使用一个全球卫星系统来建立世界范围的电话通信网络，使客户们能够在世界上任何一个地方接收和拨打电话。工程师们将这一项目介绍给了摩托罗拉的高层管理者。

① Shleifer, A. and R. Vishny, “Stock Market Driven Acquisitions”, *Journal of Financial Economics*, 2003 (70): 295-311.

"铱"星系统是一个非常庞大的规划。公司高管在没有进一步核查的情况下，在第一次会谈时就赞成了这一项目。他们没有要求任何现金流预测，没有贴现率，没有 NPV 法则，没有 IRR 法则，甚至没有项目回收期法则。换句话说，摩托罗拉的管理层用主观判断代替了严密的财务分析。这个项目使一家新公司诞生，这家公司被称作铱星公司，摩托罗拉成为该公司的主要投资者。铱星公司既不是一个小规模的项目，也不是一个短期项目。它所要求的是长达 11 年、价值 50 亿美元的投资，该投资需要在产生利润前投入，这使它成为世界上最大的私人部门投资项目。

在 11 年的投资期中，铱星公司的工程师们完成了若干技术上的成就。不过，令投资者感到气愤的是，这个项目从商业上来讲是一个失败的项目。摩托罗拉的管理层低估了客户数量所存在的市场风险。铱星公司的目标市场由经常进行国际旅行的商业管理人员构成，其潜在客户大约有 800 万人。尽管有 150 万潜在客户对产品进行过咨询，但实际订购者仅有 2 万人，人数少的原因主要是手机技术的应用带来的市场竞争。在制定投资决策的 1987 年，手机还相当昂贵，仅仅被少数技术人员使用，但 10 年后，当铱星公司将其服务引入市场时，手机已经非常普及了。此外，在规格上，铱星公司的电话无法做得和手机一样小。手机和用户的手掌差不多大，而铱星公司的电话要大得多并且需要长天线才能使用，很不方便。价格方面，铱星公司电话的价格超过 3 000 美元/部，而在当时，手机的价格大约只在 100 美元/部。

1999 年，铱星公司出现在了破产保护的名单上，并被出售给了私人投资者。2000 年 3 月，铱星公司宣布破产，耗资 57 亿美元的"铱"星系统最终走向失败。

(2) 经理人过度自信和过度乐观对公司投资决策的影响。在现实中，经理人会表现出过度自信和过度乐观的心理，从而对投资决策产生影响。适度的自信有助于经理人保持乐观态度，积极承担一些风险适中的项目。然而，过度自信就成了自负，经理人有时会放大自己的控制范围和能力，做出一些非理性的决策。例如，过度自信会导致投资对现金流较为敏感，并引发过度投资、过大规模及过高增速等问题。

过度自信会导致公司投资对现金流比较敏感。要投资就必须有资金支持，但公司内部资金总是有限，从而导致在管理者过度自信时，投资与公司自由现金流之间存在较强的相关关系。

当公司的经理人过于肯定未来的事件有良好的结果时，就会因为过度乐观在结果上产生偏差。过度乐观使经理人难以客观、理性地分析市场的困难和不足，低估行业竞争的影响和市场风险，从而做出盲目投资、损害公司价值的行为。具体地说，经理人的过度乐观心理使其对面临的风险估计不足，易于夸大自己对财务结果的控制程度，于是可能导致成本超支、收益不足和项目时间延迟等问题。

在英法隧道工程中，该工程在开始修建的那一年，当时的交通流量仅仅为设计者先前预估的五分之一。结果在 1987—2005 年，承担该隧道工程的欧洲隧道公司（Eurotunnel）的股票贬值了 95%以上，导致该公司面临破产的危险。另一个类似的例子是美国波士顿隧道工程，该工程是公认的美国最为昂贵的交通干线项目。其在1985年获批的时候预估费用为26亿美元，但随着项目临近2005年的完工期，最终成本达到将近150亿美元。

总的说来，过度乐观导致经理人对项目的现金流产生乐观的偏差预期，在公司经营中是一种系统性的偏差，普遍存在于公共部门和私人部门的项目分析中，而且在公司投资决策中，过度乐观心理往往会引发严重的后果。

专栏 15－3　　案例：中国远洋巨亏之谜

2008年盈利上百亿元的中国远洋，2011年、2012年却连续两年亏损高达约百亿元。从“盈利王”到“亏损王”的背后，究竟发生了什么？

在中远集团的六家上市公司中，中国远洋被定位为资本旗舰。作为中远集团最重要的资本平台，中国远洋乘着近十年世界贸易繁荣的东风，打造了世界级航运规模，并在多条跨洲航线上，与众多跨国企业角逐“海上霸主”地位。

古老的航运业犹如一杆“敏感的秤”，在不断配置全球资源的同时，也时刻计量世界经济与贸易的需求变化。在这场没有硝烟的战争中，中国远洋有过辉煌，而如今，这家公司也正经历着其公司史上最艰难的一段时期。

2013年3月27日，中国远洋控股股份有限公司（601919.SH，1919.HK，简称中国远洋）公布了全年业绩：2012年，归属母公司净利润亏损95.59亿元；而2011年，这个数字为亏损104.49亿元。

几年间，中国远洋的股价一路下跌，从高位时的每股68.4元（2007年）落至每股3.44元。2012年，每股亏损近0.94元。因连续亏损两年，3月29日，中国远洋股票被迫转为中国A股市场ST股；4月10日，又因“不符合恒生AH指数系列”，被从恒生AH成分股及恒生A股500强指数中剔除（4月22日生效）。如果中国远洋2013年依旧亏损，那么其股票或将被上海证券交易所暂停交易；若2014年情况仍未改善，那么中国远洋将从A股市场正式出局。

面对外界对中国远洋连续两年巨额亏损的猜疑，魏家福在所有公开场合的表达都相当概括：全球经济持续低迷，航运业整体亏损，并不是只有中国远洋一家亏损。但事实上，原因肯定不会这么简单。

中国远洋2012年年报显示，其集装箱航运及相关业务的营业收入为484.5亿元，亏损15.3亿元，对比2011年63.6亿元的亏损额，受全年平均运价提升的积极影响，亏损幅度降低。而干散货航运及相关业务收入160.9亿元，亏损77.7亿元，此部分亏损占到2012整个财年亏损额的81%。运营稍好的是物流、码头和集装箱租赁等业务，分别获得利润5.9亿元、6.8亿元、9.9亿元，此三项业务的利润在一定程度上缓解了中国远洋的整体亏损现状，但因为业务本身规模不大，对公司整体的扭亏影响并不大。

目前，世界贸易对干散货运输的需求基本处于波谷，反映了干散货市场景气度的波罗的海干散货运价指数（BDI）2012年平均值仅为920点（2011年四季度，此指数一度创2008年金融危机以来的新低，坠入661点；而其2008年之前的峰值为 11 793 点），距航运业盈亏线 2 000 点相去甚远，表明相当长一段时间内，干散货航运市场仍会持续低迷。

与中国远洋持续亏损形成对比的是，排名世界第二的干散货航运公司日本邮船（NYK Group），预计 2012 财年获得净利润 37 亿日元，约合 2.3 亿元人民币（截至 2013 年 3 月 31 日），利润额虽不高，但基本实现盈亏平衡；而世界排名第一的集装箱班轮公司马士基（APM-Maersk），仅就其集装箱船运业务而言，2012 年获得利润 4.61 亿美元（约合 28.5 亿元人民币），亦成功扭亏为盈（2011 年亏损 5.53 亿美元）。

中国远洋方面表示，市场供需失衡、运力过剩、运价水平偏低、成本高企、船队结构不均衡，是导致集团亏损的主要原因，而就企业内部的操作、管理，以及扭亏措施，不论是在其财报中，还是在面对媒体时，公司方面都并未披露更多的细节。

不可否认，全球干散货市场运价下跌，公司的确受到了行业市场景气下挫的冲击。然而，仅仅说"经济环境因素造成了中国远洋的巨亏"是不完全的，同时，这种说法也难以让大家信服。

在本轮航运业的周期性低迷中，不少企业通过提升管理、降低成本、提升运价恢复了营收平衡，似乎中国远洋对航运周期的反应较其同行要慢一些。原因是什么？又是什么使中国远洋持续中亏损的"魔咒"？

中国远洋的巨额亏损与其管理层过度扩张的心态、对经济形势的判断失误、以及忽视经济的下行风险有直接关系。2003—2008 年是航运业的高速发展期，造船价、租船价和运价齐涨。彼时，中国远洋以长期协议的方式，签下了多条高额租船协议。经济形势好的时候，好望角型船的锁定租赁价格是 8 万美元，然而经济形势陡然走衰，租船率下挫，租金跌穿 1 万美元。鉴于此，中国远洋本应收缩航运规模，然而，却因为被锁定了租船价格，只能以高于市场的价格租船。2011 年，中国远洋还曾被曝出因拖欠希腊船东部分高价租船合同的租金以迫使该船主接受更低的船租费率而导致三艘船被扣，引发航运交易所管理人士的批评，并受到评级机构穆迪的警告。

与此同时，新船的交付速度加快也给中国远洋这样的航运公司带来了压力。据中国船东协会副秘书长张守国介绍，过去从设计、下单、制造到交船，造一条船要五六年，而现在由于技术进步与效率的提高，从下订单到拿到船，只需不到一年。就此分析，以往船厂的交货期长，造船时间正好与经济下行期吻合，航运公司财务状况好转后，刚好按时支付造船款，如今，船厂交付能力增强，而处于亏损的航运公司的负担却大大加重。据悉，中国远洋曾于上一轮航运高峰期下过不少船舶订单，截至 2012 年 12 月 31 日，中国远洋仍有未交付的干散货船舶新船订单 16 艘。

同时，也有业内人士认为，中国远洋规模大，市场好时，盈利多，市场不好时，当然亏损也重；但如果公司提早锁定风险，调整船队结构，在现有的经济形势下可能也会亏，但不会那么严重，如果能做到极致，应该能接近盈亏点。

从市场交易特点来看，中国远洋的很多干散货交易是现货市场，这一点使中国远洋站在了市场风险的最前沿。市场好的时候赚得多，市场不好时亏损也多。而相比一些与电厂、钢厂签订 COA（外贸长期合同的一种），实现“旱涝保收”的航运公司，中国远洋的经营风险可谓相当大。

除以上原因之外，中国远洋连同行业内的其他航运企业，其盈利能力降低在一定程度上也与“货主自建船队”趋势有关。比如全球矿业巨头淡水河谷，为了节约运价（曾经铁矿石价格每吨 100 美元时，每吨运价高达 100 美元以上），开始自建运输船队。在此之前，淡水河谷一直是中国远洋的大客户（淡水河谷每年将 40%以上的铁矿石出口到中国），租用中国远洋的干散货船进入中国，2012 年年中，淡水河谷拒用中国远洋的干散货船，直接影响了中国远洋的干散货船只使用率，中国远洋与淡水河谷的关系也因此一度紧绷。

(3) 经理人的证实偏差心理对公司投资决策的影响。证实偏差是指人们在寻找支撑某个假设的证据时，有证实而不是证伪的倾向。即经理人在投资决策过程中，进行决策信息的收集和判断时，倾向于乐于接受支持自己观点的信息，而排斥与自己意见相左的信息，使项目的论证过程流于形式，成为“证实”的过程而不可能出现“证伪”的思路，最终结果是项目按照决策者的意图进行。同时，在证实偏差的影响下，当项目实施过程中出现一些与预期相违背的证据时，经理人可能不认为是自己的信念或决策存在错误，而认为是行动实施不到位等原因造成的。特别是，经理人常常投入更多资源到失败的项目中，试图改变状况以便项目朝着自己预期的方向发展，从而证明自己当初的决策是正确的。对项目失败负有责任的决策者比那些不负有责任的决策者更喜欢寻找证据，来证明他们的决策是合理的。

(4) 经理人厌恶损失的心理对投资决策的影响。很多时候，人们做出错误的决策后会对自己的行为感到很痛苦，而且当必须对损失的结果承担大部分责任时，人们常常会做出一系列非理性行为。经理人厌恶损失的心理会对公司投资决策产生重要影响，产生对沉没成本的眷顾和恶性增资等非理性的投资决策行为。

由于存在厌恶损失的心理，当项目出现损失时，终止项目会使损失立刻呈现，经理人因为需要承担责任就不愿马上终止项目，他们通常会继续追加项目投资，愿意冒更大的风险维持项目的继续运行，他们期望增加投入可以克服眼前的困难而使企业走出困境。即面对一项确定的损失，出于厌恶损失的心理以及对自身名誉的追求，经理人会表现出风险偏好的行为，孤注一掷地投资于那些风险很大，但一旦成功可以明显改变公司状况的项目。[①] 这样做的结果往往是风险积累和滞后，亏损越来越大，以至于经理人在面对一项沉没成本时，可能形成恶性的增资循环。

（二）兼并与收购

(1) 过度自信和过度乐观对公司并购活动的影响。过度自信和过度乐观的心理经常促

① 这在学术上也被称为资产替代（asset substitution）行为。

使经理人频繁地从事并购活动。有研究表明，过度自信的管理者进行并购活动比理性管理者更为频繁。但实际上，大多数并购并没有为兼并方增加收益。之所以如此，是因为管理者错误估计了合并后企业市场份额的增长率，对增加销售量的前景过度乐观，从而过高地评估了并购产生的协同效应。

(2) 从众行为对公司并购活动的影响。在信息和环境不确定的情况下，经理人面对复杂多变的外部环境，为节省认知成本，经常盲目模仿、争相攀比同类公司。在企业扩张、并购方面更是如此，经理人不是理性思考和分析，而是模仿他人进行决策，形成从众行为。此外，当经理人的并购决策还会影响名誉时，其更加有从众的倾向。

专栏 15-4　　案例分析：湘鄂情并购转型难逃劫数

中科云网科技集团股份有限公司（简称中科云网）构成了国内首例公司债券本金违约。中科云网科技集团股份有限公司前身是北京湘鄂情集团股份有限公司。2014 年 8 月 24 日公司名称由“北京湘鄂情集团股份有限公司”变更为“中科云网科技集团股份有限公司”。中科云网 2015 年 4 月 6 日下午发出公告，因其无法按时、足额筹集资金用于偿付 2012 年公司债券（即 ST 湘鄂债）应付利息及回售款项，正式宣布构成对该期债券的实质违约。从“餐饮第一股”到“首例公司债券本金违约”，湘鄂情被推到了风口浪尖，而湘鄂情的转型也被当作失败的教案。

一、五次转型仍难逃亏损

多年前刚刚来到北京的孟凯或许做梦也没有想到日后可以把一家小饭店做得风生水起。从 1995 年开在深圳的路边小店到 2009 年在深圳证券交易所 IPO，湘鄂情一路冲上顶峰，在 2012 年之前湘鄂情一路发展，风平浪静。“湘鄂情”的名号最早出现在深圳，孟凯的餐厅之路也从这里起步，由小饭店一步步扩展为能容纳千人的餐厅，并逐步走向全国。他没有把湘鄂情的深圳模式复制过来，而是选择了另外一条路。

湘鄂情在北京的第一家店，地址选在海淀区定慧寺的路边，位置虽然不起眼，却是八大部委密集的地方。孟凯还调整了经营模式，在原来的湘菜、鄂菜的基础上又加入粤菜海鲜，并糅合其他菜系，转走中高档路线。时至今日，餐饮界人士对孟凯当初选址和定位的眼光仍然赞誉有加。“北京的公务宴请餐饮市场很大。”同时，孟凯的豪爽大气也成为圈子内的美谈。

2012 年年底，中央“八项规定”一纸令下，“三公”消费被严格控制，湘鄂情业绩直线下滑。无奈之下，企业不得不酝酿转型。起初，湘鄂情只是在餐饮产业链内做了一些转型，但都相继失败。实际上，餐饮业务巨亏之后，湘鄂情几经转型挣扎，其转型方向也在地产、环保、科技等多个领域摇摆。

早在 2011 年 1 月 24 日，湘鄂情尝试涉足地产，但结局出人意料。2013 年 9 月，湘鄂情发布公告称，在武汉“台北路 72 号”的项目中，合作方隐瞒了土地使用权曾被法院查封的真相，并骗取公司 6 000 万元，公司将根据实际情况计提坏账准备。毫无土地开发经验的湘鄂情为自己盲目涉猎新领域的动作埋了单。

2013年7月27日，湘鄂情宣布拟以2亿元收购江苏中昱环保51%的股权，正式进军环保产业。但在2014年5月12日，湘鄂情又宣布中止收购。

2013年年底，面临大幅亏损的湘鄂情又将触角延伸到环保领域。12月15日，湘鄂情连续发布公告，宣布出资5 100万元持有合肥天焱51%的股权。当月24日，以4 000万元收购江苏晟宜环保有限公司51%的股权，时任湘鄂情董秘的李强甚至对外表示："餐饮和环保都是我们的主业。"

而就在外界断定湘鄂情将转型环保行业时，2014年3月，湘鄂情又在一周之内收购了两家影视公司——北京中视精彩影视文化公司和笛女影视传媒有限公司——各51%的股权。同年7月1日，湘鄂情又借更名"中科云网科技集团股份有限公司"宣布进军网络新媒体、云服务和大数据领域。

湘鄂情董事长孟凯曾说，如果在2014年不彻底转型就是死路一条。2014年6月，湘鄂情宣布更名，并将于月底剥离餐饮业务，进军大数据领域，跨界转型进行"二次创业"。7月29日，中国餐饮第一股湘鄂情的转型动作终于明确——做电视盒子，而这其实已经是湘鄂情的第五次转型了。

转型后的湘鄂情陷入了一系列"连锁反应"当中。一方面，主营的餐饮业务处于持续亏损状态，"湘鄂情"的商标已经被公司转让，餐饮扭亏困难重重；另一方面，由于资金短缺，转型的大数据新媒体业务无法正常开展，难以获得预期收益。

二、盲目追热难料后果

总结湘鄂情的转型，可以发现两个特点，一是紧跟热门产业，二是紧跟政策风险。

紧跟热门产业进行并购和转型，在A股市场上并不少见。据上市公司研报分析，2014年业绩增长较显著的行业主要集中在通信、传媒、计算机、休闲服务等行业。不少公司结合社会消费热点，实行"跨界"经营。2013年以手游、网游、环保为主的新兴行业成为上市公司转型大热门。部分公司虽然主业与此并不相关，但积极投身其中，希望寻找新的利润增长点。

A股市场上多数主业转型公司是在主业自救无望、无路可退甚至被ST处理后，匆忙重组转型。这种带有应急、救火性质的被动转型约占转型公司的80%以上。此类重组和转型的效果，短时间内难以保证，很多公司即使扭亏为盈也与新主业无关。也有一些公司的转型是通过投资新领域、开工新项目、置换资产等手段另辟战线、试水新业务主动完成的。此类公司占主业转型公司的比例不到10%。

虽然孟凯对于宏观政策具有敏感度，但是，政策的变化以及带来的影响，还是令湘鄂情措手不及。尽管较早开始谋划向大众餐饮转型，但餐饮业已经无法作为主业支撑湘鄂情这家上市公司。

在不少市场人士看来，湘鄂情不是不该转型，而是不该盲目转型，这样的转型是一次不负责任的豪赌，湘鄂情真正正确的转型应该是从自己熟悉的餐饮市场出发，在市场定位和营销方式上做出变革，以抓住餐饮行业新变化带来的机遇。湘鄂情的转型尝试从一开始就是个错误，面对国内反腐力度加大之后高端餐饮业的不景气，湘鄂情不是从餐饮市场的新变化中去寻找新的机会，不在管理和营销上做出改变，却盲目地追逐当下所谓热门但自己对此几乎一无所知的互联网和环保行业，这样的转型无异于“在自杀的路上狂奔”。

第三节 非理性下的公司融资

一、市场非理性时公司的融资

（一）股权融资

传统的资本结构理论一直忽视资本市场条件对于企业融资选择的影响，而企业实际的融资选择会重点考虑资本市场融资条件的变化，而不仅仅是传统公司金融理论所认为的债务成本与收益的权衡。

1. 股权融资的市场时机选择

Stein（1996）① 最早提出融资的市场时机选择模型，他指出：当市场上投资者的非理性行为使股票价格偏离了其基本价值时，股权融资的成本相对于其他融资形式的成本发生了变化，以公司价值最大化为目标的理性经理人应充分利用这种成本优势进行融资或回购：当公司股价被高估时，应该发行股票以募集更多的资金，增加原有股东的财富；当公司股价被低估时，应回购股票以最大化公司价值。

2. 股票发行时机

公司经理人会根据证券市场价格来选择有利时机进行融资活动，而证券市场的股票价格在很大程度上受投资者情绪影响，因此公司的融资决策行为也与投资者的情绪密切相关。

当投资者对证券市场未来发展非常乐观时，市场情绪高涨，推动股票价格上涨，公司可以更高的溢价进行 IPO，从而获得更多的融资额。相反，当投资者对证券市场未来发展极为悲观时，市场成交量持续低迷，股票价格不断下跌，导致公司股票价格低于其内在价值，公司 IPO 的溢价也较低，直接导致通过发行股票募资的行为大幅减少。与 IPO 相似，企业在增发股票时也同样会选择相应的市场时机，在股票价格上涨时增发股票，在公司股票被低估时延迟增发股票。

3. 股票回购时机

当股票价格被市场低估时，对于理性经理人，则出现了公司股票回购的市场时机。受市场投资者过度悲观情绪的影响，在某些时期内公司股票价格会低于其内在价值，公司常常在这时回购公司股票，当股票价格逐渐上涨至股票内在价值后，回购的股权就能获得较高的投资收益。因此，当证券市场低迷、股票价格被普遍低估时，会形成公司股票回购的热潮，这在西方资本市场上是常见的现象，随着我国上市公司股份回购政策的放宽，在市场低迷时股份回购也日渐出现。

---

① Stein, Jeremy C.,“Rational Capital Budgeting in an Irrational World”, *Journal of Business*, 1996（69）：429-455.

（二）债权融资

与股票发行一样，债券发行也存在市场时机选择问题。债券市场时机选择的原则是，选择企业可以接受的、经风险调整后成本最低的时机进行债券发行。

利率是债券融资决策中最重要的参考因素，当市场利率较低时，管理层通常会发行债券以降低融资成本。此外，公司在不同国家发行债券也存在市场时机选择问题，当国外利率低于国内利率时，管理者会选择在国外发行债券，以降低融资成本。对公司新债券和权益进行比较可以发现，当利率较低时，公司更有可能选择发行债券而不是权益。

（三）资本结构

市场时机下的公司融资决策行为会对公司资本结构的形成产生显著和持久的影响。公司在股票价格被低估时回购股票，会提高公司的债务比例，而在公司股价被市场高估时发行股票融资，会降低债务比例。Baker 和 Wurgler（2002a）[①] 在 Stein 的“市场时机理论”的启发下，进一步发展出了市场时机理论分析框架下的资本结构理论。Baker 和 Wurgler（2002a）认为一个公司的资本结构是该公司历史融资决策的累积效应的结果：在其他条件相同时，如果公司过去的市值账面值比较高，说明公司的股价被市场高估了，理性的管理层可能会选择较合适的市场时机发行股票，则公司资本结构中的债务比例会降低；反之，如果过去的市值账面值比较低，则公司资本结构中的债务比例较高。

市场时机对企业资本结构具有显著和持久的影响。随着股票市场价格水平的高低变化，公司存在最佳融资时机或融资机会。公司一般选择在股票市场上涨阶段增发股票，此时遭受的负面反应比市场行情下跌时要小。股票被低估的公司倾向于延迟增发股票，直到股价上涨到合理水平。Graham 和 Harvey（2001）[②] 对 300 多家美国公司的管理者的问卷调查结果表明，2/3 的公司首席财务官认为，“股票市场对公司股票价格的高估或低估是融资行为的重要考虑因素”。

二、管理者非理性时公司的融资

过度自信的管理者认为自己可以管好大规模的资金，这导致他们往往在资本市场中进行非理性融资。过度自信的管理者一般会高估投资收益，而低估投资风险，认为自己能够获得超过别人的收益，而不会承担超过别人的损失。在这一心理作用的驱使下，企业盲目融资，高速扩张。

（一）股权融资

过度自信和乐观的经理人往往高估自己的经营管理能力而低估市场风险，相信自己运用筹集的资金进行投资能给公司带来较高的收益。如果经理人在扩张过程中忽略了对公司内在管理水平的提升、资源结构的调整和优化配置、公司的资金周转能力和盈利能力的提升，公司的投资收益将不断下降。而公司的内部现金流根本无法满足投资的需要，为投资

① Baker M.，Wurgler J.，“Market Timing and Capital Structure”，*The Journal of Finance*，2002，57（1）：1-32.

② Graham，J. R. and C. R. Harvey，“The Theory and Practice of Corporate Finance：Evidence from the Field”，*Journal of Financial Economics*，2001（60）：187-243.

补充新的现金流入，导致公司不断地进行外部融资，最终形成“过度自信—过度投资—对资金的渴求—过度投资导致盈利能力下降—留存收益不足—对外部融资的依赖—过度外部融资”这样一种恶性循环。

（二）债权融资

就负债融资本身而言，应该建立一个恰当的期限结构。长期负债的特点是期限比较长，因而融资风险比较低，但相应的融资成本也高；短期融资的特点则是低成本、高风险。过高比例的短期债务会带来过大的还本付息压力，但过度自信的经理人倾向于忽略这种风险的存在。过度自信的经理人高估自己的经营能力和投资项目的盈利能力，他们相信其项目投资会取得较高的收益，尽管长期贷款可以平滑各期的还贷压力，但过度自信的经理人更愿意选择融资成本较低的短期负债；他们也往往会高估投资项目的投资回收期，他们估计项目投资的实际回收期会比项目的预计回收期短，所以愿意通过借入较多的短期负债，与相对较短的投资回收期匹配。

专栏 15－5　德隆集团的过度融资

我们以德隆集团（以下简称德隆）为例分析其过度融资的动机与表现。德隆国际战略投资有限公司的 CEO 唐万新是德隆的灵魂人物，他的个性特点被描述为“天生有以小博大的赌性，还有一股屡败屡战的韧性”。唐万新的一句名言是：“但凡拿我们的生命去赌的，一定是最精彩的。”其会议室里挂着“唯我独尊”四个字。这从某种程度上折射出其过度自信的心理特征。

1996 年，在德隆历史上是具有转折点意义的一年。德隆在这一年实现了资本市场上的“大跃进”，德隆的资本运作模式正式确立：通过控股新疆屯河、合金投资、湘火炬等上市公司，以配股增发的手段融得巨资，再继续向食品、电动工具、汽车零配件等行业扩张，而这些产业投资又反过来促成了德隆系股票价格的飞涨。于是，一个庞大、复杂而神秘的德隆系就出现在了人们的面前。通过一系列行业并购，其主营业务收入在 6 年里从 1.24 亿元扩大到了 103.13 亿元，增长了 82 倍，其几何年增长速度为 109%。但高速发展的后果是大量的亏空和黑洞，这样公司的负债率一定是早已突破了 100%，处于资不抵债的状况了，只因其庞大的资产表象以及高超的资本运作把这一切都掩盖了。据披露，德隆系上市公司旗下产业每年大约产生 6 亿元利润，这笔钱只够偿还银行贷款且略为紧张。与此同时，德隆每年产生巨额管理费用，而且随着德隆的投资速度急速加快，融资成本越来越高昂，德隆的现金收支是入不敷出的。

然而，德隆走的是一条“不归路”，它加快了扩张的速度并加大了扩张的力度。2003 年，德隆开始大规模的国际、国内并购。在国外，它收购了美国户外机械生产开发商 Murray 集团和德国多尼尔飞机公司的支线客机的研制项目。在国内，它进行了一系列产业并购和产业整合。其核心思想是以资本运作为纽带，通过企业购并、整合传统产业，为传统产业引进新技术、新产品，增强核心竞争力。它缔造了庞大的产业和金融王朝，产业包括番茄酱、水泥、汽车零配件、电动工具、重型卡车、种子、矿业等；金融包括信托业、证券业、租赁业以及地方商业银行等。

德隆支撑其不断扩张所需要的巨额资金来自运用各种融资工具、渠道进行的融资。其不计成本的扩张和整合的结果是，虽然旗下有优质的现金流产业，但也出现了大量的亏空和黑洞，使集团公司在扩张过程中长期陷于资金饥渴症，债务不断攀升，使支撑自身庞大产业帝国的资金链脆弱不堪。当资金链断裂的时候，留给德隆的就只会是一个难以填补的窟窿，但这种危机却被德隆强大的融资能力掩盖了。依靠形形色色的融资，德隆一度形成了现金流重组的假象。在资本市场的融资占德隆资金来源的绝大部分。自进入资本市场伊始，德隆的高速扩张便伴随着同样高速的融资。几乎每一次投资，德隆都会将其设计成为更大规模的融资行为。德隆的资金来源主要有如下几条渠道：

(1) 银行贷款。利用上市公司的信誉，以贷款、担保、抵押等形式从银行获取资金一直是德隆前期的主要融资手段。据监管部门自 2002 年年末以来的调查，德隆在整个银行体系的贷款额高达 200 亿～300 亿元，主要来自四大国有商业银行。如果加上委托理财、证券公司三方委托贷款等，德龙占压的银行资金就高达四五百亿元。此外，德隆通过将持有的法人股抵押贷款，或者通过所属公司互相担保贷款来解决资金问题，例如，湘火炬、合金投资、新疆屯河三家公司的债务规模在德隆入主后均大幅攀升。这可以简单地归纳为资产抵押—银行贷款—投资—再抵押—再投资的循环融资模式。

(2) 关联公司相互担保。德隆的担保资金也数额巨大。据合金投资发布的公告，公司实际发生的担保数额累计为 6.38 亿元。2003 年 12 月 9 日，湘火炬发布公告称，公司累计提供担保总额 21.33 亿元。新疆屯河 2003 年 12 月 19 日也发布公告称，对外担保累计达到 2.67 亿元。仅这三家公司对德隆的担保金额就高达约 30 亿元。这可以简单归纳为资产担保（子公司之间的担保、母子公司之间的担保）—融资—投资—再担保—再融资—再投资的连环模式。

(3) 通过金融公司融资。上市公司尽管被接近掏空，但仍然难以满足德隆的资金渴求。德隆下面还控制着租赁公司、证券公司、信托公司、城市商业银行等各类金融机构，于是，德隆控制的大量金融机构成为其效率更高的融资平台。在德隆的控制下，这些金融机构不惜违反法规，用各种手段从市场中转移资金，成为德隆的又一台“提款机”。

1997 年新疆金融租赁公司发行了 1 亿元的特种金融债券，期限为 3 年，年利率 11%，在此后的几年中，德隆相继控制了德恒证券、恒信证券、中富证券等证券公司，金新信托、伊斯兰国际信托、厦门联合信托等信托公司，以及 21 世纪租赁等金融租赁公司。其中金新信托受德隆控股的天山畜牧的委托，于 2003 年 7 月发行了期限为一年的“乳品行业战略并购资金信托计划”，资金规模 8 720 万元。同时，德隆还以各种方式入股城市商业银行，从这些银行套出资金。在不到一年的时间里，德隆先后与至少六个城市的商业银行达成了控股或参股的协议。其目的其实就是进入银行董事会后，可以以各种项目及关联公司之名，从中获取资金。

德隆以高收益为诱饵，将一批上市公司的资金吸引到德隆旗下公司进行委托理财。根据各家上市公司披露的数据，这批资金总额达 17.7 亿元。而德隆则通过这些金融机构大肆挪用委托理财资金，达到自身融资的目的。仅从披露的情况看，就有多家上市公司和其他企业身陷其中。与德隆有关的委托理财的上市公司至少在40家以上，而非上市公司更是为数众多，其中以江浙一带的民营企业为多。此外，与德隆有关的证券公司还有挪用一般客户保证金的现象。

德隆在融资的过程中，较少考虑融资期与收益期的匹配。德隆更注重怎样把筹到的资金花出去，用来做大自己的产业链。融资成本方面，德隆在向社会融资时，习惯用高额收益吸引出资方，一般融资年利率都在13%以上，当资金链紧张时，甚至开出过18%～20%的年利率。德隆每年至少也要支付几十亿元的融资成本。对一般企业来说，这种资金成本是承担不起的，但德隆依然高歌猛进，这也从客观上刺激了德隆在资本市场上铤而走险。

资料来源：饶育蕾，蒋波．行为公司金融：公司财务决策的理性与非理性．北京：高等教育出版社，2010.

第四节 非理性下的其他公司决策

一、股利分配

公司金融学中传统的MM理论表明，从投资者理性和市场有效角度看，公司发不发放股利，以及以什么方式发放股利对于投资者没有影响。但大量研究发现，投资者特别是西方比较成熟的资本市场条件下的投资者存在现金股利偏好。从理性决策来说，投资者没必要对股利斤斤计较，股价上升的资本利得完全可以弥补红利的不足。尤其当公司财务状况不好时，改变股利政策，减少股利发放，以增强公司现金流，有利于公司长期发展。但投资者却不这么认为，他们认为现金股利是真正的“所得”，是用来支付每年的基本生活费用的，而资本利得却是“意外之财”。

在并非完美的资本市场上，受心理和制度等因素的影响，投资者对股利的需求和偏好十分复杂，理性的经理人往往会根据投资者的股利偏好来指定相应的股利政策，迎合投资者对股利的需求。股利迎合（dividend catering）理论包含了三个基本要素：（1）由于投资者心理预期或制度上的原因，一些投资者对股票股利的需求随时间的变化具有不确定性；（2）套利的有限性使投资者的需求能够影响股票价格，从而造成股票价格偏离公司基础价值；（3）经理人是理性的，当投资者为那些支付股利的股票提供较高的价格，而对那些不支付股利的股票提供较低的价格时，经理人能够理性地迎合投资者的需求。Baker和Wurgler（2004）[①] 研究发现，当投资者偏好股利时，原来未支付股利的公司就开始支付股利，其股票价格也会出现溢价；投资者对股利需求很低时，原来支付股利的公司就不能

① Baker, Malcolm, and Jeffrey Wurgler, “A Catering Theory of Dividends”, *Journal of Finance*, 2004 (59): 271-288.

从股利发放中获得任何溢价，那么就倾向于不支付股利。事实上，由于特定经济发展阶段的市场环境和投资者构成等状况的差异，与西方成熟市场的投资者相比，中国的投资者对股利的需求存在较大的差异，上市公司在进行股利分配时也受到更多因素的影响。

分析我国上市公司 2007 年以前的股利分配，可以发现其存在迎合投资者心理的现象。1992—1999 年，分配股利的上市公司比例从 95%下降到 40%，呈现总体下降的趋势。早年的分配方式大多数是股票股利，发放现金股利的公司很少。在股票市场发展的初期，投资者缺乏对上市公司的现金红利要求，相反，较为偏好股票股利，因为当时市场的有效性程度很低，股票价格的波动性很大，股票股利使投资者存在获取高额投机收益的机会，所以市场对现金股利反应冷淡。但近年来随着股票市场的发展和完善，越来越多的投资者开始理性投资，对上市公司的现金分红提出了要求。近年来上市公司现金分红状况有所改善，无论是上市公司分红家数还是分红金额，都取得了较大幅度的增长。2007 年上市公司分红家数是 804 家，到 2016 年分红家数达到 2 416 家，增长幅度达到了 200.5%。虽然增长速度也部分源于上市公司数量的增长，但考虑上市公司分红家数占所有上市公司的比例，有越来越多的上市公司选择现金分红。2007 年上市公司分红家数占所有上市公司的比例为 48.5%，到 2016 年达到了 75.1%。意味着在 2007 年有近一半的上市公司选择了现金分红，而 2016 年约 2/3 的上市公司发放了现金股利。此外，上市公司分红金额也从 2007 年的 2 773.3 亿元上涨至 2016 年的 9 645.6 亿元，上涨幅度达到 247.8%。分红金额占净利润的比例也从 2007 年的 33.8%上涨至 2016 年的 40.5%，说明上市公司现金分红的力度也在不断加大（见图 15-1）。

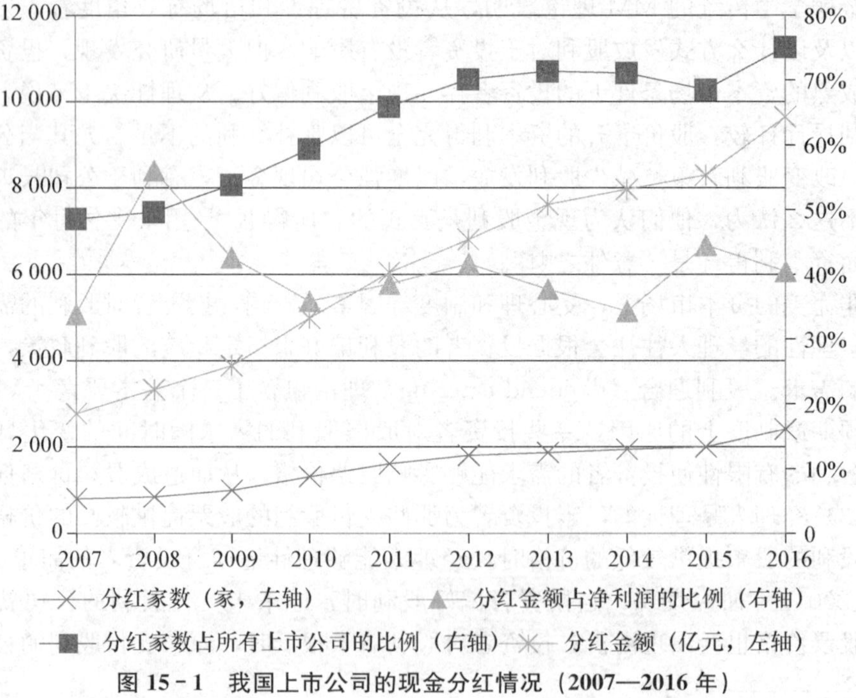

图 15-1　我国上市公司的现金分红情况（2007—2016 年）

资料来源：CSMAR 数据库。

以前投资者对资本市场的预期收益率较高，更多地寄希望于股票差价收入而对现金分红较少要求，这导致上市公司缺乏分红压力，对现金分红持消极态度。随着我国股票市场制度的逐渐完善和投资者愈加理性，依靠投机在股市获利的机会越来越少。越来越多的投资者对现金分红提出了要求，我国上市公司分红家数和分红金额因此也不断上升。这也说明我国上市公司的现金股利政策体现出“股利迎合”的特点。

二、公司经营多元化

过度自信的管理者会过高估计自己的控制能力，同时他们也会对自己的资金实力和融资能力深信不疑，这是导致他们进行多元化盲目投资的主要心理动因。

当人们过度自信的时候，往往过于相信自己的知识和能力，低估了跨越行业时自身在知识、技术、资源等方面的局限性，这才是导致投资失败的原因。

专栏 15－6　　安然公司的多元化

安然公司可以说是多元化经营失败的典型。1997 年，过度自信的杰弗里·斯基林担任了安然公司 CEO 后，为了实现成为全球最大能源公司的愿望，投资朝着不同产业、不同市场扩展：一是产业与产品领域的分散化，其业务不仅包括了传统的天然气和电力业务，还包括风力、水力、木材、煤、化学药品、广告、纸业和保险等；二是经营地域的全球化，公司的天然气输送管道横跨美国，并扩展到阿根廷、哥伦比亚、波多黎各和委内瑞拉。业务也从原来的天然气和石油开发扩展到发电等各项能源业，安然的电厂遍布了大半个地球。

在雄心勃勃地开展新业务的同时，安然的一些传统业务却在萎缩。它的能源勘探与开发业务在 1996 年还有 28 亿美元的收入，到 1998 年已下降到 6 500 万美元，而到 2 000 年则变成零收入。安然公司仅仅用了 10 年时间就从一家地区性的能源供应商如海绵吸水般膨胀成为全球最大的能源供应商，总资产一度达到 620 亿美元。但是我们都知道，其快速发展的背后是内部巨大的财务空洞。

三、管理者薪酬

董事会的过度自信会导致他们低估传统的委托代理问题引起的管理者行为偏差。过度自信的董事会高估自己处理委托代理问题的效果。结果，过度自信的董事会更容易同意那些对绩效支付不充分的收益政策，并对管理人员过度支付。

2001 年，《财富》杂志就管理层的收益体系采访了一些排名靠前的公司董事长。在匿名的情况下，大多数受访者认为在对管理层的收益支付方面存在严重的问题。

过度自信的董事长为什么会批准与绩效变化关联不足的收益方案呢？一个理由是，他们无法正确估计影响经理人员的行为偏差。经理人同样容易过度自信。过度自信的一个重要方面是自我归因谬误，即人们把正面结果归因于自己，而把负面结果归因于他人或运气。自我归因偏差和自利的结合会导致经理人在绩效不佳时抗拒低收益，在绩效良好时追逐高收益。

第五节　行为公司金融理论研究对我国公司金融研究的启示

一、非理性下的公司投融资

（一）过度自信

传统的资本结构理论（MM 理论）认为，公司投资决策只取决于投资项目的净现值，公司应该投资所有净现值为正的项目，而放弃所有净现值为负的项目。然而 MM 理论是构建在公司管理人是理性行为人的前提条件下的，现实中公司管理人往往存在过度自信的行为心理特征。国外早已有文献表明，公司管理层过度自信往往会导致公司过度投资。

在国内，宋淑琴和代淑江（2015）[①] 从管理者行为角度出发，研究了我国管理层过度自信对并购决策、并购绩效的影响，结果表明：（1）管理者过度自信能够显著降低并购后公司的财务绩效和市场绩效；（2）相关并购的并购绩效优于非相关并购；（3）在不同的并购类型中管理者过度自信对并购绩效的影响是存在差异的，相关并购中管理者过度自信能够显著提高并购绩效。非相关并购中管理者过度自信能够显著降低并购绩效。江轩宇和许年行（2015）[②] 发现管理层过度自信会导致企业过度投资，企业过度投资显著加剧了股价崩盘风险。史永东和朱广印（2010）[③] 通过实证研究发现，管理者过度自信是企业并购决策的重要动因，管理者过度自信的企业实施的并购决策比非过度自信企业高 20%左右。

（二）羊群效应

对同行的模仿和跟随现象广泛存在于自然界和人类社会，羊群行为实质上是一种从众行为。羊群行为会影响公司经理人的决策，使经理人在投融资决策或股利分配决策中，不是根据企业的实际情况进行决策，而是受到市场或他人的影响。

现实生活中企业投资趋同现象比比皆是、屡屡发生。林毅夫等（2007[④]，2010[⑤]）将此归结为转型经济体投资的“潮涌现象”，即企业对同一产业的前景和需求等产生一致看法后的决策结果。方军雄（2012）[⑥] 从行业层面考察了投资羊群行为的存在性，结果发现，1999—2009 年 11 年间中国上市公司存在较严重的投资羊群行为，这种投资羊群行为主要集中于受到政府管制的电力、煤气和水的生产与供应业，石油化工业和采掘业等行业，并

① 宋淑琴，代淑江．管理者过度自信、并购类型与并购绩效．宏观经济研究，2015（5）．
② 江轩宇，许年行．企业过度投资与股价崩盘风险．金融研究，2015（8）．
③ 史永东，朱广印．管理者过度自信与企业并购行为的实证研究．金融评论，2010（2）．
④ 林毅夫．潮涌现象与发展中国家宏观经理理论的重新构建．经济研究，2007（1）．
⑤ 林毅夫，巫和懋，刑亦青．“潮涌现象”与产能过剩的形成机制．经济研究，2010（10）．
⑥ 方军雄．企业投资决策趋同：羊群效应抑或“潮涌现象”?．财经研究，2012（11）．

且过度增加投资的羊群行为会恶化行业的未来绩效。基于公司的研究同样发现，公司的投资与同行业公司的投资状况显著正相关，这意味着中国上市公司的投资具有明显的羊群行为特征。进一步研究发现，公司治理机制与投资羊群行为显著相关。控股股东持股份额的增加加剧了投资的羊群行为倾向，董事会中薪酬委员会的设立也在一定程度上加剧了企业投资的羊群行为倾向。

（三）短视

中国股票市场是一个新兴的市场，无论是市场制度还是上市公司股权结构都与国外成熟市场大相径庭。尤其是非流通股中国家股占有很大比例，权益所有者的缺位很可能导致管理层不以长期股东财富最大化为目标，出现短期行为。

刘端和陈收（2006）[①] 研究了股东短视从而造成管理者短视的情况下，投资者估价对中国上市公司投资的直接影响。他们通过比较常用的市场估价指标（市值账面值比）和新的错误估价指标（非均衡估价），分析了不同管理者短视程度下投资者情绪对公司的长期投资、短期投资和总体投资的影响，并考察了市场错误估价与管理者短视对公司投资扭曲的混合作用。研究发现，管理者短视程度越高，公司投资对市场估价的敏感性也越高——市场估价越高，公司投资越活跃。另外，公司的长期投资决策对非均衡估价所体现的市场错误估价具有更强的敏感性，而短期投资及其他非长期投资决策对市值账面值比所体现的市场错误估价具有更强的敏感性。短期投资决策对市值账面值比的强敏感性说明中国市场尚属非有效市场，市值账面值比在很大程度上反映了投资者的非理性估价心理。

二、非理性下的公司其他决策

（一）股利迎合理论

上市公司为什么要支付股利？传统的税收理论、信号理论以及代理假说等公司股利政策理论实际上都未能完整地解释“股利之谜”。2004 年，美国学者 Baker 和 Wurgler 从行为公司财务角度出发提出了股利迎合理论，该理论放宽了 MM 股利无关论中关于“市场有效性”的假设，认为如果市场是有效的，则现金股利政策应该由企业特征决定；如果市场不是完全有效的，则理性的管理层会为了提高股价，迎合股东对股利不断变化的偏好。

支晓强等（2014）[②] 等选取 2001—2010 年我国上市公司的数据，基于迎合理论，考察了股权分置改革前后我国上市公司的股利分配行为。研究发现，股权分置改革前，上市公司现金股利政策与反映投资者偏好的现金股利溢价并不相关。股权分置改革后，现金股利溢价对上市公司现金股利政策的解释力显著增强。这一结果表明，股改后，上市公司现金股利政策更加注重中小投资者的偏好。股票股利溢价对上市公司的股票股利政策在股改前后均有显著影响，表明上市公司股票股利政策与中小股东的偏好密切相关。

从全球范围看，中国的半强制分红政策很可能是世界上独一无二的股利约束政策。

---

① 刘端，陈收. 中国市场管理者短视、投资者情绪与公司投资行为扭曲研究. 中国管理科学，2006（4）.

② 支晓强，胡聪慧，童盼，马俊杰. 股权分置改革与上市公司股利政策——基于迎合理论的证据. 管理世界，2014（3）.

所谓半强制分红政策，是指中国证监会推出的一系列将上市公司再融资资格与股利分配水平挂钩的监管政策。评价半强制分红政策保护投资者利益的目标是否实现，不能仅仅着眼于现金分红水平是否提高，更要关注上市公司现金分红能力和资本投资效率是否改善。陈艳等（2015）基于我国上市公司数据，对半强制分红政策下的现金股利政策对公司投资效率和融资约束的影响进行了分类研究。研究发现：对于有再融资需求的公司，不仅迎合现金分红会提高公司的投资-现金流敏感性，而且过度现金分红会增强公司再融资需求与投资不足的敏感性；对于无再融资需求的公司，迎合现金分红不会增加公司的投资-现金流敏感性，但门槛现金分红也不能降低公司自由现金流与投资过度的敏感性。

（二）锚定效应

根据锚定效应理论，决策者往往会利用最容易获得的信息去建立参照点并将其作为锚。例如，根据历史信息、过往的经验判断或初步的计算确定一个起始值。锚定效应在经济活动中广泛存在，并对企业决策产生了重要影响。根据锚的来源，锚定效应可以分为外在锚和内在锚。外在锚效应是锚定信息的语义启动及信息通达，即外在锚的选择通达机制导致的；内在锚效应是基于调整的锚定，即个体把锚值作为调整的一个起点，进行不充分的调整，即内在锚的锚定调整机制导致的。

企业对外捐赠行为同样是公司的重要决策，一方面对外捐赠体现了企业承担相应的社会责任；另一方面对外捐赠有利于提高公司的声誉并且维护公司的形象。祝继高等（2017）[①] 采用我国A股市场上市公司在汶川地震和雅安地震中的捐赠数据，分析了企业的捐赠行为是否存在显著的锚定效应。实证研究结果表明，在汶川地震捐赠中，仅存在外在锚，企业捐赠存在显著的外在锚效应，同行业其他企业的捐赠比率越高、捐赠金额越多，则企业越有可能捐赠、捐赠金额也越多；在雅安地震捐赠中，外在锚和内在锚同时存在，内在锚效应占优，即如果企业在汶川地震中进行了捐赠、捐赠金额越多，则在雅安地震中也越有可能捐赠、捐赠的金额也会越多。

本章小结

1. 行为公司金融是行为金融和公司金融的融合，它从行为金融学的角度对公司管理者决策行为进行了研究。行为公司金融主要关注两种非理性对公司金融决策行为的影响，即资本市场中的投资者非理性和公司管理者非理性。行为公司金融研究的主要问题是：（1）非理性的投资者是否影响公司的金融决策；（2）管理者非理性对公司金融决策的影响。

2. 决策者在决策中使用的决策方法并非理性的，这些非理性的决策方法有典型判断法、可得性判断法、锚定效应与调整性判断法、情感性判断法等。决策者还存在许多心理偏差，本章讨论的主要偏差有过度乐观、过度自信、证实偏差、控制幻觉、损失厌恶等。

3. 在并非有效的资本市场中，投资者情绪会使股票价格偏离其基本价值，理性的公

① 祝继高，辛宇，仇文研. 企业捐赠中的锚定效应研究——基于“汶川地震”和“雅安地震”中企业捐赠的实证研究. 管理世界，2017（7）.

司管理者会通过过度投资或减少投资迎合投资者，致使公司长期价值受到损失。股价的非理性也影响了公司的并购行为，对公司价值产生了影响。现实中，经理人过度自信和过度乐观的心理对投资决策产生了影响。过度自信的经理人常常会放大自己的控制范围和能力，做出一些非理性的决策。

4. 当市场上投资者的非理性行为使股票价格偏离了其基本价值时，股权融资的成本相对于其他融资形式的成本发生了变化，以公司价值最大化为目标的理性经理人会主动选择市场时机进行融资。市场择机下的公司融资决策行为会对公司资本结构产生显著和持久的影响。过度自信和乐观的经理人往往高估自己的经营管理能力而低估市场风险，倾向于过度投资，盲目扩张企业的边界，进行大量实际净现值为负的项目投资，损害公司价值。

问题与应用

光纤通信公司 PSINet（以下简称 PSINet 公司）在 1995 年公开上市并筹集到 4 600 万美元。之后不久，PSINet 公司开始为商业界的客户提供服务，在 27 个国家建立了 10 万个商业账户。它们采取策略对世界上最大的网络进行运作，与众多的 PSINet 公司所拥有的虚拟主机相连。

在这一时期，PSINet 公司的债务负担增长了约 35 倍，从 1.12 亿美元增长到 40 亿美元。公司每年的利息负担从 1997 年的 500 万美元增长到 2000 年的 4 亿美元。1998 年 4 月，PSINet 公司首次发行了投资级别以下的债券（垃圾债券），以 10%的利率卖出 6 亿美元的债券。

公司随后进行了一系列大型投资：耗资 3 400 万美元建设新的总部，购买了公司用的喷气式飞机，并同意花费 9 000 万美元获取新建的巴尔的摩乌鸦（Baltimore Ravens）足球俱乐部的冠名权。

《福布斯》杂志 2001 年 5 月 28 日的封面文章描述了 PSINet 公司的 CEO William Schrader 以及公司董事会成员如何评价公司的金融战略。

“我们知道，我们的债务负担会很重，而股权所占比重则较轻，”董事会成员之一 William Baumer 说道，他是布法罗大学哲学学院的院长，也是一位经济学家。“我们的估计是，债务市场的大门是大大敞开的，而权益市场则不是那么令人满意，并且如果我们做得很成功，我们就无须过多担心这些债务的偿还。”William Schrader 坚持认为华尔街应当冷静看待新股发行，尽管 PSINet 公司的股票价格非常高。“华尔街会告诉你在什么时候你可以发行新的股权。”他说道。

在 2000 年 3 月科技股达到顶峰前的两年里，PSINet 公司的股票价格从 7 美元/股上升到 60 美元/股。在 1997—2000 年，PSINet 公司进行了 76 次收购活动。

在经历 20 世纪 90 年代后半部分一个增长速度相当快的时期后，电信通信行业在 2000 年秋天开始迅速地走下坡路。2001 年 5 月 1 日，PSINet 公司开始拖欠 4 000 亿美元的债务。公司无法支付 2 000 万美元的利息费用并宣称公司会寻求破产保护。其股价跌至每股 18 美分并从市场上摘牌。

PSINet 公司的创始人兼 CEO William Schrader 于 2001 年 5 月卸任。《福布斯》杂志有一段对 William Schrader 的有趣描写：“根深蒂固的自信心帮助 William Schrader 将若干

租来的电话线变成了一个遍布全球的网络。”

依据上面的案例考虑以下几个问题：

（1）对 PSINet 公司的资本结构起作用的主要因素是税盾效应与财务困境成本之间的利益平衡、不对称信息、公司的现金头寸，还是公司管理层觉察到的股票和债券市场的错误定价？

（2）PSINet 公司的经理人有没有运用融资优序理论进行融资选择呢？

（3）PSINet 公司的现金头寸是否对公司的投资政策产生了影响？

（4）PSINet 公司的 CEO 是否过度自信，他是否相信 PSINet 公司的股权价值被高估了？

推荐阅读材料

[1] Baker, Malcolm, and Jeffrey Wurgler, "A Catering Theory of Dividends", *Journal of Finance*, 2004 (59): 271-288.

[2] Baker, Malcolm, and Jeffrey Wurgler, "Market Timing and Capital Structure", *Journal of Finance*, 2002 (57): 1-32.

[3] Baker, Malcolm, Jeremy Stein and Jeffrey Wurgler, "When Does the Market Matter? Stock Prices and the Investment of Equity-Dependent Firms", *Quarterly Journal of Economics*, 2003 (118): 969-1006.

[4] Barberis, Nicholas, and Richard H. Thaler, "A Survey of Behavioral Finance", in George Constantinides, Milton Harris, Rene Stulz, eds., *Handbook of the Economics of Finance*, Amsterdam: North-Holland, 2003.

[5] Ofek, Eli and Matthew Richardson, "DotCom Mania: The Rise and Fall of Internet Stocks", *Journal of Finance*, 2002 (58): 1113-1138.

[6] Shleifer, Andrei, and Robert Vishny, "Stock Market Driven Acquisitions", *Journal of Financial Economics*, 2003 (70): 295-312.

[7] 朱武祥. 行为公司金融理论及其发展. 经济学动态，2003 (4).

参考文献

[1] 安德瑞·史莱佛. 并非有效的市场——行为金融学导论. 北京：中国人民大学出版社，2003.

[2] 赫什·舍夫林. 行为公司金融——创造价值的决策. 北京：中国人民大学出版社，2007.

[3] 罗伯特·希勒. 非理性繁荣. 北京：中国人民大学出版社，2001.

[4] 饶育蕾，蒋波. 行为公司金融：公司财务决策的理性与非理性. 北京：高等教育出版社，2010.

[5] 詹姆斯·蒙蒂尔. 行为金融：洞察非理性心理和市场. 北京：中国人民大学出版社，2007.

第二版后记

公司金融学科发展迅速。新的企业金融现象、工具、机构、制度等层出不穷，如普惠金融、科创板、新证券交易所、扩容的债券市场、债务违约及不良资产处置、众筹、期权等新的衍生工具等。保持《公司金融》教材的体系稳定并吸纳新的现实，做到既体现学科理论精髓的稳定及渐进进步，又体现学科具体内容的不断更新、与时俱进，从而使教材既有延承性，又有革新性，居于同类出版物的前沿，这是任何教材编写者共同的心愿，也是最大的挑战。

本书第一版出版于2013年10月。在全国金融教指委的组织领导下，2018年3月的北京教材修订会议之后，我们启动了《公司金融》（第二版）的编写工作。由李曜、刘莉亚、邓辛将原版教材与其他公司金融教材进行比较，提出改写指引和修订提纲，组织编写人员，并与复旦大学沈红波老师沟通改写框架和分工。5月，完成编写提纲。6月，邀请编写组所有成员包括陈力农、邓辛、郭丽虹、何韧、李科、李曜、刘莉亚、马文杰、沈蓓蓓、沈红波、王甄、徐晓萍参会讨论改版事宜，并规划落实改写工作。9月编写组成员返回修改稿后，邓辛完成统稿修改。

具体章节撰写人如下：第一章上海财经大学李曜；第二章上海财经大学何韧；第三章上海财经大学陈力农；第四章上海财经大学沈蓓蓓；第五章，第六章复旦大学沈红波；第七章上海财经大学王甄；第八章上海财经大学李曜；第九章上海财经大学郭丽虹；第十章上海财经大学徐晓萍；第十一章上海财经大学刘莉亚；第十二章上海财经大学陈力农；第十三章上海财经大学马文杰；第十四章上海财经大学邓辛；第十五章上海财经大学李科。

在飞速发展的人类社会中，理论就如地图，能够指点方位，使人们不至于陷入迷途。一本教材就如一本好的详细旅游地图册，既介绍城市景点位置也描述代表性的景点，使读者能够对这一学科有一个兼纳概括性框架和代表性内容的了解。读完之后，读者将拿着这一本“地图册”，走入真实世界的精彩图卷中。好的教材，就是在学生毕业的时候，不被作为旧书卖掉，而与学生一起进入新生活，当他们在工作中遇到问题的时候，还会想去翻一翻，也许还能从中找到答案，也许还能获得启发。

谨此寄希望于我们的教材，也欢迎读者的批评指正。

李　曜　刘莉亚　邓　辛

2019年4月18日

图书在版编目(CIP)数据

公司金融/李曜等编著. --2版. --北京:中国人民大学出版社,2019.10
全国金融硕士核心课程系列教材
ISBN 978-7-300-27499-7

Ⅰ.①公… Ⅱ.①李… Ⅲ.①公司—金融学—研究生—教材 Ⅳ.①F276.6

中国版本图书馆 CIP 数据核字（2019）第 219490 号

全国金融硕士核心课程系列教材
公司金融（第二版）
李 曜 刘莉亚 邓 辛 等 编著
Gongsi Jinrong

出版发行	中国人民大学出版社		
社 址	北京中关村大街 31 号	邮政编码	100080
电 话	010－62511242（总编室）		010－62511398（质管部）
	010－82501766（邮购部）		010－62514148（门市部）
	010－62515195（发行公司）		010－62515275（盗版举报）
网 址	http://www.crup.com.cn		
经 销	新华书店		
印 刷	北京市鑫霸印务有限公司	版 次	2013 年 8 月第 1 版
规 格	185 mm×260 mm 16 开本		2019 年 10 月第 2 版
印 张	32.25 插页 1	印 次	2021 年 12 月第 2 次印刷
字 数	754 000	定 价	69.00 元

教学支持说明

1. 教辅资源获取方式

为秉承中国人民大学出版社对教材类产品一贯的教学支持，我们将向采纳本书作为教材的教师免费提供丰富的教辅资源。您可直接到中国人民大学出版社官网的教师服务中心注册下载——http：//www. crup. com. cn/Teacher。

如遇到注册、搜索等技术问题，可咨询网页右下角在线 QQ 客服，周一到周五工作时间有专人负责处理。

注册成为我社教师会员后，您可长期根据您所属的课程类别申请纸质样书、电子样书和教辅资源，自行完成免费下载。您也可登录我社官网的“教师服务中心”，我们经常举办赠送纸质样书、赠送电子样书、线上直播、资源下载、全国各专业培训及会议信息共享等网上教材进校园活动，期待您的积极参与！

2. 赠送“经管之家”论坛币

经管之家（http：//www. jg. com. cn）于 2003 年成立，致力于推动经济学科的进步，传播优秀教育资源，做最好的经管教育。目前已经发展成国内最大的经济、管理、金融、统计类在线教育平台，也是国内最活跃和最具影响力的经济类网站。

为了更好地服务于教学一线的任课教师，凡使用中国人民大学出版社经济分社教材的教师，注册成为我社教师会员后，可填写以下信息调查表，发送电子邮件或者邮寄或者传真给我们，我们将会向您赠送经管之家论坛币 200 个。

教师信息表
姓名：
学校：
论坛 ID：
教授课程：
使用教材：
论坛识别码：pinggu _ com _ 1501511 _ 8899768

3. 高校教师可加入下述学科教师 QQ 交流群，获取更多教学服务

经济类教师交流群：140105952
财政金融教师交流群：182073309
国际贸易教师交流群：162921240
税收教师交流群：119667851

4. 购书联系方式

网上书店咨询电话：010－82501766
邮购咨询电话：010－62515351
团购咨询电话：010－62513136

中国人民大学出版社经济分社
地址：北京市海淀区中关村大街甲 59 号文化大厦 1506 室　100872
电话：010－62513572　010－62515803
传真：010－62514775
E-mail：jjfs@crup. com. cn